타인에게로: 이타 행동의 진화와 심리학

Unto Others: The Evolution and Psychology of Unselfish Behavior

타인에게로: 이타 행동의 진화와 심리학

펴낸곳 서울대학교출판문화원
펴낸이 성낙인
지은이 엘리엇 소버, 데이비드 슬로안 윌슨
옮긴이 설선혜, 김민우

초판 1쇄 발행 2013년 12월 30일
초판 2쇄 발행 2014년 9월 5일
출판등록 제15-3호

주소 서울 관악구 관악로 1 우편번호 151-742
대표전화 02-880-5252 **팩스** 02-889-0785
마케팅팀 02-889-4424, 02-880-7995
이메일 snubook@snu.ac.kr
홈페이지 www.snupress.com
영문홈페이지 eng.snupress.com

ISBN 978-89-521-1494-5 93400

이 번역 작업은 서울대학교출판문화원과 한국연구재단의 지원을 받았습니다(NRF-2012-S1A3-A2033375).

2014 대한민국학술원 우수학술도서

타인에게로

이타 행동의 진화와 심리학

엘리엇 소버·데이비드 슬로안 윌슨 지음
설선혜·김민우 옮김

서울대학교출판문화원

이 세상 모든 이타주의자들,
그중에서도 특히 자신의 진짜 동기가 무엇인지 확신하지 못하는
사람들에게

To altruists everywhere, especially those who are unsure as to what their motives really are

감사의 글

이타주의에 관한 책을 쓰면서 이토록 많은 도움을 받았던 것은 놀라운 일이 아니라고 해야 할지도 모르겠다. 우리는 여러 분야에서 다양한 방법으로 도움을 주신 많은 분들께 감사의 말씀을 전한다. 리처드 알렉산더, 앙드레 아류, 마틴 바렛, 대니얼 배슨, 존 베아티, 렌 버코비츠, 하워드 블룸, 크리스 봄, 톰 본틀리, 데릭 바운즈, 로버트 보이드, 로버트 브랜든, 펠릭스 브레덴, 돈 캠벨, 노엘 캐롤, 앤 클락, 로버트 콜웰, 리치 데이비슨, 제프 딘, 리 듀거킨, 낸시 아이젠버그, 베렌트 앙스, 머벳 앙스, 테드 에버렛, 로버트 프랭크, 스티브 프랭크,(제목을 지어 준) 피터 고드프리-스미스, 찰스 굿나이트, 레슬리 그레이브스, 짐 그리제머, 데이비드 구베르닉, 윌리엄 해밀튼, 헨리 하펜딩, 댄 하우스만, 잭 히르쉴라이퍼, 하몬 홀컴 3세, 토드 휴즈, 로버트 지니, 존 켈리, 브루스 노프트, 유 라폴레테, 앤드루 레빈, 존 메이나드 스미스, 릭 미코드, 돈 모스코비츠, 그레고리 무젱, 스티븐 오자크, 스튜어트 펙, 제인 필리에이빈, 그렉 폴락, 윌 프로빈, 윌리엄 푸카, 데이비드 켈러, H. 컨 리브, 피터 리처슨, 스티브 리싱, 톰 실리, 래리 샤피로, 앨런 시델, 바바라 스머츠, 데니스 스탬프, 크리스 스티븐스, 킴 스티렐니, 윌리엄 탤벗, 피터 테일러, 프란스 드 발, 마이크 웨이드, 데니스 왈쉬, 도리스 윌리엄스, 조지 윌리엄스, 에드워드 윌슨, 베로 윈-에드워즈에게 감사한다.

개인뿐만 아니라 이 책을 만드는 데 도움을 준 기관 및 단체에도 감사의 마음을 전하고 싶다. 개인에 머무르지 않고 집단 수준까지 감사의 마음을 확장하는 것은 아마도 이 책에 등장하는 다수준 선택 이론multilevel selection theory에도 부합하는 일이 될 것이다. 우리는 빙햄튼 대학교와 국립과학재단, 위스콘신 대학교의 지원에 감사한다. 마지막으로, 우리가 가장 가깝게 느끼고 가장 사랑하는 두 집단 — 우리 가족들 — 의 지원과 격려에 감사한다.

차례

서론: 벤담의 시체

유니버시티 칼리지 런던University College London에 있는 공중전화박스 크기의 캐비닛에는 제레미 벤담의 미라가 있다. 오래전 머리 부분이 치즈처럼 녹아 내려서 왁스로 만든 대체물로 대신했고, 진짜 머리는 벤담의 발 아래에 숨겨진 상자 안에 들어 있다. 벤담은 자신이 죽은 뒤 시체를 보존해서 대학 이사회 때 참석시켜 달라는 유언을 남겼다(Runes, 1959: 250). 벤담은 자신의 엄정한 모습이 귀감이 되어서 후세 사람들이 자신과 존 스튜어트 밀이 도덕과 정치 이론에서 강조했던 기준들을 따르며 살아갈 것이라고 믿었다. 벤담과 밀은 사람들이 최대 다수의 최대 행복을 추구해야 한다고 주장한 **공리주의**untilitarianism 철학의 시조다. 벤담은 회의에 배석하고 있는 자신의 미라가 사람들이 옳은 결정을 하도록 도와주기를 바랐다.

벤담이 사후에 런던 대학에 얼마나 큰 영향을 미쳤는지는 그저 상상에 맡길 수밖에 없지만, 벤담이 옹호했던 사상이 런던 대학 바깥의 더 넓은 세상에 영향을 미쳤음은 분명하다. 벤담은 모든 인간 활동이 쾌락을 극대화하고 고통을 극소화하는 것을 목적으로 해야 한다고 생각했다. 사람들이 무엇을 **해야 하는가**ought to에 관한 이러한 주장은 사람의 마음이 **실제로**in fact 어떻게 작동하는가에 대한 벤담의 믿음에 근거하고 있다. 벤담(Bentham, 1789)에 따르면, "자연은 인류를 고통과 쾌락이라는 두 군주의 지배 아래 뒀다." 여기서 벤담이 주장하는 것은 **심리학적 쾌락주의**psychological hedonism — 사람이 지닌 유일하고 궁극적인 동기는 고통을 피하고 쾌락을 얻는 것이며, 우리가 추구하는 다른 모든 것은 이 두 가지 목표를 달성하기 위한 수단에 불과하다는 이론 — 이다.

쾌락주의는 보다 일반적인 이론이라고 할 수 있는 **심리학적 에고이즘**psychological egoism의 한 형태로 볼 수 있다. 심리학적 에고이즘에서는 모든 개인의 궁극적 목표는 자기자신에게 이득이 돌아오도록 하는 것이라고 보고, 우리가 다른 사람에게 신경 쓰는 것도 결국은 자신의 안녕을 위한 것이라고 주장한다. 이 관점에서는 사람들에게 궁극적으로 이타적인 동기란 없다고 보며, 인간의 마음에 이런 특성이 있다는 것에 대해 기뻐할 것도 절망할 것도 없다고 본다. 에고이즘은 마음이 실제로 어떠한가를 기술하고 있을 뿐이라고 주장한다.[1] 모든 형태의 대인관계에서, 우리는 다음 한 가지 질문에 따라 움직인다는 것이다: "나에게 득이 되는가?"

쾌락주의와 에고이즘이 지금까지 사람들의 생각에 미친 영향은 아무리 강조해도 지나치지 않을 만큼 지대했다. 많은 사람에게 에고이즘은 명백한 상식이다. 사람들은 누군가가 인정머리 없이 이기적으로 행동하면 별로 놀라지 않지만 누군가가 남을 위해서 자신을 희생하면 매우 예외적인 일이라고 생각한다. 누군가가 인간은 본래 이기적이라고 말하면, 사람들은 이 견해가 명석한 통찰에서 비롯된 사실적 주장이라고 생각한다. 하지만 누군가가 인간은 본래 선하다고 주장하면, 사람들은 너그러운 미소를 지으며, 이 생각이 장밋빛 안경을 통해 바라본 편향된 관점에서 비롯되었다고 여긴다.

심리학적 에고이즘이 이렇게 쉽게 우리의 자기 개념을 장악하는 이유는 무엇일까? 일상의 경험들이 심리학적 에고이즘을 지지하는 결정적 근거로 작용하는 것일까? 심리학이 에고이즘의 타당성을 보여 줬을까? 아니면 철학이? 이 모든 질문에 대한 답은 부정적이라고 할 수 있으며, 이 책에서도 그 점을 주장하고자 한다. 심리학적 에고이즘은 그 영향력에 비해 근거가 빈약하다.

단순한 형태의 에고이즘은 반박하기 쉽다. 예를 들어 에고이즘을 주장하는 어떤 사람이, 인간의 유일한 궁극적 목표는 소비재에 접근할 기회를 극대화하는 것이라고 주장한다면, 이 주장이 틀렸음을 보여 주는 행동을 생각해 내는 것은 어렵지 않다. 그러나 에고이즘을 주장하는 사람이 인간은 내적인, 심리학적 이득을 추구한다고 말한다면, 이 주장이 틀렸음을 증명하기란 어렵다. 사람들이 남을 돕기 위해 자신의 이익을 희생할 때, 에고이즘을 주장하는 이들은 사람들이 남을 돕는 이유가 자신의 기분을 좋게 하고 죄책감을 피하기 위해서라고 설명할 것이다. 에고이즘은 많은 방을 가진 저택과 같다. 이 저택에는 도움 행동과 타인의 안녕을 걱정하는 마음을 설명하는 이론을 위한 공간도 있는 것 같다. 여기서는 도움 행동과 타인을 걱정하는 마음은 모두 자기-이익self-interest을 증진시키기 위한 도구라고 설명할 수 있다.[2] 그 결과, 이타주의라는 개념은 멸종 위기에 처하게 되었다(Campbell, 1994).

심리학적 에고이즘이 틀렸다는 것을 증명하기는 어렵지만 맞는다는 것을 증명하기도 어렵다. 모든 도움 행동에 대해서 완전히 이기적인 설명들을 상상하는 것이 가능하다고 해서, 이것이 에고이즘이 맞는다는 의미는 아니다. 그 반대의 주장도 인간 행동을 설명할 수 있다. 어떤 궁극적 목표는 이타적일 수 있는 것이다. 심리학자들은 이 문제에 관해 수십 년을 연구해 왔고, 철학자들은 수 세기 동안 고민해 왔다. 우리가 생각하기에, 이 문제는 결과적으로 막다른 골목에 다다랐다. 심리학적 에고이즘과 이타주의의 문제는 여전히 풀리지 않았다. 새로운 접근이 필요하다. 이 책에서 우리는 진화 이론으로부터 새로운 관점을 모색해 보고자 한다.

벤담은 1832년에 죽었다. 다윈의 『종의 기원』이 출판된 1859년보다 20년도 더 전의 일이다. 존 스튜어트 밀은 중대한 분수령이 되었던 이 사건 이후에도 더 오래 살았지만, 자연 선택에 의해 진화가 일어난다는 이론을 결코 받아들이지 않았다.[3] 다윈의 이론은 유기체의 행동에 대한 근본적인 의문을 불러일으켰다. 기본적으로 자연 선택설에서는 어떤 특성이 진화하는 이유가 이 특성을 가진 개체의 생존과 재생산을 도와주기 때문이라고 설명한다. 예를 들어 민첩한 얼룩말들이 포식자로부터 더 잘 도망칠 수 있기 때문에, 얼룩말이 달리는 속도는 점차 빨라질 것이다. 달리기가 빠른 얼룩말들이 환경에 더 **적합**하다. 이들은 느린 얼룩말보다 더 잘 살아남고 더 많은 후손을 남길 것이다. 만약 후손들이 부모를 닮는다면 달리기가 빠른 얼룩말들의 빈도, 즉, 무리 안에서 달리기를 잘하는 얼룩말의 비율이 증가하게 될 것이다. 여기서 달리기를 잘하는 얼룩말은 자기자신에게 이득이 되는 것이지, 다른 얼룩말이나 사자, 혹은 전체 생태계에 도움이 되는 것은 아니다. 이러한 사례를 보면, 자연 선택은 스스로 돕는 자를 선호한다. 따라서 자신의 생존과 번식을 희생해서 다른 개체의 생존과 번식을 돕는 일이야말로 자연 선택에 의해 제거될 만한 특성처럼 보인다. 간단히 말해서, 자연 선택은 이기심selfishness을 촉진시키고 이타심altruism을 짓밟는 과정처럼 보인다.

다윈은 자연에 존재하는 유기체들이 때때로 이타적으로 보이는 행동을 한다는 사실을 알고 있었다. 예를 들어 꿀벌은 자신이 속한 콜로니를 침입자들로부터 지키기 위해서 벌침을 쏘고 자신을 희생한다. 칭찬받아야 마땅한 많은 인간적 특성들 — 정직, 자비, 신뢰, 영웅적 행동 — 또한 자신의 손해를 감수하고 타인에게 도움이 되는 것들이다. 다윈은 자연 선택이 **개체**individuals에 작용하는 것과 동일한 원리로 **집단**groups에도 작용하는 경우도 있으며, 이런 경우에 이러한 이타적 특성들이 진화할 수 있다고 설명하였다. 한 집단 안에서 어떤 이타주의자는 이타주의자가 아닌 사람보다 더 적은 후손을 남길 수도 있지만, 이타주의자로 이루어진 집단은 이타주의자가 아닌 사람들로 이루어진 집단보다 더 많은 후손을 남길 수도 있다. 다윈은 그의 저서 『인간의 유래*The Descent of Man*』에서 집단 선택의 원리를 적용해서 인간의 도덕성을 설명했다.

한 부족 내에서 높은 기준의 도덕성은 한 개인이나 그 자손들에게 별로 이득이 되지 않지만, 부족 내에 올바른 자질을 가진 구성원들이 늘어나고 도덕적 기준이 향상된다면 이것은 분명히 이 부족이 다른 부족에 비해 더 뛰어날 수 있는 강점이 된다는 점을 잊어서는 안 된다. 높은 수준의 애국심, 충성심, 복종, 용기, 동정심을 가진 구성원들은 언제나 서로를 도울 준비가 되어 있을 것이고 공익을 위해 사익을 희생할 준비가 되어 있을 것이며, 다른 부족들을 상대로 더 많은 승리를 거둘 것이다. 이것 또한 자연 선택이라고 할 수 있을 것이다. 전 세계에 걸쳐서 한 부족이 다른 부족을 점령하고 대체하는 일은 항상 일어났고, 도덕성은 한 부족의 성공을 결정하는 중요한 요소 중 하나였으므로, 도덕적 수준은 점차 향상되고 올바른 자질을 가진 구성원들의 숫자는 점점 증가했을 것이다(Darwin, 1871: 166).

다윈은 집단 선택이 생명의 역사에서 얼마나 중요한 역할을 했는지에 관해 논한 적이 없지만, 그가 집단 선택의 과정을 끌어들이는 것은 아주 가끔이었다. 다윈의 후계자들은 다윈보다 적극적이어서 집단 선택을 매우 광범위하게, 때로는 무비판적으로 주장했다. 알리(Allee, 1951)에 따르면, 집단 내 위계는 집단 내 갈등을 최소화하기 위하여 존재하며, 집단 전체를 더 효율적으로 만들어 준다. 윈-에드워즈(Wynne-Edwards, 1962)는 개체가 음식 섭취와 번식을 억제하는 것이 멸종을 막아 준다고 했다. 도브잔스키(Dobzhansky, 1937)에 따르면, 종 전체가 유전적 다양성을 유지하는 것은, 마치 현명한 투자자가 불투명한 미래에 대비하여 포트폴리오를 다각화하는 것처럼, 새로운 환경 변화에 잘 대처하기 위한 것이라고 했다. 많은 생물학자들은 이런 저런 집단 수준의 설명을 신나게 주창했다. 동시에, 위장camouflage이나 질병에 대한 저항력 등의 다른 특성들은 개체 수준의 적응으로 설명했다. 생물학자들은 설명의 수준을 선택할 때, 월, 수, 금요일에는 개체 수준의 설명을, 화, 목요일에는 집단 수준의 설명을 선택하는 식으로, 단순히 자신에게 더 직관적으로 와 닿는 것을 택했다. 이론화 과정에는 제약이 없었으며, 적응주의적 설명에도 거의 제약이 없었다.

1960년대 들어 일부 생물학자들이 집단 선택을 공격하면서 모든 상황이 달라졌다. 가장 철저하고 치명적인 비평은 G. C. 윌리엄스가 1966년에 출판한 『적응과 자연 선택*Adaptation and Natural Selection*』이라는 책이었다. 윌리엄스는 민감한 문제들을 건드렸고, 집단의 이익을 위한 적응을 강하게 거부한 그의 주장은 빠르게 진화생물학계로 퍼져 나갔다. 그 이후 10년간 집단 선택 이론은 진지하게 진화 이론을 논의하는 자리에서는, 단순히 틀린 이론이 아니라 아예 금지된 이론이 되었다. 기껏해야, 집단 적응은 이론적으로 가능할 수는 있지만 일어날 가능성이 너무나 희박해서 대안적 설명이 가능하다면 언제나 기각해야만 하는 이론으로 여겨지는 것이 전부였다. 다음 구절(Ghiselin, 1974: 247)은 이타적인, 집단 수준의 설명을 거부하고, 이기심에 호소하는 설명을 열렬하게 선호했던 당시의 분위기를 잘 보여 준다.

> 자연의 경제는 처음부터 끝까지 경쟁적이다. 한 동물이 다른 동물을 위해 자신을 희생하도록 하는 충동도 궁극적으로는 이익을 얻기 위한 것임이 밝혀졌다. … 자신에게 이익이 된다면 모든 유기체들은 합리적으로 동료들을 도울 것이다. … 그러나 자신의 이익을 위해 행동할 수 있는 기회가 완벽하게 주어졌을 때, 편의주의만 형제나 배우자, 부모, 자식을 학대하고 상처입히고 죽이는 일을 막을 수 있다. "이타주의자"를 할퀴면 "위선자"의 피를 보게 될 것이다.

인간 행동에 대한 해석도 비슷한 방향으로 변화했다. 알렉산더(Alexander, 1987: 3)가 쓴 『도덕 체계의 생물학*The Biology of Moral Systems*』을 보면 진정으로 자기희생적인 행동이 우리가 물려받은 진화적 유산의 일부라는 생각을 생물학자들이 어디까지 내던져 버렸는지 알 수 있다.

> 거의 모든 사람들이 인간이 남을 돕는 것은 최종적으로 자기 자기-이익을 실현하기 위한 방법 중의 하나라고 믿을 것이다. 금세기 가장 위대한 지적 혁명(진화생물학에서의 개체주의적 관점)이 우리에게 알려 주는 것은, 우리의 직관에 어긋남에도 불구하고, 인간의 선한 의지를 뒷받침하는 증거는 없다는 것이며, 수많은 믿을 만한 이론들은 인간에게 선한 의지가 있다는 주장은 결국 모두 틀렸다고 판명날 것임을 보여 주고 있다.

진화생물학에서 정립되기 시작한 이기심이라는 개념은, 심리학에서의 에고이즘과 마찬가지로, 방이 많은 저택과 같다. 진화생물학에서는 꿀벌이 침을 쏘는 것이나 인간의 도덕성처럼 명백하게 이타적인 형질들도 이기심으로 설명할 수 있다고 주장한다. 이러한 특성들은 명백하게 이타적으로 보이지만, 다른 개체를 도와주는 개체는 그 대가로 직접적인 이익을 누리거나 다른 개체와 공유하고 있는 유전자가 복제될 수 있도록 도움으로써 "유전적 자기-이익genetic self-interest"을 증진시킬 수 있다는 것이다. 1960년대와 70년대의 진화생물학계에서는 집단 선택에 의해 진화된 진정으로 이타적인 형질들은 멸종 위기에 처한 신세가 되었다. 심리학적 이타주의가 사회과학에서 멸종 위기에 처했던 것처럼 말이다.

심리학적 에고이즘과 이타주의라는 개념은 사람들이 어떤 행동을 하는 동기를 고려한다. 타인을 도와주는 행위가 [심리학적으로] 이타적이라고 말하려면 행위자의 궁극적인 목적은 타인의 안녕이어야만 한다. 반면, 진화적 개념은 생존과 번식에 있어서 어떤 행동이 가져오는 결과를 고려한다. 자신의 적합도fitness를 희생시켜서 타인의 적합도를 향상시키는 사람이 있다면, 자신의 행동에 대해서 어떻게 느끼고 생각하건 간에, 심지어는 아무 생각 없이 한 행동이라 할지라도, 이 사람은 [진화적으로] 이타적이라고 할 수 있다. 많은 연구자들은 이렇게 심리학적 개념과 진화적 개념을 구별한다. 그러나 생물학에서의 이기심과 사회과학에서의 이기심은 종종 서로 대체 가능하고 서로를 강화하는 개념이라고 여겨진다. 만약 진화적 이타주의가 존재하지 않는다면 심리학적 이타주의가 인간 본성으로 자리 잡을 이유가 무엇이겠는가?

이 책에서 우리는 진화생물학과 심리학, 철학에서 말하는 이타주의와 이기심의 개념을 자세히 살펴보고자 한다. 앞에서 소개했던 관점과는 반대로, 우리는 진화적 이타주의와 심리학적 이타주의를 모두 강력하게 지지한다. 하지만 이 두 개념은 결코 단순하지 않다. 진화적 이타주의를 뒷받침하기 위해서는 집단 선택이 진화의 중요한 동력임을 보여야 한다. 심리학적 이타주의를 뒷받침하려면 타인의 안녕을 궁극적인 목적으로 하는 것이 적응적인 행동을 이끌어 내는 심리적 메커니즘의 하나로 진화했음을 보여야 한다. 기본적으로는 두 가지 입장이 모두 진화적이지만, 차이점이 크기 때문에, 이 책을 진화적 이타주의에 관한 부분과 심리학적 이타주의에 관한 부분으로 나누었다.

우리는 앞에서 집단 선택설이 한때 철저하게 오해받고 반박당했다는 점을 언급했다. 하지만 독자들이 우리를 황야에서 외로이 울부짖는 두 사람의 이단아로 생각할 필요는 없다. 1970년대에, 그 이전의 비판들을 견뎌낼 수 있을 만큼 견고한 집단 선택 이론이 등장했다. 이 주제에 친숙한 독자들이라면, 개체 선택설의 아이콘 G. C. 윌리엄스조차도 집단 선택설이 성비 불균형이나 병원체의 독성 감소와 같은 중요한 생물학적 적응을 설명하는 최선의 이론이라는 점을 인정했다는 사실에 놀랄 것이다. 우리가 이 책에서 집단 선택을 이야기하는 것은, 이단적인 새로운 이론을 변호하는 것이라기보다는 이미 절정에 다다른 진화적 사상의 변화를 알리고 확장하는 것이다.

독자들은 집단 선택이 다시 받아들여지고 있다는 소식이 전해지지 않는 이유가 궁금할 것이다. 한 가지 이유는 과학계에서 일어나는 이런 종류의 변화에서 10년이나 20년은 별로 긴 시간이 아니기 때문이다. 특히, 이타주의와 이기심이라는 주제처럼 정서적으로 부담스러운 주제의 경우에는 더 그렇다. 1960년대에는 그 당시에 존재하던 이론과 증거들에 대한 평가를 바탕으로 집단 선택설이 거부당했다. 불행하게도, 집단 선택에 대한 비판은 그 근거에 비해서 지나치게 충실하게 전파되었다. 많은 진화생물학자들은 대학원에서 집단 선택에 관한 오직 한 가지만을 배웠다 — "집단 선택은 연구하지 마라!" 그들이 집단 선택설을 회피한 이유는 소란을 일으키고 싶지 않았기 때문이기도 하고 이 가설을 평가하기에는 스스로 자격이 부족하다고 느꼈기 때문이기도 하다. 그 결과, 현대의 집단 선택설은 진화생물학계 내에서도 고립된 채 발전해 왔다. 가장 인정받는 학술지에는 집단 선택에는 논란의 여지가 없다고 주장하는 논문들이 여전히 집단 선택을 악령 취급하는 논문들과 나란히 실렸다. 이 책의 목적 중 하나는 집단 선택에 관한 찬반 논쟁을 충분히 자세하게 소개해서 독자들이 — 생물학자들과 생물학자가 아닌 사람들 모두 — 스스로 판단할 수 있도록 하는 것이다.

현대의 집단 선택설은 이미 이론적으로 잘 발전해 왔고 경험적으로도 지지되고 있지만, 궁극적으로 이타적인 동기가 존재하는가에 관한 심리학적 질문에 대한 답은 여전히 알 수 없다. 일부 심리학자들은 현존하는 실험 결과들을 바탕으로 질문에 대한 답을 찾아야 할 때가 왔다고 생각하지만, 아직 많은 사람들이 여기에 동의하지 않는다. 어떤 심리학자들은 심리학 실험만으로는 이타적 동기와 이기적 동기를 구분하는 것이 불가능하다고 주장하기도 한다. 이 문제를 해결할 수 있는 심리학적 동기에 관한 진화 이론을 소개하는 것이 우리가 이 책을 쓴 목적이다. 이 책에서 다루는 심리학적 이타주의는 비교적 새로운 것이므로 진화적 이타주의보다는 잠정적인 내용이라고 할 수 있다.

인간 행동이 전적으로 자기-이익을 증진시키고자 하는 동기에서 비롯되고 궁극적으로 이타적인 동기란 존재하지 않는다는 주장은 일관성 있고 논리적인 이론이다. 하지만 이를 증명하는 명확하고 결정적인 관찰이 이루어진 적은 없다. 심리적 이타주의 논쟁은 이기적 설명이 아무리 부자연스럽더라도 항상 이타적 설명보다 더 선호되어야 한다는 지적 위계 서열로 특징지을 수 있다. 그러나 에고이즘과 이타주의 중 어떤 접근이 더 우세하다고 말할 수 있는 경험적 근거는 없다. 흥미롭게도, 1960년대에 있었던 진화적 이타주의 논쟁에서도 비슷한 이유로 집단 선택설에 대한 비판이 실제보다 더 부각되었다. 물론 지적 위계 서열이 정당화될 수 있는 경우도 있다. 예를 들어 여러 접근법들 중 한 접근법의 이론적 토대가 약한 경우, 다른 접근법들이 더 선호될 수 있다. 집단 선택설은 1970년대에 이 단계를 지나와서 지금은 다른 가설들과 동등한 경쟁을 하고 있다. 여러 대안 이론들은 동등한 지위를 지니며 경험적으로 검증할 수 있는 다양한 예측을 내놓는다. 심리학적 이타주의 논쟁에서도 진화적 이타주의 논쟁에서와 같은 변화가 일어나지 않는다면, 실질적인 발전을 기대하기 어렵다. 우리는 심리학적 이타주의에 관한 우리의 분석이 심리학적 이타주의 논쟁을 진화적 이타주의 논쟁과 같은 종류의 동등한 경쟁으로 이끌 수 있으리라 생각한다. 만약 심리적 메커니즘이 적응적 행동을 만들어 내도록 자연 선택에 의해 설계된 것이라면, 궁극적으로 이기적인 동기라는 좁은 튜브만을 통과하도록 설계될 이유는 없다.

방어적으로 들릴 수도 있겠지만, 심리학에서의 이타주의와 생물학에서의 집단 선택을 옹호하는 입장에 가해지는 비판들에도 대응을 해야 할 것 같다. 사람들이 이타주의와 집단 선택을 지지하는 이유가 세상이 친절하고 따뜻한 곳이 되기를 **원하기** 때문이라고 보는 경우가 많다. 에고이즘과 개체주의를 옹호하는 사람들은 이러한 비판을 발전시켜서 스스로를 칭찬하는 데 이용한다. 그들은 자신들이 현실을 직시할 줄 안다고 말하며 스스로를 대견하게 여긴다. 에고이스트와 개체주의자들은 객관적이고, 이타주의와 집단 선택을 옹호하는 사람들은 속 편한 착각 속에 갇혀 있다는 것이다.

이런 비판을 너무 자주 들어서, 에고이즘과 개체주의 옹호자들이 자신들의 이론을 믿음으로써 얻게 되는 심리학적 이득을 분석해서 친절하게 대응해 주고 싶은 충동을 느끼기도 한다. 그러나 어떤 사람이 어떤 이론을 옹호하도록 만드는 동기를 억측하는 일은 그 이론의 옳고 그름을 증명하는 일과는 무관하다. 이는 감정에의 호소*ad hominem*에 불과하다. 중요한 것은 어떤 이론이 사실인지 여부다. 우리는 **이론**을 뒷받침하는 증거에 주의를 기울여야지, **이론가**의 심리적 특징들에 관심을 가질 필요는 없다.

아무튼, 이 책을 쓴 목적은 세상의 자애로움에 관한 장밋빛 그림을 그리기 위한 것이 아님을 밝혀 둘 필요가 있을 것 같다. 집단 선택설은 같은 집단에 속한 사람들에 대한 도움 행동의 진화를 설명할 수 있는 틀을 제공하지만, 다른 집단에 속한 사람들에게 해를 가하는 행위가 선택적으로 이득이 될 수 있는 상황도 똑같이 보여 준다. 집단 선택은 집단 내에서 일어나는 선행과 집단 간에 일어나는 악행을 모두 선호한다. 집단 선택설은 자연선택설의 핵심인 경쟁이라는 개념을 버리지 않는다. 오히려 경쟁이 일어날 수 있는 또 다른 환경을 제시해 준다. 한 집단 내에 있는 개체들 간의 경쟁뿐만 아니라 집단 간에도 경쟁이 일어나는 것이다.[4]

심리학적 이타주의에 관해서 우리가 하게 될 이야기에도 비슷한 관점을 적용할 수 있다. 우리는 모든 사람이 타인을 돕기 위한 철두철미하고 성자 같은 헌신적 마음을 가지고 있다는 주장을 하려는 것이 아니다. 사람들이 항상 타인의 안녕을 궁극적 목적으로 생각하고 자신의 안녕은 생각하지 않는다는 이야기가 아니다. 우리의 목적은 타인에 대한 배려심이 사람들이 때때로 가지는 여러 궁극적 동기들 중 하나임을 보여 주는 것이다. 우리의 견해가 옳다고 하더라도, 사람들이 상당한 시간을 자신이 경쟁에서 승리하는 데에 투자할 것이라는 가설을 위한 자리는 얼마든지 남아 있다.

이 책은 진화생물학, 사회심리학, 인류학, 철학, 네 개의 학문 분야에 토대를 두고 있다. 우리는 각 분야의 내용들을 다룰 때 기초적인 수준에서부터 시작하려고 노력했다. 네 분야에 모두 정통한 소수의 독자들보다는 한 분야에 대해서만 알거나, 아예 네 분야 모두에 문외한인 사람들도 이 책에 쉽게 접근할 수 있도록 하기 위해서이다. 누구라도 기본에서부터 다시 생각할 수 있도록 해 준다는 점도 기초적인 수준부터 시작하는 것의 미덕일 것이다. 이 작업이 우리가 이타주의에 관해 생각하는 데 도움이 되었던 것처럼, 독자들에게도 도움이 되리라고 생각한다.

어떤 책이 의미를 가지려면, 책의 내용과 독자들이 지닌 다양한 개념적 틀이 상호작용해야 한다. 우리는 이 책의 독자들이 적어도 개체 수준의 기능주의individual-level functionalism, 집단 수준의 기능주의group-level functionalism, 반기능주의anti-functionalism라는 세 가지의 매우 다른 배경을 가진 사람들이었으면 한다. 불필요한 논쟁을 피하기 위해, 이 책에서 우리가 주장하는 내용과 세 가지 관점들이 서로 어떻게 관련 있는지 설명하는 것이 좋겠다.

우리는 이미 개체 수준의 기능주의에 대해서 설명했다. 개체 수준의 기능주의란 개체가 기능의 기본 단위라고 보는 관점이다. 이 관점에서는 집단 행동은 개체 간 상호작용의 산물일 뿐이며, 집단이 그 자체로 기능적으로 조직되는 것은 아니다. G. C. 윌리엄스(1966)는 발이 빠른 사슴 무리a fleet herd of deer가 발이 빠른 사슴 여러 마리가 무리 지어 있는 것a herd of fleet deer에 지나지 않는다고 했다. 사슴 무리가 빨리 달리는 이유는 사슴 무리 전체에 이득이 되기 때문이 아니라, 개별 사슴들에 이득이 되기 때문이라는 것이다. 개체 수준의 기능주의의 예로는 진화론의 개체주의적 전통과 인문과학의 방법론적 개체주의를 들 수 있다. 이러한 입장과는 반대로 집단도 기능적 단위가 될 수 있으며 개체는 때때로 유기체organism가 아니라 집단의 한 부분organ처럼 행동하기도 한다는 것이 이 책에서 전달하고자 하는 핵심이다.

개체 수준의 기능주의가 우리가 반박하고자 하는 주류적 전통이기는 하지만, 집단 수준의 기능주의도 오랫동안 견지되어 온 관점이다. 집단 수준의 기능주의에서는 집단이 기능의 기본 단위라고 본다. 사슴 무리가 빨리 달릴 수 있는 것이나, 그 밖의 다른 특징들을 가지는 이유는, 이런 특징들이 사슴 무리 전체에 도움이 되기 때문이라는 것이다. 과학계 밖에서는, 범문화적으로, 개인이 사회를 위해 존재한다는 생각이 사회가 이기적 개인들의 단순한 모임이라고 보는 관점보다 더 보편적일 것이다. 집단 수준의 기능주의는 사회학, 인류학, 사회심리학의 창시자들 사이에서도 공통적으로 받아들여졌는데, 이들은 문화와 사회를 상위 수준의 법칙을 따르는 유기적 전체로 보았다. 오늘날에는 비교적 덜하지만, 이 관점은 여전히 중요한 소수 입장이며, 생물학과 인문 과학의 하위 분야들 중 일부에서는 주류적 전통으로 존재하기도 한다. 집단 수준의 기능주의 입장에서 볼 때, 이 책에는 좋은 소식과 나쁜 소식이 혼재한다. 좋은 소식은 집단 수준의 기능주의를 지지하는 최초의 견고한 이론을 제시한다는 점이다. 나쁜 소식은 이 이론이 집단 수준의 기능주의자들이 좋아할 만큼 대단한 이론이 아니라는 것이다. 문화, 사회, 생태계와 같은 상위 수준의 단위가 유기적 전체로서 잘 기능할 것이라고 단순하게 가정할 수 있는 사람은 아무도 없다. 상위 수준의 기능적 유기체는 내부로부터의 전복에 취약하며 특수한 조건들을 필요로 한다. 집단 수준의 기능주의 편에 서 있는 독자들이 생을 발전시키는 데 있어서 현실적인 진전을 이루고 싶다면, 이 책에서 전하는 나쁜 소식도 좋은 소식만큼 잘 이해하고 받아들여야 한다.

비록 자연 선택이 기능적 조직을 설명해 주는 진화적 과정일지라도, 이것이 진화에 작용하는 유일한 힘은 아니며, 유기체가 환경에 완벽하게 적응하는 것도 아니라는 점을 인식할 필요가 있다. 기능주의는 어떤 대상에 대해서도 — 그 대상이 개체이든 집단이든 — 완전한 설명을 제공하지 못한다. 최근 진화생물학자들 사이에서는 적응과 자연 선택이 생명의 역사에서 지니는 의미에 대해 많은 의견 불일치가 있어 왔다(예를 들어 Gould and Lewontin, 1979). 진화적 관점을 인간에게 적용할 때 논쟁은 더 격화된다. 반기능주의자들은 자연 선택의 역할이 지나치게 강조되었다고 생각하고, 많은 형질들이 달의 색깔이나 하늘의 색깔과 같은 기능 이상은 하지 않는다고 생각한다. 이러한 관점을 공유하는 독자들에게는 다윈의 자연 선택설을 인간 행동에 적용하려는 시도가 천박한 생물학적 제국주의를 대변하는 행위처럼 보일 수도 있다. 우리는 특히 이런 생각을 가진 독자들을 환영한다. 이 책의 관점이 반기능주의적 관점과 기대 이상의 조화를 이룰 수 있음을 알게 될 것이다. 좀 더 이해를 쉽게 하기 위해서, 어떻게 진화와 인간 행동에서 자연 선택이 유일한 힘이라고 가정하지 않고도 적응주의적adaptationist 관점을 수용할 수 있는지를 설명할 필요가 있겠다.

유기체들이 환경에 잘(심지어 완벽하게) 적응한 결과가 자연이라는 주장으로 적응주의를 이해하는 경우도 있다. 하지만 어떤 경우에는 자연을 탐구하는 방법으로 적응주의를 받아들이기도 한다. 유기체를 연구하는 유용한 방법

중 하나는 “유기체가 환경에 잘 적응한다면 어떤 모습일 것인가?”라는 질문을 던지는 것이다. 이런 질문을 한다고 해서 반드시 유기체가 실제로 잘 적응했다고 믿을 필요는 없다. 새로운 환경에 살게 된 개체군이 적응할 시간이 충분하지 않을 수도 있고, 가장 적응적인 행동을 만들어 내는 돌연변이mutation가 나타나지 않을 수도 있다. 무작위로 일어나는 유전적 부동genetic drift에 의해 부적응적인 행동이 개체군 내에 퍼질 수도 있고, 종 전체가 생물학적 적합도에 민감하지 않은 문화적 진화cultural evolution의 영향을 받을 수도 있다. 이런 일들이 벌어진다면 적응주의적 입장은 실제 유기체를 설명하지 못한다. 그러나 적응주의 모형의 실패는 실제 유기체가 최적의 표현형과 얼마나 다른지를 보여 주기 때문에 유익하다(Sober, 1993b; Orzack and Sober, 1994). 따라서 우리가 진화에 자연 선택 이외의 다른 요인들도 작용한다는 점을 인정하더라도(그리고 인간 본성에 진화 이상의 것이 있다는 점을 인정하더라도), 유기체가 환경에 잘 적응한다면 어떤 모습일지를 생각해 보는 것은 여전히 유용한 방법이다.

우리는 이 책에서 진화적 이타주의, 심리학적 이타주의와 관련해서 이러한 적응주의적 방법을 적용할 것이다. 진화적 문제를 생각할 때는 유기체들에 관한 적응주의적 질문을 집단에 관한 질문으로 대체할 필요가 있다. 어떤 집단이 환경에 잘 적응하게 된다면 어떤 모습이 될까? 이 질문의 답은 개체에 관한 질문의 답과 종종 충돌한다. 또한, 개체 수준의 적응과 집단 수준의 적응, 둘 중 어느 것과도 일치하지 않는 증거들이 발견되는 흥미로운 사례들도 있다. 어떤 유기체들은 개체 수준의 적응과 집단 수준의 적응, 그 밖의 다른 요인들 사이에서 타협한 듯한 형질을 나타내기도 한다. 적응주의적 모형의 실패는 성공만큼이나 유익할 수 있다.

자연 선택이 순수하게 이기적인 동기만을 부여하지는 않았다는 것이 심리학적 이타주의에 관한 우리의 입장이다. 이 주장이 옳다고 해서 심리학적 에고이즘이 틀렸음이 증명되는 것은 아니다. 자연 선택이 아닌 다른 과정들이 자연 선택을 방해하거나 정반대의 결과를 가져올 수도 있기 때문이다. 그럼에도 불구하고, 우리는 이타주의 문제에 대한 우리의 분석이 심리학적 이타주의가 실재한다는 증거들을 제공할 수 있음을 보여 줄 것이다. 여기서 적응주의적 방법을 사용하는 목적은 이미 존재하는 것으로 알려져 있는 형질을 설명하는 것이 아니라 아직 직접적으로 관찰된 바 없는 궁극적으로 이타적인 동기의 존재를 예측하는 것이다. 누구나 평이하게 알 수 있는 것들을 설명하는 그냥 그렇고 그랬다는 이야기just-so stories(맞고 틀림을 증명할 수 없는, 사실을 기술하는 데 그치는 설명)를 만들어 내는 것은 우리의 관심사가 아니다.

이타주의의 문제는 진화적으로나 심리학적으로나 여러 수준에서 흥미를 끈다. 이타주의의 문제는 우리 모두가 겪는 일상의 경험 — 우리가 다른 사람에 대해 갖는 느낌과 타인이 우리에 대해 갖는 느낌 같은 것들 — 과도 관련이 있다. 우리는 이타주의의 존재 여부에 신경을 쓴다. 단순히 이론적 이유에서만은 아니다. 타인의 궁극적 동기를 알고자 하는 것은 개인적 의미에서도 중요하지만, 답을 찾는 일은 결코 쉽지 않다. 다른 사람이 어떤 행동을 하는 단기적 목표가 비교적 명확하게 드러난 경우라도, 그 궁극적 동기를 알기는 어렵다. 우리 마음을 들여다보면, 심지어 자기자신의 궁극적 동기조차도 명확히 알지 못할 때가 많다. 개인적인 이유에서 이타주의 문제에 관심을 갖기 시작했을 수도 있지만, 답을 구하고자 한다면, 끊임없는 호기심이 우리를 이론적인 문제로 이끌 것이다.

생물학과 심리학은 이타주의 문제를 더욱 흥미롭게 만든다. 이들 과학이 문제를 재빨리 해결해 준 덕분에, 연구자들이 어떻게 깔끔하고 간결하게 과학적 방법을 적용하여 승리의 결과를 얻었는가를 묘사하는 일만 하면 되기 때문이라서가 아니다. 오히려 그 반대다. 과학적 작업은 분명 흥미진진하다. 이타주의 문제를 더 미묘하고 헷갈리고 어려운 문제로 바꾸어 놓기 때문이다. 과학이 진리를 향해 곧장 행진해 나아가는 것도 멋진 일이지만, 과학은 그 진전이 조금 덜 직접적일수록 더 흥미로워진다. 과학의 과정을 이해하려면, 과학이라는 긴 여행의 끝에 도달한 목적지뿐만 아니라 잘못된 출발점들이나 중간에 만나게 되는 우회로들도 고려해야 한다.

주석

1 벤담과 밀이 심리학적 에고이즘이 기술적 테제descriptive thesis라고 주장했다는 점을 생각할 때, 어떻게 규범적 주장인 공리주의를 지지할 수 있는지 의문을 가질 만하다. 만약 모든 개인이 궁극적으로 자신의 안녕만을 걱정한다면 어떤 점에서 사람들이 최대다수의 최대 행복을 증진시킬 의무가 있는 것일까? 만약 당신이 어떤 행위를 해야만 한다면 그 행동을 하는 것이 가능하다는 것을 의미한다고 이야기하는 당위는 가능을 함의한다ought implies can는 원칙에 문제가 있는 것으로 보인다. 이 원칙은 만약 사람들이 심리학적 에고이스트라면 그들이 다른 사람의 안녕 자체를 목적으로 생각해서는 안 된다는 결론을 수반한다. 그럼에도 불구하고, 밀은 심리학적 에고이즘과 공리주의가 서로 일치한다고 주장했을 뿐만 아니라, 『공리주의*Utilitarianism*』라는 그의 에세이에서는 의기양양하게 에고이즘으로부터 공리주의를 도출해 낸다.

2 에고이즘의 유연성은 제인 맨스브릿지(Jane Mansbridge, 1990)의 선집 『자기 이해를 넘어서*Beyond Self-Interest*』에 실린 에세이들에 나타나 있다. 여기에 실린 글의 저자들은 다양한 분야의 사회과학자들로 사람들이 소비재, 지위, 권력을 얻으려는 자기중심적 욕구를 넘어서는 동기들을 지니고 있다고 주장한다. 사람들은 연대 의식이나 타인에 대한 염려에 영향을 받는다는 것이다. 여기서 주목할 점은 에고이스트들은 타인을 향한 충동들이 쾌락을 얻고 고통을 피하기 위한 도구에 불과하다고 주장함으로써 이 생각을 수용한다는 것이다.

3 『논리학 체계*A System of Logic*』의 각주에서 밀(Mill, 1874: 328)은 다윈의 "놀라운 추측"을 "타당한 가설"이라고 인정한다. 하지만 그는 다윈이 이 가설이 참이라는 것을 보여 주는 증거를 제시하지 않았으므로 자신의 억측을 "증명"하지 못했다고 주장했다.

4 다윈(Darwin, 1859)은 『종의 기원』에서 그가 "상징적이고 큰 의미에서 생존을 위한 투쟁Struggle for Existence"이라는 용어를 사용했다고 지적하고 있다. "… 기근을 겪는 동안에는 두 마리의 개가 누가 먹이를 얻어서 살아남을 것인가를 두고 서로 투쟁한다고 말할 수 있다. 그러나 사막의 가장자리에 있는 식물은 가뭄에 대항해서 삶의 투쟁을 벌인다고 할 수 있다." 두 마리의 개는 서로 경쟁하지만 두 식물은 적대적 환경에 대처하는 능력에서 차이가 나는 것이다. 경쟁은 직접적인 싸움warfare의 형태로 일어날 수도 있지만 다음 세대에 누가 가장 많은 후손을 남기는지 "시합contest"하는 형태를 말할 수도 있다. 집단 선택에서도 이 같은 구분이 필요하다. 집단들은 직접 싸워서 서로 경쟁할 수도 있지만 좀 더 넓은 의미에서 번식의 성공을 놓고 경쟁할 수도 있다.

. I .

진화적 이타주의
EVOLUTIONARY ALTRUISM

.1.

생물학적 개념으로서의 이타주의

일상 언어에서 이타주의라는 개념은 행위와 동기를 모두 포함하는 것 같다. 남을 돕는 일이 결코 없는 사람은 이타주의자라고 보기 어렵다. 반면, 어떤 사람들이 남을 도와주면, 우리는 이 사람들을 이타적이라고 말하기 전에 왜 도와줬는지 알고 싶어한다. 성자라고 하더라도 천국으로 가기 위한 방편으로 자기 희생적 삶을 살았다면 이기적이라고 볼 수 있을 것이다.

전통적인 이타주의의 정의에서 동기가 중요함에 불구하고, 진화생물학자들은 전적으로 생존과 번식이라는 관점에서 이타주의를 정의한다. 어떤 행위가 이타적이라고 말할 수 있으려면 그 행위가 타인의 적합도를 향상시키고 행위자 자신의 적합도는 감소시켜야 한다. 진화생물학자들의 과제는 이러한 자기희생적인 행동이 어떻게 진화할 수 있는가 하는 것이지, 행위자가 어떻게 느끼고 생각하는지, 심지어는 생각이나 느낌이 있든지 말든지 상관하지 않는다.

동기라는 핵심적 요소를 제거하고도 이타주의의 생물학적 개념을 생각할 수 있다는 것이 이상해 보일 수도 있다. 사실, 이 이상함은 양날의 칼이다. 이타주의에 관한 철학적 논의와 심리학적 논의는 동기에 너무 집중한 나머지 실제 도움 행동을 무시하기도 한다. 우리는 이 책에서 행위와 동기를 동등하게 다루고자 한다. 그러나 우선은 이 둘을 구분하는 것에서부터 시작할 것이다. 우리의 첫 번째 과제는 자신의 희생을 감수하고 타인의 이익을 도모하는 행동이 어떻게 진화하였는지를 보여 주는 것이다. 우리의 두 번째 과제는 이러한 적응적 행동을 이끌어 내도록 진화해 온 심리학적 메커니즘을 이해하는 것이다.

왜 진화학자들이 이타주의에 관해 그토록 이야기하고 싶어 안달인지를 알아보기 위해서, 소와 양의 간에서 성충기를 보내는 흡충강 기생충인 창형흡충*Dicrocoelium dendriticum*을 생각해 보자(Wickler, 1976). 창형흡충의 알은 숙주가 되는 포유류의 배설물을 통해 밖으로 배출되고, 중간숙주인 달팽이에게 먹혀서 무성생식 단계를 보내게 된다. 두 세대가 지나면 이 기생충은 세르카리아cercaria라는 유생이 되어서 달팽이의 점액질에 싸여 배출되고, 다음 중간숙주인 개미의 몸에 기생하게 된다. 한 번에 약 50마리의 세르카리아가 개미 몸속에 들어간다. 일단 개미 몸에 들어가면 이 기생충들은 위벽을 뚫기 시작하고 그중 한 마리가 개미의 뇌(식도하 신경절)에 들어가서, 뇌기생충brain worm이라고 알려져 있는 얇은 껍질의 낭종을 형성한다. 나머지 세르카리아는 두터운 껍질의 낭종을 형성한다. 뇌기생충은 개미의 행동을 조종해서 개미가 풀잎의 끝에 머물러 있도록 만든다. 이 개미는 포식자들에게 잡아먹힐 가능성이 높아지고, 이 개미를 잡아먹은 포식자는 기생충이 계속 살아갈 수 있도록 하는 최종 숙주가 된다. 창형흡충은 기생충이 숙주의 행동을 자신에게 유리한 방향으로 조종하는 흥미로운 사례 중 하나다. 그러나 우리에게 이 이야기가 재미있는 이유는 뇌기생충이 되는 한 마리의 세르카리아가 개미를 초식동물에게 잡아먹히도록 만들어 주면서 정작 자신은 숙주를 감염시킬 능력을 상실하기 때문이다. 이 세르카리아는 자신의 목숨을 희생해서 나머지 기생충들의 생애 주기를 완성하도록 돕는다. 비록 기생충이 자신의 운명에 대해 생각하거나 느낄 수 없다고 하더라도, 이런 행동을 이타적이지 않다고 말하기는 어렵다.[1]

진화적 변화를 연구하는 방법

이타 행동 모형

이타주의가 진화하는 것이 가능한지, 가능하다면 어떻게 진화할 수 있는지에 관한 질문은 진화생물학자들의 흥미를 끌었다. E. O. 윌슨(Wilson, 1975: 3)은 심지어 이 질문을 "사회생물학의 핵심 문제"라고 했다. 진화학자들이 흥미를 느낀 이유는 이타 행동이 중요하기 때문이기도 하지만, 이러한 행동을 다윈주의적 관점에서 설명하는 것이 무척 어려워 보이기 때문이다. 자연 선택은 개체가 더 많은 자손을 남기도록 도와주는 형질들이 진화하도록 한다. 이기적 행동에는 강한 이빨과 날카로운 시력을 가지는 것과 같은 선택 이익selective advantage이 있다.

박스 1.1.에는 진화생물학자들이 발전시킨 이타 행동을 설명하는 표준 모형이 제시되어 있다. 약간의 대수학적 지식이 있다면 정확하게 이해하는 데 도움이 되겠지만, 기본적 아이디어는 말로 쉽게 설명할 수 있다. 이타주의자들로 구성된 집단 *A*와 이타주의자가 아닌 개체들로 구성된 집단 *S*가 있다고 해 보자. 이타주의가 없을 때, 모든 개체들은 일정 수의 후손을 남긴다(후손의 수가 적합도의 척도가 된다). 이타주의자들은 자신이 남기는 후손의 숫자를 줄이고 집단 내에서 자신의 도움을 받는 수혜자가 남기는 후손의 숫자를 늘릴 수 있는 방향으로 행동한다고 해 보자. 이타주의자들은 자신이 속한 집단 내의 다른 이타주의자들로부터 도움을 받을 수 있지만, 그와 동시에 자기 희생적인 행동에 따르는 비용을 감수해야 한다. 이기주의자들은 어떤 비용도 들이지 않고 집단 내의 다른 모든 이타주의자들로부터 이익만을 취할 수 있다. 따라서 이타주의자들은 이중으로 불이익을 당한다. 이타적인 행동을 하는 데 따르는 직접적인 비용을 치러야 할 뿐만 아니라, 자신을 제외한 나머지 이타주의자들로부터만 도움을 받을 수 있다. 반면 이기주의자는 집단 내의 모든 이타주의자들로부터 도움을 받을 수 있다. 따라서 이기주의자들이 언제나 이타주의자들보다 더 많은 후손을 남길 것이고, 이들이 자연 선택에 의해 선호될 것임이 분명해 보인다. 이 모형은 우리가 이미 이야기했던 바를 잘 보여 주고 있다. 이타주의는 적자생존 법칙에 위배된다.

박스 1.1. 이타 행동의 수학적 모형

어떤 개체의 적합도는 생존 능력과 번식 능력을 모두 포함한다. 이 모형에서는 이타 행동이 번식능력에만 영향을 미치므로 어떤 개체가 남긴 자손의 숫자가 곧 적합도의 척도가 된다. 어떤 개체군이 n개의 개체로 이루어져 있다고 가정해 보자. 유전적으로 결정되는 두 개의 형질, 이타심(A)과 이기심(S)이 있고, 이 형질들은 각각 p와 $(1-p)$의 확률로 발생한다. 따라서 이 집단에는 np만큼의 이타주의자들과 $n(1-p)$만큼의 비이타주의자들이 있을 것이다. 이타 행동이 존재하지 않을 때, 모든 개체는 평균적으로 동일한 수의 자손(X)을 남긴다. 이타적인 개체들이 각각 자신의 자손 수를 c만큼 감소시키는 방향으로 행동하고 그 결과 이 집단의 나머지 구성원들은 자손을 b만큼 더 남길 수 있다고 해 보자. 그러면 이타주의자들의 적합도(W_A)와 비이타주의자들의 적합도(W_S)는 아래와 같이 정의될 수 있다.

$$W_A = X - c + [b(np-1)/(n-1)] \tag{1.1}$$

$$W_S = X + [bnp/(n-1)] \tag{1.2}$$

이타주의자는 이타 행동으로 $-c$의 비용을 감수해야 하지만, 집단 내에 $(np-1)$만큼 존재하는 다른 이타주의자들로부터 도움을 받을 수 있다. 나머지 이타주의자들이 $(n-1)$만큼의 개체들(자기자신을 제외한 나머지 구성원들)과 이익을 공유하기 때문에, 한 명의 이타주의자가 얻을 수 있는 이익은 $b(np-1)/(n-1)$이 된다. 비이타주의자들은 이타 행동의 비용을 치르지 않으면서 np만큼의 이타주의자들로부터 이익을 취할 수 있다. 따라서 이타주의자들은 $(-c)$라는 직접적인 비용을 감수해야 할 뿐만 아니라 이기적인 개체들에 비해서 도움을 받을 수 있는 이타주의자들의 숫자가 적다($np-1$ 대 np). 항상 W_A가 W_S보다 작다는 것은 명백하다. 따라서 이 개체군 내에서 이타주의자들은 항상 자연 선택에서 제외될 것이다.

이 모형의 변수들이 다음과 같은 값을 가진다고 가정해 보자.

개체군의 크기(n)	100
이타주의자의 비율(p)	0.5
기저 적합도(X)	10
다른 이타주의자로부터 받는 이익(b)	5
이타주의자가 치러야 하는 비용(c)	1

이타적인 유형은 자신이 비용 $c=1$ 만큼을 들여서 집단 내 수혜자 한 명의 적합도를 $b=5$만큼 향상시킬 수 있다. 한 명의 이타주의자는 49개의 다른 이타주의적 개체들로부터 b만큼의 이득을 얻을 수 있는 반면에 이기적인 유형들은 50개의 이타주의적 개체 전체로부터 이익을 얻을 수 있다. 이 숫자들을 이용해서 이타주의자들과 비이타주의자들의 적합도를 계산해 볼 수 있다.

이타주의자의 적합도: $W_A=10-1+5(49)/99=11.47$
비이타주의자의 적합도: $W_S=10+5(50)/99=12.53$

모든 구성원들의 적합도가 집단 내 이타주의자들 덕분에 향상되었지만, 이기적인 S유형이 이타적인 A유형보다 더 큰 혜택을 입는다. 위의 숫자들로부터 우리는 다음 세대의 개체군 크기 n'와 이타주의자의 비율 p'를 구할 수 있다.

전체 자손의 수: $n'=n(pW_A+(1\text{-}p)W_S)=1200$
자손들 중에서 이타주의자의 비율: $p'=npW_A/n'=0.478$

개체 수는 무한히 증가할 수 없다. 따라서 이타적 유형과 이기적 유형에서 사망률이 동일하다고 가정하고 이타주의자의 비율($p'=0.478$)에 변화가 없이 개체 수가 100으로 회복된다고 보면, 세대를 거듭할수록 이타주의자의 비율은 점차 줄어들게 되고 궁극적으로는 사라지게 될 것이다.

박스 1.1.에서 설명하고 있는 예에서(Wilson, 1989에서 인용), 우리는 초기 개체수가 100이고 이타주의자와 비이타주의자의 비율이 같다고 가정했다. 이타주의자가 없다면 이 개체군 내의 모든 구성원은 10만큼의 자손을 남길 수 있다. 이타주의자 하나가 자신의 자손 수를 하나 감소시킴으로써 집단 내 다른 구성원 하나의 자손 수를 5만큼 증가시킬 수 있다. 박스 1.1.의 식에 따르면, 평균적인 *A*유형이 11.47만큼의 자손을 남기고 평균적인 *S*유형이 12.53만큼의 자손을 남긴다는 계산이 나온다. 이 집단의 구성원들은 총 1,200개의 자손을 다음 세대에 남기는데, 부모 세대에서 0.5였던 이타주의자의 비율은 0.478로 감소하게 된다. 개체 수는 무한정 늘어날 수 없으므로, *A*유형과 *S*유형의 사망률이 동일하다는 것을 전제로 개체군의 크기가 100으로 다시 줄어든다고 하면, 이때 *A*유형은 48, *S*유형은 52개 생존할 것으로 예상할 수 있다. 이 과정이 여러 번 반복된다면 — 자연 선택이 여러 세대에 걸쳐 작용하듯이 — *A*유형은 계속해서 감소하게 되고 종국에는 사라지게 될 것이다.

다른 이야기로 넘어가기 전에, 이 모형의 몇몇 가정들은 비현실적이라는 점을 지적할 필요가 있겠다. 대부분의 생물 종은 유성생식을 한다. 그러면 왜 이 모형에서는 무성생식을 가정할까? 그 이유는 무성생식을 가정하는 것이 모형을 더 단순하게 만들어 주기 때문이고, 모형을 단순하게 유지하는 것은 중요하기 때문이다. 만약 우리가 유성생식을 가정하더라도 기본적으로 동일한 결과에 도달할 수 있다면, 설명을 쉽게 만들기 위해서 유성생식을 모형에서 제외시킬 수 있다. 또 다른 가정은 유전과 행동 간의 일대일 대응 관계가 있다고 보는 것이다. 진화생물학자들도 대부분의 생물 종에서 이런 식의 유전자 결정론은 존재하지 않는다는 점을 쉽게 인정할 것이다. 행동은 환경과 상호작용하는 복잡한 내적 메커니즘에 의해 일어난다. 이 메커니즘이 유전자의 영향을 받을 수도 있지만, 그렇다고 해서 개체들이 이타적이거나 이기적이 되도록 유전적으로 프로그램 되어 있다는 이야기는 아니다. 그럼에도 불구하고, 진화학자들은 흔히 유전자 결정론을 가정한다. 그 이유는 무성생식을 가정하는 것과 같다. 그들은 이러한 가정들이 모형을 단순하게 만들어 주면서도 모형의 기본적인 결론은 해치지 않을 것이라고 기대한다. 우리에게는 불꽃에 손을 갖다 대지 않도록 하는 유전자가 없다. 우리 안의 복잡한 심리학적 메커니즘이 우리를 그렇게 행동하도록 만들고, 그것이 마치 그런 유전자가 진화한 것처럼 보이게 만드는 것이다.

모형을 단순화시켜 주는 가정들simplifying assumptions(단순화 가정)은 수학적 모형의 정수인 동시에 아킬레스건이기도 하다. 모형을 가능한 단순하게 유지하는 것은 이타주의의 진화와 같은 주제를 탐구하는 데 절대적으로 필요하다. 그러나 제외하는 경우 모형에 차이를 가져올 수 있고 주제를 잘 이해하기 위해서는 반드시 포함시켜야만 하는 요인들을, 단순화 가정 때문에 포함시키지 않게 되는 경우도 종종 있다. 무엇을 포함하고 무엇을 제외할지를 알아내는 것은 이론 생물학이라는 과학을 예술에 버금가게 만드는 미묘한 기술이다. 이 장의 다음에 이어지는 내용들에서 우리는 유전자 결정론을 가정하는 것이 그다지 결백한 일은 아님을 보여 주려고 한다(일부 독자들은 벌써부터 유전자 결정론이 죄가 많다고 생각하고 있을지도 모른다!). 적어도 이타주의의 진화에 관한 중요한 가능성들을 가려서 알아보기 힘들게 만든다는 점에서는 결백하다고 하기 어렵다. 그럼에도 불구하고, 유전자 결정론을 가정하면 기본적인 문제들을 가장 단순한 형태로 설명할 수 있다. 따라서 당분간은 이러한 단순화 가정을 따르고, 나중에 유전자와 행동의 관계에 관한 보다 복잡하고 합당한 설명을 추가하도록 하겠다.

이제 모형으로 다시 돌아가서, *A*유형의 개체들이 자신의 자손은 하나만 늘리면서 개체군 내의 나머지 구성원들의 자손은 둘만큼 더 늘린다고 가정해 보자.[2] 이 시나리오에서 *A*유형의 개체들은 자신의 적합도를 향상시키는데도 불구하고 멸종에 이르게 되는데, 그 이유는 다른 개체들의 적합도를 자신보다 더 많이 향상시키기 때문이다. 이러한 결론은 동료 닭들이 빈둥거리는 동안 혼자서 빵 만드는 일을 다 하는 붉은 암탉 이야기the little red hen(역주: 미국에서 잘 알려진 우화로 붉은 암탉이 밀을 발견해서 키우고 밀가루로 만들고 빵을 굽기까지 다른 닭들이 아무도 도와주지 않다가 빵이 완성되고 나서야 먹는 것을 도와주겠다고 나선다는 이야기다. 원작에서 붉은 암탉은 이 도움을 거절하고 자기 병아리들하고만 빵을 나누어 먹는다)에 잘 나타나 있다. 우리가 만약 이야기의 결말을 바꾸어서, 붉은 암탉의 친구들이 무임승차에 성공해서 식탁에 둘러앉아 빵을 나누어 먹었다고 가정해 보자. 이때 붉은 암탉이 자신의 노력을 보상할 수 있을 만큼 충분한 양의 빵을 먹을 수 있다고 하더라도, 상대적 손익을 따져 보면 아무런 비용도 지불하지 않고 이익을 취하는 다른 닭들보다 항상 손해를 보게 된다. 이런 식의 상호작용을 우리의 진화 모형에 적용해 보면, 붉은 암탉은 상대적으로 더 적은 자손을 남길 것이고, 붉은 암탉 종은 멸종할 것이다. 이것은 남을 위해 자신의 절대적 적합도를 감소시키는 경우만큼이나 명백하다. 일반적으로, 진화적 성공은 **상대적** 적합도에 의해 결정된다(Williams, 1966). 얼마나 많은 자손을 남기느냐가 문제가 아니라, 가장 많은 자손을 남기는 것이 중요하다.

이타주의는 어떻게 진화할 수 있는가?

우리의 모형에 따르면 이타주의의 진화는 불가능하고 진화는 본질적으로 이기심을 촉진하는 과정인 것처럼 보인다. 반대로 집단이 둘 이상 존재한다고 가정하면 이타주의가 진화할 수 있음을 쉽게 보여 줄 수 있다. 그림 1.1.은 두 집단으로 구분되는 개체군의 가장 단순한 예를 보여 준다. *A*와 *S* 유형의 적합도는 박스 1.1.의 수식대로 결정되고, 우리가 처음에 보여 주었던 예시와 마찬가지로 전체 개체군에서 이타주의자와 비이타주의자의 숫자는 동일하다. 그러나 이번 사례에서는, 한 집단은 이타주의자가 20퍼센트를 차지하고 다른 집단에서는 이타주의자가 80퍼센트를 차지한다. 두 집단을 따로따로 본다면 우리는 이전과 동일한 결론에 이르게 된다 — 이기적인 유형이 이타적인 유형보다 더 많은 자손을 남길 것이다. 그러나 두 집단을 함께 고려하면 정반대의 답을 얻게 된다. 이타적 유형이 이기적 유형보다 더 많은 자손을 남기게 되는 것이다.[3] 이 결과는 정말로 신기해서, 독자들에게 빨리 박스 1.2.를 보고 숫자를 직접 확인해 보라고 재촉하고 싶은 마음이 든다. 마법이나 신비 같은 것은 없다. 이타주의자들은 각 집단 내에서는 그 비율이 감소하지만, 전반적으로는 증가하게 된다. 그 이유는 두 집단이 전체 개체군에 기여하는 정도가 서로 다르기 때문이다.

그림 1.1.에서 볼 수 있는 이타주의의 성공은 심슨의 패러독스(Simpson, 1951; Sober, 1985, 1993b에서 논의된 바 있음)라고 불리는 통계적 현상의 일례다. 심슨의 패러독스를 보여 주는 생물학적이지 않은 다른 사례를 살펴보면 이런 직관에 반하는 결과를 이해하는 데 도움이 될 것이다. 1970년대 캘리포니아 대학교 버클리 캠퍼스는 대학원 입시에서 여성을 차별한다는 의심을 받았다(Cartwright, 1978). 여성의 합격률이 남성보다 낮았고, 그 차이는 우연이라고 하기에는 너무 컸다. 대학에서는 학과 단위로 합격자 비율을 조사했으나 어떤 학과에서도 남녀의 합격률에 차이가 없었다. 학교 전체로 보면 여성 합격률이 남성 합격률보다 명백하게 더 낮았는데, 학과별로 보면 그렇지 않았던 것이다.

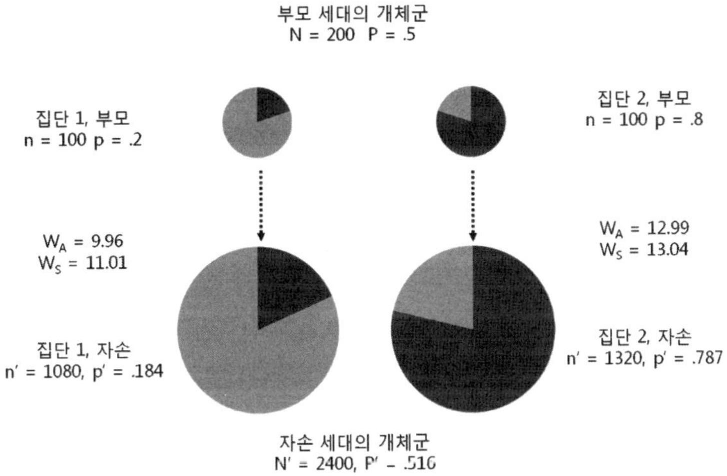

그림 1.1. 크기가 n = 100인 두 집단(작은 원)으로 이루어진 어떤 무성생식 개체군에서의 이타적 유형과 이기적 유형의 진화. 이타적 유형(검정색)은 집단 1의 20퍼센트, 집단 2의 80퍼센트를 이룬다. 자손 세대에서 각 집단 내 이타주의자의 비율은 감소하지만(검정색 조각의 크기가 줄어듦), 이타주의자가 많은 집단의 크기(1320)가 이기주의자가 많은 집단의 크기(1080)보다 더 커진다. 그 결과, **전체** 개체군(n′ = 2400)에서 이타주의자의 비율이 증가한다. 두 집단의 자손 수를 더하는 것은 두 집단의 구성원이 주기적으로 합쳐진 다음 다시 새로운 집단을 형성하거나 새 집단이 형성되는 과정에서 서로 경쟁하는 경우에만 생물학적으로 정당화될 수 있다.

여성들이 합격률이 낮은 학과에 지원하는 경향이 있다는 사실이 밝혀진 뒤에야, 이 역설적 현상을 명확하게 이해할 수 있게 되었다. 어떻게 이런 일이 벌어질 수 있는지를 이해하기 위해서 90명의 여성과 10명의 남성이 합격률이 30퍼센트인 학과에 지원했다고 가정해 보자. 이 학과는 성차별 없이 학생을 선발했고, 그 결과 27명의 여성과 3명의 남성이 합격했다. 또 다른 학과에서는 합격률이 60퍼센트였는데, 10명의 여성과 90명의 남성이 지원했다. 이 학과도 차별 없이 학생을 선발했고 그 결과 6명의 여성과 54명의 남성이 선발되었다. 두 학과를 합쳐서 생각해 보면, 100명의 남성과 100명의 여성이 지원했는데, 여성은 33명만 합격하고 남성은 57명이 합격했다는 결과를 얻게 된다. 각각 떼어놓고 보면 성별에 따른 차이가 없지만, 두 학과를 종합적으로 보면 차이가 생기는 것이다. 이는 두 개의 학과가 전체 합격자 수를 결정하는 데 기여하는 정도가 달랐기 때문에 나타난 결과이다. 똑같은 원리로, 개별 집단에서는 이타주의자의 비율이 감소하더라도 두 집단 전체에서 이타주의자의 비율은 증가할 수 있다. 각 집단이 개체군 전체의 자손 수를 결정하는 데 기여하는 정도가 다르기 때문이다.

이타주의의 진화 문제로 다시 돌아가 보자. 두 집단의 자손 수를 합치는 것은, 생물학적으로 정당화되지 않는 한, 그저 통계적 눈속임에 불과하다는 점을 강조할 필요가 있다. 만약 두 집단이 영원히 분리된 집단이라면, 앞에서 살펴보았듯이, 자연 선택은 각 집단 내에서 이타주의자들을 제거해 나갈 것이다. 그림 1.1.에서 보여 주고 있는 이타주의자 비율의 전체적인 증가는 대수롭지 않은 일시적인 현상에 그치게 될 것이다. 그러나 두 집단의 자손들이 흩어져서 물리적으로 합쳐졌다가 다시 새로운 집단을 형성하는 상황을 생각해 보자. 이 경우에 두 집단의 자손 수를 더하는 과정은 적절하며, 그림 1.1.에서 나타나는 증가된 이타주의자 비율은 다음 세대의 평균 이타주의자 비율이 될 것이다. 이 과정이 여러 세대에 걸쳐 반복된다면, 단일 집단의 사례에서 이기적 개체들이 이타주의자들을 대체했던 것처럼, 이타주의자들이 점차 증가하고 이기적인 유형들은 감소하게 될 것이다. 물론, 어떻게 세대를 거듭하여 이타주의자들이 이타주의자들과 모여 살고 이기적인 개체들은 이기적인 개체들과 모여 살게 되는지의 문제가 남아 있다. 우리는 뒤에서 여기에 대한 설명과 생물학적 사례를 제시할 것이다. 그러나 지금은 우리가 얻은 바를 다음과 같은 문장으로 정리해 두려고 한다: **이타주의는 이타주의자와 비이타주의자가 서로 다른 집단에 모여 있는 한 진화할 수 있다.**

박스 1.2. 두 집단 모형에서의 변수들

	집단 1	집단 2
n	100	100
p	0.2	0.8
W_A	$10-1+5(19)/99=9.96$	$10-1+5(79)/99=12.99$
W_S	$10+5(20)/99=11.01$	$10+5(80)/99=14.04$
n'	1080	1320
p'	0.184	0.787

	전체 개체군
N	$100+100=200$
P	$[0.2(100)+0.8(100)]/200=0.5$
N'	$1080+1320=2400$
P'	$[0.184(1080)+0.787(1320)]/2400=0.516$

집단 선택

그림 1.1.에서 이타주의자의 비율은 각 집단 내에서는 감소했지만 전체적으로는 증가했다. 이런 흥미로운(그리고 많은 사람들의 직관에 반대되는) 결과를 얻기 위해서는 어떤 조건이 필요할까? 첫째, 하나 이상의 집단이 존재해야

한다. 다시 말해, **집단군**a population of groups이 필요하다. 둘째, 집단마다 이타주의자의 비율이 **달라야** 한다. 셋째, 이타주의자의 비율과 그 집단의 결과물 사이에 직접적인 관련성이 있어야 한다. 이타주의자가 있는 집단이 이타주의자가 없는 집단보다 **더 적합해야**(더 많은 자손을 남겨야) 한다. 넷째, 집단들은 서로 격리되어 있지만(집단 1에 속한 S유형은 집단 2에 속한 A유형으로부터 혜택을 입지 못한다), 격리되어 있지 않다고도 볼 수 있다(두 집단의 후손들은 서로 섞이거나, 새로운 집단을 형성하는 과정에서 경쟁한다). 위의 조건들이 다집단 모형multigroup model에서 이타주의가 진화하기 위한 필요조건이다. 충분조건은 집단 간의 적합도 차이(이타주의자를 선호하는 진화력)가 한 집단 내에서 개체들 간의 적합도 차이(이기적 유형을 선호하는 진화력)를 상쇄할 만큼 강해야 한다는 것이다.

이런 조건들은 다윈의 자연 선택 이론의 바탕이 되는 기본 공식과 유사하다. 다윈의 이론에서는 **다양한** 유전 형질을 가진 **개체군**을 필요로 하며, 변이의 종류에 따라서 **적합도에 차이**가 있다. 이러한 유사성은 이타주의 진화의 네 번째 조건에서도 찾아볼 수 있다. 개체들 또한 (집단과 마찬가지로) 서로 격리된 단위이면서 새로운 개체를 생산하는 과정에서 서로 경쟁하기 때문이다. 따라서 자연 선택은 생물학적 위계에서 하나 이상의 수준에서 작용할 수 있다. 서론에서도 소개했듯이, 다윈은 인간의 도덕성에 관한 논의에서 이점을 명백하게 이야기한 바 있다. 집단 선택은 집단의 상대적 적합도를 극대화하는 형질을 선호한다. 이타주의는 개체 선택의 관점에서 보면 부적응적이지만 집단 선택의 관점에서 보면 적응적이다. 집단 선택의 과정이 충분히 강력하다면 이타주의가 진화할 수 있다.

이야기를 계속하기 전에, 집단 선택의 개념을 뇌기생충에서의 이타주의 진화에 적용해서 설명해 보기로 하자. 이 기생충(창형흡충)의 개체군이 뇌기생충이 될 개체들(A유형)과 그렇지 않은 개체들(S유형)로 구성되어 있다고 가정하자. 뇌기생충이 될 개체들은 단일 유전자의 변이single mutation로 결정된다고 가정하자.[4] 이 유형의 기생충알은 다른 유형의 알과 함께 달팽이에게 먹힌다. 쉽게 설명하기 위해서, 달팽이 한 마리가 평균 다섯 개의 기생충

알을 먹는다고 가정하자. 달팽이 뱃속에 들어간 뇌기생충이 될 알은 나머지 네 개의 알과 함께 미니어처 개체군을 이루게 된다. 뇌기생충이 될 형질은 달팽이 몸 안에서는 발현되지 않기 때문에, 이 미니어처 개체군은 무성생식을 통해 더 큰 개체군으로 성장하게 되고, 뇌기생충이 될 유형의 비율은 1/5=0.2로 유지될 것이다. 이 개체군은 점액포에 싸여 달팽이 몸 밖으로 나온 뒤 개미에게 먹힌다. 설명을 단순하게 하기 위해서, 모든 개미가 50개의 기생충 알을 먹으면 감염이 된다고 가정하겠다.

이 단계에서 기생충들은 다수의 격리된 집단(개미들) 속에서 살아가게 된다고 볼 수 있다. 여기서 집단의 크기는 50이다. 대부분의 집단은 *S*유형으로만 구성되어 있고, 한 집단만 *S*유형 40, *A*유형이 10마리($p=0.2$)로 구성되어 있다. 이제 *A*유형과 *S*유형의 행동적 차이가 모습을 드러낼 때다. *A*유형들 중 한 마리가 식도하 신경절에 들어가서 뇌기생충이 되는 것이다. 나머지 *A*유형 개체들은 *S*유형 개체들과 마찬가지로 두터운 껍질의 낭종을 형성하게 된다. 집단 내에서 단 하나의 개체만이 이타적 행위를 할 수 있는 것이 바로 이 형질의 특성이다. 뇌기생충은 죽음을 맞이할 운명이기 때문에, 개체수는 49로 줄어들어서 9마리의 *A*유형과 40마리의 *S*유형이 남게 된다. *A*유형의 빈도는 원래의 $p=0.2$에서 $p'=0.183$으로 낮아진다. *A*유형은 명백하게 집단 내에서 상대적으로 낮은 적합도를 가지게 되기 때문에, 직관적으로 볼 때 이타적인 것처럼 보인다. 그러나 뇌기생충이 되지 않은 나머지 *A*유형의 생존을 고려해 보면, 희생의 정도는 처음 생각했던 것보다 크지 않다. 어쨌든, 이타적 특질이 집단 내에서 선택받지 못한다는 것은 분명하다. 이 상황을 좀 더 친숙한 개념을 사용해서 생각해 보자. 당신이 50명 규모의 집단에 속해 있고, 한 사람이 위험한 행동을 해야만 하는 상황이라고 가정해 보자. 누가 이 행동을 할 것인지를 결정하기 위해서 10명이 제비 뽑기를 하기로 했다. 나머지 40명이 말한다. "당신들이 제비 뽑기를 하기로 했다니 정말 대단해요! 힘내세요!" 이 상황에서 위험을 감수하기로 한 10명은 이타적이고 나머지 40명은 무임승차자라는 것은 명확하다.

다음으로 우리는 집단 수준에서 적합도를 계산해야 한다. 개미들 중 몇 마리는 풀잎의 끝에 서 있지 않더라도 가축들에게 잡아먹힐 것이고, 이 경우 기생충의 생애주기를 완성하기 위해서 뇌기생충이 필요하지 않다. 따라서 우리는 뇌기생충이 개미가 가축들에게 먹힐 확률을 E_1에서 E_2로 증가시킴으로써(E2 > E1) 집단의 적합도를 증가시킨다고 가정할 것이다. 가축에게 먹힌(뇌기생충을 제외한) 모든 기생충은 동일한 수의 자손을 남긴다. 이러한 특징은 적합도가 다산성fecundity보다는 생존에 의해 결정되도록 한다.

이제 우리는 집단 내 적합도와 집단 간 적합도를 알 수 있고, 이 정보를 종합해서 어느 수준에서의 선택이 더 우세한지를 알아볼 수 있다. *A*유형들에게 반가운 소식은, 이들이 가축에게 먹힐 확률이 항상 더 높다는 것이다(E2). 나쁜 소식은, 누군가 하나는 죽을 운명에 처해야만 한다는 것이다. 전체 개체군에서 *A*유형의 평균 적합도(여기서는 뇌기생충이 되지 않고 살아남아서 가축에게 먹힐 확률과 동일)는 $W_A=0.9(E_2)$가 된다. *S*유형들에게 반가운 소식은 때때로 자신이 속한 그룹에 *A*유형이 있어서 아무런 비용을 들이지 않고 그들의 이타적 행동으로부터 이득을 취할 수 있다는 점이다. 나쁜 소식은 때로는 이타적인 개체가 없는 집단에 속할 수도 있다는 점이다. 두 유형이 섞여 있는 집단에서 *S*유형이 차지하는 비율을 q라고 할 때, 전체 개체군에서 *S*유형의 평균 적합도는 $W_s=q(E_2)-(1-q)(E_1)$이 된다. *A*유형이 단일 돌연변이로부터 비롯된다면, *S*유형이 *A*유형과 같은 집단에 속할 확률은 매우 낮아지게 되어서(q는 0에 가까워지고), *S*유형은 실질적으로 좋은 소식은 하나도 듣지 못하고 나쁜 소식만을 듣게 될 것이다.[5] *A*유형이 단일 집단 내에서는 개체수가 감소한다고 하더라도, $(0.9)E_2 > E_1$, 또는 $E_2/E_1 > 1.11$일 때, 전체 개체군에서는 증가할 수 있다. 따라서 가축에게 먹힐 확률이 약간만 증가하더라도 뇌기생충의 자살 행위는 개체 수준에서의 비용을 넘어서는 집단 수준의 이득을 가져올 수 있다. 일단, 자연 선택이 개체 수준뿐만 아니라 집단 수준에서도 작용할 수 있다는 점을 깨닫기만 한다면, 진화적인 관점에서의 설명이 불가능할 것 같았던 행동이 쉽게 설명될 수 있는 것이다.

이 사례는 추상적인 형태로 제시되었을 경우 말이 되지 않는 것 같았던 두 집단 모형의 가정들이 어떻게 생물학적으로 타당할 수 있는지를 보여준다. 두 집단 모형은 이타적인 유형과 이기적인 유형이 각기 다른 집단에 모여 있는 것을 전제로 한다. 이 전제의 생물학적 타당성은 달팽이 몸속에서 일어나는 기생충의 증식과정으로 설명될 수 있는데, 달팽이 몸속이라는 제한된 공간 안에서 일어나는 무성생식을 통해 이타적인 돌연변이의 자손들이 단일 집단 내에 집중적으로 분포하게 된다. 두 집단 모형에서는 집단들이 이타주의의 이득이 작용할 수 있을 정도로 서로 고립되어 있으면서도 새로운 집단의 형성이 가능해야 한다. 이러한 조건은 기생충의 개체군 구조 population structure에 의해 자연스럽게 충족된다. 뇌기생충은 자신의 집단에 속한 개체들에게만 도움이 되지만, 전체 개체군 수준에서 볼 때 뇌기생충이 있는 집단들은 그렇지 못한 집단보다 더 경쟁력이 있다. 그림 1.1.에서 두 집단을 산술적으로 더하는 것은 소와 양의 간에서 여러 집단으로부터(역주: 여러 다른 개미들로부터) 온 기생충들이 뒤섞이는 상황에 정확하게 대응된다.

우리는 한 개체군에 낮은 빈도로 존재하는 뇌기생충이 진화할 수 있음을 보였지만, 아직 이러한 과정이 이기적인 유형을 멸종시킬 수도 있는지는 확인하지 못했다. 이번에는 대부분 *A*유형으로 구성되고, 단일 *S*유형 돌연변이가 존재하는 개체군을 가정해 보자. 기생충들이 개미 몸속에 있는 단계에서 대부분의 집단은 *A*유형으로 구성되어 있고 한 집단만 40개의 *A*유형과 10개의 *S*유형으로 구성되어 있다고 가정해 본다($p=0.8$). 비록 *A*유형이 뇌기생충이 될 확률이 1/10에서 1/40로 낮아졌지만, 여전히 집단 내에서 *A*유형은 자연 선택을 거스른다. 집단 간에는 유전적 차이가 존재하지만, 이 차이는 집단 수준에서 적합도 차이를 가져오지 않는다. 왜냐하면 모든 집단에는 적어도 하나의 *A*유형이 있기 때문이다. 그 결과, 집단 선택은 일어나지 않고, *S*유형은 전체 개체군 내에서 점차 증가하게 된다. *A*유형과 *S*유형 둘 다 낮은 빈도로 존재하더라도 "개체군을 점령"할 수 있다. 즉, *A*유형의 비율이 거의 100퍼센트에 가까운 경우에도 *S*유형의 개체 수는 증가할 수 있고, *S*유형이 거의 100퍼센트에 가까울 때도 *A*유형의 개체 수는 증가할 수 있다. 그 결과, 개체군 내에서 두 가지 형질이 모두 유지될 수 있다. 다시 말해, 이 개체군은 안정적 다형성stable phlymorphism을 가지도록 진화하게 된다. 이타주의자가 존재하지 않는 집단에 속하게 될 불이익이 집단 내에서 얻을 수 있는 무임승차의 이득과 같아질 때, 평형 빈도equilibrium frequency에 도달하게 되는 것이다.

창형흡충은 실제로도 이타적 개체들과 이기적 개체들로 이루어져 있을까? 실제로 어떤 개미들은 이 기생충을 몸에 지니고 있으면서도 모든 기생충이 무임승차하는 개체들이어서 풀잎 끝에 서 있지 않게 된다는 것을 증명할 수 있을까? 안타깝게도, 진화생물학은 이론가들의 예측을 검증하기를 열망하는 실험 과학자 군단을 갖추고 있는 물리학과는 사정이 다르다. 위클러(Wickler, 1976)가 뇌기생충을 이타주의의 진화의 사례로 사용했고, 윌슨(Wilson, 1977a)이 다형성의 가능성을 예측한 이후로, 아직 관련 연구가 등장하지 않았다. 아직까지 아무도 달팽이가 먹게 되는 기생충 알의 개수나 개미가 먹게 되는 점액질 덩어리의 개수 같은, 모형의 기초적인 파라미터들을 추정해 보지 않았다. 자연사에서 뇌기생충은 매혹적인 이타주의의 추정적*prima facie* 사례로 남아 있지만, 구체적인 부분들은 짐작에 머물러 있다.

이타주의는 집단 수준 적응 중 하나에 불과하다

우리는 앞에서 이타주의가 집단 선택에 의해 진화할 수 있음을 보였다. 중요한 것은 집단의 상대적 적합도를 증가시킬 수 있는 행동이라면 무엇이든지 집단 선택의 대상이 될 수 있다는 점이다. 이타주의는 이러한 정의에 부합한다. 그러나 이타주의는 집단 내에서 개체의 상대적 적합도를 감소시킨다는 특징도 가지고 있다. 다시 말해서, 진화적 이타주의라는 개념은 타인의 이익과 자신의 손해라는 두 차원으로 이루어져 있다. 집단 내에서 개체의 적합도를 감소시키지 않으면서 집단의 적합도를 증가시키는 형질 또한 집단 선택에 의해 진화할 수 있지만, 우리의 정의에 따르면 이런 형질은 이타적이라고 할 수 없다. 집단 내에서와 집단 간에서 모두 유리하게 작용하는 형질도 상상해 볼 수 있다. 요컨대, 이타주의는 집단에 유리하게 작용하는 여러 형질들로 이루어진 집합의 부분집합에 해당한다.

이타주의는 집단 선택에 의해 선호되는 형질들의 일부에 불과할 뿐만 아니라, 유별나게 열등한 형질이다. 다시 뇌기생충 사례로 돌아가서, 자신을 희생하지 않고도 개미의 행동을 조종할 수 있는 새로운 돌연변이가 생겨났다고 가정해 보자. 이 경우 개체의 희생 없이도 집단을 이롭게 할 수 있다. 이 새로운 유형은 분명히 이타적인 *A*유형을 대체하게 될 것이다. 집단을 위한 자기 희생이 집단 선택에 의해 진화할 수는 있지만, 자기 희생 그 자체가 진화적으로 유리한 것은 결코 아니다. 이 점은 중요하다. 설명을 필요로 하는 극단적 이타주의가 자연 상태에서는 매우 드문 현상일 수 있음을 보여 주기 때문이다. 극단적 이타주의가 드물게 나타나는 이유는 (a) 그런 행동이 진화할 만큼 충분히 강력한 집단 선택이 일어나는 일은 매우 드물고, (b) 대개는 그런 극단적인 자기 희생 없이도 집단에 이득이 되는 방법이 있기 때문이다.

이타주의와 집단 수준의 적응 간의 차이점은 이 책의 1부를 시작하며 실었던 삽화에 잘 나타나 있다. 작은 물고기들이 무리를 지어서 큰 물고기 모양을 만들고 포식자를 쫓아내는 것은 분명히 적응적인 행동이다. 이 행동이 우연히 진화했거나 집단 내에서 개체의 상대적 적합도를 극대화하기 위한 행동의 부산물로 진화했을 개연성은 매우 낮다. 이러한 행동은 아마도 여러 가지 모양으로 무리 지어 다니는 작은 물고기 집단들 중에서 큰 물고기를 닮은 모양으로 무리 짓는 물고기들이 더 많은 자손을 남기게 되는 식의 선택 과정을 거쳐 진화했을 것이다. 그러나 이 과정에서 이타주의가 필요한지 여부는 명확하지 않다. 큰 물고기 모양을 이루는 작은 물고기들의 위치에 따른 이득과 손실의 분포가 이타주의의 필요성 여부를 결정할 것이다. 아마도 어떤 물고기들은 자발적으로 집단 내에서 가장 위험한 위치를 선택할 것이고, 이 경우 이타주의가 개입된다고 볼 수 있다. 그러나 모든 자리가 똑같이 위험하거나, 물고기들의 위치가 무작위로 결정되거나, 일부 물고기들이 다른 물고기들에 의해 가장 위험한 위치로 밀려나도록 강요받을 수도 있다. 이타주의가 얼마나 개입되었든 간에, 우리는 이 물고기들이 집단 수준에서 잘 적응했다고 평가할 수 있을 것이다.

평균의 오류

지금까지의 설명으로 이타주의의 진화가 쉽게 설명될 수 있고 "사회생물학의 주요한 이론적 문제"가 해결된 것처럼 보일 수 있다. 그러나 진화 관련 문헌에 익숙한 사람이라면 이타주의가 여전히 논란 많은 주제임을 알고 있을 것이다. 우리가 이타주의 진화의 메커니즘으로 제안했던 집단 선택은 중요한 진화력이 아닌 것으로 여겨지는 경우가 많다. 사람들은 자기 희생을 통해 타인의 이익을 증진시키는 것처럼 보이는 행동은 대개 "겉보기에" 이타적인 것일 뿐, 자연에서 "진정한" 이타주의란 찾기 어렵다고들 말한다.

이러한 논쟁의 본질을 이해하기 위해서, 그림 1.1.의 두 집단 모형으로 돌아가 보자. 이 모형에서 각 집단 내에서는 이타주의가 감소하지만, 이타적 집단이 비이타적 집단보다 더 적합하기 때문에 개체군 전체로 보면 이타주의가 진화하게 됨을 보여 준다. 이타주의가 진화한다는 것을 보여 주는 또 다른 방법은 개체 적합도의 단순 평균을 구하는 것이다. 집단 1에 속한 20개의 *A*유형이 각각 9.96개의 자손을 남기고, 집단 2에 속한 80개의 *A*유형이 각각 12.99개의 자손을 남긴다고 할 때, *A*유형의 평균 자손 수는 12.38개가 된다. 집단 1에 속한 80개의 *S*유형이 11.01개의 자손을 남기고, 집단 2에 속한 20개의 *S*유형이 14.04개의 자손을 남긴다고 할 때, *S*유형의 평균 자손 수는 11.62개가 된다. 전체 개체군에서 평균적인 *A*유형이 평균적인 *S*유형보다 더 적합하기 때문에 *A*유형이 진화하게 되는 것이다.

이러한 방식의 적합도 계산법은 모형을 왜곡하지 않으면서도 간결하다는 매력이 있다. 사실, 여기서 *A*유형이 "개체 선택"에 의해 진화하고 평균적인 *A*유형이 평균적인 *S*유형보다 더 적합하기 때문에, 결국은 이기적이라는 결론을 내리기 쉽다. 요컨대, 적합도를 집단 내에서 비교하는지, 여러 집단의 평균을 구한 뒤 비교하는지에 따라서, 같은 특질이라도 이타적으로 보이거나 이기적으로 보일 수 있는 것이다.

개체 선택을 정의하기 위해서 여러 집단의 평균 적합도를 사용하면 안 되는 이유는 무엇일까? 한 가지 문제는 이런 식의 정의는 어떤 종류의 자연 선택 과정이 관여하는지를 구별하지 않고 진화하는 것이라면 무엇이든지 다 포함한다는 것이다. 한 집단 모형(박스 1.1.)에서 평균적인 *S*유형은 평균적인 *A*유형보다 더 적합하기 때문에 개체 선택에 의해 진화한다. 두 집단 모형(그림 1.1.)에서 평균적인 *A*유형은 평균적인 *S*유형보다 더 적합하기 때문에 개체 선택에 의해 진화한다. 만약 우리가 집단 간 편차가 줄어들도록 두 집단 모형을 변형시킨다면, *S*유형이 다시 더 적합한 특질이 될 것이고 개체 선택에 의해 진화할 것이다. 이렇게 집단에 관계없이 평균을 내는 방법을 사용하면 "개체 선택"이 "자연 선택"의 동의어가 된다. 하나 이상의 집단이 존재하고 집단 간 적합도에 차이가 있다는 사실은 개체 선택의 개념에 포함되므로 집단 선택은 더 이상 존재하지 않게 된다. 집단 선택은 이론적으로 일어날 수 없는 과정이 되고, 존재 여부는 선험적으로 결정되어 버린다. 집단 선택은 의미론적 틀 안에서 설 자리를 잃게 된다.

평균을 사용하는 접근법을 피해야 하는 또 다른 이유는 이 방법이 진화적 결과에 기여하는 개별적 인과 과정들을 구별해 내지 못하도록 만들기 때문이다. 이타주의가 진화할 때는 일반적으로 두 개의 과정이 관여한다. 집단 간 선택은 이타주의의 진화를 선호하고, 집단 내 선택은 이기주의의 진화를 선호한다. 이 두 과정은 서로 대립된다. 이타주의가 진화한다는 것은, 집단 선택 과정이 여기에 대립되는 방향의 진화력을 압도할 정도로 충분히 강력했다는 뜻이다. 한 개체군 내에서 이 두 개의 과정이 작용할 때 무슨 일이 벌어지고 있는지를 기술할 수 있는 적절한 인과적 분석이 필요하다. 진화된 특질이 평균적으로 더 높은 적합도를 가지고 있다는 요약적 기술은 이렇게 구체적인 과정을 보여 주지 못하며 어떤 과정이 그러한 결과를 만들어 냈는지 구분하지 않는다. 어떤 특질이 다른 특질보다 더 적합한 이유가 순전히 개체 선택으로 인한 것일 수도 있고, 순전히 집단 선택으로 인한 것일 수도 있고, 두 과정이 모두 작용했기 때문일 수도 있다. 결과에 대한 기술은 무엇이 원인이었는지 구체적으로 설명해 주지 못한다.

이 문제는 굳이 자연 선택 이론에만 국한된 문제가 아니라 어떤 과학이라도 빠질 수 있는 문제다. 철수가 당구공을 동쪽으로 밀고 있고 영수가 서쪽으로 밀고 있다고 가정해 보자. 영수가 공을 더 세게 밀면 공은 서쪽으로 움직일 것이다. 여기서 결과는 하나지만 원인은 두 가지다. 당신이 이 뉴턴식 문제를 벡터로 표현한다면, 동쪽을 가리키는 짧은 화살표와 서쪽을 가리키는 긴 화살표를 그릴 수 있을 것이다. 그런 다음에 두 개의 벡터를 더해서 서쪽을 가리키는 하나의 화살표를 그리게 될 것이다. 이것이 곧 합력 resultant force이다. 만약 당신이 공의 궤적에만 관심이 있다면 합력을 아는 것만으로도 충분할 것이다. 그러나 여기에 작용하는 과정을 이해하는 것이 목적이라면, 합력만으로는 충분하지 않다. 심슨의 패러독스는 원인이 되는 요소들을 파악하지 않고 최종 결과에만 초점을 맞추는 것이 얼마나 혼란스러울 수 있는지를 보여 준다. 집단 내 선택과 집단 간 선택의 개별적 효과를 단일 측정치로 표현하게 되면, 진화생물학에서도 이 같은 혼란이 일어나게 된다.[6]

이러한 문제점들을 고려할 때, 진화 모형에서 이타주의와 이기주의를 정의하기 위해서 평균을 구하는 접근법을 사용하는 것을 "평균의 오류 averaging fallacy"라고 불러도 좋을 것 같다(Sober, 1984). 실제로 집단 선택이 존재하지 않는다는 주장을 하면서 평균의 오류를 범한 사례가 있을까? 어떤 의미에서 이 질문에 대한 답은 **아니오**이다. 이 주제를 연구해 온 주요 연구자들은 모두 집단 선택이 원칙적으로 일어날 수 있다고 가정했고 이 과정이 자연에서 얼마나 강하게 작용했는지에 관한 질문에 집중했다(예를 들어

Williams, 1966, 1992; Dawkins, 1976, 1982, 1989; Maynard Smith, 1964, 1976; Alexander and Borgia, 1978; Alexander, 1987). 누구도 집단 선택이 절대 불가능하다고 진지하게 주장한 적은 없다.

그러나 또 다른 의미에서 대답은 예다 — 절실하게, 명백하게, 혼란스럽게, 예라고 대답할 수 있다. 비록 일반적인 형태를 띠고 있지는 않더라도, 구체적인 사례들에서 평균의 오류를 흔히 발견할 수 있다. 사실, 우리는 생물학계에서 집단 선택과 이타주의에 관한 논란이 단순히 평균의 오류를 제거하는 것만으로도 대부분 해결될 수 있다는 대담한 주장을 펼치고자 한다. 이타주의의 진화는 쉽게 설명될 수 있고, 진정한 이타주의는 자연 상태에 존재하며, "사회생물학의 주요한 이론적 문제"는 이미 해결된 상태다.

우리의 주장이 터무니없게 들릴 수도 있겠지만, 평균을 구하는 방법이 매혹적일 만큼 단순하며, 집단이 시간적으로나 공간적으로나 매우 다양하다는 점을 안다면, 이 주장이 좀 더 합당하게 다가올 것이다. 어떤 집단들은 여러 세대에 걸쳐 물리적으로 고립된 상태를 유지하기도 하고, 우리가 살펴보았던 뇌기생충의 사례에서처럼 어떤 집단들은 생애 주기의 일정 기간 동안만 물리적 고립 상태가 유지된다. 어떤 집단들은 사냥 집단hunting pack처럼 사회적으로 정의되기도 한다. 집단의 특성에 대해서는 2장에서 더 자세히 다루게 될 것이다. 지금은 생물학자가 어떤 집단에 대해서는 평균의 오류를 범하지 않으면서 다른 집단에 대해서는 오류를 범할 수 있다는 이야기만으로도 충분할 것 같다.

이타주의와 집단 선택을 놓고 벌어지는 논란에는 하나의 이론적 배경을 반박하는 경험적 사실들을 직접적으로 검증하는 문제 이외에도 다른 많은 문제들이 관련되어 있다. 이제 그 이유를 살펴볼 차례다. 진화적 과정을 바라보는 양립 불가능한 관점들 — 원한다면 이러한 관점들을 패러다임이라고 불러도 좋다 — 도 여기에 포함된다. 우리는 두 개의 패러다임을 쉽게 이해할 수 있으며 한 패러다임의 설명을 다른 패러다임으로 번역할 수도 있다. 그러나 한 패러다임에서 사용하는 "개체 선택"의 개념을 다른 패러다임에서 사용하는 "집단 선택"의 개념을 반박하는 데 이용한다면, 혼돈과 헛된 논란만 남을 것이다.

우리는 두 가지 사례를 자세히 검토함으로써 이타주의가 자연에 존재하며, 평균의 오류를 범하지만 않는다면 이 점을 명백하게 인식할 수 있음을 입증하고자 한다. 뇌기생충과는 달리 여기서 다루게 될 두 가지 사례들은 충분히 구체적으로 연구되어 왔다. 따라서 자연 선택이 다층적 과정multilevel process임을 설득력 있게 보여 줄 수 있을 것이다. 평균의 오류와 패러다임 구분의 실패로 인해서 이 사례들이 집단 선택과 이타주의를 지지하는 증거로서 가지는 중요성이 간과되어 왔다. 과학계의 일반적인 기준에 따르면 이 증거들은 이미 수십 년 전에 받아들여져야 마땅했다. 그러나 지금까지도 많은 진화생물학자들은 집단 선택을 증명되지 않은 이론으로 간주한다. 우리의 논점을 충분히 전달하기 위해서는 생물학적 사실들뿐만 아니라 이 사실들이 논의되어 왔던 과학적 담론의 역사도 고려할 필요가 있다.

사례 1: 성비의 진화

집단 선택설의 역사

1960년대 이전만 해도 집단 선택과 이타주의는 명확하게 정의되지 않은 개념이었다. 다윈의 생각은 원래 명쾌했고 특정한 형질들의 진화를 설명하기 위해서 꼭 필요한 경우에 집단 선택의 개념을 사용하기도 했으나, 이것이 후세로 이어지지는 못했다. 다른 학문 분야에서와 마찬가지로, 생물학 분야에서도 서론에서 논의한 바 있는 개체 수준의 기능주의와 집단 수준의 기능주의 전통이 번영했다. 어떤 생물학자들은 사회구조와 생태계가 하나의 유기체와 같다고 보았고, 어떤 생물학자들은 사회구조와 생태계가 개인이나 개체 간 상호작용의 부산물에 불과하다고 보았다. 양측 모두 다윈의 이론이 자신들의 관점을 정당화해 준다고 생각했으나, 이러한 생각이 실증적 검증이 가능한 형태의 명확한 가설로 이어지지는 못했다.

집단 선택에 대한 가장 명쾌한 관점은 1930년대와 1940년대에, 집단 유전학의 아버지라고 불리는 세 학자들 — 로널드 피셔Ronald Fisher, 할데인J. B. S. Haldane, 시월 라이트Sewall Wright에 의해 제시되었다. 이들은 진화 이론 전반의 수학적 기초를 마련하는 데 중대한 기여를 했다. 세 사람 모두 집단 선택의 문제를 다루었으나, 간단한 고찰에만 그쳤고, 완전한 형태의 해법을 제시하기보다는 모형의 밑그림을 제공하는 정도였다. 1950년대 이전에는 집단 선택설이 존재하지 않았고 그 씨앗만이 존재했다고도 볼 수 있다. 게다가, 이 세 사람의 집단 유전학의 아버지들은, 그들보다 이론적으로 뛰어나지 않았던 다른 동료들과 마찬가지로, 집단 선택의 중요성에 대한 일치된 의견을 내놓지 못했다. 라이트는 집단 선택이 자연에서 중요한 힘으로 작용한다고 생각했던 반면에 피셔와 할데인은 집단 선택에 거의 의미를 부여하지 않았다.

조지 윌리엄스George Williams의 이야기를 시작해 보자면, 그는 은근한 유머 감각이 있었으며 링컨 대통령이나 이스터 섬의 석상들을 떠올리게 하는 우락부락한 모습이었다. 윌리엄스는 1950년대에 시카고 대학에서 박사 후 연구원으로 일했다. 당시 시카고는 집단 수준 기능주의의 요새였다. 윌리엄스는 흰개미를 연구하던 생물학자 알프레드 에머슨Alfred Emerson의 강의를 들었는데, 에머슨은 흰개미 집단의 모형을 적용해서 자연 전체를 해석하던 학자였다. 윌리엄스는 나중에 이 책의 공저자인 윌슨DSW에게 이 일에 대해 이야기하면서 다음과 같이 말했다. “만약 그게 진화생물학이라면, 나는 자동차 보험 같은 다른 일을 하려고 했을 거예요.” 그는 진화생물학에서 적응주의의 올바른 적용과 잘못된 적용에 관한 책을 쓰기 시작했으며, 1966년에 출판된 『적응과 자연 선택*Adaptation and Natural Selection*』은 현대 생물학의 고전이 되었다.

윌리엄스가 책을 쓰는 동안에, 그의 주장과 완전히 대비되는 한 권의 책이 출판되었다. 윈-에드워즈V. C. Wynne-Edwards는 스코틀랜드 출신의 생물학자로 황야에 서식하는 붉은 뇌조Lagopus lagopus scoticus라는 새를 연구했다. 해마다 붉은 뇌조 무리 중 일부가 가장 좋은 서식지를 차지하고 번식하는 동안, 나머지 붉은 뇌조들은 서식지의 가장자리로 밀려나서 죽고는 한다. 윈-에드워즈는 이것을 뇌조 무리의 개체 수가 지나치게 많아져서 식량이 부족해지는 것을 막기 위한 적응의 일환이라고 해석했다. 그는 또한 자연에 존재하는 대부분의 종들이 같은 문제에 직면하게 된다고 생각했다. 윈-에드워즈(Wynne-Edwards, 1962)는 그의 저서 『동물의 분산: 사회적 행동과 관련하여*Animal Dispersion in Relation to Social Behavior*』에서 다양한 형태의 사회적 행동을 집단 크기를 조절하기 위한 적응으로 해석했다. 예를 들어 새들이 아침에 노래를 하거나 동물성 플랑크톤이 밤에 수표면으로 올라가는 이유는 개체군 밀도를 파악해서 번식을 조절하기 위한 행동이라는 것이다. 윈-에드워즈의 글에서는 주요한 진화의 원리를 발견했다고 믿었던 사람의 전율이 느껴진다.

윈-에드워즈는 이런 종류의 사회적 행동이 잠재적으로 이타적인 특성을 지니며 개체 수준에서는 손해처럼 보일 수도 있다는 점을 잘 알고 있었다. 그는 이런 행동의 진화를 설명하기 위해서는 집단 선택의 과정이 필요하다는 점도 이해했다. 그럼에도 불구하고, 그는 집단 선택에 대한 논의에 겨우 몇 쪽만 할애했고, 그나마도 대부분은 시월 라이트의 생각을 소개하는 데 그쳤다. 라이트의 작업은 수박 겉핥기에 불과했으나, 윈-에드워즈는 라이트가 집단 선택의 문제를 해결한 것처럼 이야기하고 있다. 윈-에드워즈가 집단 선택에 얼마나 의존했는지는 그의 책(p. 20)에서 발췌한 아래의 글에 잘 나타나 있다.

> 따라서 이 수준에서 일어나는 진화는 집단 선택이라고 불리는 과정으로 인한 것일 수 있다. 집단 선택은 여전히 종내種內, intraspecific에서 일어나는 과정이면서 개체군동태population dynamics에서는 개체 수준의 선택보다 훨씬 더 중요한 과정으

로 … 개체 선택과 집단 선택이 서로 부딪힐 때, 개체의 단기적 이익이 집단의 안전을 저해하기 때문에, 집단 선택이 승리할 수밖에 없다. 개체의 단기적 이익이 우선하는 집단은 고통받고 쇠퇴하게 될 것이고, 반사회적인 개체의 성공을 억제하는 집단이 이 집단을 대체하게 될 것이기 때문이다. 물론 우리는 이런 갈등을 도덕적 문제로 인식한다. 다른 모든 사회적 동물들에게도 이에 상응하는 개념이 반드시 존재할 것이다.

윈-에드워즈의 책은 집단 선택의 문제가 실제로는 해결되지 않았으며 제대로 설명된 바도 없다는 사실을 알고 있었던 진화생물학자들로부터 격렬한 비난을 받았다. 윌리엄스가 유일한 비판자였던 것은 아니지만, 적응은 조심스럽게 다루어야 하는 개념이라는 점을 책 한 권에 걸쳐서 논의했기 때문에 그의 비판은 대단히 효과적이었다.

이 문제에 대해서 진지하게 고찰해 본 적이 있는 사람들 사이에서 보편적으로 받아들여지는 주장은 … 집단 관련 적응을 가져오는 자연 선택의 단위가 개체들로 구성된 집단이라는 것이다. 자연 선택의 단위가 대립형질(유전자)이라는 주장은 이러한 주장과 배치된다. 나는 이 결론을 이끌어 낸 추론 과정에 전적으로 동의한다. 집단 간 선택에 의해서만 집단과 관련된 적응에 대한 과학적 설명이 가능하다. 그러나 나는 이 추론이 바탕을 두고 있는 전제들 중 하나가 의심스럽다. 5장에서 8장까지는 기본적으로 집단과 관련된 적응이 사실상 존재하지 않는다는 주장을 옹호하는 이야기를 하고자 한다. 이 논의에서 집단은 친족과는 다른 개념으로, 집단을 구성하는 개체들이 유전적으로 관련되어 있을 필요는 없다(Williams, 1966: 92-93).

윈-에드워즈의 주장을 전면적으로 반박한 윌리엄스가 자신의 주장에서 친족 집단을 제외시킨 이유에 대해서는 2장에서 논의할 것이다. 윌리엄스와 윈-에드워즈는 집단 선택에 대해서 매우 다른 의견을 가지고 있었지만, 집단 선택이 집단 간 적합도 차이에 바탕을 둔 자연 선택이라는 점에 대해서는 동의했다는 사실을 강조할 필요가 있다.

윌리엄스가 제시한 집단 선택에 대한 반례는 새의 노래 부르기, 세력권territoriality, 우점도dominance와 같은 광범위한 범주의 행동들을 포함한다. 윌리엄스는 이러한 행동들에 대한 해석이 최절약 원리principle of parsimony(역주: 여러 대립되는 이론들 중에서 가장 간결한 이론이 최선이라는 원리)를 따라야 한다고 주장했다. 그는 개체 수준의 설명이 더 단순하기 때문에, 언제나 개체 수준의 설명이 집단 수준의 설명보다 낫다고 보았다. 우리는 3장에서 이론적 간결성parsimony의 문제에 대해 더 자세히 논의할 것이다. 지금은 이론적 간결성에 기초한 주장들이 적절할 때도 많지만, 과학적 질문에 대한 결정적 해답을 제공하지 못하는 경우도 많다는 이야기를 하는 것으로 충분할 것 같다. 양립할 수 없는 서로 다른 결과들을 예측하는 가설을 비판적으로 검증하는 작업을 간결성에만 기초한 논증으로 대신할 수 없다는 점은 분명하다.

윌리엄스는 통찰력 있는 분석과 간결성에 기초한 주장을 제시했을 뿐만 아니라, 집단 선택 이론을 비판적으로 검증하는 방법도 고안했다. 이 방법은 경험적 자료를 이용한 예측을 통해 가설을 기각하거나 수용하는 근거를 제시한다. 윌리엄스는 출생 시 성비에 관한 문제에 이 방법을 적용했다.

성비와 다수준 선택

유성생식을 하는 종의 개체 수가 증가하는 속도는 성비에 따라 결정된다. 모든 암컷이 10마리의 자손을 낳고, 자손들의 절반이 암컷인 개체군을 가정해 보자. 한 마리의 암컷으로부터 시작된 어떤 개체군의 첫 세대는 5마리의 암컷과 5마리의 수컷으로 구성될 것이고(n=10), 다음 세대에서는 암컷 25마리와 수컷 25마리(n=50), 그 다음 세대에서는 암컷과 125마리와 수컷 125마리(n=250), 이런 식으로 점점 개체 수가 불어나게 될 것이다. 이제 암컷과 수컷의 비율이 9 : 1인 경우를 가정해 보자. 한 마리의 암컷으로부터 시작된 어떤 개체군의 첫 세대는 9마리의 암컷과 한 마리의 수컷으로 구성될 것이고(n=10), 다음 세대는 81마리의 암컷과 9마리의 수컷(n=90), 그 다음 세대는 729마리의 암컷과 81마리의 수컷(n=810)으로 구성될 것이다(여기서 수컷들이 개체군 내 모든 암컷을 수태시킬 수 있다고 가정한다). 개체 수의 증가는 정자의 개수가 아닌 난자의 개수에 따라 결정되기 때문에, 암컷의 성비가 더 높은 개체군이 더 빨리 증식하게 된다. 성장 속도는 기하급수적으로 증가하기 때문에 두 집단의 차이는 순식간에 크게 벌어지게 된다.

암컷의 성비가 높으면 집단에 도움이 되지만, 이것이 집단 내에서 개체들의 상대적 적합도를 증가시키는 것은 아니다. 이 점을 확인하기 위해서, *S*유형과 *A*유형, 두 마리의 암컷으로부터 시작된 한 집단을 상상해 보자. *S*유형의 성비가 1 : 1이고 *A*유형의 성비가 9 : 1이라고 해 보자. *S*유형인 암컷은 5마리의 암컷과 5마리의 수컷을 낳게 되고, *A*유형인 암컷은 9마리의 암컷과 한 마리의 수컷을 낳게 되어, 다음 세대의 총 개체 수는 암컷 14마리와 수컷 6마리가 된다. 이 개체들이 번식할 때, 암컷 한 마리당 10마리의 자손을 낳게 되는 반면, 수컷은 평균적으로 140/6=23마리의 자손을 남기게 된다. 수컷은 평균적으로 암컷보다 두 배 더 많은 자손을 남길 수 있으므로, 수컷의 적합도가 암컷의 적합도보다 높다. 최초의 *S*유형과 *A*유형 암컷의 적합도를 손자의 수를 기준으로 계산해 본다면, *S*유형은 5(10)+5(23)=165마리의 손자를 남기는 반면, *A*유형은 9(10)+1(23)=113마리의 손자들을 남기게 된다. 이 개체군에서 수컷이 암컷보다 더 많은 자손을 남기는 이유는 그들이 더 소수이기 때문이다. 따라서 개체군 내에서는 아들을 더 많이 낳는 암컷이 딸을 더 많이 낳는 암컷보다 적합도가 더 높다. 그러므로 딸을 더 많이 낳는 것은 이타적인 행동이라고 할 수 있다 — 모체의 적합도를 감소시키면서 집단의 적합도는 증가시키기 때문이다. 일반적으로, 성비가 1 : 1이 아닌 경우, 상대적으로 소수인 성별이 항상 집단 내에서 더 높은 상대적 적합도를 가지게 된다. 이러한 기초적 예측을 1930년대에 최초로 도출한 사람은 로널드 피셔Ronald Fisher이다.

윌리엄스는 집단 선택은 집단 수준의 생산성을 극대화시키기 위해서 암컷의 비율이 높아지는 방향으로 성비를 진화시키는 반면, 개체 선택은 동일한 성비를 진화시킬 것이라는 점을 깨달았다. 그러나 윈-에드워즈가 강조했듯이, 자원 고갈을 일으킬 정도로 지나치게 급격히 개체 수가 증가하게 되면 집단에 도움이 되지 않을 것이다. 윌리엄스는 만약 성비가 개체군의 크기를 조절하기 위한 적응의 한 형태라면, 최적optimum의 개체군 크기를 기준으로 성비가 오르락내리락하는 방식으로 진화해야 한다고 생각했다. 개체 선택설의 예측에 따르면, 성비가 항상 일정하게 1 : 1로 유지되는 경우는 없다.

드디어 경험적 자료를 이용해서 검증해 볼 수 있는 비교적 명쾌한 예측들을 살펴볼 차례다. 윌리엄스(1966: 151)는 과학 문헌들에서 발견되는 성비에 관한 정보들을 검토한 뒤 다음과 같은 결론을 내렸다:

> 정확하고 신뢰할 만한 자료를 얻기가 쉽지 않았으나, 전반적인 답은 너무나 명백하다. 인간이나 초파리, 가축들과 같이 잘 연구되어 있는 완전 유성생식 동물들은 대부분의 발달 단계에서 대부분의 개체군이 1 : 1에 가까운 성비를 보인다. 이론과 거의 일치하는 것이 분명하며, 성비가 생물 적응[즉, 집단 선택에 의한 진화]이라는 납득할 만한 증거는 없다.

윌리엄스는 자신의 경험적 검증에 너무나 만족한 나머지 그의 저서의 결론 부분(p. 272)에서 다음과 같이 선언했다. "성비의 문제는 해결되었다고 할 수 있을 것 같다."[7]

『적응과 자연 선택』이 출판된 이후, 대부분의 진화생물학자들 사이에서 집단 선택은 끝난 문제였다. 끝났으나, 잊혀지지 않은 문제였다. 집단 선택을 기각하게 된 것은 라마르크설의 기각에 버금가는 과학적 진보로 여겨졌고, 생물학자들은 일말의 가능성에 대한 고민을 끝내고 다른 문제들에 집중할 수 있게 되었다. 집단 선택의 추억은 어떤 식으로 생각하면 안 되는지를 보여 주는 사례로 남게 되었다. 집단 선택이 필요하지 않다는 점을 독자들에게 확신시키는 것이 논문을 쓰는 학자들의 의무사항처럼 되었다. 한 세대에 걸쳐서 대학원생들은 집단 선택설을 피하는 것이 십계명 중 하나라도 되는 것처럼 배웠다. 우리가 과장하고 있는 것이라면 좋겠지만, 많은 진화학자들은 기억할 것이다. 스티븐 제이 굴드(Stephen Jay Gould, 1982: xv)가 "60년대 후반에서 70년대 사이에 윈-에드워즈와 모든 형태의 집단 선택은 야유 속에서 퇴장했다"고 묘사했던 것을. 1980년대 후반에 집단 선택에 관심을 가졌던 한 동료는 매우 저명한 진화생물학자로부터 다음과 같은 충고를 들었다: "생물학에서 끄집어내서는 안 되는 세 가지 이론이 있는데, 바로 라마르크설, 플로지스톤설, 집단 선택설이다."

평균의 오류에 가려진 집단 선택을 지지하는 증거

윌리엄스의 책이 출판되고 1년이 지난 후, 『사이언스*Science*』지에는 W. D. 해밀턴(Hamilton, 1967)이 쓴 「특이한 성비Extraordinary Sex Ratios」라는 논문이 실렸다. 해밀턴은 이미 포괄적 적합도inclusive fitness에 관한 이론으로 잘 알려져 있었는데, 이 이론에 대해서는 2장에서 설명하게 될 것이다. 해밀턴은 포괄적 적합도에 관한 논문만큼이나 획기적이었던 이 논문에서, 과학 문헌에서 발견되는 수많은 성비 불균형(암컷이 더 많은) 사례들을 제시하고 이러한 현상의 진화를 설명하기 위한 이론을 제안했다. 이 이론에서는 성비 불균형을 숙주를 찾는 기생충의 개념을 이용해서 설명했다. 각각의 숙주들을 일정한 숫자의 암컷들이 점령하고 있고, 그 자손들은 새로운 숙주를 찾기 전까지는 자신이 기생하고 있는 숙주 안에서 짝짓기를 한다. 암컷들이 흩어지기 전까지 모든 짝짓기는 집단 내에서만 일어난다.

굳이 해밀턴의 모형을 자세하게 설명하지 않더라도, 이 모형이 우리의 두 집단 모형과 뇌기생충의 생애주기를 닮아 있다는 것을 분명하게 알 수 있다. 개체군은 여러 하위 집단들(숙주들)로 나뉘어서 성비가 영향을 미치기 전까지 서로 분리되어 있다. 암컷의 비율이 더 많아지도록 하는 유전자는 암컷들이 흩어지기 전까지 집단의 크기를 증가시키는 역할을 할 것이고, 1 : 1의 성비를 가져오는 유전자는 각 집단 내에서 평균 이상의 파이를 차지하게 될 것이다. 기생충의 자손들은 주기적으로 흩어져서 새로운 숙주를 찾기 위한 개체군 수준의 경쟁을 벌이기 때문에, 집단들이 영원히 분리된 상태로 남아 있지는 못한다. 해밀턴의 모형은 성비에 관한 윌리엄스의 가설을 수학적 버전으로 만든 것이라고 할 수 있는데, 이 모형은 집단 선택 모형이다. 더구나 해밀턴은 과학 문헌들을 면밀하게 검토한 끝에, 자연에서 집단 선택을 통해 암컷이 더 많은 방향으로 성비 불균형이 생기는 사례를 다수 발견해 냈다. 이 사례들은 자연상태에서 집단 선택이 일어날 수 있음을 보여 주는 증거가 된다. 해밀턴의 이론이 예측했듯이, 이러한 사례들은 특히 몇 세대에 걸쳐 임시 서식지에서 계속 머물다가 더 넓은 영역으로 흩어지고는 하는 소형 무척추 동물들에서 흔히 관찰된다. 여기에 들어맞는 무척추 동물들이 얼마나 많은지, 암컷이 더 많은 방향으로 성비 불균형을 보이는 종의 숫자는 아마도 수백에서 수천, 혹은 수백만에 이를 것이다.

해밀턴의 이론은 그가 제시했던 증거가 매우 타당했기 때문에 받아들여질 수 있었다. 그럼에도 불구하고, 암컷이 더 많은 성비 불균형이 집단 선택의 증거로 해석되지는 않았다. 해밀턴은 전체 개체군 내의 모든 집단들의 적합도 평균을 구하는 방식으로 그의 모형을 설명했으며, 집단 내에서 개체들 간의 상대적 적합도와 집단 간 상대적 적합도에는 주목하지 않았다. 그는 최고의 평균 적합도를 가진 유형을 "무적의 전략unbeatable strategy"이라고 불렀다. 그러나 최종 결과에만 초점을 두는 것은 이 무적의 전략(예를 들어 자손 중 60퍼센트가 암컷이 되는 것)이 서로 반대방향으로 가해지는 힘들 — 암수 동일 성비를 선호하는 집단 내 선택과 암컷의 비율을 최대로 하는 것을 선호하는 집단 간 선택 — 이 합쳐진 결과라는 사실을 볼 수 없게 만든다.

해밀턴의 논문을 읽은 거의 모든 진화생물학자들은 "무적의 전략"을 개체 선택에 의해 진화하는 적응의 일종이라고 해석한다. 해밀턴의 논문을 그보다 1년 전에 제시되었던 윌리엄스의 집단 선택 모형에 대한 비판적 검증이라는 측면에서 성비 불균형 논증과 연결지었던 사람은 아무도 없었다.

성비 불균형에 관한 연구는 뜨거운 관심을 받았으며, 이에 관한 이론도 정교화되었고, 수십 개의 추가적 증거들이 제시되었다. 집단 선택설이 암흑의 시대로 들어서기 시작하던 그때에, 집단 선택을 지지하는 증거로 받아들여져야 마땅했던 경험적 증거가 오히려 개체 선택설에게 승리를 가져다주는 증거로 받아들여졌던 것이다!

사실, 여기에는 놀라운 예외가 하나 있다. 바로 해밀턴 자신이다. 비록 그의 분석은 집단 간 평균 적합도에 근거하고 있기는 하지만, 그는 논문의 각주 43번에서 집단 선택과 개체 선택의 서로 대립되는 역할에 대해서 언급했다.

> 0, 0의 조합[암컷 후손을 최대한 많이 남기는 두 개체로 이루어진 집단]은 집단에게 가장 높은 성과를 가져다준다. … 따라서 이러한 "해법"은 "집단 선택론자"들이 선호할 것이다. 지금까지 살펴보았듯이, 1/2, 1/2의 "해법" [암수 동일한 성비로 후손을 남기는 두 개체로 이루어진 집단]은 …. 생물학적인 만인의 만인에 대한 투쟁bellum omnium contra omnes의 극단적 신봉자들이 선호할 것이다. 앞의 두 가지 해법의 정확하게 중간 지점에 해당하는 1/4, 1/4 [1/4의 비율로 수컷 자손을 남기는 두 개체로 이루어진 집단]이 이 문제의 진짜 해법이라는 점을 발견한다는 것은 기분 좋은 일이다.(p. 487; [ ] 안은 저자들이 추가한 실명임.)

다시 말해서, "무적의 전략"은 암컷의 비율이 약간 더 높은 성비를 말하며, 이는 개체 선택이 선호하는 1 : 1의 성비와 집단 선택이 선호하는 암컷의 비율을 극대화하는 성비 간의 평형 상태를 반영하는 것이다. 해밀턴은 이후의 논문들에서 성비의 진화에서 집단 선택의 역할을 지속적으로 인식하고 있었다(예를 들어 Hamilton, 1975, 1979). 이상하게도, 그의 관점은 다른 진화생물학자들에게 거의 영향을 미치지 못했다. 해밀턴의 성비 이론과 윌리엄스의 논증 간의 연결점을 처음으로 알아차린 사람은 로버트 콜웰Robert Colwell이었다. 콜웰은 이러한 연관성을 발견했을 당시 캘리포니아 주립대학교 버클리 캠퍼스에 있었는데, 『네이처』지에 "집단 선택을 시사하는 성비 불균형"이라는 제목의 논문을 발표하면서 집단 선택과 성비 이론 간의 관련성에 대한 관심을 불러일으켰다(Colwell, 1981; Wilson and Colwell, 1981도 참고). 성비 문제의 권위자들 중 일부는 콜웰의 해석을 즉각적으로 받아들였지만(예를 들어 Charnov, 1982), 다른 사람들은 그렇게 잘 입증되어 있는 현상이 집단 선택설 같은 이단적인 이론의 증거가 된다는 사실을 믿기 어려워했다. 아직도 이때의 혼란이 완전히 가라앉은 것이 아니다. 그러나 다음 문장에서 볼 수 있듯이, 처음으로 성비를 이용한 검증을 제안했던 윌리엄스가 암컷의 비율이 더 높은 성비가 집단 선택을 지지하는 경험적 증거가 된다고 인정한다는 것은 기쁜 일이다. "건초더미 모형haystack model이 설명하는 유기체들에 대해 고찰해 볼 때, 암컷의 비율이 더 높은 개체군에서는 수컷이 더 선호된다는 점과 암컷이 더 많은 성비가 진화하도록 만드는 것은 집단 선택뿐이라는 사실을 알아야 한다고 생각한다."(Williams, 1992: 49)

윌리엄스가 언급한 건초더미 모형은 메이나드 스미스(1964)가 제안한 집단 선택 모형으로, 해밀턴의 성비 모형과 유사하다. 이 모형에 대해서는 2장에서 자세히 설명할 것이다.

요약하자면, 암컷의 비율이 더 높은 불균형한 성비는 이타주의가 집단 선택에 의해 진화했음을 보여 주는 잘 입증된 사례다. 윌리엄스와 해밀턴, 두 사람 모두 평균의 오류를 성공적으로 피했음에도 불구하고, 많은 진화 생물학자들이 암컷의 비율이 더 높은 성비를 개체 수준의 적응으로 믿게 된 이유는 평균의 오류 때문이다.

사례 2: 독성의 진화

이타주의의 두 번째 사례는 기생충과 질병이 숙주에 미치는 영향에 관한 것이다. 이 문제를 다룬 초기 문헌은 윌리엄스가 비판했던 순진한naïve 적응주의로 가득했다.[8] 이 문헌들에서는 숙주와 질병이 서로 조화로운 관계를 이루는 방향으로 진화한다고 보았다. 질병의 독성은 숙주들을 죽이고 질병을 일으키는 개체군을 없앤다는 점에서 진화적 실수로 여겨졌다. 독성이 강한 전염성 질병의 존재는 공생 관계를 향해 가는 공진화의 초기 단계에 해당한다는 것이었다. 이런 생각은 진화생물학자들 사이에서는 오래전에 기각되었지만, 진화생물학을 접할 일이 거의 없는 보건 관련 분야에서는 여전히 널리 받아들여진다. 예를 들어 루이스 토마스(Lewis Thomas, 1972: 553)는 다음과 같이 썼다. "질병은 결론 나지 않은 공생 협상으로, 두 협상 주체들 사이의 생물학적 오해가 발생한 상태라고 볼 수 있다."

이것이 사실이라면 정말 좋겠지만, 안타깝게도, 병원체 집단이 숙주 안에서 단일 적응 단위로 진화할 수 있다고 하더라도 반드시 숙주와의 조화로운 관계를 진화시킬 필요는 없다.[9] 우리는 이미 뇌기생충이 숙주가 된 개미를 조종해서 죽음에 이르게 하는 방법으로 나머지 기생충들이 생애 주기의 다음 단계로 넘어갈 수 있도록 도와주는 과정을 살펴본 바 있다. 급격한 증식은 질병이 숙주에게 부정적 영향을 미치도록 진화하는 또 다른 이유를 알려 준다. 병원체가 자기 복제를 많이 하면 할수록 숙주의 질병이 심해진다.[10] 만약 병원체의 증식이 현재의 숙주 안에 자리 잡은 병원체 개체군의 수명을 단축시킨다면, 숙주를 죽일 정도로 과도한 증식에 따르는 비용은 새로운 숙주를 감염시킬 자손들을 생산해서 얻을 수 있는 이득을 넘어서게 될 것이다. 병원체 개체군의 진화를 고려할 때는, 숙주 입장에서 최적인 독성(최소한의 병원성)이 아니라, 병원체 입장에서 최적인 수준의 독성을 예측해야 한다.

에발(Ewald, 1993)과 동료 연구자들은 이러한 비용-효과 분석을 적용해서 다양한 질병의 최적 독성 수준을 예측했다. 당신이 공기를 통해 전염되는 어떤 질병에 걸렸다고 가정해 보자. 만약 이 질병이 당신을 지나치게 아프게 만들면 당신은 다른 사람들과 어울리지 않고 침대에서 시간을 보내게 될 것이다. 이 질병의 입장에서는 당신을 방에 누워 있게 만드는 것이 당신을 죽이는 것만큼이나 나쁜 일이다. 당신이 방에 누워 있기만 한다면 병원체들이 새로운 숙주를 찾을 가능성이 크게 줄어들기 때문이다. 병원체 입장에서는 당신이 너무 아프지 않을 정도로만 증식해서 다른 잠재적 숙주들로부터 고립되지 않게 만드는 것이 더 영리한 방법이다. 반면, 당신이 배설물을 통해 전염되고 설사를 일으키는 질병에 걸렸다고 가정해 보자. 이 질병이 당신이 침대에 누워 있어야 할 정도로 아프게 만든다고 하더라도 당신의 배설물은 충실하게 당신의 방 바깥으로 배출될 것이고, 병원체들은 당신이 별로 아프지 않을 때와 비슷한 수준으로 바깥 세상과 접촉할 수 있다. 이 병원체의 입장에서는 당신을 거의 죽을 지경에 이르게 하더라도, 당신이 새로운 숙주를 감염시킬 수 있는 병원체의 후손들을 쏟아내는 한, 가능한 많이 증식하는 것이 영리한 방법일 것이다. 실제로 공기로 전염되는 질병보다 장질환의 증상이 더 심각한 것으로 알려져 있다(Ewald, 1993).

그러나 이러한 비용-효과 논증은 전체 이야기의 일부일 뿐이다. 이 논증은 어떤 숙주 안에 자리 잡은 병원체 집단이 새로운 숙주에게 전염될 수 있는 가능성을 극대화하는 수준으로 독성을 조절하면서, 단일한 적응 단위로 작동한다고 가정하기 때문이다. 그러나 실제로는 단일 숙주 내 병원체 집단의 유전적 구성이 다양하기 때문에 집단 내에서도 자연 선택이 일어날 수 있다. 숙주가 하나 이상의 병원균 계통에 의해 감염되거나 숙주 내에서 돌연변이mutation나 재조합recombination이 일어나면 유전적 다양성이 증가할 수 있다. 숙주 내에서 가장 높은 상대적 적합도를 가진 유전형이 오히려 자신이 속한 집단 전체를 부적응적으로 행동하게 만들 수도 있다. 따라서 최적 수준의 독성을 진화시키는 병원체를 가정하는 것은 이 집단이 완전히 집단 선택에 의해 진화했다고 가정하는 것과 같다. 이것은 질병이 숙주와의 조화로운 관계를 진화시킨다고 하는 가정만큼이나 순진한 생각이다.

질병을 일으키는 유기체에서 일어나는 집단 선택과 개체 선택 사이의 갈등을 이해하기 위해서, 최적 수준의 독성을 지닌 공기를 통해 전염되는 질병의 사례를 생각해 보자. 이 유기체 — 바이러스라고 치자 — 는 당신이 한 번 재채기를 할 때마다 수백만 개의 후손들을 퍼뜨릴 수 있을 만큼 증식하지만, 당신이 앓아 누울 정도까지는 증식하지 않는다. 이때, 최적 계통보다 두 배로 빨리 증식하는 돌연변이 계통이 하나 등장했다고 가정해 보자. 이 돌연변이는 당신이 앓아 누울 정도로 아프게 만들어서, 당신이 한 번 재채기할 때마다 밖으로 나오는 수십억 개의 후손들은 새로운 숙주를 찾기 전에 소멸될 것이다. 그럼에도 불구하고, 이 과잉 독성 계통은 당신이라는 단일 숙주 안에서는 최적 독성 계통에 비해서 엄청난 이익을 누릴 수 있다. 한 세대가 한 시간 남짓이라는 점을 고려하면, 당신의 몸속에서 이 과잉 독성 계통이 최적 독성 계통을 대체하기까지는 몇 주 걸리지 않을 것이다.

과잉 독성 계통이 어리석은 것처럼 보일 수 있고, 자연 선택에 의해 제거되어야 하는 것으로 여겨질 수 있다. 그러나 윌리엄스가 쓴 책의 전체적인 요점은 생물학적인 적응을 상대적 적합도의 관점에서 조심스럽게 정의해야 한다는 것이다. 적응이 언제나 인간의 관점에서 영리하게 보이는 것은 아니다. 과잉 독성 계통은 독성이 덜한 계통보다 훨씬 많이 증식하여 파이(숙주가 제공하는 환경)의 가장 큰 조각을 차지하게 되고, 궁극적으로는 모든 숙주들에서 최적 독성 계통을 대체하게 될 것이다. 독성이 덜한 계통으로 이루어진 집단이 독성이 강한 계통으로 이루어진 집단보다 경쟁우위를 점하게 하는 집단 선택이 일어나야지만 이러한 흐름을 막을 수 있다.

하버드 대학교의 리처드 르원틴(Richard Lewontin, 1970)은 독성의 진화를 이용하여 집단 선택설을 검증할 수 있음을 깨달은 최초의 과학자다. 자신의 증식이 숙주에게 부정적인 영향을 미치는 병원체들에서, 집단 선택은 최적 독성이라는 형질을 선호하고, 개체 선택은 집단의 입장에서 볼 때 적정 수준을 넘어서는 강한 독성을 가진 형질을 선호한다. 생물학적 사실들을 연구함으로써 어떤 특성이 진화하는지에 대한 문제를 해결할 수 있을 것이다. 호주에서 대규모로 진행된 한 실험이 이러한 검증을 가능하게 했다. 정부는 토끼의 개체 수를 통제하기 위해서 점액종*Myxoma*이라고 불리는 바이러스를 이용했다. 처음에 이 바이러스는 매우 효과적이었으나 나중에 가서는 독성이 줄어들게 되었다. 르원틴에 따르면(pp. 14-15)

> 야생 토끼들에게 실험실에서 생산된 바이러스의 효과를 시험했을 때, 간단한 개체 선택 모형으로도 예측할 수 있듯이, 토끼들이 이 바이러스에 대한 저항력을 가지게 되었다. 그러나 야생에서 다시 수집한 바이러스를 실험실 토끼들에게 시험해 보았을 때, 바이러스의 독성이 감소된 것으로 밝혀졌는데, 이 현상은 개체 선택으로 설명하기 어렵다.

점액종 바이러스의 독성이 감소하는 방향으로 일어난 진화는, 생물학적 통제 프로그램의 일부였던 덕분에, 이례적으로 자세하게 기록으로 남아 있다. 르원틴은 "비병원성을 띠는 것이 뎀deme(역주: 최소 교배 단위)[=숙주] 내에서는 선택적 이득이 전혀 없음에도 불구하고", 많은 병원체에 적용되는 보다 일반적인 과정을 보여 주는 사례라고 생각했다.

대안적 설명: 혹은, 다시 평균의 오류

점액종 바이러스나 독성이 감소하는 다른 사례들(예를 들어 Herre, 1993)은 집단 선택을 지지하는 강력한 증거로 보인다. 그러나 이 사례들도 의심 없이 받아들여진 것은 아니다. 생물학적 사실들에 대해 의문을 제기하면서 집단 선택을 반박할 수 있다. 예를 들어 결국에는 집단 내에서 일어나는 개체 선택에 의해 독성의 감소가 일어난 것은 아닌지 의심해 볼 수 있다. 그러나 독성의 감소가 집단 선택의 증거라는 점을 반박하는 대부분의 논증은 위의 사례들에서 제시된 생물학적 사실들에 의문을 제기하지 않고 그대로 받아들였다. 이들 논증은 대부분 평균의 오류에 근거하고 있다.

아래는 점액종 바이러스에 대한 알렉산더와 보르지아(Alexander and Borgia, 1978: 453)의 해석이다.

> 르원틴Lewontin은 바이러스에서 "독성"의 감소가 "개체 선택으로 설명될 수 없다"고 주장한다. … 독성과 바이러스의 증식률이 동일하다고 보더라도, 뎀 사이에서 일어나는 선택은 설명되지 않는다. 르원틴은 토끼 한 마리를 "바이러스의 관점에서 볼 때 하나의 뎀"이라고 부른다. 그러나 바이러스는 무성생식을 하기 때문에, 단일 바이러스 또는 동일한 유전자를 가진 몇 개의 바이러스에 감염된 한 마리의 토끼에는 돌연변이를 제외하면 유전적으로 동일한 바이러스들만 존재하게 될 것이다. 르원틴의 집단 선택 모형은 원칙적으로 독성이 강하거나 약한 바이러스들이 동일한 토끼 안에 섞여 있는 것을 전제로 한다. … 토끼 개체군이 대부분 순전히 독성이 더 강한 바이러스들에만 감염된 개체들과 순전히 독성이 덜 강한 바이러스들에만 감염된 개체들로 구성되어 있다면, 여기서 일어나는 선택은 개체 수준에서 일어난다고 보는 것이 더 적절할 것이다. 따라서 만약 이 바이러스가 오랜 시간에 걸쳐 순수한 복제만으로 진화해 왔다면, 동일한 바이러스 클론들은 하나의 집단이나 뎀보다는 후생동물을 구성하는 세포들과 같다고 봐야 한다. 각각의 클론은 자신을 위하는 것만큼 다른 클론들을 위해 희생하도록 진화할 것이다. 척추동물들이나 다른 친숙한 유기체들의 경우에는 클론이 거의 존재하지 않기 때문에, 지속적인 복제의 과정에서 예측되는 이타주의의 극단이 우리에게도 관찰된다는 것은 상상하기조차 어려운 일이다.

이 논증의 본질을 이해하기 위해서, 집단 선택이 집단 간의 유전적 다양성을 전제로 한다는 점을 떠올려 보자. 만약 모든 집단들이 서로 완전히 동일하다면, 집단 선택은 일어날 수 없다. 집단들의 적합도가 다양하면 다양할수록 집단 선택이 더 강하게 작용한다. 집단 간 변산variation의 극치는 이타주의자와 비이타주의자가 서로 완전히 분리되어 있는 것이다. 이렇게 되면 이기적 유형들이 이타적 유형으로부터 이득을 취할 수 없기 때문에 집단 내 선택은 사라지게 된다. 알렉산더와 보르지아는 마지막 단계를 제외하고는 이러한 논리에 동의하는 것으로 보인다. 이들의 논리에 따르면, 집단 선택이 일어날 수 없는 경우는 집단 간 차이가 전혀 없을 때와 집단 간 차이가 극대화되었을 때다. 알렉산더와 보르지아의 논증은 비병원성이 집단 내에서 선택적 이점을 지니고 있음을 보여 주는 것이 아니라, 집단 간 변산이 극대화되는 경우를 제외시킨 채 집단 선택을 재정의하는 것에 불과하다.

위에서 인용한 알렉산더와 보르지아의 글에서 도출할 수 있는 핵심적 사실은, 집단들이 유전적으로 순수한 계통으로 이루어져 있을 때 가장 이타적으로 진화할 수 있다는 것이다. 집단들은 내적으로 이해상충이 전혀 없는 "초유기체superorganism"가 될 것이다. 집단 선택이 유일하게 작용하는 힘일 때 기대할 수 있는 결과가 바로 이것이다.(우리가 어떤 개체를 극대화된 이타성을 가진 세포들의 집합이라고 부를 수도 있듯이) 집단이라는 표현을 개체로 대체하고 싶겠지만, 그런다고 해서 선택이 집단 단위로 일어났다는 점을 부정할 수는 없다. 알렉산더와 보르지아는 집단을 개체라고 부르면서 개체 선택에 의해 진화가 일어난다고 말했는데, 여기서 그들은 "개체 선택"이라는 용어를 서로 완전히 다른 두 가지 방식으로 사용했다. (a) 다양한 유전형이 섞여 있는 집단 내에서 일어나는 선택과 (b) 각 집단이 유전적으로 순수한 계통으로 이루어져 있어서 서로 완전하게 구분될 때, 집단 간에 일어나는 선택을 모두 개체 선택이라고 이름 붙인 것이다.

알렉산더와 보르지아의 글에서 지적할 점이 두 가지 더 있다. 첫째, 알렉산더와 보르지아는 점액종 바이러스나 다른 병원체들이 하나의 숙주 안에서 유전적으로 동일하다는 어떤 증거도 제시하지 않았다. 집단 선택을 끌어들이지 않고도 비병원성을 설명할 수 있다는 그들의 제안은, 그저 주장하는 것만으로도 많은 진화생물학자들의 문제를 해결해 줬다. 어떤 이유에선지 경험적 증거는 요구되지 않았다. 둘째, 알렉산더와 보르지아는 비병원성이 개체 선택에 의해 진화한다고 생각했음에도 불구하고, 계속해서 비병원성이 이타적이라고 말했다. 다른 저술들에서, 알렉산더(Alexander, 1974, 1979, 1987, 1992)는 집단 선택에 의해 진화하는 "유전형적 이타주의"와 개체 선택에 의해 진화하는 "표현형적 이타주의"를 구분하고 있으며, 표현형적 이타주의는 "유전적으로 이기적"이라고 보았다. 알렉산더는 개체들이 자신과 유전적으로 동일한 비병원성이 표현형적으로 이타적이지만 유전형적으로는 이기적이라고 했다. 전반적으로 볼 때 알렉산더는 표현현적 이타주의가 진화한다는 것을 받아들이고 있으며 유전형적 이타주의에 대해서만 의문을 제기하고 있다. 진화생물학자들 사이에서는 "진정한 이타주의 genuine altruism"가 집단 선택과 관련 있는 것이고, "표면적 이타주의apparent altruism"는 개체 선택과 관련되어 있기 때문에 "사실상 이기적"이라고 구분하는 것이 일반적이다. 그러나 집단의 계통이 서로 최대한으로 구별되는 비병원성 문제에서 이런 구분은 불필요하다.

수많은 학자들이 비병원성의 진화에서 집단 선택의 역할에 의문을 제기해 왔다. 집단 선택은 대부분 간단하게만 언급되고 과거로부터 온 유령처럼 논의에서 사라져 버린다. 그리고는 개체 선택이 집단 내에서의 상대적 적합도와 집단 간 생산성의 차이를 모두 반영하는 것으로 정의된다. 브레머만과 피커링(Bremermann and Pickering, 1983: 411)의 다음 글이 이러한 점을 잘 보여 준다.

> 개체의 제약이 숙주의 수명을 증가시킴으로써 같은 숙주 내의 경쟁자들에게 이득이 되지만, 이 모형은 집단 선택을 필요로 하지 않는다. 이 모형에서 개체의 제약이 그 개체의 번식체들의 숫자를 증가시킬 때 그 행동이 선택된다. 숙주 내 개체들 간 경쟁에서 절대적 적합도와 상대적 적합도가 동시에 증가하는 것은 개체 선택의 결과일 수 있다.

여기서 주목할 만한 점은, 브레머만과 피커링이 말하는 개체 선택이란 독성을 가진 유형과 비병원성 유형이 단일 숙주 내에서 경쟁하는 과정을 포함하고 있기 때문에, 알렉산더와 보르지아의 기준에서는 집단 선택으로 분류될 수 있다는 것이다. 두 분석의 유일한 공통점은 집단 선택이 관여하지 않는다고 주장한다는 점이다.

최근에 독성의 진화를 연구하는 생물학자들은 르원틴의 관점으로 회귀했다(예를 들어 Bull, 1994; Ewald, 1993; Frank, 1996a). 불(1994: 1425)에 따르면, "개체 선택과 집단 선택은 동시에 작용하는데, 집단을 하나의 숙주 내에 있는 기생충 집단이라고 할 때, 고전적 집단 선택에서 말하는 위계구조로 이것을 설명할 수 있다. … 두 수준으로 이루어진 진화 과정의 복잡성을 이해하기 위한 가장 쉬운 방법은 이 과정을 집단 간 과정과 집단 내 과정으로 나누어서 각각의 과정을 따로따로 살펴본 뒤에 합치는 것이다." 점액종 사례에 관한 추가적인 경험적 연구들도 이루어졌다(예를 들어 Herre, 1993). 집단 선택 이론은 중요한 실용적 함의도 지닌다. 병원체의 개체군 구조를 독성이 약한 계통의 진화를 선호하도록 만드는 방향으로 병원에서의 치료 절차나 공중보건 정책을 설계할 수 있기 때문이다(Ewald, 1993). G. C. 윌리엄스도 다윈 의학 이론에 관한 최근의 저작에서 이 주제에 대해 언급한 바 있다(Williams and Nesse, 1991; Nesse and Williams, 1994). 집단 선택설 비판자로 가장 유명한 윌리엄스의 이야기를 빌려 독성의 진화에 관한 이야기를 마칠까 한다.

> 박테리아는 인간 숙주 한 사람의 일생 동안 백만 번 이상의 분열을 하며 이 병원체의 숫자는 지구상의 인구보다 더 많을 수도 있다. 심지어 단 하나의 숙주 내에 있는 단 하나의 병원체조차도 매우 발생하기 어려운 돌연변이를 여러 번 일으킬 수 있고, 아주 작은 선택 압력만으로도 의미 있는 진화가 이루어질 수 있다. … 어떤 박테리아들은 매우 빠른 속도로 항생제에 대한 강한 내성을 획득하게 되며 … 내성을 가진 계통은 수 주 안에 내성이 없는 계통을 대체할 수 있다. 여기서는 상대적으로 가치를 인정받지 못했던 독성의 진화라는 현상을 강조하고자 한다. … 독성의 집단 내 선택을 보여 주는 극단적 사례로, 두 종류의 병원체 클론이 숙주 내에서 경쟁한다고 상상해 보자. 한 계통은 적정 수준의 독성을 유지하면서 숙주의 일생 동안 번식체를 최대한 많이 퍼뜨리는 전략을 사용한다. 다른 계통은 최악의(치명적인) 독성을 가지고 가능한 최고의 속도로 숙주의 자원을 번식체로 전환해 나가는 전략을 사용한다. 숙주는 절제하는 유형보다 치명적 유형의 병원체를 더 많이 퍼뜨리게 될 것이다. 숙주의 죽음은 두 종류의 병원체 모두에게 똑같이 영향을 미치지만, 치명적 유형만이 강한 전염성의 혜택을 누리게 된다. … 콜레라나 세균성 이질은 독성이 덜한 다른 병원체들보다 100배 이상 빠른 속도로 퍼져 나갈 수 있다. 물론, 이 사례는 독성이 약한 유형이 유일한 감염체인 경우에 비해서 장기적으로는 더 나쁜 결과를 가져온다. 진화적 결과는 숙주 내 경쟁과 숙주 간 경쟁의 상대적 강도에 따라 달라진다. 이것은 많은 기존

모형들이 제안한 바 있는(Williams and Nesse, 1991: 8) 이타주의에 대한 집단 선택 내 개체 선택의 문제를 보여 주는 명확한 사례다.

논란의 중심에서

앞에서 성비와 병원체 독성의 사례를 자세하게 살펴본 이유는 두 가지다. 첫째, 이 사례들은 집단 선택이 "그저 이론에 불과한 것"이 아니라 다른 진화생물학 이론들과 마찬가지로 잘 증명된 이론임을 보여 주기 때문이다. 둘째, 이 사례들은 진화생물학자들 사이에서 30여 년 간 이어져 온 집단 선택과 이타주의 논쟁의 축소판이라고 할 수 있기 때문이다. 리처드 도킨스가 1982년에 썼던 집단 선택 이론을 위한 비문碑文을 한 번 살펴보자(Richard Dawkins, 1982: 115).

> 집단 선택에 관한 나의 편견은, 그것이 줄 수 있는 생물학적 흥미에 비해서 과분한 수준의 이론적 독창성을 누리고 있다는 것이다. 수학 분야에서 선도적인 한 학술지의 편집자가 말하기를, 불가능한 일을 해냈다고 주장하는 창의적인 원고들이 계속해서 그를 괴롭힌다고 한다. 일부 지적 호사가들에게는 집단 선택이 불가능함이 증명되었다는 사실이 매혹적인 도전 대상이 되는 것 같다. 영구 기관(역주: 에너지 소비 없이 영구히 움직이는 기계)도 일부 아마추어 발명가들 사이에서 비슷한 관심을 끌었다. 집단 선택의 사례는 영구 기관의 사례와는 다르다: 집단 선택은 불가능하다고 증명된 적이 없고, 결코 증명될 수 없을 것이다. 그러나 집단 선택이 낭만적 매력을 지니게 된 까닭은 부분적으로는 윈-에드워즈(Wynne-Edwards, 1962)가 이 문제를 밖으로 드러내는 값진 일을 해 준 이래로 이 이론이 지속적으로 받아 온 공격 때문이 아닐까 싶다.

이 설명은 미국 정부가 쓴 미국사 교과서마냥 단호하다. 도킨스는 집단 선택이 1960년대에 명확한 과학적 절차에 따라서 기각되었고 그 이후 아무런 변화가 없었던 것처럼 이야기하고 있다. 그러나 실제 논쟁의 역사는

크게 다르며, 훨씬 더 흥미롭다.[11]

토마스 쿤(1970)은 『과학혁명의 구조*The Structure of Scientific Revolutions*』에서 "정상과학normal science"이라는 용어를 사용했다. 정상과학이란 과학자들이 일반적 이론적 체계를 공유하고 이러한 체계에 기초하여 서로 대립하는 가설들이 예측하는 바를 검증함으로써 가설의 타당성을 평가하는 것을 말한다. 과학자들은 자료를 수집한 뒤에 자료가 보여 주는 결과를 이용해서 어떤 가설이 참인지를 결정한다. 우리는 집단 선택에 관한 논쟁이 정상과학의 중요한 요소들을 포함하고 있다는 점을 보였다. 집단 내 선택과 집단 간 선택은 자연 선택이 무엇을 진화시키는가에 대해서 서로 다른 예측을 내어놓는 대안 가설들이다. 윌리엄스와 르원틴은 각각 성비와 독성의 사례를 이용하여 가설을 검증할 수 있는 방법을 고안했고, 여기서 제시된 증거들은 진화를 일으키는 유일한 힘이 아니라 진화를 일으키는 중요한 힘으로서의 집단 선택을 지지한다.

정상과학은 제 역할을 했지만, 어떤 이유에선지 제대로 된 영향력을 미치지는 못했다. 암컷의 비율이 더 많은 성비나 병원체의 약한 독성이 집단 선택의 증거로 받아들여지는 과정은 매우 고통스러웠으며, 수십 년이 지난 지금까지도 그 과정은 끝나지 않았다. 그보다 더 안타까운 것은, 성비 불균형이나 독성의 사례, 그 밖의 경험적 검증 결과들에도 불구하고 집단 선택 이론에 대한 전반적인 재평가가 이루어지지 않았다는 점이다. 많은 진화생물학자들은 1960년대부터 계속해서 "집단 선택은 죽었다"는 노래를 비틀즈의 노래라도 되는 것처럼 애창했다. 진화에 관심을 가진 다른 분야의 학자들이 집단 선택 논쟁에서 일어난 과학적 발전에 대해 거의 알 수 없었던 것도 당연하다.

집단 선택 논쟁에 이런 측면들이 있음을 설명하기 위해서는 정상과학이 일반적으로 작용하는 방식 너머로 시선을 돌려야 한다. 쿤은 패러다임 경쟁이라는 개념으로 과학적 노력을 복잡하게 만들 수 있는 몇 가지 부가적인 요인들을 설명했다. 서로 대립하는 이론들의 기초적 개념들이 너무 달라서 반대 진영의 이론에서는 표현할 수 있는 용어조차 없을 때, 이들 이론은 "통약불가능한 패러다임mutually incommensurable paradigms(역주: 동일한 기준으로 비교할 수 없는 패러다임)"을 대표한다고 말한다. 이들 이론은 개념적으로 매우 다르기 때문에 정상과학의 검증 절차를 통한 논쟁의 해결은 불가능하다. 여러 규칙에 따라서 하나의 패러다임이 다른 패러다임으로 대체되고 이것이 과학혁명을 이룬다.

쿤은 진실을 향해 곧장 행진해 나가는 것처럼 보였던 과학의 이미지를 영원히 바꾸어 놓았다. 불행히도, 그가 제시한 패러다임이라는 개념은 모호함으로 가득해서, 다른 철학자들은 이 개념을 정확하게 설명하지 못했다. 집단 선택을 새로운 패러다임이라고 부르거나 과학혁명의 사례라고 이야기하는 것은 집단 선택에 대한 이해를 증진시키는 데 아무런 도움이 되지 않는다. 우리는 정상과학이 집단 선택의 사례에서 제대로 작동하지 못하도록 만든 구체적 요인들을 자세히 들여다봐야 한다. 이러한 요인들에는 집단 선택 논쟁에만 특수한 것도 있고 그렇지 않은 것도 있을 수 있다.

집단 선택설과 개체 선택설의 갈등이 정상과학의 문제로 해결되지 못했던 한 가지 이유는 서로 다른 집단에 속한 개체들의 적합도를 평균하는 관점 때문이다. 이 관점은 동일한 현상을 다른 관점으로 보게 만들 뿐이지, 진화 과정에 관련된 어떤 사실도 바꿔 놓지 않는다. 동일한 집단이 제시되고 동일한 진화적 힘이 작용한다. 집단 내에서의 상대적 적합도와 집단 간의 상대적 적합도는 언제든지 측정될 수 있지만, 이 관점에서는 진화의 최종 결과에 초점을 둔다. 최종 결과를 "무적의 전략"이라고 보고 이것을 "개체 선택"과 연결지으면, 집단 선택은 존재하지 않게 된다. 집단 선택 이론과 평균을 내는 접근 방식은 무엇이 진화할 것인지를 예측하는 데 있어서는 완벽하게 서로 대체 가능하며, 두 관점으로 모두 번역 가능하다. 그러나 평균을 내는 접근 방식에서 정의되는 "개체 선택"을 집단 선택 이론에서 정의하는 "집단 선택"을 반박하기 위한 용도로 사용하게 되면, 끝나지 않는 헛된 논쟁만 남게 된다.

동일한 대상을 다른 방식으로 바라보는 두 가지 관점은 쿤이 패러다임이라고 불렀던 것과 비슷하지만, 끊임없이 지속되는 집단 선택 논쟁의 본질을 이해하기 위해서는 추가적으로 고려할 점들이 있다. 결국 일반적인 형태의 평균의 오류를 범하는 사람은 아무도 없다. 도킨스조차도 그의 비문에서 집단 선택이 "불가능하다는 사실이 증명된 적은 결코 없으며, 앞으로도 증명될 수 없을 것이다."라고 주장했다. 성비의 문제나 독성의 문제에서 찾아볼 수 있었던 평균의 오류는 일단 알고 있으면 쉽게 피할 수 있는 실수다. 집단의 존재를 확인한 다음, 어떤 특질이 집단 내 적합도를 증가시키는지 집단 간 적합도를 증가시키는지를 확인하면 된다. 윌리엄스와 해밀턴, 콜웰, 르원틴, 그 밖의 다른 학자들은 우리가 지금까지 살펴본 사례들에서 평균의 오류를 피할 수 있었다. 그런데 어째서 다른 진화생물학자들은 이러한 선례를 따르지 않았던 것일까? 아마도 해밀턴과 르원틴의 논문이 발표되던 시점이 집단 선택이 기각되고 난 이후였기 때문일 것이다. 논쟁은 이미 끝났고, "집단 선택적 사고"의 어처구니없는 오류들을 피하는 일만 남았던 것이다. 남은 과제는 의기양양하게 승리한 개체 선택의 패러다임을 발전시키는 것이었다. 이런 상황에서, 평균의 오류는 소위 개체 선택 모형이라고 불리는 모형들에서 집단의 역할을 쉽게 간과하도록 만들었다.

우리는 심슨의 패러독스 — 또는, 이 현상에 대한 무지 — 가 개체주의적 패러다임을 그렇게 막강하게 했던 또 다른 이유라고 생각한다. 만약 정의대로 한 집단 내에서 이타주의자가 이기적 개체들보다 못하다면, 이타주의가 진화하는 것은 불가능해 보인다. 이런 맥락에서 집단 선택을 이야기하는 것 — 불가피함에 대한 부정 — 은 공허한 일이다. 집단들이 서로 "경쟁"한다고 치더라도, 각 집단은 내부로부터의 전복에 희생될 수 있다. 이런 식의 추론은 비판을 이겨 내지 못한다. 그러나 표면적으로는, 설득력 있는 것처럼 보인다. 그 결과, 무엇이 집단에게 최선인가에 대한 자유로운 논의는 순진한 일로 여겨지는 반면, 무엇이 개인에게 최선인가에 대한 똑같이 자유로운 논의는 명석한 일로 여겨졌다.

집단 선택의 증거로서의 성비와 병원체 독성 사례는 역사를 아는 것이 한가한 오락거리가 아님을 분명하게 보여 준다. 집단 선택 논쟁의 본질을 이해하고 그 안에 존재하는 정상과학의 핵심을 찾아내는 일이 필요하다. 또한, 역사가들이나 철학자, 과학자들은 과학적 방법에 관한 모형들에서와는 달리 실제 삶에서 과학이 그렇게 복잡해지는 이유가 무엇인지 이해하기 위한 사례로 이 논쟁을 이용할 수도 있을 것이다. 집단 선택 이론과 평균을 내는 접근 방식은 쿤과 그 동료들이 이야기했던 패러다임과 어느 정도 비슷한 면이 있지만, 몇 가지 중요한 측면에서 차이가 있다. 두 개의 패러다임은 어떤 점에서는 서로 충돌하지만(이타주의에 대한 해석) 또 다른 점에서는 그렇지 않다(진화의 최종 결과에 대한 예측). 서로의 차이점을 이해하면, 두 패러다임을 서로의 언어로 쉽게 번역할 수 있다. 쿤이 이야기하는 통약불가능성 incommensurability은 이 사례에 해당하지 않는다. 두 개의 패러다임은 공존할 만한 가치가 있다. 동일한 대상을 다른 각도로 바라보기 때문에, 서로 다른 통찰을 제공할 수 있다. 과학에도 다원주의 — 동일한 세상을 서로 다른 방식으로 바라보는 다양한 관점의 공존 — 가 존재할 수 있지만, 다양한 관점들이 서로 적절하게 관련되어 있을 경우에만 가능하다(Dugatkin and Reeve, 1994). 다원주의적인 과학자는 자신이 어떤 관점을 적용하고 있으며, 다른 관점으로는 어떻게 번역되는지를 명확하게 말할 수 있어야 한다. 집단 선택설의 경우, 다원주의적인 과학자라면 "나는 평균을 내는 접근법을 적용하고 있으며 따라서 집단 선택과 이타주의에 대해서는 할 수 있는 이야기가 없다. 이 주제에 대해서 이야기하려면 집단 내 적합도와 집단 간 적합도의 차이를 검증할 필요가 있다."라고 말할 수 있어야 하는 것이다. 패러다임 구분의 실패는, 이타주의의 존재와 집단 선택의 중요성에 관한 논쟁에서 믿기 어려울 정도로 엄청난 노력의 낭비와 혼란을 가져왔다.

정상과학을 통해 이미 밝혀졌으나 평균의 오류를 비롯한 다른 요인들 때문에 드러나지 못했던 집단 선택과 이타주의에 관한 추가적 사례들이 더 많이 있다. 호사가들의 상상 속에만 존재하는 영구 기관과는 달리, 집단 선택과 이타주의는 과학적 검증을 통과했기 때문에 실제로 존재한다고 볼 수 있다. 그러나 집단 선택의 중요성을 온전히 이해하기 위해서는 사례들을 하나씩 검토하는 것 이상의 노력이 필요하다. 우리는 지난 30년간 발전해 온 진화생물학의 개념적 구조를 검토해야만 한다.

각주

1 이 사례에서 이타주의는 뇌기생충이 같은 숙주 내에 있는 나머지 기생충들에게 가져다주는 결과를 말한다. 뇌기생충은 숙주에게는 명백하게 해가 된다.

2 이 상황에서 평균 적합도를 구하는 공식은 $W_A = X+1+2(pN-1)$과 $W_S = X+2pN$이 된다.

3 만약 두 집단 간의 차이가 덜한 경우를 예로 들었다면, 이기적 유형이 진화할 것이다. 그러나 한 집단 모형에서보다는 그 속도가 더 느릴 것이다. 이기심이 진화한다고 해서 집단 선택이 일어나지 않는다는 의미는 아니다. 마찬가지로, 이타주의가 진화한다고 해서 이기심을 선호하는 개체 선택이 일어나지 않는다는 의미는 아니다. 개체 선택이 이타주의를 선호하는 집단 간 선택보다 상대적으로 약하다는 의미일 뿐이다.

4 개체군 내에서 어떤 형질이 완전히 돌연변이로 형성된다는 가정도 진화적 모형에서 흔히 사용되는 단순화 가정 중 하나다. 4장에서 살펴보겠지만, 많은 형질들은 보다 연속적인 차이를 보이며 보다 점진적으로 나타난다.

5 *A*유형이 돌연변이로 드물게 나타난다면 q는 0에 아주 가까워지기 때문에, *S*유형의 평균 적합도를 구할 때 등식의 첫 번째 항 $q(E_2)$를 무시하는 것이 일반적이다.

6 진화 이론에서 최종 결과와 그 원인을 구성하는 요소들을 구분해야 한다는 점을 인식한 것은 우리가 처음이 아니다. 선택의 단위와는 무관한 맥락에서, 데니스턴(Denniston, 1978)은 형질 적합도에 대한 정의를 비판하면서 근본적으로 같은 주장을 했다. 어떤 형질의 적합도가 그 형질이 증가하는 속도(또는 그 수학적 기대치)로 정의된다고 가정해 보자. 이 정의의 문제점은 이 형질의 빈도를 증가하게 만드는 다양한 서로 다른 원인들을 구별할 수 없다는 데 있다. 이 형질의 빈도가 증가하는 이유가 자연 선택 때문일 수도 있지만, 돌연변이나 개체들의 이동 때문일 수도 있으며, 세 과정이 동시에 일어날 수도 있다. 적절한 적합도의 정의는 어떤 형질의 빈도가 증가하는 원인 요소들 중에서 자연 선택으로 인한 요소를 구별해 낼 수 있어야 한다. 형질 적합도를 그 형질을 지닌 개체가 생산하는 평균 자손 수로 정의하는 것이 더 낫다. 평균을 내는 방법이 인과적 사실들을 이해하기 어렵게 만드는 이유와 매 세대마다 평균을 다시 계산하지 않을 경우 잘못된 예측을 하게 만드는 이유에 관한 보다 철학적인 논의에 관심이 있다면 Wimsatt (1980), Sober and Lewontin (1982), Sober (1984), Lloyd (1988), Brandon (1990)을 보라. 평균을 내는 방법을 옹호하는 입장으로는 Sterelny and Kitcher (1988)가 있다.

7 성비를 적응의 일종으로 생각하기 전에 성비가 진화가능한 형질이라는 점을 먼저 증명해야

한다. 벌목 곤충들(개미, 벌, 말벌)이나 그 밖의 많은 절지동물들에서 성별은 반수성haploidy이라고 불리는 메커니즘에 의해 결정된다. 즉, 수정된 알은 암컷이 되고 수정되지 않은 알은 수컷이 된다(암컷은 난자와 정자의 염색체를 모두 가지고 있어서 **배수 염색체**를 지니고, 수컷은 한쪽의 염색체만 가지고 있어서 **반배수 염색체**를 지닌다.) 암컷은 보통 정자를 저장해 두었다가 알을 낳을 때 수정되는 알의 개수를 조절하기 때문에 자손의 성별을 정확하게 결정할 수 있다. 따라서 반배수성haplo-diploid 종에서 성비는 자연 선택에 의해 영향을 받는 명백하게 진화 가능한 형질이다. 사람에서 성별이 두 개 모두의 X염색체 또는 하나의 X염색체와 하나의 Y염색체에 의해 결정되는 것처럼, 성별이 유전적 다형성에 의해 결정되는 경우에는, 감수 분열이라는 무작위적 과정에 의해서 암수 비율이 동일한 성비가 나타날 수 있다. 자손의 성비를 조절하는 것이 적응적이라고 하더라도, 어떻게 부모가 그것을 조절할 수 있는지는 명확하지 않다. 한 가지 가능성은 복수의 난자가 수정되는 경우에 수정란의 생존에 성차가 있는 것이다. 이 경우 출생 시 성비가 한쪽으로 편향될 수 있다. 메커니즘은 잘 알려져 있지 않지만, 유전적 다형성에 의해 성별이 결정되는 몇몇 종에서 적응적인 성비 불균형이 관찰된 바 있다(Clark, 1978; van Schaik and Hrdy, 1991; Holekamp and Smale, 1995).

8 기생충이나 박테리아나 바이러스 같은 병원체들은 기본적으로 유기체의 크기에서 차이가 있는데, 이 차이는 지금 우리가 논의하고 있는 개념적 문제와는 무관하다. 여기서는 이들 모두를 가리켜 "**질병**disease"이라는 용어를 사용하겠다.

9 독성은 성장을 약간 저해하는 것에서부터 죽음에 이르도록 하는 것까지 숙주에게 미치는 모든 종류의 부정적 결과로 정의된다. 다양한 원인이 존재하며 그중 일부만 적응과 자연 선택의 관점에서 이해될 수 있다. 이 문제에 관한 보다 일반적인 개관을 위해서는 Ewald (1993), Bull (1994), Frank (1996a)를 참고하기 바란다. 특히 질병이 새로운 숙주에서 발생하는 경우에는 적응적 설명을 제공하기 어렵다. 어떤 병원체들은 숙주의 상태에 따라서 독성의 정도를 유연하게 조절할 수 있다. 이 문제에 관해서는 3장의 조건부 행동과 다수준 선택에 관한 일반적 논의를 참고하기 바란다.

10 독성과 번식력의 관계를 생각할 때, 서로 매우 다른 종류의 유기체를 비교해서는 안 된다. 예를 들어 대부분의 대장균*Escherichia coli*은 비병원성이고 독성이 강한 결핵균*Mycobacterium tuberculosis*보다 더 빨리 퍼져 나간다. 그러나 대장균과 결핵균은 서로 다른 기관에 서식하며 서로 직접적으로 경쟁하지 않는다. 문제는 (예를 들어) 단일 숙주 내에 살고 있는 결핵균들이 유전적으로 다양한지, 그리고 빠르게 번식하는 계통이 느리게 번식하는 계통보다 더 독성이 강한지 여부다. 물론, 숙주에게 미치는 영향력이라는 측면에서는 하나의 숙주 안에 살고 있는 여러 종의 유기체들이 "한 배를 탄 운명"인 것도 사실이다. 이 문제는 우리가 3장에서 논의하게 될 군락 수준의 선택community-level selection과 관련 있다.

11 진화생물학의 역사에서 이 흥미진진한 시대에 관한 사세한 이야기는 아직 글로 옮겨지지 않았다. 이 책에서 우리가 논의하고 있는 성비와 친족 선택의 문제는 출판된 형태로는 가장 자세한 설명이다. 보다 초기의 역사는 윌슨(Wilson, 1983)과 웨이드(Wade, 1978)가 개관했다. 1차 세계대전과 2차 세계대전 사이에 이루어졌던 시카고 학파의 연구는 미트만(Mitman, 1992)이 검토했다. 1960년대부터 현재까지의 논쟁에 대한 사회학적 측면이 자세히 기록되고 연구된 적은 없다. 과학사학자들이 집단 선택 논쟁을 과학적 변화와 관련된 문제를 보여 주는 하나의 사례로 연구할 것을 권한다.

.2.

사회적 행동에 관한 통합적 진화 이론

1960년대에 집단 선택설이 몰락하고 사회적 행동에 관한 진화적 연구의 토대가 된 다른 이론들이 등장했다. 그중 하나가 해밀턴(Hamilton, 1963, 1964a-b)의 포괄적 적합도inclusive fitness 이론으로, 나중에 메이나드 스미스(Maynard Smith, 1964)가 친족 선택kin selection 이론이라고 불렀다. 또 다른 이론은 호혜적 이타주의reciprocal altruism 이론(Trivers, 1971)으로, 이 이론은 나중에 진화적 게임 이론(Maynard Smith, 1982; Axelrod and Hamilton, 1981)과 통합되었다. 세 번째 이론은 이기적 유전자 이론(Dawkins, 1976, 1982)으로, 이 이론에서는 개체를 오직 자기 복제에만 관심 있는 유전자 집합체로 본다.

이 이론들은 집단 선택설에 기대지 않고 이타주의의 진화를 설명하기 위해서 만들어진 것이다. 다음은 전형적인 집단 선택설과 친족 선택설에 관한 설명이다(Frank, 1988).[1]

> 집단 선택 모형을 좋아하는 사람들은 일부 생물학자들이나 사람들이 진정으로 이타적이라고 믿는 이들이다. 많은 생물학자들은 자연 선택이 개체 수준에서 일어난다는 다윈의 핵심 가정을 부정하는 이 모형에 대해서 회의적이다.(p. 37)

> 해밀턴에 따르면, 한 개체는 자신의 유전자 복제본을 가지고 있는 다른 개체를 위해 희생함으로써 자신의 유전자가 후세에 더 많이 전달될 수 있도록 할 수

있다. … 친족 선택 모형은 다윈의 이론에 잘 들어맞고, 잘 확립된 예측력을 지닌다. … 친족 선택에 의해 설명되는 행동은 사실상 자기 희생적인 행동이라고 볼 수 없다. 어떤 개체가 자신의 친족을 돕는 것은 친족의 유전자에 포함되어 있는 자신의 일부를 돕는 것에 불과하다.(p. 39)

다윈의 이론에 관한 프랭크의 말은 정확하지 않다. 이타주의가 집단 선택에 의해 진화한다는 아이디어를 최초로 제안한 사람이 바로 다윈이기 때문이다. 그러나 프랭크의 주장이 보여 주는 수사학적 요점은 명확하다. 현대의 다윈주의자들에게 있어서, 어떤 아이디어를 기각하는 궁극적인 방법은 그 아이디어가 비다윈적non-Darwinian이라고 부르는 것이다! 집단 선택에 의해 진화하는 이타주의는 진정한 이타주의이고, 친족 선택에 의해 진화하는 이타주의는 이기주의의 한 형태에 불과하다고 묘사하고 있는 점도 주목할 만하다.

마찬가지로, 다음은 이기적 유전자 이론에 대한 전형적인 설명이다 (Parker, 1996).

[이기적 유전자 이론은] 널리 퍼져 있는 진화에 대한 부정적 오해를 불식시키기 위해 만들어졌다. 진화에 대한 오해란 다윈주의에서 자연 선택이 집단 또는 종의 수준에서 일어나며 그것이 자연의 균형과 관련이 있다는 믿음을 말한다. 우리는 "이타주의"의 진화를 어떻게 다른 방식으로 이해할 수 있을까? … 일단 진화가 유전자 수준에서 일어난다는 점을 이해한다면 — (도킨스가 발전시킨 이론에서처럼) 유전자가 점령했다가 버리는 개체의 몸 안에서 일어나는 유전자의 생존 과정으로 이해한다면 — 이타주의의 문제는 사라진다.

포괄적 적합도와 게임 이론, 이기적 유전자는 모두 훌륭한 통찰을 제공한다. 우리는 지난 30년간 사회적 행동에 대한 이해가 증진되었음을 부정하려는 것이 아니다. 그럼에도 불구하고, 이 이론들을 서로 연결시켜 보면 해결하기 어려운 모호한 점들을 발견하게 된다. 이기적 유전자는 집단이 적응의 단위라는 주장을 반박하기 위해서 사용되어 온 개념인데, 웬일인지 개체가 적응의 단위가 된다고 해석하는 것은 허용하고 있다. 친족 선택 이론은 도움 행동이 유전적으로 관련되어 있는 대상에게만 제한되어 있다고 예측하지만, 진화적 게임 이론의 메커니즘에 따르면 친족이 아닌 대상에게도 친절을 베풀게끔 진화할 수 있다. 진화는 개체의 이익 — 혹은 유전자의 이익을 증진시키는 방향으로만 일어날까?

이 장에서는 지난 30년간의 사회적 행동에 관한 진화적 연구가 한편으로는 서로 다른 과정들을 필요로 하고, 다른 한편으로는 같은 과정을 다른 관점에서 바라보는 여러 대안 이론들 사이의 혼란을 반영하고 있음을 보여 주고자 한다. 이러한 혼란이 각각의 관점으로부터 얻을 수 있는 통찰을 퇴색시키는 것은 아니라는 점에서, 사회적 행동을 이해하려는 노력의 과정은 인정해야 한다. 그러나 특히 이타주의의 이해에 있어서, 이러한 혼란이 더 많은 통찰을 방해하고 거짓을 감추어 온 것도 사실이다. 과학적 진보가 더 빨리 일어났을 수도 있었다. 미래에는 더 빨라질 수도 있다. 그러기 위해서는 동일한 과정을 여러 관점에서 바라보는 것과 과정 자체가 다른 것을 구분해 낼 수 있는 타당한 다원주의legitimate pluralism를 이룩해야 한다.

우리는 타당한 다원주의가 사회적 행동에 대한 통합된 진화 이론을 가능하게 할 것이라고 생각한다. 집단 선택에 대한 대안으로 제시되어 온 이론들은 통합된 진화 이론으로는 적절하지 않다. 이 이론들은 다집단 개체군multigroup populations의 진화를 바라보는 다양한 관점들이라고 할 수 있다. 대개 "표면적으로 이타적"이라고 불리는 행동들은 집단 내 개체 수준에서는 상대적 적합도가 낮기 때문에, 집단 수준에서의 적합도를 증가시킬 때에만 진화할 수 있다. 그러나 대안 이론들은 집단 선택의 역할을 감추기 위해 고안되었기 때문에, 자연 선택에 의해 무엇이 진화할 수 있는가에 대한 신선한 통찰을 제공해 주기는 하지만 집단 선택의 과정process을 반박하는 증거가 되지는 못한다. 과정과 관점을 명확히 구분할 때, 진정한 이타주의와 집단에 이익이 되는 그 밖의 행동들의 진화를 예측하는 통합된 이론이 출현할 수 있다.

이 장에서는 집단 선택의 대안으로 제시되었던 주요 이론들이 집단 선택을 어떻게 포함하고 있는지 보여 줄 것이다. 집단을 정의하는 방법에 대해서도 다루고자 한다. 이미 많은 진화생물학자들이 타당한 다원주의를 달성한 바 있다(예를 들어 Boyd and Richerson, 1980; Bourke and Franks, 1995; Breden and Wade, 1989; Dugatkin and Reeve, 1994; Frank, 1986, 1994, 1995a-b, 1996a-c, 1997; Goodnight, Schwartz, and Stevens, 1992; Griffing, 1966; Hamilton, 1975; Heisler and Damuth, 1987; Kelly, 1992; Michod, 1982, 1996, 1997a-b; Peck, 1992; Pollock, 1983; Price, 1970, 1972; Queller, 1991; 1992a-b; Taylor, 1988, 1992; Uyenoyama and Feldman, 1980; Wade, 1985). 그러나 통합적 이론은 아직 완전하게 받아들여지지 않았다. 집단 선택설이 이미 수십 년 전에 기각되었으며 오늘날에는 소수 이단아들의 마음속에만 남아 있다고 보는 시각은 쉽게 사라지지 않는다. 진화생물학자를 비롯한 많은 독자들에게, 이 장에서 다루게 될 내용들은 그동안 배워 왔던 것과 확연히 달라 보일 것이다.

만약 과학이 가설 수립과 검증에 불과하다면, 역사를 이야기할 필요가 없을 것이다. 그러나 이타주의에 관한 과학적 연구는 쿤이 말했던 "정상과학"보다 훨씬 복잡한 문제를 안고 있다. 우리가 앞에서 성비와 병원체 독성의 문제에 대해 살펴본 내용은, 지금부터 다루게 될 광범위한 이론적 발전 과정에 더욱 잘 적용될 수 있다. 집단 선택설은 이미 수십 년 전에 받아들여질 수 있었다. 집단 선택설이 아직까지 논쟁거리로 남아 있는 이유를 이해하기 위해서는, 개념들뿐만 아니라 이러한 개념들이 논의되어 온 과학 담론의 역사를 알아야 한다.

친족 선택

W. D. 해밀턴(Hamilton, 1963, 1964a-b)은 친족 선택 이론의 아버지로 불린다. 그러나 해밀턴보다 6년 앞서서 G. C. 윌리엄스와 D. C. 윌리엄스가 학술지

『진화*Evolution*』에 「사회성 곤충에서 형매Sib, 兄妹 간에 관찰되는 개체 수준에서는 불리한 사회적 적응의 자연 선택」(Williams and Williams, 1957)이라는 제목의 논문을 발표했다.[2] 이들의 분석은 시월 라이트(Sewall Wright, 1945)의 집단 선택 모형에서부터 출발한다.

상대적 적합도를 강조하고 있다는 점에서 라이트의 모형을 자세히 살펴볼 필요가 있다(박스 2.1.). 라이트는 이 모형에서 어떤 형질을 가정하고 있는데, 이 형질은 이 형질을 가진 개체를 포함한 집단 전체에 이득이 된다. 그러나 이 형질로 인한 비용은 개체만 부담하게 된다. 이런 종류의 이타주의는 노동의 결과는 나누면서 노동의 대가는 혼자만 지불하는 붉은 암탉 이야기에 잘 드러나 있다. 라이트는 이러한 생각을 수학적으로 정확하게 표현하기 위해 박스 2.1.에 나와 있는 공식을 제시했다. 여기서 g는 집단의 이득이고, s는 개체의 비용을 의미한다. 우리가 박스 1.1.의 모형에서 이미 살펴보았듯이, 여기서도 무임승차하는 유전형(aa)의 상대적 적합도가 항상 가장 높다는 것을 쉽게 알 수 있다. 라이트의 모형에서 이타주의자들은 다른 집단원들과 함께 자신의 이익도 증진시키지만, 이것이 그들의 진화적 운명을 바꾸지는 못한다. 집단 내에서 일어나는 자연 선택은 g값에 전혀 민감하지 않다. g는 집단 내에서의 상대적 적합도에 영향을 주지 않기 때문이다. 수학적으로 적합도를 비교하게 되면 s만이 유일하게 의미 있는 요인이 된다. 따라서(g가 크고 s가 작아서) 개체의 **절대적** 적합도를 크게 향상시키는 형질이라도, ($s > 0$이라면) **상대적** 적합도는 감소하기 때문에, 진화할 수 없게 된다. 집단 내에서 일어나는 자연 선택은 파이 조각의 상대적 크기만을 고려하지, 파이의 절대적 크기에는 관심이 없다.

라이트의 공식은 집단 내에서 이타주의가 진화에 불리하다는 것을 보여주지만, 집단 선택이 이타주의를 선호한다는 점은 설명하지 않는다. 대신, 라이트는 집단 선택이 어떻게 작동할 것인지에 대해서 짐작했을 뿐이다. 그는 그림 2.1.과 같이 집단들이 공간적으로 서로 분리되어 있으면서 미세

박스 2.1. 시월 라이트의 이타주의 모형

라이트(1945)는 이타주의를 그 행동을 한 개체는 비용을 치르지만 집단 전체에는 이득이 되는 행동이라고 가정했다. 그는 이러한 생각을 다음과 같은 자연 선택 모형을 통해 수학적으로 표현했다. 세 개의 *W*는 단일 집단 내에서 세 가지 유전형의 적합도를 나타낸다.

$$W_{aa} = (1 + pg) \tag{2.1}$$

$$W_{Aa} = (1 + pg)(1 - s) \tag{2.2}$$

$$W_{AA} = (1 + pg)(1 - 2s) \tag{2.3}$$

유전자 A는 이타적 행동을 나타내는 유전자이고, 유전자 *a*는 이기적 행동을 나타내는 유전자다. 이타주의가 가져오는 집단 수준의 이득은 $(1+pg)$로 표현되는데, 이 값은 집단 내 이타주의자들의 비율(p)이 높을수록 증가한다. 이형접합체heterozygotes Aa는 염기쌍 중 하나가 이타적 유전자로, 개체의 비용은 $(1-s)$이다. 두 개의 이타적 유전자로 이루어진 동형접합체homozygotes AA를 가진 개체의 비용은 $(1-2s)$이다. 집단 수준의 이득은 집단원 전체가 똑같이 공유하기 때문에 개체의 적합도를 비교할 때는 서로 상쇄된다. 적합도와 *g*값은 무관하며, *s*가 0보다 크다면 유전자 *A*는 항상 도태된다. A가 진화하기 위해서는 집단 선택이 필요하지만, 라이트는 집단 선택이 과정이 관련이 있을 것이라고 짐작만 했을 뿐 구체적인 모형을 제시하지는 않았다.

라이트의 이타주의 모형은 보다 일반적인 "평형변이론shifting balance theory"과 구분되어야 한다. 라이트는 복잡한 유전자 간 상호작용이 최선의 유전자 조합이 진화하는 것을 막을 수 있기 때문에, 크기가 큰 단일 개체군에서는 자연 선택이 잘 작동하지 않을 것이라고 생각했다. 라이트는 식물이나 동물 육성가가 근교계inbred line들 중 하나를 선택해서 새로운 계통을 만들어 내는 것처럼, 자연 선택도 서로 분리된 집단들로 구성된 개체군에서 더 잘 작동할 것이라고 주장했다. 각각의 집단에서 서로 다른 유전자 조합들이 선택될 수 있고, 이 중에서 가장 적합한 집단이 다른 집단들을 대체하게 될 것이다. 라이트는 이타주의와 같은 사회적 속성보다는 기니피그의 털 색깔과 같은 개체 형질의 진화를 설명하기 위해서 이 이론을 개발했다.

개체 형질은 집단이라는 맥락 안에서 고려되어야 한다. 왜냐하면 개체 형질은 복잡한 유전적 기반을 가지고 있고 특정한 유전자 조합의 적합도는 집단 내에 어떤 다른 유전자들이 존재하는지에 따라서 달라지기 때문이다. 집단 내에서 도태되는 이타주의와는 달리, 라이트(Wright, 1945)의 평형변이론에서 진화한다고 설명하는 유전자 조합이 결정하는 형질들은 집단 내에서 안정적으로 존재한다. 우리는 4장에서 다중 안정 사회 체계multiple stable social system의 집단 선택 모형에 대해 이야기할 것인데, 이 모형은 라이트의 개체 형질의 평형변이론과 유사하다. 평형변이론에 대한 현대의 평가를 알고 싶다면 프로빈(Provine, 1986)과 코인, 바튼, 투렐리(Coyne, Barton, and Turelli, 1997)를 참고하기 바란다.

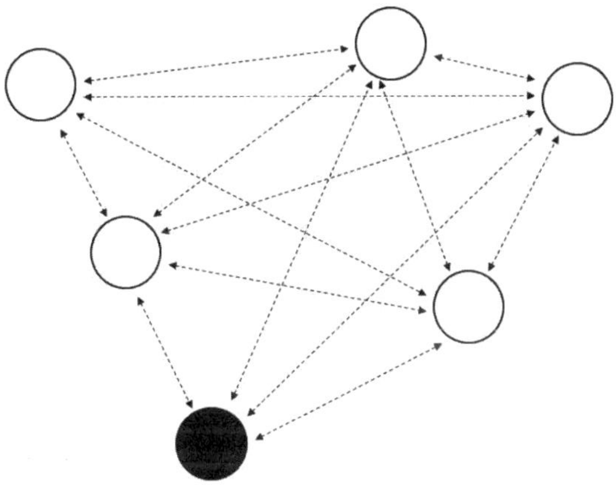

그림 2.1. 시월 라이트의 개체군 구조에 대한 해석. 집단들이 지리적으로 서로 떨어져 있고 미세한 이동만이 존재한다. 이타주의자들은 집단 내의 유전적 부동에 의해 진화해서(검정색 원), 더 오래 살아남고 더 많은 이동이 일어남으로써 다른 집단을 이기게 된다.

한 집단 간 이동이 일어나는 개체군이라고 상상했다. 라이트는 진화가 자연 선택과 더불어 무작위적인 과정들로 인해 영향을 받는다고 생각했다. 만약 두 개의 형질이 동일한 적합도를 가지고 있다면, 이 형질들의 빈도는 둘 중 하나가 사라질 때까지 특정한 패턴 없이 다양하게 변화할 것이다. 이러한 과정을 유전적 부동genetic drift이라고 한다. 마찬가지로, 만약 어떤 형질이 다른 형질보다 더 적합하다면, 이 형질이 진화할 가능성이 더 높지만, 유전적 부동에 의해 사라지는 경우도 있을 수 있다. 라이트는 이타주의가 자연 선택에서 불리하더라도 유전적 부동에 의해 일부 집단에서 살아남을 수 있을 것이라고 추론했다. 이렇게 형성된 이타적 집단이 더 오래 살아남고 새로운 집단을 형성하는 이탈자들을 더 많이 만들어 냄으로써 이기적 집단과의 경쟁에서 이길 수 있다는 것이다.

라이트의 시나리오를 설명하려는 이후의 노력들은 그가 상상했던 과정의 유효성에 의문을 제기했다(Wade, 1978; Wilson, 1983의 개관). 집단들이 크게 분리되어 있지 않는 한, 이기적 집단에서 이동해 온 개체들이 이타적 집단에 유입되면 그 집단을 정복하게 될 것이다. 집단이 서로 충분히 분리되어 있다면, 이타적 집단이 어떻게 다른 지역으로 퍼져 나갈 수 있는지를 설명하기가 어렵다. 우리가 라이트의 모형을 정교화해서 잘 작동하도록 만든다고 하더라도, 자연에 존재하는 대다수의 집단에 이 모형을 적용할 수 없게 된다. 라이트 자신은 이 시나리오에 대해서 그다지 강한 신념을 갖고 있지 않았는지도 모른다. 그는 자신의 논의를 다음과 같은 미적지근한 문장으로 마무리했다: "사회적으로 이득이 되면서 개체에게는 손해가 되는 변이가 어떤 형태의 집단 간 선택이 일어나지 않고도 존재할 수 있는 이유를 알기란 정말로 어렵다"(p. 417). 이 문장 자체는 별로 설득력이 없지만, 그는 집단 선택과 비슷한 무언가가 작동하고 있어야만 한다고 말하려는 것처럼 보인다.

윌리엄스와 윌리엄스(Williams and Williams, 1957)는 라이트의 적합도 공식을 사용하면서도 라이트와는 다른 종류의 개체군 구조를 가정했다. 그들은 무작위적으로 교배하는 대규모의 단일 개체군을 가정했다. 이 집단에서 모든 암컷은 생애 주기의 일정 기간 동안에만 서로 상호작용하는 자손들을 생산한다. 둥지 안에 있는 아기 새들이 좋은 예가 될 것이다. 윌리엄스와 윌리엄스는 형제 자매 간에 나타나는 행동들이 고려대상이 되는 기간 동안, 각 형매 집단sibling group들이 서로 완벽하게 분리되어 있다는 사실을 깨달았다.

이타적인 형제 자매들은 자신의 둥지 안에 있는 다른 새들에게 도움이 될 것이지만, 다른 둥지에 있는 새들에게는 아무런 영향을 미치지 못한다. 이 개체군은 개체들이 모여 있는 하나의 개체군에 불과한 것이 아니라, 매 세대마다 형성되었다가 사라지는, 서로 분리된 형매 집단들의 집합이기도 한 것이다. 또한, 그림 1.1.의 모형에서 이타주의가 진화하기 위해서는 집단 간 다양성이 전제되어야 하고, 라이트의 모형에서는 유전적 부동으로 인해 변이가 일어난다고 했는데, 집단이 형제 자매로 구성되면 이 조건이 자동적으로 만족된다. 이것을 알 수 있는 가장 쉬운 방법은 어떤 개체군이 완전히 이기적인 유형(aa)들로 이루어져 있고 단 하나의 개체만 이타적 돌연변이(Aa)인 개체군을 가정하는 것이다. 만약 Aa 돌연변이가 성인이 될 때까지 살아남으면, 이 개체는 다른 이기적인 aa 유형과 교배하여 50퍼센트의 이타주의자(Aa)와 50퍼센트의 무임승차자(aa)를 낳을 것이다. 즉각적으로, 이타주의자들은 이타주의자의 비율이 50퍼센트인 집단에만 모여 있게 되고, 나머지 집단들에는 이기적 유전형만 존재하게 될 것이다. 라이트는 집단 내에서 이타적 형질이 존재하려면 유전적 부동이 일어나야 한다고 가정했다. 윌리엄스와 윌리엄스는 형매 집단의 사례에서는 유전적 부동을 가정할 필요가 없음을 알아냈다.

1장에서 우리는 집단이 주기적으로 뒤섞이거나 새로운 집단을 형성하는 과정에서 경쟁하지 않는 한 이타주의자의 빈도가 전체적으로 증가하는 현상은 일시적임을 보였다. 이타적 집단은 어떻게든 집단원을 전체 개체군의 다른 지역으로 이동시켜야만 한다. 그렇지 않으면, 모든 집단에서 개체 선택이 이타주의를 궁극적으로 사라지게 만들 것이다. 라이트의 시나리오가 이 문제를 어떻게 다룰 수 있는지는 알 수 없다. 유전적 부동이 일정 수준의 이타주의를 존재할 수 있게끔 하기 위해서는 집단 간에 상당한 분리가 일어나야 하는데, 이러한 분리는 이타적 집단이 다른 집단으로 이동해서 재생산하는 것을 어렵게 만들기 때문이다. 반면, 형매 집단이 새로운 집단을 형성하는 과정에서 어떻게 경쟁하는지는 명백하다. 개체들은 그저 성장

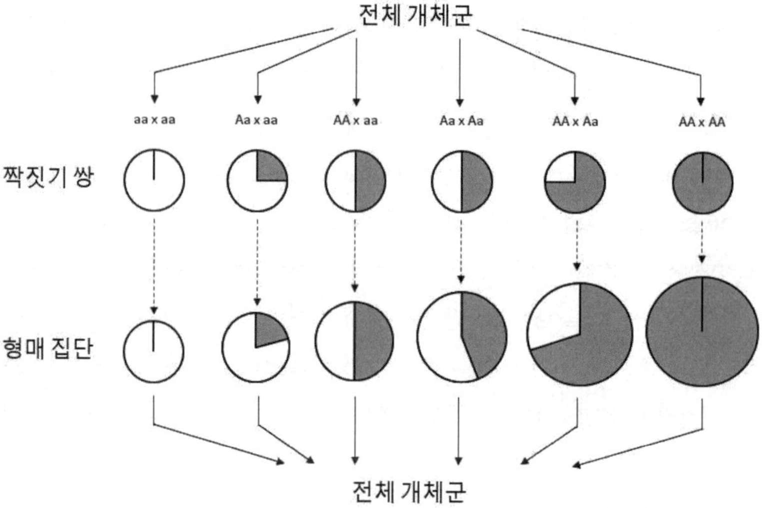

그림 2.2. 윌리엄스와 윌리엄스(1957)가 제안한 형제 자매 간 상호작용을 전제로 하는 개체군 구조. 대규모의 전체 개체군에서 무작위적으로 일어난 교배가 여섯 개의 짝짓기 쌍을 만들고, 이로부터 각기 다른 이타주의자 비율을 가진 여섯 개의 형매 집단이 형성된다. 이타주의를 나타내는 유전자(A)의 비율이 회색으로 표시되어 있다. 이타주의 유전자는 이기주의자가 섞여 있는 집단 내에서는 감소하지만(회색 파이 조각이 줄어든다), 각 집단의 전체 크기는 이타주의 유전자(A)의 비율만큼 증가하게 된다(파이 전체의 크기가 커진다). 이타주의 유전자는 집단 수준의 이득이 개체 수준의 비용에 비해서 충분히 클 때 진화할 수 있다.

한 뒤에 집단을 떠나서 새로운 형매 집단을 낳으면 된다. 이타주의자가 많은 집단들은 그림 1.1.의 두 집단 모형에서처럼, 전체 집단에 불균형적으로 기여할 것이다. 따라서 형매 집단에서는 집단 선택이 진화를 일으키는 힘이라고 볼 수 있다.

라이트의 공식과 이타주의를 선호하는 집단 선택의 과정을 포함하고 있는 윌리엄스와 윌리엄스의 전체 모형은 그림 2.2.에 표현되어 있다. 하나의 큰 개체군이 무작위적으로 짝을 짓고, 서로 분리되어 있는 형매 집단을 낳는다. 이 집단들은 순전히 이타주의자들로만 구성되어 있거나(AA×AA의 자손들), 이타주의자와 이기주의자가 섞여 있거나(Aa×AA, Aa×Aa 등의 자손들), 순전히 이기적인 집단(aa×aa의 자손들)일 것이다. 이타주의자들은 이기주의자와 섞여 있는 집단에서는 모두 그 숫자가 감소할 것이지만(1장의 두 집단 모형에서 보았듯이), 이타주의자의 비율만큼 전체 개체군 기여할 것이다. 개체 수준의 선택과 집단 수준의 선택을 모두 고려할 때, 집단의 이득(g)이 개체의 비용(s)보다 크다면 이타주의는 집단 선택에 의해 진화할 수 있다.

집단 선택설 논쟁의 역사는 많은 아이러니를 내포하고 있다. 그중 최고의 아이러니는, 후에 집단 선택설의 주요 비평가가 되었던 조지 윌리엄스가 실제로 작동하는 최초의 집단 선택 모형을 만들었다는 것이다. 그는 분명히 형매 집단 내에서 일어나는 이타주의의 진화를 집단 선택의 과정으로 보았다. 이제 우리는 왜 윌리엄스가 "집단과 관련된 적응은 사실상 존재하지 않는다"고 전면적으로 주장하면서도 가족 집단은 예외라고 했는지 이해할 수 있을 것이다.

해밀턴의 대안

윌리엄스와 윌리엄스의 논문은, 6년 뒤 한 영국인 대학원생이 학술지 『미국 자연학자*The American Naturalist*』에 「이타 행동의 진화」(Hamilton, 1963)라는 제목으로 발표한 짧은 글과 그 후에 『이론 생물학 저널*Journal of Theoretical Biology*』에 발표한 좀 더 심화된 후속 논문(Hamilton, 1964a-b)에 비하면, 거의 주목받지 못했다. 해밀턴은 학부생이던 시절에 로널드 피셔의 영향을 크게 받아서 대학원에 지원할 때부터 이타주의의 진화를 연구하겠다고 결심했다. 그는 무관심을 넘어 적대적인 분위기에 직면했다. 이때는 1950년대였고, 히틀러의 "인종 생물학"의 후유증으로 영국 과학자들은 행동 유전학과 관련된 주제를 연구하는 것을 매우 두려워했다. 런던 경제 대학London School of Economics의 사회학과에서 해밀턴을 지원해 주었고, 그의 이단아적 생각에 공감했으나 이 주제에 대해서 전문성은 없었던 지도교수가 그의 지도를 맡았다(Hamilton, 1996).

수줍음 많고 혼자 있기를 좋아했던 해밀턴은 책상을 달라는 부탁을 못해서, 자신의 방이나 도서관에서 주로 일했고, 도서관이 문을 닫았거나, 너무 외로워서 방으로 돌아가기 싫을 때면 기차 역에서 연구를 계속했다. 그는 수학이 어려워서 때때로 학교 선생님이나 목수가 되는 길도 생각하곤 했다. 이렇게 척박한 토양에서도, 해밀턴은 결국 이타 행동의 진화를 설명하는 이론으로 두각을 나타나게 되었다.

해밀턴은 『미국 자연학자』에 기고한 글의 서두에서, 집단 선택이 이타주의의 진화를 설명하는 유일한 설명이었지만 "수학적 모형들이 이 설명을 지지하지 않기 때문에 다른 방식으로 다루어져야 한다"고 했다. 그는 이어서 할데인(Haldane, 1932)의 연구를 중심으로 집단 선택 모형들의 몇 가지 문제점들을 개관했다. 할데인은 기존 집단의 분열로 인해서 새로운 집단이 형성되는 개체군 구조를 가정했다(할데인은 집단으로 인간의 "부족"을 생각했다). 할데인은 집단들 간의 차이가 충분히 크다면 이타주의가 일시적으로 전체 개체군의 크기를 증가시킬 수 있음을 알아냈다. 그러나 그는 어떻게 일시적인 개체수의 증가가 유지되는지를 설명하지 못했다. 각 집단 내에서 작동하는 자연 선택이 이타주의를 도태시키는 것은 불가피해 보였다. 해밀턴에 따르면, "이 결론으로부터 벗어날 수 있는 유일한 방법은(할데인이 암시하듯이) 부족들 간에 어떤 종류의 재배열이 일어나서 우연히 혹은 어떤 다른 방식에 의해 이타주의자가 일부 집단에 다시 밀집하는 것이다."

할데인은 개인적으로 이타주의가 인간이나 다른 동물들 사이에서 드물게 나타나는 현상이라는 세계관을 가지고 있었으므로, 이 주제를 미련 없이 포기했다. 해밀턴은 이타주의가 어떻게 진화할 수 있는지를 설명하는 데 헌신했으나, 집단 선택설을 포기하고 대안적 설명을 생각해 냈다:

> 엉성하기는 하지만 간단한 모형으로, 이타 행동을 야기하는 G와 아무 영향도 없는 g로 이루어진 한 쌍의 유전자를 상상해 볼 수 있다. **적자 생존**의 원칙에도 불구하고, G가 확산될 수 있는지를 결정하는 궁극적 기준은 그 행동이 행위자에게 이득이 되는지 여부가 아니라 그 행동이 유전자 G에게 이득이 되는지 여부다. 이타 행동의 평균적인 결과가 유전자 풀gene-pool에서 G를 가진 유전자의 비율을 증가시키는 경우가 여기에 해당할 것이다. 이타주의에서 이타 행동의 혜택을 입는 개체들이 이타주의자의 친척들이어서 같은 유전자를 지니고 있을 확률이 높고 이

타주의 유전형의 도태 또는 희석이라는 비용을 상쇄시킬 만큼 유전적 이득이 큰 경우에만 이런 일이 일어날 수 있다(1963: 354-355).

이러한 설명은 "유전자의 관점"을 채택한 최초의 사례로서 이후에 이기적 유전자 이론의 상징이 되었다. 우리는 윌리엄스와 윌리엄스(Williams and Williams, 1957)의 이론을 분석하면서 사용했던 것과 동일한 이타주의 염기쌍 사례를 이용해서 해밀턴의 설명의 논리적 타당성을 검토해 볼 수 있다. 앞에서도 살펴보았듯이, 돌연변이 Aa가 aa와 짝을 짓게 되면 같은 수의 Aa와 aa로 구성된 형매 집단을 얻을 수 있다. 이타주의자 하나가 형제자매 하나에게 도움을 준다고 할 때, 도움을 받는 개체도 이타주의 유전자를 지니고 있을 확률은 1/2이다. 만약 도움을 받는 개체의 이득이 이타주의자의 비용보다 두 배만큼 크다면, 전체적으로 이타주의 유전자들의 숫자가 증가하게 된다. 이것이 바로 앞에서 인용한 글에서 해밀턴이 주장하고 있는 기본적 요지이다.[3] 그러나 지금까지 우리는 이타주의 유전자의 개수 변화만을 계산했다. 자연 선택은 상대적 적합도를 증가시키는 방향으로 작용하며, 집단 선택 모형에서는 집단 내 상대적 적합도와 집단 간 상대적 적합도를 검토해야 한다. 우리는 이미 윌리엄스와 윌리엄스(Williams and Williams, 1957)의 이론을 분석할 때 이 작업을 해 보았다. 우리는 집단 내에서는 이타적 유전자의 빈도가 감소하지만, 다른 집단들과 비교했을 때 이타적 유전자가 있는 집단의 적합도가 상대적으로 더 높아지기 때문에 이타주의가 진화할 수 있음을 보였다.

해밀턴은 유전자 중심의 관점을 채택했을 뿐만 아니라, 어떻게 행동할지를 결정하는 개체의 입장에서 이해할 수 있는 방식으로 자신의 이론을 설명하고자 했다(Hamilton, 1996: 27). 그는 개체가 자신의 적합도와 다른 개체의 적합도를 함께 극대화하는 방향으로 행동할 것이라고 가정했다. 이때 다른 개체의 적합도가 중요한 정도는 유전적으로 관련된 정도에 따라 결정된다. 이것이 바로 포괄적 적합도라는 개념이다. 어떤 개체가 자신의 형제자매에게 줄 수 있는 이득이 자신이 들여야 하는 비용의 두 배라면 형제자매에게 이타적으로 행동함으로써 자신의 포괄적 적합도를 증진시킨다는 것이다. 포괄적 적합도 개념은 해밀턴의 이론을 직관적으로 이해하기 쉽도록 해 주었지만, 이타주의를 재해석하게 만들기도 했다. 결국, 이타적으로 행동하는 목적이 자기자신의 포괄적 적합도를 극대화하기 위한 것이란 말인가? 이 문제는 진화 이론 관련 문헌들에서 여전히 모호한 상태로 남아 있다. 많은 사람들이 포괄적 적합도를 이타 행동에 대한 이기주의적 설명으로 간주한다. 또 다른 많은 사람들은 포괄적 적합도가 겉보기에만 이타적인, 자기-이익의 추구라고 한다(예를 들어 Frank, 1988). 이 중에서 어떤 해석도 이타주의를 집단 내 적합도와 집단 간 적합도의 차이라는 관점에서 정의하고 있는 다수준 선택 이론과 일치하지 않는다. 다양한 관점들은 이타주의와 이기주의에 대한 다양한 정의를 낳았다(Wilson and Dugatkin, 1992; Wilson 1995; 해밀턴의 규칙을 고전적인 적합도와 관련해서 설명하는 간단한 예를 보고 싶다면 Sober 1993b: 100-112를 참고).

해밀턴의 모형은 유전자의 관점 또는 포괄적 적합도의 관점에서 적합도를 다른 방식으로 계산하고 있는 것에 불과하며, 윌리엄스와 윌리엄스의 모형과 다르지 않다. 두 관점 모두, 이타주의자와 이기주의자가 섞여 있는 집단에서는 자연 선택이 이타주의(겉보기에만 그런 것이든 아니든)를 도태시키는 방향으로 작용한다는 사실을 외면하고 있다. 집단 내 적합도의 차이와 집단 간 적합도의 차이를 파악하고 있는 윌리엄스와 윌리엄스의 모형은 해밀턴이 묘사한 집단 선택과 잘 맞아떨어진다. 할데인이 제안했듯이, 형매 집단의 적합도는 집단 내 이타적 개체의 비율이 클수록 증가했다. 이타주의가 진화하도록 만드는 초기 유전자 빈도는 집단원의 50퍼센트가 이타주의자인 집단들을 생성하는 교배과정에서 자동적으로 결정된다. 실제로 집단 내 이타주의자의 빈도는 감소하지만, 주기적인 "부족"(형매 집단)의 재배열이 일어나기 때문에 전체적인 빈도는 감소하지 않는다. 안타깝게도 해밀턴은 윌리엄스와 윌리엄스 모형과 자신의 모형이 관련되어 있다는 점을 알아차리지 못했던 것 같다. 그는 윌리엄스와 윌리엄스(Williams and Williams, 1957)의 연구를 다른 논문(Hamilton, 1964b: 35)에서 단 한 번 인용했을 뿐이다.

메이나드 스미스의 건초더미 모형

존 메이나드 스미스John Maynard Smith는 할데인의 마지막 제자였으며 1960년대 영국 최고의 진화생물학자가 되었다. 그는 해밀턴의 전도유망한 새 이론이 집단 선택설의 대안이라는 주장에 재빠르게 힘을 실어 줬다. 메이나드 스미스는 1964년 『네이처*Nature*』지에 수록된 「집단 선택과 친족 선택Group Selection and Kin Selection」이라는 논문에서 집단 선택설과 해밀턴의 이론을 다음과 같이 설명했다.

> 친족 선택은 가까운 친족의 생존을 선호하는 특성의 진화를 의미한다. 친족 선택에서는 개체군 번식 구조breeding structure의 어떠한 단절성도 가정할 필요가 없다. … 친족들이 가족 집단으로 모여 살고, 특히 개체군이 어느 정도 분리된 집단들로 나뉘어 있을 때, 친족 선택이 일어날 가능성이 증가한다. 그러나 집단의 분리가 필수적인 것은 아니다. 친족 선택에서 있을 법하지 않은 사건이 관여하는 정도는 모든 진화적 변화 — 돌연변이로 인한 유전적 차이 — 에서와 같다(p. 1145).

> 만약 친족 집단들이 같은 종의 다른 개체들과 완전히 혹은 부분적으로 분리된 채 함께 모여 있다면, 집단 선택이 일어날 수 있다. 만약 한 집단 내 모든 구성원이 자신에게는 해가 되지만 집단의 적합도는 증가시키는 어떤 특성을 획득한다면, 그 집단의 번식 가능성이 높아지고, 이런 방식으로 개체군 전체에서 이런 특성을 가진 개체들의 비율이 증가하게 된다. 선택이 작용하는 단위는 개체가 아니라 집단이다. 여기서 유일하게 설명하기 어려운 점은, 어떻게 한 집단의 모든 구성원이 처음부터 이런 특성을 지니게 되었는가 하는 점이다(p. 1145).

메이나드 스미스는 집단을 공간적으로 분리되어 있으며 여러 세대로 구성된 단위라고 보는 라이트나 할데인과 의견을 같이한다. 집단 선택이 작용하기 위해서는 우선 유전적 부동에 의해 소수의 집단에서 이타주의가 나타나야 하는데, 친족 선택에서는 이러한 "있을 법하지 않은" 과정이 필요하지 않다고 본다.[4] 소수의 집단에서 발생한 이타주의는 더 빨리 번식하고, 더 오래 살고, 새로운 집단을 형성하는 이탈자들을 더 많이 만들어 냄으로써, 다른 집단들을 경쟁에서 이기게 된다. 해밀턴의 이론에서는 이 모든 거추장스러운 과정이 필요 없다.

메이나드 스미스는 집단 선택이 일어날 가능성을 탐색하기 위해서 건초더미에서만 살아가는 생쥐(여기서 모형의 이름이 유래했다)를 예로 든 가설적 모형을 만들었다. 각 건초더미는 한 마리의 암컷 쥐로부터 기원하고, 그 후손들은 여러 세대에 걸쳐서 자신들끼리만 교배한다. 한 해가 지나서 건초더미가 사라지면 콜로니colony들은 붕괴하고, 모든 쥐들은 새로운 건초더미가 생겨나서 새로운 주기가 시작되기 전까지 하나의 큰 개체군 내에서 무작위로 짝짓기를 하게 된다. 그림 2.3.에 건초더미 모형이 그려져 있다. 이 모형의 시작은 하나의 큰 개체군 내에서 무작위적으로 교배하는 개체들이 서로 분리된 형매 집단을 형성하는 윌리엄스와 윌리엄스(Williams and Williams, 1957)의 모형(그림 2.2.)과 완전히 동일하다. 윌리엄스와 윌리엄스의 모형에서는 1세대에서 형성된 형제 자매들이 서로 상호작용한 뒤, 짝짓기를 하기 전에 흩어진다. 건초더미 모형에서는 짝짓기가 전적으로 건초더미 내에서만 이루어지고, 일시적 분산dispersal episode으로 집단이 흩어지기 전까지 여러 세대에 걸쳐 유지된다. 개체군 구조에서 이것이 두 모형의 유일한 차이점이다.

두 모형이 (집단이 유지되는 기간을 제외하면) 동일한 과정을 설명하고 있음에도 불구하고, 두 모형의 저자들은 상당히 다른 관점을 취하고 있다. 윌리엄스와 윌리엄스는 집단이 사회적으로 상호작용하는 개체들의 모임이라고 생각했다. 만약 이타 행동이 형제 자매 사이에서만 나타난다면, 형제 자매들을 독립적인 형매 집단으로 볼 수 있다. 메이나드 스미스(그리고 해밀턴)는 이 생각에 찬성하지 않는다. 메이나드 스미스는 번식이 시작되기 전까지는 집단이 존재하지 않기 때문에 집단 선택의 과정도 시작되지 않는다고 생각했다.

일단 메이나드 스미스의 관점을 받아들여서 집단 선택이 2세대부터 일

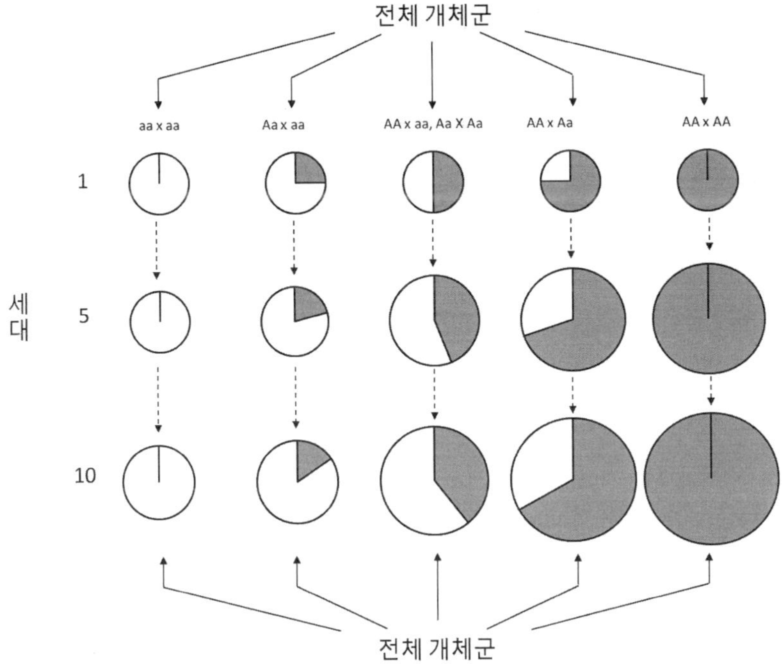

그림 2.3. 메이나드 스미스(Maynard Smith, 1964)의 개체군 구조-건초더미 모형. 그림 2.2.에서 표현하고 있는 윌리엄스와 윌리엄스(Williams and Williams, 1957)의 모형과 같은 방식으로 집단이 시작되지만, 최초 집단이 전체 개체군으로 섞여 들어가기 전에 수 세대 동안 유지된다.

어난다고 가정해 보자. 건초더미 모형은 메이나드 스미스가 정의했듯이, 여전히 친족 선택과 집단 선택을 비교할 수 있는 좋은 기회를 제공한다. 우리는 간단하게 1세대에서 생쥐들이 흩어지는 일시적 분산 기간 동안 나타나는 이타주의의 정도(친족선택)를 분산 기간 사이 사이에 생쥐들이 여러 세대에 걸쳐 건초더미에 머무는 동안 나타나는 이타주의 정도(집단 선택)와 비교할 수 있다.

유감스럽게도 메이나드 스미스는 이러한 작업을 하지 않았나. 그는 한 빈도 친족 선택과 집단 선택을 하나의 단일 수학 모형 내에서 비교한 적이 없으며, 말로만 친족 선택을 이야기하면서 순전히 집단 선택 모형인 건초더미 모형을 제시했다. 또한, 메이나드 스미스는 건초더미 모형에 단순화 가정을 추가함으로써 이 모형을 최악의 집단 선택 사례로 만들었다. 그는 이타적 유전자의 빈도가 감소할 뿐만 아니라 이기적 유전자가 섞여 있는 모든 집단에서 이타적 유전자가 완전히 소멸될 것이라고 가정했다! 이타주의자들은 이타적인 암컷이 이타적인 수컷과 짝을 지은 건초더미에서만 살아남을 수 있다는 것이다. 메이나드 스미스는 이렇게 강력한 집단 내 선택을 가정하면서 이타주의는 집단 선택에 의해 진화할 가능성이 없다고 결론지었다. 그가 나중에 제시했던 집단 선택 모형(Maynard Smith, 1976)에서도 이기주의자들과 섞여 있는 집단의 이타주의자들은 완전히 멸종할 것이라고 가정했다. 그라펜(Grafen, 1984: 77)은 메이나드 스미스의 모형을 설명하면서 "A_0(이기적 유형)와 A_1(이타적 유형)이 뒤섞이는 일은 너무 일시적이므로 중요하지 않다"고 했다.

건초더미 모형 내에서 친족 선택과 집단 선택을 공평하게 비교하기 위해서는, 라이트나 윌리엄스와 윌리엄스, 해밀턴이 그랬듯이, 우선 이타 행동을 이타주의자가 비용을 들여서 다른 개체들에게 이득을 가져다주는 행동이라고 정의해야 한다. 그런 다음 일시적 분산 기간 사이에 건초더미 안에서 머무는 여러 세대 동안 이타 행동이 어떤 운명에 처하는지 관찰해야 한다. 집단 선택설이 암흑기에 접어든 이래로, 이러한 분석이 이루어지기까지 23년이 걸렸다(Wilson, 1987). 비교 결과는 그림 2.3.에 제시되어 있다. 모든 혼합 집단(이타주의자와 이기주의자가 섞여 있는 집단)에서 그 집단이 유지되는 동안에는 이타주의자의 빈도가 감소한다. 그러나 열 세대가 지난 뒤에도 이타주의자들은 멸종하지는 않는다. 따라서 집단 내 선택이 이타주의를 완전히 멸종시킬 것이라고 가정할 이유가 없다. 또한, 이타주의자가 많은 집단일수록 집단의 크기가 더 빨리 증가하며, 이러한 양상은 집단이 유지되는 한 계속된다. 다시 말해서, 건초더미 내에서 보내는 세대가 늘어날수록, 집단 내 선택과 집단 간 선택 둘 다 강화되므로, 두 수준의 선택이 어떻게 균형을 이루게 될지 분명하지 않다. 윌슨(Wilson, 1987)은 표준적인 비용-이득 공식을 사용하면, 건초더미 모형에서 단일세대 집단보다 다세대 집단에서 이타주의가 진화할 가능성이 더 높다는 것을 보였다. "부족"(건초더미)의 주기적인 재배열이 10세대 혹은 15세대 간격으로 일어난다고 하더라도, 이타주의가 집단 선택에 의해 진화할 수 있다.[5] 또한, 다세대 집단이라고 해서 단일세대 집단보다 유전적 부동이 더 많이 일어나야 한다고 가정할 필요도 없다. 윌리엄스와 윌리엄스의 모형에서 이타주의의 진화에 필요했던 수준의 유전적 부동만으로도 다세대 집단을 가정하는 건초더미 모형에서 이타주의의 진화가 충분히 가능하다.

요약하면, 메이나드 스미스의 친족 선택과 집단 선택의 구분은 두 가지 점에서 잘못되었다. 첫째, 그는 원래의 형제 자매들이 서로 상호작용한다면 첫 세대부터 다집단 개체군 구조가 존재하는 것이 가능하다는 점을 알아차리지 못했다. 건초더미 모형에서 첫 세대 **이후**에 일어나는 집단 내 선택과 집단 간 선택의 과정은 첫 세대 **동안** 일어나는 과정의 연속에 불과하다. 둘째, 우리가 메이나드 스미스의 집단 선택에 대한 정의를 받아들인다고 하더라도, 그의 비관적 결론은 집단 내 선택이 매우 강하게 작용할 것이라는 가정에 기초하고 있다. 해밀턴이나 라이트의 공식을 건초더미 모형에 적용해 보면, 메이나드 스미스의 생각대로 집단 선택을 정의하더라도 이타주의가 진화할 수 있다. 우리가 1장에서 살펴보았듯이, 암컷의 비율이 더 높은 성비 불균형도 건초더미 모형과 유사한 개체군 구조에서 진화한 이타주의의 일종이다. 만약 이런 문제들이 1964년에 표면화되었다면, 집단 선택 이론의 역사는 매우 달라졌을 것이다. 그러지 못한 대신에, 건초더미 모형은 집단 선택과 친족 선택이 서로 구분되는 이론이고 집단 선택 모형은 너무나 있을 법하지 않기 때문에 진지하게 고려할 필요가 없다는 관점을 정착시키고 말았다.

해밀턴 다시 보기

건초더미 모형 다음으로 집단 선택 이론의 역사에서 일어난 주요 사건으로 해밀턴이 "또 한 명의 은자another solitary"라고 불렀던 불가사의한 미국인의 등장을 들 수 있다. 조지 프라이스(George Price)는 1940년대에 화학 분야에서 박사학위를 받고 독특한 경력을 쌓았다. 그는 2차 세계대전 때 맨해튼 프로젝트에 참여해서 의학 연구를 수행했고, 외교 정책에 관한 책을 쓰려고 한 적도 있으며, IBM에서 컴퓨터 디자인과 기업의 시장 메커니즘을 시뮬레이션하는 일을 하기도 했다. 이 모든 직업들은 인간사를 이해하고 개선하고자 했던 프라이스를 만족시키지 못했다. 프라이스는 1967년에 자비를 들여 영국으로 가서 진화생물학을 공부했다. 이타주의에 관한 해밀턴의 논문도 그가 진화에 관심을 가지게 된 계기 중 하나였다(Hamilton, 1996:172). 이 열의에 찬 지식인은, 생물학 분야에서는 어떤 훈련도 받은 적이 없으면서, 이타주의의 진화에 대한 완전히 새로운 접근법을 발전시켰다.

해밀턴은 그의 연구에 관한 내용을 포함한 몇 개의 자전적 에세이(Hamilton, 1996: 172-173)에서 조지 프라이스와, 나중에 프라이스 공식이라고 알려지게 된 아이디어를 처음 접했던 때를 다음과 같이 묘사하고 있다.

> 그의 원고에서 내가 발견했던 것은 '친족 선택설'로부터 파생된 이론이나 이것을 수정한 이론이 아니라 어떤 종류의 자연 선택에도 적용가능한 낯설고 새로운 형식이었다. 프라이스 이론의 핵심은 지금까지 본 적이 없었던 공분산 공식covariance formula이었는데, … 프라이스는 자연 선택에 처음 관심을 가지기 시작했을 때, 우리와는 달리 선구자들의 작업을 찾아보지 않았다. 대신에 그는 모든 작업을 스스로 해냈다. 그렇게 함으로써 그는 경이로운 풍경 속의 새로운 길 위에 서게 되었다. … 수화기 너머 그의 목소리는 신중하기보다는 겸손을 가장하는 것처럼 들렸다. 그는 자신의 공식에 대해서 '저도 놀랐습니다 — 기적이라고 할 수 있지요'라고 했다 … '얼마나 많은 공식들이 집단 선택에 적용되는지 보셨나요?' 나는 물론 '아니오'라고 대답했고, '그래서 당신은 집단 선택을 실제로 믿는군요?' 비슷한 말을 덧붙였던 것도 같다. 이렇게 프라이스와 이야기를 나눌 때까지만 해도, 그리고 사실은 그 이후에도 한동안은, 집단 선택이란 그 정의가 불명확하고, 정확하지 않은 의미로 사용되며, 개체와 유전자 수준의 선택에 비해서 전반적으로 무력하기 때문에, 진화학자들이 도구로 삼지 않는 편이 낫다고 여겼다. 만약 내가 실제로 집단 선택을 믿느냐고 물었더라면, 프라이스는 단번에 열정적이고 당당하게 '그럼요!'라고 대답했을 것이고, 오랜 침묵이 흐른 뒤 화제를 바꾸고서야 다시 대화를 이어갈 수 있는, 그런 장면을 쉽게 상상해 볼 수 있다.

이제는 다른 많은 이론 생물학자들도 프라이스 공식에 대해 해밀턴이 느꼈던 경외심을 느끼고 있다(Frank, 1995a). 프라이스 공식은 일반적이면서도 우아한 방식으로 선택의 개념을 다루고 있어서, 모든 종류의 선택 과정을 연구하는 데 이용될 수 있다. 박스 2.2.는 프라이스 공식이 어떻게 해밀턴으로 하여금 집단 선택에 생명을 불어넣게 했는지를 보여 준다. 어떤 집단에 특정 행동을 나타내는 유전자가 특정 빈도(p)로 존재한다고 가정해 보자. 이 행동이 표현된 뒤에, 집단 내에서 이 유전자의 빈도는 변화할 것이고(p에서 p'로), 집단의 크기도 변할 것이다(n에서 n'로). 만약 이 행동이 이타적이라면, 집단 내에서 이 유전자의 빈도는 감소하지만($p' < p$) 집단의 크기는 증가할 것이다($n' > n$). 더 나아가서, 여러 집단이 존재한다면, 우리는 이타주의자의 빈도와 집단의 이득 사이에 정적인 관계가 있을 것이라고 기대할 수 있다. 프라이스 공식은 전체 개체군 내에서 일어나는 진화적 변화를 계산하기 위해서 이 모든 것을 하나의 공식에서 통합하고 있다. 이 공식은 두 항의 합으로 구성된다(박스 2.2.의 식 2.6). 첫 번째 항은 단일 개체군 내에서 일어나는 진화적 변화의 평균이다. 두 번째 항은 각 집단들의 적합도 차이에서 오는 진화적 변화의 평균이다. 프라이스 공식에서는 개체 선택과 집단 선택이라는 두 수준이 분명하게 드러난다. 동일한 진화적 힘이 해밀턴의 포괄적 적합도를 비롯한 다른 수학적 모형들에도 포함되어 있었지만 집단 내 요소와 집단 간 요소가 이렇게 분명하게 구분되지는 않았다.[6]

박스 2.2. 프라이스 공식

프라이스는 여러 집단으로 나뉜 하나의 큰 개체군을 가정했다. 각 집단 i의 크기와 유전자 빈도의 초기값은 n_i와 p_i로 시작한다. 선택이 일어난 후 집단의 크기는 n_i'가 되고, 유전자 빈도는 p_i'로 바뀐다. 만약 여기서 고려하는 유전자가 이타적 행동을 나타낸다면 $n_i' > n_i$이고, $p_i' < p_i$가 된다. 선택 전 집단의 크기와 선택 후 집단의 크기의 비율 $s_i = n_i'/n_i$는 집단의 이득을

측정할 수 있는 지표가 된다.

전체 개체군에서의 유전자 빈도 P를 알아내기 위해서는, 모든 집단에 걸쳐 이타주의 유전자 개수를 더한 뒤, 모든 집단의 유전자 개수로 나눠야 한다. 선택이 일어나기 전의 이타주의 유전자 빈도는 다음과 같다.

$$P=\frac{\sum n_i p_i}{\sum n_i}=p+cov(n, p)/n \tag{2.4}$$

p와 n은 평균적인 집단의 크기와 유전자 빈도의 평균을 나타낸다. 공분산 항 $cov(n, p)$는 선택 이전에 집단 크기와 유전자 빈도가 관련된 정도를 나타낸다. 집단 크기 $n=10$이고 모든 집단원이 이타주의 유전자를 가지고 있는($p=1$) 50개 집단과 집단 크기가 20이고 이타적 집단원이 하나도 없는($p=0$) 또 다른 50개 집단을 가정해 보자. 전체 개체군을 구성하는 개체들에서 관찰되는 유전자 빈도 $P=500/1500=.333$인 반면, 집단의 평균 유전자 빈도는 $.5(0)=.5(1)=0.5$가 된다(즉, 집단원의 절반이 이타적 유전자를 지니고 있다). 집단의 크기와 유전자 빈도 사이에는 부적 상관이 있으므로 두 값이 서로 일치하지 않는다. 이 관계는 공분산 항에서 설명되기 때문에 식 2.4에서 개체군 전체의 이타주의 유전자 빈도를 .333으로 정확하게 계산할 수 있다.

선택이 일어난 뒤에 이타주의 유전자의 전체 빈도는 다음과 같다.

$$P'=\frac{\sum n'_i p'_i}{\sum n'_i}=p'+cov(n', p')/n' \tag{2.5}$$

프라이스는 개체군 전체에서 유전자 빈도의 변화 $\Delta P=P'-P$가 다음과 같은 식으로 표현될 수 있음을 보였다.

$$\Delta P=ave_{n'}(\Delta p)+cov_n(s, p)/ave_n s \tag{2.6}$$

첫 번째 항은 평균적인 집단 내에서 유전자 빈도의 변화를 나타내며, 선택 후 집단의 크기(n')에 따라 가중치가 부여된다. 이 항은 집단 내 선택을 나타낸다. 두 번째 항은 (집단의 크기가 n일 때) 선택 전 집단의 이득(s)과 집단 내 이타적 유전자의 빈도(p)의 공분산이다. 이 항은 집단 간 선택을 나타낸다. 집단 간 이타주의자 빈도의 차이가 클수록 집단의 이득에 미치는 이타주의자의 영향력이 더 강해지게 되고 공분산 항의 크기가 커진다.

프라이스 공식의 좌변(ΔP)은 전체 개체군에서 진화의 최종 결과를 나타낸다. 우변은 진화의 결과에 집단 내 선택과 집단 간 선택이 각각 기여하는 정도를 보여 준다. 해밀턴이 프라이스 공식의 관점에서 포괄적 적합도 이론을 재구성했을 때, 그는 이타적 유전자가 모든 친족 집단 내에서 선택 받지 못하지만 (우변의 첫 항이 음수) 집단 선택에 의해서는 선호된다는 사실(우변의 둘째 항이 양수)을 발견했다. 프라이스 공식은 집단 내 선택과 집단 간 선택 두 요소가 모두 진화의 최종 결과에 영향을 미칠 수 있음을 명확히 했다.

프라이스는 이 점을 알고 있었으나 그의 논문들에서 너무 간단하게 언급하는 바람에 그의 공식이 가지는 중요성을 알아차리는 사람들이 거의 없었다. 사실 프라이스는 몇 년 후, 예전에도 여러 번 직업을 바꾸었듯이, 진화 연구도 그만두고 말았다. 그는 점점 종교적으로 변해 가더니 여생을 신약 성서 분석과 런던의 알코올 중독자 노숙인들을 돕는 데 바쳤다. 집단 선택설을 뒷받침하는 프라이스의 공식을 발전시키는 것은 해밀턴의 몫으로 남았다. 해밀턴은 다음과 같이 회상한다.

> 진작에 했어야 했는데 하지 않았던 일들이 많이 있지만, 다행히도 나는 그가 세상을 떠나기 몇 달 전 그에게 전화를 걸었다. 전화 통화에서 나는 그의 공식을 '집단 수준'으로 확장하여 집단 선택에 대해서 훨씬 더 잘 이해할 수 있게 되었고 단일 수준 또는 여러 수준에 걸쳐서 일어나는 모든 형태의 선택을 설명하기에 그 어느 때보다도 뛰어난 도구를 지니게 되었다고 열정적으로 전했다. '당신이 알아볼 거라고 생각했어요.' 그는 높은 톤의 무뚝뚝한 목소리로, 인정받은 것에 대해 만족하면서 말했다. 나는 '프라이스, 그러면 당신이 직접 연구하지 그래요? 논문으로 출판하는 게 어때요?'라고 물었다. 그는 대답했다. '아, 그래요… 그런데 나는 할 일이 너무 많아서요. 당신도 아시다시피, 집단 유전학은 제 전문이 아니잖아요.

어쩌면 기도는 할 수 있겠네요. 혹시 제가 실수한 게 있는지 살펴보세요.'(pp. 173-174)

얼마 후, 조지 프라이스는 가진 것을 모두 나누어 주고 무단으로 거주하고 있었던 버려진 건물에서 자살했다.

해밀턴(1975)은 집단 선택에 대한 새로운 관점을 「인간의 생득적 사회성: 진화유전학의 관점에서Innate Social Aptitudes in Man: An Approach from Evolutionary Genetics」라는 제목의 논문으로 출판했다(Fox, 1975). 중요하지만 잘 알려지지 않은 이 논문은 두 가지 이유에서 주목할 만하다. 첫째, 해밀턴은 포괄적 적합도 이론을 다수준 선택 과정으로 다시 기술했다. 둘째, 그는 인간 행동의 진화에 대해서 자유롭게 추측했다. 전후 영국의 분위기와 대학원생이었을 때 해밀턴이 겪었을 경험들을 고려할 때, 첫 번째 측면보다는 두 번째 측면이 더욱 용기 있고 대담한 것이었다.

"선택의 수준levels of selection"이라는 제목을 붙인 부분에서 가져온 다음 구절을 보면, 해밀턴이 얼마나 강력하게 다수준적 접근법을 채택하고 있는지 알 수 있다.

> 예를 들어 언어가 점점 복잡해지면서 이기적인 목적을 위해서 언어를 악용할 수 있는 기회도 늘어났다. 언어의 유창함은 사회적으로 유용한 복잡한 진실을 전달할 수 있게 해 줄 뿐만 아니라, 설득력 있는 거짓말을 가능하게 한다. 양심이 지니는 선택의 가치에 대해서도 생각해 보자. 집단 전체에서 양심이 사라질수록, 집단이 암묵적인 규칙을 지키게 만들고 집단이 해체되지 않도록 하기 위해서 더 많은 에너지가 필요하게 된다. 따라서 위계적인 개체군 구조에서 한 단계(개체 대 집단)를 고려할 때, 양심은 "이타적인" 특성이다. … 보다 생물학적인 사례로는 성비의 문제에도 동일한 적용이 가능하며, 절지동물에 관해서는 상당히 많은 자료가 축적되어 있다(1975: 135-136).

이 구절은 서론에서 소개한 바 있는 도덕성과 집단 선택에 대한 다윈의 관점과 놀랍도록 유사하다.

해밀턴은 집단 선택에 대해 논하면서 프라이스의 공식에서도 할데인의 모형에서처럼 주기적인 집단 재배열이 필요하다고 강조했다. 만약 집단이 영구적으로 고립되어 있다면 프라이스 공식은 이타주의의 전반적 증가를 예측하겠지만 이러한 변화는 지속되지 못하고 일시적으로만 일어나는 현상이 된다. 할데인이 상상했던 부족 분열tribe-splitting 시나리오는 프라이스의 공식을 적용해서 분석하기에는 너무 어려웠다(그래서 굿나잇(Goodnight, 1992)은 컴퓨터 시뮬레이션을 이용해서 분석했다). 그래서 해밀턴은 수학적으로 다루기 쉽게 만든 다른 형태의 개체군 구조를 가정했다.

> 할데인의 이주가 일어나지 않는 부족 분열 시나리오가 주는 희망적 신호에 주목하면서, 반대쪽 극단에 있는 모형으로 관심을 돌려보기로 하자. 이 모형에서는 세대가 바뀔 때마다 집단이 완전히 붕괴되고 새로운 집단을 형성한다. 성체가 된 젊은 동물들이 자신이 속해 있던 집단을 떠나서 이주 집단을 형성하고 이 집단은 기존에 있던 n개의 집단으로부터 무작위로 만들어진다고 가정해 보자…(1975: 138).

윌리엄스와 윌리엄스(1957)의 모형에서처럼, 이렇게 형성된 집단들은 한 세대 내에서도 짧은 기간 동안만 유지된다. 여기서 해밀턴은 짝짓기가 언제 어디서 일어나든지 사회적 상호작용은 다집단적 속성을 지닌다는 것을 알았다. 유전적으로 관련되어 있는 친족들 간의 사회적 상호작용은 무작위적이지 않은non-random 집단 형성과 관련이 있다. 이타주의의 진화에서 유전적 관련성genetic relatedness이 중요한 이유는 집단 간 유전적 차이를 증가시킴으로써 집단 선택의 중요성을 증가시키기 때문이다. 집단 간 차이를 증가시키는 과정이라면 무엇이든지 유전적 관련성과 동일한 역할을 하게 될 것이다. 해밀턴이 관찰한 바에 따르면, "이타주의자들이 이타주의자들과 무리를 이루는 이유가 서로 친족이기 때문인지 … 친족으로 인식하기 때문인지, 아니면 어떤 다면 발현 효과pleiotropic effect로 인해 서식지 선호에 영향을 받게 된 것인지는 중요하지 않다.[7] 이유가 무엇이든지 (이타주의 진화에)

아무런 차이를 가져오지 않는 것이 분명하다." 유전적 관련성은 이타주의의 진화에서 차지하던 독점적 지위를 잃고 집단 선택을 촉진하는 여러 요인들 중 하나에 불과하게 되었다.

해밀턴(1975)은 포괄적 적합도 이론과 집단 선택 이론의 차이가 **과정**process이 아니라 **관점**perspective에 있다는 점을 분명히 했다. 해밀턴(1963)은 이론적 모형들이 집단 선택 이론을 뒷받침하지 않는 한 이 이론은 보류해야 한다고 말한 적이 있다. 지금은 집단 선택을 뒷받침하는 모형들이 존재하고 소위 경쟁 이론이라고 불렸던 주요 이론들은 사라졌다. 이타주의의 진화를 설명하는 유일한 과정은 다윈이 오래전에 알아냈던 바로 그것이다.

프라이스/해밀턴 모형에 대한 반응

프라이스의 전기를 쓴 S. A. 프랭크(Frank, 1995a)는 다음과 같은 견해를 밝혔다. "과학의 역사에서 전문적인 경험이 없는 누군가가 40대에 한 분야에서 자리를 잡고 그 분야의 이론적 토대에 중요한 기여를 하는 것은 흔치 않은 일이다." 새로운 이론의 창시자가 몇 년 뒤에 기쁜 마음으로 자신의 이론이 결국에는 옛 이론을 다른 방식으로 바라보는 것에 불과했다고 선언하는 것도 프라이스의 경우만큼이나 흔치 않은 일이다.[8] 쿤의 과학혁명에서, 패러다임의 수장은 자신의 관점을 바꾸느니 함께 침몰하는 쪽을 택한다. 그러나 해밀턴은 자신의 발견을 즐겼던 것 같고, 자신의 열정을 다른 사람들도 공유할 것이라고 생각했다. 그는 동료 연구자들이 집단 선택 이론을 설득력 있게 제시하고 있는 자신의 논문을 인용하고 싶어하는 사람들과 진화와 인간 행동에 대한 탐구의 대담성 때문에 인용하지 않으려고 하는 사람들로 나뉠 거라고 예상했던 것 같다(Hamilton, 1996: 324).

유감스럽게도, 해밀턴의 동료들은 전혀 이런 식으로 나뉘지 않았다. 집단 선택에 대한 그의 새로운 관점은 진화학 커뮤니티에서도 주로 프라이스 공식의 아름다움을 알아볼 수 있는 이론생물학자들로 구성된 소수의 집단에서만 받아들여졌고, 대부분은 집단 선택을 옹호하는 그의 관점을 무시했다. 대다수의 진화생물학자들은 **친족 선택**이 집단 선택의 대안으로 여전히 항해 중이라고 믿었을 뿐만 아니라, 해밀턴 선장이 아직도 키를 잡고 있다고 생각했다! 우리가 이 장의 처음에 인용했던 R. H. 프랭크(Frank, 1988)의 글에는 이러한 관점이 잘 나타나 있다. 이와 비슷하게 리처드 도킨스(Dawkins, 1982)는 그의 저서 『확장된 표현형*The Extended Phenotype*』에 실린 용어 해설에서 집단 선택을 다음과 같이 정의하고 있다: "집단 수준에서 일어나는 자연선택을 말하는 가설적 과정. 이타주의 진화의 설명에 종종 사용됨. 때때로 친족 선택과 혼동되기도 함." 이 책에서 도킨스(Dawkins, 1982: 6)는 집단 선택 논쟁을 매우 훌륭하게 묘사하면서 해밀턴(Hamilton, 1975)을 인용한다.

> 다윈이 개체 중심적인 입장에서 집단 선택설로 어영부영 옮겨 간 이후의 이야기는 윌리엄스(Williams, 1966)와 기셀린(Ghiselin, 1974)을 비롯한 여러 사람들이 잘 기술하고 있다. 해밀턴(Hamilton, 1975)은 이 시기를 다음과 같이 설명했다. '…거의 생물학계 전체가 다윈이 피해 가려고 했거나 아예 가지 않으려고 했던 방향으로 몰려갔다'. 해밀턴의 아이디어가 뒤늦게 유행하기 시작한 최근에서야 이러한 흐름이 멈추고 방향이 바뀌었다(Dawkins, 1979). 마침내 다윈의 땅을 되찾을 때까지 우리는 신집단선택주의자neo-group-selectionist들의 교활하고 헌신적인 저항에 맞서서 고통스러운 싸움을 했다. 다윈의 땅은 '이기적 유기체'라는 이름으로 정의할 수 있는데, 현대적으로 말하자면, 포괄적 적합도라는 개념의 지배를 받는 곳이다.

해밀턴의 1975년 논문의 실제 내용을 생각해 보면 이 구절은 기이하다. 집단 선택 논쟁은 정상과학normal science의 핵심을 포함하고 있지만 유사과학paranormal science이 그것을 완전히 가려 버리는 일이 종종 있다.

해밀턴(Hamilton, 1996: 324) 스스로도 자신의 1975년 논문이 여전히 시대에 앞선다고 했다. 이 논문은 거의 인용되지 않고, 어쩌다 인용되더라도 — 방금 언급한 도킨스의 글에서처럼 — 논문의 실제 내용은 거의 반영되지 않는다.[9] SCI(과학 인용 지수, Science Citation Index)에 포함된 학술지들을 분석해 보면 해밀턴의 의심에 일리가 있음을 알 수 있다. 1994년 한 해 동안 해밀턴 이론의 원래 버전(1964a-b)은 115번 인용되었지만, 새로운 이론(1975)은 단 네 차례만 인용되었다. 진화학 커뮤니티에서 친족 선택 이론은 1960년 대에 고정불변의 진리로 굳어졌고 그 이후로는 근본적인 변화가 불가능한 상태가 되었다 — 심지어 이 이론의 창시자조차도 손댈 수 없게 된 것이다! 진화생물학계 내부의 상황이 이러할진대, 진화에 관심이 있는 다른 분야의 학자들이 집단 선택설은 수 년 전에 죽은 이론이며 동시에 자연에 진정한 이타주의가 존재할 가능성도 없다고 믿는 것도 놀라운 일이 아니다.

진화적 게임 이론

게임 이론은 갈등 상황에서 사람들의 행동을 예측하기 위해 1940년대에 경제학자들과 수학자들이 개발한 이론이다(Von Neumann and Morgenstern, 1947). 표준적인 게임 이론에서 사람들은 상대방과 "게임"을 하게 되는데, 여기서 내리는 의사결정은 합리적 선택에 근거한 것이다. 1970년 대에 개발된 진화적 게임 이론에서는 다양한 행동 옵션들이 마치 돌연변이에 의해 발생한 것처럼 단순히 존재하는 상태에서 다윈주의적인 방법으로 서로 경쟁한다. 행동이 마음mind으로부터 비롯되는지 여부에 대해서는 따로 가정하지 않는다(Sober, 1985). 게임 이론을 도입한 사람들 중 한 명인 해밀턴(Hamilton, 1967, 1971a)은 성비 불균형이나 그 밖의 다른 형질들의 진화에서 "무적의 전략"이 무엇인지 예측하기 위해서 게임 이론을 사용했다. 트라이버스(Trivers, 1971)는 게임 이론의 아이디어를 이용해서 호혜적 이타주의 개념을 발전시켰다. 메이나드 스미스와 동료 연구자들(Maynard Smith, 1982) 및 악셀로드와 해밀턴(Axelrod and Hamilton, 1981)은 게임 이론을 사회적 행동의 진화를 연구하는 주요 이론 틀로 정립시켰다. 진화적 게임 이론은 메이나드 스미스가 만든 용어인 ESS 이론, 즉, "진화적으로 안정적인 전략Evolutionary stable strategy"에 대한 이론으로 불리기도 한다.

진화적 게임 이론의 주요 목표 중 하나는 집단 선택을 빌리지 않고 친족이 아닌 개체들 간의 협동이 어떻게 진화했는지를 설명하는 것이었다. 도킨스(Dawkins, 1980: 360)에 따르면, "집단 내에서 일어나는 협동은 집단 간 선택을 거쳐야만 한다는 오해가 있다 … ESS 이론이 더 간결한 설명을 제공한다." 이러한 주장은 협동이 단일 집단 내에서 진화할 수 있으며 집단 선택을 필요로 하지 않는다는 점을 시사한다. 그러나 진화적 게임 이론 모형들이 정말 단일 집단만 가정할까? 참가자가 *n*명인 게임*n*-person game은 분명히 *n*명의 개인들 사이에 일어나는 사회적 상호작용을 가정한다. 그러나 협동의 진화를 설명하는 게임 이론 모형들에서는 크기가 *n*인 **단일** 집단을 가정하지 않는다. 그보다는 크기가 *n*인 **다수** 집단을 가정한다. 비록 이 점을 명시적으로 기술하고 있지는 않지만, 진화적 게임 이론 모형들은 다음과 같은 개체군 구조를 가정한다. 매우 큰 개체군 내에서 개체들은 크기가 *n*인 집단 여러 개로 흩어져서 모형에서 고려하는 행동이 나타나기 전까지는 서로 고립된 채 지내게 된다. 둥지 안의 새끼 새들처럼, 한 개체는 자신이 속한 집단의 구성원들의 영향을 받지만 다른 집단원들의 영향은 전혀 받지 않는다. 보통은 집단이 무작위로 형성된다고 가정하지만, 게임 이론 모형에서 이 가정을 반드시 지켜야 한다는 제약은 없다. 적합도를 결정하는 행동이 나타난 이후에, 집단들은 사라지고 각 집단에 속해 있던 개체들은 다시 전체 개체군으로 뒤섞이게 된다. 그리고 이 과정이 반복된다. 이러한 개체군 구조는 해밀턴(Hamilton, 1975)이 프라이스 공식을 분석하면서 묘사했던 개체군 구조와 동일하다.

집단 내 적합도 차이와 집단 간 적합도 차이를 확인하기 위해서, 이타적 행동(A)과 이기적 행동(S) 두 가지만 존재한다고 가정해 보자. 더 큰 집단의 사례에도 적용해 볼 수 있지만, 여기서는 각 집단이 두 개체로만 구성되어 있다고 가정하자. 한 개체의 적합도는 이 개체가 어떻게 행동하는지, 그리고 이 개체의 파트너가 누구인지에 따라 달라진다. 이타주의자가 자신의 적합도를 1만큼 희생함으로써 파트너의 적합도를 4만큼 증가시켜 준다고 가정해 보자. 만약 어떤 집단의 구성원이 둘 다 이타주의자라면, 이들은 서로 이익을 주고받아서 둘 다 최종적으로 3만큼 적합도가 향상되게 된다. 만약 어떤 집단에 이타주의자와 이기주의자가 섞여 있다면, 이타주의자는 1만큼 적합도가 감소하고 이기주의자는 4만큼 적합도가 증가할 것이다. 만약 어떤 집단에 이기주의자만 존재한다면, 이들은 아무런 이득이나 비용을 들이지 않아서 적합도에 변화가 없을 것이다. 이 모든 경우의 수가 박스 2.3.의 2행 2열로 이루어진 표에 나타나있다. 여기에 나와 있는 값들은 본래 진화와는 무관한 문제를 설명하기 위해 고안된 죄수의 딜레마라는 게임에서 가져온 것이다. 하지만, 같은 숫자들을 이용해서 우리가 지금까지 계속해서 논의해 왔던 이타주의와 이기주의의 개념을 설명할 수 있다.

박스 2.3. 진화적 게임 이론과 다수준 선택

게임 이론 모형들은 크기가 n인 집단에서 일어나는 사회적 상호작용을 가정한다. 각 집단 내에서 한 개체의 적합도는 자신의 행동과 다른 집단원들의 행동에 따라서 결정된다. 집단의 크기 $n=2$일 때 가능한 결과는 2×2 보수 행렬payoff matrix로 나타낼 수 있다.

아래의 이타주의 진화에 관한 게임 이론 모형에서, 이타주의자(A)는 파트너의 적합도를 4만큼 증진시키는 대가로 자신의 적합도가 1만큼 감소한다. 이타주의자가 이타주의자와 집단을 이루는 경우 최종 이득은 3이고, 이기주의자(S)와 집단을 이루는 경우 1만큼 손해를 보게 된다. 이기주의자는 이타주의자와 한 집단이 되면 4만큼의 이득을 보게 되고 이기주의자와 한 집단이 되면 적합도에 아무런 변화가 없다. 적합도가 0이라는 것은 그 개체의 죽음을 의미하는 것이 아니라 사회적 상호작용 이후에 적합도가 변하지 않았음을 의미하는 것이다. 이 보수 행렬은 다음과 같다:

		개체 2: A	개체 2: S
개체 1	A	둘 다 +3	A는 −1, S는 +4
	S	S는 +4, A는 −1	둘 다 0

이기주의자가 섞여 있는 집단에서는 이타주의자가 상대적으로 낮은 적합도를 가지게 되지만(−1 vs. 4), 집단의 적합도는 증가시킨다(6 vs. 3 vs. 0). 다수준 선택 이론의 관점에서 볼 때, 이 모형은 이타주의 진화를 설명하는 표준적인 집단 선택 모형으로, 집단 내 개체들 간의 차이와 집단 간 차이에 따라서 결과가 달라진다. 그러나 게임 이론가들은 진화의 최종 결과를 계산할 때 주로 개체들의 적합도를 여러 집단에 걸쳐 평균하는 방법을 사용한다.

$$W_A = p_{AA}(3) + p_{AS}(-1) \quad (2.7)$$

$$W_S = p_{SA}(4) + p_{SS}(0) \quad (2.8)$$

p_{ij}는 j유형과 상호작용하는 i유형의 비율을 나타낸다(예를 들어 p_{AS}는 S유형과 상호작용하는 A유형의 비율이다). 집단이 무작위로 형성되고 p가 개체군 전체에서 관찰되는 A의 빈도라고 할 때, $p_{AA}=p_{SA}=p$이고 $p_{SS}=p_{SA}=(1-p)$이다. 혼합 집단이 없는 극단적인 경우에는 $p_{AA}=1, p_{AS}=0, p_{SA}=0, p_{SS}=1$이 된다. 많은 게임 이론가들은 $W_A > W_S$일 때, A가 "개체 선택"에 의해 진화한다고 결론지었는데, 이는 전형적인 평균의 오류에 해당한다.

진화적 게임 이론에서 가장 유명한 전략 중 하나는 "맞대응Tit-for-tat"으로, 한 개체(T)가 처음에는 이타주의자로 게임을 시작한 뒤, 그 이후부터는 상대방의 행동을 따라하는 것이다. 집단 내에서 평균적으로 I번의 상호작용이 이루어진다고 가정할 때, T와 S(모든 상호작용에서 이기적으로 구는 유형)로 이루어진 개체군의 보수 행렬은 다음과 같다.

		개체 2: T	개체 2: S
개체 1	T	둘 다 +3I	T는 −1I, S는 +4I
	S	S는 +4I, T는 −1I	둘 다 0

T가 다른 T와 상호작용하게 된다면 이 둘은 *I*번의 상호작용에서 계속 이타적으로 행동하게 된다. T가 S와 상호작용하게 되면 첫 번째 상호작용에서 T가 S에게 이용당하게 되지만 그 이후부터는 T도 S처럼 행동해서 둘 다 이기적으로 행동하게 된다. 반면, A는 모든 상호작용에서 이타적으로 행동할 것이기 때문에 1*I* 만큼의 손해를 보게 되고 A와 짝을 이룬 S는 4*I*만큼 이득을 보게 된다. 다수준 선택 이론의 관점에서 볼 때, T는 여전히 혼합 집단 내에서 상대적으로 낮은 적합도를 가지며 집단 선택이 일어나야만 진화할 수 있다. 그러나 집단 간 적합도 차이에 비해서 집단 내 개체들 간의 적합도 차이는 작은 편이다. 일단 전체 개체군 내 T의 빈도가 일정 수준을 넘어서기만 하면, 무작위로 일어나는 변이만으로도 집단 선택에 의해 T가 진화할 수 있다.

집단 내 개체들 간의 상대적 적합도와 집단 간의 상대적 적합도는 쉽게 계산할 수 있다. 이타주의자들은 혼합 집단 내에서는 매우 불리하지만(−1 vs. 4), 이타주의자들로 이루어진 집단은 혼합집단이나 이기적 개체들로 이루어진 집단보다 우세하다(6 vs. 3 vs. 0). 적합도가 0이라는 말은 이기적 집단이 멸종하게 된다는 의미가 아니다. 모든 개체들은 상호작용이 일어나기 전에는 동일한 수준의 적합도를 가지고 있다고 가정한다. 보수 행렬에 나타나는 손익은 적합도의 기저선에서 더해지고 빼지는 값이다. 무엇이 진화하는지는 이타주의에 불리하게 작용하는 집단 내 선택과 이타주의에 유리하게 작용하는 집단 간 선택의 상대적 강도에 따라서 결정되는데, 집단 간 선택의 강도는 집단 간 변산의 크기에 따라 달라진다. 지금까지 설명한 모형은 집단의 크기가 작다는 점을 제외하면 우리가 1장에서 다루었던 모형과 다르지 않다.

한 쌍의 개체들을 집단이라고 부를 수 있는가? 특히, 이들이 일시적으로만 상호작용하고 다시 헤어진 뒤 다시 만날 일이 없다면, 이것을 집단이라고 할 수 있는가? 진화적 게임 이론은 매우 일반적인 이론적 틀을 제공하기 때문에 크기와 상호작용 기간이 다양한 여러 종류의 집단에 적용 가능하다는 점을 기억할 필요가 있다. 해밀턴의 성비 모형에서 집단은 자손들이 서로 짝짓기를 할 때까지 유지되고 암컷의 진화적 손익은 손자 세대의 자손 숫자로 측정된다. 게임 이론은 병원체 독성 진화의 설명에도 사용되었는데, 여기서 처음에 숙주를 차지했던 콜로니의 진화적 손익은 여러 세대에 걸쳐 생산된 후손들의 숫자로 계산된다(1장에서 논의했던 Bremermann and Pickering, 1983). 우리는 메이나드 스미스의 건초더미 모형도 게임 이론 모형으로 쉽게 바꿔 볼 수 있다. 일반화를 위해서 모형에 사용된 개념들을 특수한 사례에 기초하지 않고 전체적인 이론적 틀에 기초해서 정의할 필요가 있다. 진화적 게임 이론에서는 집단 내 상호작용의 결과인 "게임 참가자들"의 적합도만을 반영하며, 집단의 지속 기간에 대한 제한은 없다. 따라서 비록 라이트와 할데인이 상상했던 집단과는 거리가 있지만, $n=2$이고 일시적으로만 유지되는 집단을 가정하지 못할 이유가 없다. 윌리엄스와 윌리엄스(Williams and Williams, 1957)나 해밀턴(Hamilton, 1975)은 생애 주기의 일정 기간 동안만 유지되는 집단을 고려하면서 이미 이러한 방향으로 생각을 발전시킨 바 있다. 우리는 이 장의 말미에서 집단의 정의에 대해 좀 더 자세히 검토할 것이다.

지금까지 우리는 게임 이론 모형에서 이타주의가 집단 선택에 의해 선호됨을 보였다. 그러나 이타주의가 진화하는지는 아직 살펴보지 않았다. 진화적 게임 이론에서는 주로 여러 집단에 걸친 개체들의 적합도를 평균하는 방식으로 이 질문에 대한 답을 찾았다. 개체들이 어떤 방식으로 집단을 이루어 흩어져 있는지에 따라서 AA 집단에 속한 일정 비율의 이타주의자들은 계속 존재하게 될 것이고 AS 집단에 속한 나머지는 S유형에게 이용당할 것이다. 마찬가지로, 일정 비율의 이기주의자들은 AS 집단 내에서 A 유형을 이용하는 혜택을 누릴 것이고, SS 집단에 속한 나머지는 서로를 견디며 지내야 할 것이다. 이 모든 힘들의 합이 진화의 최종 결과를 결정한다. 바로 여기가 진화적 게임 이론이 개체주의적 성향을 획득하는 지점이다.

가장 높은 평균 적합도를 얻는 행동이 집단 선택 없이 개체 선택만으로 진화한다고 가정하게 되는 것이다. 이 모형에 포함되어 있는 집단의 존재는 그저 무시되는 것이다. 이것이야말로 평균의 오류라고 할 수 있다.

일단 이런 의미론적 문제는 잠시 뒤로 하고 *A*의 진화 여부에 집중해 보자. 만약 개체들이 무작위적으로 집단을 이루어 흩어져 있다면, A는 진화하지 않는다. 다수준 선택 이론의 언어로 표현하자면, 집단 내 선택이 집단 간 선택보다 강하게 작용한다. 진화적 게임 이론의 언어로 표현하자면, S가 더 높은 평균 적합도를 가지게 되므로 개체 선택에 의해 진화한다. 이제 집단 간 변산을 증가시켜 보자. 집단을 이루는 개체 쌍들이 서로 유전적으로 관련되어 있다고 가정해 볼 수 있을 것이다(Wilson and Dugatkin, 1991). 다수준 선택 이론의 언어로 표현하자면, 집단 간 선택이 집단 내 선택보다 강해져서 이타주의가 진화할 것이다. 진화적 게임 이론의 일반적 언어로 표현하자면, A가 더 높은 평균 적합도를 가지게 되므로 개체 선택에 의해 진화하게 된다. 진화적 게임 이론의 접근 방식에 따르면, 모형에서 진화하는 것이 바로 개체의 자기-이익을 결정하며 이타주의와 집단 선택은 존재하지 않는다고 정의된다.

게임 이론가들의 개체주의적 관점에 만연하는 증상 중 하나는 "이타주의"라는 용어보다는 "협동cooperation"이라는 용어를 사용한다는 것이다. 게임 이론 모형에서 A의 행동을 결정하는 공식은 해밀턴이 이타주의 진화를 연구하기 위해 사용했던 것과 동일하다. 그럼에도 불구하고, 진화적 게임 이론가들은 협동이라는 단어를 사용하는데, 아마도 그 이유는 이타주의보다는 협동이 개체의 이익이라는 형태로 생각하기에 더 용이한 개념이기 때문일 것이다. 동일한 행동을 다른 이름으로 부르는 것이다.

지금까지 우리는 집단 간 변산이 충분히 크다면 (다수준 선택 이론에서 정의된) 이타주의의 진화가 가능함을 보였다. 하지만 이타주의는 집단 내에서의 불이익이 별로 크지 않은 경우에도 진화할 수 있다. 진화적 게임 이론에서 가장 잘 알려진 전략인 "맞대응Tit-for-Tat"(T)의 예를 생각해 보자. 맞대응 전략에서는 한 집단의 구성원들의 반복적으로 상호작용을 가정한다. T는 최초의 상호작용에서는 이타적으로 행동하고 그 이후에는 상대방의 행동을 따라 한다. 즉, T는 상대방도 T인 경우 계속 이타적으로 행동하게 되지만, 상대방이 이기적으로 행동하면 재빨리 이기적인 행동을 취한다. 박스 2.3.에 나와 있는 두 번째 보수 행렬을 이용해서 집단 내와 집단 간의 상대적 적합도를 계산할 수 있다. T는 최초의 상호작용에서 손해를 보기 때문에 집단 내에서 여전히 상대적으로 낮은 적합도를 보이지만 무조건적으로 이타적으로 행동하는 것보다는 불이익의 정도가 훨씬 작다. 이타주의자들로 이루어진 집단(TT)은 혼합집단(TS)이나 이기적 집단(SS)보다 더 우세하다. 만약 집단 내 적합도 차이의 관점에서 이타주의를 정의한다면, 맞대응 전략은 이타적 전략의 조건을 만족한다. 그러나 T는 A보다 약한 형태의 이타주의이기 때문에 집단 간 변산이 더 작더라도 진화할 수 있다. T가 일정 수준의 빈도를 넘어서기만 하면, 무작위적인 집단 간 변산만으로도 집단 선택에 의한 T의 진화가 충분히 가능하다(Axelrod and Hamilton, 1981).

다수준 이론의 틀에 익숙해진 사람들에게는 진화적 게임 이론에서 집단을 발견하고, 집단 내 적합도와 집단 간 적합도를 계산하고, 두 선택 수준 사이의 균형에 기초해서 무엇이 진화할지를 알아내는 것은 식은 죽 먹기다. 이 점을 생각할 때, 진화적 게임 이론이 전혀 다른 일련의 과정들을 제시하기 위해 개발된 집단 선택 이론의 대안이라는 사실이 더욱 놀랍다. 관점의 차이는 너무나 매혹적이어서, 오늘날에도 맞대응 전략을 집단 선택에 의해 진화하는 이타주의의 한 사례로 해석하는 것에 대해 많은 진화적 게임 이론가들이 반발할 것이다. 그러나 예외가 하나 있다 — 바로 맞대응 전략을 발명한 사람이다.

맞대응 전략은 미시간 대학교의 정치학자이면서 진화에 관심을 가지게 된 악셀로드(Axelrod 1980a, b)가 후원한 두 개의 게임 이론 토너먼트에서 우승을 차지하면서 유명해졌다. 악셀로드는 동료 연구자들에게 반복적인 죄수 딜레마 게임에 적용할 수 있는 전략들을 제안해 달라고 한 뒤 각 전략들을 서로 다윈주의적인 방식으로 경쟁시켰다. 매 "세대generation"마다 각 전략들이 서로 경쟁해서 다음 세대에 살아남은 빈도로 평균 손익을 계산했다. 맞대응 전략은 토론토 대학교의 아나톨 라포포트Anatol Rapoport가 제안한 것으로, 훨씬 더 복잡한 전략들을 비롯한 여러 전략들을 제치고 우승했다. 다음은 맞대응 전략을 개체의 이익을 추구하는 사례로 해석하는 것에 대한 라포포트의 평가다(Rapoport, 1991: 92-93). 아래의 구절에서 C(협동)는 이타적으로 행동하는 것을 가리키고, D(배신)는 이기적으로 행동하는 것을 가리킨다:

> 맞대응 전략이 성공한 이유에 대한 처음의 오해는 대회의 가장 흥미롭고 교훈적인 결과였다. 나는 맞대응 전략을 적용한 프로그램을 제출했던 사람으로서, 이 대회에 관한 강연을 할 기회가 있었는데, 강연 이후에 있었던 토론에서 많은 사람들이 이 프로그램이 "무적의 전략"이라고 믿고 있음이 분명해졌다. … 진화 이론의 해석에 대한 이데올로기적 헌신의 결과가 이보다 더 두드러질 수 없었다. 나에게 있어서 악셀로드의 실험에서 가장 반가웠던 결과는 "착한 사람들도 때로는 이길 수 있다"는 점을 보여 주고 과학적으로 설명할 수 있는 기회를 제공했다는 것이다. …
>
> 이타주의는 자신의 비용을 감수하고 타인에게 이익을 주는 행동을 하는 성향으로 정의된다. 그러나 이러한 정의는 둘 사이의 상호작용에서만 적용된다. 하나의 개체군 안에서, 여러 개체가 행하는 이타주의는 이타주의자들을 포함한 여러 개체들에게 이익을 가져다준다.
>
> 죄수의 딜레마 대회로 되돌아와서, 맞대응 전략이 "무적"이 아니라는 점은 쉽게 알 수 있다. 사실, 이 전략은 얼마든지 패배할 수 있다. 반복적인 죄수 딜레마 게임에서 상대방보다 높은 점수를 얻을 수 있는 유일한 방법은 상대방보다 D를 더 많이 선택하는 것이다. 상대방이 C를 선택할 때 D를 선택하는 경우에만 상대방보다 더 높은 점수를 얻을 수 있기 때문이다. 그러나 맞대응 전략을 사용하면 상대방이 먼저 D를 선택하기 전까지는 D를 선택할 수 없으므로, 순차적 게임에서는 상대방보다 더 많은 D를 선택하는 일은 일어날 수 없다. 따라서 모든 만남에서 맞대응 전략은 비기거나 지게 된다. 상대방을 결코 이길 수 없는 것이다.
>
> 두 번의 대회에서 맞대응 전략이 우승할 수 있었던 이유는 "더 공격적"이거나 "더 똑똑한" 전략들이 서로를 물리쳤기 때문이다. … 사실, 무적의 프로그램은 무조건 D를 선택하도록 하는 것이다. 어떤 프로그램도 이 프로그램보다 많은 D를

> 선택할 수 없기 때문이다. 그러나 악셀로드의 대회에서 D만 선택하는 프로그램들이 서로 겨루면 한 판에 1점만을 얻었던 반면에, 맞대응 전략은 … 한 판에 3점씩을 얻었다.

우리가 아는 한, 라포포트가 위의 글을 쓸 때만 해도 그는 다수준 선택 이론을 알지 못했다. 그럼에도 불구하고, 그는 어떤 행동이 집단 내에서 다른 개체들에게 이용당하기 때문에 이타적이라고 불리지만 서로 이용하기만 하는 집단보다는 이타주의자 집단이 더 우세하기 때문에 진화할 수 있다는 게임 이론적 관점을 쉽게 받아들였다. 다수준 선택 이론과 진화적 게임 이론의 차이는 관점에 있는 것이지, 과정에 있는 것이 아니다.

이기적 유전자

윌리엄스(Williams, 1966)는 적응과 자연 선택에서 유전자를 선택의 기본 단위로 보았다. 윌리엄스에 따르면, 선택의 단위가 되기 위해서는, 정확한 자기 복제 능력이 있어야 한다. 유전자와 무성생식을 하는 개체들은 이러한 속성을 지니지만, 유성생식을 하는 개체들이나 집단은 그렇지 않다. 이것이 유전자를 개체보다 더 근본적인 것처럼 만들었다. 개체는 집단만큼이나 일시적이고 진화와 무관한 듯 보이게 되었다. 리처드 도킨스(Dawkins, 1976, 1982)는 이러한 개념을 확대해서 이기적 유전자 이론으로 확장시켰다. 도킨스의 화려한 언어로 표현하자면, 개체들은 오로지 자기 복제에만 관심이 있는 유전자들이 조종하는 육중한 로봇에 불과하다.

알렉산더(Alexander, 1979: 26)의 다음과 같은 글에서도 볼 수 있듯이, 이기적 유전자 이론은 집단 선택을 반박하는 결정적인 이론으로 여겨졌다.

> 윌리엄스는 1966년 "최근 제기되고 있는 진화에 관한 몇 가지 생각들"을 비판

하는 책을 내고 편리하기만 하면 어떤 수준의 선택이든 무비판적으로 받아들이는 생물학자들을 호되게 비판했다. 윌리엄스의 책은 유전 가능한 단위, 즉, 개체의 유전형을 담고 있는 "유전적 복제자"(Dawkins, 1978)에서만 선택이 일어날 수 있음을 폭넓게 주장한 최초의 사례다.

이런 종류의 논증은 집단 선택 문제를 단 몇 줄의 글로 일축해 버리는 표준적 방법 중 하나가 되었다. 그러나 돌이켜 보면 여기에는 명백한 문제점이 있다. 저 말썽 많은 집단 선택론자들은 개별 유기체들과 마찬가지로 집단도 각 부분이 화합과 조화를 이루고 있는 상태라고 생각했다. 만약 유성생식을 하는 개체들이 자신이 직접 복제자가 되지 않고도 조화를 이룰 수 있다면, 집단이라고 해서 그렇지 못할 이유가 무엇인가? 만약 복제자라는 개념이 적응의 단위로서의 개체에 대해서 어떤 말도 해 줄 수 없다면, 적응 단위로서의 집단에 대해서도 마찬가지가 아닌가?

도킨스는 개체 수준에서의 적응을 설명하기 위해서 "선택의 매개체 vehicles of selection"라는 개념을 추가해서 복제자로서의 유전자 개념을 보완해야만 했다. 도킨스는 유성생식을 하는 개체들 안에 있는 유전자를 조정 경기에서 노를 저으면서 한 배에 탄 팀원들과 경쟁하는 선수에 비유했다. 경기에서 이기는 유일한 방법은 같은 배에 타고 있는 다른 선수들과 협력하는 것이다. 마찬가지로, 유전자들은 다른 유전자들과 함께 같은 개체 안에 "갇혀" 있는 신세이기 때문에 한 배에 타고 있는 유전자들 전체가 생존하고 번식해야지만 자기 복제가 가능하다. 적응의 단위로 기능하는 유기체 안에서 이기적 유전자들이 협력하는 이유는 공동의 운명에 처해 있기 때문이다.

매개체라는 개념을 이용하면 이기적 유전자 이론으로 개체 수준의 적응을 설명할 수 있지만, 집단이 적응의 단위가 될 수 있는 가능성도 열어 준다. 개체가 선택의 매개체가 될 수 있다면, 왜 집단은 안 되는가? 때로는 사회 집단을 이루는 개인들이 적합도 측면에서 한 배에 탄 운명에 처하는 경우도 있지 않은가? 만약 그렇다면, 왜 이기적 유전자 이론에서는 개체의 진화처럼 집단의 진화를 육중한 로봇으로 설명하지 못하는가?

간단히 말해서 복제자로서의 유전자 개념은 집단 선택을 반박하는 결정적인 주장으로 여겨졌으나 사실상 그 문제와는 전혀 무관하다. 이기적 유전자 이론에서 설명하는 진화의 과정은 다수준 선택 이론에서 설명하고 있는 과정과 전혀 다르지 않으며, 같은 과정을 다른 방식으로 바라보는 것에 불과하다. 저 미개한 집단 선택론자들이 모든 면에서 옳았는지도 모른다. 집단 선택은 타인의 이익을 위해 자신을 희생하는 이타주의자들을 진화시킨다. 자원의 낭비를 막기 위해 개체 수를 조절하는 동물들이나 그 밖의 많은 사례들에서 볼 수 있듯이 말이다. 이기적 유전자 이론은 이타 행동을 만드는 유전자가 "이기적"이라고 보는데, 그 이유는 결과적으로 이들 유전자가 진화해서 다른 유전자들보다 더 성공적인 자기 복제를 달성하기 때문이다. 반면, 다수준 선택 이론은 이러한 행동이 어떻게 진화했는지를 보여 주는데 초점을 두고 있다. 집단 내의 개체들과 전체 개체군 내의 집단들 사이에 존재하는 생물학적 위계의 어느 지점에서는 적합도 차이가 존재해야 한다는 식의 설명을 제공하는 것이다. 이기적 유전자 이론의 복제자 개념에만 의존해서는 이러한 질문에 대한 탐구를 시작조차 할 수 없다. 매개체 개념은 다수준 선택 이론에서 설명하고자 했던 바로 그 문제를 자신도 모르는 사이에 건드리고 있다.

이기적 유전자 이론과 다수준 선택 이론이 어떻게 동일한 과정을 다른 관점에서 설명하는지 살펴보자. 다수준 선택 이론은 생물학적 위계의 각 수준에서 일어나는 자연 선택을 검증하기 위해서 통일된 개념을 사용한다는 장점이 있다. 우리가 지금까지 살펴보았던 개체 수준과 집단 수준에 유전자 수준을 하나 더하는 것은 쉬운 일이다. 자연 선택은 유전자들이 단일 개체 내에서, 개체들이 단일 집단 내에서, 집단들이 전체 개체군 내에서 적합도의 차이를 보일 때 일어난다. 최근까지도 단일 개체 내에서 유전자의 자연 선택이 일어난다고 생각하기는 어려웠다. 유기체는 전 생애에 걸쳐 동일한 유전적 구성을 유지하면서 유성생식을 통해 일정한 비율의 유전자를 다음 세대로 전달하는 안정적인 단위로 여겨졌다. 앞으로 살펴보겠지만, 이러한 가정이 반드시 옳다고 장담할 수는 없다. 이 가정이 어디까지 옳다고 할 수 있는지에 대해서는 설명이 필요하다.

개체 수준의 선택에 관한 표준 모형에서, 단일 유전자좌遺傳子座, loci는 두 개의 대립유전자(A, a)를 가지며, 이 유전자들은 세 종류의 이배체(AA, Aa, aa)를 생성할 수 있다. 진화 여부를 결정하는 각 유전형의 적합도는 W_{AA}, W_{Aa}, W_{aa}가 된다. 다수준 선택 이론가들이라면 자연 선택은 단일 집단 내의 개체들 사이에서 일어난다고 설명할 것이다. Aa유전형은 상대적 적합도에 차이가 있는 유전형 A와 a가 섞여 있는 혼합 집단이 되지만, 감수분열의 법칙에 따라서 각각의 대립유전자는 반수체 내에서 동일한 빈도로 나타나기 때문에, 이 모형에서는 단일 집단 내의 개체들 사이에서만 적합도 차이가 발생한다. 따라서 우리는 개체가 단일 집단 내에서 자신의 상대적 적합도를 극대화하는 방향으로 행동하도록 만드는 유전자가 진화할 것이라고 예상할 수 있다.

이기적 유전자 이론은 이 모형에서 기술하고 있는 사실들을 전혀 변화시키지 않으면서 진화의 대상이 유전자라는 점을 특별히 강조할 뿐이다. 한 개체 내에서 선택이 일어나는 것이 아니라 개체들 사이에만 적합도 차이가 존재한다고 설명하고 있기는 하지만, 여러 개체에 걸쳐 각 유전자들의 적합도 평균을 구해서 진화의 최종 결과를 계산하는 것은 쉬운 일이다. 진화에 성공하는 유전자가 그렇지 않은 유전자보다 평균 적합도가 높기 마련이고 그래서 **이기적**이라는 단어를 사용하게 된 것이다. 이기적 유전자 이론가들은 유전자가 선택의 기본 단위이며 개체는 단지 선택의 매개체라고 주장할 것이다. 적합도 측면에서 한 개체 내에 있는 유전자들은 한 배를 탄 운명이기 때문이다.

최근 몇 년 사이, 개체를 안정적인 유전 단위로 바라보는 입장은 도전에 직면했다. 유전자는 각자 고유한 권한을 가지고 있는 사회적 행위자이고 한 개체 내에서 다른 유전자를 희생시키고 자신이 증식하는 일도 일어난다는 입장이 힘을 얻고 있다. 이러한 사례로 가장 잘 연구되어 있는 현상 중 하나가 감수분열 부등(meiotic drive, Crow, 1979; Camacho et al., 1997; Lyttle, 1991)이다. 감수분열 부등은 전체 생식세포의 50퍼센트 이상에서 일어나는 현상으로 감수분열 법칙을 따르지 않는다. 이 현상을 일으키는 유전자들은 개체 수준에서는 적합도를 감소시키고, 동형접합체 형태일 때는 치명적인 경우도 있다. 다수준 선택론자들은 단일 개체 내에서 유전자들 간의 적합도 차이를 우선 고려할 것이다. 이 경우, 감수분열 부등 유전자의 상대적 적합도가 더 높다. 그 다음으로, 한 집단 내에서 개체들 간의 적합도 차이를 살펴볼 수 있다. 여기서는 감수뷴열 부듕 유전자를 적게 가진 개체들이 생존과 번식에서 더 유리하기 때문에, 감수분열 부등 유전자를 적게 가진 개체의 상대적 적합도가 더 높아지게 된다. 다수준 선택론자들은 서로 다른 선택의 수준 간에 갈등이 존재한다고 결론을 내릴 것이고, 무엇이 진화하게 될지 알아보기 위해서 각 수준에서 일어나는 선택의 강도를 비교해 볼 것이다. 유전자 수준의 선택이 개체 수준의 선택보다 강하다면 유전자는 개체의 적합도가 떨어지는 방향으로 진화하게 될 것이다.

위의 사례는 집단 내에서 상호작용하는 개체들 대신에 개체 내에서 상호작용하는 유전자를 살펴본 것으로, 생물학적 위계상에서 한 단계 아래로 프레임을 이동했다는 점을 제외하면 우리가 앞에서 살펴보았던 이타주의와 이기주의에 관한 모형들과 동일하다. 우리는 이기적 개체들이 집단의 적합도를 낮춘다는 점을 잘 알고 있기 때문에, 이기적 유전자가 개체의 적합도를 떨어뜨린다는 점도 쉽게 이해할 수 있다. 여기서 이기적이라는 단어는 유전자를 진화하도록 만드는 것이라면 무엇이든지 그렇게 부르는 기존의 의미와 다르게 쓰였다. 여기서 이기적이라는 의미는, 더 높은 수준의 선택 단위를 희생시킴으로써, 자신의 적합도를 증가시키는 것을 말한다.

이기적 유전자 이론가들은 이 모형에서 설명하고 있는 사실들은 하나도 바꾸지 않은 채, 위에서 벌어지는 모든 과정은 유전자 수준의 선택이라고 주장할 것이다. 어쨌든 유전자가 복제자이고, 이러니저러니 해도 결국에는 한 유전자가 다른 유전자보다 더 높은 평균 적합도를 가지게 된다. 개체가 유일한 선택의 매개체가 아니라고 한다면, 개체 내에서 유전자들 간의 적합도 차이와 개체들 간의 적합도 차이에 대한 다른 방식의 설명이 필요하게 될 것이다. **이기적**이라는 단어를 진화하는 것을 가리키는 데 이미 사용했기 때문에, 감수분열 부등 유전자나 개체 내에서의 적합도 차이에 따라 진화하는 그 밖의 다른 유전자들을 설명하려면 별도의 단어, 이를테면, **초이기적**ultra-selfish 같은 용어가 필요할 것이다(Hurst, Atlan, and Bengtsson, 1996).

이제 전통적인 집단 선택 모형을 고려해 보기 위해서 프레임을 한 단계 위로 옮겨 보자. 개체는 안정적인 유전 단위이고, 이타주의자들은 집단 내에서 상대적 적합도가 낮지만 자신이 속한 집단의 적합도는 증가시킨다. 다수준 선택론자들은 개체 선택(혹은, 보다 정확히 말하자면, 집단 내 개체들 간에 일어나는 선택)에서는 이기적 성향이 선호되겠지만, 이타주의는 집단 선택(보다 정확히는, 전체 개체군 내에서 집단들 간에 일어나는 선택)에서 선호된다고 결론지을 것이다. 이타주의와 이기주의 중에서 무엇이 진화하게 될지는 개체 선택과 집단 선택이 미치는 영향력의 상대적 강도에 따라 결정될 것이다.

이기적 유전자 이론가들은 위에서 설명한 사실들을 전혀 바꾸지 않은 채, 자연 선택이 유전자 수준에서 일어난다고 주장할 것이다. 어쨌든 유전자가 복제자이고, 이러니저러니 해도 결국에는 몇몇 유전자가 다른 유전자들보다 더 적합하게 될 것이다. 집단도 선택의 매개체의 일부가 될 수 있다면, 집단 내에서의 적합도 차이와 집단 간 적합도 차이에 대한 다른 방식의 설명이 필요하게 될 것이다. 이기적 유전자 이론가들은 이것이 이타주의의 사례라기보다는 자기 복제에만 "신경 쓰는" 이기적 유전자의 또 다른 사례에 불과하다고 할 것이다. **이타주의** 대신에 "유사-이타주의pseudo-altruism"(Pianka, 1983), "상호 착취mutual exploitation"(Dawkins, 1982), "자신의 이익을 위해 위해서 못된 행동을 하지 않는 것self-interested refusal to be spiteful"(Grafen, 1984)과 같은 표현이 사용될 것이다.

이 지점에서 일부 독자들은 어떻게 이기적 유전자 이론이 "이론"이라고 여겨질 수 있는지 의아할 것이다. 진화의 과정에서 유전자가 근본적인 역할을 한다는 것은 유전자의 발견 이래로 지금까지 계속 알고 있던 사실이 아닌가? 자연 선택의 교과서적인 정의가 "유전자 빈도의 변화" 아닌가? 집단 유전학 이론들의 대부분이 개체들 간의 적합도 차이가 어떻게 유전자 빈도의 변화로 이어지는지를 다루고 있지 않나? 집단 선택 모형에서도 이타주의를 나타내는 유전자가 어떻게 집단들 간의 적합도 차이에 의해 진화하는지를 보여 주려고 노력하지 않는가? 유전자가 복제자라는 점은 언제나 받아들여지고 있었던 것이 아닌가? 만약 그렇다면, 언제나, 항상, 변함없이, 진화하는 것은 유전자라고 집요하게 주장하는 "이론"에서 말하고 싶은 것이 무엇인가? 사실상 모든 생물학적 진화 모형들에서 유전자가 복제자라는 것은 불변의 상수다. 어떤 이론이 예측력을 가지려면 변수에 초점을 두어야 하며, 진화 모형에서는 생물학적 위계의 어디에서나 발생할 수 있는 적합도 차이가 변수가 된다. 다수준 선택 이론은 이러한 차이들(개체 내/유전자 간, 집단 내/개체 간, 개체군 내/집단 간 등등)을 파악하고 이 차이들의 상대적 강도를 측정하는 데 필요한 정확한 이론적 틀을 제공한다. 이기적 유전자 이론에서도 이와 동일한 구분이 필요하지만, 복제자로서의 유전자라는 핵심 개념은 아무런 도움이 되지 않는다. 항상 따라다니는 매개체 개념은 다수준 선택 이론에 비해서 거의 발전되지 않은 상태로, 아직 연구되어야 할 부분이 많다.

돌이켜 보면, 어째서 윌리엄스와 도킨스가 집단 선택을 반박하기 위해서 복제자로서의 유전자에 주목하게 되었는지, 그리고 이들의 주장이 어떻게 널리 받아들여지게 되었는지 상상하기 어렵다. 이들의 주장은 다음과 같은 한 문장으로 일축해 버릴 수 있을 것 같다. 유성생식을 하는 개체와 집단이 둘 다 복제자가 아니라면 개체와 집단이 다르다는 주장의 근거로 복제자 개념을 사용할 수 없다. 사실상 이 논쟁에 관련되었던 모든 사람들이 집단 선택은 매개체의 문제지 복제자의 문제가 아니라는 점에 동의한다(예를 들어 Dawkins, 1981: 292-298; Cronin, 1991: 290; Grafen, 1982: 76; Williams, 1985: 8). 안타깝게도,

우리 삶의 다른 영역에서도 그렇듯이 과학에서도 과거의 인상은 쉽게 사라지지 않는다. 많은 학자들이 여전히 이기적 유전자를 집단 선택 이론을 무찌르는 쉽고 빠른 방법으로 사용하고 있다(예를 들어 이 장의 도입부에서 인용한 Parker, 1996).

무엇이 집단인가?

지금까지 살펴본 바에 따르면, 집단 선택설의 대안을 제시했던 주요 이론들 — 포괄적 적합도 이론, 진화적 게임 이론, 이기적 유전자 이론 — 은 모두 여러 집단으로 구성된 개체군을 서로 다른 관점에서 바라본 것에 불과하다. 이 이론들을 하나의 이론으로 통합하기 위해서는 집단을 명확하게 정의할 필요가 있다. 다윈(Darwin, 1871)에게 있어서 집단은 직접적인 갈등 속에서 경쟁하는 부족들을 의미했다. 할데인(Haldane, 1932)은 집단을 서로 다른 속도로 분열하면서 경쟁하는 부족으로 정의했다. 라이트(Wright, 1945)는 서로 분리된 상태에서 새로운 집단을 점유하기 위해 경쟁하는 개체군으로 집단을 정의했다. 윌리엄스와 윌리엄스(Williams and Williams, 1957)는 한 세대에서 짧은 기간 동안만 유지되는 형매 집단으로 정의했다. 해밀턴(Hamilton, 1975)은 생애 주기의 어느 시점이든 일정 기간 동안 모여서 서로의 적합도에 영향을 미치는 개체들의 집단으로 정의했다.

위의 사례들은 그 다양성에도 불구하고 집단을 단순하게 정의할 수 있도록 하는 하나의 통합된 주제를 공유하고 있다. 모든 사례에서 집단이란 어떤 형질과 관련된 적합도에 서로 영향을 주고받지만 집단 밖에 있는 이들에게는 영향을 미치지 않는 개체들의 모임으로 정의된다. 수학적으로, 집단은 특정한 형질의 빈도로 표현되며, 적합도는 이 형질의 빈도에 따라서 달라진다. 이 기준을 만족시키는 집단이라면 무엇이든, 집단의 지속 기간이나 다른 집단과 경쟁하는 방식에 관계없이, 다수준 선택 이론에서 이야기하는 집단의 자격을 갖추었다고 볼 수 있다.

이러한 집단의 정의는 매우 직관적이다. 우리가 저녁에 볼링 모임이나 브릿지 게임을 하는 모임, 또는 스터디 그룹과 함께 시간을 보냈다고 말할 때, 집단은 서로 상호작용하는 사람들의 모임을 일컫는다. 만약 당신이 속한 스터디 그룹의 일원 중 한 명이 공부할 자료를 읽어 오지 않는다면, 당신도 그 영향을 받게 될 것이다. 스터디 그룹에 속해 있지 않은 다른 사람이 자료를 읽지 않는 것은 당신에게 아무런 영향을 미치지 않는다. 이 사람이 도서관에서 당신과 같은 책상에 앉아 있을 수도 있지만, 그가 당신과 같은 집단에 속하지 않았다는 사실에는 변함이 없다. 생물학적인 관점에서도 집단을 바로 이런 식으로 생각해야 한다. 집단의 지속 기간이나 다른 세부적인 면은 상호작용의 본질에 따라서 달라진다. 윌리엄스와 윌리엄스(Williams and Williams, 1957)의 모형에서 설명하고 있는 형매 집단의 경우 형제 자매들이 흩어지면 더 이상 상호작용하지 않기 때문에 한 세대 중 짧은 기간 동안만 유지된다. 메이나드 스미스(Maynard Smith, 1964)의 모형에서 이야기하는 건초더미 집단의 경우는 건초더미가 사라질 때까지 형제 자매들이 흩어지지 않기 때문에 여러 세대에 걸쳐서 유지된다. 이 모형에서는 부모와 자녀세대도 서로 상호작용하며 이들의 적합도는 집단이 생성될 때의 유전적 구성에 따라 결정된다. 다수준 선택 이론에서는 집단을 적합도 효과fitness effect에 국한해서 정의하고 있으며, 집단의 지속 기간이나 다른 집단과 경쟁하는 방식과 같은 다른 측면들은 상호작용의 본질에 뒤따르는 것으로 본다.

집단에 관한 이러한 정의는 단순하고 매우 직관적이기는 하지만, 다수준 선택을 고려할 때 염두에 둬야 하는 몇 가지 함의를 지닌다. 사람들은 종종 공간적 근접성에 기초해서 유기체들을 집단으로 묶는다. 이렇게 정의된 집단이 다수준 선택 모형에 적합할 수도 있지만 그렇지 않을 수도 있다. 도서관에서 책을 읽고 있는 사람들을 같은 책상에 앉은 사람들끼리 집단으로 분류할 수 있지만, 한 책상에 앉아 있는 사람들이 모두 같은 스터디 그룹에 속해 있다고 볼 수는 없다. 마찬가지로, 같은 스터디 그룹에 속한 사람들이 자료를 찾기 위해서 주기적으로 도서관의 이곳저곳으로 흩어질 수도 있지만, 이때도 이들은 여전히 같은 집단에 속해 있다. 이들이 같은 집단에 속해 있다고 말할 수 있는 이유는 그들이 서로 상호작용하기 때문이지, 그들이 나란히 앉아 있기 때문이 아니다. 우리는 자연에 존재하는 집단들을 정의할 때에도 인간 사회에서 집단을 정의하는 것과 같은 방식을 적용하는 연습을 해야 한다. 이 책의 저자 중 한 명인 윌슨(Wilson, 1975)은 특정 형질과 관련된 상호작용에 기초해서 집단을 정의해야 한다는 사실을 강조하기 위해서 "형질 집단trait group"이라는 용어를 만들었다.

형질 집단

상호작용에 기초해서 집단을 정의하면 집단 선택과 친족 선택 간의 관계를 생각할 때 발생할 수 있는 혼란을 어느 정도 해결할 수 있다. 나뭇잎에 알을 낳는 나비를 상상해 보자. 나비는 나뭇잎 하나 당 한 덩어리의 알만 낳고, 애벌레는 성충이 되기 전까지는 자신이 태어난 나뭇잎 위에서만 살아간다고 가정해 보자. 같은 나뭇잎 위에서 태어난 형제자매들은 선택의 여지가 없기 때문에 자기들끼리 상호작용할 수밖에 없다. 이러한 개체군 구조는 윌리엄스와 윌리엄스(Williams and Williams, 1957)의 모형과 일치하므로, 우리는 이타주의가 집단 선택에 의해 진화할 것이라고 예상할 수 있다. 이제, 애벌레의 이동이 비교적 자유로운 또 다른 종류의 나비를 상상해 보자. 이 나비의 애벌레들은 재빨리 자신이 태어난 나뭇잎을 떠나서 다른 곳에서 온 애벌레들과 뒤섞인다. 그러나 이 애벌레들은 자신의 형제자매를 알아볼 수 있는 능력을 지니고 있고 오직 형제자매들에게만 표현되는 어떤 행동을 진화시켰다고 가정해 보자. 메이나드 스미스(Maynard Smith, 1964)와 윌리엄스(Williams, 1992)는 첫 번째 사례에서만 친족 선택을 집단 선택의 일종으로 간주할 수 있고, 두 번째 사례에서는 집단이 존재하지 않기 때문에 집단 선택을 적용할 수 없다고 주장했다. 그러나 상호작용에 기초해서 집단을 정의

한다면, 이 구분이 잘못되었음을 알 수 있다. 형제자매 사이에서만 일어나는 행동의 진화에 관한 한, 첫 번째 사례와 두 번째 사례는 동일한 개체군 구조를 가지고 있고 동일한 수학 공식을 적용할 수 있다. 두 경우 모두, 이타적 개체 하나가 이타주의자들이 50퍼세트인 형매 집단을 낳게 된다. 이 형매 집단의 일원들은 오직 자신의 형제자매들하고만 상호작용하게 될 것이며, 대다수의 비이타주의자들은 이타주의자가 존재하지 않는 형매 집단 내에서 상호작용하게 될 것이다. 첫 번째 사례에서는 집단을 공간적으로 규정했고, 두 번째 사례에서는 집단을 행동적으로 규정했지만, 이 차이는 형제자매 사이에서만 일어나는 행동의 진화에 관한 설명과 무관하다.

상호작용에 기초해서 집단을 정의할 때 얻을 수 있는 두 번째 함의는 집단을 구분하는 불연속적인 경계가 필요하지 않다는 것이다. 많은 식물들(그리고 몇몇 동물들)은 이동에 제한이 있어서 후손이 부모 가까이에 뿌리내리게 된다. 이런 식의 이동은 유전적 분포가 고르지 않은, 조각보 같은 개체군 구조를 만든다. 친족 선택 이론의 언어로 표현하자면, 개체들은 가까운 친족들과 상호작용하게 된다. 다수준 선택 이론의 언어로 표현하자면, 전체 개체군의 유전적 구성이 가까운 거리에서도 매우 다양하다고 할 수 있다. 조각보를 이루는 집단들은 서로 뚜렷하게 구분되기보다는 경계가 불분명하고 부정형적이다. 이 집단들은 여러 세대에 걸쳐 해체되고 재형성되기를 반복하면서 하늘에 떠다니는 구름처럼 물리적 환경을 떠돌아다닌다. 그러나 이타주의가 지엽적으로는 불리하며 집단 간 생산성 차이가 있어야만 진화할 수 있다는 것은 여전한 사실이다.

최근 다수준 선택 이론은 식물과 유사한 개체군 구조에 대한 매우 중요한 발견을 이끌어 냈다. 해밀턴(Hamilton, 1964a-b)에서부터 시작해서 지금까지, 이동의 제한은 가까운 친족들끼리의 상호작용을 야기하기 때문에 이타주의의 진화에 유리하게 작용할 것이라고 여겨졌다. 그러나 다수준 선택 이론에 따르면 집단 간의 유전적 차이는 이타주의의 진화를 일으키기 위한 충분 조건이 아니다. 라이트(Wright, 1945)가 가정했던 분리된 집단이 그가 기대했던 것에 비해 이타주의의 진화에 별로 유리하지 않았던 이유도 이 때문이다. 식물과 유사한 개체군 구조에도 이와 비슷한 문제가 있는 것으로 밝혀졌다. 이동의 제한은 이타주의자 집단과 비이타주의자 집단을 만들어 내지만, 이타적 집단에서 태어난 후손들 중 다수가 같은 집단 안에 떨어지는 경향이 있고, 다른 지역으로 옮겨 가는 일은 드물다. 동시에, 이기주의의 혜택은 지엽적이며, 이타주의적 집단은 이기적인 침략자들에 의해 점령당하게 된다.

식물들이 보다 먼 거리를 이동할 수 있어서 이타적 집단들이 자신의 생산성을 다른 지역으로 퍼뜨릴 수 있다고 가정한다면, 유전적 분포가 좀 더 균질적일 수 있다. 이동의 제한은 (이타적 집단을 형성한다는 점에서) 집단 선택에 유리하게 작용하기도 하고 (이타적 집단의 이동을 제한한다는 점에서) 불리하게 작용하기도 한다. 이렇게 대립하는 두 힘은 서로의 영향력을 상쇄시키기 때문에 이동의 제한은 이타주의의 진화에 아무런 영향을 미치지 않는다(Queller, 1992a; Taylor, 1992; Wilson, Pollock, and Dugatkin, 1992). 서로 분리된 집단이 라이트의 기대와는 달리 이타주의의 진화에 유리하게 작용하지 않았던 것과 같은 이유로, 식물과 유사한 개체군 구조도 해밀턴의 기대와는 달리 이타주의의 진화에 유리하게 작용하지 않았다. 이러한 사실은 1992년 이전까지는 발견되지 않았으며, 다수준 선택 이론을 적용하고 나서야 밝혀졌다. 친족 선택 이론은 유전적 관련성을 이타주의 진화의 유일무이한 요인이라고 보기 때문에, 거의 30년 동안 이러한 사실이 드러나지 않았던 것이다. 이 사례 또한 다수준 선택 이론이 이타주의가 진화할 가능성이 높은 경우뿐만 아니라, 진화할 가능성이 낮은 경우에 대해서도 설명을 제공할 수 있음을 보여준다. 우리의 목표는 집단 선택과 이타주의가 모든 곳에 존재한다는 것을 보여 주는 것이 아니라, 어디에 존재하는지를 아는 것이다.

상호작용에 기초한 집단의 정의가 지니는 세 번째 함의는 집단을 정의할 때 형질마다 그 정의를 달리해야 한다는 것이다. 앞에서 예로 들었던 첫 번째 나비 종으로 다시 돌아가서, 식물에 어떤 화학 물질을 주입해서 벌레에 대한 식물의 방어 체계를 약화시키는 애벌레가 있다고 상상해 보자. 각 형매 집단이 서로 다른 나뭇잎 위에서 살고 있다고 하더라도, 같은 식물의 나뭇잎에서 살고 있다면 이 특정한 형질로부터 혜택을 입을 수 있게 될 것이고, 이 형질에 관한 한 같은 식물에 살고 있는 모든 애벌레들을 하나의 집단이라고 정의할 수 있다. 모든 형질에는 자연적으로 집단을 정의하는 영향반경a sphere of influence이 있다.

때로는 동일한 개체들로 구성된 하나의 집단이 여러 형질을 지니고 있을 수도 있다. 하나의 유기체를 유전자들의 집단으로 간주할 수도 있는데, 이 경우 유전자들은 다른 유기체보다 자신이 속한 유기체가 지닌 거의 모든 형질들에 훨씬 강력한 영향을 미친다. 만약 이 형질들이 개체 선택에 의해 진화한다면, 이 유기체는 — 먹이감 찾기, 짝짓기, 생리적 작용 등의 — 다양한 측면에서 매우 적응적인 단위가 될 것이다. 이것이 일반적으로 유기체에 대해 생각하는 방식이다. 마찬가지로, 벌집은 한 무리의 벌들로 구성되는데, 이 벌들은 여러 형질에 있어서 다른 벌집의 벌들보다 같은 벌집에 살고 있는 벌들에게 훨씬 더 강력한 영향을 미친다. 만약 이러한 형질들이 집단 선택에 의해 진화한다면, 벌집은 "초유기체superorganism"처럼 작동하게 될 것이다.

그러나 적응이 항상 집단 단위로 일어나는 것은 아니라는 점을 알아야 한다. 암컷의 비율이 더 높은 성비 불균형이 진화하기 위해서는 최초로 콜로니를 형성한 개체들의 자손이 번식할 때까지는 집단이 유지되어야 한다. 이러한 개체군 구조를 가지고 있지 않은 많은 종에서는 암수 비율이 동일한 성비가 진화했다. 이 형질에 대해서는 집단 선택이 중요하지 않았으나, 전혀 다른 개체군 구조를 가지고 있는 포식자 방어하기와 같은 형실에서는 집단 선택이 매우 중요하게 작용했을 수 있다. 심지어 하나의 유기체도 적응의 단위가 아닐 수 있다. 유전자 수준의 선택에 의해 전파되는 감수분열 부등과 같은 형질은 개체 수준에서는 해가 될 수 있다. 이 개체는 감수분열 부등이라는 형질에 관한 한 부적응적일 수 있지만, 다른 형질들과 관련해서는 적응적일 수 있다. 적응과 다수준 선택은 형질마다 다르게 적용되어야 한다. 적응은 때때로 개체나 집단 단위로 일어나기도 하지만, 그렇지 않을 때도 있다.

이러한 생각은 이기적 유전자 이론에서 이야기하는 매개체라는 개념을 명확히 하는 데 도움이 된다. 도킨스(Dawkins, 1976, 1982, 1989)는 개체 내에서 일어나는 선택이 매우 제한적이기 때문에, 개체가 남달리 훌륭한 선택의 매개체라고 주장한다. 소수의 예외적인 경우를 제외하면, 유전자가 자신의 적합도를 향상시킬 수 있는 방법은 전체 게놈genome의 적합도를 향상시키는 것뿐이다. 집단이 선택의 좋은 매개체가 될 수 없는 이유는, 집단 내에서 일어나는 선택이 개체 내에서 일어나는 선택만큼 제한적이지 않기 때문이라는 주장도 있었다(Sterelny, 1996). 이러한 주장은 집단 선택을 형질마다 다르게 고려하지 않는다. 또한, 애초에 어떻게 개체가 그처럼 훌륭한 선택의 매개체가 되었는지를 설명해 주지 않는다. 현재 개체 내 선택을 제약하고 있는 메커니즘은 기분 좋은 우연이 아니라 그 자체로 자연 선택에 의해 진화된 적응이다. 짐작하건대, 내부 갈등을 제한하는 게놈이 다른 게놈들보다 더 적합했기 때문에, 게놈 간 선택에 의해 진화했을 것이다. 도킨스가 정의하는 훌륭한 매개체란 개체 선택의 **요건**이 아니라 개체 선택의 **결과**다. 마찬가지로, 선택의 단위가 되기 위해서 집단이 반드시 정교하게 조직화된 "초유기체"일 필요는 없다.

개체가 자신은 진화하면서 내부에서 일어나는 선택은 억제함으로써 그렇게 훌륭한 선택의 매개체가 될 수 있다는 사실은 개체군 구조 자체도 진화할 수 있음을 시사한다. 하나의 형질이 다른 형질의 영향반경이나 집단 간 변이, 집단 내에서의 적합도 차이, 그 밖에 다수준 선택 이론의 주요 변수들을 바꿀 수 있다. 개체군 구조에 영향을 미치는 형질과 새로운 개체군 구조에서 선호되는 형질의 공진화는 자연 선택을 생물학적 위계에서 하나의 수준에 집중시키고 많은 적응이 하나의 단위로 한꺼번에 일어나도록 하는 피드백 과정을 일으킬 수 있다. 몇몇 진화생물학자들은 지구 생명의 역사를 몇 가지 주요한 이행들로 특징지을 수 있다고 주장했는데, 이는 원래는 자율적으로 작용하던 단위들이 보다 상위의 단위로 통합되는 사건을 말한다(Maynard Smith and Szathmary, 1995). 생명의 기원에서 분자들이 "초사이클 hypercycle"로 조직화되고(Eigen and Schuster, 1977, 1978a-b; Michod, 1983), 유전 물질이 질서정연하게 늘어선 염색체가 되고, 원핵세포(박테리아)가 정교한 진핵세포를 형성하고(Margulis 1970), 단세포 생물이 다세포 생물이 되었다(Buss, 1987; Kichod, 1996; 1997a-b). 사회적 곤충들은 낮은 수준의 단위가 높은 수준의 단위로 통합되는 것을 보여 주는 보다 최근의 사례다(Seeley, 1996). 이러한 이행은 결코 완결되지 않으며 아무리 단단하게 통합된 단위라고 하더라도 모든 단위에는 그 단위를 희생시켜서 독자적으로 대를 이어가는 요소들이 있다. 또한, 각각의 주요한 통합 사건마다 통합이 부분적으로만 일어나도록 만드는 수천 가지의 다른 사건들이 있고, 상위 조직들은 하위 조직들로부터 벗어나기 위해 분투하게 된다.

통합된 이론과 타당한 다원주의

일상에서와 마찬가지로, 과학에서도 어려운 문제를 여러 관점에서 바라보는 것이 도움이 된다. 포괄적 적합도 이론과 진화적 게임 이론, 이기적 유전자 이론은 진화생물학에서 이런 기능을 한다. 이 이론들은 새로운 과정을 제안하는 것도 아니며, 하나가 맞으면 나머지는 틀리는 식으로 서로 경쟁하는 것도 아니다. 동일한 대상을 바라보는 다양한 방식에 불과하다. 한 이론이 자신만의 장점으로 어떤 통찰을 제공하고 나면, 동일한 통찰을 다른 이론들에서도 설명해 낼 수 있다. 이론들 간의 관련성을 명확하게 이해하기만 한다면, 이런 식의 다원주의는 과학의 건강한 모습이 될 수 있다.

지난 30년간 많은 진화생물학자들은 이렇게 행복한 다원주의의 구성원들 중에서 한 가지 중요한 이론을 외면해 왔다. 집단 선택으로 이타주의의 진화를 설명하기 위해서는 대단히 다른 과정이 필요하며 따라서 이 이론이 틀렸음을 증명할 수 있다고 여겨졌다. 또한, 1960년대에 있었던 집단 선택을 반대하는 움직임은 진화생물학자들이 잘못된 사고방식을 단번에 버릴 수 있게 도와준 획기적 사건으로 여겨졌다. 어떤 이론의 종말이 이처럼 떠들썩하게 선언된 경우는 매우 드물다.

우리는 지금까지 집단 선택에 대한 거부 반응이 과정과 관점 사이의 혼란에서 비롯되었음을 살펴봤다. 집단 선택의 대안으로 시작된 이론들은 집단으로 구조화된 개체군에서 일어나는 진화를 다른 방식으로 바라보는 것에 불과하다. 우리만 그렇게 생각하는 것이 아니라, 이론 생물학자들이나 진화생물학의 기본 개념을 잘 알고 있는 사람들(예를 들어 Boyd and Richerson, 1980; Bourke and Franks, 1995; Breden and Wade, 1989; Dugatkin and Reeve, 1994; Frank, 1986, 1994, 1995a-b, 1996a-c, 1997; Goodnight, Schwartz, and Stevens, 1992; Goodnight and Stevens, 1997; Griffing, 1977; Hamilton, 1975; Heisler and Damuth, 1987; Kelly, 1992; Michod, 1982, 1996a-b, 1997; Peck, 1992; Pollock, 1983; Price, 1970, 1972; Queller, 1991, 1992a-b; Taylor, 1988, 1992; Uyenoyama and Feldman, 1980; Wade, 1985) 사이에서 합의된 관점으로 받아들여지고 있다. 일단 집단 선택 논쟁의 역사를 이해하고 나면, 사실상 다른 결론은 불가능하다고 생각한다. 이 장에서 개념과 역사에 동일한 비중을 두었던 것도 그 때문이다.

진화생물학의 다원주의적 구성원들에 다수준 선택 이론이 반드시 포함되어야 한다. 그렇다면, 모두가 옳고 단지 의미론적인 차이만 존재한다고 봐야 할까? 그렇지 않다. 이런 식의 결론을 내리게 된다면 다원주의는 무용해진다. 더욱 생산적인 결론에 도달하기 위해서, 처음부터 여러 이론들 간의 관련성을 제대로 이해했더라면 논쟁이 어떻게 진행되었을지 생각해 볼 필요가 있다.

다윈은 한 집단 내에서 남을 돕는 개체들이 남을 돕지 않는 개체들보다 더 적은 자손을 남길 것이라고 생각했다. 그는 또한 서로 돕는 개체들로 구성된 집단은 서로 돕지 않는 집단보다 더 많은 자손을 남길 것이라고 생각했다. 이것이 바로 이타주의의 진화를 설명하는 최초의 이론이었다. 그 이후에 제시된 이론들은 모두 동일한 과정을 다른 방식으로 바라보았을 뿐 다른 과정을 제시하지는 않았다. 따라서 모든 관점들은 — 집단 내에서는 상대적 적합도를 감소시키지만 집단의 적합도는 증가시키는 행위로 정의되는 — 이타주의가 진화하기 위해서는 집단 선택이 일어나야 한다는 점에 동의해야 할 것이다. 더 나아가, 모든 관점은 이타주의가 진화했으며 자연 상태에 존재하는 사실로서 충분히 연구되어 왔다는 점을 받아들여야 할 것이다. 이타주의는 겉으로 보기에만 이타적이지 사실은 자기-이익을 추구하는 것이라는 주장은 대개 평균의 오류에서 비롯된 것으로 이타주의의 정의를 달리 내리고 있는 것에 불과한 경우가 대부분이다. 진화적 이타주의를 여러 가지로 정의하는 것은 유용할 수도 있지만 그렇지 않을 수도 있다. 그러나 자신이 어떤 정의를 사용하고 있는지, 이것이 다른 종류의 정의들과는 어떻게 관련되어 있는지, 명확히 하는 일이 반드시 필요하다.

집단 선택 논쟁은 이타주의의 진화뿐만 아니라 집단과 그 밖의 상위 수준의 대상을 유기체적 단위로 해석하는 문제도 포함한다. 윌리엄스(Williams, 1966)가 이미 오래전에 주장했듯이, 집단과 관련된 적응은 오로지 집단 수준의 선택에 의해서만 진화할 수 있다. 해밀턴이 1963년에 프라이스 공식을 사용해서 자신의 이론을 제안했더라면, 진화생물학자들은 집단을 유기체적 단위로 해석하는 것을 부분적으로 정당화하는 집단 선택이 중요한 진화의 요인이라는 결론을 내려야만 했을 것이다. 역사의 변덕스러움이 우리가 동일한 결론에 도달하는 것을 막아서는 안 된다. 또한, 다수준 선택의 과정을 다른 방식으로 바라보는 이론적 틀이 존재한다고 해서 같은 결론에 도달하는 것을 막을 수는 없다. 자연에는 여러 단위들이 위계를 이루며 존재하고 자연 선택은 이러한 위계상에서 다차원적으로 작동한다. 다른 이론들이 이러한 사실을 다른 관점에서 검증할 수는 있겠지만, 사실 자체를 부인한다면, 틀린 이론이라고밖에 할 수 없다.

불행히도, 역사의 변덕스러움은 자연에 대한 이토록 기초적인 결론이 받아들여지지 못하도록 수많은 벽을 쌓았다. 1960년대에 있었던 집단 선택에 대한 미성숙한 반대와 그 결과는 대부분의 진화생물학자들에게 너무나 중요한 사건이어서 되돌릴 길이 없었다. 최초의 공감대가 형성되던 시점에 보다 정교화된 이론을 제시했더라면 큰 변화가 있었겠지만, 겨우 몇 년 사이에 대세를 뒤집기가 매우 어려워졌다. 신속하게 일어날 수도 있었던 과학적 변화는 빙하기가 찾아온 것처럼 지체되었다. 한꺼번에 얼어붙어 버렸다고도 할 수 있겠다.

집단 선택 논쟁은 과학이 때때로 가설을 형성하고 검증하는 "정상적인" 모드에서 멀어지는 이유를 궁금해하는 사람들에게 많은 가르침을 준다. 우리는 이 책이 보다 심화된 역사적 철학적 분석을 위한 출발점이 되기를 바란다. 그러나 여기서는 이 질문을 접을 때가 되었다. 이제 격동의 역사를 뒤로 하고 다수준 선택 이론의 함의를 찾아 나설 차례다.

주석

1 로버트 프랭크Robert Frank는 인간 행동의 진화에 관심 있는 경제학자다. 우리가 인용한 구절은 사회과학 문헌에서 발견되는 집단 선택과 친족 선택에 대한 표준적인 묘사다. 보다 최근에 프랭크(Frank, 1994)는 자신의 관점을 다수준 이론과 관련지은 바 있다.

2 D. C. 윌리엄스는 G. C. 윌리엄스의 아내다. 모형의 개발에서 그녀가 맡았던 역할이 무엇인지 물었을 때 그녀는 남편보다 정식 수학 교육을 더 많이 받았기 때문에 "수학적인 부분을 도왔다"고 말했다(DSW와의 개인적 대화에서).

3 더 일반적으로 말해서, 해밀턴은 $r>c/b$일 때 이타적 대립유전자의 숫자가 증가함을 보였다. 여기서 r은 유전적 관련성을 나타내는 계수다(형제 자매 사이의 r=0.5). 이것은 해밀턴 법칙으로 알려져 있다.

4 엄밀하게 말해서 유전적 부동에 의해 소수의 몇 집단에서 이타적 유전자가 고정되는 것은 있을 법하지 않은 사건이 아니다. 충분한 수의 집단이 있다면 사실상 필연적으로 일어나는 현상이며 이타주의가 정착하는 집단의 비율은 확률 법칙으로 예측 가능하다.

5 우리가 1장에서 강조했듯이, 충분히 오랜 세대 동안 집단이 분리되어 있으면 이타주의는 소멸한다. 또한, 우리가 제시한 사례에서 모든 집단은 기하급수적으로 성장한다. 이타적 집단이 더 빨리 성장하기 때문에 몇 세대에 걸쳐서 그 수가 매우 많아질 것이다. 만약 각 집단이 환경 수용력carrying capacity에 도달하게 되면, 집단 생산성의 차이(이타주의를 선호)가 감소하고 집단 내 선택(이기주의를 선호)은 멈추지 않을 것이다. 이 경우를 비롯한 그 밖의 다른

경우들은 Wilson (1987)에서 연구된 바 있다. 우리는 이 사례를 통해서 항상 집단 선택이 개체 선택을 이긴다는 것을 보여 주려는 것이 아니라 두 수준의 선택을 모두 고려해야 한다는 점을 주장하려는 것뿐이다. 이타주의가 집단 선택에 의해 진화할 수 있는지 알아보는 것이 목적이라고 할 때, 모든 혼합집단에서 이타주의가 소멸된다는 메이나드 스미스(Maynard Smith, 1964)의 가정은 전혀 정당화되지 않는다.

6 사실, 프라이스 공식에서 집단 내 성분과 집단 간 성분이 집단 내 선택과 집단 간 선택에 정확하게 대응되는 것은 아니다(Heisler and Damuth, 1987가 처음으로 이 점을 지적했고, Goodnight, Schwartz, Stevens, 1992가 정교화시켰다). 소버(Sober, 1984: 258-262, 314-316)가 키 큰 개체군과 키 작은 개체군의 사례를 들어 지적한 바 있듯이, 집단 내 다른 구성원에게 아무런 영향을 주지 않으면서 개체 적합도를 향상시키는 형질은 집단 선택에 의해 진화하지 않는다. 그럼에도 불구하고, 만약 이런 종류의 형질에서 차이가 있는 개체들이 집단들 속에 있다면, 가장 적합한 개체들로 구성된 집단이 가장 적합하지 않은 개체들로 구성된 집단보다 더 많은 자손을 생산할 것이다. 이러한 집단 간 차이는 집단 선택의 사례로 볼 수 없음에도 불구하고, 프라이스 공식에서 집단 성분으로 표시된다. 맥락 분석contextual analysis이라는 통계 기법(앞에서 인용한 저자들의 논문을 참고)을 사용하면 유전자 빈도의 변화를 진화적 의미에서의 집단 내 선택과 집단 간 선택 개념에 더 가깝도록 집단 내 성분과 집단 간 성분을 구분할 수 있다. 그러나 이러한 미묘한 차이로 해밀턴이 프라이스 공식으로부터 도출한 결론이 달라지지는 않는다.

7 단일 유전자가 하나 이상의 형질에 영향을 주는 것을 다면 발현성pleiotropic이라고 한다. 해밀턴은 단일 유전자가 이타주의의 발현과 이타주의자들과 비이타주의자들이 무작위적이지 않은 방식으로 집단을 이루도록 만드는 어떤 형질의 발현에 동시에 영향을 줄 수도 있다고 제안하고 있다.

8 해밀턴이 집단 선택을 쉽게 받아들였다는 사실은 그의 주요 목적이 집단 선택의 대안을 발견하는 것이 아니라 메커니즘의 종류에 관계없이 이타주의가 어떻게 진화하는지를 보여 주는 것이었음을 시사한다.

9 해밀턴이 불만을 표시한 대상에는 우리도 포함되어 있다! 집단 선택에 관한 개관 논문(Wilson and Sober, 1994)에서 그의 1975년 논문을 인용하지 못했다. 이전의 논문들(예를 들어 Wilson, 1977b, 1980)에서는 인용되어 있다.

.3.

적응과 다수준 선택

적응은 비교적 간단하게 적용할 수 있다는 점에서 강력한 개념이라고 할 수 있다. 어떤 대상이 어떤 목적을 위해 설계되었다는 것을 알면 그 대상의 특징들을 상세하게 예측할 수 있다. 주어진 기능을 수행하기 위해서는 특정한 방식으로 구조화되어야 한다. 이런 식의 사고방식은 주어진 환경에서 생존하고 번식하도록 자연 선택에 의해 설계된 존재인 유기체에 대한 우리의 이해를 혁명적으로 발전시켰다. 물론, 적응이라는 개념을 잘못 사용하기도 쉽다. 만약 어떤 대상이 특정한 목적을 위해 설계된 것이 아니라면, 혹은 다른 목적을 위해 설계되었다면, 상세한 예측은 틀릴 것이고 우리를 잘못된 결론으로 인도할 것이다. 진화생물학자들이 서로 반목할 때는 주로 적응주의의 적용이 올바르게 되었는지 아닌지에 대해 논쟁하는 때이다. 적응의 개념은 불이나 원자력처럼 조심스럽게 다루어야 한다.

윌리엄스(Williams, 1966)는 그의 저서 『적응과 자연 선택』에서 적응에 관한 연구의 기강을 세우고자 했다. 그가 지녔던 가장 가치 있는 통찰 중 하나는 생물학적 위계의 한 수준에서 적응이 일어났다고 해서 이것이 자동적으로 상위 수준에서의 적응을 가져오지는 않는다는 것이었다. 하나의 개체 내에서 다른 유전자들의 희생을 바탕으로 자신을 증식하는 유전자는 대개 질병으로 분류된다. 이런 유전자가 암처럼 번진다는 표현은 단순한 비유 이상이다. 개체 내에서의 성공을 가져오는 이 유전자의 특징은 개체에게는 해가 된다. 마찬가지로, 한 집단 내에서 다른 개체들을 희생시킴으로써 자신의 성공을 달성하는 개체는 집단에게는 해가 된다. 고군분투하는 개인들 간의 경쟁이 사회적 혼란을 가져오는 경우를 인간의 삶에서 흔히 찾아볼 수 있다. 윌리엄스는 자연 선택이 생물학적 위계의 낮은 수준에서 작용할 때 이러한 결과들이 흔히 발생한다고 강조했다. 상위의 단위 내에서 자신의 상대적 적합도를 극대화하도록 설계된 구성원들 때문에, 자연은 부적응적인 상위의 단위들로 가득 찰 수 있다. 상위의 단위에서는 그 수준에 상응하는 자연 선택이 일어나야지만 적응이라는 개념을 적용할 수 있는 것이다.

우리가 윌리엄스의 모든 주장에 동의하는 것은 아니지만, 이 점에 한해서는 전적으로 동의한다. 뿐만 아니라 이 점은 여러 번 반복해서 이야기할 필요가 있다. 서론에도 썼듯이, 집단 수준의 기능주의는 일상생활과 수많은 학문 분야에 만연한 지적 전통이다. 많은 사람들이 사회와 종, 상태계가 서로 조화를 이루도록 진화해 온 것이 자명하다고 생각한다. 이러한 가정의 취약성을 알아차리는 것은 쉽지 않고, 일단 알게 되더라도 사람들을 골치 아프게 한다.

실재하지 않는 적응을 발견하는 것도 문제지만 실재하는 적응을 알아차리지 못하는 것도 문제다. 1장과 2장에서 살펴보았듯이, 평균의 오류는, 집단 수준의 기능주의자들이 집단 수준의 적응을 자동적으로 받아들이는 것처럼, 집단 수준의 적응을 부인하는 많은 진화생물학자들이 집단 선택을 자동적으로 간과하도록 만들었다. 이 장의 목적은 적응에 관한 연구의 기강을 다시 세우는 것이다. 이렇게 할 때에만 기능주의적 사고의 힘과 단순성을 이용하면서도 그 위험을 피할 수 있기 때문이다. 우리는 생물학적 위계의 모든 수준에 걸쳐서, 적응이 존재하는 곳에서 적응을 발견해 내는 절차를 개략적으로 설명하고자 한다. 다수준 선택 이론은 다른 관점들에서는 찾아볼 수 없는 새로운 통찰을 제공하며, 우리 인류의 진화를 이해하는 이론적 틀을 제공한다.

여러 수준에서 적응을 고려하기

자연 선택이 생물학적 위계상의 여러 수준에서 작용한다면, 각 수준에서 일어나는 적응이 어떤 것인지를 알아야 한다. 그 다음으로, 각 수준에서 일어나는 자연 선택의 상대적 강도를 알아야만 무엇이 진화하는지 알 수 있다. 우리는 이 작업을 위한 단계적 절차를 소개하고자 한다. 그렇다고 단계에 정해진 순서가 있다거나 모든 형질에 모든 단계를 적용해야 하는 것은 아니다. 여기서는 선택의 두 수준(개체와 집단)만 사용하지만, 그 외에도 여러 수준의 위계에 적용 가능하다.

1단계: 집단 선택이 진화를 일으키는 유일한 힘일 때 무엇이 진화하는지 알아내기

다른 집단들과 비교할 때, 집단의 적합도를 극대화하는 형질이 진화할 것이다. 우리가 포식자의 공격을 피하는 행동에 관심이 있다고 가정한다면, 적어도 한 개체가 먹이를 먹지 않고 망을 보는 조직이 최적의 집단이라는 결론을 내릴 수 있을 것이다. 우리가 성별의 결정에 관심이 있다면, 암컷이 수컷보다 많은 성비가 집단의 적합도를 극대화한다고 할 수 있을 것이다. 우리가 기생충이 숙주에 미치는 영향에 관심이 있다면, 새로운 숙주에 도달할 수 있는 후손들의 숫자를 극대화시키는 것이 적정 수준의 독성이 될 것이라고 예측할 수 있다. 예측의 구체적인 내용은 종의 생물학적 특성에 따라서 달라질 것이다. 적응이 간단히 적용할 수 있는 개념이라고 해서 경험적 정보 없이 사용해도 된다는 의미는 아니다. 이러한 집단 수준의 기능주의 연습에서 집단 선택이 **실제로** 진화에 작용하는 유일한 힘이라고 믿을 필요는 없다. 유일한 힘이라고 **가정할 때** 어떤 결과를 기대할 수 있는지를 알고자 하는 것뿐이다. 나중에 집단 수준의 선택이 존재한다는 가설을 기각하게 되더라도, 집단 수준의 적응이 어떤 결과를 가져올지를 기술할 수는 있어야 한다.

2단계: 개체 선택이 진화를 일으키는 유일한 힘일 때 무엇이 진화하는지 알아내기

같은 집단 내의 다른 개체들과 비교할 때, 개체의 적합도를 극대화하는 형질이 진화할 것이다. 우리가 포식자의 공격을 피하는 행동에 관심이 있다고 가정한다면, 포식자 앞에서 다른 집단원 뒤로 숨는 것이 개체의 이득을 극대화할 것이다(Hamilton, 1971b). 성비에 관해서는 암수 비율이 동일한 것이 집단 내에서는 "무적의 전략"이 될 것이다. 기생충에게는 숙주의 세포 조직들을 가장 빠른 시간 안에 기생충들로 대체하는 것이 최선의 전략이 될 것이다. 이러한 전략들 중 일부는 근시안적으로 보일 수도 있지만, 이것이 바로 윌리엄스가 개체가 잘 적응한다고 해서 자동적으로 집단도 잘 적응하는 것은 아니라고 강조하면서 말하고자 했던 바이다. 집단 내에서 자연 선택의 선호를 결정하는 것은 파이 전체의 절대적 크기가 아니라 파이 조각의 상대적 크기다. 1단계에서처럼, 개체 수준의 기능주의 연습에서도 개체 선택이 **실제로** 진화를 일으키는 유일한 힘이라고 믿을 필요는 없다. 개체 선택이 유일한 힘이라고 **가정할** 때 어떤 결과를 기대할 수 있는지를 알고자 하는 것뿐이다.

1단계와 2단계는 적응이나 다수준 선택에서 특정한 입장을 취하지 않고도 기능주의의 힘과 단순성을 이용할 수 있다. 적응의 산물이 아닌 형질들에 대해서는 1단계와 2단계의 예측이 모두 정확하지 않을 것이다. 자연 선택에 의해 진화했다고 볼 수 있는 형질들의 경우, 1단계와 2단계를 통해서 개체 선택과 집단 선택의 영향력이 어디까지인지 그 가능성의 범위를 알 수 있을 것이다. 자연 상태에서 발견되는 형질들은 순수하게 집단 내 선택에 의한 진화와 순수하게 집단 간 선택에 의한 진화 사이의 어느 지점에 위치할 것이다. 다음 단계는 선택의 수준들 간의 균형점을 찾는 것이다. 하지만, 그전에 이미 진전이 이루어졌음을 알아야 한다. 1단계와 2단계는 집단 내 개체들의 상대적 적합도와 전체 개체군 내에서 집단들의 상대적 적합도를 개별적으로 고려하도록 해 주기 때문에, 평균의 오류를 피할 수 있다. 또한, 1단계와 2단계에서 내놓을 수 있는 예측은 서로 충분히 달라서 3단계까지 가지 않더라도 집단 선택과 개체 선택을 비교하는 예비 검증을 실증적으로 해 볼 수 있다. 성비의 결정 사례에서, 1단계는 암컷의 비율이 훨씬 더 높은 불균형한 성비를 예측하고 2단계는 암수 비율이 동등한 성비를 예측한다. 해밀턴이 1967년에 지적한 바 있듯이(1장 참고), 암컷의 비율이 75퍼센트인 성비는 개체 선택과 집단 선택이 둘 다 중요하게 작용했음을 보여 준다.[1] 진화생물학자들이 지난 30년간 연구해 왔던 다양한 행동들에 대해서 1단계와 2단계를 적용해 본다면, 실제 유기체들은 1단계의 예측과 2단계의 예측 사이에 있음을 알게 될 것이다.

3단계: 각 수준에서 일어나는 자연 선택의 기본 요소들을 검토하기

자연 선택에는 a) 선택의 단위들 사이의 표현형 차이, b) 유전성, c) 표현형 차이와 관련된 생존과 번식의 차이라는 세 가지 재료가 필요하다. 선택의 수준들이 어떻게 균형을 이루고 있는지 알기 위해서는 각 수준에서 이들 재료들을 검토해야 한다.

3단계 a: 집단 내 표현형 차이와 집단 간 표현형 차이의 패턴을 확인하기

생물학적 위계의 모든 수준에서 선택의 단위들 사이에 차이가 있어야 자연 선택이 일어날 수 있다. 각 집단의 모든 구성원이 동일하고 집단들은 서로 차이가 있는 개체군 구조에서는 집단 선택의 영향력이 극대화된다. 마찬가지로, 집단 내 구성원들 간에는 차이가 있지만 집단들은 서로 완전히 동일하다면 개체 수준에서만 자연 선택이 일어난다. 표현형 차이가 집단 내 성분과 집단 간 성분으로 구분되는 광범위한 개체군 구조들이 이러한 두 극단 사이에 존재한다.

진화 모형들에서는 대부분 유전자와 행동이 직접적으로 연결되어 있다고 가정한다. 유전자 결정론이 사실이어서가 아니라 모형을 단순화시킬 수 있기 때문이다. 우리는 1장에서 수학적 모형에서는 가정들을 단순화시키는 작업이 필요하지만 중요한 가정을 빠뜨리는 경우에는 잘못된 결론에 도달할 수도 있다고 언급한 바 있다. 이제 다수준 선택 모형에서 사용되는 유전자 결정론이라는 가정에 의문을 제기할 때가 왔다. 유전자와 표현형적 형질 간의 직접적 관계를 가정하는 것은 표현형의 집단 내 차이와 집단 간 차이를 구분하는 데 있어서 중요한 의미를 지닌다. 예를 들어 표현형적으로 동일한 집단을 얻는 방법은 유전적으로 동일한 집단밖에 없다. 이타주의가 친족 선택 모형에서 선호될 수 있는 이유는 표현형적 유사성이 유전적 유사성과 함께하기 때문이다. 만약 집단이 무작위적으로 형성된다면, 집단의 크기가 증가할수록 집단 간 표현형의 차이는 감소하게 될 것이다. 무작위로 형성된 크기가 100인 집단들은 무작위로 형성된 크기가 2인 집단들보다 서로 훨씬 더 유사하다. 이것은 대부분 당연하게 받아들여지지만, 이 결론은 유전자 결정론이라는 단순화 가정이 사실인 만큼만 사실이라고 할 수 있다.

유전자 결정론은 몇몇 사례에서는 유용하게 쓰일 수 있다. 그러나 집단 간 표현형의 차이에 대한 최종적인 설명이 되지는 못한다. 사실, 실험실에서 실제 유기체들로 집단들을 만들어서 유전적 차이와 표현형적 차이 간의 관계를 측정하는 방법으로 유전자 결정론의 부적절함을 알아낼 수 있다. 한 고전적인 실험에서 웨이드(Wade, 1976, 1977)는 밀가루 갑충(Flour beetle, 역주: 밀가루에 꾀는 작은 딱정벌레목 곤충)을 이용했다. 그는 실험실의 밀가루 갑충 개체군에서 16마리씩을 무작위로 골라서 밀가루와 함께 작은 병에 담아 집단들을 구성했다. 37일 후, 웨이드는 집단 수준의 표현형적 형질이라고 할 수 있는 각 집단에서 생산된 자손들의 숫자를 측정했다. 이 실험을 이해하는 표준적 방법은 다산성과 관련된 유전자가 존재하고 개체마다 다산성에 차이가 있다고 가정하는 것이다. 어떤 집단들은 우연히 다산성 유전자를 더 많이 가지게 되어서 더 많은 자손들을 생산하게 되었고 이것이 집단 간 자손 수의 차이를 가져올 수 있을 것이다. 상당히 큰 개체군으로부터 서로 유전적으로 관련되지 않은 개체들을 무작위로 선택해서 집단을 구성했기 때문에, 집단 간 표현형의 차이는 크지 않아야 한다.

실제 실험의 결과는 예상과 달랐다. 집단 간 표현형적 차이는 매우 커서, 가장 생산적인 집단의 자손 수는 365마리였던 반면에 가장 생산성이 낮았던 집단의 자손 수는 118마리에 불과했다. 일련의 후속 실험들에서 웨이드(Wade, 1979)와 맥컬리와 웨이드(MacCauley and Wade, 1980)는 집단의 생산성은 개체의 다산성을 단순히 더한 것이 아니라 발달의 속도나 동종포식cannibalism, 과밀화crowding에 대한 민감성과 같은 여러 형질들 간의 복잡한 상호작용에 의해 결정된다는 사실을 밝혔다.[2]

지금에 와서 생각하면, 이 결과는 그다지 놀랍지 않다. 생물학적 위계의 모든 수준에서, 유전자가 생산하는 단백질들은 자연 선택이 작용하는 표현형적 형질을 만들어 내기 위해 서로 상호작용하고 환경과도 상호작용한다. 유전적으로는 작은 차이(때로는 단 하나의 대립유전자에서의 차이)가 발달 과정에서 증폭되어서 표현형에서는 개체 간에 큰 차이를 가져올 수 있다는 사실은 잘 알려져 있다(Rollo, 1994). 마찬가지로, 집단 간에 존재하는 작은 유전적 차이도 사회적, 생태적 상호작용에 의해 증폭되어서 커다란 표현형의 차이를 가져올 수 있다. 이 사례들은 초기 조건에 민감하게 의존하는 현상을 보여주고 있으며, 날씨 같은 복잡한 물리적 체계를 예측하기 어려운 것도 마찬가지 이유에서다(Gleick, 1987; Wilson, 1992). 우리는 여전히 이러한 차이들이 유전되는 것인지 알아야 하지만, 자연 선택의 첫 번째 재료에 관한 한, 집단들 간의 표현형적 차이는 표준적 진화 모형들에서 보여 주는 차이보다 더 큰 것이 일반적이다.

인간 집단에서 유전형 차이와 표현형 차이의 관계는 훨씬 더 복잡하다. 특히 사회 규범에 의해 행동이 통제되는 경우, 유전적으로 관련되지 않은 사람들로 구성된 큰 집단이 하나의 통일된 방식으로 움직일 수 있다. 인간 집단들에서는 유전적 차이와는 거의 무관한 현저한 표현형적 차이가 나타날 수 있다. 이런 식의 집단 간 표현형적 차이는 인류 진화에서 집단 선택의 역할을 보장해 주지 못한다. 자연 선택의 다른 재료들 — 형질의 유전성과 이 형질과 관련된 적합도의 차이 — 또한 집단 수준에서 존재해야 하기 때문이다. 그러나 적어도 첫 번째 재료 — 표현형적 차이 — 에 관한 한, 표준적 진화 모형들에서 확인되는 요인들은 분명 이야기의 아주 일부에 불과하다. 집단 선택이 인류 진화에서 중요하지 않았다고 치더라도, 표현형적 차이의 부재가 그 이유는 아닌 것이다.

3단계 b: 표현형 차이의 유전성을 확인하기

생물학적 위계의 모든 수준에서 표현형의 차이가 진화적 변화를 가져오기 위해서는 유전될 수 있어야 한다. 다윈은 유전inheritance을 자식이 부모를 닮으려는 경향성이라고 정의했다. 그는 유전의 메커니즘을 전혀 알지 못한 상태에서 이러한 정의를 내렸다. 오늘날 우리는 자식이 부모를 닮게 만드는 유전적 메커니즘에 대해서 많이 알고 있지만, 유전성이라는 개념이 유전적 메커니즘에만 국한되는 것은 아니다. 문화적 과정에 의해서도 자식이 부모를 닮을 수 있으며 이런 종류의 유전가능한 변이도 자연 선택의 재료가 될 수 있다(Boyd and Richerson, 1985).

부모와 자식은 분명히 개체 수준에서 존재한다. 그러면, 이 개념들이 집단 수준에 적용될 때는 어떤 의미를 지니게 될까? 할데인은 오래된 집단이 분열되어 새로운 집단을 형성하는 개체군 구조를 가정했다. 여기서는 선조 집단을 쉽게 추적할 수 있다. 그러나 다른 사례들에서는 집단이 단순히 전체 개체군으로 흩어져서 뒤섞인 다음 새로운 집단을 형성한다. 메이나드 스미스(Maynard Smith, 1987a, b)는 이러한 개체군 구조에서 선조 집단을 추적하는 것이 불가능하다고 주장했으며 집단 수준에서는 유전성이 존재하지 않는다고 결론 내렸다.

이 문제를 다루기 위해서는 몇 가지 단순한 사례들을 이용해서 개체 수준에서 유전성이라는 개념을 명확히 정의해 보는 것이 도움이 될 것이다. 한 유전자 좌에 키를 결정하는 두 개의 대립 유전자가 있다고 가정해 보자. AA 유전형은 큰 키, Aa는 중간키, aa는 작은 키를 나타낸다. 이 형질이 유전 가능한지를 알기 위해서는 부모의 키와 자식의 키 사이의 관련성을 살펴봐야 한다. AA 유전형을 가진 사람이 AA 유전형을 가진 사람과 부부가 되면 자녀들은 모두 AA 유전형을 가지게 될 것이다. AA와 Aa가 짝이 되면 자녀들은 AA나 Aa 유전형을 가지게 된다. AA가 aa와 짝이 되면 모든 자녀가 Aa 유전형을 가지게 된다. 따라서 AA 유전형을 가진 사람은 누구와 결혼해서 자녀를 낳는지에 따라서 AA 또는 Aa 유전형을 낳을 수 있다. 같은 이유에서, Aa 유전형을 가진 사람은 세 가지 유전형을 모두 낳을 수 있으며, aa 유전형을 가진 사람은 Aa와 aa 유전형을 낳을 수 있다.

다음으로 우리는 부모 세대의 유전형 각각에 대해서 평균 키를 계산해야 한다. 그림 3.1.의 왼쪽 그래프의 예를 보면, 부모 세대에서 무작위로 짝을 만난다고 가정할 때 개체군 내에서 각 대립 유전자의 빈도는 동일하다. AA의 자녀들 중에는 AA와 Aa가 섞여 있기 때문에 부모보다 평균 키가 더 작다. 마찬가지로, aa의 자녀들 중에는 aa와 Aa가 섞여 있기 때문에 부모보다 평균 키가 더 크다. 그럼에도 불구하고, 부모의 키와 자녀의 키 사이에는 여전히 정적 상관이 존재한다. AA의 자녀들은 평균적으로 Aa의 자녀들보다 더 크고, Aa의 자녀들은 aa의 자녀들보다 더 크다. 이 말은 곧 이 형질이 유전성을 지닌다heritable는 의미다. 가장 키가 큰 사람들만 선택해서 자녀를 낳게 한다면 다음 세대의 평균 신장은 증가할 것이고, 가장 키가 작은 사람들만 선택해서 자녀를 낳게 한다면 다음 세대의 평균 신상은 감소할 것이다.

이제 이 사례를 그림 3.1.의 오른쪽 그래프와 같이 약간 바꿔 보자. Aa 유전형은 큰 키를, AA와 aa는 작은 키를 나타낸다고 가정해 보자. 이형 접합체가 생리학적으로 성장에 더 유리하다면 가능한 이야기일 것이다. 위에

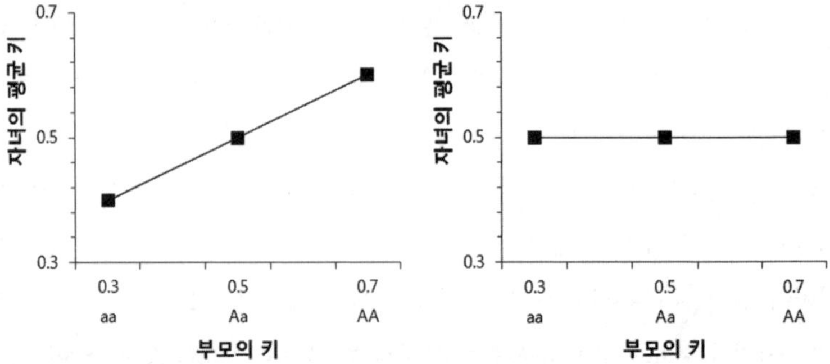

그림 3.1. 단순한 유전 모형에서 유전성의 개념. 상단의 그래프에서 AA 유전형은 큰 키, Aa 유전형은 중간 키 aa 유전형은 작은 키를 나타낸다(그래프의 숫자는 임의의 단위다). 유성생식을 통해 부모와 다른 자녀들도 태어나지만, 부모의 평균 신장과 자녀의 평균 신장 사이에는 여전히 정적인 상관관계가 존재한다. 하단의 그래프에서는 Aa가 큰 키를 나타내고, AA와 aa는 작은 키를 나타낸다. 여기서도 키는 유전적으로 결정되지만, 부모-자녀 간 상관은 존재하지 않는다. 두 그래프에서 모두 A 대립 유전자의 비율은 0.5이고, 짝짓기는 무작위로 일어난다고 가정한다.

서와 같이 AA 부모는 AA와 Aa 자녀를 낳고, Aa 부모는 세 종류의 유전형을 모두 낳을 수 있고, aa 부모는 Aa와 aa 자녀를 낳는다. 그러나 이 사례에서는 부모의 키와 자녀의 키 사이에 상관이 없게 된다. 가장 키가 큰 사람들(Aa)만을 선택해서 자녀를 낳도록 하면 다음 세대에도 부모 세대와 동일한 유전형들(AA, Aa, aa)로 구성될 것이다. 키가 가장 작은 사람들(AA, aa)만 선택해서 자녀를 낳도록 하더라도 다음 세대와 부모 세대가 동일한 유전형들로 구성될 것이다(같은 유전형을 가진 사람과 짝이 된다면 동형 접합체를, 다른 유전형을 가진 사람과 짝이 된다면 이형 접합체를 낳을 것이다). 부모의 형질과 자녀의 형질 사이에는 상관 관계가 없고, 이러한 형질은 유전되지 않으며, 유전되지 않는 형질은 자연 선택에 의해서 진화하지 않는다.

두 사례에서 모두 표현형은 완전히 유전형에 의해 결정되었음에 주목하자. 이러한 사실은 유전성이라는 개념이 유전자 결정론이라는 개념과 어떻게 다른지를 보여 준다.[3] 두 번째 사례에서 키가 유전성을 지니지 않는 이유는 복잡한 유전형-표현형 관계 때문이다. 작은 키가 하나의 유전형이 아닌 두 종류의 유전형(AA, aa)에 의해 결정되고, 이 유전형을 만드는 유전자들이 다른 방식으로 조합되면 큰 키를 만들기도 한다(Aa). 그래서 유성생식을 통해 키 작은 부모가 키 큰 자녀를 낳거나 키 큰 부모가 키 작은 자녀를 낳게 된다.

실제 유전적 상호작용은 너무 복잡하고 그 과정에 대해서도 거의 알려진 바가 없기 때문에, 유전성을 판단하는 유일한 방법은 실험밖에 없다. 예를 들어 실험실에서 초파리의 날개 길이를 측정하고 날개의 길이가 가장 긴 초파리들을 번식시키는 것이다. 만약 초파리의 자손들의 날개 길이가 이전 세대보다 평균적으로 더 길어진다면 이 형질은 유전성을 지닌다. 선택에 대한 반응을 보이는 것이 유전성의 증거다. 이런 종류의 실험에서 전형적으로 일어나는 일은 날개 길이(혹은 어떤 다른 형질)가 여러 세대에 걸쳐서 점점 증가하다가 더 이상 증가하지 않는 지점에 이르는 고원현상plateau이다. 날개의 길이가 유전적으로 결정되고 날개 길이의 차이가 여전히 존재하더라도 일단 고원현상에 이르면 부모와 자녀 간에는 더 이상 상관 관계가 존재하지 않게 된다. 아마도 날개 길이를 결정하는 유전적 상호작용이 우리가 첫 번째 사례에서 제시했던 단순한 패턴과 두 번째 사례에서 제시했던 보다 복합적인 패턴을 모두 포함하고 있기 때문일 것이다. 단순한 유전적 상호작용은 초기에 선택에 대한 반응을 가능하게 하지만 유선성을 지닌 변이는 유전자가 진화함에 따라서 고갈되고 비유전성 변이만 남게 된다(Falconer, 1981).[4]

이제 이러한 배경 지식을 바탕으로 집단 수준에서 유전성의 개념에 대해서 검토해 볼 차례다. 가능한 단순한 사례를 들기 위해서, 무성생식을 하는 개체군을 가정해 보자. 이 개체군에는 키 큰 개체(A)와 키 작은 개체(a)가 동일한 비율로 존재한다. 이들은 크기가 4(n=4)인 십난에서 청소년기를 보낸 뒤 성인기가 되면 흩어져서 다른 집단들과 완전히 뒤섞인 상태에서 자손을 낳고, 다시 무작위로 새로운 집단을 형성한다. 우리는 평균 신장이라는 집단 수준의 표현형적 형질에 관심이 있다. 우리는 여러 집단들의 평균 신장을 측정해서 그림 3.2.의 상단에 있는 것과 같은 분포를 얻을 수 있다.

소수의 집단들은 매우 작거나(aaaa), 매우 크고(AAAA), 대다수는 중간크기가 된다. 우리는 여기서 집단 수준의 형질이 유전 가능한지를 알아보고 싶다. AAAA 집단을 구성하는 개체들과 그 후손들을 모두 추적할 수 있다고 가정해 보자. 이 집단의 후손들은 무작위로 다시 집단을 이루게 될 것이므로, 이 후손들이 속해 있는 집단들은 Aaaa나 AAaa, AAAa, AAAA 집단이 될 것이고, aaaa 집단에는 이 집단의 후손들이 없을 것이다. 부모 집단이었던 AAAA 집단의 후손들이 발견되는 집단들을 모두 "자손" 집단이라고 할 수 있고, 이 집단들의 평균 신장을 계산할 수 있다. 다른 유형의 부모 집단들(AAAa, AAaa, Aaaa, aaaa)에도 같은 방법을 적용하면 집단 수준에서 부모 집단-자손 간의 상관을 구할 수 있다. 그림 3.2.의 중간에 있는 그림이 이러한 부모-자손 집단 간 평균 신장의 관계를 보여 준다. 이 그림에서 정적 상관(키가 큰 부모 집단이 키가 큰 자손 집단을 낳는다)을 관찰할 수 있으므로, "평균 신장"이라는 형질은 집단 수준에서 유전가능하다고 볼 수 있다.

물론, 실제로 이러한 측정은 매우 힘든 일이겠지만 원칙적으로 가능한 일이라는 점이 중요하다. 메이나드 스미스(Maynard Smith, 1987a, b)는 유전성을 집단 수준에서 측정하는 것이 어렵다고 말한 것이 아니라, 유전성이라는 개념 자체가 집단 수준에는 적용되지 않는다고 주장했었다. 집단 수준의 유전성을 측정하는 더 간단한 방법도 있다. 개체 수준에서 이루어진 수백 개의 인위 선택artificial selection 실험들과 마찬가지 방법으로 실험실에서 집단 선택 연구를 하는 것이다. 앞에서 들었던 예를 그대로 사용하자면, 키가 평균 이상인 집단들을 모두 골라서 부모 집단으로 삼고 자손 집단들의 평균 키를 측정한다. 여기서 우리는 개체가 아니라 집단 수준에서 선택한다는 점에 주목해야 한다. 우리가 선택한 집단들 중 다수는 A 유형 개체와 a 유형 개체를 모두 포함하고 있을 것이다. 그럼에도 불구하고, 키 큰 집단들만 선택했기 때문에, 그림 3.2.의 하단에 있는 그래프에서처럼, 자손 집단들의 평균 키의 분포를 그려 보면 키가 증가하는 방향으로 분포가 이동하게 될 것이다.

이 사례는 유전성이라는 개념을 생물학적 위계의 모든 수준에서 적용할

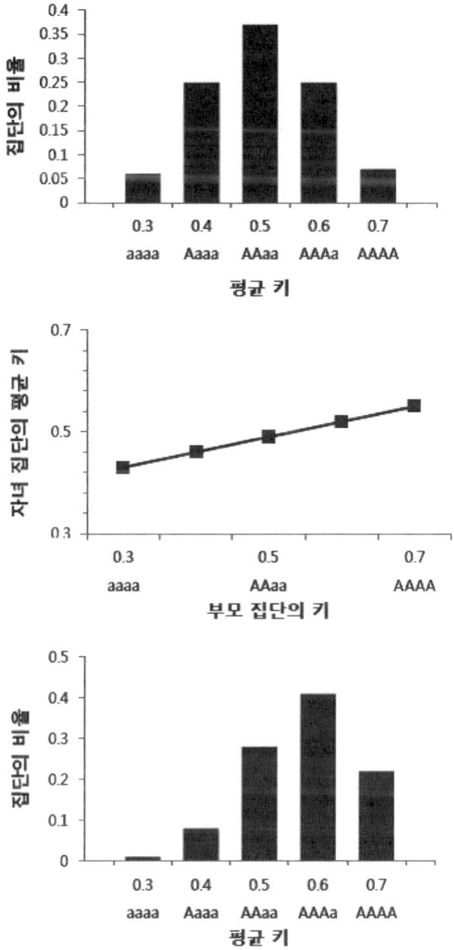

그림 3.2. 집단 수준의 유전성. 키가 크거나(A) 작은(a) 무성생식하는 개체들이 생애 주기의 일정 기간 동안 크기가 4(n=4)인 집단을 이룬다. 상단의 막대 그래프는 "평균 신장"이라는 집단 수준 형질의 표현형적 분포를 나타낸다. 중간의 그래프는 "부모" 집단과 이 집단으로부터 비롯된 모든 "자손" 집단 사이의 상관을 보여 준다. 그래프의 기울기가 양의 값을 가지는 것은 키가 집단 수준에서 유전 가능하다는 의미다. 유전성을 확인하는 또 다른 방법은 인위 선택 실험을 하는 것이다. 만약 키가 평균보다 큰 집단들을 선택해서 "부모" 집단으로 삼았을 때 다음 세대에 나타나는 "자손" 집단의 표현형적 분포가 하단의 막대 그래프에 나타나 있다. 선택에 대한 반응은 집단 수준의 형질인 "평균 신장"이 유전 가능함을 보여 준다.

수 있음을 보여 준다. 집단은 "형성되고form" "해체된다dissolve"고 표현하고 개체는 "태어나고born" "죽는다die"고 표현하는 식으로 용어는 다르게 사용할 수 있겠지만, 집단과 개체는 둘 다 생성과 소멸의 주기를 가진다. 집단이 좀 더 어렵겠지만, 두 경우 모두 조상의 계열을 추적해 볼 수 있다. 두 경우 모두 실험을 통해 유전성을 측정할 수 있다.

앞에서 설명했던 웨이드(Wade, 1976, 1977)의 고전적인 실험에서부터 시작해서, 20년 넘게 다수준 선택 실험들이 이루어져 왔다.[5] 웨이드는 집단 형성 뒤 "37일 이후 자손의 숫자"라는 형질을 측정한 뒤에, 표현형에 기초해서 전체 집단을 선택했다. 한 조건에서는, 가장 생산성이 높았던 집단들만 "부모"로 선택해서 다음 세대를 형성하도록 했다. 두 번째 조건에서는, 다음 세대에 기여하는 정도가 생산성에 비례해서 결정되도록 했다. 세 번째 조건에서는, 가장 생산성이 낮은 집단을 부모로 선택했다. 마지막으로, 네 번째 조건에서는, 생산성에 관계없이 각 집단이 똑같은 수의 후손들을 다음 세대에 남기도록 했다. 네 조건에서 모두 개체 선택이 일어나서, 집단 내에서 상대적 적합도를 극대화하는 행동이 선택되었다. 집단 선택은 조건 1과 2에서는 높은 생산성을, 조건 3에서는 낮은 생산성을 선호하는 방향으로 작용했고, 모든 집단의 적합도가 동일했던 조건 4에서는 작용하지 않았다. 세 번째 조건은 가장 생산적인 집단이 멸종하고 보다 "분별 있는" 집단이 다음 세대에 기여하게 되었던 윈-에드워즈(Wynne-Edwards, 1962)의 시나리오를 잘 보여 주는 사례다.

집단 수준에서 유전성이 존재하지 않는다면, 네 조건 모두에서 집단 내 선택이 우세해서 비슷한 결과가 나타났어야 한다. 그러나 실제로는 9세대가 지나자 집단 선택의 효과가 매우 크게 나타나서, **조건 1의 평균적인 집단이 조건 3의 평균적인 집단에 비해 8배나 생산성이 높아졌다**. 또한, 웨이드의 실험 이후에 수행되었던, 집단 간 유전적 차이가 작았던 경우(Goodnight and Stevens, 1997)를 포함한 모든 다수준 선택 실험들에서 집단 선택에 대한 반응이 관찰되었다.

집단 선택을 비판하는 사람들은 실험실 실험이 너무 인위적이어서 집단 선택이 실제 자연에서도 일어나는지를 설명하지는 못한다고 주장하기도 한다. 이러한 비판을 검토하기 위해서 우리는 집단 선택의 강도intensity와 집단 선택에 대한 반응response을 구분할 필요가 있다. 가장 생산적인(또는 가장 생산성이 떨어지는) 집단만 선택해서 다음 세대에 후손을 남길 수 있도록 하는 것은 집단 간 선택의 극단적인 형태로서 자연에서 흔히 발견될 수도 있고 그렇지 않을 수도 있다(여기에 관해서는 뒤에서 다시 이야기할 것이다). 그러나 실험실 연구들에서 관찰된 집단 선택에 대한 반응은 집단 간에 존재하는 표현형적 변이가 부분적으로 유전가능하다는 점을 증명한다. 이 점에 있어서는 실험실에서 만들어진 집단이 자연 상태의 집단과 다를 거라고 가정할 이유가 없다.

실제로, 실험실 연구들에서 집단 수준의 형질은 단순한 유전 모형에서 예측하는 것 이상의 유전성을 보이는 경우가 많다. 개체 수준에서는 비유전성 변이를 가져오는 복잡한 유전적 상호작용이 집단 수준에서는 유전 가능한 것으로 보인다(Goodnight and Stevens, 1997). 따라서 낮은 다산성이라는 형질이 집단 내에서는 개체의 적합도를 감소시키지만 집단의 적합도는 향상시킬 수도 있다. 우리가 표현형적 변이만을 고려한다면 개체 선택이 더 강하고 이 형질은 진화하지 못한다고 예측하게 될 것이다. 실험들은 이러한 형질들이 진화할 수 있는 이유는 개체 수준에서보다 집단 수준에서 더 유전성이 강하기 때문임을 보여 준다. 이것은 유전형과 표현형 간의 단순한 관계를 가정하는 이론적 모형들에서는 결코 예측하지 못했던 결과다.[6]

인간 행동의 유전성은 유전적 과정에 문화적 과정까지 더해지기 때문에 매우 복잡하다(Boyd and Richerson, 1985; Durham, 1991; Cavalli-Sforza and Feldman, 1981; Findlay, 1992). 어떤 행동이 문화적으로 전승된다는 것은 유전되지 않는다는 의미가 아니다. 인간 집단들 간에 존재하는 문화적 차이는 오랜 기간에 걸쳐 안정적으로 유지되는 경우가 많고 자손 집단으로 충실하게 전승된다. 자손이 부모를 닮는다는 점에서 이러한 형질은 유전성을 지니며, 이것은 자연 선택을 고려할 때 가장 중요한 점이다. 4장과 5장에서 문화적 집단 선택에 대해 보다 자세하게 다룰 것이다. 지금은 생물학적 위계의 각 수준마다 유전성을 개별적으로 검토해야 한다는 정도로만 이야기하려고 한다. 집단 수준의 유전성이 존재한다는 사실을 의심하게 할 만한 이론적 근거는 없으며 실험실 연구들도 집단 수준의 유전성의 존재를 매우 강하게 지지한다. 마지막으로, 포괄적 적합도 이론과 진화적 게임 이론, 이기적 유전자 이론은 자연 선택의 두 번째 기본 재료인 집단의 유전성에 대해 연구할 준비를 전혀 갖추지 않았다. 다수준 선택 이론은 집단 선택에 대한 대안으로 제시되었던 여러 관점들이 완전히 놓치고 있던 질문들을 던지고 있다.

3단계 c: 집단 내 표현형의 차이와 집단 간 표현형의 차이가 가져오는 적합도의 결과를 확인하기

유전가능한 차이가 존재한다면, 생존과 번식의 차이는 선택의 단위들이 환경에 "적합"한 특징들을 지니도록 하는 진화적 변화를 일으킬 것이다. 이것이 적응이다. 진화적 변화의 속도와 각각의 선택 수준에서 자연 선택이 작용하는 정도는 선택의 강도에 따라 결정된다. 예를 들어 웨이드(Wade, 1976, 1977)의 실험에서는 생산성에 두 종류의 집단 선택이 포함되었다. 첫 번째는 절단 선택truncation selection의 형태로, 가장 생산적인 집단만이 다음 세대에 기여하는 방식이다. 두 번째는 보다 약한 형태의 집단 선택으로 각 집단이 다음 세대에 기여하는 정도가 각 집단의 생산성에 비례해서 결정된다. 두 경우 모두에서 집단 선택이 일어났지만, 첫 번째 경우에서 집단 간 적합도의 차이가 더 크기 때문에 집단 선택이 더 강하게 작용했다.

앞에서 언급했듯이, 웨이드와 동료 연구자들의 실험은 자연에 존재할 법한 집단 선택의 방식보다 더 극단적인 형태를 적용했다는 점에서 비판받기도 했다. 이러한 비판에 대한 최선의 대응은, 실험실에서 이루어진 연구에서 선택 강도의 범위가 강한 것에서부터 약한 것까지 관찰되었다는 점에서 의의가 있다고 주장하는 것이다. 그러나 자연 상태에서 일어나는 집단 선택도 때로는 가장 극단적인 실험실 연구에서만큼 강할 수 있다는 점을 지적할 필요가 있다. 사막가위개미desert leaf-cutting ant(학명: *Acromyrmex versicolor*)는 극단적인 집단 선택의 실제 사례라고 할 수 있으며, 웨이드의 실험과 놀랍도록 유사하다(Rissing, Pollock, Higgins, Hagen, and Smith, 1989). 이 개미들은 서로 잘 동조화된 교배 집단mating swarm을 형성한 뒤, 사막의 열기를 피할 수 있는 은신처를 제공해 주는 나무 그늘 아래에 새로운 콜로니 군집cluster을 이룬다. 여기서, 복수의 암컷들로부터 시작된 새로운 콜로니를 집단이라고 할 수 있다. 대부분의 개미 종에서는 여왕개미가 낳은 1세대 일개미들은 비축된 지방을 먹고 자라지만, 가위개미들의 여왕개미는 균류 정원을 새로 만들기 위해서 나뭇잎을 채집하러 다녀야 한다. 이 과제는 콜로니의 공동 창립자들이 공평하게 분담하지 않고 나뭇잎 채집가로 특화된 한 마리의 여왕개미가 전담한다. 경험이 쌓일수록 채집을 효율적으로 할 수 있기 때문에 한 마리가 대표로 채집에 나서는 것이 콜로니의 입장에서 볼 때 합당하다. 그러나 땅 위에서 나뭇잎을 채집하는 일은 위험하기 때문에 콜로니 내의 다른 개미들과 비교할 때 이 전문 채집가의 적합도를 심각하게 감소시킨다. 요약하면, 전문화된 채집활동은 집단에는 이득이 되지만 집단 내 선택에서는 불리하게 작용한다.

공동 창립자들이 유전적으로 관련되어 있고 전문화된 채집이 친족 선택에 의해 진화했다고 가정하고 싶은 마음이 간절하겠지만 실제 연구들에 따르면 새로운 콜로니를 함께 창시하는 여왕개미들은 친족이 아니다. 사회적 위계에 의해 가장 열등한 개체가 억지로 전문 채집가가 되는 것도 아니다. 전문화된 채집은 집단 수준에서 일어나는 강력한 절단 선택에 의해 진화한 것으로 보인다. 1세대 일개미들은 성장하자마자 다른 콜로니들을 기습한다. 궁극적으로, 한 군집 내에서는 하나의 콜로니만 살아남을 수 있다. 전문화된 채집은 새로운 일개미들의 발생을 촉진하고 자신의 콜로니가 기선을 잡을 수 있게 해 준다.

이러한 사례는 웨이드의 실험실 연구와 놀랍도록 유사하다. 인큐베이터 안의 밀가루 갑충 집단 대신에, 우리에게는 나무 그늘 아래에 위치한 초기 단계의 개미 콜로니가 있다. "37일 후 자손의 숫자"라는 형질 대신에, 우리에게는 "일 개미의 발생 속도"가 있다. 웨이드가 가장 생산적인 집단을 선택했던 것처럼, 자연 선택도 같은 나무 그늘 아래에서 가장 빠르게 일개미를 생산하는 콜로니를 선택했다. 전문화된 채집은 집단 내에서는 불리한 형질이지만 집단 수준에서는 매우 유리하게 작용한다. 일반적으로 무엇이 진화하는지를 탐구할 때에는, 표현형의 차이와 유전성과 함께, 여러 수준에서 일어나는 자연 선택의 강도를 각각 고려해야 한다.

가상적 연구

지금까지 다수준 선택을 연구하는 절차에 대해서 알아보았다. 그러면 가상적인 사례를 하나 들어서 이 절차를 어떻게 적용할 수 있는지 살펴보자. 당신이 어떤 병원체를 연구하고 있다고 가정하자. 당신은 이 병원체의 생물학적 특성을 잘 알고 있어서, 새로운 숙주에 도달할 수 있는 자손의 수를 극대화하는 번식 수준이 어느 정도인지 안다(1단계). 당신은 이 수준보다 더 빠르게 증식하는 계통을 발견했고 단일 숙주 내에서는 이 계통이 "분별력 있는" 계통을 대체하게 될 것임을 안다(2단계). 당신은 이 병원체의 개체군 구조를 연구해서 대부분의 숙주들이 수많은 번식체에 감염되어 있어서 집단 내 선택이 일어날 수 있는 좋은 기회를 제공한다는 것을 알아낸다. 이 정보에 기초해서, 당신은 서로 다른 선택의 수준들이 어떻게 균형을 이루고 있는지를 알아내고(3단계), 근시안적인, 독성이 강한 계통이 분별력 있는 계통을 대체할 것임을 알게 된다. 다시 말해서, 이 개체군은 집단 선택과 개체 선택의 연속선상에서 개체 선택에 더 가까이 위치할 것이다(2단계).

이제 당신은 다음과 같은 흥미로운 특성을 지닌 세 번째 계통을 발견한다. 이 계통은 분별 있는 속도로 증식할 뿐만 아니라 같은 숙주 내에 있는 다른 계통들이 같은 속도로 증식하도록 하는 화학물질을 방출한다. 이러한 차이는 모든 세부사항을 바꾸어 놓는다. 서로 다른 계통들이 섞여 있는 혼합 집단 내에서 독성이 강한 계통은 더 이상 적합도 면에서 크게 유리하지 않게 되고(3단계 c에서 선택의 강도가 변함), 숙주를 빨리 죽여 버린다는 점에서 집단 간 선택에서는 여전히 불리하다. 더 연구해 본 결과 당신은 이 조절자 계통이 화학물질을 생산하는 데 약간의 비용이 들어서 단일 집단 내에서 다른 계통들에 비해 적합도가 약간 떨어진다는 사실을 발견한다. 그러나 이러한 불이익은 증식을 조절하는 화학물질을 생산하지 않아서 독성이 강한 계통이 마음대로 증식할 수 있게 내버려두었던 분별력 있는 계통이 가지는 불이익에 비하면 미미하다. 이러한 새로운 정보를 가지고, 당신은 선택의 수준들 간의 균형점을 찾아내고(3단계) 분별 있는 증식이 주는 집단 수준의 이득이 화학물질을 생산하는 데 드는 집단 내 비용을 크게 넘어서기 때문에 조절자 계통이 진화할 것임을 알게 된다. 다시 말해서, 이 개체군은 개체 선택과 집단 선택의 연속선상에서 집단 선택에 더 가까이 위치할 것이다(1단계).

이 사례에서 다수준 선택을 연구하는 질차의 적용은 몇 가지 통찰을 제공한다. 첫째, 조절자 계통의 발견은 세부사항들을 극단적으로 바꾸어 놓지만 수정된 예측은 여전히 1단계와 2단계에서 정립한 순수한 집단 내 선택과 순수한 집단 간 선택의 사이에 위치한다. 따라서 처음 두 단계는 가능성의 범위를 결정해 주고 복잡한 세부사항을 검토할 수 있는 잘 통제된 방법을 제공한다. 둘째, 친족 선택과 관련 있는 요인들은 대개 전체 이야기의 일부에 불과하다. 집단 간에 존재하는 극단적인 유전적 차이는 집단 선택을 촉진하지만, 집단 선택이 진화를 일으키는 중요한 힘으로 작용하는 데에 반드시 필요한 것은 아니다. 셋째, 처음에 예로 들었던 독성이 없는 계통은 조절자 계통에 비해서 더 이타적이다. 독성이 없는 계통은 자신을 크게 희생해서 집단을 이롭게 했다. 개체군 구조가 집단 선택에 더 유리한 형태였다면(예를 들어 집단 간 변이가 더 컸다면), 이 계통이 독성이 있는 계통을 대체했을 수도 있다. 그러나 조절자 계통은 동일한 집단 수준의 효과를 더 적은 집단 내 비용을 들여서 달성했고, 더 이타적인 계통을 대체했다. 집단 선택은 집단의 상대적 적합도를 증가시키는 형질을 선호하는 것이지 이타주의 그 자체를 선호하는 것은 아니다. 마지막으로, 조절자 계통은 화학물질을 생산하는 데 약간의 비용을 들여야 하므로 다소 이타적이라고 할 수 있다. 극적인 이타주의는 개체군 내에서 제거되었지만 조용한 이타주의는 살아남았다. 이 모든 주제들은 집단 선택과 인간 행동의 진화에 관해 다루는 4장과 5장에서 다시 등장할 것이다.

새로운 관점으로부터 얻는 새로운 통찰

2장에서 우리는 복잡한 과정을 다양한 관점에서 바라보는 것이 도움이 된다는 점을 강조한 바 있다. 이 점이 다원주의에 타당성을 부여한다. 어떤 관점이 새로운 통찰을 제공한다면 존재 가치가 있다. 다른 관점들이 사후에 같은 설명을 제공할 수 있다고 하더라도, 이러한 설명을 가능하게 하는 통찰을 제공했다면 존재할 만한 가치가 있는 것이다.

다수준 선택 이론은 다른 관점들에서는 명확하게 드러나지 않았던 가능성들을 볼 수 있도록 해 준다. 실제로 생물학적 위계의 여러 수준마다 각각 자연 선택의 기초적인 재료들을 검토하는 것은 진화를 바라보는 매우 새로운 관점이어서, 여기서 사용되는 기초 개념들을 다른 관점들에서 사용하는 언어로 옮기는 일은 쉽지 않다. 포괄적 적합도 이론의 관점에서 절단 선택을 어떻게 연구할 수 있을까? 집단 수준의 유전성과 개체 수준의 유전성을 게임 이론의 관점에서 어떻게 연구할 수 있을까? 여기서는 다른 관점에서는 찾아보기 어렵고 다수준 선택 이론에서 특별히 발견되는 새로운 통찰 두 가지를 살펴보고자 한다.

다종족 군락 수준에서 일어나는 자연 선택

서로의 적합도에 영향을 주며 상호작용하는 개체들의 모임으로 집단을 정의한다면, 같은 종뿐만 아니라 다른 종도 집단에 포함될 수 있다. 포괄적 적합도나 진화적 게임 이론 같은 자연 선택에 관한 다른 관점들에서는 거의 예외 없이 집단 내 상호작용을 같은 종에서만 일어나는 것으로 제한한다.[7] 반면, 다수준 선택 이론은 여러 종으로 구성된 공동체가 적응의 단위로 진화하는 경우로까지 쉽게 확장 가능하다. 가장 좋은 예는 앞에서 설명했던 웨이드의 집단 선택 실험에 기반을 둔 굿나이트(Goodnight, 1990a, b)의 실험에서 찾아볼 수 있다. 굿나이트의 실험은 두 종의 밀가루 갑충(*Tribolium castaneum*과 *T. confusum*)으로 구성된 집단으로 군락의 축소판을 만들었다는 점만 제외하고 웨이드의 실험과 유사하다. 굿나이트는 인위 선택 실험에서 두 종의 밀가루 갑충 중에서 한 종의 밀도를 군락 수준의 표현형적 특성으로 간주했다. 다시 말해서, 어떤 군락을 다음 세대를 이루는 "부모" 집단으로 사용할 것인지는, 거짓쌀도둑거저리*T. castaneum*의 숫자에 관계없이 어리쌀도둑거저리*T. confusum*의 숫자에 따라서 결정되었다. 그러나 한 군락이 부모로 선택이 되면 그 군락에 포함되어 있는 두 종 모두가 "자손" 군락을 생산할 수 있었다. 또 다른 조건에서는, 거짓쌀도둑거저리*T. castaneum*의 밀도와 이동 속도를 표현형적 특성으로 사용했다.

굿나이트가 만든 군락은 상위 수준의 선택에 반응했으나, 그 기제를 연구해 본 결과, 종 내의 사회적 기반뿐만 아니라 종 간의 생태적 기반도 존재한다는 것을 알아냈다. 군락 전체를 하나의 단위로 선택이 작용했기 때문에, 표현형적 특성(둘 중 한 종의 밀도나 이동속도)을 증가시키는 유전자라면 둘 중 어떤 종에 있던 간에 선택되었다. 사실상 이 실험은 두 종의 유전자들 간의 특정 상호작용을 선택한 셈이다. 선택된 계통에 속해 있던 어떤 종을 다른 종이 없는 상태에서 키우게 되면 선택에 대한 반응은 사라졌다. 선택된 계통에 속해 있던 어떤 종을 같은 군락에 있던 다른 종 대신에 원래의 개체군에서 데려온 다른 종들과 함께 키우더라도, 선택에 대한 반응은 사라졌다. 군락 전체를 하나의 단위로 선택하는 경우에만 단일 상호작용 체계로 기능하는 유전자들이 선택되어서 선택에 대한 반응을 생성한다. 이 유전자들이 따로 떨어진 유전자풀에 존재한다는 사실은 중요하지 않았다.

군락 수준의 선택을 보여 주는 사례는 자연에서도 찾아볼 수 있다. 많은 곤충들은 동물의 사체나 배설물, 목재더미와 같은 공간적으로 드문드문 흩어져 있으면서 일시적으로만 존재하는 자원을 이용해서 번식하도록 진화했다. 진드기나 선충류, 균류와 같은 날개가 없는 종들도 이러한 자원을 활용하도록 진화했으며, 이동할 능력이 있는 곤충을 얻어 타고 다른 자원으로 옮겨 다닌다. 한 종이 다른 종을 자신의 이동에 이용하는 것을 "편승 phoresy"이라고 한다. 송장벌레들 중에서 몇몇 종들은 네다섯 종의 진드기 약 500마리를 자신의 외골격 구석구석에 얹어서 동물의 사체로 실어 나른다(Wilson and Knollenberg, 1987). 이 히치하이커들은 이동 중일 때와 사체에서 번식을 할 때 수송자 곤충에게 잠재적으로 긍정적인 영향과 부정적인 영향을 미칠 수 있다. 히치하이커에게 있어서 곤충들이 멀리 퍼지는 것이 중요하기 때문에, 긍정적 영향을 미치는 경우에는 자신이 속한 군락이 굿나이트가 인위적으로 선택했던 밀가루 갑충 군락만큼이나 확실하게 미래의 자원에 기여할 수 있도록 할 것이다. 그러나 자신을 수송해 주는 곤충에 도움을 주는 히치하이커들이 그 군락 내에서 반드시 번영하는 것은 아니다. 자신이 속한 군락에 도움이 되는 착한 종은 집단에 기여하는 개체들이 지닌 착한 유전자와 마찬가지로 무임승차 문제에 취약하다. 따라서 히치하이커들이 수송자에게 도움을 주는 통합적인 생태계로 진화하기 위해서는 군락 수준의 선택이 필요하다. 나무를 먹고 사는 일부 딱정벌레 종들은 히치하이커들 없이는 생존이 불가능하다. 히치하이커들은 나무의 방어체계를 무력화시키고 나중에 자라서 미래의 새로운 자원으로 군락의 자손들을 수송하게 될 딱정벌레 유충들이 섭취할 수 있도록 나무를 영양가 높은 자원으로 전환시켜 준다(Batra, 1979). 딱정벌레의 몸 **바깥**에 존재하는 다종족 군락이, 딱정벌레의 몸 **안**에 존재하는 유전자처럼, 딱정벌레에게 도움이 되는 방향으로 진화한 것이다! 편승을 통해 공생하는 다른 종들은 이보다는 중립적인 영향을 주는 것 같다. 그러나 이 종들을 없애면 부정적 영향을 미치는 다른 종들이 재빨리 그 자리를 대체한다(Wilson and Knollenberg, 1987). 다시 말해서, 중립적인 영향을 주는 것처럼 보이는 편리공생commensalism은 상호작용이 없는 상태가 아니라, 숙주에게 미치는 부정적인 결과를 제거해 주는 상호작용이 진화한 것이라고 할 수 있다. 숙주를 해치지 않는 편승자들이 자신의 이동에 도움이 되지 않는 다른 곤충들에게는 경쟁자 또는 포식자 역할을 한다(Wilson, 1980: 119-126). 몇몇 편승 관계가 숙주에게 이익이 되는 대신 중립적인 관계로 진화한 이유는, 부분적으로는, 수송자들이 편승자의 활동으로 인해 더 향상될 부분이 없는 호의적인 환경에서 서식하기 때문이다(Wilson and Knollenberg, 1987). 여기서 히치하이커들이 할 수 있는 최선은 자신이 미치는 부정적인 영향을 없애는 것이다.

숙주의 몸 안에 살고 있는 공생적 유기체들로 이루어진 군락도 숙주의 몸 밖에서 편승하는 유기체들로 이루어진 군락과 같이 다수준 선택의 대상이 된다. 공생적 군락이 잠재적으로 숙주에게 도움이 된다고 하더라도, 개체군 구조가 군락 간 과정보다 군락 내 과정에 유리하다면 진화하지 않을 것이다. 어떤 숙주들은 인위 선택 실험에서 연구자가 했던 것처럼 공생자의 개체군 구조를 조작하기도 한다. 프랭크(Frank, 1996b, 1997)에 따르면, 심지어 어떤 숙주들은 공생자들을 잠복기에 상태로 후손에게 전달되는 생식세포 계열과 숙주 내에서 활동하는 체세포 계열로 나누기도 한다. 이런 방식은 군락 내 선택에 의해 진화하는 체세포 계열의 무임승차자가 숙주의 다음 세대 후손들에게 전달되지 않도록 해 준다는 장점이 있다. 생식세포-체세포 구분germ-soma distinction은 어떻게 하나의 단일한 현상이 개체 내에서 일어나는 유전적 상호작용의 수준과 다종족 군락multispecies communities 내에서 일어나는 종 간 상호작용의 수준에서 동시에 존재할 수 있는지를 보여주는 훌륭한 사례다.

다수준 선택 이론의 응용

개체 수준의 인위 선택은 다윈 이전에도 식물을 농작물로 만들거나 동물을 가축화하는 방법으로 사용되어 왔다. 간단히 말해서, 바람직한 특성을 지닌 개체들을 선택해서 다음 세대를 생산해 내는 것이다. 다수준 선택 이론은 유용한 집단과 군락을 진화시키는 데에도 동일한 방법을 사용할 수 있음을 분명히 보여 준다. 집단이나 군락 단위로 선택하는 데에는 기술적 어려움이 없다. 집단이나 군락도 자연 선택이나 인위 선택을 통해서 어떤 특성을 만들어 낼 수 있는 진화 가능한 단위라고 바라보는 것이 중요하다.

최근에 집단 선택을 이용해서 양계 산업에서 수백만 달러를 절약할 수 있는 새로운 계통의 닭을 진화시킨 사례가 있다(Muir, 1995; Craig and Muir, 1995). 닭은 수없이 많은 세대에 걸친 인위 선택으로 유전적 한계에 가까울 만큼 알 낳는 기계로 진화했다. 그러나 닭이 알을 낳는 것은 개체가 아니라 사회 집단의 구성원으로서의 행동이다. 옛날에는 닭들이 계사 안팎을 무리 지어서 돌아다녔다. 오늘날 고도로 자동화된 양계 산업에서는 여러 마리의 암탉이 닭장에 갇혀서 지낸다. 사료를 주고 달걀을 수집하는 데에는 효율적이지만 닭의 입장에서는 비인도적이다. 닭의 스트레스와 공격성이 매우 높아서, 부리를 잘라내는데도(이것부터가 고통스러운 과정이고) 불구하고 연간 사망률이 50퍼센트에 이른다.

개체 수준에서 달걀 생산을 증가시키기 위한 선택이 실제로는 개체의 생산성을 감소시킬 수 있다는 사실은 흥미롭다. 한 무리 내에서 암탉들이 낳은 알의 개수를 기록한 뒤 가장 많은 알을 낳은 닭들을 씨암탉으로 선택한다고 가정해 보자. 이 닭들은 알을 가장 잘 낳는 기계이기 때문에 가장 생산적이었을 수도 있다. 혹은, 이 닭들이 무리 안에서 가장 성질이 고약해서 다른 닭들의 생산성을 억제시켰기 때문에 가장 많은 알을 낳았을 수도 있다. 그렇다면 가장 생산적인 닭을 씨암탉으로 선택했을 때 다음 세대에는 성질 나쁜 닭만 남게 되어서 예전보다 달걀 생산량이 줄어들게 될 것이다. 형질이 반대로 유전되는 것처럼 보이는 이러한 결과는 닭 육종 프로그램(Craig et al., 1975; Bhagwat and Craig, 1977)과 다수준 선택에 관한 실험실 연구들

(Goodnight and Stevens, 1997)에서 실제로 일어난 일이다. 집단 내에서 상대적 적합도를 극대화하는 것이 집단 자체의 적합도를 감소시키는 경우가 많다고 했던 윌리엄스의 이야기가 의미하는 바를 이해하지 못한다면, 이 현상이 역설적으로 보일 것이다.

사회적 알 낳는 기계로서의 닭을 선택하기 위해서는 닭이 속해 있는 사회 전체를 선택해야 한다. 뮤어(Muir, 1995)는 밀가루 갑충 대신 닭을 이용해서 웨이드의 실험을 재현했다. (한 닭장에서 같이 살고 있는) 암탉 집단들의 달걀 생산량을 측정한 다음, 가장 생산량이 많은 집단의 암탉들을 씨암탉으로 삼아서 다음 세대의 집단을 낳도록 했다. 집단 선택에 대한 반응은 밀가루 갑충만큼이나 드라마틱했다. 여섯 세대 만에 연간 달걀 생산량이 160퍼센트나 증가했다. 그동안 개체 수준에서 이루어진 선택이 이토록 효과적이었던 적이 한 번도 없었기 때문에, 뮤어(Muir, 1995: 454)는 집단 선택으로 인한 생산성 향상을 "경이롭다"고 표현했다. 하루에 낳는 달걀 수의 증가와 낮은 사망률을 비롯해서 수많은 요인들이 달걀 생산량의 증가를 가져왔다. 실제로, 집단 수준에서 선택된 계통에서는 스트레스와 공격성으로 인한 사망률이 매우 낮아서 부리를 자르는 시술도 더 이상 필요하지 않게 되었다. 만약 이 계통이 양계 산업에서 널리 쓰이게 된다면 미국 정부에서 진화생물학 분야의 기초 연구를 위해 지출하는 예산보다 훨씬 더 많은 비용을 절약할 수 있을 것이다.

이 사례는 집단 전체 수준에서의 선택이 엄청난 실질적 혜택을 가져다 줄 수 있음을 보여 준다. 여기에 기술적 장벽은 없다. 단지 집단이 인위 선택에 의해 어떤 특성을 가지도록 진화할 수 있는 단위라고 바라보는 것이 중요할 뿐이다. 다종족 군락의 경우도 마찬가지다. 인간의 삶에서도 협조적으로 상호작용하는 전문가들이 팀을 이루어서 가장 어려운 문제를 해결할 수 있다. 토양을 오염시키는 유독물질의 분해와 같은 어려운 문제들을 해결하기 위해서 서로 협조적인 다종족 팀을 개발하는 것도 유용한 방법이다. 다수준 선택 이론에서 제안하는 절차는 다음과 같다. 유독 물질을 포함하고 있는 멸균된 흙을 여러 개의 플라스크에 넣는다. 그리고 각각의 플라스크에 박테리아와 균류, 원생동물, 무수한 다른 유기체들이 들어 있는 자연 상태의 흙을 넣는다. 플라스크마다 군락의 구성이 조금씩 다를 것이고, 각 군락이 성장해 가면서 작은 차이가 복잡한 상호작용에 의해 증폭될 것이다. 얼마 간의 시간이 지난 뒤, 유독 물질을 감소시키는 데 가장 성공적인 군락을 선택해서 새로운 세대의 "부모"로 삼는다. 이 절차는 중요한 실질적 문제를 해결하기 위해 잘 조화된 팀으로 기능하는 다종족 군락의 진화를 가져올 것이다. 간단한 방법임에도 불구하고, 우리가 아는 한, 이 방법이 실제로 적용된 적은 없다. 굿나이트(Goodnight, 1990a, b)는 생물학의 역사에서 다종족 군락을 진화 가능한 단위로 취급한 최초의 학자였다.

이론적 간결성 문제

지금까지, 주어진 형질이 자연 선택 또는 인위 선택에 의해 진화하는 수준(들)을 알아내는 개념적·경험적 절차를 설명했다. 이제 동일한 질문에 대한 답을 찾기 위한 또 다른 지침을 제공해 줄 것처럼 보이는 이론적 간결성parsimony의 문제를 고려할 차례다. 어떤 생물학자들은 구체적인 경험적 자료들을 검토하는 대신에 집단 선택설이 간결하지 않기 때문에 기각되어야 한다고 주장했다. 이러한 간결성에의 호소는 윌리엄스의 『적응과 자연 선택』의 중심 주제였고 도킨스의 『이기적 유전자』에서도 되풀이된다. 간결성 문제는 중요한 진화적 힘으로 작용하는 집단 선택을 반박했던 사람들이 기도문처럼 반복하는 설명 중 하나다. 따라서 이 문제를 현대의 다수준 선택 이론의 관점에서 재검토할 필요가 있다. 우리는 윌리엄스와 도킨스 등이 주장한 간결성 논증에 크게 세 가지가 있다고 본다. 처음 두 주장은 완전히 실패했으나 그 이유는 각기 다르고, 세 번째 주장은 진실의 일면을 지니고 있으나 사람들이 그 의미를 대단히 잘못 이해하고 있다.

첫 번째 주장은 평균의 오류의 변종에 불과하다. 도킨스(Dawkins, 1976)는 유전자가 선택의 단위라고 주장했다. 그는 조정 코치가 여덟 명의 선수들로 이루어진 팀을 짜는 상황을 가정한다. 코치는 선수 후보들을 8명으로 이루어진 여러 팀으로 나누고 이 팀을 경쟁시킨다. 그런 다음에 이 후보들을 다시 새로운 팀으로 나누어 두 번째 경쟁을 시킨다. 이렇게 경쟁을 여러 번 반복한 다음, 코치는 어떤 선수 8명을 뽑을 것인가를 결정하기 위해서 경기 결과들을 참고한다. 도킨스는 이 코치가 선수를 개인 단위로 뽑고 있는지, 팀 단위로 뽑고 있는지 묻는다. 그는 개인을 뽑고 있다는 설명이 더 간결하다고 말한다. 길쭉한 보트는 염색체를, 선수 개개인은 유전자를 나타낸다. 조정 코치가 개별 선수를 선발하는 것을 생각하는 편이 더 간결한 것처럼, 자연 선택이 개별 유전자를 선택한다고 보는 것이 더 간결하다는 것이다.

이 주장은 자연 선택의 과정과 그 결과를 혼동하고 있다. 만약 진화의 기준이 개체군 내 유전자 빈도의 변화라고 한다면, 어떤 유전자들이 다른 유전자들보다 다음 세대에 더 많이 전해지게 될 때에만 자연 선택이 진화를 일으킬 수 있다. 그러나 이것은 자연 선택의 결과에 관한 사실이다. 어떤 종류의 선택 과정이 작용했는지에 대한 의문은 여전히 남아 있다. 예를 들어 집단 선택이 이타주의를 진화시켰다면, 이타주의를 나타내는 유전자 빈도는 증가하고 이기주의를 나타내는 유전자 빈도는 감소할 것이다. 자연 선택은 언제나 유전자 측면에서, 그리고 유전자에 어떤 변화가 있었는지의 측면에서만 "표현"될 수 있기 때문에, 진화를 일으킨 과정이 집단 선택인지 아니면 다른 형태의 자연 선택인지를 아는 데에는, 위에서 설명한 사실이 아무런 도움도 되지 않는다. 사실, 조정 선수 비유는 유전자가 항상 다른 유전자들과 한 배에 타고 있으면서 집단적 노력을 강화해야만 성공할 수 있는 개체 선택의 표준적 과정을 묘사하기 위한 것이다. 이 사례에서 유전자 측면에서 생각하는 것이 더 간결하다고 말하는 것은, 일부 유전자가 한 배에 탄 다른 유전자들을 희생시켜서 자신의 성공을 도모하는 게놈 내에서 일어나는 유전자 간 갈등과 표준적 개체 선택을 구분하지 못하는 것이다. 우리는 이것을 "표현 논증representation argument"(Wimsatt, 1980; Sober, 1984, 1993b)이라고 부른다. 이 논증은 오류다. 구체적으로는, **간결성**이라는 단어를 덧붙인 평균의 오류다.

두 번째 간결성 논증에서는 집단 선택이 그 자체로 있을 법하지 않다고 주장한다. 예를 들어 라이트(Wright, 1945)의 집단 선택 모형은 일어나지 않을 것 같은 사건들의 조합을 필요로 한다. 최소한 하나의 집단에서 자연 선택을 거슬러 유전적 부동에 의해 이타주의가 나타나야 한다. 그런 다음, 이 집단은 충분히 오랫동안 지속되어서 다른 집단에서 이타주의가 겪게 될 불이익을 넘어설 수 있을 정도로 많은 수의 이탈자들을 내보내야 한다. 동시에, 이타적 집단은 다른 집단으로부터 온 이기적 개체들의 침략으로부터 보호받아야 한다. 이 모든 사건들이 함께 일어날 가능성은 무작위로 던진 다트가 다트판의 매우 좁은 영역에 맞을 확률과 같다(Sober, 1990).

라이트(Wright, 1945)의 모형은 실제로 있을 법 하지 않지만, 이 결론을 집단 선택이라는 주제 전체로 확장하기는 어렵다. 윌리엄스와 윌리엄스(Williams and Williams, 1957)의 모형에서, 집단들은 생애 주기 중 일부에 해당하는 기간 동안에만 서로 분리되어 있고, 이타적 유전자가 생겨나기 위해서 유전적 부동을 필요로 하지 않고, 이타적 집단의 구성원들이 흩어지면서 자신이 지닌 생산성을 다른 집단으로 가져 간다. 이러한 가정은 매우 타당하다. **총론**general theory으로서 집단 선택설은 오래전에 타당성 검증을 거쳤다. 개체군이 집단으로 나뉘는 것은 인간을 포함한 여러 종에서 관찰되는 생물학적 사실이다. 집단 선택이나 포괄적 적합도 이론, 게임 이론, 이기적 유전자 이론, 어떤 이름을 사용하든 간에 진화적 모형이라면 이러한 개체군 구조를 고려해야 한다. 하나의 개체군이 여러 집단으로 나뉜다면, 선택의 집단 내 요소와 집단 간 요소를 경험적으로 평가해야 하며, 집단 선택이 "간결하지 못하다"고 주장하면서 선험적으로 해결할 수 있는 문제가 아니다.

우리는 표현 논증과 다트판 논쟁 둘 다 어불성설이라고 생각하지만, 선택의 단위에 관한 논쟁과 일반적인 추론에 있어서 간결성이 어느 정도의 역할을 한다고는 생각한다. 전통적인 과학의 관습은 보다 단순한 이론을 선호한다. 일반적으로 가장 단순한 가설이 영가설null hypothesis이 되며 유죄가 밝혀지기 전까지는 무죄 추정의 원칙이 지켜진다. 만약 두 가설이 동일한 현상을 똑같이 잘 설명하면, 단순성에 근거해서 영가설이 선택된다. 그렇다고 해서, 두 가설이 모두 관련된 자료를 수집해야 하며 더 복잡한 가설이 관찰된 자료를 영가설보다 더 잘 설명한다면 복잡한 가설이 선택되어야 한다는 사실을 무시해서는 안 된다. 어떤 자료도 확인하지 않은 채 영가설을 받아들이는 것은 최절약 원리principle of parsimony의 남용이라고 할 수 있을 것이다. 간결성은 관찰된 사실을 해석하는 하나의 도구이므로 관찰 없이는 사용할 수 없다(Forster and Sober, 1994).

윌리엄스(Williams, 1966: 18)는 다수준 선택을 상정하는 모형이 단일 개체군 내에서만 작용하는 선택을 상정하는 모형보다 더 복잡하다고 말한다. 우리는 이 말에 동의한다. 만약 두 모형이 관찰된 사실을 똑같이 잘 설명한다면, 더 단순한 모형이 선택되어야 할 것이다. 그렇다고 해서 다수준 선택 가설을 자료도 보지 않고 기각할 수 있는 것은 아니며, 이론 전체를 기각할 수 있는 것은 더더욱 아니다. 다수준 선택 가설은 개별 사례에 기초해서 경험적으로 평가해야지, 그럴싸한 일반 원리에 의해 선험적으로 평가해서는 안 된다. 우리는 (순수하게 집단 내 선택에만 기초한) 단순한 가설과 (다수준 선택에 기초한) 복잡한 가설이 서로 다른 예측을 내놓는 수많은 사례들이 다수준 선택을 지지함을 보였다. 전통적인 과학적 절차의 기초가 되는 가설의 간결성에 대한 합당한 관심은 다수준 선택 이론에 대한 대해서 별다른 문제를 제기하지 않는다.

인간 행동에 관한 연구를 준비하며

다수준 선택 이론은 생명의 기원(Michod, 1983)에서부터 우리가 알고 있는 유기체들을 있게 한 주요한 변화(Maynard Smith and Szathmary, 1995), 단일 종으로 이루어진 사회나 다종족 군락에 이르기까지 매우 광범위한 주제에 적용될 수 있다. 지금까지 여러 주제들을 다루었지만, 이제 우리 인간의 진화로 초점을 옮길 때가 되었다. 4장과 5장에서는 인류가 하위 수준(개체)의 단위가 기능적으로 통합된 상위 수준(집단)으로 합쳐지는 진화적 변화를 보여 주는 최근의 사례 중 하나라는 점을 주장할 것이다. 하지만, 인류는 당면한 환경에 맞춰서 단기간에 자신의 행동을 변화시킬 수 있는 굉장한 능력을 가지고 있다. 논의를 더 진행하기 전에 우리는 조건부 행동facultative behaviors — 특정한 조건에서만 나타나는 행동 — 을 다수준 선택 이론의 측면에서 이해할 필요가 있다.

대부분의 동물들은 생득적으로든, 학습에 의해서든, 혹은 문화적 전승에 의해서든, 환경의 변화에 맞게 자신의 행동을 변화시킬 수 있다. 다수준 선택 이론을 적용하기 전에, 전통적으로 조건부 행동이 어떻게 연구되어 왔는지 먼저 살펴보도록 하자. 포식자가 곳곳에 도사리고 있는 위험한 수중 서식지와 포식자가 없는 안전한 서식지를 상상해 보자. 위험한 서식지에서만 사는 물고기 종은 잡아먹히지 않으려고 조심스러운 행동을 진화시켰을 것이다. 안전한 서식지에서만 사는 물고기 종은 보다 용감한 행동을 진화시켰을 것이다. 만약 조심스러운 종을 안전한 서식지에 옮겨 놓으면 이 물고기들은 행동을 변화시킬 필요가 없을 것이다. 이 물고기들의 진화적 역사에서 안전이라는 것은 한 번도 경험된 적이 없으므로 안전한 상황에 맞게 적응할 이유는 없다. 마찬가지로, 용감한 물고기들을 위험한 서식지에 옮겨 놓으면 위험한 상황에 적응하지 못하고 포식자의 뱃속으로 사라지고 말 것이다. 고립된 섬에서 포식자 없이 진화해 온 종들도 이와 같아서 인간 여행자에게 겁 없이 접근할 것이다.

이제 제3의 물고기 종을 상상해 보자. 이 물고기들은 위험한 서식지와 안전한 서식지가 모두 존재하는 환경에서 살고 있다. 만약 자신이 어떤 서식지에 있는지 알아차리지 못하는 경우라면, 이 물고기들은 용감한 종과 조심스러운 종의 중간에 해당하는 어떤 행동을 진화시킬 것이다. 만약 자신이 어떤 서식지에 있는지 알아차릴 수 있다면, 이 물고기들은 위험한 서식지에서는 조심스러운 물고기로 행동하고 안전한 서식지에서는 용감한 물고기로 행동하는 식으로 진화할 것이다. 간단히 말해서, 조건부 행동은 서식 환경의 변화가 심하며 유기체가 이러한 변화를 알아차릴 수 있을 때 진화하게 된다. 특정한 환경에서 진화하는 **조건부** 행동은 **단일한** 환경에서 서식하는 종에서 진화하는 **고정된** 행동과 비슷하다. 이것이 조건부 행동의 진화를 이해하는 표준적 방법이다.[8]

이제, 이 사례를 다수준 선택 이론에 맞게 바꿔 보자. 해밀턴(Hamilton, 1967)이 가정했던 것처럼, 숙주에 알을 낳는 말벌 종을 생각해 보자. 첫 번째 말벌 종의 경우, 숙주에는 언제나 한 마리의 암컷 말벌이 기생하고, 그 결과 이 개체군의 성비 구성은 암컷이 더 많게 된다. 두 번째 말벌 종은 언제나 정확하게 열 마리의 암컷들이 숙주에 기생하고 암수의 비율이 같은 성비를 선호한다. 세 번째 말벌 종은 숙주에 기생하는 암컷의 숫자가 한 마리에서 열 마리까지 달라질 수 있다. 만약 암컷 말벌이 자신이 살고 있는 숙주에 기생하는 다른 암컷들의 숫자를 알아차리지 못한다면, 성비는 첫 번째와 두 번째 말벌 종의 중간 정도로 진화하게 될 것이다. 그러나 암컷 말벌이 다른 암컷들의 숫자라는 중요한 환경적 변수를 지각할 수 있다면, 자신이 혼자서 숙주에 기생하고 있을 때는 암컷이 더 많은 쪽으로 편향된 성비를 가지는 자손들을 생산할 것이고, 다른 암컷들과 함께 기생하고 있다면 성비가 균형을 이루는 자손들을 생산할 것이다. 이러한 예측은 파리의 번데기에 기생하는 말벌의 일종인 파리금좀벌*Nasonia vitripennis*에서 확인되었다(Orzack, Parker, Gladstone, 1991). 놀랍게도, 암컷 말벌들은 자신이 처한 환경의 상태를 평가할 능력이 있었고, 자손의 성비를 그에 맞게 변화시켰다.[9]

이 사례는 선택이 일어나는 수준들 간의 균형을 검토할 때, 고정된 행동뿐만 아니라 조건부 행동에 대해서도 매 형질마다 개별적인 검토가 이루어져야 한다는 점을 보여 준다. 만약 어떤 말벌이 자신이 숙주에 기생하는 유일한 말벌이라는 사실을 지각할 수 있다면, 집단 간에 극단적인 유전적 차이가 존재하는 이 특정한 개체군 구조에 맞는 행동이 진화할 수 있다. 따라서 조건부 행동은 다수준 선택 이론의 절차 1단계 — 집단 선택이 진화적 변화를 일으키는 유일한 힘이라면 무엇이 진화할 것인지를 평가하는 단계 — 에 가깝다. 여러 말벌들이 기생하고 있는 숙주는 대부분의 유전적 차이가 집단 내에 존재하는 또 다른 형태의 개체군 구조를 나타낸다. 따라서 여기서 진화하는 조건부 행동은 우리 절차의 2단계에 가깝다. 주어진 상황에 제한적인 조건부 행동이 진화할 때마다, 그 상황에 맞는 개체군 구조에 기초해서 선택의 수준들 간의 균형을 평가해야 한다.

개체군 구조의 변화를 반영하는 조건부 행동의 가장 극적인 사례는 꿀벌에서 찾아볼 수 있다. 여왕벌이 죽은 뒤에 새로운 여왕벌이 그 자리를 대체할 수 없게 되면, 일벌이 번식할 수 있는 유일한 기회는 수정이 되지 않은 알을 낳는 것이고 이 알들은 나중에 수벌이 된다. 모든 일벌들은 서로 경쟁하게 되므로 여왕벌의 죽음은 개체군 구조의 갑작스러운 변화를 가져온다. 하나의 집단으로 놀랍도록 잘 기능하던 조직이었던 벌집은 일벌들이 서로 자원을 쟁탈하려고 싸우고 자신의 알을 낳기 위해 자매들의 알을 죽이는 이전투구의 장으로 변하게 된다(Seeley, 1985). 초유기체의 전형이라고 할 수 있는 한 벌집에 살고 있는 꿀벌들조차도, 진화의 역사에서 반복적으로 일어나는 개체군 구조의 변화에 맞게 조건부적으로 반응할 수 있는 능력을 지니고 태어나는 것이다.

다수준 선택 이론에서 조건부 행동을 연구하는 방식은 전통적 방식과 같다. 그럼에도 불구하고, 다수준 선택 이론은 인간 행동에 대한 몇 가지 친숙하지 않은 결론을 도출한다. 예를 들어 당신이 다시 만날 일이 없는 완전히 낯선 사람과 상호작용한다고 가정해 보자. 그리고 당신이 몇 년간 사귀었던 좋은 친구와 상호작용한다고 상상해 보자. 대부분의 사람들이 이 두 개의 사회적 상황에서 다르게 행동할 것임은 분명하다. 그러나 많은 사람들은 둘 중 어떤 행동이라도 이타적이라고 말하기를 꺼릴 것이다. 우선,

심리학적 에고이스트들도 친구와 낯선 사람을 다르게 대할 것이다. 둘째로, 각 행동들은 개인의 이득이라는 관점에서 잘 이해될 수 있다. 예를 들어 친구에게는 신뢰를 지키지만 완전히 낯선 사람은 신뢰하지 않고 심지어 이용하기까지 하는 행동은 영리해 보일 것이다. 당신이 친구와 교류하면서 이득을 누린다면 어떻게 이타적이라고 할 수 있겠는가?

인간 행동에 대한 이런 식의 사고방식은 오래 신은 신발처럼 편안하게 느껴진다. 그러나 이런 사고방식으로는 이타주의를 정의할 수 없고 다수준 선택 이론에 따라 이 행동과 관련된 적응의 수준들을 알아내지도 못한다. 심리학적 에고이스트가 친구와 낯선 사람을 다르게 대할 것이라는 사실은 별 의미가 없다. 우리는 말벌과 꿀벌이 조건부적으로 자신의 행동을 바꿀 때 무슨 생각을 했는지 묻지 않았다. 왜 인간만 예외가 되어야 하는가? 우리는 나중에 심리학적 기제로 초점을 옮기게 될 것이다. 그러나 지금은 심리학적 기제를 완전히 무시하고 적합도 효과에 기초한 정의에 집중해야 한다. "이익profit"을 "적합도fitness"와 동일시한다면 조건에 따라 변하는 행동이 개체에게 이익이 된다는 사실은 보다 중요해진다. 이러한 사실은 조건부 행동이 적응적이라는 것을 알려 주지만 어떤 수준에서 적응이 이루어졌는지를 알려 주지는 않는다. 적응과 이기심은 다르다! 적응의 단위를 확인하기 위해서는 이 장의 처음에 설명했던 절차들 중에서 처음 두 단계를 따라야 한다. 개인의 행동이 집단 내의 모든 사회적 구성원의 적합도를 증가시키는가(1단계), 아니면 집단 내에서 개인의 적합도를 다른 구성원들에 비해 상대적으로 더 높여 주는가(2단계)? 만약 낯선 사람을 대하는 행동이 2단계에서 예측하는 바와 유사하다면, 우리는 사람들이 낯선 사람과 상호작용할 때 이기적으로 행동한다는 결론을 내릴 수 있다. 만약 친구를 대하는 행동이 1단계에서 예측하는 바와 유사하다면, 우리는 사람들이 친구들과 상호작용할 때 집단에 도움이 되는 방향으로 행동한다는 결론을 내릴 수 있다. 한 사람이 다른 집단원들과 함께 이익을 누린다는 사실은 우리의 범주를 바꿔 놓지 않는다. (자신을 포함한) 게놈 전체에 이익이 되는 유전자는 개체 수준에서 진화한다. 같은 이유에서, (자신을 포함한) 집단 전체에 도움이 되는 개인은 집단 수준에서 진화한다. 만약 이 사람이 자신보다 친구들에게 더 도움이 된다면, 이 사람은 이타적이다. 이 사람이 두 종류의 행동 사이를 쉽게 오갈 수 있다는 사실은 중요하지 않다. 각각의 조건부 행동은 그 행동 자체의 측면에서 분석되어야 하며, 그 행동과 관련 있는 개체군 구조 내에서 이해되어야 한다. 이것이 바로 우리가 물고기와 말벌과 꿀벌의 행동을 검토할 때 따랐던 절차이며, 인간이라고 해서 예외는 아니다.

다수준 선택 이론이라는 창을 통해서 우리 자신을 바라볼 때, 우리는 인간 행동 전체를 한꺼번에 순수한 집단 선택과 순수한 개체 선택의 연속선상의 한 지점에 위치시킬 수 없음을 알게 된다. 지구상에 존재하는 조건부 행동을 하는 종들이 대부분 그렇듯이, 우리도 연속선상의 전 범위에 걸쳐 있다. 꿀벌처럼, 인간도 자연스럽게 마주치게 되거나 스스로 만들어 낸 개체군 구조의 특성에 따라서 역기능적 집단 내에서 최고의 위치에 오르기 위해 이를 악물고 나아가는 동시에 초유기체의 일부로서 행동하도록 태어날 때부터 준비되어 있는 것인지도 모른다.

적응: 취급에 주의할 것

적응은 강력한 개념이지만 조심해서 다루어야 할 개념이기도 하다. 윌리엄스(Williams, 1966)는 그의 저서 『적응과 자연 선택』에서 이 주제를 다루는 지침을 마련하고자 했다. 그는 엉성한 사고를 보여 주는 여러 사례들을 소개했고 그의 분석 중 몇 가지 측면은 여전히 타당하다. 그러나 나머지 부분은 재고되어야 하며 "사실상 집단 수준의 적응은 존재하지 않는다"는 그의 비관적 결론은 오래가지 못했다. 불행히도, 적응에 대한 연구는 다시 기강을 잃었으며 많은 진화생물학자들은 상위 수준의 적응이 존재할 때 그것을 알아볼 수 있는 능력을 잃어버렸다. 따라서 이 장은 윌리엄스의 저서와 같은 목적 — 적응주의적 생각이 가지고 있는 여러 단점들을 피하면서 통찰의 원천으로 활용하는 지침을 제공하고자 하는 목적 — 에서 쓰여졌다.

우리가 제시했던 절차는 윌리엄스의 분석에서 핵심이 되었던 부분을 그대로 지키고 있다. 우리는 집단 수준의 적응을 설명하기 위해서는 집단 선택이 필요하다는 윌리엄스의 의견에 동의한다. 윌리엄스는 일관되게 개체 선택을 집단 내의 상대적 적합도 측면에서 정의했으며 평균의 오류는 거의 범하지 않았다. 그는 성비와 병원체 독성에 대한 분석에서 우리가 제시했던 절차에서처럼, 집단 선택만 일어났을 때 진화할 수 있는 형질(1단계)과 개체 선택만 일어났을 때 진화할 수 있는 형질(2단계)을 극단적 가능성으로 상정하는 방법을 사용했다. 하지만, 윌리엄스의 분석의 다른 측면들은 받아들이기 어렵다. 복제자로서의 유전자 개념은 집단이 적응의 단위가 될 수 있다는 주장을 반박하지 못하며, 집단 선택을 반박하기 위한 간결성이라는 기준은 적절하지 않다는 것이 밝혀졌다.

우리가 제시한 절차가 몇 가지 세부적인 면에서는 복잡해 보일 수도 있다. 그러나 결국에는 이것이 복잡한 과정을 연구하는 가장 단순한 방법일지도 모른다. 1단계와 2단계에서는 모든 것이 적응적이라고 믿지 않고도 기능주의적 사고의 효과와 단순성을 활용할 수 있다. 1단계와 2단계는 가능성의 범위를 제한하고, 순수한 집단 내 선택과 순수한 집단 간 선택에 의해 각각 무엇이 진화할지를 상상해 보게 함으로써 평균의 오류를 범하지 않도록 해 준다. 선택 수준들 간의 균형점을 찾는 과제는 복잡할 수 있다(3단계). 그러나 모든 구체적 사항들은 자연 선택의 기본 재료 — 표현형 차이, 유전성, 적합도 — 라는 측면에서 이해될 수 있다. 만약 1단계와 2단계에서 만들어지는 예측이 서로 충분히 다르다면, 3단계에 대한 구체적 지식이 없더라도 경험적 검증이 가능하다. 우리가 제안한 절차가 자연 선택을 연구하는 유일한 방법은 아니다. 그러나 이 절차는 생물학적 위계의 모든 수준에서, 적응이 존재할 때 그것을 알아볼 수 있도록 해 준다.

주석

1 다른 요인들이 성비에 대한 해석을 복잡하게 만들 수 있다. 예를 들어 집단 선택은 암컷의 비율이 극대화되는 성비를 촉진하는데, 여기에는 모든 암컷들이 수태하기 위해 필요한 수컷의 숫자라는 제약이 있다. 자손의 75퍼센트가 암컷이고 이들을 수태시키기 위해서 25퍼센트의 수컷들이 필요하다면, 75퍼센트가 암컷인 성비는 순수한 집단 선택을 반영한다. 상세한 생물학적 정보를 대신할 수 있는 다른 정보가 없기 때문에 1단계와 2단계에서는 집단 선택과 개체 선택을 예비적으로만 비교 검증할 수 있다.

2 더 단순한 모형에서, 선택되는 형질이 유전적으로 결정된다고 가정하는 것과 마찬가지로, 상호작용하는 형질들 각각은 유전적으로 결정될 수도 있다. 선택되는 형질이 다른 형질들과의 복잡한 상호작용에 의해 생겨나고, 상호작용 하는 형질들 각각은 유전적으로 결정된다는 점을 인식하는 것은 순진한 유전적 결정론에 근거한 모형을 벗어나는 것이다.

3 형질이 유전적으로 결정되는 것을 자식이 부모를 닮는 것을 가리키는 "협의의 유전성"에 대비되는 개념으로서 "광의의 유전성"이라고 부르는 경우도 있다(Falconer, 1981). 선택에 반응하기 위해서는 협의의 유전성이 필요하다.

4 선택 실험에서 나타나는 고원 현상은 유전 가능한 변이의 고갈뿐만 아니라 연관 비평형 linkage disequilibrium에 의해서도 일어날 수 있다. 이 개념에 관해서는 Falconer (1981)를 참고하기 바란다.

5 농업 유전학에서 이용되는 가계선택family selection은 18세기 육우 육종으로 거슬러 올라가는 일종의 인위 선택이다. 다윈(Darwin, 1859)은 가계 선택을 잘 알고 있었으며, 이것을 이용해서 꿀벌의 이타주의 진화를 설명했다. 웨이드는 실험실에서 현대 집단 선택 이론을 검증한 최초의 인물이다.

6 표현형의 차이가 개체 수준에서는 비유전성을 지니면서 집단 수준에서는 유전성을 지닐 수 있는 이유는 너무 전문적인 부분이어서 이 책에서 다루기는 어렵다. 최근의 개관을 보려면 Goodnight and Stevens (1997)를 참고하기 바란다.

7 트라이버스(Trivers, 1971)는 호혜적 이타주의에 관한 논의에 다른 종들 간의 상호작용을 포함시켰다.

8 "열두 가지 재주에 저녁거리가 없다a jack of all trades is a master of none"는 전문화 원리를 고려하게 되면 조건부 행동의 진화는 더 복잡해진다. 이 경우, 변화하는 환경에서도 고정 행동이 더 유리할 수 있다. 적절한 상황에서 어떤 행동을 잘 수행함으로써 얻을 수 있는 이득이 잘못된 상황에서 행동을 잘못해서 얻는 불이익보다 크기 때문이다(개관을 위해서는 Wilson and Yoshimura, 1994를 참고하라).

9 말벌*Nasonia*에서 관찰되는 성비를 변화시키는 능력은 인상적이지만, 조건부 반응의 정교함을 과장해서는 안 된다. 오늘날까지 이루어진 연구 중에서 가장 포괄적인 연구인 Orzack, Parker, and Gladstone (1991)는 몇 가지 계통의 말벌*Nasonia*의 조건부 성비 조절을 연구했다. 연구자들은 모든 계통이 다른 암컷들의 존재 여부를 알아차리고 이론이 예측하는 방향으로 성비를 조절한다는 사실을 발견했다. 그러나 각 계통들은 자손의 성비를 조절하는 정도에서 차이가 났다. 이 결과는 모든 계통이 최적의 성비 조절 전략에 수렴하는 것이 아님을 보여 준다. 한편, 이 결과는 조건부 성비 조절이 자연 선택에 반응할 수 있는 유전 가능한 형질임을 증명해 주기도 한다.

.4.

집단 선택과 인간 행동

지금까지 자연 선택이 여러 수준에서 일어나는 과정이며 때로는 집단이 적응의 단위가 되기도 한다는 점을 살펴봤다. 이 장에서는 집단 선택이 특히 인간의 진화에서 중요한 힘으로 작용했을 수 있다는 이야기를 하고자 한다. 인간 사회 집단은 벌집이나 산호초 군락만큼 기능적으로 통합될 수 있는 잠재력이 있을지도 모른다.

여러 지적 전통에서 인간 사회의 본질이 어떻게 이해되어 왔을까? 서양 철학과 종교에서는 사회를 대우주macrocosm에, 개인을 소우주microcosm에 비유해서 이해해 왔다. 플라톤은『국가』에서 조화롭게 상호작용하는 사회 계층들을 건강한 사람의 내장기관에 비유했다. 조셉 버틀러(Joseph Butler, 1726)는 "우리가 우리 자신의 삶과 건강과 부를 소중히 하는 것만큼이나 사회를 위해서, 사회의 행복을 증진시키기 위해서 태어났음은 분명하다"고 주장했다. 종교에서는 주로 초유기체를 상징으로 사용하는데, 예를 들어 후터파Hutterites 어록 중에는 다음과 같은 이야기가 있다(Ehrenpreis, 1650: 11). "진정한 사랑이란 모든 구성원이 상호의존적이며 서로에게 봉사하는 조직 전체의 성장을 말한다. 이것은 내면의 영적 작용이 겉으로 드러난 것이며, 그리스도가 다스리는, 신체를 구성하는 조직과도 같다. 우리는 꿀을 따기 위해 열성을 다해 일하는 벌들에게서도 같은 것을 찾아볼 수 있다…" 일상에서도 사람들이 자신의 행동을 설명하기 위해서 자신의 이익뿐만 아니라 사회적 이익에 대해서도 이야기하는 것을 흔히 볼 수 있다. 도덕적 행동과 사회 정책은 주로 공익이라는 이름으로 정의되고 정당화된다.

이러한 집단 중심의 관점은 20세기 초반의 인문 과학에도 잘 나타나 있다. 심리학자 D. M. 웨그너(Wegner, 1986: 185)에 따르면, "사회평론가들은 한때 개인 행동의 분석에 사용되었던 방법을 집단 행동의 분석에 적용하는 것이 매우 유용하다고 생각했다. 집단도 개인처럼 지각이 있으며, 행위를 이끄는 정신 활동이 있다고 가정했다. 루소(Rousseau, 1767)와 헤겔(Hegel, 1807)이 이러한 형태의 분석을 처음 설계했고, 19세기와 20세기에는 이 방식이 널리 퍼져서, 현대 사회심리학에 기여한 것으로 알려져 있는 초기 사회 이론가 대부분이 비슷한 관점을 견지했다."

분야마다 그 정도가 다르기는 하지만 최근에 와서는 집단 수준의 관점이 고난을 겪었다. 사회 집단은 그 자체가 적응의 단위가 아니라 개인의 사익 추구의 부산물로 여겨진다. 심리학자 D. T. 캠벨(Campbell, 1994: 23)에 따르면, "방법론적 개체주의가, 경제학의 인접분야인 사회학의 대부분과 심리학의 조직이론 전체를 지배하고 있다. 인간 사회 집단이 모두 개인 행동으로 설명될 수 있고 — 집단과 사회 조직은 존재론적인 실체가 없고 — 조직 등을 언급하면서 집단 과정을 사용한다고 하더라도 이는 개인 행동을 편리하게 요약하는 것에 불과하다는 생각은 독단이다."

우리가 서론에서 인용했던 알렉산더(Alexander, 1987)의 말처럼, 개체주의적 관점은 인간 행동에 관심을 가지고 있는 진화생물학자들 사이에서도 가장 극단적으로 드러난다고 할 수 있을 것이다. 그들은 초유기체로서의 인간 집단이라는 개념을 단순한 이유로 거부한다. 인간 개체군의 유전적 구조는 다른 초사회적 종들의 유전적 구조와 매우 다르기 때문이라는 것이다. 산호초 콜로니처럼 단일 개체의 클론들로 집단이 형성되는 경우, 집단의 구성원은 (돌연변이를 제외하면) 유전적으로 동일하기 때문에 하나의 단일한 유기체처럼 행동하는 것이 당연하다. 그리고 이배체 암컷(예를 들어 여왕개미나 여왕벌) 한 마리가 반수체 수컷 한 마리와 교미해서 만들어진 사회적 곤충 콜로니의 경우, 집단 구성원들이 서로 동일하지는 않지만 유전적으로 매우 밀접하다. 따라서 우리는 이 곤충들이 거의 단일 유기체처럼 행동할 것이라고 기대할 수 있다. 최근에는 사회적 곤충 콜로니 중에서 여러 여왕들로부터 시작된 콜로니나, 여러 수컷과 교미한 여왕들로부터 시작된 콜로니도 있다는 사실이 밝혀졌다. 아래에서 다시 이야기하겠지만, 이런 종에서는 이타주의와 집단 수준의 기능적 조직의 정도가 더 약할 것이다.

초사회적 종과는 달리, 인간 사회 집단은 대부분 친족이 아닌 구성원과 유전적으로 가까운 구성원들이 다양하게 뒤섞여 있다. 현대의 수렵-채집인 사회를 기준으로 생각해 본다면, 집단 구성원들 간의 계통적 관련성은 인류 진화의 역사에서 대부분의 기간 동안 0보다 컸겠지만 사회적 곤충이나 무성생식을 하는 유기체들만큼 극단적으로 가까운 관계였던 적은 없었을 것이다. 결론적으로 인간 사회 집단이 단일 유기체처럼 작동할 수는 없을 것으로 보인다.

이 추론의 문제점은 계통적 관련성이 집단 수준의 기능적 조직의 진화에서 유일하게 중요한 변수인 것처럼 다루고 있다는 데 있다. 친족 선택 이론을 문자 그대로 해석해서, 이타주의의 정도가 이타 행동의 제공자와 수혜자 간의 유전적 관련성의 정도에 따라서만 결정된다고 보는 것이다. 그러나 지금까지 살펴보았듯이 친족 선택 이론은 더 일반적인 이론의 특수한 사례에 불과하다 — 처음으로 이 점을 이해했던 사람은 해밀턴(Hamilton, 1975, 1987)이다. 해밀턴의 말을 빌리자면, "이타주의자들이 이타주의자들과 집단을 이룬 것이 그들이 친족이기 때문이든, 친족이라고 인식했기 때문이든, 유전자의 어떤 다면 발현적 결과가 서식지 선호에 영향을 미쳤기 때문이든, 그 이유는 중요하지 않다." 따라서 우리는 인간의 사회적 행동을 친족 선택이라는 특수한 사례가 아니라 다수준 선택이라는 일반 이론의 관점에서 검토해야 한다. 그러면 인간과 벌, 산호초 모두가 각기 다른 이유에서 집단 선택의 영향을 크게 받았다는 사실을 발견하게 될 것이다.

이 장에서는 집단 선택이 강한 진화적 힘으로 작용하기 위해서 계통적 관련성이 반드시 필요하지 않은 이유를 설명하는 일련의 모형들을 소개할 것이다. 이들 모형은 다양한 종에 적용될 수 있지만, 특히 인간 행동을 설명하는 데 적절하다. 계통적 관련성을 대체할 수 있는 메커니즘은 대체로 높은 수준의 인지적 능력을 요구하며, 어떤 경우에는 문화를 전파하는 능력을 필요로 하기 때문이다. 따라서 우리가 소개할 모형들은 인간이 집단 선택된 이유뿐만 아니라, 인간에게만 고유한 형태의 집단 선택을 경험하게 된 이유도 설명해 줄 것이다.

동류적 상호작용Assortative Interactions

집단 선택이 일어나기 위해서는 집단 간 차이가 존재해야 하지만 — 차이가 클수록 더 좋지만 — 그 차이가 반드시 계통적 관련성에서 비롯된 것일 필요는 없다. 크기가 매우 큰 개체군이 이타적 성향의 정도가 각기 다른, 친족이 아닌 개인들로 구성되어 있다고 가정해 보자. 개개인의 이타적 성향은 관찰 가능하며, 한 사람이 어떤 집단에 속하기 위해서는 그 집단의 모든 구성원이 동의해야 한다고 가정하자. 각 개인은 자신이 보기에 가장 이타적인 사람과 한 집단이 되려고 할 것이다. 따라서 집단의 크기가 n이라고 할 때, 가장 이타적인 사람들 n명이 첫 번째 집단을 이루고, 그 다음으로 이타적인 사람들 n명이 두 번째 집단을 이루고, 이런 과정이 반복되면서 마지막에는 가장 덜 이타적인 사람들 n명이 선택의 여지 없이 집단을 이루게 될 것이다(아니면 가장 덜 이타적인 사람들은 집단을 이루지 않고 혼자 있기를 택할 수도 있다. Kitcher, 1993). 전체 개체군이 아주 큰 경우, 각 집단의 구성원들은 사실상 서로 동일할 것이고 이타주의에서의 차이는 집단 간 수준에만 집중될 것이다. 이렇게 형성된 집단들은 무성생식을 통해 형성된 집단과 거의 비슷한 정도로 이타주의 진화에 유리하게 될 것이다.

물론, 이러한 시나리오는 몇 가지 점에서 비현실적이다. 개인의 이타적 성향은 쉽게 관찰하기 어려울 수 있으며(Dawkins, 1976), 매우 큰 개체군 내에서는 모든 사람이 서로를 알아볼 것이라고 기대하기 어렵고, 집단에 속하기 위해 모든 구성원의 동의를 얻는 과정이 필요하지 않을 수도 있다. 그러나 이러한 극단적 가정들을 일부 완화한다고 하더라도, 이타적 성향에 대한 부분적인 정보와 멤버십에 대한 부분적인 통제만으로도 무작위적이지 않은 집단들을 만들어 낼 수 있다. 그렇다면, 잠재적으로 친족 선택만큼이나 중요한 이타주의 진화의 메커니즘이 존재하는 것이다.

함께 집단을 구성할 동료를 선택하는 것이 이타주의의 진화에 유리하게 작용한다는 아이디어는 매우 직관적이지만, 진화생물학자들의 관심을 거의 끌지 못했다. 그 이유 중 하나는 동류적 상호작용을 설명하기 위한 초기의 노력이 **발생의 문제**the problem of origination라는 어려움에 부딪혔기 때문이다(Wilson and Dugatkin, 1997). 수학적 모형에서는 행동이 돌연변이에 의해 발생하는 불연속적인 형질이기 때문에 초기에는 개체군 내에서 매우 낮은 빈도로 존재한다고 가정하는 것이 편리하다. 만약 동료를 차별적으로 선택하는 이타주의자들을 이런 방식으로 모형에 포함시킨다면, 이들은 함께 집단을 이룰 동료들을 거의 찾지 못할 것이므로 매우 낮은 빈도에 머물게 될 것이다. 차별적인 이타주의자들이 일정 수준의 빈도를 넘어서야만 쉽게 진화할 수 있다. 그러나 이타주의자들이 자연 선택에 의해 선호되려면 초기에 (예를 들어) 20퍼센트 이상 존재해야 한다고 전제하는 모형이 있다면, 이 모형은 어떻게 이타주의가 진화할 수 있는지에 대한 근본적인 문제를 설명하지 못한다.

친족 집단 모형에서는 초기의 돌연변이 이타주의자(Aa)가 비이타주의자(aa)와 만나는 즉시 50퍼센트가 이타주의자로 구성된 자손 집단을 생산할 수 있기 때문에 발생의 문제를 걱정할 필요가 없다. 아마 이런 이유에서 동류적 상호작용 모형의 영향력이 미미했던 반면에 친족 선택 모형은 막대한 영향을 미쳤을 것이다. 그러나 발생의 문제는 보기보다 심각한 것이 아닐 수도 있다. 행동이 돌연변이 빈도만큼 생성되는 불연속적인 형질이라는 가정은 편리하지만, 실제 행동은 자연 상태에서 연속적인 경우가 많고 평균과 분산을 가진다. 예를 들어 피라미 떼가 거대하고 불길한 물고기가 근처에 숨어 있다는 사실을 알아차렸다고 가정해 보자. 이 물고기는 포식자일까? 만약 그렇다면 이 물고기는 굶주렸을까? 답을 알 수 있는 유일한 방법은 적어도 피라미 한 마리가 이 물고기 근처에 가서 자극해 보는 것이다. 조사관 역할을 맡은 피라미가 거대한 물고기가 위험하지 않다는 사실을 알게 된다면 나머지 피라미들은 계속해서 먹이를 찾아 다닐 수 있을 것이다. 물론, 조사관 피라미는 모두가 공유할 수 있는 정보를 얻기 위해서 자신의 목숨을 걸어야 하므로 집단 내에서 상대적 적합도가 가장 낮으며 이타주의자로서의 자격을 갖추고 있다. 조사 행동을 모형화하는 한 가지 방법은 조사관이 아닌 피라미들 속에서 발생한 한 마리의 돌연변이 조사관을 가정하는 것이다. 또 다른 방법은 개체마다 잠재적 포식자에게 가까이 다가가는 정도에 연속적인 차이가 있다고 가정하는 것이다. 자연 선택은 조사 행동의 경향성이 강하거나 약한 것을 선호할 수 있으며, 결과가 무엇이든 간에, 차이는 언제나 평균을 중심으로 존재할 것이다. 포식자 조사 행동을 포함해서, 행동의 대부분은 불연속적인 것이 아니라 연속적이다.

행동이나 다른 형질들은 다수의 유전자에 의해 영향을 받을 때 연속적인 경향이 있다. 연속적인 형질의 진화를 연구하기 위한 모형들이 존재하지만, 이 모형들은 불연속적인 형질에 관한 모형보다 더 복잡하고 이타주의의 진화를 연구하는 데에는 거의 사용된 적이 없다(Boyd and Richerson, 1980). 이타주의를 연속적인 형질로 이해할 때, 발생의 문제는 거의 없어진다(Wilson and Dugatkin, 1997). 돌연변이 이타주의자가 자신과 상호작용할 다른 이타주의자를 찾는 일은 힘들겠지만, 평균보다 더 이타적인 개체가 평균보다 더 이타적인 다른 개체를 찾는 것은 쉬운 일이다. 이타주의의 정도가 평균적으로 매우 낮은 경우에도 마찬가지다. 물론, 우리는 여전히 앞에서 이야기했던 초기 시나리오의 극단적 가정들을 완화할 필요가 있지만, 자연 상태에서 행동이 연속적이라면, 첫 걸림돌이 되었던 발생의 문제만큼은 제거할 수 있게 된다.

윌슨과 듀거킨(Wilson and Dugatkin, 1997)이 제안한 모형은 이타주의 진화의 메커니즘으로서의 동류적 상호작용을 친족 선택과 직접 비교할 수 있도록 해 주었다. 큰 개체군 내의 개체들은 잠재적 포식자에 대한 반응과 같은 하나의 연속적 특성에서 차이를 보인다. 집단 내 선택은 이러한 특성이 지니는 값들 중 하나(예를 들어 잠재적 포식자로부터 최소한 1미터 이상 떨어져 있는 것)를 선호하는 반면, 집단 간 선택은 또 다른 값(예를 들어 10센티미터 이내로 접근하는 것)을 선호한다. 만약 집단 내 선택이 이 개체군에 작용하는 유일한 진화적 힘이라면 이 특성은 집단 내 최적점을 중심으로 분포하게 될 것이다. 다시 말해서, 이 개체군의 평균적인 개체는 집단 내 선택의 관점에서 가장 적합할 것이고, 어떤 개체들은 집단에게 도움이 되는 방향으로 치우쳐 있을 것이며, 어떤 개체들은 집단에게 해로운 방향으로 치우쳐 있을 것이다. 적응적인 평균값을 중심으로 부적응적인 변산이 존재하는 현상은 행동이 여러 유전자의 영향을 받을 때 종종 일어난다. 매 세대마다 분포상에서 부적응적인 변산은 양 방향에서 모두 제거되지만 돌연변이와 재조합에 의해 복원된다.[1]

윌슨과 듀거킨(Wilson and Dugatkin, 1997)은 개체군이 집단 내 최적값을 중심으로 분포하는 최악의 시나리오에서부터 출발해서 크기가 n인 집단들이 다양한 방식으로 형성되는 개체군 구조를 추가해 나갔다. 첫 번째 컴퓨터 시뮬레이션에서는 전체 개체군에서 무작위로 n개의 개체들을 선택하는 방법으로 집단을 구성했다. 무작위적 추출 방식에서는 집단 간 차이가 별로 크지 않고, 차이의 정도는 n값에 따라 달라진다. 따라서 평균적인 집단은 (전체 개체군이 그러하듯이) 집단 내 최적값을 중심으로 분포할 것이고, 일부 집단은 우연히 다른 집단들보다 더 이타적이어서 전체 개체군에 더 많이 기여할 것이다. 무작위적 집단화는 진화의 과정에 별로 강하지 않은 집단 선택 요소를 도입하게 되고, 이것이 개체군의 표현형적 분포를 집단 최적값 쪽으로 이동시킨다. 그림 4.1.은 하나의 파라미터에 대한 무작위적인 집단 간 차이에서 관찰되는 선택의 수준들 간의 균형이 나타나 있다.

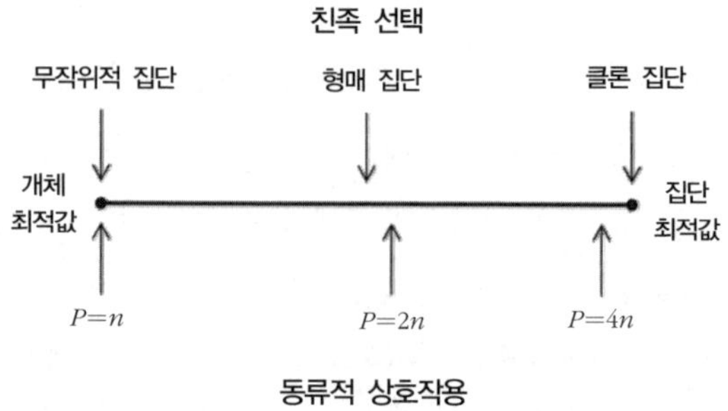

그림 4.1. 이타주의 진화의 메커니즘인 친족 선택과 동류적 상호작용 간의 비교. 친족 선택에서는 집단이 무작위적으로 짝이 되는 두 개체들 사이에 태어난 자손들(집단 구성원들은 형제자매가 된다)이나 하나의 무성생식하는 개체(집단 구성원들은 서로가 서로의 클론이다)로 구성된다. 동류적 상호작용에서는 집단이 개체군 내에서 무작위적으로 선택된 P개의 개체들로 구성되는데, 이타주의의 정도에 따라서 순차적으로 형성되고 각 집단의 크기는 n이 된다. 이러한 메커니즘은 $P=2n$일 때는 형매 집단과, $P=4n$일 때는 클론 집단과 비교 가능한 무작위적이지 않은 집단을 만들어 낸다.

두 번째 시뮬레이션에서는 개체군 내에서 두 개체를 무작위로 짝지어서 크기가 n인 자손 집단을 형성하도록 하는 방법으로 친족 집단을 만들었다. 자손 집단도 연속선상의 차이를 보였으나 그 분포의 중심은 부모의 표현형의 평균이 된다. 예를 들어 잠재적 포식자에게 90cm 이내로 접근하는 개체와 80cm 이내로 접근하는 개체가 부모가 되면 자손 집단은 평균적으로 85cm 이내로 접근하게 될 것이지만 평균을 중심으로 어느 정도의 변산이 존재할 것이다. 다시 말하지만, 행동이 여러 유전자의 영향을 받을 때 이러한 패턴을 기대할 수 있다. 친족 집단은 무작위로 형성된 집단보다 집단 간 차이가 훨씬 더 크다. 매우 이타적인 친족 집단을 만들고 싶다면 매우 이타적인 두 개체만 선택하면 된다. 매우 이타적인 무작위적 집단을 만들고 싶다면 매우 이타적인 n개의 개체를 무작위로 선택해야 한다. 따라서 집단이 형제자매들로만 이루어져 있을 때 집단 선택이 진화에 작용하는 힘이 더 강력해지고 개체군은 집단 간 최적값에 가까운 방향으로 기운다. 하나의 파라미터 값에 대한 선택의 수준들 간의 새로운 균형은 그림 4.1.에 나타나 있다.

세 번째 시뮬레이션에서는 전체 개체군에서 단일 개체를 무작위로 선택해서 무성생식으로 번식하여 크기가 n인 집단을 형성하도록 하는 방법으로 클론 집단을 만들었다. 집단 내의 유전적 동질성 때문에 집단 선택이 유일한 진화적 힘이 되고, 개체군은 집단 간 최적값에 도달하게 된다. 지금까지는 진화하는 이타주의의 정도가 계통적 관련성의 정도에 따라 달라진다는 친족 선택 이론을 반복한 것이다.

이제 이타주의 진화 메커니즘의 하나인 동류적 상호작용에 대해 살펴볼 차례다. 한 개체가, 개체군 내의 다른 개체들이 이타적인 정도를 전부 다 알지는 못하고, 일부 개체들 사이에서만 같은 집단에 속할 동료들을 선택해야 한다고 가정하자. 구체적으로, 크기가 P인 무작위적으로 형성된 이웃 집단 안에 개체들이 존재하고, 한 집단에 속한 이웃들이 서로의 이타적 성향에 대해 알게 되면서 앞에서 설명했던 방식대로 크기가 n인 집단으로 다시 나뉘게 된다고 가정하자. 만약 $P=n$이라면 동류적 상호작용이 일어날 기회는 없고 집단은 무작위적으로 형성된다. 만약 이웃집단의 크기를 두 배로 늘려서 $P=2n$이 되면, 전체 개체군에서 $2n$개의 개체들을 무작위로 뽑은 다음 (이웃집단) 이타적 성향에 따라 순위를 매긴 다음 중간 순위를 기준으로 이타성이 높은 집단과 낮은 집단으로 나누는 방식으로 집단이 만들어진다. 이렇게 형성된 집단들은 무작위적이지 않지만 여전히 상당히 큰 집단 내 변산이 존재한다. 만약 $P=4n$이라면, 전체 개체군에서 $4n$개의 개체들을 무작위로 뽑은 다음, 이타적 성향의 순위에 따라서 네 개의 집단으로 나누는 방식으로 집단이 형성된다. 집단 간 변산은 P와 함께 증가하게 되고 집단 간 선택이 선호된다. 문제는 동류적 상호작용이 친족 선택만큼 중요한 이타주의 진화의 메커니즘이 되기 위해서는 P의 크기가 얼마나 되어야 하는지 알아야 한다는 것이다.

이 문제에 대한 답은 P가 매우 작아도 된다는 것이다(그림 4.1.). $P=2n$일 때 계통적으로 관련이 없는 개체들 사이에서 진화하는 이타주의는 완전한 형매 집단에서 친족 선택에 의해 진화하는 이타주의와 견줄 만하다. $P=4n$일 때, 계통적으로 관련이 없는 개체들은 계통적으로 동일한 클론 집단의 구성원들과 거의 비슷한 정도로 이타적이다. 이러한 결과는 친족 선택이 유일무이한 이타주의 진화의 메커니즘이라고 생각하는 독자들에게는 이례적으로 보일 수도 있다. 그러나 친족 선택이 여러 분류 과정들 중 하나에 불과하다는 관점에서는 자연스러운 결과다. $2n$개의 유전적으로 관련 없는 개체들을 무작위로 선택해서 이타주의의 정도에 따라 순위를 매기고 중간 순위를 기준으로 두 집단으로 나누는 경우뿐만 아니라 서로 유전적으로 관련 없는 두 개체를 무작위적으로 선택해서 크기가 n인 자손 집단을 형성하는 경우에도 이타주의자들과 비이타주의자들을 서로 구분되는 집단으로 잘 분류해 낼 수 있다.

물론, 우리 모형이 다른 면에서 비현실적일 수 있다. 모든 집단이 개체의 선택에 따라 형성되는 것은 아니며 다른 개체의 이타적 성향을 알아내기도 어려울 수 있다. 특히 자신의 이기적 성향을 감추도록 진화한 경우에는 더 그렇다. 이런 문제들도 중요하지만, 잠재적으로 동류적 상호작용이 이타주의 진화의 강력한 메커니즘이라는 점은 분명하다. 단지 계통적 관련성이 낮은 구성원들로 이루어져 있다는 사실에 근거해서 인간의 사회 집단이 이타적일 수 없다거나 기능적으로 조직되지 않았다고 생각하는 것은 성급한 결론이다.

동류적 상호작용이 일어나려면 유기체가 다른 개체의 이타적 성향을 알아차릴 수 있을 만한 수준의 인지적 성숙이 필요하다. 그러나 열대어의 일종인 구피*Poecilia reticulate*처럼 단순한 동물들도 과거의 상호작용에 기초해서 동료를 선택할 수 있다는 증거가 있다. 앞에서 예로 들었던 포식자 조사 행동은 가상의 사례가 아니라 실제로 구피나 다른 물고기들에게서 발견되는 현상이다. 듀거킨과 알피어리(Dugatkin and Alfieri, 1991a)는 구피들이 포식자에게 접근하는 경향성이 각기 다르다는 것을 발견했다. 행동의 차이는 연속적이어서 모형의 주요 가정 중 하나를 만족한다. 듀거킨과 알피어리(Dugatkin and Alfieri, 1991b)는 또 다른 실험에서 수족관에 투명 패널로 세 개의 레인을 만들고 세 마리의 구피를 넣어서 포식자 조사 행동을 관찰했다. 그런 다음 구피들을 다른 장치로 옮겨서 가운데 레인에 있었던 구피가 나머지 두 마리의 구피들 중 한 마리 쪽으로 헤엄쳐 갈 수 있도록 했다. 구피는 포식자에게 가까이 갔던 구피를 동료로 선택했고, 이러한 선호는 최소 네 시간까지 안정적으로 유지되었다. 포식자 조사 행동 그 자체가 아니라 그 행동과 관련된 다른 특성들 때문에 이러한 선호가 나타났을 수도 있다. 이러한 가능성을 확인하기 위해서 조사 행동을 관찰하지 않았던 네 번째 구피가 가장자리에 있던 구피 두 마리 중 한 마리를 선택하도록 하는 실험을 했다. 이 실험에서 네 번째 구피는 이타적인 구피에 대한 선호를 보이지 않았다. 즉, 앞에서 관찰되었던 구피의 선호가 조사 행동에 기초한 것임을 알 수 있었다. 구피들은 포식자를 조사하는 동시에 다른 구피들도 탐색하는 것이다.

이 실험들은 구피들이 근처에 있는 다른 구피들의 이타 행동을 지각할 수 있고 가장 바람직한 구피를 동료로 선택하려고 한다는 것을 보여 주며, 모형의 가정 대부분을 만족시킨다. 그러나 이타적 동료에 대한 선호가 동류적 상호작용을 일으키는지 여부는 아직 살펴보지 않았다. 듀거킨과 알피어리(Dugatkin and Alfieri, 1991b)의 실험에서, 가운데 레인에 위치했던 구피들은 자신의 이타적 성향에 관계없이 가장자리에 위치했던 두 물고기 중에서 더 이타적인 물고기를 선호했다. 예상대로, 누구나 이타주의자를 좋아한다. 이타주의자들이 자신들만의 집단을 형성하고 비이타주의자들의 합류를 피할 수 있는지를 보여 주기 위해서는 한 단계가 더 필요하다. 유전적으로 관련이 없는 개체들의 포식자 조사 성향을 측정한 다음, 포식자가 존재하는 환경에서 집단을 형성하도록 하는 실험을 하는 것이다. 포식자 조사 행동의 측면에서 무작위적이지 않은 집단이 형성된다면, 구피처럼 인지적으로 단순한 동물에서도 계통적 관련성보다는 동류적 상호작용에 의해서 우연 수준 이상의 집단 간 차이가 만들어질 수 있다는 증거가 될 수 있을 것이다.

구피가 빈약한 인지 능력으로도 무작위적이지 않은 집단을 형성할 수 있다면, 인류가 성취할 수 있는 것이 무엇일지 상상해 보라! 인간은 사적인 관계나 직접 관찰, 문화 전승을 통해 다른 사람에 대한 정보를 획득하는 능력이 매우 뛰어나다. 이러한 정보는 사회적 상호작용에서 신뢰할 수 있는 사람들을 찾고 사기꾼을 피하는 데 이용된다. 사기꾼을 탐지하는 능력은 사기꾼들이 들키지 않는 능력을 진화시키지만(Trivers, 1971) 속임수가 완벽하게 성공적일 수는 없는 것 같다(Frank, 1988; Wilson, Near, and Miller, 1996). 초기에는 의도를 숨길 수 있을지라도, 과거의 행적이 알려져 있다면 보이는 행동 뒤에 있는 행동 성향을 믿을 만한 수준으로 파악해 낼 수 있다. 포식자를 조사하는 행동을 속이기는 어렵다. 구피는 접근하거나 접근하지 않거나 둘 중 하나만 할 수 있고, 이 행동은 다른 구피들이 모두 볼 수 있다. 마찬가지로, 오랜 시간 서로 상호작용해 온 사람들로 이루어진 인간 사회 집단에서 이타주의를 가장하거나 이기적인 성향을 감추기는 어렵다. 오늘날의 거대한 익명 사회는 최근에서야 생겨난 것이다. 인류의 진화는 집단원들이 서로를 관찰하고 서로에 대해 이야기할 수 있는 기회가 매우 많았던 소규모 집단에서 일어났다. 단 한 번의 반사회적 행동에 관한 정보라도 사회적 네트워크를 따라서 빠르게 퍼져 나가고 한 사람의 평판을 무너뜨려서 이후의 사회적 상호작용에 심각한 결과를 가져올 수 있다(예를 들어 Boehm, 1993; MacDonald, 1994). 유전적으로 관련이 없는 사람들 사이의 사회적 상호작용은 결코 무작위적이지 않고, 우리의 학습 능력과 학습에 의해 행동을 변화시킬 수 있는 능력은 이타주의를 비롯한 집단에 이로운 행동들의 진화를 가능하게 하는 강력한 메커니즘을 제공한다.

보상과 처벌, 이타주의의 증폭

당신이 인류의 조상과 유사한 방식으로 살아가고 있는 어떤 수렵 채집인 집단을 연구하는 인류학자라고 가정해 보자. 당신은 고기가 적합도에 매우 중요한 자원이라는 것을 안다. 당신은 또한 개체 선택설을 배웠기 때문에,

사냥꾼들이 사냥한 짐승을 자신과 친족에게만 줄 것이고, 만약 친족이 아닌 사람들과 나눈다면 나중에 그에 대한 보답을 받을 수 있는 경우에만 그럴 것이라고 생각한다.

당신이 발견하게 될 사실은 당신의 기대와는 전혀 다르다. 고기의 분배는 양심적으로 공평하게 이루어진다. 몇 주에 걸쳐서 잡은 모든 고기를 휴대용 저울을 이용해서 무게를 측정해 보더라도 사냥감을 잡은 사람과 나머지 집단원들의 몫에 통계적으로 유의한 차이가 없다. 미래의 보답을 바라고 분배하는 것도 아니다. 어떤 사람들은 다른 사람들보다 사냥 능력이 더 뛰어나고 사냥에 더 많은 시간을 투자하지만, 사냥을 더 못하고 앞으로도 더 많이 잡을 것 같지 않은 사람들에게도 똑같은 몫을 나누어 준다.

당신이 가지고 있던 설명의 틀은 완전히 틀렸다. 다행히도, 당신은 어쨌든 사냥을 하는 것이 이익이 된다는 사실을 발견한다. 여자들은 뛰어난 사냥꾼이 더 섹시하다고 생각하고 그의 자녀를 더 많이 낳고 싶어한다는 사실을 알게 된다. 뛰어난 사냥꾼은 남자들 사이에서도 높은 지위를 누리게 되고, 이것이 번식에 있어서 추가적인 이득이 된다. 결국, 진심에서 우러나오는 호의에서 고기를 똑같이 나누는 것이 아니다. 나누기를 거부하는 것은 처벌의 대상이 되는 심각한 결례다. 이렇게 보면, 음식을 나누는 것과 가지는 것이 하나로 설명된다. 이제 고기를 나누는 일과 같이 겉보기에 이타적인 행동도 개체 선택설이라는 이론적 틀에 잘 맞는 것처럼 보인다. 이 새로운 발견들로 당신의 기분은 나아진다.

이 시나리오는 수렵-채집 사회에서의 고기 분배에 대한 최근의 개념(예를 들어 Blurton-Jones, 1984, 1987; Hawkes, 1993; Kaplan and Hill, 1985a, b; Kaplan, Hill, and Hurtado, 1984; Wilson, 1988의 개관)을 보여 주고 있다. 인류 진화에서 적합도에 큰 영향을 미친 중요한 자원은 계통적 관련성이나 호혜성에 대한 기대와 관계없이, 사회 집단 내 구성원들 사이에서 분배된다. 사냥의 가장 직접적인 결과는 집단의 적합도를 향상시키고 집단 내에서 사냥꾼의 상대적 적합도를 감소시킨다. 사냥꾼은 공동의 이익을 위해서 시간과 에너지를 들여야 하고 위험을 감수해야 하기 때문이다. 만약 이것이 이야기의 끝이라면 우리는 사냥꾼을 이타주의자라고 부를 것이다. 그러나 사냥꾼은 다른 보상을 누리고 처벌을 피할 수 있다는 점에서, 우리는 이 사람을 다시 에고이스트로 분류하고 싶어진다. 보상과 처벌을 제공하는 다른 사람들도 역시 에고이스트로 보이는데, 그 이유는 그들이 보상과 처벌에 들이는 노력의 대가로 고기를 얻을 수 있기 때문이다. 우리는 분석을 위해서 일단 이러한 관찰 결과를 사실로 받아들일 것이다. 우리는 이 사실들이 개체 선택설의 틀에 잘 들어맞지 않는다는 이야기를 하고자 한다. 고기를 나누게 하는 보상과 처벌 시스템은 **심리학적** 관점에서는 이기적으로 보일 수도 있다. 그러나 진화적 정의는 적합도의 결과에 기초해야만 한다. 다수준 선택 이론을 배운 진화학자로서, 우리는 보상과 처벌을 집단 내 선택과 집단 간 선택의 관점에서 이해해야만 한다.

수렵과 분배를 **일차** 행동이라고 하고 다른 사람들이 사냥꾼에게 주는 보상이나 처벌을 **이차** 행동이라고 하자(Ellickson, 1991). 일차 행동은 그 자체로 집단의 적합도를 향상시키고 집단 내에서 사냥꾼의 상대적 적합도를 감소시킨다. 만약 이 행동이 보상과 처벌이라는 복잡한 문제 없이 진화했다면 분배 행동을 이타적이라고 부르고 집단 선택에 의해 진화했다고 이야기하더라도 별다른 논란이 없을 것이다. 개체 선택의 관점에서 바라보는 것이 문제인 이유가 여기에 있다. 이차 행동(보상과 처벌)의 진화도 일차 행동과 완전히 동일한 방식으로 분석할 수 있다. 다른 사람이 사냥과 분배 같은 이타적인 일차 행동을 하도록 함으로써, 이차 행동은 간접적으로 집단 전체의 적합도를 향상시킨다. 동시에, 이차 행동을 하기 위해서는 적어도 어느 정도의 시간과 노력, 위험을 감수해야 한다. 따라서 이차 행동이 없는 경우의 이타적 일차 행동의 진화와 마찬가지로, 이차 행동이 진화하려면 집단 선택이 필요하다. 경제학자들은 이러한 현상을 이차 공공재 문제second-order public goods problem라고 부른다(Hawkes, 1993; Heckathorn, 1990, 1993).

비록 이타적인 일차 행동과 이차 행동이 모두 집단 선택에 의해 진화하지만, 둘 사이에는 중요한 차이점이 있다. 일차 행동에서 개인이 감수해야 하는 비용은 매우 크다. 많은 시간과 노력을 투자하고 위험을 감수하지 않고는 사냥을 할 수 없다. 그렇기 때문에 일차 행동이 직관적으로 더 이타적인 행동으로 보이는 것이다. 이차 행동에 드는 개인의 비용도 클 수 있지만, 매우 작을 수도 있다. 아주 적은 비용으로도 다른 사람의 적합도를 크게 향상시키거나(보상) 감소시킬(처벌) 수 있다는 사실은 중요하다. 이차 행동이 심리학적으로 이타적이 아니라 이기적으로 보이는 이유는 보상을 주거나 처벌을 가하는 데 비용이 적게 들고 이익을 가져다주기 때문이다. 그러나 진화적 관점에서는 비용이 적게 든다는 사실이 어떤 행동의 진화가 일어나는 수준을 바꾸지 못한다. 이차 행동에서는 집단 내 선택의 힘이 강하지 않기 때문에, 일차 행동에 비해서 집단 선택이 **더 쉽게** 작용하는 것일 뿐, 여전히 집단 선택에 의해 진화한다. 따라서 일차 행동과 이차 행동을 동시에 놓고 보더라도 집단 수준의 적응이라고 할 수 있다.

13세기 스페인의 유대인 사회를 살펴보면 이러한 아이디어를 명확히 하는 데 도움이 될 것이다. 이때는 세금을 내지 않으면 족보에 표시하는 법이 있었다(MacDonald, 1994). 이 사회에서는 혼인을 강하게 규제했고, 신랑과 신부 양측의 족보를 모두 확인하고 승인받아야만 결혼을 할 수 있었다. 한 사람의 족보에 오점이 남아 있으면 결혼하기가 어려웠다. 따라서 세금을 내지 못하게 되면 납세자 자신뿐만 아니라 후손들도 그 비용을 치러야 했다. 이와 비슷한 법들이 종교를 바꾸거나 다른 집단 사람들과 어울리는 것을 막았다.

여기서도, 그 자체로 매우 이타적으로 보이는 일차 행동(집단에 돈을 주는 행동)이 있다. 일차 행동은 일차 행동을 하지 않으면 훨씬 더 큰 비용을 치르도록 만드는 이차 행동(법)에 의해 강화된다. 집단에 돈을 내는 행동은 더 이상 이타적으로 보이지 않지만, 우리는 이 행동을 이기적으로 만드는 법률에 대해 설명해야 한다. 이 법은 이기적인가? 법의 목적과 집행은 집단의 안녕을 증진시킨다. 이는 일차 행동과 동일한 기능이다. 일차 행동과 이차 행동의 차이점은 비용에 있다. 세금을 내는 사람은 수입의 많은 부분을 지출해야 하므로 큰 비용이 든다. 그러나 족보를 관리하는 사람들이 세금을 내지 않았다는 기록을 남기는 데는 비용이 거의 들지 않는다.

보상과 처벌에 관한 우리의 주장을 좀 더 일반적인 형태로 요약하면 다음과 같다.

1. 집단이 통합된 단위처럼(하나의 유기체처럼) 작동하려면 보상이나 처벌이 없는 상태에서 이타적이라고 볼 수 있는 다양한 활동이 일어나야 한다. 이러한 활동의 이타적 특성은 외부 환경에 의해 결정된다. 자원의 획득과 방어, 공격, 그 밖에 집단을 위한 행동을 하려면 개인이 시간과 노력, 위험을 감수해야 한다. 우리는 이러한 활동을 "일차 행동"이라고 이름 붙였다.
2. 보상이나 처벌 없이 이타적인 일차 행동이 진화하기 위해서는 집단 선택을 강하게 선호하는 개체군 구조가 필요하다. 따라서 무작위로 구성된 집단보다는, 혈연 집단이나 동류적 상호작용에 의해 선별된 구성원들로 이루어진 집단에서 이러한 행동이 관찰될 것이다.
3. 일차 행동의 비용을 감소시키거나 집단 내 선택의 관점에서 볼 때 오히려 이기적일 수도 있는 행동으로 만들기 위해서 다양한 보상과 처벌을 이용할 수 있다. 우리는 이것을 "이차 행동"이라고 부르며, 이차 행동의 진화도 다른 행동과 같은 방법으로 분석되어야 한다.
4. 그 자체로 이타적인 일차 행동을 촉진하기 위해서 이차 행동을 사용한다면, 진화적 관점에서 볼 때 이 행동 역시 이타적이다. 다시 말해서, 이차 행동은 일차 행동이 나타나도록 함으로써 집단의 적합도를 향상시키며, 이차 행동을 하기 위해 약간의 시간, 노력, 위험을 감수해야 하므로 집단 내에서의 상대적 적합도를 감소시킨다. 개인이 들여야 하는 비용이 전혀 없는 경우라도 이차 행동은 집단 내 선택의 관점에서 볼 때 중립적이다.
5. 보상과 처벌이 없다면 근본적으로 매우 큰 비용이 드는 이타적 일차 행

동에 비해서, 이차 행동은 비용이 적게 드는 경우도 있다. 따라서 이차적 이타주의는 일차적 이타주의의 경우보다 집단 선택에 덜 호의적인 개체군 구조에서도 진화할 수 있다. 극단적으로, 비용이 **전혀** 들지 않는 이차 행동의 경우, 유전 가능한 집단 간 차이가 존재한다면 무엇이든 진화할 수 있다.

이타적인 일차 행동을 촉진하기 위해 이차 행동을 이용하는 것을 **이타주의의 증폭**the amplification of altruism이라고 부를 수 있을 것이다. 많은 경우 인간 집단의 개체군 구조가 이타적 일차 행동이 홀로 진화하기에는 충분하지 않을 수도 있지만, 일차 행동과 이차 행동이 함께 진화하기에는 충분할 수 있다. 이차 행동이 일차 행동을 일으키기 때문에, 인간 집단에서 진화하는 행동은 무성생식하는 유기체나 사회적 곤충 콜로니처럼 더 극단적인 개체군 구조를 가진 종들과 유사할 수 있다.

개체 수준에서 일어나는 자연 선택과의 유사성을 살펴보면 이러한 아이디어를 명확히 할 수 있을 것이다. 표준적인 집단 유전학 모형들에서는 이로운 유전자들이 개체 내에서 도태되지 않고 개체의 적합도를 향상시킨다고 가정한다. 이 유전자가 진화하기 위해서는 개체들 간에 유전적 차이가 존재해야 하는데, 무작위적인 교배로 생겨나는 차이만으로도 충분하다. 이제, 어떤 돌연변이 유전자가 이 유전자를 지닌 개체를 포함해서 어떤 사회 집단 구성원 모두의 적합도를 똑같이 향상시킨다고 가정해 보자. 이 유전자는 집단 내에서는 선택에 영향을 미치지 않지만, 집단 전체를 이 유전자가 없는 구성원들로 이루어진 다른 집단보다 우세하도록 만들어 줄 것이다. 이 유전자가 진화하려면 둘 이상의 집단이 존재해야 하고 집단들 간에 유전적 차이가 있어야 하지만, 무작위적인 차이만으로도 충분할 것이다. 만약 이런 종류의 유전자가 많이 있다면, 이타주의의 문제를 제기할 필요 없이, 집단 수준에서 복잡하고 정교한 적응이 진화할 것이다. 이러한 생각은 집단 선택을 바라보는 전통적인 관점과는 다르다. 왜 그럴까? 아마도, 개체

(그리고 유전자)가 비용을 전혀 들이지 않고도 집단 전체에 이득이 되는 행동을 할 수 있는 경우를 상상하기 어렵기 때문일 것이다. 앞에서 살펴보았듯이, 이러한 주장에는 일리가 있다. 집단이 적응의 단위로 기능하도록 하는 활동들을 하기 위해서는 개체가 시간과 노력, 위험을 감수해야 한다. 그러나 보상과 처벌을 시행하는 것은 집단 전체에 이득이 되면서 개체는 비용을 거의 또는 전혀 들이지 않아도 되는 행동에 해당한다고 볼 수 있다. 또한, 적절한 보상과 처벌을 적용하는 것만으로도, 사실상 **모든** 종류의 집단에 이로운 고비용 행동들을 촉진할 수 있다. 이런 경우에는 극단적인 집단 간 유전적 차이가 없더라도 초사회성ultrasociality이 진화할 수 있다.

유전자-개체 관계와 개체-집단 관계의 유사성에 대해서 한 단계 더 들어가 보자. 2장에서 설명했듯이, 자신의 희생 없이 개체에게 이득을 가져다주는 유전자를 설명하는 전통적 관점은 도전에 직면해 왔다. 개별 유기체가 다양한 유전자와 세포들의 집합체이며 어떤 요소들이 다른 요소들을 희생시켜서 자신의 이익을 증대시키는 것이 가능하다고 보는 관점이 늘어나고 있다. 이 집합체는 집합체 내 진화의 잠재력이 억제되는 한에서 적응의 단위로서 진화할 수 있다. 감수 분열의 법칙은 모든 상염색체가 생식세포에 나타나도록 해 준다(Crow, 1979). 단세포 단계와 생식세포가 세포계열로 분리되는 과정이 개체 내 선택의 가능성을 최소화한다(Buss, 1987; Michod, 1996a, b).

간단히 말해서, 단일 개체들조차도 우리가 유기체라고 부르는 적응의 단위가 되기 위해서는 규칙과 규정을 따라야 한다. "무법자outlaw" 유전자, "보안관sheriff" 유전자, "의회parliaments" 유전자 등 집단 내 개인들 간의 사회적 상호작용을 설명하는 데 사용되는 언어를 빌려서 개체 내 유전자들 간의 상호작용을 설명하는 사례들도 있었다(Alexander and Borgia, 1978; Leigh, 1977). 만약 유전자와 세포들의 집합체가 적응의 단위로 기능하기 위한 규칙 체계를 진화시킬 수 있다면, 개체들의 집합체가 같은 일을 하지 못할 이유가 무엇인가? 그렇다면, **집단도 개체와 같을 것이며**, 이것이 바로 우리가 확립하고자 하는 입장이다.

인간 집단으로 돌아가기 전에, 사회적 곤충을 다시 한 번 살펴보는 것도 흥미로운 일이 될 것이다. 앞에서 언급했듯이, 사회적 곤충 집단 내의 유전적 동질성이 처음에 생각했던 것만큼 극단적이지 않은 경우도 많다. 둘 이상의 암컷이 콜로니를 만들거나 한 마리의 암컷이 여러 마리의 수컷과 교미해서 콜로니를 만들기도 하기 때문이다. 만약 집단 선택이 전적으로 집단 내 유전적 동질성과 집단 간 차이에만 의존한다면, 우리는 이 콜로니들이 한 마리의 수컷하고만 교미한 한 마리의 암컷이 만든 콜로니와 비교할 때, 집단 수준의 적응 정도가 떨어질 것이라고 기대할 수 있다. 일반적으로 이러한 예측은 확인된 적이 없다. 여왕벌은 주로 여러 마리의 수컷과 교미하지만 꿀벌 콜로니의 기능적 조직은 진정한 초유기체다(Seeley, 1996). 예를 들어 일벌이 수정되지 않은 알(수컷이 된다)을 낳도록 만드는 유전자는 벌집의 안녕을 해치는데도 불구하고 집단 내 선택(벌집 내 선택)에서 선호될 것이다. 따라서 일벌들이 알을 낳지 못하도록 하는 유전자는 이타적이라고 볼 수 있으며 이 유전자가 진화하기 위해서는 집단 간 차이가 매우 커야 한다. 광범위한 조사에도 불구하고, 일벌들이 알을 낳는 경우는 매우 드물다. 다른 일벌들이 알을 낳은 일벌을 공격하고 알을 먹어 버리는 것이 부분적인 이유다(개관으로는 Seeley, 1996). 라트닉스(Ratnieks, 1988; Ratnieks and Visscher, 1989)는 이런 행동을 인간의 사회적 상호작용에서 사용되는 용어를 빌려서 "감시 활동policing"이라고 불렀다. 일차 행동("알 낳기를 스스로 억제하는 것")에 더해서, 이차 행동("알 낳는 일벌들을 공격하는 것")이 존재하는 것이다. 꿀벌 콜로니의 개체군 구조는 "억제" 행동 하나만 진화하기에는 충분하지 않을 수 있지만, "억제/공격"이 동시에 진화하기에는 충분하다. 요약하면, 사회적 곤충에서조차도, 극단적인 집단 간의 유전적 차이만으로는 초사회성의 모든 사례를 설명하지 못할 수 있다. 보상과 처벌로 인한 이타주의의 증폭은 일차 행동이 이런 상황에서 진화할 수 있도록 도와준다.

보상과 처벌에 관한 우리의 분석에는 빈틈이 많다. 실제로 보상과 처벌에 어떤 비용이 드는가? 사회적 파트너들의 행동을 교정하기 위해서 보상과 처벌을 사용하려면 어떤 인지적 능력이 필요할까? 고비용의 이타주의에서처럼, 이차 행동과 관련된 저비용의 이타주의에서도 속임cheating이 문제가 될까? 이 질문들은 매우 중요하지만, 지금 우리의 목표는 주제를 다루는 적절한 초점을 제공하는 것이다. 물고기에게 가장 어려운 일은 물을 보는 것이라는 속담이 있다. 보상과 처벌은 인간의 경험에서 물의 일부이며 종종 자기-이익과 호환 가능한 개념이라고 여겨졌다. 보상과 처벌은 2부에서 다루게 될 **심리학적** 개념으로서의 자기-이익과 호환 가능할지도 모른다. 그렇다고 해서 보상과 처벌이 다수준 선택 이론에서 집단 내 선택의 결과로 설명될 수 있다는 의미는 아니다. 이타적 일차 행동의 진화를 설명하기 위해서 집단 선택이 필요하듯이 일차 행동이 나타나도록 하는 이차 행동을 설명하기 위해서도 집단 선택이 필요하다. 보상과 처벌을 집단 선택의 결과로 보는 관점은, 인간 사회 집단이 무성생식 유기체나 사회적 곤충 콜로니들과는 다른 개체군 구조를 가지고 있는데도 불구하고 유기체적으로 기능할 수 있는 이유를 설명하는 데 큰 도움이 된다.

사회 규범과 문화 진화

모든 수준에서 자연 선택의 첫 번째 재료는 선택의 단위들 사이에 존재하는 표현형의 차이다. 3장에서 논의했듯이, 대부분의 진화 모형들은 표현형 차이가 유전적 차이와 직접 관련되어 있다고 가정한다. 한 집단의 이타성 정도는 그 집단 내에 존재하는 이타적 유전자의 빈도에 비례한다는 것이다. 웨이드(Wade, 1976, 1977)와 굿나이트(Goodnight, 1988; Goodnight and Stevens, 1997)의 실험들은 이러한 가정에 의문을 제기했다. 집단 수준과 개체 수준에서 모두 작은 유전적 차이가 큰 표현형 차이를 가져올 수 있다.

인간 사회 집단에서 유전자와 표현형의 관계는 더욱 간접적이다. 인간 집단은 유전적으로 차이가 없더라도 서로 매우 다르게 행동할 수 있다. 어떤 집단이 행동을 변화시키기로 집단적인 결정을 내리거나 새로운 종교가 생겨나서 많은 추종자를 끌어들이게 되는 경우에서처럼, 행동의 차이는 매우 짧은 시간 안에 만들어질 수 있다. 표현형의 차이가 자연 선택이 "보고 있는" 유일한 것이기 때문에, 인간의 행동과 유전자 사이에 개입하는 심리적 과정과 문화적 과정을 무시할 수 없다.

모든 수준에서 자연 선택의 두 번째 재료는 유전성이다. 집단 간에 존재하는 문화적 차이가 유전성을 가진다고 정의할 수 없을 것처럼 보일 수도 있지만, 이는 유전성을 너무 좁게 이해하는 것이다. 유전성이란 부모와 자식의 유사성을 의미한다. 새로운 개체들이 자신을 낳은 부모 개체들을 닮아야 하고, 새로운 집단은 옛 집단을 닮아야 한다. 유전적 과정이 매개한 것이든 문화적 과정이 매개한 것이든, 다수준 선택이 작용하는 데에는 차이가 유전된다는 것으로 충분하다. 우리는 유전자 결정론을 끌어들이지 않고도 표현형의 차이, 유전성, 적합도라는 자연 선택의 기본 재료들에 대해서 이야기할 수 있다.

이러한 관점에서 볼 때, 인간 행동의 진화에서 단순한 유전적 모형이 제안하는 것보다는 집단 선택이 잘 일어날 수 있는 것 같다(Boehm, 1997a, b; Boyd and Richerson, 1985, 1990a). 인간 사회 집단은 유전적으로는 전혀 균일하지 않으면서도 행동적으로는 상당히 균일한 경우가 많다. 특히 사회 규범에 의해 어떤 행동이 강화될 때 그렇다. 새로운 행동이 나타나서 오랜 시간 낮은 빈도에 머물러 있는 과정은 필요 없다. 이 행동이 순식간에 한 사회 집단 내에서 일어나는 유일한 행동이 될 수도 있다. 문화적 과정이 개입되면 집단에서의 유전성이 개인보다 훨씬 커질 수 있다. 어떤 사회 집단의 구성원들이 계속 바뀌더라도 그 집단만이 가지는 행동 특성은 계속 유지될 수 있다.

인류 진화에 적용되는 게임의 법칙은 단순한 유전적 모형이 제안하는 것과는 분명히 다르다. 그러나 이야기를 더 진행하기 전에, 이 법칙의 특성에 대해 구체적으로 살펴볼 필요가 있다. 문화 진화 그 자체가 유전적 진화보다 집단 선택을 더 선호하는 것은 아니다. 문화 전승의 법칙 — "집단에서 가장 성공적인 사람을 모방하라" — 은 집단 내에서의 상대적 적합도에만 민감하게 작용할 수 있기 때문에 집단 선택에는 재앙이 될 수 있다. 만약 집단 선택이 인간의 문화적 진화를 일으키는 강력한 힘이라면, 이것을 가능하게 하는 특별한 문화 전승의 법칙들이 필요할 것이다.

분석을 계속 진행하기 위해서, 우리는 인간의 문화적 진화에 관한 구체적인 주장을 하고자 한다. **대부분의 인간 사회 집단에서, 문화의 전승은 수용 가능한 행동이 무엇인지를 결정하는 일련의 규범들에 따라 이루어졌다.** 규범을 어기는 사람들은 처벌의 대상이 되거나 집단에서 배척당했다. 사회 규범에 의해 규제되는 구체적 행동의 종류는 집단에 따라서 광범위하게 달라지지만, 처벌과 배척에 의해 강제되는 규범은 대부분의 인간 사회 집단에서 공통적으로 존재한다.

우리는 다음 장에서 이러한 실증적 주장의 보편성을 검토할 것이다 (Boehm, 1993, 1996, 1997a, b도 참고). 지금 우리의 과제는 사회 규범이 다수준 선택에 미치는 영향을 분석하는 것이다. 많은 사회 규범들이 집단 내 행동의 균일성을 촉진해서 집단 내 선택의 가능성을 감소시킬 것임은 분명하다. 사회 규범은 집단 수준에서 표현형적 안정성과 유전성을 증진한다. 꺽다리와 땅딸보라는 두 개의 가상적인 문화를 가정해 보자. 꺽다리 문화는 "꺽다리 친구들에게 이타적으로 대하라. 그러지 않는 자는 처벌하고, 처벌에 실패하는 자도 처벌하라"는 규범을 따른다. 땅딸보 문화는 "자기 문제는 스스로 해결하라"는 규범을 가지고 있다. 땅딸보들은 다른 땅딸보 친구들을 부당하게 이용하고 이용당한 땅딸보들이 개인적인 복수를 할 수도 있지만 부족의 도덕적 분노가 복수를 도와주는 것은 아니다. 직접적인 갈등이나 공동의 자원을 찾는 일이나 새로운 집단의 형성과 같은 집단 간 과정이 개입하는 모든 상황에서 이타적인 꺽다리들은 다툼 일색의 땅딸보들보다 우월할 것이다. 집단 내 사기꾼과 무임승차자 문제는 이타주의의 진화를 반박하는 근거로 너무나 흔히 쓰이지만, 이들을 가혹하게 처벌하는 꺽다리들에게는 문제가 되지 않는다. 사정이 이러하다면, 당연히 처벌의 진화에 대해서도 검토해야 한다. 규범을 시행하는 것이 처벌을 가하는 사람들에게 어떤 이익을 가져다줄까? 우선, 처벌에 실패하는 것 자체가 처벌의 대상이다. 이것은 꺽다리들의 신조다. 그러면 처벌에 실패한 사람을 처벌하는 사람이 얻을 수 있는 이득은 무엇일까? 이러한 의문의 끝에는 개인이 어느 정도 희생함으로써 집단에 이득이 되는 행동이 있다. 우리가 앞에서 주장했듯이, 개인의 비용이 충분히 작다면 문제될 것이 없다. 따라서 인간의 사회 규범에 대한 현재의 분석은 앞서 이야기했던 저비용의 보상과 처벌에 대한 분석 방법을 따른다.

이제 몇 사람이 집단을 이동했다고 가정해 보자. 매년, 일정 비율의 꺽다리와 땅딸보가 부족 간 혼인을 하고, 새로 결혼한 부부는 두 집단 중 한 집단에 합류하게 된다. 땅딸보와 결혼한 꺽다리는 무자비하게 이용당할 것이고 자신의 행동 양식을 바꾸지 않는 한 살아남지 못할 것이다. 꺽다리 부족이 된 땅딸보는 자신의 행동 양식을 바꾸지 않는 한 무자비하게 처벌당하거나 쫓겨날 것이다. 사람들은 행동을 변화시키는 데 능하기 때문에, 꺽다리 문화와 땅딸보 문화는 집단 간 이동에도 불구하고 행동의 동질성을 유지할 것이다(Eibl-Eibesfeldt, 1982; Simon, 1990).[2] 집단 간 차이는 개인차보다 더 안정적이다.

만약 세상이 땅딸보들로만 이루어져 있다면 이타주의는 불가능할 것이다. 만약 세상이 꺽다리들로만 이루어져 있다면, 이기주의는 불가능할 것이다. 이타주의 대 이기주의에 관한 질문은 개체군 내에서 어떤 사회 규범이 확립되느냐에 따라서 달라지는 임의적인 것으로 보인다. 앞으로 살펴보겠지만, 이러한 주장에는 일리가 있다. 그러나 꺽다리와 땅딸보가 모두 존재하고 새로운 집단을 형성하는 과정에서 서로 경쟁하는 세상에서는 꺽다리들이 땅딸보들을 대체하게 될 것이다. 따라서 우리는 다음과 같은 불균형이 존재한다는 것을 알 수 있다. **집단 내 선택은 그 집단의 사회 규범에 따라 어떤 행동이든 선호할 수 있다. 집단 간 선택은 기능적으로 적응적인 집단을 만드는 사회 규범만을 선호한다.**

꺽다리 문화와 땅딸보 문화에 관한 가상적 사례는 보이드와 리처슨

(Boyd and Richerson, 1985, 1990a, b, 1992)이 발전시킨 문화적 집단 선택 이론을 보여 주고 있다. 이 이론에서 가장 혁신적인 부분은 **다중 안정 평형들 간의 집단 선택**group selection among multiple stable equilibria이라는 개념이다. 표준적 집단 선택 모형에서, 집단에 이익이 되는 형질은 집단 내에서 진화적으로 불안정하다(기껏해야 중립적이다). 진화적 게임 이론에서 얻을 수 있는 가장 중요한 통찰들 중 하나는 사회적 상호작용이 복수의 안정적인 평형상태를 만들어 낼 수 있다는 것이다. 각 전략의 적합도는 집단 내에서 표현된 다른 전략들에 따라서 달라지기 때문에, 종종 다수결 효과majority effect가 나타난다. 한 집단 내에서 흔히 나타나는 전략은 계속 유지될 수 있지만 다른 전략의 빈도가 더 높은 집단에 이 전략이 침투할 수는 없다. 가장 친숙한 사례로는 반복적 죄수 딜레마 게임에서 무조건 배신all-defect 전략과 맞대응tit-for-tat 전략의 상호작용을 들 수 있다. 이 전략들은 서로의 침략에 저항할 수 있다.

다중 안정 평형이 만들어 내는 집단 간 차이는 집단 내 선택에서도 살아남는다. 서로 다른 평형 상태에서 선호되는 행동들은 당연히 집단 적합도에서도 차이를 보이겠지만, 정의에 따르면 이 행동들은 집단 내에서 안정적이다.[3] 집단 적합도에 작은 차이만 있어도 충분한 시간이 주어지면 하나의 행동이 다른 행동을 대체할 수 있다.

대안적 안정 평형들 속에서 집단 선택이 일어나기 위해서 사회 규범과 문화 진화가 반드시 필요한 것은 아니지만, 사회 규범과 문화 진화가 집단 선택의 가능성을 크게 향상시켜 주는 것은 사실이다. 어떤 행동이라도 사회 규범이 충분히 뒷받침되면 사회 집단 내에서 안정적이 될 수 있다(Boyd and Richerson, 1992). 행동에 자연스럽게 따라오는 비용과 이익을 사회 규범에 따른 보상과 처벌의 영향력이 압도하게 된다. 서로 다른 사회 규범을 채택하고 있는 다양한 집단이 존재할 때, 집단 선택은 규범적 제약으로 인해 집단 내에서 내적으로 안정화된 수많은 일차 행동들 중에서 마음에 드는 것을 선별해 낼 수 있다.

지금까지 우리는 인간 사회 집단들이 내적으로 안정적인 상태로 서로 차이가 있다는 점을 설명했다. 이 차이는 집단 수준의 수행에 영향을 미치고, 그 결과 집단 선택의 과정을 통해서 어떤 형질들이 다른 형질들을 대체하게 된다. 이제 우리는 집단 간 차이가 어떻게 발생하는지를 알아볼 필요가 있다. 한 가지 가능성은 합리적 사고다. 땅딸보 부족 중 한 명이 어느 날 아침에 일어나서 명석한 아이디어를 떠올리게 되어서 꺽다리로 변했다고 가정해 보자. 이 사람은 모든 구성원이 착하고, 착하지 않은 사람은 처벌하며, 처벌하지 않는 사람도 처벌하는 사회를 만들고자 할 것이다. 이 사람은 다른 사람들이 자신의 지혜를 받아들이도록 설득하고 이들을 이끌고 유토피아를 찾아 계곡 너머로 떠난다. 그 이후는 우리 모두가 잘 알고 있듯이, 서로 돕는 꺽다리들이 번영할 것이고 궁극적으로는 다툼 많은 땅딸보들을 대체하게 될 것이다.

합리적 사고가 다수의 집단 간 표현형의 차이를 설명해 줄 수 있을지도 모른다. 그러나 인류학자들 사이에서 합리적 사고는 문화 변동의 동인으로서 마땅히 받았어야 할 주목을 별로 받지 못했다(Boehm, 1996). 다음 장에서 우리는 매우 합리적인 집단적 의사결정 과정을 통해 만들어진 새로운 사회 규범의 예를 제시할 것이다. 이 규범은 모든 집단원이 어떻게 행동해야 하는지뿐만 아니라 어떻게 규범을 시행할 것인지도 특정해 준다. 그렇지만, 뵘(Boehm, 1996)이 조심스럽게 강조했듯이, 사회 규범의 모든 적응적 특성이 의식적이고 합리적으로 설계되었다고 결론을 내리는 것은 잘못이다. 인간의 마음은 행동의 결과가 가져올 모든 파장을 이해하기에는 부족하고(Simon, 1983), 여러 가지 이유에서 비합리적 신념이 생겨나고 유지될 수도 있다. 애덤 스미스가 보이지 않는 손의 비유에서 강조했듯이, 누구도 이유를 모르는 행동들도 많이 있고, 심지어는 행동의 결과를 모르더라도 집단 수준에서 적응적 결과를 가져올 수 있다. 행동이 규범에 통합되려면 맹목적 변이blind variation와 선택적 유지selective retention의 메커니즘이 필요하다(Campbell, 1974). 앞에서 이야기했던 사례를 수정해서, 어느 날 아침에 명석한 아이디어를 떠올리며 일어난 땅딸보가 유토피아적 사회를 설계하는 방법을 의식적으로 생각한 것이 아니라고 가정해 보자. 사실, 이 사람은 강력한 대마초를 피웠고 설명하기 어려운 환영이 나타났던 것이다. 어쨌든 그는 다른 사람들에게 자신의 신념을 믿도록 설득하고 그들과 함께 계곡 너머로 떠났다. 다음에 일어날 일은 새로운 사회 규범 체계가 이전의 체계에 비해서 얼마나 잘 기능하는지에 따라서 달라진다. 사회 규범이 합리적으로 설계되었든 비합리적인 영감에서 출발한 것이든, 집단 수준의 기능적 설계가 그 결과를 결정할 것이다.

지금까지 우리는 한 개인이 빠른 시간 안에 추종자들을 끌어모으는 것으로 시작되는 급격한 변동에서 비롯되는 집단 간 차이를 가정했다. 집단 간 사회 규범의 연속적인 차이도 있을 수 있다. 앞에서 들었던 사례를 다시 수정해서, 계곡 너머에 자리 잡은 새로운 집단이 선지자와 그 추종자들이 아니라 땅딸보 부족의 일부가 이동한 것이라고 가정해 보자. 새로운 집단은 옛날 방식을 그대로 따르려고 하겠지만 불완전한 기억에만 의존하게 되면 차이가 생기게 되고, 이 차이가 기능적으로 의미 있는 차이라면 집단 수준에서 선택이 일어날 것이다. 이런 종류의 소규모 문화 변이는 인류학자들에 의해 상세하게 연구된 바 있다(예를 들어 Barth, 1989; Hudson, 1980; Jorgenson, 1967).

요약하면, 집단 간 차이는 의식적인 설계나 임의적 과정에 의해 생겨날 수 있다. 이 차이는 중요하고 급격한 변화에서 비롯될 수도 있고 눈에 띄지 않는 작은 움직임으로부터 생겨날 수도 있다. 집단 간 차이가 발생하는 방식의 차이는 진화적 과정에 대한 중요한 함의를 지니지만, 자연 선택이 집단 수준에서 일어날 수 있도록 하는 유전 가능한 표현형의 차이를 만드는 재료를 제공해 준다는 점에서는 동일하다. 다시 한 번, 개체 수준의 자연 선택에 비유해서 이해하는 것이 생각을 명확히 하는 데 도움이 될 것이다. 유전자의 진화에서, 새로운 돌연변이는 야생형wild type 유전자와 극단적으로 다르거나(복합 돌연변이, macromutation) 약간만 다를 수 있다(미세 돌연변이, micro-mutation). 돌연변이들은 대개 무작위로 일어난다고 여겨지지만, 돌연변이가 환경의 변화를 예측하는 것처럼 보이는 라마르크설과 비슷한 과정을 상상해 볼 수는 있다(예를 들어 Steele, 1979). 미세 돌연변이, 복합 돌연변이, 임의 돌연변이arbitrary mutation, 그리고 지향성 돌연변이directional mutation는 진화적 과정에 대한 서로 다른 함의를 지니지만, 개체 선택의 재료를 제공할 수 있으며 개체가 환경 속에서 생존하고 번식하도록 기능적으로 설계되게 한다는 점에서는 차이가 없다. 마찬가지로, 우리가 위에서 설명한 집단 수준의 차이를 만들어 내는 모든 메커니즘들은 사회 집단이 환경 속에서 생존하고 번식하도록 기능적으로 설계되도록 해 준다. 이러한 과정을 통해서 집단이 적응의 단위로 진화할 수 있다.

집단 선택과 문화적 다양성

보이드와 리처슨의 집단 선택 이론은 친족이 아닌 사람들로 이루어진 큰 집단이 어떻게 기능적으로 조직화된 단위로 진화할 수 있는지를 설명하는 데 도움이 된다. 이 이론은 문화적 다양성의 본질에 대한 함의도 지닌다. 표준적 집단 선택 모형에서는 집단 내 선택이 이기적 행동을 촉진한다. 보이드와 리처슨의 이론에서는, 사회 규범에 따라서, 집단 내 선택이 사실상 어떤 종류의 일차 행동이든 촉진할 수 있다. 어떤 일차 행동을 촉진하는 사회 규범이 없는 상태에서 그 행동을 검토한다면 이타적이거나, 이기적이거나, 혹은 그저 어리석은 행동처럼 보일 수도 있다. 보이드와 리처슨이 1992년에 출판한 논문의 제목이 말해 주듯이, "처벌은 상당히 큰 집단에서 협동(혹은 그 밖의 모든 행동)의 진화를 가능하게 한다." 일차 행동과 관련된 사회 규범의 보상과 처벌이 일차 행동의 비용과 이익을 압도한다면 일차 행동의 비용과 이익 자체는 문제가 되지 않는다.

인간 행동을 연구하는 진화생물학자들이 사회 규범의 중요성을 강조하는 경우도 있지만, 일반적으로는 개인이 자신의 일차 행동을 자유롭게 선택할 수 있으며 이 행동의 비용과 이익은 이차 행동에 따라서 달라지는 것이 아니라고 가정한다. 이러한 가정은 집단 내에서 선호될 수 있는 행동의 종류를 크게 제한한다. 이렇게 되면 진화하는 행동은 협의의 기능주의적인 관점에서만 해석될 수 있다. 적응주의를 비판할 때는 주로 문화 규범이라는 맥락 밖에서 보면 기능적으로 아무런 의미가 없어 보이는 행동의 다양성을 강조한다. 두 입장의 차이는 너무나 커서 각 입장을 지지하는 사람들은 서로 말을 거의 섞지 않을 정도다. 사회 규범에 대한 보이드와 리처슨의 분석은 두 입장의 화해를 가능하게 할지도 모른다.

집단 간 선택은 집단 내 선택에서 선호되는 다양한 행동을 다듬어서 집단 수준에서 적응적인 일부만 남긴다. 그러나 여전히 사회 규범이라는 맥락 안에서만 설명될 수 있는 인간 사회 집단들 간의 행동적 다양성을 기대할 수 있는 몇 가지 이유가 있다. 우선, 집단 선택이 문화 진화에서 강력한 힘으로 작용할 수 있지만 유일한 힘은 아닐 수 있다. 강력한 대마초를 피운 뒤에 영감을 얻어서 키다리 부족을 창시한 땅딸보 집단의 선지자를 다시 생각해 보자. 이 사람이 보았던 새로운 사회에 대한 환영은 키다리 부족의 성공을 설명해 주는 이타주의적 요소들을 포함하고 있을지도 모른다. 그러나 성공과는 무관하거나 집단에게 해가 되는 요소들도 포함되어 있을 수 있다. 키다리 부족의 사회 규범으로 인해서 이 모든 요소들이 집단 내에서 선호되기 때문에 좋은 요소와 나쁜 요소가 한 덩어리로 묶여 있어야만 진화할 수 있다. 집단 유전학 이론에서 나쁜 유전자와 중립적 유전자가 좋은 유전자와 연결되어 진화하는 편승 개념과 유사하다. 문화적 편승은 사람들이 무엇이 적응적인 행동인지 모르고(혹은 다른 사람들을 배척할 때 적응 문제를 고려하지 않고) 단순히 전통을 따르는 경우에 특히 잘 일어난다.

둘째로, 집단 수준에서 적응적인 행동들은 하나 이상의 규범에 의해 생겨날 수 있다. 다시 한 번, 개체 수준의 진화에 비유하는 것이 생각을 명확히 하는 데 도움이 될 것이다. 서로 분리된 열 개의 초파리 개체군에서 날개 길이에 대한 인위 선택 실험을 한다고 가정해 보자. 세대마다, 날개 길이가 가장 긴 개체들만 부모로 삼아서 다음 세대를 생산한다. 여러 세대가 지나면, 열 개의 개체군에서 모두 긴 날개가 진화할 것이다. 이제, 각 개체군에서 긴 날개를 만들어 낸 근접적 유전/발달 메커니즘을 살펴보자. 이 메커니즘은 개체군마다 다를 수 있다. 인위 선택의 과정은 긴 날개를 만드는 근접 메커니즘이 아니라 날개 길이만을 "본다". 따라서 개체군들이 표현형적 수준에서는 유사하더라도 그 표현형을 만들어 낸 근접 메커니즘의 수준에서는 반드시 같을 필요가 없다. 이런 종류의 실험이 실제로 실험실에서 이루어졌는데(Cohan, 1984), 여기서는 규모가 더 큰 자연 상태의 개체군이 대상이었으며, "수렴 진화convergent evolution"라는 개념으로 알려져 있다. 자연계는 서로 다른 방법으로 같은 일을 할 수 있도록 진화한 여러 종들로 가득 차 있다.

마찬가지로, 집단 선택이 인간 사회 집단을 적응적 단위로 진화시켰다고 할지라도, 집단의 안녕을 증진시키는 문화적 형질은 매우 다양하다. 어떤 사회에서는 감시와 공개적 망신을 통해 친사회적 행동을 달성할 수도 있고, 또 다른 사회에서는 어릴 때의 가치 내재화를 통해 달성할 수도 있다. 집단 선택은 결과를 만들어 내는 과정이 아니라 결과로 드러난 행동만을 "본다". 다음 장에서 우리는 인간 집단에서 친사회적 행동을 만들어 내는 메커니즘이 행동 그 자체보다 더 다양하다는 것을 보여 주는 증거들을 제시할 것이다.

우리의 몫을 확보하기

이야기를 계속 진행하기 전에, 네 장에 걸쳐 살펴본 여러 이론적 토대들을 다시 정리해 보는 것이 유용할 것이다. 우리는 인간의 도덕적 덕목들이 집단 내에서는 "거의 또는 전혀" 이득이 되지 않지만 집단 수준의 자연 선택에 의해 진화할 수 있다고 보았던 다윈의 추측에서부터 출발했다. 그런 다음 다윈의 아이디어를 수학적 형식으로 표현한 이타주의의 표준 모형을 소개했다. 우리는 집단 선택의 기본 재료들이 개체 선택의 기본 재료들과 동일하다는 점을 보였다. 이 재료들은 유전 가능한 차이가 존재하며 이 차이가 적합도의 차이를 가져오는 단위들의 집합이다.

우리는 또한 이타주의가 집단 선택에 의해 진화할 때, 여러 집단에 걸친 개체들의 적합도를 한꺼번에 평균하게 되면 언제나 이기주의의 한 형태로 보일 수 있다는 점을 설명했다. 우리는 이기주의를 "진화하는 모든 것"이라고 무의미하게 정의한다는 점에서, 이 방법을 "평균의 오류"라고 불렀다. 일반화된 형태의 평균의 오류를 옹호하려고 했던 사람은 아무도 없지만, 여러 구체적 사례들에서 평균의 오류를 찾아볼 수 있었으며 이러한 오류는 집단 선택이 진화에 개입하지 않는다는 잘못된 결론으로 우리를 이끌었다. 평균의 오류를 피할 수 있었더라면, 집단 선택이 거부당하고 다른 이론적 틀이 사회적 행동을 연구하는 토대로 자리 잡아 온 지난 30년간의 진화생물학의 역사는 완전히 달랐을 것이다. 아이러니하게도, 이론들 간의 관계를 제대로 파악했던 최초의 인물은 해밀턴(Hamilton, 1975)이었는데, 해밀턴조차도 집단 선택과 소위 그 대안이라고 불렸던 이론들에 대한 지킬 박사와 하이드 씨 식의 이해를 변화시키지 못했다.

3장에서는 다수준 선택 이론의 관점에서 적응을 어떻게 바라볼 수 있는지 논의했다. 우리가 제시한 절차의 첫 번째 단계는 다른 집단에 비해서 자신의 상대적 적합도를 극대화하도록 설계된 집단을 적응적 단위로 가정하는 것이다. 두 번째 단계는 한 집단 내의 다른 개체들에 비해 자신의 상대적 적합도를 극대화할 수 있는 개체를 적응의 단위로 가정하는 것이다. 이 두 단계는 매우 직관적인 기능적 설계의 관점에서 생각할 수 있기 때문에 비교적 간단하다. 어떤 형질이 자연 선택에 의해 진화하는 경우, 1단계와 2단계는 실제 개체군이 위치할 수 있는 범위를 정해 준다. 세 번째 단계에서는 자연 선택의 기본 재료들을 각 단계별로 검토해서 순수한 집단 간 선택과 순수한 집단 내 선택이라는 양 극단 사이의 어디쯤에 개체군이 위치하게 될지를 검토한다.

세 단계로 이루어진 위의 절차는 집단 선택이 중요한 진화적 힘으로 작용하기 위해서 집단 구성원들이 반드시 유전적으로 관련되어 있을 필요는 없음을 분명하게 보여 준다. 많은 통찰을 제공했음에도 불구하고, 친족 선택 이론은 계통적 관련성이 이타주의 진화의 유일무이한 메커니즘이라고 보는 편협한 관점으로 사람들을 이끌었고, 이 이론이 널리 받아들여졌기 때문에 사회생물학의 핵심 질문인 적응의 문제는 빛을 잃게 되었다. 다수준 선택 이론은 핵심 문제로 **적응**에 초점을 두고 생물학적 위계상의 모든 수준에서 일어나는 적응의 진화에 필요한 자연 선택의 기본 재료들 — 표현형의 차이, 유전성, 적합도 — 을 검토함으로써 이러한 관점을 확장시킨다. 이타주의는 이처럼 광범위한 이론적 틀에서만 이해될 수 있다.

이러한 이론적 틀은 특히 인간 행동의 진화와 관련이 있다. 인간 사회 집단은 매우 잘 조직되어 있는 것처럼 보이며 수 세기 동안 초유기체로서 이해되어 왔다. 많은 진화생물학자들은 인간 집단의 유전적 구조가 벌집이나 산호초 군락과 다르다는 이유에서 이러한 해석을 거부했다. 다수준 선택 이론은 이러한 반박에 의문을 제기하며 인간 집단도 자연 선택의 기본 재료들을 이용해서 연구할 것을 요구한다. 다수준 선택 이론의 기준에 따르면, 집단 선택은 인류 진화에서 매우 강력한 힘으로 작용해 왔던 것 같다. 계통적 관련성을 대체할 수 있는 메커니즘은 여러 종에 적용될 수 있지만 특히 인간에게 잘 들어맞는다. 그 이유는 이 메커니즘이 복잡한 인지 능력과 (어떤 경우) 행동의 문화적 전승을 필요로 하기 때문이다. 따라서 다수준 선택 이론은 인간이 초사회적인 이유뿐만 아니라 고유한 형태의 집단 선택을 겪게 된 이유를 설명할 수 있는 잠재력을 지니고 있다.

주석

1 원칙적으로, 다인자적 형질에서 일어나는 안정화 선택은 부적응적 변산을 생성하지 않고도 적응적인 평균 표현형을 만들어 낼 수 있다. 예를 들어, 100개의 유전자좌遺傳子座, loci에 +유전자와 −유전자가 위치할 수 있고, 안정화 선택이 0의 값을 선호하는 경우, 50개

의 유전자좌에 −유전자가, 나머지 50개의 유전자좌에 +유전자가 위치하게 되면 분산이 0이 될 수 있다. 그러나 이러한 배열에 대해서는 선택이 약하게 작용할 것이고, 100개의 유전자좌에서 모두 돌연변이가 일어나는 경우와 대립할 것이다. 돌연변이와 선택 사이의 균형이 적응적 평균을 중심으로 연속적인 부적응적 변산을 만들어 낸다. 더 자세한 논의는 Ridley (1993)을 참고하라.

2 사이먼(Simon, 1990)은 고분고분함docility 또는 사회 규범을 기꺼이 따르려는 마음이 이타주의 진화에서 중요한 메커니즘이라고 강조했다. 그는 자신의 모형이 집단 선택의 대안이라고 해석했으나 집단 내 적합도와 집단 간 적합도의 상대적 차이에 집중하지는 않았다. 사이먼의 모형을 다수준 이론으로 번역하면 우리가 여기서 발전시키고 있는 주제와 가까워진다. 그러나 사회 규범을 기꺼이 따르려는 마음은 그 규범이 공평하다고 합의된 정도에 따라 달라진다는 점을 강조할 필요가 있다(Boehm, 1993). 다수준 선택 이론은 사람들이 집단 내 착취에 기여하는 사회 규범에는 맹렬하게 저항할 것이라고 예측한다(Wilson and Sober, 1996).

3 사회 규범의 내적 안정도는 보상과 처벌을 가할 수 있는 능력에 따라서 달라진다. 예를 들어 "사기꾼을 처벌하라"는 규칙은 남을 속이지 않으면서 속이는 사람을 처벌하지도 않는 무임승차 전략에 취약하다. "사기꾼과, 사기꾼을 벌하지 않는 사람들을 처벌하라"는 더 높은 차원의 규칙이라도 여전히 속이지도 않고 속이는 사람들을 처벌하지만 처벌하지 않는 사람들을 처벌하지 않는 무임승차 전략에 취약하다. 보이드와 리처슨(Boyd and Richerson, 1992)은 일반화된 처벌 규칙이 이러한 무한 회귀를 벗어나서 사회 규범이 집단 내에서 정말로 안정적이 될 수 있도록 해 준다고 제안했다. 우리는 이러한 주장을 확신하지 못하겠다. 오히려 사회 규범이 궁극적으로는 약하게 이타적인 형질에 의존하는 것이 아닐까 생각한다. 어떤 경우라도, 저비용 이차 행동이 존재한다고 가정할 때, 일차 행동의 폭넓은 다양성은 내적으로 안정적일 수 있다.

.5.

적응 단위로서의 인간 집단

우리는 인간 집단이 잠재적으로 벌집이나 산호초 군락, 기능적 조직 안의 단일 개체들에 비견할 만한 적응적인 단위라고 설명했다. 수 세기 동안 인간 사회를 묘사하기 위해서 초유기체적 상징이 사용되어 왔다는 점에서 이러한 그림은 일부 지적 전통과 조화를 이룬다. 그러나 인문과학에서의 방법론적 개체주의나 진화생물학에서의 개체주의적 관점 같은 지적 전통과는 충돌한다.

지금까지 우리의 그림은 친족이 아닌 개체들로 이루어진 큰 집단이 어떻게 적응적 단위로 진화할 수 있는지를 보여 주는 이론적 모형들에 기초를 두고 있었다. 이 장에서는 이 모형들이 실제 인간 사회를 얼마나 잘 설명하는지 검토할 것이다. 이 모형들을 검토하는 한 가지 방법은 인간 행동의 구체적인 한 측면을 골라서 우리가 3장에서 소개했던 세 단계 절차를 따르는 것이다. 예를 들어 의사결정은 적합도와 핵심적으로 관련되어 있는 인지적 과정이다. 결정을 내리는 일은 문제에 대한 몇 가지 가능한 해법을 상상하고, 관련 정보를 수집하고, 대안들을 검토하는 과정을 포함한다. 이 모든 단계는 결합 행동과 분업, 병렬적 처리, 그 밖에 집단이 조화롭게 상호작용할 때 얻을 수 있는 것들로부터 도움을 받을 수 있을 것이다. 따라서 인간 집단이 생물학적, 문화적으로 통합된 의사결정의 단위로 기능하도록 진화했을 것이라고 생각해 볼 수 있다(3장에서 설명한 절차의 1단계). 개인이 집단 내에서의 상대적 적합도를 극대화하려고 노력하는 자급자족적인 의사결정자로 기능하는 것도 가능하다(2단계). 윌슨(Wilson, 1997)은 의사 결정에 관한 심리학 문헌들을 개관하여 인간 집단이 위의 두 가지 극단적인 가능성 사이의 어디쯤에 위치하는지 검토했다. 인간 행동에 관한 방대한 과학적 문헌들을 이용하면 예비 조사 수준에서라도 여러 다른 주제들을 같은 방식으로 검토해 볼 수 있다.

이 장에서 우리는 전 세계에 걸친 인류 문화에 대한 조사 연구를 수행함으로써 다소 다른 접근 방식을 택한다. 우리의 목적은 인간 행동의 특정한 측면 하나에 집중하는 것이 아니라, 이론적 모형들에서 인간의 생물학적, 문화적 진화에서 집단 선택이 중요한 힘으로 작용하도록 만드는 것으로 확인된 주요 요인들을 검토하는 것이다. 여기에는 적은 비용으로 시행 가능한 사회 규범과 동류적 상호작용에 의한 집단 형성, 집단 간 대체 과정이 포함된다. 우리의 분석은 문화 간 비교를 위해 설계된 인류학 데이터 베이스(Murdock, 1967)인 인간 관계 지역 자료(HRAF, Human Relations Area Files)에서 무작위로 선택된 25개 문화권에서 이루어진 조사에 바탕을 두고 있다. 우리는 선택된 문화권에 대한 보다 구체적인 연구들을 살펴봄으로써 우리 분석에서 가장 핵심적인 부분들을 정교화하고자 한다.

무작위로 선택된 문화들에 대한 조사 연구

인간의 문화는 너무 다양하기 때문에 일반화하려는 시도는 실패할 수밖에 없다는 주장도 있다. 이런 평가는 지나치게 비관적이지만, 곳곳에 도사리고 있는 편향의 위험을 피해야 하는 것은 사실이다. 가장 흔히 발견되는 편향은 자신의 관점을 보여 주기 위해서 문화를 입맛대로 고르는 것이다. 통계를 선택적으로 사용하면 어떤 주장이든지 뒷받침할 수 있다. 마찬가지로, 인류학 문헌에서 발견되는 일화들을 골라내면 사실상 인간 본성에 대한 어떤 주장이라도 뒷받침할 수 있다. 이 문제를 피하는 방법은 문화의 **무작위 표본**random sample을 대상으로 연구하는 것이다. 무작위 표본을 이용한 연구를 위해서 인류학자들은 인간 관계 지역 자료(HRAF)라는 데이터 베이스를 구축했다. HRAF는 수백 개 문화의 민족지를 여러 범주로 부호화하고 색인화한 정보를 담고 있다.[1] 범주들 중 하나는 "규범"(코드 #183)으로, 다음과 같이 정의된다.

> 관습에 대한 본래의 정의와 과학적 정의(예를 들어 이상적 양식으로서의 관습, 허용되는 다양성의 범위로서의 관습, 관찰된 행동을 바탕으로 한 통계적 추론으로서의 관습); 긍정적 규범과 부정적 규범(예를 들어 습속, 터부); 말로 표현된 규범과 암묵적 규범; 정서적 가치와 상징적 가치를 이용한 규범의 운용(예를 들어 원규mores, 이상화); 이상과 행동 간의 불일치; 규범의 구성(예를 들어 문화 복합체, 제도)

HRAF에 포함된 어떤 문화에서든 규범에 대해서 알고 싶다면 해당 문화에서 코드 #183을 찾아보면 된다. 그러면 마이크로 필름으로 찍힌 원래의 민족지 자료 중에서, 가장자리에 183이라는 숫자가 적힌 규범과 관련된 쪽page을 보게 될 것이다. 수백 개의 다른 주제들에 대한 코드 번호들도, 수천 쪽의 민족지 자료들의 해당 쪽 가장자리에 적혀 있다. 컴퓨터가 발달하지 않았던 시절에 HRAF를 구축하는 일은 매우 힘든 일이었다.

조사를 위해서 우리는 조사가 이루어진 당시에 사용 가능했던 버전의 HRAF에 포함된 354개의 문화들 중에서 25개를 무작위로 선택했다.[2] 그 다음으로 각 문화에서 코드 #183에 해당하는 최소 5쪽에서 최대 10쪽 분량의 자료를 수집했다. 무작위로 선택한 문화에서 해당 내용이 5쪽 미만이면 그 문화는 제외하고, 다시 무작위로 다른 문화를 선택했다. 10쪽이 넘는 문화에 대해서는 내용에 관계없이 첫 10쪽만 수집했다. 우리가 사용한 무작위 표본에 포함된 문화들은 표 5.1.에 나와 있다. 이 문화들은 원시 상태에 가까운 수렵-채집 집단에서부터 인도의 카스트 체계나 태평양 연안 북서부 지역의 북미 원주민들처럼 고도로 계층화된 사회까지 다양하다.[3] 우리 인

표 5.1. HRAF 데이터 베이스에서 무작위로 선택된 25개 문화권의 예. 코드는 HRAF에서 각 문화를 분류할 때 부여하는 번호다.

문화	코드	지역	생계수단
세노이	AN6	아시아	수렵, 채집, 화전농업
아프가니스탄	AU1		목축, 농업
타밀	AW16		농업
빌	AW25		농업, 예전에는 수렵, 채집
음부티	FO4	아프리카	수렵, 채집
크펠레	FD6		농업
탈렌시	FE11		농업
소말리	MO4	중앙아시아	이동성 목축
암하라	MP5		농업, 축산
펠라힌	MR13		농업
누트카	NE11	북아메리카	어업
아미쉬	NM6		농업
나바호	NT13		농업, raiding
메스칼레로	NT25		수렵, 채집, raiding
파파고	NU28		사막 농업
마누스	OM6	오세아니아	어업
뉴아일랜드	OM10		농업
트루크	OR19		어업, 농업
얍	OR22		어업, 코코넛 재배
사모아	OU8		어업, 농업
길략	RX2	러시아	어업, 해수류 사냥
추크치	RY2		수렵, 순록 유목
토바	SI12	남아메리카	수렵, 채집, 농업
쿠나	SB5		어업
파에즈	SC15		농업

류의 전형적인 특징이라고 할 수 있는 문화적 다양성이 우리가 선정한 표본에 잘 나타나 있으며, 우리의 조사에서 도출되는 일반적 결론은 HRAF

데이터 베이스에 포함되어 있는 대부분의 다른 문화들에도 적용될 수 있다. 이 표본을 두고 우리가 주장하고자 하는 바를 뒷받침하기 위해서 문화들을 입맛대로 골라냈다는 비판은 할 수 없을 것이다.[4]

무작위 표본을 사용했다고 하더라도, 어떤 주장을 뒷받침하기 위해서 특정한 구절을 골라낼 수도 있을 것이다. 이러한 편향을 피하고 인간 행동에 대한 말로 되어 있는 설명을 통계 분석이 가능한 숫자의 형태로 바꾸기 위한 방법들이 개발되어 있다. 예를 들어 Q분류법Q-sort은 문장이 적힌 카드를 분류하는 방법이다(Block, 1978; Tetlock, Peterson, McGuire, Chang, and Feld, 1992). 한 사람이 어떤 설명을 들은 뒤에, 주어진 카드에 적힌 문장이 이 설명에 얼마나 잘 맞는지를 판단해서 매우 적절함 범주에서부터 매우 부적절함 범주까지 나누어진 몇 개의 범주들 중 하나로 카드를 분류한다. "개인의 행동이 사회 규범에 의해 강하게 규제된다"는 문장이 카드에 적혀 있다면, 이 카드는 특정한 구절이 아니라 전체적인 설명에 기초해서 적절하거나 부적절한 정도에 따라 분류되게 된다.

Q분류법 같은 양적 분석 방법이 분류자의 편향을 제거해 주는 것은 아니다. 같은 내용을 읽더라도 사람에 따라서 카드를 다른 방식으로 분류할 수 있다. 또한, 본래의 설명을 작성한 인류학자들도 완벽하게 객관적이지 못하며 때로는 이념적으로 크게 편향되어 있다. 마르크스주의자, 자유지상주의자libertarian, 자유주의자liberal, 여성주의자들은 같은 문화라도 매우 다르게 묘사할 것이다. 이러한 편향은 동일한 문화권에 대한 여러 설명에 대해서 Q분류를 시행할 때 여러 명의 분류자를 동원하면 어느 정도 극복할 수 있다. 야심 찬 조사 연구라면 최소한 세 명 이상의 인류학자들에 의해 연구된 문화들만 대상으로 할 수도 있다. 각 민족지 자료들을 연구의 목적을 모르는 세 명의 분류자가 읽는 것이다. 이러한 설계는 민족지 학자들 간의 차이와 분류자들 간의 차이로부터 진정한 문화 간 차이를 구분해 낼 수 있도록 해 줄 것이다.[5]

이 모든 예방책에도 불구하고, 또 다른 편향이 끼어들어 우리를 잘못된 결론으로 이끌 수 있다. 예를 들어 우리는(HRAF에 불균형적으로 더 많이 기여하고 있는) 대부분의 초기 민족지 자료들이 부족 사회의 사회 규범의 중요성을 지나치게 강조하고 있다는 이야기를 들었다. 동일한 사회에 대한 이후의 연구들에서는 더 유연하고 개인주의적인 면이 있다는 사실이 밝혀지는 경우도 종종 있다. 인류학자들이 타 문화를 해석하는 방식이 수십 년에 걸쳐 변화했을 수 있다. 초기 민족지 자료와 최근의 민족지 자료에 대한 Q분류 결과를 비교해 보면 이러한 점을 확인할 수 있을 것이다. 그러나 지식이 언제나 진보하고 현대의 민족지 학자들이 예전의 민족지 학자들보다 예외 없이 더 계몽되었을 것이라는 가정은 피해야 한다. 진화 이론에 영감을 받은 최근의 인류학 연구들은 모든 문화권의 사람들을 자신의 포괄적 적합도를 극대화하기 위해 약삭빠르게 계산하는 자유 행위자로 묘사하는 경향이 있다(예를 들어 Betzig, Borgerhoff Mulder, and Turke, 1988; Betzig, 1997). 이러한 관점은 언제나 발전하는 민족지 연구가 진실에 다가간 결과가 아니라 진화생물학으로부터 도입된 정보를 바라보는 창으로 작용하는 개념틀에서 비롯된 것이다. 우리는 선배 학자들의 편향뿐만 아니라 우리 자신의 편향도 조심해야 한다. 앞으로 살펴보겠지만, 우리 조사에서는 많은 민족지 학자들이 사회 규범의 중요성과 그 규범 내에서 즉흥적 변화를 가져올 수 있는 자유의 중요성을 모두 인식하고 있다.

우리는 위에서 소개한 야심 찬 조사 연구를 실현하기 위해서, 이론적 모형들이 제기한 주요 문제들을 설명할 수 있는 Q분류법을 개발하고 있다. 그러나 이 장에서는 일반적인 경향성을 보여 주는 구절들을 인용하면서, 비교적 덜 형식적인 조사 결과를 기술하고자 한다. 우리는 무작위 표본을 얻는 첫 번째 단계는 거쳤지만, 조사 자료의 선택적 인용을 비롯한 다른 편향들을 피하기 위한 나머지 단계들은 아직 거치지 않았다. 물론, 우리는 조사 결과를 의도적으로 왜곡하지는 않았으나 과학적 방법의 목표는 의도하지 않은 편향을 제거하는 것이다. 따라서 더 야심 찬 조사 연구가 완료되기 전까지 우리의 결론은 예비적인 것으로 간주되어야 한다.

우리의 편향에 대해서 논의했으므로, 독자들이 가질 수 있는 편향에 대해서도 생각해 볼 필요가 있다. 우리는 서론에서 독자들이 개체 수준의 기능주의, 집단 수준의 기능주의, 그리고 반기능주의라는 세 가지 광범위한 지적 전통을 바탕으로 하고 있을 것이라고 이야기했다. 각 독자들은 우리 결론의 일부는 타당하다고 — 심지어는 자명하다고 — 생각할 수도 있는 반면에 다른 결론들에 대해서는 회의적일 것이다. 불행히도, 어떤 결론이 타당한지에 대한 생각은 세 가지 지적 전통에서 각기 다를 것이다. 개체 수준의 기능주의는 진화생물학과 인문과학에서 지난 30년간 지배적인 전통이었다. 우리의 첫째 목표는 인간 집단이 적응의 단위로 기능할 수 있음을 보여 줌으로써 이러한 편향을 수정하는 것이다. 그러나 집단 수준의 기능주의자들에게는 인간 집단이 반드시 적응의 단위로 기능하지는 않는다는 것을 보여 줘야 한다. 지구상에서 가장 많은 특권을 누리고 있는 존재인 인류는 자신의 집단 내 상대적 적합도를 증가시키는 동시에 자신을 집단 수준의 유기체로 통합시킬 수 있다. 자연스럽게 형성되었거나 사람들 스스로 만들어 낸 개체군 구조에 따라서 그 결과는 달라진다. 반기능주의자들에게는 그들이 부분적으로는 옳다고 이야기할 수 있다. 많은 인간 행동들은 문화 체계라는 맥락을 벗어난 편협한 기능주의적 관점으로 설명될 수 없다. 그러나 이 점을 받아들이는 것이 진화 이론을 거부한다는 의미는 아니다. 우리는 인간 행동이 다원주의적 틀에서 건설적으로 연구될 수 있다는 입장이다. 다수준 선택 이론은 세 가지 지적 전통의 요소를 모두 포함하고 있다.

이러한 주의 사항들을 염두에 두고, 이제 인간 문화에 대한 언어적 설명이 어떻게 이론적 모형의 가정과 예측에 부합되는지 알아보기로 하자.

사회 규범의 중요성

사회 규범은 이타적 일차 형질의 비용과 이득을 대체하고 집단 선택으로 형성된 내적으로 안정적인 사회 체계의 다양성을 만들어 내며, 그 결과 집단 수준의 적응이 선호될 수 있다. 사회 규범은 모든 문화에 존재하지만 규범의 강도와 집단 내에서의 행동을 규제하는 정도에는 문화마다 차이가 있을 수 있다. 인간 행동에 대한 최근의 진화적 관점들에서는 개인이 자신의 포괄적 적합도를 극대화하기 위해서 어떤 전략이라도 취할 수 있는 자유 행위자로 묘사하는 경향이 있다. 사회 규범의 존재를 부정하는 것은 아니지만 행동의 규제에 있어서 작은 역할을 담당한다고 보는 것이다.

반대로, 우리 조사 결과는 대부분의 문화에서 인간 행동이 사회 규범에 의해 매우 강하게 규제된다는 것을 보여 준다. 우리 표본에 포함된 문화들 대부분에서 다음과 같은 구절을 찾아볼 수 있다. "사회적으로 받아들여지는 삶의 방식이나 가치에 대한 위반은 아무리 작은 것이라도 범죄가 될 수 있다. … 경제적, 사회적, 종교적 삶의 모든 측면에 대한 권리와 의무의 체계를 규정하는 방대한 법률이 있으며 매우 철저하게 지켜진다"(빌 문화에 대한 설명; Naik, 1956: 223), "사회적 삶의 행위들은 모두, 중요한 것이든 그렇지 않은 것이든, 심지어 문중 사람의 복수를 위한 싸움으로 목숨을 잃는 행위까지도, 종교적 세계관의 정언 명령이며 어떤 망설임이나 충동도 허락되지 않는다"(길략 문화에 대한 설명; Shternberg, 1933: 116), "가족의 일상에서 가장 사소하고 일상적인 행위조차도 잠재적으로 집단 전체의 주요 관심사가 될 수 있다. … 상상할 수 있는 모든 활동을 포괄하는, 일반적으로 받아들여지는 행동 양식이 존재해야만 한다는 것이 중요하다"(음부티 문화에 대한 설명; Turnbull, 1965: 118).

미국 남서부 지역의 파파고족을 관찰한 사람들은 소규모 부족 사회에서 일어나는 사회적 통제의 일반적 역동을 다음과 같이 요약했다.

> 여론은 수용 가능한 기준에서 벗어난 사람들을 비난한다. 구성원들이 서로를 잘 알고 어떤 일들이 일어나는지도 알 수 있는 소규모 공동체에서는 이것이 강력한 힘을 발휘한다. 파파고 사회에서는 표준에서 벗어나는 인습의 변형은 거의

> 존재하지 않는다. 삶의 지침은 모두에게 적용된다. 부자이거나 마을 지도자의 지위를 가지고 있거나 특별한 능력이 있다고 하더라도 이 지침을 무시할 수 없다. … 사회적으로 승인된 방식을 따르지 못하면 모두가 그 사실을 알게 될 것이고 비난이 뒤따르게 될 것이라는 사실은 원규를 위반하지 못하도록 하는 강력한 규제 장치로 작용한다(Joseph et al., 1949: 166).

이러한 서술들이 어떤 독자들에게는 자명하게 보이겠지만, 어떤 독자들은 자신이 연구하는 문화의 진정한 본질을 이해하지 못하는 인류학자들의 실책이라고 생각할 수도 있을 것이다. 위의 진술들이 틀렸다면 그것은 중대한 실책이 될 것이다. 왜냐하면 이러한 진술들은 우리의 무작위 표본에 포함된 문화들의 대부분에서 발견되며, 따라서 (십중팔구는) HRAF 데이터 베이스 전체의 대부분의 문화들에서 그러할 것이기 때문이다. 만약 위의 진술들이 대략적으로 맞는다면, 대다수의 문화에서, 그리고 아마도 인류 역사에 걸쳐서, 인간 행동은 사회 규범에 의해 강하게 규제되어 왔다는 결론을 내릴 수 있을 것이다. 이러한 결론은 공통의 경험에 바탕을 두고 있는 어떤 사람들에게는 명백해 보일 것이다. 형식 과학의 언어로 인간 행동을 설명하려고 노력하는 사람들에게는 더더욱 의미 있을 것이다. 이 결론은 계통적 관련성을 대체하는 메커니즘을 지지하는 증거를 제공함으로써 인류 진화에서 집단 선택이 강력한 힘으로 작용하였음을 보여 준다.

사회 규범의 시행에 드는 비용

4장에서 우리는 사람들이 매우 적은 비용만으로도 다른 사람의 적합도를 크게 향상시키거나 감소시킬 수 있는 경우가 종종 있다고 주장했다. 친족이 아닌 개인들로 구성된 집단의 사회 규범을 유지하고 이타주의를 증폭시키는 데 있어 저비용의 보상과 처벌은 필수적이다. 우리 조사에서는 저비용의 보상과 처벌이 가장 강력한 생물학적 충동조차도 제지할 수 있음을 보여 주는 많은 사례를 찾아볼 수 있다. 시베리아 동부 지역의 길략 사회에서 여러 해를 지냈던 한 민족지 학자는 금지 규범을 명백히 위반한 사례가 단 세 번밖에 없었다고 기록하고 있다(Shternberg, 1933: 184). 첫 번째 사례는 나이 든 남성이 자신의 아들과 같은 나이의 아내를 새로 들인 경우다. 아버지가 죽은 뒤에 그 아들은 새어머니와 얼마 동안 함께 살았다(아마 성적인 관계도 있었을 것이다). 자신과 나이가 같은 여성에게 이끌리는 것이 우리가 보기에는 자연스러운 일일 수 있지만 이 사건은 공동체 전체를 충격에 빠뜨렸고 사람들은 그를 "괴물 같은 사람"이라고 했다. 두 번째 사건은 한 남성이 자신의 문중 여자들이 시집 간 사돈 집안의 여자와 결혼한 경우다. 우리의 관점에서는 근친상간에 해당하지 않지만, 길략 문화에서는 결혼 규범을 위반한 사례다. 세 번째 사건은 형이 과부가 된 동생의 아내와 결혼한 경우다. 정상적인 절차는 문중 사람들이 모여서 과부의 재혼을 결정하는 것이다. 길략 사회의 규칙에 따르면 형은 동생의 부인에 대한 "어떠한 권한도 없다."[6]

세 사례 모두 번식이라는 생물학적 적합도 문제와 관련되어 있다. 생물학적인 관점에서는 규범을 어긴 사람들이 배우자를 찾기 위한 경쟁에서 매우 적절한 행동을 했던 것뿐이라고 볼 수도 있다. 짝을 찾으려는 욕구는 가장 강력한 생물학적 충동 중 하나이고 여성을 얻기 위한 남성들 간의 경쟁은 사회적 삶의 가장 파괴적인 일면이다(Daly and Wilson, 1988). 어떻게 이처럼 강력한 충동이 사회 규범으로 억제될 수 있으며, 이러한 규범을 시행하는 사람들이 치러야 하는 비용은 무엇일까? 슈턴버그(Shternberg, 1933: 184)에 따르면, "처음 두 사례에서 규범을 위반한 사람은 자발적 망명을 택해야 했다. 예를 들어 일반적인 도편 추방 시 받을 수 있는 문중의 도움을 모두 박탈당한 채, 스스로 정착지를 떠나 외로운 삶을 살아야 했다."[7] "자발적 망명을 택해야 했다"는 놀라운 구절은 우리가 4장에서 강조했듯이 보상과 처벌을 적용하는 데 잠재적으로 적은 비용이 든다는 점을 시사한다. 사회 규범을 시행하는 사람들은 규범을 위반한 사람과 싸우거나, 많은 시간과 에너지를 들이거나, 위험을 감수할 필요가 없다. 그저 변절자가 망명을 떠나야 한다고 결정하기만 하면 되고, 일어날 일이 일어나는 것뿐이다. 힘의 균형은 집단을 가장 선호하기 때문에 실질적인 경쟁은 일어나지 않는다.

규범을 위반하는 사건이 매우 드물었다는 점도 주목할 만하다. 사실, 세 명의 규범 위반자 중 두 명은 자기 민족의 관습을 얕잡아보는 "러시아화된 길략인"으로 묘사되었다. 슈턴버그는 "다른 문화의 영향을 받은 마음 상태와 밀접한 관련이 있는 예외적인 사례"라고 기술했다. 슈턴버그에 따르면 길략인들은 일반적으로 금지된 범주의 결혼에 대해서 우리 사회에서 근친상간이나 동성애에 대해 보이는 것과 같은 본능적인 혐오감을 나타낸다. 규범은 굳이 강제할 필요가 없을 정도로 깊이 내재화되어 있다.

멜라네시아 섬의 레수Lesu 사회에서도 저비용 규범 시행의 사례를 찾아볼 수 있다(Powdermaker, 1933: 323). 한 남성이 키우던 돼지가 다른 남성의 정원에 침입해서 타로를 먹어 버렸다. 정작 피해자는 화를 내지 않았지만 돼지 주인은 이 사건에 대한 소문이 돌아서 자신의 위신이 떨어질까 봐 안절부절못했다. 돼지 주인은 "소문"을 막기 위해서 피해자에게 돼지를 한 마리 주려고 했다. 피해자는 이것이 어리석은 일이라고 대답하면서 다른 사람들에게 이 사고는 잊혀져야 한다고 선언하는 것으로 입막음을 했다. 이것은 가십(소문)이 어떻게 강력한 형태의 사회 통제 장치로 기능하는지 보여주는 여러 사례들 중 하나다. 이 사례에서 규범을 시행하는 데 드는 비용은 무엇일까? 피해를 입은 사람은 피해를 준 사람을 용서하고 보상을 거절하는 것 이외에는 아무것도 하지 않았다. 소문을 퍼뜨린 사람들은 이 일에 대해 이야기하지 않았더라도 다른 것에 관해 이야기를 했을 것이다. 돼지 주인이 그렇게 회복하고 싶어했던 위신은 자유자재로 주어지거나 빼앗길 수 있는 마법의 물질 같은 것이다.

사회 규범이 전능하지는 않다

대부분의 문화에 강력한 사회 규범이 존재함에도 불구하고, 우리 조사에 따르면 사람들이 벌을 받을 수 있는 위치에 있을 때는 몰래, 그렇지 않을 때는 공개적으로, 자기-이익을 위해 규범을 위반하려는 시도를 한다. 규범을 위반하려는 강력한 충동이 없다면 강력한 사회 규범도 필요하지 않을 것이다. 우리는 인간 집단이 언제나 적응적 단위로 기능한다고 주장하려는 것이 아니며, 우리 조사 결과도 이러한 주장을 뒷받침하지 않는다. HRAF에 포함된 민족지를 기록한 많은 인류학자들은 꿈꾸는 낭만파가 아니다. 그들은 집단의 안녕을 해치는 자기 본위적 행동들을 재빨리 알아차렸다. 우리 조사에서는 다음과 같은 구절들이 자주 발견되었다. "초자연적인 것들의 친절한 보살핌과 의식과 전통의 이로운 영향, 그리고 대부분의 사람들이 가진 고결한 직업에도 불구하고, 아파치인들은 요술과 속임수, 배은망덕함, 비행이 드물지 않게 일어나는 세상을 마주하고 있었다"(Hoijer and Opler, 1938: 215). "정치적 조율을 담당하는 대변인은 뇌물과 속임수에 노출되어 있었다. 지위 상승을 원하는 사람들은 기꺼이 뇌물을 제공할 준비가 되어 있었다"(사모아; Mead, 1930: 21). "사회적 의무의 중요성에 민감하면 공격적으로 자기 권리를 주장하는 경향성을 감출 수 있다. … 그들은 부도덕한 사람들은 자신의 목적 달성을 위해서라면 망설임 없이 규칙을 위반한다고 말한다"(탈렌시; Fortes, 1945: 9). "규범을 어기거나, 참지 않고 요구하거나 소리를 질러서 감정적인 요구를 하는 방법을 쓰면 식량에 대한 접근성이 높아진다"(토바, Henry, 1951: 218).

규제된 행동과 규제되지 않은 행동들 간의 끊임없는 갈등에 대해서는 리베리아 중부의 크펠레 사회를 관찰한 인류학자가 잘 기술해 두었다.

> 이 목표들에 도달하는 길은 크게 두 가지이다. 자원을 획득하기 위해서 열심히 노력하고 자원을 효율적으로 관리하고 공평함에 대한 좋은 평판을 얻는 방법과

> 요술, 마법, 도둑질, 다른 사람을 이용하는 방법이 있다. 후자는 편리하면서 위험하지만, 야심만만한 사람들은 대부분 권력을 얻기 위해서 규제된 행동과 규제되지 않은 행동을 조합해서 사용한다. 과도한 야망은 이를 처벌하려는 여러 가지 힘에 의해서 통제된다. 공회당이나 마을 지도자의 법정에서 지나치게 야망이 큰 사람들에게 벌금을 물리거나 공개적으로 조롱받도록 하는 처벌을 가한다. 비밀 조직과 조(Zo, "주술사")에게는 신속하고 치명적인 처벌을 시행할 권한이 있다. 마지막으로, 가십으로 퍼져 나가는 여론의 힘과 그 밖에 다른 형태의 괴롭힘을 통해 개인을 통제한다(Lancy, 1975: 29).

여기서 논의하는 "두 가지 길"은 집단 전체에 이로운(혹은 방해되지 않는) 행동과 같은 집단에 속한 다른 사람들을 희생시켜서 개인의 이익을 취하려는 행동을 말한다. 민족지 학자의 글은 다수준 신덱 이론의 주요 범주들에 잘 부합한다.

사회 규범과 문화적 다양성

사회 규범의 중요성을 입증했으므로 이제는 사회 규범이 규제하는 일차 행동으로 주제를 옮겨 보자. 규범의 내용은 상당 부분 문화에 따라 결정된다. 이집트 펠라힌 사회에서는 "같은 성별끼리는 서로 비슷한 복장을 하는데, 이 관습을 준수하는 것은 사회적 평등에서 매우 중요하다. 펠라힌 문화에는 '음식은 네가 먹고 싶은 것을 먹되 옷은 다른 사람들이 입는 대로 입어라'는 격언이 있다"(Ammar, 1954: 40). 그러나 태평양 군도의 사모아에서는 "새로운 아이디어에 대한 제약은 없으며 보기에 좋은 것이라면 어떤 새로운 것도 기꺼이 받아들여진다"(Grattan, 1948: 117). 북아메리카 아미쉬 사회에서는 "결혼의 규범은 사랑이 아니라 존경이다"(Hostetler, 1980: 156). 그러나 콜럼비아 고원지대의 파에즈 사회에서 "아내는 남편에 대한 사랑의 징표로 정성을 다해서 알록달록한 끄탄드 야하스keutand yahas를 만들어 줄 것이다"(Bernal Villa, 1953: 188). 누트카 사람들의 성격은 "공격적이지 않고, 상냥하고, 폭력과 갈등 상황을 싫어한다"고 묘사된다(Drucker, 1951: 456). 반면에, 암하라 남성들은 "엄격한 금식만이 공격적 충동을 억제할 수 있는 방법이라고 생각하며, 아이들이 무례하고 공격적이 되지 않게 하려면 매를 아끼지 말아야 한다고 믿는다"(Levine, 1965: 85).

다음과 같은 에티오피아의 사례에서 볼 수 있듯이, 어떤 사회 규범들은 모든 수준에 걸쳐서 매우 역기능적인 것 같다.

> 더 구체적인 다른 규범들은 암하라 사람들의 창의성을 꺾는 결과를 가져왔다. 손으로 무언가를 하는 것 — 사회적으로 대우를 받지 못하는 장인이나 노예들과 유사한 일을 하는 것 — 을 업신여기는 분위기에서 물질에 대한 실험은 억제되었다. 따라서 농민들은 자연으로부터 먹거리를 얻기 위해서 천 년 동안 써 온 초보적인 도구만을 이용해 왔고 목공 기술을 발전시키기보다는 숲에서 적당한 모양을 갖춘 나뭇조각을 찾아서 쓴다(Levine, 1965: 87).

이 사례는 우리가 조사한 표본에 있는 다른 많은 문화들에서 공예 기술이 크게 발전했고 일정한 한계 내에서 혁신이 장려되었던 것과는 대조를 이룬다.

우리 조사에는 인류의 가장 큰 특징이라고 할 수 있는 행동의 다양성이 잘 나타나 있다. 다양성이 존재하는 것은 확실하지만 그 원인은 분명치 않다. 일부는 기능적 관점에서 설명할 수 있지만, 기능주의가 모든 다양성을 설명하기에 알맞은 것 같지는 않다. 정말 누트카에서는 유머 감각이 있는 것이 기능적이지만 암하라에서는 그렇지 않고, 결혼 생활에서 애정을 표현하는 것은 파에즈에서는 기능적이지만 아미쉬에서는 그렇지 않고, 패션 감각은 사모아에서는 기능적이지만 펠라힌에서는 그렇지 않을까? 인간 행동에 대한 진화적 접근을 경계하는 사람들은 (진화적 기능주의를 포함한) 기능주의로 인간 행동의 다양성의 모든 측면을 설명할 수 없다고 주장하곤 한다. 우리는 여기에 동의하지만, 문제는 모호하게 "문화"에 호소하는 수준을 넘어서는 설명을 제공해야 한다는 것이다. 우리는 저비용의 이차 행동이 문화 체계라는 맥락 밖에서는 기능적이지 않은 일차 행동의 다양성을 생성하고 유지하는 데 중요한 역할을 한다고 제안한다. 다시 말해서, 적은 비용으로 일차 행동에 보상과 처벌을 적용할 수 있는 능력을 없애고 인간의 문화 과정에 관련된 다른 모든 측면들은 그대로 유지한다면, 행동의 다양성이 극적으로 감소하는 것을 볼 수 있을 것이다. 기능적이지 않은 행동을 설명하기 위해서 모호한 문화적 과정에 호소하는 것보다는 저비용의 이차 행동이 더 나은 설명을 제공할 것이다.

비기능적인 행동의 진화를 완전히 이해하기 위해서는 두 종류의 설명이 필요하다. 첫째, 우리는 기능이 없는 행동이 어떻게 진화할 수 있는지를 알아야 한다. 이 과정을 이해하고 나면, 다른 행동 대신 기능이 없는 행동이 진화했는지 알아야 한다. 우리는 보이드와 리처슨(Boyd and Richerson, 1985, 1990a, b, 1992)의 선례를 따라서, 어떻게 강력한 이차 행동이 기능이 없는 일차 행동을 촉진하는지를 보여 줌으로써 첫 번째 설명을 제공했다. 만약 인간이 다른 종에 비해서 이차 행동을 적용하고 거기에 반응하는 경향이 더 강하다면, 인간의 일차 행동은 다른 종의 일차 행동에 비해서 기능적 설명이 적용되지 못하는 경우가 더 많을 것이라고 예상할 수 있다. 이것은 반기능주의적 주장을 뒷받침하는 중요한 예측이다. 그러나 두 번째 설명은 보다 제한적이다. 우리는 기능이 없는 행동이 다른 종에 비해서 인간에서 더 흔히 나타난다고 말할 수 있지만 왜 기능이 없는 특정 행동이 특정 문화에서 진화했는지는 설명할 수 없다. 이것을 이해하기 위해서는 그 문화의 역사에 대한 구체적인 지식이 필요하며, 어떤 행동은 우연히 진화했을 수도 있다.

사회 규범과 집단 수준의 기능적 조직

앞에서 문화적 다양성을 강조하고 이러한 다양성이 반드시 기능적인 설명을 요구하는 것은 아니라고 이야기했지만, 우리가 조사한 표본에 포함된 25개 문화들에는 공통점이 하나 있다. 모든 문화에서 개인들로 이루어진 집단을 잘 기능하는 하나의 단위로 만들어 주게끔 사회 규범이 설계된 것처럼 보인다는 것이다. 이 점은 민족지 자료에 아주 잘 나타나 있으며 사람들의 생각에도 깊이 자리 잡고 있어서, 기능적 해석이 타당한 것처럼 보인다. 아래에 인용한 구절들에서 볼 수 있듯이, 모든 문화에서 개인들은 갈등을 피하고 사회적으로 규정된 집단의 구성원 모두에게 친절과 관용을 베풀 것이라는 기대를 받는다.

> 모든 사람에게 자명한 이치는 자신의 존재와 안녕이 온전하게 신에게, 특히 자신이 속한 일족clan의 신에게 달려 있다는 것이다. 신은 개인이 아니라 일족 전체에게 은혜를 베푼다. 신의 선물을 독점하려고 한다면 마땅한 처벌이 뒤따를 것이다(길략, Shternberg, 1933: 115-116).

> 도처에서 충성을 맹세한다. 암하라 가족의 권위적 특성은 나이가 다른 사람들 사이의 동지애를 억압하지만 동고동락conviviality은 또래들 사이의 규범이다. 아프거나 죽음을 맞이했을 때 무한한 지지를 보내고 행복한 때 넉넉한 친교를 나누는 것은 암하라의 소작농들에게도 자의식 강하고 똑똑한 사람들에게도 모두 중요한 가치다(Levine, 1965: 83).

> 이론적으로는 가능할지 몰라도, 대가족은 자족적 경제 단위가 아니었다. 가족 집단은 대개 친척 관계나 친구 관계, 이웃 등으로 연결된 사람들로 이루어진 더 큰 야영지의 한 부분을 구성했다. 캠프 내에서 식량 분배를 요구하는 규범은 아주 명백해서 공동체 전체가 단일한 생산-분배-소비 단위로 간주될 수 있었다(아파치; Basehart, 1974: 139).

> 사회 구성원들은 규범적 질서와 용인된 가치와 신념들, 순응을 이끌어 내기 위한 특정한 규제에 맞게 행동한다. … 집단 내에는 경제적 생계 수단, 공동 거주, 성적 만족, 자녀 양육을 위한 특정한 양식의 협동에 대한 합의가 존재하며 이 합의는 친인척 관계를 중심으로 유연성 있게 구조화되어 있었다. 재산 획득, 노력, 상호성, 관용의 가치에 대한 합의가 있었다. 분쟁은 타협과 중재를 통해 해결되어야 했다. 물리력은 마녀나 이방인에게만 행사할 수 있었다. 순응은 존중과 칭찬, 협동을 통해 보장되었다. 일탈은 존중하지 않는 행동이나 조롱, 협동으로부터의

배척을 통해 처벌받았다(나바호; Shepardson, 1963: 48).

> 필라가Pilaga와 같은 경제 체계의 일차적 기능은 개인의 생산물을 사회적 형태로 변환하는 것이다. 개인이 잡은 물고기나 개인이 채집한 숲 열매에는 사회적 의미가 부여되어야만 하고 사적 소유물에서 공적 소유물로 바뀌어야만 한다(토바; Henry, 1951: 218).

우리의 무작위 표본에 있는 다른 문화에서도 이와 비슷한 구절들을 인용할 수 있으며, HRAF에 포함된 대부분의 문화들에서도 마찬가지일 것이다. 따라서 우리는, **인간 집단이 가까운 혈연관계가 아닌 구성원들로 이루어져 있는 경우에도 사회 규범이** (전적으로 그런 것은 아니더라도) **대체로 집단을 적응적 단위로 기능하도록 해 준다**는 결론을 내릴 수 있다. 어떤 독자들은 이것이 자명한 사실이라고 생각할지도 모르지만, 그렇다고 해서 이 결론이 다수준 선택 이론의 틀 안에서 지니는 중요성이 사라지는 것은 아니다.

집단 간 대체 과정의 증거

보이드와 리처슨(Boyd and Richerson, 1990b, 1992)은 사회 규범이 자동적으로 집단에 이익이 되는 행동을 촉진하지는 않는다는 것을 보였다. 만약 사회 규범이 일관되게 집단에 이익이 되는 특성을 지닌다면, 집단 간 과정을 통해 선택되었을 것이다.[8] 집단 선택은 현재 진행되고 있는 과정일 수도 있고, 과거에 이미 일어나서 선택의 결과를 만들어 내는 심리적 메커니즘과 문화적 메커니즘이 생겨났을 수도 있다(3장의 조건부 행동의 진화에 관한 내용을 보라). 우리 조사에서는 놀랄 만큼 많은 민족지 학자들이, 단지 사회 규범을 기술하는 데 그치는 것이 아니라, 진행 중인 집단 간 선택에 의해 규범이 유지된다고 제안하고 있다. 다시 말해서, 민족지 학자들과 그들의 기록 대상이 되었던 사람들은 사회 규범이 집단을 유지하는 기능을 하며 규범이 실패하면 집단은 해체되고 더 탄탄한 사회 구조를 가진 다른 집단이 그 자리를 대체할 것임을 분명히 알고 있었다.

집단 선택의 구체적 형태는 문화마다 다른 것 같다. 반목하는 사회 속에서 여러 부족들은 끊임없이 서로 경쟁해 왔으며, 부족 내 결속을 촉진하는 사회 구조가 선호되었다. "약한 부족"을 "강한 부족"이 대체하는 과정은 전투의 형태로 일어나기도 했고 순수한 경제적 우월성을 통해 일어나기도 했으며, 민족지 학자들에 의해 공통적으로 언급되었다. 예를 들어 미크로네시아 섬의 트루크 문화에 대한 다음과 같은 기록이 있다.

> 강한 부족이 그들에게 대항할 힘이 없는 약한 부족이 소유한 좋은 땅을 차지하는 사례들도 있다. … 합법적인 지위를 가진 사람들이 자신의 권리를 주장하는 데 실패하고 점령한 부족이 모든 지위를 획득하는 일이 일어났다. 트루크 사람들은 정복을 통한 지위의 획득이 정당한 신분 이동의 방법이라고 생각하는 것 같다. 그러나 분쟁이 없는 상태에서 강한 집단이 약한 집단을 점령하는 경우에는 부족의 동의를 얻지 못했다(Goodenough, 1951: 52).

이 구절은 부족 간 상호작용이 사회적 제약이 전혀 없는 상태에서 일어나는 것이 아니며, 오히려 집단 **내**에서보다 집단 **간**에서 "힘이 정의다might is right"라는 생각이 더 강하게 자리 잡고 있음을 보여 준다. 자유 행위자로 행동할 기회가 있을 때 개인들이 서로 경쟁하는 것처럼, 부족들은 통합된 단위로서 서로 경쟁한다. 그러나 개인은 자유 행위자가 아니다. 그들은 각 부족 내에서 사회 규범의 규제를 받기 때문에 주로 유기체보다는 부속기관에 가깝게 행동한다.

이 사례에서 다수준 선택 이론이 보편적 친절함이라는 낭만적 비전을 충족시켜 주지 않는다는 점이 명백해진다. 갈등과 경쟁이 제거되는 것이 아니라 생물학적 위계의 더 상위 수준으로 이동하는 것에 불과하다. 여기서 훨씬 더 큰 규모의 사회적 딜레마가 다시 등장한다. 인간의 개체군 구조에는 집단이 다시 상위 집단을 구성하는 식의 여러 층위가 존재한다. 다층적 위계 구조를 자세하게 설명하기에는 지면이 부족할 것 같고, 각 층마다 자연 선택의 기본 재료들을 검토해야 한다고 이야기하는 것으로 충분할 것 같다.

또 다른 종류의 집단 간 대체 과정은 개인들이 자유롭게 소속 집단을 바꿀 수 있을 때 일어난다. 4장에서 설명했던 동류적 상호작용처럼, 만약 개인이나 가족이 자신이 속한 집단을 좋아하지 않는다면 그들은 그저 소속 집단을 떠나서 다른 집단에 합류하거나, 자신들만의 집단을 만들 수도 있다. 이런 식으로, 집단 내에서 다른 사람들을 이용하려는 사람들을 버리고 떠날 수 있다. 아프리카의 음부티(Turnbull, 1965)와 북서태평양 지역의 누트카(Drucker, 1951)처럼 겉보기에는 서로 달라 보이는 사회들에서 이런 종류의 대체 과정이 발견된다. 음부티 문화에는 제공받은 음식을 받아들이지 못하고 대화에도 참여하지 못한 "정상을 벗어난" 코끼리 사냥꾼에 관한 전설이 있다. 그는 위험한 동료로 인식되어서 즉시 버려진다. 음부티 사람들의 실제 삶에서는 사회 조직의 다툼이나 불화가 종종 집단의 분열로 이어진다. 누트카는 위계적으로 조직된 사회로 족장이 "모든 중요한 경제적 권한과 의식을 진행할 권한의 절대적 소유권"을 포함해서, 강한 권력을 지닌 것으로 보인다. 그러나 족장들의 권력은 소작농들의 충성도에 달려 있다. 소작농들은 음부티 사람들이 코끼리 사냥꾼을 버렸던 것처럼 자유롭게 족장을 버릴 수 있기 때문이다.

집단이 다른 집단을 대체하는 과정을 통해서 사회 규범이 형성되었을 가능성은 우리 조사에 포함된 한 민족지 학자가 명시적으로 제시한 바 있다. "차코[토바] 인디언의 사회적 삶에서 두드러지는 특징은 모든 공동체 구성원들을 하나로 묶어 주는 강한 연대의식이다. 이러한 연대는 다윈의 법칙에 따른 자연스러운 결과인 것 같다. 생존을 위한 힘든 싸움에서 동정심이 가장 잘 발달한 강한 연대의식을 지닌 사회가 생존할 가능성이 가장 높다."(Karsten, 1923: 29)

이 사례들이 사회 규범이 집단 간 선택에 의해 진화했음을 증명하는 것은 아니다. 하지만 우리 조사에서 발견되는 사회 규범에 대한 기술에서 사회 규범이 비롯되었을 것으로 생각되는 **선택의 과정**에 관한 기술을 자주 찾아볼 수 있다는 점은 주목할 만하다. 나중에 우리는 한 문화가 다른 문화를 대체하는 과정을 더 자세하게 설명하고 있는 연구를 살펴볼 것이다.

적응적 집단의 설계 특성

적응이 제 기능을 수행하기 위해서는 복잡하고 정교한 설계가 필요한 경우가 많다. 눈은 시각기관으로 기능하기에 적합하게끔 복잡하게 설계되어 있고, 심장은 펌프로 기능하기에 적합하게끔 복잡하게 설계되어 있다. 우연의 산물이라고 보기는 어렵다는 점 때문에 설계의 복잡함과 정교함은 자연선택에 의한 적응의 과정을 보여 주는 증거로 흔히 인용된다. 3장에서 우리는 기능적 설계를 고려할 때 집단 수준과 개인 수준에서 모두 생각해야 한다고 제안했다. 집단을 통합된 단위로 만들어 주는 복잡하고 정교한 기계로서의 사회 규범을 마찬가지 방법으로 생각해 보면 도움이 될 것이다.

우리 조사에 포함된 많은 민족지 자료들에 문화가 정교한 기계라는 생각이 표현되어 있다. "개인과 사회의 이해관계와 삶의 원동력의 완벽한 조화를 창출해 내는 통합적인 종교-사회적 세계관과 건강하고, 통합적이고, 광범위하게 발달한 인성 — 이것이 바로, 드러나지 않으면서도 강력한 씨족 메커니즘의 원동력이다"(길략; Shternberg, 1933: 116). "조상 숭배, 정성스러운 신앙과 제사와 의식은 일상 속에 촘촘하게 스며들어 있지만 이것이 유령에 대한 공포심을 유발하지는 않는다. 오히려 설화 문화는 개인과 집단을 안정시켜 주는 주된 수단을 제공한다"(탈렌시; Fortes, 1945: 9). "그러나 기본적 통제권은 한 사람에게 있지 않고 사회 구성원 누구에게도 없다. 통제권은 사회 속에 전체로서 존재한다. 구체적으로 말하면, 사회 조직이 상징 체계로 존재하는, 서로 상호작용하는 개인들의 의식 속에 있다"(토바; Henry, 1951: 218).

생물학과 인류학에서 기능적 설명은 "그냥 그렇고 그랬다는 이야기 just-so stories"라는 비판을 받는 경우가 많다. 특히 기능적 설명이 증거 없이 제안되고 받아들여질 때 그렇다. 우리 조사는 각 문화에 대해서 단편적인 (5-10쪽짜리) 자료만을 제시하고 있어서 기능적 설명을 증명하기에는 충분하지 않다. 그러나 우리 조사는 앞에서 인용했던 일반적 감상과 더불어, 더욱 광범위한 추후 연구를 위해서 논의할 만한 가치가 있는, 설계 특성에 관한 몇 가지 흥미로운 힌트들을 제시하고 있다.

집단은 여러 방면에서 내부로부터의 전복에 취약하다. 착취가 일어나려면 어느 정도의 사적 영역이 필요하다. 힘의 불균형은 강자가 약자를 착취하기 쉽도록 해 준다. 상호 협력이라는 단순한 윤리는 가져가기만 하고 주지는 않는 무임승차자들에 취약하다. 적응적인 사회 규범이 집단 전체에 이익이 되려면 이러한 가능성들에 대비할 수 있는 특별한 설계 특성을 지니고 있어야 한다.

사적 영역을 관리하기

규범 시행을 위해서는 개인 행동을 감시하는 능력이 필요하다. 만약 집단 구성원들이 자유롭게 혼자 다닐 수 있다면 고기의 분배와 같은 행동을 강제하기는 어려울 것이다. 사적 영역은 자동적으로 소규모 대면 집단에 제한되지만 사회 규범에 의해 더 제한될 수도 있다. 많은 수렵-채집 사회에서 음식을 혼자 먹는 것은 정신이상자만이 할 법한 최악의 행동이다. 말레이반도의 세노이 족 신화에는 혼자 밥을 먹는 것은 사람으로서 적절한 행동이 아니라고 이야기해 줘서 사람들에게 전사회성presocial 단계에서 벗어날 수 있는 중요한 계기를 제공하는 신에 관한 이야기가 있다(Howell, 1984: 184). 사모아에서는 "혼자서 한 일은 의심스럽거나 완전히 잘못된 것이다. 어머니가 될 사람이나, 젊은 족장, 예비 신부는 절대로 혼자 있으면 안 된다. 사악한 성향을 가진 사람이 아니라면 누구도 혼자 있기를 바라지 않을 것이므로, 자신의 행동이 다른 사람에게 중요한 영향을 미치는 사람들은 고독으로부터 보호받아야 한다"(Mead, 1930: 81).

이 사례들이나 우리 조사에서 발견되는 다른 사례들은 사회 규범이 특정 행동을 강제하는 것을 넘어서 특정 행동을 가능하게 하는 조건을 통제하기도 한다는 것을 보여 준다. 사회 규범은 사적 영역을 제한할 수 있을 뿐만 아니라, 개인이 다른 사람과 함께 있을 때 사회성을 발휘하게 만들 수도 있다. 음부티 사람들은 “한 사람이라도 조용하고 말수가 적으면 이상하고 불운한 것으로 여긴다”(Turnbull, 1965: 118). 앞에서 언급했던 음부티 전설에서, 코끼리 사냥꾼이 위험한 동료로 여겨져 버림받았던 근거는 그가 대화에 동참하지 못했기 때문이다. 어떤 집단의 사회 규범이 구성원들의 실질적 참여와 사회적 관여를 요구한다면, 친사회적 행동을 선호하는 토대가 처음부터 마련되어 있는 셈이다. 이러한 규범들은 사적 영역을 사랑하는 사람들에게는 끔찍하고 고압적으로 느껴질 수도 있지만 정작 이 규범들의 지배를 받는 사람들은 그런 식으로 생각하지 않을 수도 있다. 만약 사회 생활에서 받을 수 있는 보상을 얻기 위해서 집단에 참여하고 사회적으로 관여되어야만 한다면 사람들은 진심으로 참여하고 사회적으로 관여되고 싶어할 것이며 숲속을 혼자 산책하는 일은 꿈도 꾸지 않을 것이다.

권력의 균형을 관리하기

힘 있는 개인들이 힘없는 구성원들을 착취하는 데에는 사적 영역이 필요하지 않다. 따라서 사회 규범의 가장 중요한 설계 특성 중 하나는 집단 구성원들 사이의 힘의 균형을 유지하는 것이다. 사적 영역이 소규모 대면 집단에서 자동적으로 제한되듯이 개인의 취약성도 자동적으로 제한된다. 사회 규범이 개인이 지닐 수 있는 권력의 양을 제한하도록 설계되어 있는 것처럼 보이는 경우도 많다. 특히 우리 조상들이 살았던 것과 유사한 수렵-채집 사회에서 사회 규범은 성별과 나이, 계급이 같은 사람들 사이의 권력 차이를 줄이는 방향으로 작용한다. 우연히 우리 조사에 포함된 음부티 문화에 대한 턴불(Turnbull, 1965)의 고전적인 민족지 연구는 집단 구성원들이 집단에서 가장 뛰어난 재능과 힘을 지닌 사람들이 어떻게 행동하기를 기대하고,

어떻게 그들을 대하는지 생생하게 묘사하고 있다.

> 니오보는 반박의 여지 없는 훌륭한 사냥꾼이었고 주변 지역에 대해 누구보다 잘 알았으며 혼자서 네 마리의 코끼리를 죽였다. 그는 훌륭한 음부티 사람으로 숲에서 이루어지는 사냥에 관한 논의를 지배하려고 하지 않고 평범한 역할을 수행할 뿐이었다. 그는 인기가 매우 높았지만, 그가 한 번이라도 공격적인 태도를 보이거나 고집을 내세우면 다른 사람들이 소리를 질러서 그를 조용히 시키고 조롱했다. 그는 자신의 밴드band를 대표하는 사람으로 뽑혔다. 한편, 에키앙가는 인기가 별로 없었고 세 명의 아내(그중 한 명은 같은 밴드에서 중요한 인물인 사람의 여자 형제였다)를 두고 있어서 몇몇 마찰의 원인이 되기도 했다. 그러나 그는 괜찮은 사냥꾼이었고 뛰어난 체력을 지녔으며 주변 지역에 대해서도 잘 알았다. 그가 가장 인기가 없을 때라도 그는 사냥꾼들의 가장 효과적인 리더 중 한 명이었다. 겨우 어린 티를 벗었을 때 버팔로를 잡아서 명성을 얻게 된 젊은이 니키아보도 마찬가지다. 아직 미혼이지만 그는 자기 그물을 가지고 있고 모든 사냥에 관한 논의에서 중요한 역할을 맡았다. 결혼한 젊은 사냥꾼 마쿠바시도 주변 지역에 대한 지식과 함께 사냥 솜씨와 신체적 강인함을 지니고 있어서 특별한 존경을 받았다. 그러나 이 네 사람이 특출한 인물이기는 하지만 투표에서 다른 사냥꾼들에게 질 수도 있었다. 그런 경우 이들은 할 수 없이 다수의 결정에 찬성 의사를 표현하거나 그날의 사냥에 참석하지 않아야 했다. 그들 중 누구에게도 다른 사람보다 더 강한 권위는 없었다. 개인적인 사정이나 존경심이 결정에 영향을 미치게 만드는 도덕적 압력도 없었다. 밴드가 결정을 내릴 때 도덕적 고려가 언급된 유일한 경우는 "좋다"고 생각되거나 "숲을 기쁘게 할 것"이라고 생각될 때다. 결정에 찬성하지 않는 사람은 숲을 기쁘게 하지 못할 것이고 이것은 "나쁘다"고 여겨졌다. 자신의 주장을 강하게 밀어붙이려는 사람은 자신의 관점이 "좋은 것"이며 "기쁘게 하는 것"임을 숲에다 호소해야 한다. 그러나 다수의 최종 결정만이 그 주장의 타당성을 결정할 수 있다.

대다수의 수렵-채집 사회에서 이런 종류의 평등주의가 존재하는 것으로 보인다(Boehm, 1993; Knauft, 1991). 그러나 우리 조사에 포함된 많은 문화들은 다른 사람들보다 더 많은 특혜를 누리는 것으로 보이는 "족장", "두목", "연장자" 등으로 더 계층화되어 있다. 한편으로는 몇몇 개인들이 사회적 통제를 벗어나서 다른 사람들에 대한 지배력을 확립하는 데 성공했을 수도 있다. 이런 경우, 사회 계층화는 집단 내 경쟁의 결과이며(3장에서 설명한 절차의 2단계) 집단 수준에서 기능적이라고 해석될 수 없다. 다른 한편으로는 모든 종류의 기능적 체계가 규모가 커지면서 더 위계적으로 변하고 더 분화되는 것은 흔한 일이다(Simon, 1962, 1981). 이러한 법칙이 인간 사회에도 적용된다면, 계층화는 실제로 집단에 이로울 수도 있으며 (1단계) 집단 내 경쟁의 과정을 의미하는 것이 아니다.[9]

우리 조사에 따르면(그리고 일반적 경험에 따르면) 고도로 계층화된 사회는 실제로 권력을 가진 구성원들의 착취에 취약하기 때문에 1단계만으로 완전히 설명되지 않는다. 그러나 사회 계층화가 집단 수준의 성공에 기여하는 경우도 많다는 점 또한 사실이기 때문에 2단계만으로도 완전히 설명되지 않는다. 인간 사회 집단의 규모가 증가하더라도 기능을 계속 유지하려면 분화가 일어나야 한다. 두목이나 족장 등 권력이 있는 것으로 보이는 사람들은 대개 사회적 통제를 완전히 벗어난 폭군이 아니라 집단에 어느 정도 중요한 기여를 한다. 우리 조사에 포함된 많은 문화들에서 리더는 적어도 자신이 다른 사람들을 통제하는 것만큼은 통제를 받는다. 예를 들어 크펠레 문화에서는 손위 형제들이 주로 가장 역할을 하지만 중요한 결정을 내릴 때는 원로회의의 자문을 구해야만 한다. 풀턴(Fulton, 1969: 70)에 따르면, "모든 계층의 크펠레 리더들도 마찬가지다". 아파치 리더들은 나눔의 가치를 보여 주는 모범이 되어야 했다. 리더가 받은 선물은 주로 재분배되거나 접대에 사용되었다. 리더들은 조언을 해 줄 수는 있지만 명령할 수는 없었다. "리더에게는 다른 사람들을 통제하거나 자신의 지위를 유지하기 위해서 마음대로 휘두를 수 있는 힘이 없었다"(Basehart, 1974: 145). 누트카 족장은 상냥하고 공격적이지 않으며, 소위 백성이라 불리는 사람들에게 존경받아야 했다. 백성들이 그를 존경하지 않으면 경제 활동이나 의례를 치를 때 협조하지 않을 수도 있었다. 족장이 집단 내에서 일어나는 물리적 충돌에 개입되는 것은 수치스러운 일이었다(Drucker, 1951: 453).

우리 조사 결과는 리더의 권력을 제한하는 사회 규범의 두 가지 특수한 설계 특성을 제안한다. 첫째, 리더가 되기 위해서는 "나무랄 데 없는" 사람이어야 한다. 리더나 그 밖에 힘 있는 사람들은 평범한 사람들에 비해서 더 높은 도덕적 기준을 지니고 있는 것으로 보인다. 이것은 집단 수준의 적응이라는 관점에서 볼 때 일리가 있는 특성인데, 그 이유는 오랜 시간 행동의 모범을 보인 사람은 권력의 자리에 올랐을 때 집단을 착취할 가능성이 낮기 때문이다. 사회적 통제 메커니즘으로서 가십의 중요성을 생각할 때, 중요한 위치에 있는 사람들의 도덕적 행위가 가십의 중심이 된다는 점은 흥미롭다(Barkow, 1992).[10]

둘째, 그들의 행동이 얼마나 모범적이든 간에, 힘있는 개인들은 집단의 다른 구성원들의 운명을 결정할 수 없다. 누구에게도 이래라 저래라 할 수 없는 개인의 자율성이라는 규범이 상호 협조와 협동을 위한 규범과 나란히 존재한다(Boehm, 1993; Knauft, 1991). 적어도 사회의 규모가 매우 커지기 전에는 전제적 개인이 결정을 내리고 집단의 다른 구성원들에게 그 결정을 강요하는 일은 거의 없는 것 같다.[11] 대신, 중요한 결정은 집단 내에서 논의하면서 합의에 이르기 위해 노력한다(Boehm, 1993, 1996). 합의에 의한 결정에서 벗어난 사람들은 도덕적 지위를 잃게 되고 처벌 받을 수 있지만, 합의 없이 강요되는 결정, 특히 집단 내 선택의 관점에서 볼 때 불공평한 결정은 그 자체로 부도덕한 것으로 여겨져서 완강한 저항의 대상이 되었다. 리더나 그 밖의 힘 있는 사람들이 이러한 사회적 통제에서 완전히 자유로웠던 적은 없다.

사회 규범이 집단 내에서 일어나는 착취를 성공적으로 막아 준다는 보장은 없다. 사실, 사회 규모가 커질수록 규범을 시행하는 것이 점점 더 어려워져서 집단 내 선택 쪽으로 균형이 이동한다. 문화 진화는 빠르게 진행되는 과정이기 때문에, 우리는 잘 조직된 사회가 집단 내 선택이 강화되면서 무너지는 과정을 거쳤던 역사적 사례를 많이 찾아볼 수 있을 것이다. 이러한 역기능적 사회는 내부로부터의 전복에 덜 취약한 다른 사회 조직에 굴복하게 될 것이다. 우리의 목표는 모든 것이 집단의 이익을 위한 것임을 보여 주는 것이 아니라, 이 모든 복잡성 속에서 다수준 선택의 과정을 살펴보는 것이다. 모든 것이 집단의 이익을 위한 것이라고 해석하는 극단적인 집단 수준의 기능주의와, 집단의 안녕은 무의미하다고 보는 극단적인 개인 수준의 기능주의를 피해야 한다.

무임승차의 문제를 관리하기

사적 영역과 권력 분배를 관리하는 것에 더해서, 적응적 사회 규범은 단순 무임승차를 예방해야 한다. 무임승차 문제는 인간 사회나 동물 사회의 이타주의를 반박하는 고전적 논거다. 우리가 논의했던 너그러움과 협동을 장려하는 여러 사회 규범들은 무임승차에 매우 취약한 것으로 보인다. 그러나 더 면밀하게 살펴보면 집단의 안녕과 개인의 자율성을 동시에 강조하는 것은 도움과 물질적 재화에 대한 무제한적 요구를 막는 안전장치를 제공한다. 나바호 문화에서 좋은 예를 찾아볼 수 있다.

> 나바호의 모든 성인들에게는 혈연이나 상황에 관계없이 협동할 의무가 있다. 또한, 어떤 과업을 수행해 달라고 부탁받은 사람은 호의와 너그러움에서 우러나 그 일을 해야 할 뿐만 아니라, 두 사람 사이의 거래에서 이해득실을 거의 따지지 않는다. 한편, 개인은 부탁을 기꺼이 받아들일지 여부를 자유롭게 결정할 수 있다. 반대로, 부탁하는 사람은 자신의 요청을 밀어붙이지 않아야 하며 자율성을 침해하지 않을 의무가 있다. 모두가 협동할 의무가 있지만 개인의 결정은 자유로운, 이러한 역설의 결과, 부탁하는 상황은 애매함으로 가득 차 있다(Lamphere, 1977: 57).

애매함의 결과, 사람들은 부탁을 거절당하는 공개적 모욕을 당할까 봐 쉽게 부탁을 하지 못한다. 우리 조사에는 사회 규범이 무임승차의 이득을 제한하는 다른 사례들도 포함되어 있다.

우리는 생물학과 인문과학에서 모두 기능적 설명을 쉽게 만들어 낼 수는 있지만 이 설명을 증명하기는 어렵다는 점을 알고 있다. 우리는 우리 조사 자료에서 발견되는 힌트들을 지침으로 삼아서 적응적 집단의 설계 특성을 추측해 보았을 뿐이다. 진화생물학자들은 어떤 형질이 적응인지 아닌지를 평가할 수 있는 방법을 개발했는데(Endler, 1986), 이 방법을 문화 형질에도 적용해 볼 수 있다. 우리는 우리 가설이 검증가능하며 앞으로 더 엄격하게 검증되어야 한다고 생각한다.

문화적 다양성과 적응적 기능

4장에서 우리는 초파리의 날개 길이와 같은 단일 형질이 다양한 근접 메커니즘에 의해 진화할 수 있음을 보였다. 자연은 서로 다른 방식으로 동일한 일을 해내는 다양한 종들로 가득하다. 마찬가지로, 인간의 문화도 여러 근접 메커니즘을 통해서 적응의 단위로 기능하도록 진화했을 것이다.

우리 조사에 포함된 몇몇 문화에서는 지속적인 감시와 폭로가 있어야만 친사회 행동이 가능한 것처럼 보인다. 암하라 농부들은 주로 들켜서 창피를 당하지 않기 위해서 부도덕한 행위를 피한다고 한다(Levine, 1965: 82). 다른 문화들에서는 친사회 행동이 아주 내재화되어서 제2의 본성이 되었다. 쿠나 사람들은 진심에서 우러난 친절을 베푸는 정직한 사람들이라고 알려져 있다(McKim, 1947: 44). 어떤 문화에서는 명예를 유지하기 위해서 폭력을 사용하는 것이 가장 고결한 덕목 중 하나다. 모욕에 대한 보복을 행한 암하라 농부는 "매우 중요한 윤리 규범을 따른 것"이다(Levine, 1965: 83). 그러나 다른 문화에서는 갈등을 해결하기 위한 방법으로 폭력을 사용하는 것을 금지한다. 나바호 사람들은 잘못에 대한 보상을 받아들이고 물리적 폭력을 절대로 행사해서는 안 된다(Shepardson and Hammond, 1970: 129). 레수와 같은 문화에서는 호혜성의 원리가 지배적이어서 "친척이나 친구들 사이에서 주고받은 음식을 제외하고 그 어떤 것도 대가 없이 주거나 행하면 안 된다"(Powdermaker, 1933: 210). 나바호와 같은 문화에서는, "두 사람 사이의 거래에서 이해득실을 거의 따지지 않는다"(Lamphere, 1977: 57).

기독교 같은 단일 종교의 종파들조차도 친사회 행동을 장려하는 규범들에서 극적으로 다를 수 있다. 우리의 무작위 표본에는 종교적 실천에 대한 이해에서 다른 기독교 종파들과 큰 차이가 있는 아미쉬 문화도 포함되어 있다. 호스테틀러(Hostetler, 1980: 298)에 따르면, "대부분의 근본주의 교회들이나 독립적 종교 부흥 운동은 신앙 공동체에 복종하는 것보다는 개인의 원죄로부터의 해방을 더 강조한다. 그들은 고통보다는 기쁨을, 희망보다는 구원의 확신을, 순종의 경험보다는 주관적 경험을, 침묵의 경험보다는 목소리를 내는 경험을 더 강조한다."12

우리 조사에서 발견되는 이러한 사례들은 다시 한 번 인류의 가장 큰 특징인 문화적 다양성을 보여 준다. 친사회적 행동을 만들어 내는 근접 메커니즘들은 친사회적 행동이 지니는 적응적 기능들보다 더 다양할 것이다.

조사 결과의 요약

우리의 조사 연구는 전 세계에 걸쳐 있는 인간 사회의 모습들을 어렴풋이 들여다본 것에 지나지 않는다. 250쪽도 되지 않는 민족지 자료에 기초해서 만든 문화 콜라주인 셈이다. 그러나 무작위적 콜라주를 만들었다는 것은 우리 조사의 강점이다. 조사 전체를 폐기하고 HRAF에서 또 다른 25개 문화를 무작위로 선택하더라도 거의 동일한 그림을 얻을 수 있을 것이다. 게다가, 우리 조사가 적은 양의 자료에 기초하고 있음에도 불구하고, 나타난 양상은 매우 강력한 것으로 보인다. 대부분의 인간 사회에서 개인들은 제약 없이 자유롭게 자신이 원하는 행동 전략을 선택할 수 있는 것이 아니다. 그들의 행동은 그 문화에서 용인되는 것이 무엇인지를 결정하는 사회 규범에 의해 강력하게 규제받는다. 적은 비용으로 보상을 주고 처벌을 가할 수 있기 때문에 사회 규범은 강력하다. 사회 규범의 규제를 받는다면 많은 행동을 이롭게 만들 수 있으며, 일단 이 행동들이 확립되면 협의의 기능주의로는 설명이 불가능한 문화적 다양성을 제공한다. 문화적 다양성에도 불구하고, 사실상 모든 문화에 집단의 안녕을 증진하도록 설계된 것처럼 보이는 강력한 사회 규범이 있다. 우리 조사는 적응적 사회 체계가 진화하기 위해서 필요한 집단 간 선택을 지지하는 몇 가지 증거를 제시한다. 또한 인간 집단이 적응적 단위로 기능하도록 만들어 주는 특수한 설계 특성들도 알려 준다. 이러한 패턴들은 우리가 앞에서 설명했던 이론적 모형의 기본 가정들과 예측들을 지지한다. 그러나 집단 선택의 과정과 결과를 분명히 구별해 내기 위해서는 더 많은 연구가 필요하다.

집단이 적응 단위가 될 수 있음을 보여 주는 또 다른 증거

우리 조사에서 나타난 패턴은 이 장을 시작하면서 설명했던 엄격한 분석 방법을 적용하더라도 살아남을 만큼 충분히 견고하다. 우리 결과는 개체주의의 관점에서만 이상해 보일 뿐이다. 인류학은 다른 인문 과학 분야들에 비해서 개체주의의 영향을 적게 받았으며 많은 인류학자들이 훨씬 폭넓은 연구를 통해 우리와 비슷한 결론에 도달했다. 우리는 이 장의 첫 부분에서 이러한 연구들을 논의하지 않았다. 우리가 주장하려는 바를 증명하기 위해서 문화를 골라서 선택하는 편향을 피하고 싶었기 때문이다. 앞에서 무작위 문화 표본을 사용해서 우리의 주장을 뒷받침했으므로, 이제 우리의 문화 콜라주가 제공할 수 있는 것보다 훨씬 많은 정보에 접근한 두 인류학자의 작업을 살펴볼 것이다.

소규모 사회에서의 평등주의

크리스토퍼 봄은 인간의 사회적 행동의 진화에 대해 논할 수 있는 특별한 자격을 갖추고 있다. 그는 문화 인류학 분야에서 커리어를 시작했고 갈등 상태에 있는 몬테네그로 사회를 3년간 연구했다(Boehm, 1983, 1984). 그 이후에 그는 인간 도덕성의 생물학적 기원을 탐구하기 위해서 영장류를 연구했고

(Boehm, 1978, 1981, 1992) 지금은 남가주 대학교(University of Southern California) 제인 구달 연구소의 소장이다. 전 세계 문화들에 관한 민족지 자료들을 개관하고 통합하는 작업을 통해서 인간의 도덕성 연구를 계속하고 있기도 하다(Boehm, 1993, 1996, 1997a, b). 인류학 문헌에 대한 봄의 이해에 비하면 우리가 표집한 문화 표본은 보잘것없어 보일 정도다. 따라서 그가 우리와 같은 결론에 이르렀다는 것은 기쁜 일이다.

봄(Boehm, 1993, 1996)에 따르면, 대부분의 인간 집단은 바람직한 행동과 그렇지 않은 행동을 특정하는 구체적인 행동 목록을 지키고 유지한다. 이것을 도덕적 가치(Kluckhohn, 1952) 또는 "에토스ethos(사회의 기풍)"를 이루는 지역 특유의 주제들이라고 할 수 있을 것이다(Kroeber, 1948을 참고하라). 이렇게 널리 공유된 의견으로 무장한 채 사람들은 적절한 행동을 장려하고 적절하지 못한 행동을 억제하는 광범위한 규제를 사용했다. 도덕 공동체로서의 인간 집단 대부분은 외부 환경만큼이나 무엇이 옳고 무엇이 그르다고 여겨지는지에 따라서도 크게 영향을 받았다. 봄의 관점은 사회 규범과 저비용의 보상과 처벌에 대한 우리의 관점과 매우 가깝게 닿아 있다.

봄(Boehm, 1993)은 소규모 인간 사회에 관한 연구들을 개관하면서, "위계나 계층으로 구분되는 정도가 약하고 권위적 리더십이 없는 것으로 보이는 모든 소규모 자치 공동체"(p. 228)에 관한 민족지 문헌들을 검토했다. 그는 여기서 심화된 분석이 가능할 정도로 충분한 정보가 있는 48개 사회를 선택했다. 그는 무작위 표본을 사용하지 않았고 정량적quantitative 방법보다는 정성적qualitative 해석에 기초하여 자료를 분석하고 있다. 그러나 우리 조사에서처럼, 발견되는 패턴이 매우 견고해서, 아마도 더 엄격한 방법을 적용하더라도 결과에는 변함이 없을 것이다. 구체적으로, 이들 소규모 자치 사회의 대다수는 최소한 성인 남자들 간의 상호작용에서는 평등주의적 성격을 지녔다(Knauft, 1991). 이들 사회가 평등주의적인 이유는 지배하려는 욕구의 부재 때문이 아니라 지배적인 행동이 비도덕적 행동 목록의 앞부분에 있었기 때문이다.

뵘이 명백하게 계층화된 사회를 표본에서 제외시켰다고 하더라도, 그가 포함시킨 사회들에서 어느 정도의 비평등주의적인 사회 구조가 나타날 것이라고 기대하는 사람도 있을 수 있을 것이다. 예를 들어 어느 정도의 공공연한 집단 내 갈등의 결과 소수의 개인이 자원을 독점하는 강력한 지배적 위계가 형성될 것이라고 기대할 수도 있을 것이다. 이는 영장류에서 가장 흔히 관찰되는 사회 조직이다. 뵘(Boehm, 1993)과 노프트(Knauft, 1991)가 기록하고 있는 소규모 인간 집단의 평등주의적 특성은 우리 조상들의 사회적 삶과는 매우 동떨어진 것이다.

한 사회에서 평등주의 윤리 규범을 강제하기 위해서는 겉보기에는 서로 모순인 두 개의 가치를 강조해야 한다. 첫째, 개인들이 공익을 위해서 일하고 (비록 다른 집단 사람들은 종종 만만한 착취의 대상이 될지라도) 같은 집단에 속한 다른 사람을 착취하지 않도록 하는, 집단의 안녕을 위한 윤리 규범이 필요하다. 둘째, 사람들에게 이래라저래라 할 수 없는, 개인의 자율성을 위한 윤리 규범이 필요하다. 사회 규범은 강력해야 하지만 합의된 것이어야 하며 도덕 공동체 구성원 누구에게도 강제할 수 없다. 개인의 자율성을 버리는 것은 집단 내 착취의 기회를 여는 일이 된다.

뵘은 인간 사회 집단에서 지위의 차이를 (따라서 적합도의 차이도) 제한하는 행동과 사회적 관습의 여러 사례를 제시한다. 여기에는 가십, 비난과 조롱, 불복종, 추방, 유기, 처형이 포함된다. 칼라하리의 산 족은 "허풍쟁이들을 내친다". 하즈다 족의 경우 "족장 후보자가 다른 하즈다 사람들에게 자신을 위해서 일해 달라고 설득하려고 하면, 사람들은 이 행동이 우습다고 노골적으로 표현했다". 이반 족의 경우, "족장이 명령하려고 하면 아무도 듣지 않는다". 남비쿠아라 족의 경우, "족장이 식량을 지속적으로 공급하지 못하거나 지나치게 엄격하게 굴거나, 여성들을 독점하려고 하면, 그의 지배 하에 있던 가족들은 다른 밴드로 떠났다". 마찬가지로, 메스칼레로 족은 "족장이 정직하지 못하거나, 신뢰하기 어렵거나, 거짓말쟁이인 경우 다른 밴드에 합류했다". 오스트레일리아 원주민들은 "전통적으로 자신들을 지배하려고 드는 공격적인 남자들을 제거했다". 뉴기니아에서는, "도를 넘은 특권을 누리려는 사람을 처형했는데, 이 과정은 여러 씨족 공동체들의 구성원들이 비밀리에 계획해서 처형 대상의 친족이 일을 완수하도록 설득했다". 이러한 사례들은 봄이 개관했던 문헌들 곳곳에서 광범위하게 발견되었기 때문에, 그는 자신의 발견을 다음과 같은 강경한 논조로 요약했다 (Boehm, 1993: 236).

> 어느 정도 모호함이 존재하기는 하지만, 나는 4만 년 전 그 당시에, 소규모 집단을 이루고 살았으나 아직 동식물을 키우지는 않았던, 현대 인류와 해부학적으로 동일했던 인류의 등장과 함께, 모든 인간 사회가 대부분의 시간 동안 매우 성공적으로 평등주의적 행동을 생활화하고 있었다고 생각한다.

앞에서 살펴보았듯이, 평등주의적 사회는 규모가 커짐에 따라서 더 계층화된 사회로 바뀌었지만 사회 계층화는 다수준 선택이라는 관점에서 해석되어야 한다. 벌집이나 산호초 콜로니, 단일 개체들은 각 부분을 분화시킴으로써 이득을 얻을 수 있다. 아마 인간 사회도 마찬가지일 것이다. 봄(Boehm, 1997a)은 평등주의로부터 멀어지는 것이 — 항상 그런 것은 아니지만 — 집단 수준의 기능에 기여한다는 우리의 결론에 동의한다. 고들리에(Godelier, 1986; Boehm, 1993: 237에서 인용)가 뉴기니아의 바루야 문화에서 관찰했듯이, "개인들 간의 차이는 … 공익에 도움이 되는 경우에만 허용된다".

진행 중인 문화적 집단 선택: 명백한 증거

우리 조사는 인간 집단이 적응적 단위로 진화하기 위해서 궁극적으로 필요한 집단 간 선택의 실제 과정에 대한 힌트를 제공하는 데 그쳤다. 아마도 가장 잘 연구된 문화 대체cultural replacement의 사례는 아프리카에서 목축을 하며 살아가는 누에르 족의 사례일 것이다. 영국인 인류학자 E. E. 에반스-

프리차드가 누에르 족을 연구하던 당시, 이 부족은 이웃한 딩카 부족을 점령하면서 세력을 급격히 확장하고 있었다. 누에르 족에 대한 에반스-프리차드(Evans-Pritchard, 1940)의 분석은 많은 후속 연구들을 촉발시킨 민족지의 고전이 되었다. 『누에르 정복*The Nuer Conquest*』이라는 책에서 레이몬드 켈리(Raymond Kelly, 1985)는 누에르와 딩카 사이의 상호작용에 관한 40년 간의 연구를 통합하고 집단 간 상호작용에서 한 문화가 다른 문화보다 경쟁에서 우위를 점하게 만드는 요인들을 설득력 있게 밝혀 냈다.

켈리의 저서는 일견 진화적 관점에 호의적이지 않은 것처럼 보인다. E. O. 윌슨의 저서 『사회생물학*Sociobiology*』의 출판으로 고조된 험악한 논쟁의 와중에 출판된 켈리의 책은 생물학보다 문화를 강조했던 사람들의 승리로 여겨졌다. 오랫동안 사회생물학을 비판했던 저명한 인류학자 마샬 살린스는 희희낙락하며 이 책의 문고판 뒤표지에 인용되어 있는 서평에 다음과 같이 썼다. "여러 가지 면에서 이 책은 문화 인류학의 (중대한) 일반적 가치에 대한 놀라운 저작 — 명석한 논증과 주의 깊은 연구 — 이다. … 무엇보다도 (자연과 문화) 생태학자, 사회생물학자, 유물론자 등은 고통스러운 비명을 지를 것이다." 하지만, 켈리의 분석은 우리의 진화적 접근과 상당히 일치한다.

역사적 증거와 언어학적 증거를 살펴보면 누에르 족과 딩카 족은 어떤 문화들보다도 유전적으로 밀접하다. 누에르 족은 본래 딩카 족으로부터 유래해서 다른 부족으로 분화되었다. 이 사실은 누에르의 경쟁 우위를 더욱 흥미롭게 만든다. 역사적으로 최근에 사회 조직에 변화가 있었음을 나타내기 때문이다.

누에르와 딩카는 목축과 수수 농사의 혼합 경제로 생계를 유지했다. 영토 확장의 일차적 원동력은 소떼를 약탈하는 것이었고 궁극적으로는 목초지를 차지하는 것이었다. 물론, 두 부족 모두 서로의 소떼와 목초지를 빼앗을 만한 동기가 있었지만 딩카보다 누에르에게 더 강한 동기가 있었다. 이러한 불균형의 원인은 두 부족이 살았던 물리적 환경의 차이 때문이라기보다는 사회 조직의 차이 때문이었다. 두 부족 모두 결혼할 때 신랑이 신부의 가족에게 소를 줘야 하는 신부대bride wealth 문화가 있었는데, 딩카 족보다 누에르 족이 더 많은 신부대를 치러야 했다. 그 결과, 두 부족이 가축을 관리하는 방식에 차이가 생겼고, 누에르 족의 소들이 딩카 족보다 더 빨리 늘어나서 목초지가 감당할 수 있는 규모를 넘어서게 되었다.

이러한 사회 조직의 차이는 누에르 족이 딩카 족의 영토를 침범하도록 하는 추가적인 동기를 제공한다. 그러나 왜 누에르 족이 더 성공적이었는지를 설명해 주지는 않는다. 사실, 결혼할 때마다 많은 소들을 교환하는 문화 때문에 누에르 족 인구가 딩카보다 36.5퍼센트에서 45퍼센트 더 적었다. 그러나 수적 열세에도 불구하고, 누에르 족은 딩카 족의 영토를 침략하고 딩카 족의 보복 침략을 방어하는 데 뛰어났다. 그 이유는 누에르 족이 더 큰 전투부대를 조직할 수 있었기 때문이다. 누에르 족의 대규모 습격은 1,500명이 다섯 종대로 나뉘어서 몇 개의 딩카 거주지를 동시에 공격하고 반격에는 함께 맞서는 방식으로 이루어졌다. 딩카 족은 공격을 위해서든 방어를 위해서든 식민 정부의 도움 없이는 결코 이처럼 큰 전투 부대를 조직할 수 없었다.

누에르 족은 새로운 군사 전략이나 전투 기술보다는 순전히 수적으로 우세했다. 딩카 족은 소규모의 누에르 족 기습조는 물리칠 수 있었고 누에르 족의 전술도 잘 알고 있었으며 그들이 드물게 누에르 족을 침략할 때 누에르 족과 같은 방식의 종대를 조직했다. 구전하는 누에르 족과 딩카 족의 역사에 따르면 영리한 새로운 전술로 승리한 전투는 하나도 없다. 누에르 족은 여러 세대에 걸쳐 수적으로 우세한 전투부대들이 수백 번의 침략을 감행하면서 영토를 획득해 나갔다.

군사 전술의 기본적 유사성에도 불구하고 누에르 족과 딩카 족 기습조는 사회 조직에서 중요한 차이가 있었다. 소수의 성공적인 딩카 족 기습조에 대한 다음 설명을 생각해 보자(Titherington, 1927: 199; Kelly, 1985: 53에서 인용). "거대한 [라이크 딩카] 기습조는 누에르 마을을 기습했고, 딩카스럽게, 자리를 잡고 앉아서 전리품을 두고 다투는 행복한 하루를 보냈다. 이것이 마지막이었다. 누에르 족이 그들을 에워쌌고 뒤따른 공포 속에 마지막 한 사람까지 죽임을 당했다."

반대로, 누에르 기습조는 반격의 위험이 사라진 뒤에야 소를 나누어 가졌다. 소들은 가구별로 나눠 가졌는데, 누구든지 동물을 잡아서 묶고 귀를 자르는 사람이 소유권을 주장할 수 있었다. 예상할 수 있듯이, 두 사람이 동시에 같은 소를 잡으면 싸움이 벌어졌다. 그러나 창은 사용할 수 없고 곤봉만 사용할 수 있다는 규칙이 있어서 서로 심각한 부상을 입히지 않도록 제한했다. 이 대단히 흥미로운 체계적 혼돈 속에서 자원의 공평한 분배가 꼼꼼하게 통제되지는 않았다. 그러나 경쟁은 공동의 목표가 성취된 이후로 연기되었고 동시에 다툼의 비용은 억제되었다. 그 결과 전리품 분배가 더 공정하게 이루어졌다.

전반적으로, 누에르 족은 절제력 있고 용맹스러우며 전투에서 많은 사상자가 발생할 때 대처하는 능력이 뛰어난 것으로 알려져 있다. 켈리는 누에르 기습조가 정부 순찰대와의 교전에서 84명을 잃었던 일을 보고하고 있다. 많은 사상자에도 불구하고 누에르 족은 그날 밤에 바로 반격을 가했고 다음날 철수하기 전에도 다시 공격했다. 이와는 대조적으로, 딩카 족은 전투에서 잘 조직되어 있지 않을 뿐만 아니라 서로의 불행을 이용하는 경향이 있었다. 식민지 시대의 기록들은 일관되게 딩카 족이 자신의 땅에서 쫓겨나게 되면 남은 소들은 다른 딩카 족에게 넘어갔다고 보고하고 있다. 누에르 족도 서로 다투기는 했지만 그들은 어떻게든 서로의 차이를 극복하고 외부의 공격에 맞서서 힘을 합치는 능력이 있었다. 에반스-프리차드(Evans-Prichard, 1940)는 누에르 사회가, 직면한 위협의 정도에 따라 단일 마을에서부터 부족 전체에 이르기까지, 기능적으로 조직화될 수 있는 수준의 위계를 허용하는 방향으로 분화되었다고 기술했다.

요약하면, 누에르 사회 체계는 **대규모 집단 수준**에서 더 잘 조직화되어 있었기 때문에 딩카 사회 체계를 대체했다. 딩카 족은 조직화가 필요할 때조차도 제대로 조직화되지 못했다. 그들 문화가 위기에 처했을 때도 대규모 전투 부대를 조직하지 못했고 내부의 갈등도 억제하지 못했다. 누에르 사회 체계와는 달리, 딩카 사회 체계의 어떤 특성이 집단 수준에서의 기능적 조직화가 일어나지 못하도록 했다. 가장 중요한 차이 중 하나는 작은 사회 단위들 간의 결속을 유지해 주는 혈통의 역할이다.[13] 딩카 사회 체계의 최소 단위는 우기 동안의 공유 목초지에서 함께 목축을 하는 농업 취락 집단이다. 최소 단위의 크기는 이용 가능한 노지대의 넓이와 분포에 따라서 환경적으로 제한되었다. 반대로, 누에르 사회 체계의 최소 단위는 혈통 체계라는 관점에서 생각할 수 있으며 공유 목초지의 이용과는 관련이 없었다. 그 결과, 누에르 사회에서 최소 단위는 환경적으로 제한되지 않았다. 이와 비슷한 요인들이 누에르 족의 분화된 사회 조직에 새로운 층위가 추가되는 것을 가능하게 했다. 간단히 말해서, 누에르 족의 혈통 체계는 사회 집단을 소의 방목으로부터 분리시켜서 기능적으로 통합될 수 있게 했다.

딩카 족이 누에르 사회로 대거 유입된 이후에도 부족들 간의 문화 차이는 유지되었다. 에반스-프리차드(Evans-Pritchard, 1940: 221; Kelly, 1985: 64-65에서 인용)에 따르면, 딩카 족 포로와 이주자와 그 후손들이 누에르 인구의 절반 이상을 차지했다. 동화가 너무 빨리 일어나서 에반스-프리차드는 딩카 족 2세대들을 누에르 족과 구분하는 데 어려움을 겪었다. 부족 간에 개인의 대규모 이동이 있었음에도 불구하고 부족 간의 문화적 차이와 행동적 차이는 그대로 유지되었다. 켈리(Kelly, 1985: 65)에 따르면, "딩카 족과 아누아크 족의 대규모 유입에도 불구하고 영토 확장에 중요한 역할을 했던 누에르 족의 사회 및 경제적 조직은 변함 없이 남아 있었다." 이러한 사실은 우리가 4장에서 제안했던 집단 간 표현형의 차이가 개인 간 표현형의 차이보다 더 유전성이 강할 수 있다는 주장을 뒷받침한다.

켈리는 누에르 족이 대규모 적응 단위로서 딩카 족을 능가하게 만든 여러 다른 특징들을 기술하고 있다. 그는 두 부족 간의 상호 연결을 추적하려고 했으며, 어떻게 누에르 체계가 딩카 체계로부터 진화했는지에 대해서도 설명한다. 문화 체계에 대한 켈리의 접근은 역사와 복잡성, 생물학적 체계의 발전(예를 들어 Gould and Lewontin, 1978)의 중요성을 강조했던 진화생물학자들과 놀랍도록 유사하다. 켈리와 진화생물학자들은 단일 요인 설명에 대한 회의적 태도를 보이고 있으며 모든 것이 서로 연결되어 있다는 점을 인정한다. 문화 체계는 언제나 적응적인 것이 아니며, 만약 누에르 사회 체계가 나타나지 않았더라면 딩카 족은 계속해서 살아남았을 것이다. 누에르 사회 체계는 완벽하게 적응한 것이 아니라 다른 체계보다 상대적으로 더 경쟁력이 있었던 것일 뿐이다. "기습조의 규모"와 같은 표현형적 형질은 단일 유전자로 개념화할 수 없을 뿐만 아니라 단일한 문화적 "밈meme"(Dawkins, 1976)으로도 개념화할 수 없다. 표현형적 형질은 복합적으로 상호작용하면서 많은 부수적 결과를 만들어 내는 여러 하위 수준 형질들로부터 생겨난다. 이 모든 주장은 타당하며 우리가 강조하고자 했던 바와 같다. 그러나 집단의 표현형을 만들어 내는 문화적 메커니즘의 복잡성에도 불구하고, 켈리도 인정하듯이, 표현형 그 자체는 기능적 관점에서 해석될 수 있다. 누에르 문화가 딩카 문화를 대체하는 과정에 있었던 것은 누에르 문화가 집단 간 갈등에서 더 잘 기능하는 사회 집단을 만들어 냈기 때문이다.

켈리의 분석은 우리의 이론적 모형에서 제시하는 여러 가정과 예측을 더 명확하게 해 준다. 그러나 우리가 켈리의 분석을 상세히 논의한 데에는 한 가지 특별히 중요한 이유가 있다. 진화생물학자들은 흔히 과거에 일어났던 자연 선택의 실제 **과정**에 직접적으로 접근하지 않고 자연 선택의 결과 — 적응 — 를 연구하도록 강요받는다. 어떤 형질이 적응임을 보여 주는 방법은 존재하지만, 궁극적인 증명은 그것이 진화하는 과정을 지켜볼 수 있을 때 가능하다. 나방의 공업암화industrial melanism에 대한 케틀웰(Kettlewell, 1973)의 연구가 교과서에 실린 이유는 자연 선택이 실제로 일어나는 과정을 기록한 최초의 사례이기 때문이다. 보다 최근의 연구들 — 다윈의 핀치(Grant, 1986)와 그 밖의 다른 종에 관한 연구들 — 에서는 자연 선택의 과정을 훨씬 더 자세히 관찰했다(Endler, 1986의 개관). 우리 조사나 그보다 더 광범위한 범의 연구는 집단 선택의 결과 — 적응적 단위로 기능하는 것으로 보이는 집단들 — 에 초점을 두고 있다. 우리는 인간 사회 집단이 집단 수준에서 매우 잘 설계되어 있어서 집단 선택에 의해 진화했음이 틀림없다고 주장한다. 그러나 우리가 앞에서 기술했던 집단 간 대체 과정에 관한 소수의 단서들을 제외하면 집단 선택이 실제로 일어나고 있다는 명백한 증거를 제시할 수 없다. 누에르 정복에 대한 켈리의 분석은 하나의 명백한 증거 — 한 사회 체계가 대규모 집단 수준에서 상대적으로 적응적이지 못한 다른 사회 체계를 대체하는 과정을 보여 주는 증거 — 다. 역사적 기록에는 이보다 더 상세하게 기록되어 있는 많은 다른 사례들이 남아 있을 것이다. 다윈(Darwin, 1871: 166)이 오래전에 깨달았듯이, "항상 전 세계의 부족들은 다른 부족들을 대체해 왔다".

요약

지구 생명의 역사는 예전에는 독립적이었던 낮은 수준의 단위가 기능적으로 통합된 높은 수준의 단위로 합쳐지는 몇 가지 주요한 이행들로 특징지을 수 있는 것 같다(Maynard Smith and Szathmary, 1995). 보다 최근에는 곤충들과 벌거숭이 두더지쥐naked mole rat와 같은 소수의 포유류들(Sherman, Jarvis, and Alexander, 1991)이 기능적으로 통합된 콜로니들로 합쳐지는 이행을 보였다. 인간 사회 집단이 이 목록에 추가될 수 있을 것이라는 생각은 각자의 지적 배경에 따라서 타당하게 보일 수도 있고 이단적으로 보일 수도 있을 것이다. 이 문제에 대한 입장이 그렇게 다양할 수 있다는 사실은 (과학을 포함한) 학문이 인간 본성에 대한 가장 근본적인 질문에 답하는 데 실패했음을 보여 준다.

적응적 단위로서의 인간 집단을 반박하는 가장 강력한 이론적 사례는 진화생물학 분야에서 찾아볼 수 있다. 인간 집단은 다른 초사회적 동물들과 같은 유전적 구조를 가지고 있지 않기 때문에 적응적 단위로 진화할 수 없다는 주장이다. 우리는 이 주장의 본질을 매우 상세하게 검토했다. 우리의 첫 번째 과제는 1960년대에 너무 성급하게 기각되어 버렸던 집단 선택 이론을 부활시키는 것이었다. 우리의 두 번째 과제는 다수준 선택 이론의 관점에서 인간 집단을 검토하는 것으로, 계통적 관련성 이외의 다른 추가적 요인들을 설명했다. 우리는 적응적 단위로 진화하도록 만들어 주는 자연 선택의 기본 재료들 — 표현형의 차이, 유전성, 적합도 — 이 인간 집단에도 존재한다고 말할 수 있다는 결론을 내렸다.

이 장에서 우리는 전 세계 문화들에 관한 방대한 문헌의 일부를 개관함으로써 이론이라는 뼈대 위에 실증이라는 살을 입히고자 했다. 사회 규범에 대한 우리 조사는 우리 모형의 가정과 예측을 지지한다. 계통적 관련성이 없더라도 집단 선택이 강한 진화의 힘으로 작용하도록 만들어 주는 요인들이, 특히 진화의 역사에서 대부분 존재해 왔던 소규모 대면 사회에서, 풍부하게 존재하는 것 같다. 인간 집단이 언제나 적응적 단위로 기능하는 것은 아니며 인간 본성이 집단 수준의 유기체를 형성하는 데 적합한 것만큼이나 집단 내에서 개인의 적합도를 극대화하는 데에도 적합할 수 있다. 그러나 가장 전통적인 인간 사회는 집단에 역기능적으로 작용하는 집단 내 과정을 억제하도록 설계된 것으로 보이며, 그 결과 자연 선택이 작용해서 집단 수준에서 적응이 일어났다. 인간 사회 집단은 종종 적응의 단위로 기능하며 토착민들과 그들을 연구한 민족지 학자들도 그 점을 알고 있었다.

우리 조사는 규모가 그렇게 크지 않고 우리의 해석도 더 엄격한 방법을 사용해서 확인을 거쳐야 한다. 그러나 우리가 우리의 관점을 지지하기 위해서 문화를 고르고 선택하는 가장 주요한 편향을 피했다는 점은 분명하다. 우리 조사가 무작위 표본에 기초하고 있기 때문에 우리 결과는 HRAF 자료에 포함된 수백 개의 다른 문화들에도 적용될 수 있을 것이다. 또한, 민족지 문헌을 우리보다 훨씬 잘 알고 있는 일부 인류학자들도 우리와 같은 결론에 도달했다. 여기에는 집단 선택의 결과 — 적응의 단위로 기능하는 집단들 — 만 포함되어 있는 것이 아니라 명백한 직접적 증거 — 몇몇 집단들이 다른 집단들을 대체하는 과정 — 도 있다. 개체주의적 관점에서는 이상해 보일 수도 있지만, 적응 단위로서의 인간 집단이라는 개념은 진화 이론뿐만 아니라 전 세계의 모든 문화들에 존재하는 인간 사회 집단에 관한 방대한 경험적 정보들에 의해서도 지지된다. 인간도 낮은 수준의 단위(개체)가 기능적으로 통합된 높은 수준의 단위(집단)로 합쳐진 사례들의 목록에 오를 수 있을 것 같다.

우리가 지금까지 규명한 모든 것은 인간의 행동을 이끄는 생각이나 느낌과는 관계가 없었다는 점을 강조할 필요가 있다. 진화생물학자들은 보통 바깥에서부터 연구를 시작해서 안으로 들어간다. 진화생물학자들은 실제 세계에서 생존과 번식을 결정하는 표현형을 이해하는 것에서부터 시작한다. 표현형은 그것을 만들어 내는 근접 메커니즘과 상관없이 연구될 수 있다. 근접 메커니즘이 유전 가능한 변이를 만들어 내는 한, 적응은 자연 선택에 의해 진화할 수 있다. 말하자면 구체적으로 어떤 근접 메커니즘이 작용하는지는 중요하지 않다. 날개가 긴 초파리들을 선택해서 긴 날개들을 만들어 낼 수 있다면, 누가 구체적인 발달 경로를 신경 쓰겠는가? 뇌기생충이 자신의 목숨을 희생해서 자신의 집단이 소의 간에 도달할 수만 있다면, 이 기생충이 개미의 뇌로 파고들어가면서 어떤 생각을 하고 어떤 느낌을 가질지를 누가 신경 쓰겠는가? 마찬가지로, 만약 인간이 기능적으로 조직화된 집단으로 통합되도록 진화했다면, 그들이 어떻게 생각하고 느낄지 누가 신경 쓰겠는가? 실상은 그들도 뇌기생충이 개미의 뇌에 들어가고 초파리가 날개를 발달시키는 것과 똑같이 그렇게 행동한다는 것이다. 이렇게 메커니즘을 고려하지 않는 태도를 받아들이는 일은 어렵지만, 다른 종을 연구할 때와 마찬가지로 인간을 연구할 때에도 같은 태도를 취해야만 한다.

물론, 어느 시점에서는 표현형과 진화적 과정에 대한 보다 풍부한 이해를 위해서 근접 메커니즘을 이해하고 싶어질 것이다. 인간 행동에 관심을 가지는 진화생물학자들은 약 10년 전에 이러한 이행을 이뤘다. 처음에 그들은 심리학의 주제를 뛰어넘어서 인간 행동을 생물학적 적합도의 관점에서 직접 설명하려고 했다. 이러한 접근은 많은 통찰을 제공했지만 궁극적으로는 한계가 있었다. 근접 메커니즘의 진화를 연구할 필요가 있었고 진화심리학이라는 분야가 생겨났다(예를 들어 Barkow, Cosmides, and Tooby, 1992; Buss, 1994, 1995). 이제 행동 수준보다 더 내려가서 인간 개개인이 기능적으로 조직화된 집단으로 통합되게 만드는 심리학적 메커니즘을 살펴볼 차례다. 우리가 일반적으로 심리학적 이타주의와 연관시키는 타인에 대한 직접적인 염려를 사람들이 정말로 느낄까? 아니면 우리가 일반적으로 심리학적 에고이즘과 연관시키는 메커니즘으로 개인 수준과 집단 수준의 적응을 완전히 설명할 수 있을까? 이 질문들에 답하려면 철학자들과 심리학자들이 심리학적 이타주의와 에고이즘을 어떻게 연구해 왔는지 살펴봐야 한다. 그런 다음 우리는 전통적 접근을 넘어서는 심리학적 메커니즘에 관한 진화 이론을 개발할 것이다. 그러나 2부로 넘어가지 않더라도, 인간 본성에 관해서 다음과 같은 중요한 결론을 내리면서 1부를 맺을 수 있을 것이다. 행동 수준에서, 사람들이 진화시켜 온 행동의 대부분은 **집단의 이익을 위한**for the benefit of group 것이다.

주석

1 HRAF는 문화의 무작위 표본이 아니다. 이 데이터베이스는 인류학자들에 의해서 잘 연구된 문화에 편향되어 있고, 대부분 현대적 국가보다는 전통적 사회로 구성되어 있다. HRAF 자체는 무작위 표본이 아니지만, 여기 포함되어 있는 전통적 사회들은 우리가 여기서 설명하고자 하는 문제에 관한 한 편향되어 있지 않다. 다시 말해서, HRAF에 포함되어 있는 사회들이 HRAF에 포함되지 않은 사회들에 비해서 집단 수준에서 더 잘 적응했거나 덜 적응했다고 볼 수 있는 근거가 없다. 전통 사회와 현대 국가의 비교는 또 다른 문제다. 현대 국가들은 그 규모나 문화적 역사에서 매우 다르다. 소규모의 대면 집단에서 잘 작동하는, 생물학적으로 진화된 집단 수준의 적응 메커니즘이 사회의 규모가 커지면서 무너질 수도 있다. 마찬가지로, 오랜 기간 누적되어 온 집단 수준의 문화적 적응도 현대의 대규모 사회가 생겨나면서 무너질 수 있다. 우리는 이 문제에 대해서 최선을 다해 설명하겠지만 많은 부분이 해결되지 않은 채 남을 수도 있다.

2 HRAF는 주기적으로 업데이트 되며 도서관에 따라서 더 새롭고 광범위한 버전이 있는 경우도 있고 그렇지 않은 경우도 있다. 우리는 빙햄튼 대학교 도서관에서 찾을 수 있었던 354개 문화가 포함된 버전을 이용했다.

3 진화적 기준에서 농경과 목축은 매우 새로운 것이다. 인류 진화에서 대부분의 기간 동안 우리 조상들은 자연 속에서 식량을 찾았다. 따라서 현대의 수렵-채집 사회는 우리 진화의 역사에서 대부분의 기간 동안 존재했던 물리적 조건과 사회적 조건에 근접한 사회로 여겨진다. 그러나 오늘날의 수렵-채집 사회들은 다양하며 다른 문화들이 만들어 낸 불모 서식지 marginal habitat에 의해 제약을 받는다. 보다 생산적인 서식지에 존재했던 수렵-채집 사회들은 상당히 달랐을 것이다.

4 HRAF의 민족지 자료의 양은 문화에 따라서 매우 다르다. 무작위로 선택된 문화들 중 13개는 자료가 충분하지 못해서 제외되었다(베두인, 벨로루시, 비하르, 이라크, 캄차달, 리투아니아, 모하비, 모시, 파슈툰, 탈라망카, 텔루구, 오만 협정국, 월래이). 이들 문화에 대한 정보는 사회 규범뿐만 아니라 대부분의 범주들에서도 거의 없어서 이 문화들을 제외하는 것이 우리가 답하고자 하는 문제와 관련해서 표집 편향을 가져오지는 않을 것 같다. 표집 편향을 일으킬 만한 또 다른 요인은 문화 간의 역사적 관계에 대한 고려다. 계통발생적으로 관련된 종들이 통계적으로 독립적이지 않은 것과 마찬가지로, 역사적으로 동일한 조상 문화에서 비롯된 문화들은 통계적으로 독립적인 관찰치를 제공하지 않을 것이다. 인류학자들은 생물학의 계통발생적 단위와 유사한 몇 개의 "문화 클러스터"들을 구분했다. 역사의 효과를 최소화하기 위해서 하나의 클러스터에서 하나의 문화만을 선택해서 조사가 이루어져야 한다. 그러나 이러한 절차는 대규모 클러스터보다 소규모 클러스터를 더 선호하게 되는 또 다른 형태의 편향을 가져올 수 있기 때문에, 우리는 클러스터에 관계없이 표본을 선택했다. 역사적으로 서로 관련된 문화를 포함시키는 것은 실효 표본 크기를 줄이지만 우리가 답하고자 하는 질문과 관련해서는 표본을 편향시키지 않는다.

5 복수의 민족지를 포함시키면 민족지학자들의 편향을 줄일 수 있지만, 편향을 완전히 없앨 수는 없다. 민족지 학자들이 동일한 문화권 출신이고 서로의 글을 읽었다면 그들의 설명은 통계적으로 독립적이라고 볼 수 없다.

6 모든 남성이 모든 여성을 두고 경쟁하는 것을 허락하는 사회 규범은 집단 수준에서는 매우 역기능적일 가능성이 높다. 누가 누구와 결혼할 수 있는지를 결정하는 규칙들은 임의적인 규칙이라고 할지라도 집단에 도움이 된다. 전통 사회의 결혼 규칙들은 현대 국가들의 운전 규칙과 어느 정도 유사하다. 모두가 같은 쪽으로 운전하는 한, 도로의 우측에서 운전하는지 좌측 차선에서 운전하는지는 중요하지 않다.

7 세 번째 사례는 구체적 내용 없이 "공동체로부터 강력한 반응"을 이끌어 냈다고 기술되어 있다.

8 집단 내 선택의 부산물로 집단 수준의 이익이 생기는 경우도 있다(Williams, 1966). 따라서 집단 선택이 작용했다고 말하기 위해서는 구체적이고 널리 퍼져 있는 패턴이 존재해야 한다. 집단 수준의 이익 한 가지만으로는 충분하지 않다.

9 사회 규모가 커지면서 위계화 이외에도 다른 종류의 불평등한 사회 체계들이 집단 수준에서 적응적일 수 있다. 예를 들어 집단에 도움이 되는 사람만 높은 지위를 부여받을 수 있다. 이런 경우, 집단 내 선택이 여전히 강력할 수 있지만 집단 간 선택과 함께 작용할 수 있다. 여러 다양한 형질들 대신에 집단에 이익이 되는 형질이 높은 지위의 기준이 되는 이유를 설

명하기 위해서는 집단 선택이 필요하다.

10 현대 사회에서는 리더의 도덕성에 주목하는 것이 도덕적 행동을 촉진하는 효과적인 방법인 것 같지 않다. 리더의 도덕성에 주목하는 것은 소규모 사회에서 더 효과적이며, 이 점은 우리가 앞에서 논의했던 규모의 문제를 보여 준다. 또한, 리더의 행동을 통제하는 메커니즘이 대규모 사회에서는 전혀 효과적이지 않다는 결론을 내리기 전에 우리는 먼저 유권자들이 리더의 도덕성을 전혀 신경 쓰지 않는 경우 리더들이 어떻게 행동할 것인지를 생각해 봐야 한다.

11 대규모 사회에서 개인의 자율성과 의사 결정 과정에 직접 참여하는 기회가 사라지는 것은 규모의 문제를 보여 준다. 소규모 집단이 적응적 단위로 기능하도록 해 주었던 메커니즘이 작동하지 않게 되며, 대규모의 사회 집단이 기능하도록 해 주는 다른 제도들로 대체되어야만 한다. 하지만 대규모 집단에서 작동하는 메커니즘은 통제가 더 어려울 수 있고, 따라서 집단 내 착취의 기회가 증가한다.

12 기독교 종파들은 집단 수준의 적응을 **어떻게** 촉진하는지뿐만 아니라 **어디까지** 집단 수준의 적응을 촉진할 것인지에서도 차이가 있을 수 있다. 많은 집단 수준의 적응이 (유기체나 벌집처럼) 하나의 단위로 묶여서 일어나지만 어떤 경우는 더 느슨하게 조직화 되어 있다는 점을 상기해 보자. 종교 집단(기독교나 기타 종교) 또한 이러한 연속선상에 흩어져 있을 것이다.

13 누에르 족과 딩카 족 모두 내포 위계로 이해되는 분절된 사회체계를 이루고 있다. 최소 분절 단위는 마을보다는 크지만 위계의 가장 낮은 수준으로 일상적인 경제활동에서 주요 "협동 단위"가 된다. 보다 상세한 논의를 위해서는 Evans-Pritchard (1940)을 참고하기 바란다.

Ⅱ.

심리학적 이타주의
PSYCHOLOGICAL ALTRUISM

Reprinted by permission of Prentice-Hall Inc.
from *The Best of Rube Goldberg* (1940), pp. 98–99.

.6.

근접 메커니즘으로서의 동기

여기서부터 우리는 이타주의에 대한 초점을 진화론의 문제에서 심리학의 문제로 옮길 것이다. 단순히 동일한 문제에 대해서 관점만 달리하는 것을 넘어서, 이타주의의 개념 자체를 다르게 바라볼 것이다.

유기체가 자신의 적합도를 감소시키고 다른 개체들의 적합도를 증가시켰다면 진화적 의미에서 이타적 행동을 했다고 볼 수 있다. 반면, 심리학적 이타주의는 기본적으로 이타적 동기를 의미하며, 이러한 동기가 유발하는 행동과는 부차적으로만 연결되어 있다. 이렇게 이타주의 개념을 행동에서 동기로 전환하는 일은 사소하게 보일 수도 있지만, 새로운 쟁점들을 낳는다. 그 이유는 심리학자들과 철학자들이 이타적 동기에 대한 문제를 진화론과 무관하게 다루어 왔기 때문이기도 하다. 우리는 심리학과 철학에서 이타주의를 어떻게 다루어 왔는지 평가해야 한다. 그 과정에서 진화적 아이디어가 포함되기도 하겠지만, 심리학적 이타주의가 진화론의 영역 밖에서 발전해 왔다는 점을 염두에 두지 않고는 이 문제에 제대로 접근할 수 없을 것이다.

근접 메커니즘과 궁극적 메커니즘

행동이 진화할 때, 유기체로 하여금 그렇게 행동하게 만드는 근접 메커니즘도 함께 진화하게 된다. 담쟁이덩굴은 빛을 향해 자란다. 이것은 넓은 의미에서 행동이라고 볼 수 있다. 이런 굴광성phototropism이 진화하려면, 담쟁이덩굴 내에 한쪽 방향으로 자라게 만드는 메커니즘이 존재해야 한다. 여기서 우리는 다음과 같이 진화적 과정에서부터 내적 메커니즘을 거쳐 행동으로 이어지는 세 단계의 인과적 연쇄가 있음을 알 수 있다:

굴광성을 선택함 → 내적 메커니즘 → 빛을 향해 자람

여기서 행동은 자연 선택에 의해 오랜 세대를 거치면서 진화한 것이다. 한 유기체의 생애 내에서 보면, 그 행동이라는 것은 유기체 안에 있는 내적 메커니즘이 있기 때문에 발생하게 된다.

이러한 인과관계의 연쇄는 행동을 설명하는 두 가지 방법을 제시한다 (Mayr, 1961). 왜 담쟁이덩굴은 빛이 있는 방향으로 자랄까? 한 가지 답은 이 유기체의 개체 발생에 대해 이미 우리가 알고 있는 사실과 행동을 연관지어 설명하는 것이다. 즉, 담쟁이덩굴이 특정한 방향으로 자라는 이유는 그런 행동을 보이도록 하는 내적 메커니즘이 담쟁이덩굴 내에 존재하기 때문이라고 설명하는 것이다. 다른 한 가지 답도 역시나 이미 우리가 알고 있는 계통 발생에 대한 사실과 행동을 관련지어 설명한다. 담쟁이덩굴이 빛을 향해 자라는 이유는 그들의 선조들이 이런 행동을 선호했고, 따라서 자연 선택되었기 때문이라는 것이다. 이 두 가지 답은 상충되는 것이 아니다; 단지 인과관계의 연쇄 내에서 상대적으로 근접한 연결고리인지 아니면 궁극적인 연결고리인지의 차이가 있을 뿐이다.

담쟁이덩굴에게는 마음이라고 할 만한 것이 없겠지만, 마음이라는 개념이 존재하는 생명체가 보이는 행동에도 마찬가지 설명이 가능하다. 인간이 환경으로부터 영양분을 획득하는 것은 담쟁이덩굴이 태양으로부터 에너지를 얻는 것과 다르지 않다. 만약에 영양분을 획득하게 하는 행동이 진화의 산물이라면, 음식을 섭취하고 음식이 아닌 것은 섭취하지 않게 하는 어떤 메커니즘이 인간 개개인 내에 존재할 것이다. 이것이 우리의 마음이 담당하는 역할이다. 사람들은 신념과 욕구에 따라 무엇을 먹고 무엇을 먹지 않을 것인지 결정하는 것이다. 인간 행동을 진화적인 관점에서 본다면, 인간의 마음이란 유기체가 적응적 행동을 하게 만드는 근접 메커니즘이라고 봐야 한다.[1]

진화론자가 말하는 근접 원인과 궁극적 원인의 차이점을 설명했으니, 이제 사람들이 가지고 있는 궁극적 욕구와 도구적 욕구의 심리학적 차이점에 대해 설명해야 할 것이다. 이는 전문적이거나 난해한 개념이 아니라, 우리가 일상생활에서 쉽게 접할 수 있는 것이다. 어떤 것들은 우리 자신만을 위해서 원하기도 하는 반면, 다른 것들은 좀 더 궁극적인 목표를 이루는 데 도움이 될 것 같아서 원하게 된다. 예를 들어 사람들이 왜 고통을 피하려고 하는지에 대해 생각해 보자. 사람들이 고통을 피하는 유일한 이유가 그렇게 함으로써 무언가 다른 목적을 이루기 위해서라고만 생각한다면, 그것은 옳은 생각이 아닐 것이다. 오히려 사람들은 단순히 고통이 싫어서 피한다. 고통을 피하는 것은 우리가 우리 자신의 안위를 위해서 하고 싶은 행동인 것이다.

고통을 피하고자 하는 욕구는, 사람들이 고통에 대해 어떻게 생각하는지에 대한 수준에서 보면 궁극적인 목표가 되지만, 진화적 의미에서 궁극적인 것은 아니다. 우리에게 고통을 피하고자 하는 욕구가 있는 데에는 진화적인 이유가 있다. 고통은 일반적으로 신체적 부상과 관련되어 있다. 현재의 유기체가 고통을 피하고자 하는 이유는 그러한 전략이 자연 선택에 의해 결정되었기 때문이다. 고통을 피하고자 하는 욕구는 심리학적으로는 궁극적이지만, 진화적으로는 도구적이라는 의미다. **궁극적**이라는 용어의 진화적 의미와 심리학적 의미의 차이를 확실하게 해 두기 위해서 다음과 같은 그림을 보도록 하자.

신체적 부상을 피하기 위한 자연 선택 → 고통을 피하고자 하는 욕구 → 신체적 부상을 피하는 행동

어떤 점에서는 고통을 피하려는 욕구가 궁극적인 것이 **아니며**, 진화 과정을 따라 거슬러 올라가야 그 기원을 찾을 수 있다. 그러나 다른 한편으로는 고통을 피하려는 욕구가 **궁극적인 것이며**, 유기체가 가지고 있는 근원적 욕구 이전으로 거슬러 올라갈 수 **없는** 것이다. 이 두 가지 아이디어는 상충하지 않는다. 고통을 피하고자 하는 욕구는 진화에 의해 실현된 근접 메커니즘이면서, 동시에 유기체의 심리적 경제성이라는 측면에서 볼 때 궁극적 욕구이기도 하다. 즉, 이러한 욕구는 고통을 피함으로써 어떤 다른 목적을 이룰 수 있을 것이라는 유기체의 생각과는 독립적으로 존재한다.

우리는 이번 장의 끝 부분에서 궁극적 욕구와 도구적 욕구의 심리학적 차이점에 대해 더 자세히 다룰 것이다. 하지만 지금은 우리가 이 책의 나머지 부분에서 해답을 얻고자 하는 질문들, 즉 심리학적 에고이즘과 이타주의에 대한 주요 문제들을 생각해 보도록 하자. 사람들이 갖는 이타적 욕구가 심리학적으로 궁극적인 욕구인 경우가 과연 존재하는가? 아니면 사람들은 타인이 잘 되는 것이 결국 자기자신에게 이익이 된다고 생각하기 때문에 타인이 잘 지내기를 바라는 것인가? **심리학적 에고이즘**은 우리의 모든 궁극적 욕구는 자기자신을 위한 것이라고 보는 동기 이론이다. **심리학적 이타주의**는 우리가 때때로 남에게 관심을 가지고 도움을 주는 것은 진정으로 그들을 위하기 때문이라고 보는 동기 이론이다. 이 두 이론은 사람들이 타인이 잘 지내기를 바라는 경우도 있다는 점에 대해서는 동의하지만, 그러한 욕구가 항상 도구적인지, 아니면 가끔은 궁극적일 때도 있는지에 대

해서는 의견을 달리한다.

심리학적 개념과 진화적 개념이 어떻게 연관되어 있는가?

심리학적 에고이즘, 심리학적 이타주의와, 앞서 다루었던 진화적 이타주의, 이기주의는 서로 어떤 관계인가? 동기적 차이점이 결과적 적합도의 차이점과 어떻게 연관되어 있는가?

진화적 개념과 심리학적 개념의 차이를 생각해 보는 것에서부터 시작해 보자. 유기체가 진화적 이타주의자가 되기 위해서 마음이 반드시 필요한 것은 아니다. 1장에서 논의했던 사례가 이 점을 잘 보여 준다. 뇌기생충은 개미의 뇌 속으로 파고 들어가서 자신의 생명을 희생함으로써 개미 안에 있는 다른 기생충들이 생존하고 번식하는 데 도움을 주게 된다. 같은 숙주에 살고 있는 다른 바이러스보다 덜 치명적인 점액종*Myxoma* 바이러스는 낮은 번식력을 가지고 있으며, 이는 결과적으로 바이러스 집단이 다른 숙주로 퍼질 수 있도록 도와준다. 그리고 두 마리의 암컷 말벌들이 벌집을 만드는 경우, 암컷을 수컷보다 많이 낳는 말벌은 암컷과 수컷을 1 : 1 비율로 낳는 말벌보다 적합도가 떨어지지만, 말벌 집단 전체의 생산성은 증가하도록 도와준다. 진화적 이타주의자가 되기 위해서 신념이나 욕구가 반드시 필요한 것은 아니다.

마음을 지니고 있는 유기체만 고려하는 경우에도, 심리학적 에고이즘적 동기나 이타적 동기가, 이기적이거나 이타적인 적합도 결과와 1 : 1의 관계가 아니라는 점을 알아야 한다. 이 점을 명확하게 하기 위해서 우리는 네 개의 예를 들 것이며, 각각의 예시는 심리학적 에고이즘/이타주의와 진화적 이기주의/이타주의의 모든 조합이 가능하다는 것을 보여 줄 것이다. 처음 두 개의 예시는 진화적, 심리학적 범주가 일치하는 경우이며, 마지막 두 개의 예시는 범주가 일치하지 않는 경우다.

예시 1

한 유기체가 자기자신을 위해 식량을 최대한 모으려고 하는 상황을 가정해 보자. 이 욕구는 자기자신을 위한 것이기 때문에, 만약에 식량을 최대한 많이 모으려고 하는 것이 최종 목적이라면, 이 유기체는 심리학적 에고이즘을 보인다고 할 수 있다. 만일, 어떤 집단 내에서 일부 유기체들이 이러한 욕구를 보이고, 나머지 유기체들은 그러한 욕구를 보이지 않는다면, 이들의 결과적 적합도는 어떻게 될까? 자기자신만을 위해 최대한의 식량을 모으는 유기체는 진화적으로 이기적인 반면, 다른 이들이 더 많은 식량을 모을 수 있도록 자기자신의 식량을 모으는 행위를 절제하는 유기체는 진화적으로 이타적이라고 볼 수 있다. 따라서 자기자신을 위해 식량을 최대한 모으려고 하는 욕구는 심리학적 에고이즘을 보이는 동시에 진화적으로 이기적인 동기가 된다.

예시 2

자신이 속한 집단 구성원들의 복지에 관심을 가지며, 그것이 최종 목적인 어떤 사람에 대해 생각해 보자. 이 욕구는 심리학적 이타주의의 한 예가 된다. 남을 돌보는 것이 집단 내에서 그 사람의 상대적 적합도를 증진시키는 경우를 제외하면, 남을 돌보는 특성과 그렇지 않은 특성을 비교했을 때, 이러한 심리학적 이타주의가 진화하기 위해서는 집단 선택이 필수적이다. 따라서, 남을 돌보는 것 그 자체가 최종 목적인 욕구는 진화적 이타주의의 예가 된다.

예시 3

어떤 사람이 집단 구성원 모두를 도와주지만 그 이유가 오직 자기자신의 기분이 좋아지기 때문이라면, 그 사람은 진화적인 이타주의자이면서 심리학적 에고이스트다. 그러나 우리는 진화적 개념과 심리학적 개념이 어떻게 분리되는지를 더 잘 보여 주는, 보다 미묘한 사례를 제시하고자 한다.

방책防柵 건설을 돕고 싶어하는 어떤 사람이 있다고 가정해 보자. 이 요새는 집단 구성원 모두를 약탈자나 습격자로부터 보호해 주겠지만, 이 사람이 도움을 주고 싶어하는 이유는 이것 때문이 아니다. 그가 요새를 건설하는 데 도움을 주고 싶어하는 이유는 그저 요새가 튼튼해지면 자기자신의 안위가 보장되기 때문이다. 이 사람은 심리학적 에고이스트인 것이다.

이제 요새를 건설하는 데 도움을 주는 것과 주지 않는 것의 적합도 결과에 대해 생각해 보자. 집단 구성원 전원 — 요새를 짓는 자와 짓지 않는 자 모두 — 이 요새의 이점을 누리기 때문에(경제학자들이 얘기하는 공공의 이익), 요새를 짓는 사람들은 진화적 이타주의자들이고 짓지 않는 사람들은 무임승차자들, 즉 진화적 이기주의자들이다. 어떤 집단이든 간에, 요새를 짓는 사람들은 짓지 않는 사람들보다 적합도가 떨어지는데, 그 이유는 모든 사람들이 요새가 제공하는 이점을 누리지만 오직 요새를 짓는 사람들만이 그 비용을 부담하기 때문이다. 자신의 안위만을 위해 요새를 짓는 데 도움을 주고자 하는 행위는 심리학적 에고이즘이지만 동시에 진화적 이타주의를 담고 있는 형질의 예가 된다.

심리학적 에고이스트들이 도움을 줄 것인지 말 것인지 고민하는 경우, 그들은 도움을 주었을 때와 주지 않았을 때 무엇이 자신에게 더 좋은 결과를 가져올 것인지를 비교한다. 이를 위해서는 두 가지 가상적 상황을 평가해야 하며, 그 둘 중 오직 한 가지만을 실현할 수 있게 된다. 위에서 예로 든 요새의 사례는, 심리학적 에고이스트들이 그들의 **절대적** 적합도를 극대화하는 목표를 이루기 위해 때때로 그들의 **상대적** 적합도를 낮추는 행동을 하기로 결정하게 된다는 사실을 보여 준다(Wilson, 1991; Sober, 1998b). 이 사례에 등장하는 에고이스트는 자신의 절대적인 안녕에 관심이 있지, 자기가 다른 사람들과 비교해서 얼마나 안녕한지에는 관심이 없다. 이것이 바로 심리학적 에고이스트들이 중요하게 여기는 것과 집단 내 선택이 중요하게 여기는 것의 주된 차이점이다.

에고이즘적 숙고는 **가상적** 상황을 비교하는 것이지만, 어떤 특성이 진화할 것인가에 대한 문제는 현실의 영역에 확고한 기반을 두고 있다. 도움을 주는 행동이나 도움을 주지 않는 행동 둘 중 어느 것이 진화할 것인지의 문제에서는 돕는 사람들과 돕지 않는 사람들이 실제로 얼마나 잘되는지를 비교하게 된다. 즉, 실제 집단에서 두 가지 형질이 가지는 적합도를 비교한다는 것을 의미한다. 생물학자들은 어떤 형질이 진화할 것인지 예측할 때, 때때로 심리학적 에고이즘을 경험적 근거로 사용한다. 예를 들어 적합도를 최대한으로 높이려는 에고이즘적 측면에서는 빠르게 달리는 것을 선호할 것이기 때문에, 얼룩말 집단에서는 달리는 속도가 빠른 형질이 진화하면서 느린 형질을 대체할 것이라는 예측은 어렵지 않게 할 수 있다. 하지만, 앞서 언급했던 요새의 예를 보게 되면 이러한 원칙은 우리를 잘못된 답으로 이끌 수 있다. 만약 진화라는 것이 집단 내 선택에 의해 지배된다면, 돕지 않는 특성이 진화할 것이다. 만약 집단 선택이 결정적인 역할을 한다면, 그때는 돕는 특성이 진화할 것이다. 만약 집단 선택과 개체 선택이 모두 작용한다면, 두 특성 중 무엇이 진화할 것인지는 오직 각각의 강도를 평가하는 것을 통해서만 알 수 있다. 심리학적 에고이스트가 내리는 선택이 집단 선택에 의해 선호되는 형질과 항상 일치하는 것은 아니다.[2]

예시 4

자신의 자녀들의 안녕에 지대한 관심을 가지고 있는 부모에 대해 생각해 보자. 이러한 관심은 자기자신 이외의 사람에 대한 것이기 때문에, 이것은 심리학적으로 이타주의적인 동기라고 볼 수 있다. 이제 어떤 부모들은 그들의 자녀에 대해 관심을 보이고, 다른 부모들은 관심을 보이지 않는 집단에 대해 생각해 보자. 전자의 부모들이 후자의 부모들보다 자녀를 낳는 데 성공적이라는 가정을 해 보자. 이는 자신의 자녀들에 대해 관심을 보이는 것이 진화적 이기주의의 예가 된다는 것을 의미하는데, 그 이유는 자녀들에게 관심을 보이는 특성이 그렇지 않은 특성과 비교했을 때 더 적합도가 높기 때문이다.[3]

이 네 가지 예시는 다음 표에 정리되어 있다.

		진화적	
		이기주의	이타주의
심리학적	에고이즘	1. S는 최대한 많은 식량을 확보하고 싶어한다.	3. S는 요새를 세우는 데 도움을 주고 싶어한다.
	이타주의	4. S는 자녀의 안녕에 관심을 가진다.	2. S는 집단 구성원들의 안녕에 관심을 가진다.

요약하자면, 모든 동기는 매우 다른 두 관점에서 평가할 수 있다. 어떤 동기가 진화적으로 이기적이거나 이타적인 행동을 유발한다고 해서 그 동기가 심리학적으로 에고이즘적인지 이타주의적인지를 알 수 없다. 그리고 행동이 심리학적 동기에 의해 유발된다는 사실은 왜 그 행동이 진화했는지에 대한 의문을 남긴다.

우리는 2장에서 프랭크(Frank, 1988)의 "집단 선택 모형을 좋아하는 사람들은 사람들이 진정으로 이타적이라고 생각하는 사람들과 일부 생물학자들이다"라는 말에 대해 논의했었다. 진화생물학에서 말하는 개체주의와 사회과학에서 말하는 에고이즘이 서로를 보강해 줄 것이라고 자동적으로 가정하는 일은 흔하지만, 이러한 가정은 잘못된 것이다. 다수준 선택에 의해 진화한 행동과 그 행동들을 동기화하기 위해 진화한 심리학적 메커니즘을 연결할 때는 좀 더 조심스럽게 접근해야 할 필요가 있다. 여러 수준에서 행동의 진화와 동기의 심리학을 연결시킬 수 있다는 것은 이 책의 후반부를 두 가지로 방향으로 발전시킬 수 있다는 것을 의미한다. 한 가지 가능성은 인간 마음의 전 구조를 다수준 선택에 의한 결과물이라고 설명하는 것인데, 이 구조는 심리학적 이타주의를 포함할 수도 있고 포함하지 않을 수도 있지만, 포함할 것이 거의 확실하다. 두 번째 가능성이 우리가 실제로 선택한 방향인데, 심리학적 이타주의에 대한 지지와 반대, 그 자체에 대한 평가를 하는 것이다. 도움 행동이나 적응적 행동 일반을 유발하는 데 도움이 될 수 있는 동기들 전반이 아니라 심리학적 이타주의에 집중함으로써 주제를 보다 수월하게 다룰 수 있다는 장점이 있으며, 심리학적 이타주의 그 자체도 중요한 주제다. 많은 사람들이 진정한 심리학적 이타주의를 낭만적 상상 정도로 치부하는데, 만약 우리가 이러한 입장을 반박하고 심리학적 이타주의가 인간의 마음을 이루는 한 부분이라는 점을 입증할 수 있다면 매우 만족스러울 것이다.

기능적 등가의 문제

진화한 행동이 진화한 근접 메커니즘을 필요로 한다는 생각을 보완할 수 있는 아이디어가 있다. 진화가 유기체로 하여금 주어진 환경에서 특정한 주어진 행동을 하도록 한다면, 원칙적으로 유기체로 하여금 이러한 행동과 환경 간의 연합을 형성하도록 하는 근접 메커니즘에는 여러 가지가 있다.

예를 들어 산소를 피하지 못하면 죽게 되는 해양 박테리아에 대해 생각해 보자. 진화는 이 유기체로 하여금 산소 농도가 높은 곳에서부터 멀어지는 방향으로 헤엄치도록 하는 행동 통제 장치를 제공했다고 볼 수 있다. 이러한 것을 가능하게 하는 다양한 장치들이 있음을 우리는 어렵지 않게 상상해 볼 수 있다. 우선, 가장 당연하게도, 진화는 박테리아에게 산소 탐지기를 부여했을 수 있다. 하지만 동일한 역할을 수행할 수 있는 또 다른 간접 메커니즘이 수없이 존재할 수 있을 것이다. 예를 들어 산소의 농도는 수면에 가까울수록 높아지는 경향이 있다. 즉, 위와 아래를 구분할 수 있는 그 어떤 장치라도 박테리아로 하여금 산소를 피하게 할 수 있다. 실제로 많은 혐기성 종들은 지구의 자기장을 감지함으로써 위와 아래를 구분할 수 있다(Blakemore and Frankel 1981).[4]

이러한 주장은 다음과 같이 일반화할 수 있다. 어떤 유기체가 환경 $E_1, E_2, \cdots, E_n$에서 각각 행동 $B_1, B_2, \cdots, B_n$을 하게 하는 전략을 갖도록 진화했다고 생각해 보자. 원칙적으로, 이렇게 행동과 환경을 짝지어 주는 결과를 가져오는 여러 가지 근접 메커니즘이 존재할 수 있을 것이다. 그중 하나의 메커니즘은 유기체로 하여금 $E_1, E_2, \cdots, E_n$을 직접 탐지하도록 한다. 그러나 만약 $E_1, E_2, \cdots, E_n$이 환경에 존재하는 다른 특성들 — $I_1, I_2, \cdots, I_n$, — 과 상관관계가 있다면, 유기체는 이 I 특성을 탐지하는 간접적인 전략을 추구할 수 있을 것이다. $E_1, E_2, \cdots, E_n$가 수많은 다른 특성들과 상관관계가 있을 수 있기 때문에, 원칙적으로 봤을 때 진화할 수 있는 수많은 간접적인 근접 메커니즘이 존재한다. 이러한 대안적 메커니즘들은 서로의 기능적 등가라고 표현한다. 즉, 그것들은 동일한 상황에서 거의 동일한 행동을 유발한다. 유기체가 어떤 근접 메커니즘을 사용하는지 알아내는 것은 생물학의 기본적인 문제다.

심리학적 에고이즘과 이타주의적 동기 문제에 대해서도 같은 질문을 던질 수 있다. 예를 들어 만약 자연 선택이 부모로 하여금 자녀를 보살피도록 이끈 것이라면, 이러한 결과는 무수히 많은 근접 심리 메커니즘을 통해서 이루어질 수 있었을 것이다. 다양한 유기체들은 인간과 같은 정신 능력이 없음에도 불구하고 자녀를 돌볼 수 있다. 그러나 인간 부모의 보살핌에는 정교한 인지 및 정서 체계가 작용하게 된다. 사람들은 자신이 가지고 있는 신념과 욕구가 있기 때문에 자녀를 보살피게 된다. 그렇다면 어떤 종류의 신념과 욕구가 사람들에게서 부모의 보살핌을 유발하는 근접 메커니즘을 제공하는 것일까? 처음으로 생각할 수 있는 가장 자연스러운 메커니즘은 바로 부모가 자녀들에 대해 이타적이라는 것, 즉, 자녀들이 잘 지내기를 바라는 것 그 자체가 궁극적인 목표인 것이다. 그러나 거의 동일한 행동을 유발하는 에고이즘적 메커니즘도 있을 수 있다. 자신의 자녀들이 잘 안 되었을 때 고통을 느끼고 잘 되었을 때 쾌락을 느끼는 유기체에 대해 생각해 보자. 만일 부모의 궁극적 욕구가 쾌락을 추구하고 고통을 피하는 것이라면, 그는 자녀들을 보살피게 될 것이다. 수많은 종류의 가능한 동기적 메커니즘 중 유기체가 실제로 사용하는 것이 무엇인지 밝혀 내는 것이 심리학자의 과제다.

해양 박테리아의 예로 돌아가서, 어떤 근접 메커니즘이 진화했는지 판단하는 과제는 두 가지 방법으로 해결할 수 있다. 첫째, 자기장과 산소 농도

간의 통상적인 관계를 깨뜨리는 실험을 통해 박테리아가 어떻게 행동하는 것인지 관찰하는 방법이다. 우리가 위쪽과 아래쪽 모두에 균등한 산소 농도를 가진 물을 만들고, 그 안에 박테리아를 넣었을 때, 그 박테리아는 여전히 아래로 헤엄칠 것인가? 자기장의 방향을 거꾸로 뒤집는다면, 박테리아는 위로 이동할 것인가? 두 번째는 박테리아를 해부하고 그 안에 어떤 메커니즘이 있는지 관찰하는 방법이다. 만약 우리가 박테리아의 해부학적 구조에 대해 충분한 지식이 있다면, 박테리아의 내부에 산소 탐지기가 있는지 아니면 마그네토솜이 있는지 판단할 수 있을 것이다.

사람의 동기에도 위에서 언급한 두 가지 방법을 적용할 수 있을까? 전자는 이미 반복적으로 적용되어 왔다. 심리학자들은 사람들이 이타적 동기를 가지고 있는지 에고이즘적 동기를 가지고 있는지를 알아보기 위한 실험들을 해 왔으며, 철학자들도 이 문제에 대한 답을 얻기 위해 사고 실험을 만들어 왔다. 이러한 노력에 대해서는 8장과 9장에서 다룰 것이다. 이와 대조적으로, 후자의 방법 — 유기체를 해부한 뒤 내부를 들여다보는 방법 — 은 아직 실행 가능한 방법이 아니다. 우리가 사람 뇌를 해부하고 그 안을 관찰한다고 해도(아니면, 덜 외과적인 방법인 PET 영상 혹은 기능적 MRI 영상을 사용한다고 해도), 무엇을 찾아야 하는지 아직 모르기 때문이다. 어떤 뇌 구조가 이타주의적 동기와 에고이즘적 동기의 차이를 반영하는가? 앞으로 신경생물학이 이런 질문에 대한 답을 제공할 것이라고 해도, 현재로선 큰 도움이 되지 못한다.

우리는 10장에서 해양 박테리아의 향자장성向磁場性과 심리학적 동기에 관한 문제의 유사성에 대해 더 자세히 다룰 것이다. 지금은 심리학자들과 철학자들이 다뤘던 심리학적 이타주의와 에고이즘에 관한 문제는 심리학적 동기의 영역에만 국한되는 것이 아니라는 점을 보여 주는 수준에서만 언급하기로 한다. **기능적 등가**의 문제는 다양한 행동을 유발하는 근접 메커니즘이 정확히 무엇인지 밝혀 내려고 할 때 항상 고려해야만 하는 것이다.

신념과 욕구

우리는 지금까지 행동을 조절하는 근접 메커니즘으로서 심리학적 동기를 살펴보는 것의 중요성에 대해 강조했다. 이는 해양 박테리아 내에 있는 마그네토솜이나 담쟁이덩굴 내에서 굴광성을 일으키는 메커니즘과 유사하다. 그러나 이러한 일반적인 유사성에도 불구하고, 심리학적 동기는 특별한 종류의 근접 기제인 것이 사실이다. 이 장의 남은 부분에서 우리는 행동을 통제하는 근접 메커니즘으로서 마음이라는 것이 왜 중요한지에 대해 논의할 것이다. 이 논의를 통해 심리학적 에고이즘과 이타주의 이론이 구성되는 공통된 체계를 설명할 것이다.

에고이즘-이타주의 논쟁은 **신념과 욕구라는 것은 마음의 항목이며, 이것들이 행동을 유발한다**는 점을 상정한다. 궁극적 동기에 관한 논쟁은 우리에게는 동기가 있고 그것이 우리가 보이는 행동의 원인이 된다는 점을 상정한다. 비록 이러한 추정이 비판을 피해 갈 수는 없었지만, 우리는 (놀랍지 않게도) 이것을 합리적인 가설로 받아들일 것이다. 만약 언젠가 신념과 욕구라는 것은 실존하는 것이 아니라는 사실이 과학적으로 입증되는 날이 온다면, 과거에 플로지스톤과 유령이 존재하지 않는다는 사실을 받아들인 것처럼, 심리학적 에고이즘과 이타주의에 관한 논쟁도 역사의 쓰레기더미로 버려질 것이라고 예상한다.[5]

신념과 욕구가 행동의 원인이 된다는 주장을 받아들이는 것은, 모든 행동이 신념과 행동으로 거슬러 올라간다는 의미는 아니다. 이미 살펴봤듯이, 행동의 정의를 충분히 넓게 내리면 이는 옳지 않게 된다. 의사가 당신의 무릎을 망치로 쳤을 때, 당신의 무릎은 움직이지만, 이것은 당신의 신념이나 욕구에 의한 행동이 아니다. 마찬가지로, 담쟁이덩굴이 빛을 향해 자랄 때, 이것은 이 식물이 **행동하는** 것이지만, 생각이나 욕구가 있어서 그런 것은 아니다. 만일 모든 행동이 신념과 욕구에 의해 만들어지는 것이 아니라면, 무엇이 신념과 욕구를 특별하게 하는 것인가? 여기서 우리가 설명하고 싶

은 것은, 신념과 욕구는 명제적 내용을 포함한다는 점이다. 믿는 것과 원하는 것은 명제적 태도다.[6]

철수라는 사람이 잔에 물이 있다고 믿는다는 것이 어떤 의미인지 한 번 생각해 보자. 이 문장 그대로 의미를 받아들인다면, 우리는 철수가 어떠한 명제("잔 속에 물이 들어 있다"라는 구절로 표현된)에 대해 특수한 관계, 즉 믿는 것에 대한 관계를 가지고 있다고 볼 수 있다. 욕구 역시 명제적 태도가 된다. 영희라는 사람이 잔 속에 물이 들어 있기를 원한다면, 우리는 영희가 어떠한 명제("잔 속에 물이 들어 있다"라는 구절로 표현된)에 대한 특수한 관계, 즉 원하는 것에 대한 관계를 가지고 있다고 보는 것이다. 철수와 영희는 동일한 명제에 대해 서로 다른 태도를 가지고 있음을 알 수 있다.

"잔 속에 물이 들어 있다"라는 문장은 한국어라는 특정 언어로 쓰여 있지만, 이 문장을 통해 표현된 명제는 특정 언어를 초월하는 것이다. 철수의 프랑스계 사촌인 자크는 한국어를 모르지만, 그 역시 잔 속에 물이 있다고 믿을 수 있다. 그에게 신념이 있다고 말하는 것은 그가 특정한 한국어 문장에 관계 있다는 것이 아니라, 그 문장이 표현하고 있는 명제와 관계 있다고 말하는 것이다. 서술형 문장들의 참과 거짓은 그 문장이 표현하는 명제의 참과 거짓에 의해 결정된다. 명제와 문장의 차이는 당신과 당신 이름의 차이와 같다.[7]

우리가 사람들에게 신념이나 욕구가 있다고 말할 때, 우리는 그들이 명제와 어떠한 관계가 있다고 말하게 된다. 여기서 말하는 관계란 어떤 종류의 것을 의미하는가? 그 관계는 **표상적**representational이다 — 믿는 것과 원하는 것은 해당 명제에 대한 정신적 표상을 만드는 것과 관련이 있다.[8] 이 부분이 신념과 욕구가 행동을 유발하는 다른 원인들과 어떻게 다른지 잘 보여주게 된다. 담쟁이덩굴은 빛을 향해 자라지만, 이것은 담쟁이덩굴이 원하는 것에 대한 표상을 만들지 않은 채, 그리고 그 목표를 어떻게 이룰 것인지에 대한 또 다른 표상을 만들지 않은 채 이루어진다. 마찬가지로, 무릎을 치는 망치는 무릎이 다른 정신적 표상의 중개 없이 움직이도록 하는 것이다.

유기체는 그가 주어진 신념과 욕구를 이루고 있는 개념들을 표상할 수 있는 능력이 있어야만 그 신념과 욕구를 만들어 낼 수 있다. "잔 속에 물이 있다"라는 명제를 포함하는 신념이나 욕구를 갖기 위해서는, **물**과 **잔**에 대한 개념이 있어야 한다(더불어 물리적 봉쇄와 존재에 대한 개념도 있어야 할 것이다). 이 개념을 가지고 있지 않은 사람들은 이러한 생각과 욕구를 가질 수 없다. 이것은 인간이 아닌 유기체에게 신념과 욕구를 귀인歸因하는 것에 대한 흥미로운 함의를 지닌다. 우리가 어떤 사람이 어떤 명제를 믿는다고 할 때(혹은 참이기를 원할 때) 우리는 반드시 그 명제를 인간의 언어로 기술하게 된다. 만약에 어떤 개가 한국어로 **물**과 **잔**이라고 표현되는 개념을 가지고 있지 않다면, 엄밀히 말해서 그 개가 잔 속에 물이 있다는 명제적 내용을 갖는 신념을 만든다는 것은 거짓이 될 것이다. 하지만, 그렇다고 해서 인간이 아닌 유기체들이 신념과 욕구가 없는 것은 아니다. 오히려, 이 유기체들이 그들의 사고와 욕구를 형성하는 데 사용하는 표상을 기술하는 데 있어서, 인간의 언어는 충분하지 않다고 볼 수 있다. 언젠가는 인지비교행동학cognitive ethology이 인간이 아닌 유기체들의 사고 세계의 특징을 보다 정확하게 기술할 수 있는 방법을 개발할 수 있을 것이다. 일상 언어가 충분한 자원을 제공하지 못한다면, 과학이 여기에 필요한 개념들을 개발해야 할 것이다.

어떻게 신념과 욕구가 함께 작용하는가

유기체가 자신의 신념을 형성하기 위해 사용하는 개념들이 있으며, 자신의 욕구를 형성하기 위해 사용하는 개념들이 있다. 이러한 개념들을, 명제를 표현하는 다양한 표상을 만들어 내는 언어를 구성하는 요소로 볼 수 있다. 이 두 가지 개념들이 동일해야만 하는 굉장히 중요한 이유가 있다. 유기체가 **수단-목적 사고**means-end deliberation를 할 수 있도록, 신념과 욕구를 형성할 때 공통된 언어를 사용해야 하기 때문이다. 아리스토텔레스는 덮을 것을 원하고 망토가 좋은 덮을 것이 된다고 믿는 어떤 사람에 대해 논했다.

이러한 욕구와 신념이 함께 작용해서 그로 하여금 망토를 구하려는 의도를 형성하게 한다. 이 예시에서, 욕구를 만들어 내는 개념들과 신념을 만들어 내는 개념들은 서로 **겹친다**. 욕구와 신념이 서로 구별되는 어휘들로 이루어져 있다면, 숙고 과정에서 이 둘이 함께 작용하기 어려웠을 것이다. 만일 영희가 X를 원하지만, 그녀의 신념이 X를 어떻게 획득하는지 알려 주지 않는다면, 그녀는 자신이 무엇을 해야 하는지 어떻게 알 수 있을까?

서로 다른 분야의 심리학자들은 **모듈 이론**Modularity Theses을 옹호해 왔다(Fodor, 1983; Barkow et al., 1992). 많은 이론가들은 인간의 모든 정신 활동을 지배하는 범용 메커니즘을 가정하기보다는, 언어 획득이나 얼굴 인식, 기타 다른 과제에서 개별적인 모듈이 각각 존재한다는 생각을 옹호한 것이다. 그러나 우리가 지금 주장하는 것은 신념과 욕구의 형성이 서로 엄격하게 분리되어 있는 것이 아니라는 점이며, 따라서 공통된 어휘가 동일한(또는 거의 동일한) 개념적 자원들을 신념을 형성하는 메커니즘과 욕구를 형성하는 메커니즘 모두에게 제공해야 한다는 것이다. 비록 믿는 것과 원하는 것은 분리된 활동이지만, 서로 완전히 고립된 모듈로서 존재하는 것은 아니다.

우리가 "숙고"나 "수단-목적 숙고"에 대해 이야기할 때, 우리는 이를 긴 시간을 소모하는 자기-의식적 반영과 관련된 의미로만 한정 짓지 않는다. 무엇을 할 것인지에 대한 합리적인 판단은 사실상 즉각적으로 경험될 수 있는 것이다. 어린아이가 물에 빠진 것을 보고 물속으로 뛰어드는 인명 구조원에 대해 생각해 보자. 비록 이 행동을 굉장히 빠르게 하게 되지만, 이 결정을 내리는 데 신념과 욕구가 작용했을 것이라고 생각할 수 있다. 행위자의 행동이 목표를 달성하는 데 아주 적합하다는 사실 자체가 합리적인 과정이 이루어지고 있다는 점을 강하게 시사한다. 그 인명 구조원은 왜 어린아이를 구하러 뛰어들었을까? 왜 인명구조원은 물속으로 뛰어들면서 옆에 있던 구명구를 가져갔을까? 이러한 질문들은 인명구조원이 자신이 믿는 것과 달성하고 싶었던 것들을 기반으로 행동했다는 것을 암시한다.[9]

응급상황에서 영웅적인 개입을 한 사람들을 인터뷰해 보면, 많은 경우 그들은 "생각하지 않고" 자발적으로 도왔다고 한다. 이 말을 있는 그대로 받아들이면, 심리학적 에고이즘에 대한 가설도 문제가 되고, 이와 반대되는, 사람들에게 때로는 궁극적인 이타적 동기가 있다는 가설도 문제가 된다. 두 이론 모두 사람들이 그들의 욕구에 근거해서 행동한다고 상정하며, 그들이 그렇게 행동하는 것은 그들이 원하는 것이 있기 때문이며, 그것들을 이루는 방법에 대한 믿음이 있기 때문이라고 본다. 우리는 응급상황에서 개입할 때 대부분은 도움을 주는 사람이 수단과 목적에 대해서 생각한다고 본다. 생각하는 과정이 순식간에 일어난다고 하더라도 여전히 생각하는 것이라고 할 수 있기 때문이다.

욕구, 그리고 만족의 개념

지금까지 우리는 욕구의 개념에 대해 설명할 때, 감정이나 감각에 대해서는 언급하지 않았다. 확실히 우리가 가지는 욕구에는 감정이 수반될 때가 많다. 배고픔이라는 감정은 먹고 싶은 욕구와 함께하지만, 잠시만 생각해봐도 이 둘이 항상 동반되는 것은 아니라는 점을 알 수 있다. 욕구라는 것이 욕구가 만족되었을 때 사라지는 불쾌한 감각을 항상 동반하는 것은 아니다.[10]

만족이라는 용어는 두 가지 방법으로 사용된다. 사람들은 그들이 만족했다고 **느낀다고** 말할 수 있고, 또한 그들의 욕구가 만족**됐다고** 말할 수 있다. 만약에 낸시가 내일 비가 오기를 원한다면, 그녀의 욕구는 오직 내일 비가 오게 될 때만 만족된다(Stampe, 1994). 당연하게도, 비록 비가 온다고 하더라도, 낸시는 그 사실을 모를 수 있고, 그렇다면 그녀는 기분이 좋아지지 않을 것이다. 그녀의 욕구는 만족되었으나, 그녀는 만족했다는 느낌을 얻지는 못한다. 낸시가 만족했다고 느꼈다는 것을 알기 위해서는, 당신은 그녀의 머릿속에서 어떤 일이 일어나는지 알아야만 한다. 비에 대한 낸시의 욕구가 만족되었다는 것을 알기 위해서는, 당신은 날씨를 봐야만 한다.

만일 당신이 이러한 만족의 개념에 대한 핵심을 놓친다면, 당신은 인간 동기에 대한 그릇된 주장을 받아들일 위험에 처하게 될 것이다. 사람들이 그들의 욕구가 만족되기를 바란다는 전제로부터는, 그들의 궁극적인 욕구가 에고이즘적인지 이타주의적인지에 대한 답을 구할 수 없다. 사람들이 그들의 욕구가 만족되기를 바란다는 사실이, 그들이 어떤 감정("만족감")을 느끼고 싶어하는 상황을 반드시 수반하는 것이 아니다. 심리학적 에고이즘을 옹호하고자 한다면 이보다는 더 나은 근거를 제시해야 할 것이다.

욕구는 항상 명제적 태도인가?

우리가 욕구는 명제적 태도라고 주장하기는 했지만, 사람들이 욕구에 대해 말하는 것을 보면 부연 설명이 필요할 때가 있다. 예를 들어 주인이 들고 있는 뼈를 달라고 하는 개를 보면, 우리는 "파이도(개 이름)는 저 뼈를 원한다"고 말할 수 있다. 이 말은 마치 파이도가 명제가 아니라 특정한 물리적 대상과 관계가 있다는 의미로 들리게 된다. 즉, 파이도가 뼈를 **원한다**고 말하는 것은 파이도가 뼈를 **씹는다**는 말 이상의 개념적인 정교함이 없는 것이다.

이에 대한 답변으로, 우리는 "파이도는 저 뼈를 원한다"라는 말은 함축적이라는 점을 제안한다. 이 문장의 의미적 구성요소들 중 일부는 명백하게 표현되지 않았다. 제인이 물 한 잔을 원한다고 했을 때, 이 말은 제인이 **물 한 잔을 갖고 싶어한다**는 것을 줄인 것이다. 여기서 '**갖고**'라는 단어는 제인이 일단 물 한 잔을 손에 넣은 후에 그것으로 무엇을 할 것인지에 대해서는 결정하지 않고 여러 가지 가능성을 열어 두게 된다. 제인이 **물 한 잔을 갖고 싶어한다**고 했을 때, 제인은 "제인이 물 한 잔을 가지고 있다"라는 명제가 참이기를 원한다는 점을 금방 알 수 있다.[11] 파이도에게도 마찬가지 견해가 적용된다. 그는 뼈를 원하지만, 그것은 그가 뼈를 가지고 싶어한다는 말의 줄임이다. 그리고 거기서부터 우리는 그가 어떤 명제가 참이길 원한다는 점을 깨닫기를 강요받게 되는 것이다. 파이도의 욕구가 담긴 명제적 내용을 정확하게 형성하는 것은 쉽지 않은 일이지만, 만약 파이도에게 단순히 뼈를 집는 "경향"이 아닌, 욕구라는 것이 있다면, 그는 명제적 내용이 있는 표상을 형성했을 것임이 분명하다.

위에 언급한 생략된 내용은 무엇인가를 원하는 주체에 대해 설명하면 잘 드러난다. "제인이 물 한 잔을 갖고 싶어한다"는 "제인이 물 한잔을 원한다"라고 줄여지지만, "이브는 아담이 사과를 먹기를 원한다" 같은 경우 이러한 생략은 일어날 수 없다. 추정하건대, 이브의 욕구와 제인의 욕구는 동일한 종류의 상태일 것이다. 이브가 아담에게 원하는 것이 있을 때 어떤 명제가 참이길 바라듯이, 제인 역시 제인 자신에게 원하는 것이 있을 때 어떤 명제가 참이길 바랄 것이다.[12]

우리의 결론은 비명제적 욕구로 보이는 것은 말그대로 그렇게 보이는 것일 뿐이라는 것이다. 사람들이 (자기자신을 위해서, 혹은 남을 위해서) 어떤 것을 원할 때, 그들은 어떤 명제가 참이기를 바란다. 더 나아가서, 어떤 명제가 참이기를 바라기를 원한다면, 그 사람은 그 명제의 표상에 해당하는 개념들을 사용할 수 있어야 한다. 우리는 유기체가 어떤 것을 원한다고 말하지만, 그 유기체가 사용하는 개념들에 대한 정확한 이해 없이는 그 말로 인해 "비개념적 욕구nonconceptual desire" 같은 것이 존재한다고 생각해서는 안 된다. 원한다는 것은 명제적 내용을 지니는 표상을 형성하는 것과 관계 있다.[13]

욕구와 "나"에 대한 개념

존 페리(John Perry, 1979)는 그가 수퍼마켓에 갔을 때 겪었던 일에 대해 이야기를 한다. 그가 쇼핑카트를 밀며 매장을 왔다갔다하다가, 바닥에 떨어진 설탕의 흔적을 발견한다. 그는 금새 상황을 파악해서, 어떤 사람이 구멍이 난 설탕봉지를 들고 다니면서 그 사람이 다니는 길을 따라서 설탕이 떨어져 있다는 사실을 알게 된다. 페리는 매장 안을 돌아다니면서, 설탕봉지를 들고 다니는 사람이 자기가 설탕을 바닥에 뿌리고 다니는지도 모르는 채

매장의 여러 곳을 들렀다는 점을 믿게 되었다. 이를 통해서, 페리는 설탕을 흘리고 다니는 사람이 무엇을 하고 있는지 좀 더 구체적인 그림을 그려 볼 수 있게 되었다. 그러다가 페리는 자신의 쇼핑카트를 보면서 깨달았다 — "내가 바로 설탕을 흘리고 다닌 사람이잖아." 이 이야기의 핵심은 마지막에 언급한 믿음 — "나"라는 개념이 등장하는 — 이 새로운 정보를 제공한다는 점이다. 이것은 그 직전까지 페리가 가졌던 그 어떤 신념과도 다르다. 페리의 논제는 1인칭 신념은 아무리 정교한 것이라도 그 어떠한 3인칭 신념의 연계와도 동일하지 않다는 것이다. 좀 더 일반적으로 말해서, 그의 주장은 "지표적인indexical" 표현("나", "이것", "여기", "지금" 등)을 통해서 형성된 신념이 지표적 표현을 통해서 형성되지 않은 신념과는 사뭇 다른 의미를 가진다는 것으로 이해할 수 있다.

제인이 물을 마시기를 원한다고 했을 때, 그녀가 참이기를 바라는 명제를 스스로에게 어떻게 제시하는 것일까? 가장 명백한 추측은 그녀가 "나는 마실 물을 가지고 있다"와 같은 일인칭 표상을 사용한다고 보는 것이다. 추측컨대 제인은 그녀가 원하는 것을 그녀의 이름을 사용해서 표상하지는 않을 것이다. 그리고 만약에 그녀가 스스로를 그런 방식으로 생각한다고 하더라도, 그녀의 의도를 "제인은 마실 물을 가질 것이다"라고 말로 표현하게 되면 그녀의 마음속에 있는 의미의 전부를 표현하는 것은 아닐 것이다. 제인은 누구인가? 제인이 그녀의 욕구를 형성할 때 "제인"이 물을 마시고 싶어한다고 하면, 우선 제인은 그녀가 제인이라는 점을 반드시 깨달아야 한다. "나"라는 개념을 사용하는 것은 설탕을 흘리고 다닌 사람이 그가 발견한 사실을 나타내는 데 중요했듯이, 제인이 그녀가 원하는 것을 나타내는 데에도 핵심적인 역할을 한다.

사람들이 자신을 위해 무언가 갖고 싶어할 때, 우리는 이 사람들이 "나"라는 개념을 사용해서 자신을 표상하는 명제가 참이기를 바란다고 생각한다. 하지만, 어떤 유기체가 이 개념을 가지고 있어야만 욕구를 가질 수 있다고 말하는 것은 지나친 주장이다. 올덴퀴스트(Oldenquist, 1980)는 매우 일반적이고 개인적이지 않은 욕구를 지닌 가상의 유기체를 예로 들어서 흥미로운 사례를 제시한다. 예를 들어 이 유기체는 녹색의 존재들에게 먹이를 주기를 원한다고 가정해 보자. 만약에 이 유기체 자체가 녹색이라면, 이 욕구는 유기체로 하여금 자기자신을 위해 먹이를 구하는 행동으로 이어질 것이다. 그리고 만일 이 유기체가 환경 내에 있는 **유일한** 녹색 존재라면, 유기체는 **오직** 자신만을 위해서 먹이를 구할 것이다. 이 유기체는 "나"에 대한 개념이 없음에도 불구하고, 그의 **행동**은 자신을 위한 것이 된다. 이제 이 유기체가 위의 욕구와 유사하게 일반적이고 몰개인적이며, 환경으로부터 주어지는 문제를 성공적으로 다룰 수 있는 여러 개의 욕구를 가지고 있다고 상상해 보자. 비록 이 유기체에게는 욕구가 있지만, 그렇다고 해서 이 유기체에게 자기중심적인 동기가 있다고는 말할 수 없다(Oldenquist, 1980). 이 유기체의 욕구는 자신의 이익에 남들의 이익과는 다른 특별한 의미를 부여하지 않는다. 이 유기체가 나와 너가 다르다는 것을 알면서도 그 둘에게 동일한 정도의 중요성을 허용한다는 말이 아니다. 그것보다는, 이 유기체가 모든 녹색 존재들에 대해 똑같이 생각한다는 의미이며, 자기와 타인에 대한 차이를 개념화하지 못하는 것으로 봐야 한다.

만약에 유기체가 "나"에 대한 개념이 없이도 스스로를 돌보는 행동으로 이어지는 욕구를 가질 수 있다면, 대체 왜 그런 지표적인 욕구를 형성할 수 있는 능력이 진화했을까? 한 가지 이유는 아마도 "나"의 개념을 사용하는 욕구는 자동적으로 유기체 스스로에게만 유일하게 적용이 되는 반면, 비지표적 욕구는 그 욕구가 개념적으로 많은 조건을 충족했을 때만 그렇게 되기 때문일 것이다. 만일 유기체가 "나는 먹이를 원한다"라고 생각한다면, 그는 자신을 위해서 먹이를 구하려고 할 것이지, 환경 내에 있는 다른 존재를 위해서 구하려고 하지 않을 것이다. 하지만, 만일 유기체의 욕구가 녹색 존재들에게 먹이를 주고 싶다는 것이라면, 오직 이 유기체가 환경 내에서 유일하게 녹색인 존재일 때만 동일한 행동을 보일 것이다. 이러한 조건은 쉽게 깨질 수 있다. 만약에 다른 존재들이 녹색이라면, 그 유기체는 자기자신에게 유일하게 적용될 수 있는 비지표적 욕구를 가질 수 있을까? 가장 명백한 전략은 유기체가 개념적으로 많은 조건을 충족해야 하는 욕구를 형성하는 것이다. 그 유기체가 만약 녹색이면서 왼손잡이이고 머리카락이 회색이며 새끼손가락에 반지를 한 존재에게 먹이를 주고 싶은 욕구가 있다면, 아마도 그제서야 그는 자신만을 위해 먹이를 구하게 될지 모른다. 그리고 만약에 이러한 욕구가 자기자신만을 유일하게 집어 낼 수 있다고 하더라도, 유기체의 특성이 바뀌게 되면 어떻게 될 것인가? 그리고 어떤 욕구가 그 유기체의 자녀들로 하여금 스스로를 보살피는 동기를 부여할 것인가? 유성생식을 하는 경우에는 자녀가 부모를 완전히 닮을 수 없다. 만약 먹이에 대한 욕구가 유전된다면, 부모와 자녀들은 각각 자기자신이 영양분을 받을 자격이 있음을 대체 어떻게 나타낼 것인가? "나"라는 개념은 이 모든 것을 아주 간단하게 해결해 준다.[14]

지표적 욕구가 마음의 진화 초기에 나타나는 또 다른 이유는, 앞서 말했듯이, 유기체의 신념과 욕구가 공통된 어휘로부터 형성된다는 사실에서 기인한다. 지표적 개념은 지각적 신념perceptual belief을 구성하는 중요한 요소들이다. 파이도가 나무를 보면서 나무 뒤에 뼈가 있다는 신념을 형성한다고 생각해 보자. 파이도는 어떻게 자신의 신념에 등장하는 그 나무를 개념화할 수 있을까? 그건 아마도 파이도가 그 나무가 **자기** 앞에 있는 것이라는 식으로 **자기자신**에게 연관시킴으로써 표상화하는 것이라고 추측해 볼 수 있다. 파이도는 "나", 또는 그와 유사한 개념을 가지고 있고, 그것을 통해 자신의 지각적 신념의 방향을 정하는 데 사용한다. 만일 "나", 또는 그와 유사한 개념이 지각적 신념을 형성하는 데 사용되고, 지각된 신념이 정신능력의 진화 초기에 나타나는 것이라면, "나"에 대한 개념은 욕구를 만들어 내는 초기 단계부터 이용가능했을 것이다. 이러한 개념이 이용가능했기 때문에 심리학적 에고이즘이 있을 수 있는 것이다.

"나"에 대한 개념이 있다는 것은 유기체에게 어떤 의미인가? 이 문제에 대해 이해하려면 중요한 구분이 이루어져야 한다. 체니와 제이파스(Cheney and Seyfarth, 1990: 240-242)는 그들의 저서 『원숭이들이 세상을 보는 법*How Monkeys See the World*』에서 **자기-자각**self-awareness과 **자기-인식**self-recognition을 구분한다. 자기-자각을 위해서는 개체들이 자신의 마음 내에 있는 내용에 대한 신념과 욕구를 만들어 내는 것이 필수적이다. 자기-자각이 있는 개체들은 "심리학자"들이다. 그들에겐 신념과 욕구만 있는 것이 아니라, 그들은 자신이 신념과 욕구를 가지고 있다고 생각하는 것이다.

이와 다르게 자기-인식을 위해서는 개체가 심리학자일 필요가 없다. 체니와 세이파스는 침팬지와 거울과 텔레비전을 사용하는 실험을 통해 이러한 생각을 설명하고자 한다. 만약 잠을 자고 있는 침팬지의 이마에 밝은 페인트가 칠해져 있다면, 그 침팬지는 깨어났을 때 거울이나 텔레비전 영상을 통해 무슨 일이 일어났는지 파악할 수 있다. 이러한 침팬지의 행동을 통해서 그가 거울이나 텔레비전을 봤을 때 단순히 "누군가의 이마에 페인트가 묻었네"라고 생각하는 것이 아니라, "내 이마에 페인트가 묻었네"라고 생각하는 것임을 알 수 있다. 이 실험의 침팬지들은 페니의 이야기에서 쇼핑카트를 밀고 다니는 사람과 같은 발견을 하는 것이다. 체니와 세이파스는 침팬지가 스스로를 인식했다고 얘기하겠지만, 이는 침팬지가 스스로에 대한 신념과 욕구를 포함하는 마음을 지닌다고 본다는 의미는 아니다. 자기-인식을 위해서는 개체가 심리학자일 필요가 없다. 이것이 바로 자기-인식과 자기-자각의 차이점이다.

거울 검사를 통과했다는 것은 그 유기체에게 "나"라는 개념이 있다는 증거가 되지만, 우리는 이 행동이 개념화 능력을 갖추기 위한 필요 조건이라고 생각하지 않는다. 개가 거울이나 텔레비전에 비친 자기 모습을 멍하니 바라보고 있음에도 불구하고, 자신을 지각적 신념에 지표석으로 나타낼 수 있는 능력은 있을 수 있다. 물론, 인간이 아닌 유기체에게 생각이나 사고가 있는지 없는지에 대한 과학적 기본 원칙은 아직 확실하지 않다. 하지만 주인이 들고 있는 뼈를 원하는 파이도를 보면, 파이도에게 "나는 저 뼈를 원한다"는 욕구가 있다고 보는 것이 자연스럽다. 마찬가지로, 다른 개들이 자기가 사는 곳에 너무 가까이 오면 짖어대는 파이도를 보면, 파이도에게 "여긴 내 구역이야"라는 신념이 있다고 여기지 않는 것은 쉽지 않다. 비록 파이도가 정확하게 무슨 생각을 하는지는 알기 어렵겠지만, "나"라는 개념이 파이도에게 있다는 것을 인정하는 것은 그에게 "뼈"나 "영역"이라는 개념이 있다는 것을 인정하는 것과 다르지 않다.

에고이즘과 이타주의 논쟁에서, 사람들이 지닌 어떤 욕구들은 에고이즘적인 특징을 가지고 있다는 점에는 모두가 동의한다. 우리는 개체들이 이러한 논쟁의 여지가 없는 욕구를 갖기 위해서는 "나"에 대한 개념이 반드시 있어야 한다고 제안했다. 이 개념을 사용하기 위해서 자기-자각이 필수적인 것은 아니며, 단지 자기-인식만 있으면 된다. 환경에 존재하는 대상들이 자기와 어떤 관계를 가지는지를 표상하는 지각적 신념을 형성하는 유기체들이 있다면, 이 유기체들은 "나"에 대한 개념을 활용하고 있다고 생각해도 좋을 것이다.

궁극적 대 도구적 욕구

에고이즘 대 이타주의 논쟁에서 가장 중요한 개념적 구분은 앞서 언급한 궁극적 욕구와 도구적 욕구 간의 구분이다. 에고이스트는 사람들이 때로는 타인이 잘 지내기를 바란다는 사실을 부정하지 않는다. 예를 들어 수잔과 오토가 동업자라면, 수잔은 오토가 성공하기를 바랄 수도 있을 것이다. 여기서 에고이스트는, 수잔이 오토가 잘 지내기를 바라는 욕구는 단지 도구적일 뿐이라고 주장할 것이다. 즉, 수잔이 오토가 잘 지내기를 바라는 유일한 이유는 그것이 궁극적으로 수잔의 이득이 될 것이라고 생각하기 때문이라는 것이다.

에고이즘 가설의 옹호자들은 "*S*는 오직 자신이 이득을 얻기 위한 수단으로만 *O*가 잘 되길 원한다"라는 진술문을 지지한다. 이타주의 가설의 지지자들은 이러한 형식을 갖춘 진술문들 중 일부는 부정하며, 더 나아가 "*S*는 단순히 자신이 이득을 얻기 위해서뿐만 아니라, O가 잘 되는 것 그 자체를 원한다"라는 형식의 주장을 내세운다. 그렇기 때문에, 두 이론을 이해하려면 궁극적 욕구와 도구적 욕구의 차이점에 대해 알아야 한다. 우리는 이 개념을 다음과 같이 이해한다:

> (1) S는 E를 원하는 욕구를 만족시키기 위한 수단으로만 M을 원한다. 단, (a) S가 M을 원하고, (b) S가 E를 원하며, (c) S가 M을 원하는 이유는 오직 S가 M을 얻는 것이 결국 E를 얻는 것을 촉진할 때에만 그렇다.

우리가 여기서 "촉진"할 것이라는 말을 쓰는 이유는 행위자가 M을 얻는 것이 E를 달성하는 데 충분할 것이라고 생각하지 않아도 되기 때문이다. 예를 들어 앨리스가 운전하면서 교통상황에 주의를 기울이는 유일한 이유는 자동차 사고를 피하고 싶어서라고 생각해 보자. 주의를 기울이는 것은 사고를 피하는 데 충분하진 않지만, 하나의 원인으로서 영향을 준다.

수단-목적 관계는 여러 욕구들을 하나의 연쇄로 연결하게 하는데, 상대적으로 더 도구적인 욕구는 좀 더 궁극적인 욕구로 연결되며, 이 욕구는 그것보다 좀 더 궁극적인 세 번째 욕구로 연결되는 식이다. 아놀드는 제과점에 가고 싶기 때문에 차를 운전하고 싶어한다. 그는 빵을 사고 싶기 때문에 제과점에 가고 싶어한다. 그는 샌드위치를 만들고 싶기 때문에 빵을 사고 싶어한다. 우리는 어떤 욕구가 순수하게 도구적인 이유 때문이라고 볼 수 없을 때, "궁극적인" 또는 "환원할 수 없는" 또는 "그 자체가 목적인" 것이라고 말할 것이다.[15] 앞서 우리는 사람들이 물리적 고통을 피하고 싶어하는 것이 단지 다른 목적을 위한 수단이기 때문만이 아니라, 그저 고통 그 자체가 싫기 때문이라고 언급했다. 물론, 이것이 사람들이 가지고 있는 하나의 궁극적인 목적이라고 하더라도, 다른 궁극적인 목적이 있는지는 더 살펴봐야 할 것이다. 어쩌면 우리를 포함하는 일부 유기체들

은 첫 번째 구성요소가 각기 다른 욕구의 수단-목적 연쇄를 여럿 가지고 있을지도 모른다.[16]

명제 (1)은 어떤 사람이 오직 *E*를 얻기 위해 *M*을 원한다는 것의 의미를 정의한다. 이 정의는 조금 다른 개념을 정의하기 위해 어렵지 않게 수정할 수 있다. 어떤 사람이 **두 가지** 이유로 *M*을 원한다고 가정해 보자. 즉, *M*이 E_1에 기여하고, 또 E_2에 기여하는 것이다. 만약 그렇다면, *M*을 원하는 이유가 **오직** E_1만을 얻기 위한다는 말은 거짓이 될 것이지만, *M*을 원하는 이유가 E_1을 얻기 위한다는 말은 참이 된다. 이러한 차이는 다음에 설명할 내용에서 중요하다. 에고이즘은 우리가 남을 돕고 싶어하는 이유는 **오직** 그러는 것이 자기에게 이득이 되기 때문이라고 주장한다. 에고이즘의 반대론자들은 남을 돕는 것에 대한 욕구가 자기에게 이득이 되기 때문이라는 것은 **하나의** 이유가 될 수 있는 것은 받아들이지만, 그것이 **유일한** 이유라는 주장은 부정할 것이다.

명제 (1)은 정지된 "스냅샷"으로 수단-목적 관계를 기술한다. 오직 그 **특정 시점에** *M*을 원하는 것과 *E*를 원하는 것 간의 관계가 성립할 때만, 유기체가 특정 시간에 *E*를 얻기 위한 수단으로 *M*을 원하는 것이 된다. 이제 우리는 이 정지된 그림에 역동적인 설명을 첨가할 것이다. 수단-목적 관계는 유기체가 **변화**하려는 정도의 측면에 설명될 수 있다:

> (2) 만약 *S*가 오직 *E*를 얻기 위한 수단으로서 *M*을 원하는 것이라면, *S*가 *E*를 얻기 위해서 *M*이 도움이 되지 않는다고 믿게 될 때, *S*는 *M*을 원하는 것을 중지하고 *E*를 원하는 것을 계속할 것이며, *E*를 얻기 위한 새로운 수단을 찾으려고 할 것이다. *S*가 하지 않을 행동은 *E*를 원하지 않는 것, *M*을 계속해서 원하는 것, 그리고 *M*을 얻기 위한 새로운 방법을 찾으려고 하는 것이다(Batson, 1991).

정의 (1)은 이 사람이 *M*을 얻는 것이 *E*를 얻는 것을 촉진할 것이라는 **믿음**을 가진다는 생각을 포함한다. (2)에서 제시한 새로운 관점은 그 유기체가 이러한 관계를 더 이상 믿지 않을 때 어떻게 되는지에 대한 질문을 던진다.

추가적으로, 수단-목적 관계의 역동적인 함의가 더 존재한다. 이것은 한 욕구가 충족되었지만 다른 하나는 그렇지 못한 상황과 관련이 있다:

> (3) 만약 *S*가 오직 *E*를 얻기 위해 *M*을 원한다면, *S*가 *E*를 얻지만 *M*을 얻지 않았을 때(더 정확하게는, 만약 S가 이것이 일어났다고 믿을 때), *S*는 더 이상 *M*을 원하지 않을 것이다. 그러나 만약 *S*가 *M*을 얻지만 *E*를 얻지 못한다면, *S*는 *E*를 원하는 것을 멈추지 않을 것이다.

(2)는 행위자가 아직 *M* 또는 *E*를 얻지 못한 경우를 기술하는 반면에, (3)은 행위자가 둘 중 하나를 얻었지만 다른 하나를 얻지 못한 경우 어떻게 할 것인가에 대해 기술한다.[17] 만약 아놀드가 오직 빵 한 덩어리를 원하기 때문에 제과점에 가고 싶은 것이라면, 명제 (3)은 두 개의 예측을 할 수 있다는 점을 우리에게 알려 준다. 만약 누군가가 빵 한 덩어리를 배달해 준다면 그는 더 이상 제과점에 가고 싶어하지 않을 것이며, 만약 그가 제과점에 갔는데 빵이 다 팔렸다면, 그는 빵을 원하는 것을 멈추지 않을 것이다.

명제 (2)와 (3)은 도구적 욕구와 궁극적 욕구 간의 중요한 차이점에 대해 기술한다: **어떤 사람이 오직 *E*를 얻기 위해 *M*을 원한다면, 그/그녀는 *M*보다 *E*를 더 포기하지 않을 것이다.** *E*는 *M*보다 더욱 깊게 뿌리 박혀 있으며, 이것은 새로운 정보를 얻었을 때 *E*에 대한 변화가 덜 일어난다는 의미다. 행위자가 갖고 있는 욕구들 중 *E*를 제거할 정도의 욕구는 *M* 또한 제거할 것이며, 반대로, *M*을 제거한다고 해도 *E*에 대한 욕구는 사라지지 않을 것이다.

이는 개인의 궁극적 목표가 아예 변할 수 없다는 것을 의미하지는 않다. 머리를 세게 얻어맞거나, 향정신성 약물을 복용하거나, 또는 정상적인 발달 과정에서도 개인의 궁극적 욕구가 바뀔 수 있다. 단순히 시간의 흐름만으로도 궁극적 욕구가 사라질 수 있는 것이다. '완다'라는 여성에 대해 생각해 보자. 그녀가 스무 살일 때, 그녀는 하프시코드 연주자와 화가가 되는 것을 원했다. 그 둘 모두 그녀가 그 자체를 목적으로 생각했으며, 다른 것을 얻기 위한 수단이라고 여기지 않았다. 결과적으로, 완다는 두 개의 목적을 이루기에는 시간이 너무 부족하다는 것을 깨달았으며 둘 중 하나를 선택해야 한다는 점을 인지했다. 만약 그녀가 하프시코드 연주자가 되기로 결정했다고 하자. 그렇다면 완다가 가지고 있는 그림에 대한 욕구는 어떻게 되는 것일까? 그녀는 이 욕구가 만족되지 않은 채 계속 지니고 있을 수 있다. 하지만, 완다가 점점 음악의 세계로 빠져들면서 그림에 대한 욕구는 점차적으로 줄어들고 최종적으로는 사라질 수 있을 수도 있는 것이다.

『인성론*Treatise of Human Nature*』(1793)에서, 흄은 "이성은 열정의 노예이고 오직 그래야만 한다"라고 주장한다. 이 유명한 문장에 대한 자연스러운 해석은, 이성은 궁극적 욕구를 채택하거나 수정하거나 버리지 못한다는 것이다. 이성은 우리에게 주어진 목적에 근거하여 어떤 수단을 사용할지 결정하는 것을 돕지만, 우리의 궁극적 목적은 이성의 범위 밖에 존재한다(Enç, 1996). 흄이 사용한 **사실**(-이다, is)과 **당위**(-이어야 한다, ought)라는 표현을 봤을 때, 그는 사실상 하나가 아니라 두 개의 주장을 하고 있었다는 점을 알 수 있다. 이성의 심리적 과정의 효과가 가지는 **기술적인** 주장과, 이성이 **달성해야** 할 것에 대한 **규범적인** 주장이 그것이다. 여기서 우리는 기술적인 주장이 틀렸을 수도 있다고 생각한다.

부富를 어떤 궁극적 욕구를 위한 수단으로서가 아니라, 그 자체를 원하는 사일러스라는 사람에 대해 생각해 보자. 그런 사일러스에게 그가 부를 축적하는 것 그 자체가 그를 행복하게 하지 못하기 때문에 그가 돈에 대해 느끼는 점을 바꾸려고 하는 철학자가 있다. 아마 이러한 주장은 사일러스가 봤을 때 자기와 아무런 관련도 없다고 느낄 수 있다. 만일 사일러스가 위에 설명한 것과 같은 사람이라면, 그는 부를 축적하는 것을 행복을 얻기 위한 수단으로 보지 않기 때문에 철학자의 주장은 효과가 없을 것이다. 돈이 행복을 살 수 없다는 사실은 사일러스에게 아무런 효과가 없다는 의미이다. 하지만, 사일러스가 철학자의 주장에 어떻게 반응해야 하는지는 그가 실제로 어떻게 반응할 것인지를 보장하지 못한다. 철학자의 주장은 사일러스가 돈에 대해 생각하는 방식을 바꿀 수 있는 심리적 과정을 발현시킬 수 있는 것이다.

우리는 흄의 규범적인 주장이 옳은지 그른지에 대해서는 어떠한 입장도 가지지 않는다. 만약에 이성이 사람의 궁극적 욕구를 바꿀 수 있다면, 잘못된 것인가? 이성적 과정으로 인한 궁극적 욕구의 변화가 기능적 오류 때문이라는 것이 그렇게 확실한가? 어떤 경우든, 우리는 흄의 기술적 주장이 틀렸을 것이라고 생각한다. 사일러스의 예에서 드러나듯이, 이성이 사람의 궁극적 목적을 변화시킬 수 있다고 본다. 궁극적 목적들은 이성적 반영으로부터 완벽하게 영향을 받지 않는 것은 아니다. 명제 (2)와 (3)에도 반영된 핵심은, 궁극적 목적들은 그것들을 이루기 위해서 우리가 채택하는 수단들보다는 덜 변화할 것이라는 점이다.

명제 (2)와 (3)은 수단-목적 관계가 예측적predictive이라는 점을 기술한다. 만일 우리가 샐리는 오직 E를 얻기 위해 M을 원한다는 사실을 알고 있다면, 이는 샐리가 앞으로 어떻게 행동할 것인지 예측할 수 있게 해 준다.[18] 이러한 관점에서 볼 때, 대상의 욕구가 이런 식으로 배열되어 있다고 말하는 것은, 성향적 속성 — 특정 방식으로 행동하는 경향성 — 을 대상에 귀인하는 것과 유사하다. 우리가 각설탕이 지금은 수용성이라고 말할 때는, 각설탕이 물에 들어갔을 때 어떻게 작용할 것인지 이야기하는 것이다. 흥미로운 점은 일반적으로는 성향적 주장, 그리고 구체적으로는 수단-목적 관계의 원인을 어떤 사람의 욕구에서 찾는 것이 후향적retrodictive이지 않다는 것이다. 어떤 사물이 수용성이라고 말하는 것은 그것이 앞으로 물에 들어갔을 때 어떻게 작용할 것인지에 대한 것을 말하는 것일 뿐, 이 말 자체는 그 사물이 어떻게 그렇게 되었는지에 대해서는 전혀 설명하지 않는다. 원인을 찾는 것은 미래지향적이지, 과거를 향하고 있지 않다. 그 사물이 지금 수용성인 이유는 그 이전부터 항상 그랬기 때문이다. 또는 그 사물이 지금 수용성인 이유는 그것의 내적 구조의 변화를 유발하는 과정을 거쳤기 때문이다.

이 점은 에고이즘 대 이타주의 논쟁과 특별하게 관련되어 있다. 만일 프레드가 지금 네드가 잘 되길 원하고, 이것이 도구적인 것이 아니라 궁극적인 욕구라면, 프레드는 지금 이타주의자가 된다. 반면에, 만약 프레드가 오직 자기의 이득을 위해서 네드가 잘 되길 바란다면, 프레드는 에고이스트가 된다. 명제 (2)와 (3)에서 얻어지는 장치를 이용해서 위의 명제 중 어느 것이 참인지 시험해 볼 수 있을 것이다. 그러나 실험이 끝난 뒤 프레드가 이타주의자라는 결정을 내린다고 하더라도, 무엇이 그로 하여금 이타주의자가 되게 했는지에 대해서는 전혀 설명하지 못한다. 프레드는 태생적으로 이타적이었을 수도 있고(마치 처음부터 수용성이었던 사물처럼), 아니면 프레드는 자라면서 어느 순간에 이타성을 획득했을 수도 있다. 심지어는 처음엔 프레드가 네드에 대한 관심을 가짐으로써 보상을 받았기 때문에 그러한 관심이 시작됐지만, 나중에는 그 자체로 생명을 얻었을 수도 있다. 즉, 처음에는 순수하게 도구적이었던 욕구가 나중에는 기능적으로 자율적인functionally autonomous인 욕구로 변신할 수도 있는 것이다(Slote, 1964; Kavka, 1986).

욕구의 상태가 변화하는 것은 난해하고 이론적으로만 가능한 그런 일이 아니다. 우리가 어떤 활동을 하나의 이유 때문에 하게 되었다가 나중에는 다른 이유들로 인해 그 활동을 계속하게 되는 경우는 자주 있다. 이는 부모의 양육이나 애정, 관심, 사랑으로 이루어진 다른 대인 관계들에서 익숙한 사실인데, 처음에는 한 가지 이유로 다른 사람을 돌보게 되지만, 나중에는 다른 이유로 인해 지속적으로 돌보게 되기도 한다. 어머니와 아버지는 산부인과 분만실의 다른 아이들이 아니라 자신의 아이를 돌보게 되는데, 그 이유는 그 아이가 자신들의 아이라고 믿기 때문이다. 그러나 그 아이와 수년간 지내다가 병원에서의 실수로 그들의 아이가 아닌 다른 아이였다는 사실을 갑자기 알게 되었을 때, 과연 얼마나 많은 부모가 그 아이에 대해서 돌보는 것을 그만둘 것인가? 어떤 부모는 그만둘 수도 있을 것이다. 그러나 여기서 요점은, 대다수의 부모는 그만두지 않을 것이라는 점이다. 부모는 아이들이 그들과 특수한 생물학적인 관계가 있기 때문에 돌보기 시작하지만, 나중에는 그런 이유와는 아무 상관없이 그들의 아이들을 돌보게 된다.

이 시나리오는 또 다른 시나리오를 연상케 한다. 사람들이 어렸을 때 다른 사람들을 돌보는 것은 쾌락주의적 이유 때문이지만, 이후에는 그들의 욕구가 변화하는 것일 수도 있다. 즉, 시간이 지남에 따라 사람들은 다른 사람들을 돌보는 것 그 자체가 목적이 되는 것이다. 아이들이 쾌락주의자들이나 에고이스트들이라고 해도, 그 사실은 이 아이들이 어른이 되었을 때 이타주의자가 될 수 없다는 의미가 아니다.[19] 물론, 이러한 변화를 상상할 수 있다고 해서 그것이 실제로 일어난다는 의미는 아니다. 그럼에도 불구하고, 우리는 쾌락주의적 이유로 획득된 욕구가 추후에 그 상태를 유지하거나 유지하지 않을 수도 있다는 점을 반드시 인식해야 할 것이다.[20]

주석

1 우리는 모든 인간 행동이 자연 선택의 결과라고 주장하는 것은 아니며, 모든 신념과 모든 욕구가 적응적인 행동을 만들어 내기 위해 진화된 적응이라고 주장하는 것도 아니다. 현재로서는, 단지 마음이라는 것이 행동을 통제하는 역할을 하는 근접 메커니즘이라는 것을 설명하는 것뿐이다. 심리학적 에고이즘과 이타주의에 대한 우리의 진화적인 논의는 10장에서 자세하게 다룰 것이다.

2 이 주장은 4장에서 간략하게 언급했던 식량 공유에 대한 블러튼-존스(Blurton-Jones, 1984, 1987)의 모형에 기대고 있다. 이 모형에 의하면, 어떤 사람에게 사냥하고 공유하는 행동이 사냥을 하지 않았을 때보다 더 이득일 때, 사냥하고 공유를 하게 되면 그 사람은 진화적으로 이기적이게 된다. 여기서 진화적 이기주의는 심리학적 에고이스트가 선택할 특성과 동일하게 된다. 이 문제에 대한 블러튼-존스의 분석은 때때로 어떤 특성이 진화할 것인지 정확하게 예측하는 데 실패하게 된다. 그리고 정확한 예측을 한 경우에는, 실제로는 그 특성이 진화적으로 이타적이며 진화하기 위해서는 집단 선택이 필수적임에도 불구하고, 이 모형에서는 개체 선택이 작용했다고 하는 잘못된 결론이 내려진다(Wilson, 1998). 평균이 오류와 마찬가지로, 심리학적 에고이즘을 경험적 근거로 진화에 대해 생각하는 행위는 이타주의와 집단 선택을 보이지 않게끔 하는 효과가 있다.

3 친족 선택 이론에 의하면, 도움을 주는 입장에서는 자기의 자손이나 친척 모두 자신과 유전자를 공유하고 있기 때문에, 자손을 돕는 것과 다른 친척을 돕는 것은 비슷한 행동이라고 본다. 다수준 선택 이론에 의하면, 친척 간 이타주의는 집단 선택에 의해 진화하며, 그 결과 부모의 보살핌이 집단 선택적 요소를 포함하게 될 확률이 높아지게 된다. 이러한 제안은 이

상하게 들릴 수 있겠지만, 이는 개념적으로 잘 동기화되어 있으며 흥미로운 통찰로 이어질 수 있다. 만일 부모가 모두 보살피고 돌볼 수 있지만 한쪽이 더 많이 그럴 수 있다면, 이 행동들은 이타주의와 착취의 사례가 될 수 있다. 부모의 보살핌에서의 이타주의는 단순히 자손이 얻는 이득에서부터 나오는 것이 아니라, 한 부모가 다른 부모에게 주는 이득 때문이다. 만약 부모가 유전자를 공유하는 친척이 아니라면, 여기서 나오는 이득은 친족이 아닌 사람에게 주어지는 것이다. 부모는 두 명으로 이루어진 집단이며, 여기서 이타주의자는 경우에 따라 하나, 둘, 또는 한 명도 없을 수 있다. 이러한 생각이 함의하는 내용에 대해 고찰해 보는 것은 미래에 할 수 있는 흥미로운 과제다. 지금은, 부모의 보살핌을 관습적인 의미, 즉 개체수준 적응으로 여길 것이다. 이 맥락에서 우리의 요점 — 진화적 이기주의는 근접 메커니즘인 심리학적 이타주의에 의해 동기화될 수 있다는 것 — 을 보기 위해서는 위에서 든 예의 종種이 무성無性이라고 상상해 보자.

4 이 예는 Dretske (1981)에서 차용했다.

5 20세기 초에, 특정 부류의 행동주의 학파는 내적인 마음 상태가 행동의 원인이 된다는 주장을 부정하였다. 더 가깝게는 스티치(Stich, 1983)와 P. M. 처칠랜드(P. M. Churchland, 1984)가 신념과 욕구의 심리학을 더 이상 받아들여서는 안 되며, 대신 새로운 체계로 바꾸어야 한다고 주장하였다(예: 연결주의). 우리는 신념과 욕구가 반드시 행동의 원인이 된다는 주장에 선험적인 보장이 없다는 점에는 동의한다. 그러나 현재에는 내적 표현 상태를 상정하는 행동의 원인에 대한 과학을 받아들이지 못할 이유가 없다고 생각한다.

6 이후에 다룰 내용에서, 우리는 신념과 욕구가 무엇인지에 대한 이론 전반에 대해 논의하거나 이 둘이 어떻게 다른지에 대해 설명하고자 하지 않을 것이며, 그저 가장 핵심적인 특징들만 보여 주고자 한다.

7 신념과 욕구가 명제적 태도라는 관점을 완전히 발달시키려면 명제가 어떻게 개인화되어 있는지에 대한 이론을 필요로 하지만, 우리는 여기서 그런 관점을 제시하려고 하지는 않겠다. 여기서 우리가 옹호하려는 주장은 이런 문제에 의존하지 않는 형식이 될 수 있다.

8 "존이 사과를 떨어지게 했다"라는 말의 의미가 존이 '**사과가 떨어진다**'라는 명제와 어떤 관계가 있다는 의미라고 해도, 이 문장은 존이 정신적 표상을 만들어 낸다는 뜻을 내포하고 있는 것은 아니다. 이것이 바로 믿는 것과 원하는 것이 명제적 태도라는 생각이 신념과 욕구의 귀속이 개인과 명제 간의 관계를 상정하는 것 이상을 의미하는 이유다.

9 우리는 그 인명 구조원이 과거에 물에 빠진 사람들을 구했던 경험을 토대로 미리 구출 계획을 생각해 두어서, 실제로 물에 빠진 사람이 생겼을 때 구체적인 사고과정 없이 그저 그 계획을 실천했을 뿐이라는 가능성을 제외하는 것은 아니다.

10 여기서는 개념적인 측면을 이야기하고 있다 — 욕구는 항상 부수적인 정서상태를 요구하는 것으로 정의되어서는 안 된다. 이것이 우리가 무엇을 원하는 대다수의 혹은 모든 경우에 — 긍정적이든 부정적이든 — 정서가affective valence가 존재할 수 있는 경험적 가능성을 열어두게 한다.

11 좀 더 정확하게 말하자면, 제인이 그녀에게 참이길 원하는 명제는 "**나는 물 한 잔을 가지고 있다**"이다. 이 점에 대해서는 곧 더 자세하게 다룰 것이다.

12 맥코울리(McCawley, 1988: 146)는 욕구가 명제적 태도라는 주장에 대한 추가적 논거를 제시한다. 다음과 같은 문장은 **그것을**이라는 말이 **그녀를**이라는 말보다 더 자연스럽다: "존은 내연

녀를 원하지만, 그의 아내는 그것을/그녀를 허용하지 않는다." 여기서 알 수 있는 건 원한다의 목적어는 내연녀와 같은 여성형 단수 명사가 아니라, "그에게는 내연녀가 있다"와 같은 명제라는 점이다.

13 신념과 욕구에 대한 언표의 존재는 신념과 존재는 항상 명제적 태도라는 주장과 완벽하게 호환된다. 예를 들어 우리가 파이도에 대해서, 뼈를 가리키며 "그가 저것을 원한다"라고 했다고 하자. 이 말은 파이도가 그가 원하는 것에 대해 어떻게 개념화하는지에 대해 알려 주지 못하지만, 이 말이 참이라는 것이 비명제적 욕구가 있다는 것을 보여 주는 것은 아니다.

14 이러한 의견은 작은 모순을 수반한다. 사람들은 "나"라는 개념을 사용해서 그들이 유일한 존재라는 생각을 만들어 낸다. 허나, 사람들이 이 개념을 가지고 있는 이유 중 하나는, 최소한 조상 대대로 존재했던 간단한 개념의 조직과 같은 측면에서 봤을 때, 그들이 독특한 존재가 아니기 때문이기도 하다.

15 좀 더 정확하게는, *S*가 *U*를 궁극적인 욕구로 보는 것은 *S*가 *U*를 원하고, 동시에 *S*가 *U*를 원하는 이유가 오직 *U*를 통해 *S*가 가지고 있는 다른 욕구들 중 하나 이상을 충족하기 위한 것이 거짓일 때이다. *S*는 *U*가 자신이 가지고 있는 다른 욕구를 만족시키기 위한 수단으로 인식할 수도 있지만, *U*가 궁극적인 욕구라면, *S*가 *U*를 원하는 이유가 오직 그것 때문일 수는 없다.

16 사람들이 하나 또는 그 이상의 궁극적 욕구를 가지고 있는지에 대한 질문에 대한 답은 밝혀지지 않았지만, 우리는 사람들이 최소한 한 개는 가지고 있다고 보는 것은 확실하다고 생각한다. 우리는 아퀴나스의 "다섯 가지 방법Five Ways"을 모방해 봄으로써 그 이유를 살펴볼 수 있다. 수단-목적 욕구들이 어떻게 연쇄가 될 수 있는지 생각해 보자: *S*는 오직 *B*를 얻기 위해 *A*를 원하고, *S*는 오직 *C*를 얻기 위해 *B*를 원하며, 이러한 양상이 계속된다. 만약에 이 연쇄가 서로에게 다시 꼬리를 물 수 없고, 욕구가 무한대가 아니라고 하면, 이 연쇄는 반드시 유한할 것이며 각각의 연쇄는 최초의 구성요소로 반드시 추적할 수 있을 것이다.

17 우리는 지속되는 욕구를, 한 번에 충족될 수 있는, 특정한 것에 대한 욕구로부터 구분할 줄 알아야 한다. 명제 (3)은 전자가 아니라 후자에 해당된다. 다른 사람들로부터 칭찬을 받고 싶어하는 아서라는 사람에 대해 생각해 보자. 아서의 욕구는 구체적인 대상에 대한 것이 아니라 지속되는 것이기 때문에, 한 번 칭찬받는 경우 그의 욕구를 완전하게 충족시키에는 부족할 것이다. 만약 아서가 다른 사람들을 도와주고 싶어하는 이유가 오직 제3자로부터 칭찬을 받기 위해서라면, 그는 다른 사람들을 도와주지 않았지만 칭찬을 받은 경우를 한 번 경험하더라도 계속 다른 사람들을 도와주고 싶어할 것이다. 이러한 이유는, 도움 행동 없이 칭찬을 받은 한 번의 경험은, 다른 사람들을 도왔을 때 칭찬을 받을 수 있는 확률을 높일 수 있다는 믿음을 지우기에는 역부족이기 때문이다. 인간이나 인간이 아닌 피험자들을 모두 통틀어, "소거 시행"이라는 절차가 필요할 것이다(Slote, 1964).

18 예측이 타당하기 위해선 추가적인 가정이 필요하다. 그 이유를 이해하기 위해서 샐리가 오직 *E*를 얻기 위한 방편으로 *M*을 원하지만, *M*은 주지 않고 *E*를 주게 되면 샐리가 변하게 된다고 상상해 보자. *M* 없이 *E*를 얻게 됨으로써 샐리가 *E*는 가치가 없고 오히려 *M*이 이전에는 미처 알지 못했던 가치를 지니고 있다고 믿게 되었다고 가정해 보자. *E*를 일단 얻고 나면 *E*가 먼지와 재로 변해 버린다고 해서 샐리가 예전부터 *E*를 진정으로 원하지 않았다는 의미는 아니다. 그리고 *M*이 *E*를 얻는 데 기여하는 것과는 독립적으로 *M*을 원하게 된다고

해서 *E*와 *M*이라는 두 개의 목적이 예전부터 그런 관계였다는 의미도 아니다.

실험에는 **개입**과 **조작**이 관련되어 있다는 점은 일반적으로 알려진 사실이며, 이들은 불가피하게 실험 대상을 변화시킨다. 그러나 이러한 실험의 특성은 우리가 실험을 통해서 대상이 실험적 개입이 있기 전에는 어떠했는지 알아내는 것을 막지 못한다. 예를 들어 측정한 것의 온도를 2도 상승시키는 온도계가 있다고 생각해 보자. 만약에 우리가 이 온도계의 이러한 효과를 알고 있다면, 우리는 이 온도계로 온도를 측정하기 전의 온도를 알 수 있을 것이다. 여기서 명제 (2)와 (3)과 관련된 문제의 경우는, 측정 과정이 **우리가 예측하지 못하는 형태**로 측정되는 체계 자체를 변화시키는 경우다. 이러한 **유의점**은 모든 실험에 해당하는 것이므로 이는 한 욕구가 다른 욕구에 대해 순수하게 도구적이라는 것이 어떤 의미인지에 대한 논의에는 특별한 역할을 지니고 있지는 않다.

19 이것이 호프만(Hoffman, 1976, 1981b)이 그의 발달 이론에서 가정한 변화다. 아이센버그와 그녀의 동료들은 이러한 변화를 기록하고자 했다; 예를 들어 Eisenberg, Lennon, and Roth (1983), Eisenberg (1986), 그리고 Eisenberg and Strayer (1987)를 참고하라.

20 만약 쾌락주의로부터 이타주의가 비롯될 수 있다면, 추측컨대 반대의 과정도 역시 가능할 것이다. 순수하게 타인의 복지에 관심을 갖기 때문에 다른 사람들을 돕는 사람들은 그러한 행동으로부터 쾌락을 느낀다는 사실을 깨달을 수 있으며, 이것이 미래의 쾌락을 확보하기 위한 쾌락주의적 욕구를 발생시킬 수도 있을 것이다. 여기서 최초의 이타주의적 욕구는 사라지지 않는 것이 아니라, 오히려 보충이 된다. 이러한 생각은 Piliavin and Callero (1991)에서 말한, 반복되는 헌혈을 통해 사람들의 동기가 변화한다는 사실에 적용될 수 있을 것이다.

.7.

세 가지 동기 이론

이번 장은 동기에 대한 세 가지 심리학 이론 — 쾌락주의, 에고이즘, 이타주의 — 에 대해 소개할 것이다. 이 이론들에 대한 평가는 편향된 정의와 가짜 논거에 의해 자주 방해받기 때문에 우리는 조심스럽게 접근하고자 한다. 마치 "이기주의selfishness"를 **진화하는 것이라면 무엇이든지**라고 정의하면 이타주의에 대한 진화적 문제가 간단히 해결되는 것처럼, "자기-이익"을 **사람들이 원하는 것이라면 무엇이든지**라고 정의함으로써 동기에 대한 심리학적 문제를 쉽게 해결하고자 할 수 있다. 심리학적 문제에 대해 논의할 때는 더더욱 교묘한 편견이 개입될 여지가 많다. 우리가 여기서 조심스럽게 수립하게 될 가설은 이 장 다음에 이어지는 장들에서 동기와 관련된 질문에 대한 답을 구하려고 할 때 도움이 될 것이다.

동기에 대한 세 가지 이론의 경계를 결정하는 과정에서, 우리는 이와 관련된 다양한 사안들에 대해 논의할 것이다. 이타주의는 도덕성과 어떤 관련이 있는가? 또 공감이나 동정심과 같은 정서와는 어떤 관련이 있는가? 에고이즘은 행위자가 항상 자신의 이익을 극대화하는 방향으로 합리적으로 계산할 것이라는 가정을 하는가? 이러한 구체적인 사항들은 우리가 정확히 어떤 특질들을 탐구해야 하는지 밝히는 데 도움을 주기 때문에 매우 중요하다. 사람들이 이타주의적인 궁극적 동기를 갖고 있는지에 대해 평가하거나, 혹은 이 문제에 대해 진화론이 어떤 답을 가지고 있는지에 대해 알아보기 전에, 우리는 분석해야 할 표현형이 무엇인지부터 명확하게 알아야 한다.

쾌락주의의 정의

욕구가 궁극적이거나 도구적이라는 것의 의미에 대해서 논의했던 지난 장의 마지막 부분은 쾌락주의를 정의하기 쉽게 해 준다. 쾌락주의에서는 사람들이 가지고 있는 유일한 궁극적 욕구는 쾌락을 추구하고 고통을 피하는 것이라고 본다. 다른 모든 욕구들은 이 두 가지 목적과 관련된 순수하게 도구적인 것이다. 이런 식으로 해석한다면, 쾌락주의는 기술적인 이론이며, 규범적인 이론이 아니게 된다. 즉, 이 이론은 어떤 행동을 권장하거나 좋고 나쁘다고 판단하지 않는다는 말이다. 이 이론은 그저 마음이 어떤 구조로 되어 있는지 기술하고자 할 뿐이다.[1]

고통의 회피를 말할 때, 쾌락주의에서는 **고통**이라는 용어를 상당히 포괄적인 개념으로 사용한다. 일반적인 용어에는 메스꺼움, 현기증, 불안, 우울 등 고통 이외에 수많은 혐오적인 감각들이 존재한다. 쾌락주의자는 메스꺼움을 피하는 행동이 그 자체로 목적이 될 수 있다는 생각을 받아들이는 데 아무런 문제도 없다. 그렇지만, 메스꺼움이 고통의 한 종류라고 하기엔 약간 이상하게 들릴 수도 있을 것이다. 이에 대한 해결책은 **고통**이라는 용어를 모든 혐오적인 감각을 포함하는 의미로 이해하는 것이다. 어떤 사람이 경험하기 싫어하는 감각이 있다면 쾌락주의자는 그것을 "고통"의 한 예로 부를 것이다.

이와 유사한 견해는 **쾌락**이라는 단어에도 적용된다. 만약에 쾌락이 감각의 일종이라면, 어떤 특정한 감각이라고 말하기 굉장히 어려울 것이다. 사람들은 아주 다양한 경험을 통해 "쾌락을 느낀다". 어떤 사람은 복숭아의 맛을 즐길 수 있지만, 다른 사람들이 잘되고(혹은 잘못되고) 있다는 사실을 알게 되는 것에 대해서도 쾌락을 느낄 수 있는 것이다. 이 두 개의 경험은 어떤 점에서 "비슷하게 느껴질 것"인가? 쾌락주의에서는 그것들이 어떤 한 종류의 감각에만 속한다고 주장하지 않는다. 만약에 "쾌락"이 그 사람이 즐기는 어떠한 경험이라도 다 포함하는 개념이라면, 두 가지 경우 모두 쾌락의 예가 될 수 있다(Sidgwick, 1907).

쾌락주의의 가장 특징적인 점은 궁극적 욕구는 항상 **유아독존적**이라고 본다는 점이다. 우리가 궁극적으로 신경쓰는 것은 우리 자신의 의식 상태에 한정되어 있으며, 마음 밖의 세계에서 일어나는 일들은 오직 도구적 가치만을 가지게 되는 것이다.

에고이즘의 정의

에고이즘에서는 개인이 가지고 있는 궁극적 목표는 **자기-지향적**이라고 주장한다. 다시 말해서, 사람들은 오직 자기의 안녕 그 자체만을 목적으로 한다. 만약에 당신이 다른 사람들의 안녕에 관심이 있다면, 그 이유는 다른 사람들의 안녕이 당신 자신의 이득에 도구적으로 관련이 있다고 생각하기 때문이다. 엄밀히 말해서, 에고이즘에서 가정하는 궁극적 욕구는 다른 사람들의 상황과 아무런 상관이 없다. 에고이스트들의 관점에서 볼 때, 악의는 선의만큼이나 이질적인 개념이다(Butler, 1726).

에고이즘에서 사용하는 **자기-지향성**이라는 용어는 설명이 필요하지만, 에고이즘 이론의 두 가지 특성은 명확하다. 첫째, 다른 사람의 안녕에 대한 축약불가능한irreducible 관심은 에고이즘과 맞지 않는다. 둘째, 쾌락을 추구하고 고통을 피하는 것에 대한 축약불가능한 관심은 에고이즘과 상당히 일관적이다. 달리 말해서, 이타주의 가설은 심리학적 에고이즘과 호환이 안 되는 반면, 쾌락주의는 에고이즘의 일종이라는 것이다. 모든 쾌락주의자는 에고이스트지만, 모든 에고이스트가 쾌락주의자는 아니다. 에고이스트는 돈을 모으는 것 그 자체를 목적으로 할 수 있지만, 쾌락주의자는 그럴 수 없다. 에베레스트 산을 등반하는 것이 궁극적인 목적인 경우도 마찬가지일 것이다. 에고이스트들이 그 자체를 목적으로 여기고 관심을 보이는 것은 그들의 의식 상태에만 한정되어 있지 않다.

욕구가 "자기-지향적"인지 아닌지 판단하기 위해서는, 그 욕구가 가지고 있는 명제적 내용에 주의를 기울여야 한다. 만약에 샘이 사과를 먹고 싶어 한다면, '**샘이 사과를 먹는다**'라는 명제에 샘 이외에 다른 어떤 누구도 언급되지 않기 때문에 자기-지향적 욕구가 된다. 이와 비슷하게, 만약에 샘은 애런이 사과를 먹기를 원한다고 한다면, '**애런이 사과를 먹는다**'라는 명제에 애런이 언급되지만 샘은 언급되지 않기 때문에 타인-지향적 욕구가 된다. 에고이즘적 궁극적 욕구는 자기-지향적이게 되며, 이타주의적 궁극적 욕구는 타인-지향적이게 되는 것이다.

이러한 에고이즘적 해석은 자기와 타인 모두를 언급하는 욕구에 대해 생각해 볼 때 문제에 직면하게 된다. 애런이 다른 목적에 대한 수단으로서가 아니라 그 자체를 목적으로 유명해지기를 원한다고 생각해 보자. "유명해지는" 것의 의미를 잠깐 생각해 보면, 애런이 가지는 욕구의 내용은 자기와 타인 간의 관계를 포함한다는 점을 알 수 있다. 즉, 애런은 다른 사람들이 자기가 누구인지 알기를 원하는 것이다. 애런의 욕구는 순수하게 자기-지향적인 것이 아니지만, 그렇다고 해서 애런이 에고이스트가 아니라고 결론짓는 것은 이상하다.[2] 만약에 우리가 이타주의를 궁극적 욕구의 일부는 순수하게 타인-지향적인 것이라고 정의하게 되면 위의 경우와 비슷한 어려움에 당면하게 된다. 샘은 사과가 그와 애런 사이에 균등하게 분배되기를 원하며, 이는 다른 목적에 대한 수단으로서가 아니라 그 자체를 목적으로 하는 욕구라고 가정해 보자. 여기서 샘의 욕구는 순수하게 타인-지향적이지 않지만, 그렇다고 해서 샘의 이런 욕구가 이타주의적이지 않다고 결론짓는 것 역시 이상하다.

만약 방금 언급했던 욕구들이 단순히 도구적이었다면 이런 문제들은 사라졌을 것이다. 만일 애런이 유명해지길 원하는 이유가 그것을 통해서 애런이 쾌락을 경험할 수 있기 때문이라고 생각한다면, 그는 에고이스트다. 이와 비슷하게, 만일 샘이 사과를 균등하게 나누고 싶어하는 이유 중 일부가 애런의 상황이 더 나아졌으면 하는 궁극적인 욕구 때문이라면, 샘은 이타주의자가 되는 것이다. 하지만 불행히도, 이러한 제안들은 제기된 문제들을 피해 가기만 할 뿐이다. 우리는 명제적 내용에 관계적 사실들을 포함하는 욕구가 **궁극적일 때** 이 욕구들을 어떻게 분류해야 할까?

이렇게 다양한 궁극적 욕구를 에고이즘이나 이타주의 안으로 억지로 밀어 넣는 것은 정당화하기 어렵고, 그러한 시도 자체가 한쪽 입장을 더 선호하는 것처럼 보일 수도 있다. 결과적으로, 우리는 에고이즘과 이타주의를 잇는 세 번째 항목인 **관계주의**relationism를 제안하고자 한다. 관계주의에서는 사람들이 때때로 관계적인 명제(자기를 특정한 타인들과 연결하는 것)가 참인 궁극적 욕구를 가지고 있다고 본다. 만약에 독자가 관계주의의 몇몇 사례는 이타주의나 에고이즘의 하위유형으로 봐야 한다고 생각한다면, 우리는 독자들이 우리가 제안한 분류법을 적당히 조정하라고 권할 것이다. 그렇다 할지라도 이 이론들에 대한 우리의 평가는 달라지지 않을 것이다.[3]

우리는 에고이즘을 정의할 때 의식적 욕구와 무의식적 욕구의 차이가 아무런 역할을 하지 않는 것으로 가정했다. 궁극적 욕구가 오직 자기의 이익을 위한 것이라면, 이 욕구가 **의식적**인 사람과 **무의식적**인 사람 둘 다 에고이스트일 것이다. 사람들이 진심으로 다른 사람들을 도와주고 싶어하고, 이러한 욕구를 희생이나 자신과의 갈등과 관련이 있을 것이라고 의식적으로 경험하지 않는다는 사실은 그들의 궁극적 동기가 진짜로 무엇인지 알려주지 않는다. 에고이즘 가설에는 행위자의 성격에 타인-지향적 욕구가 녹아들어갈 수 있는 가능성을 부정하는 내용이 없다. 그 욕구들은 도구적이겠지만, 사람들이 그것을 외부의 침입처럼 경험할 필요는 없다.

우리가 설명한 에고이즘 가설이 "저속한 에고이즘"이라 불릴 수 있는 관점과 같지 않다는 것을 명확히 하고자 한다. 저속한 에고이즘은 사람들이 오직 물질적 이득을 얻기 위해서만 행동한다고 주장한다. 우리는 당연히 이러한 의미의 에고이즘은 너무 편협하다고 생각하며, 물질적 이득에 대한 욕구는 사람들이 가지는 동기 중 하나이기 때문이며, 따라서 인간 행동의 일부를 설명하는 데 도움이 되는 것일 뿐이라고 본다. 그렇기 때문에 이것이 설명하지 못하는 부분이 훨씬 많다. 에고이즘은 저속한 에고이즘과 다르게 보다 넓은 의미로서의 자기-이익의 개념을 사용하는데, 여기에는 내적(심리적) 성과와 외적(물질적) 성과가 모두 포함된다.

에고이즘은 행복을 일차원적 상태로 보는 관점 때문에 때때로 비판받지만(LaFollette, 1988), 우리가 위에서 설명한 에고이즘 이론에는 이러한 비판이 적용되지 않는다. 어떤 사람이 암을 치료하거나, 에베레스트 산을 오르거나, 또는 열정적 사랑에 의한 행복감을 경험하고 싶어할 때, 에고이스트라면 이 세 가지 목표가 결국에는 같은 것으로 귀결된다고 가장할 필요가 없다. 각각의 목표는 자기-지향적이다. 이 목적들이 행위자의 궁극적 욕구들을 소모시킨다면, 이 욕구들이 더 깊은 수준에서 통합되는지 여부에 관계없이, 이 행위자는 에고이스트가 되는 것이다. 마찬가지로, 이타주의 가설도 사람들이 타인의 행복이 단순하고 일차원적인 것이라고 생각한다는 의견에 구애받지 않는다.

에고이즘에 대한 우리의 정의에 관해서 마지막으로 한 가지를 덧붙이고자 한다. 에고이즘을 설명할 때 모든 궁극적 목적은 "이기적"이라고 하는 것보다 자기-지향적이라고 하는 것이 더 낫다(Henson, 1988). 짐이 그의 이가 더 이상 아프지 않기를 원할 때, 여기서 짐이 이렇게 느끼는 것이 이기적이라고 하는 것은 옳지 않다. 이기적이라는 말은 비난의 의미를 함축하고 있기 때문이다. 엄밀히 말하자면, 이것은 에고이즘이 주장하는 바가 아니다. 에고이즘은 기술적 이론이지, 규범적 이론이 아니다.

단기적 에고이즘과 장기적 에고이즘

로날드라는 사람이 있다. 그는 계속 흡연을 할 것인지에 대해 심사숙고하고 있다. 그는 한 개피의 담배는 건강에 아주 미미한 영향만을 줄 것이라는 점을 알고 있지만, 장기적으로 흡연을 하는 것은 건강에 큰 타격을 줄 것이라는 사실도 알고 있다. 로날드는 담배를 피울 때마다 얻는 즐거움에 대해 너무 잘 알고 있다. 그가 아예 담배를 끊어야 할지 생각하는 중에, 그의 마음은 당장 직면하고 있는 문제에 대해 생각하게 된다. 지금 손에 들고 있는, 아직 불을 붙이지 않은 담배를 보면서 불을 붙이고 피울 것인지를 고민하는 것이다. 로날드가 보는 관점에 따르면, 흡연은 단기적 이득을 가져온다. 그러나 그는 흡연이 장기적으로는 현저한 손실을 가져오기 십상일 것이라는 점도 알고 있다. 만약에 로날드가 여기, 그리고 지금 현재에 대해서만 중요하게 생각한다면, 그는 담배에 불을 붙일 것이다. 만약에 그가 장기적으로 그의 삶의 질에 대해 중요하게 생각한다면, 그는 오늘부터 당장 담배를 끊을 것이다.

여기서 우리는 로날드가 어떻게 할 것인지 예측하는 데 관심이 있는 것이 아니라, 에고이즘이 이 문제에 대해 어떻게 말하는지 묻는 데 관심이 있다. 로날드가 저울질하는 단기적 고려사항과 장기적 고려사항은 모두 자기-지향적이라는 사실을 주목하자. 니코틴에 의한 쾌락을 원하는 것은 자기-지향적인 욕구이지만, 오래 건강하게 살고자 하는 욕구 역시 마찬가지다. 에고이즘에서는 우리의 궁극적 욕구는 항상 자기-지향적이라고 하지만, 사람들이 현재의 이득과 미래의 이득을 상대적으로 얼마나 중요하게 생각하는지에 대해서는 이야기하지 않는다. 어떤 사람들은 이러한 특수성의 부재가 에고이즘 이론의 한계라고 생각할 수도 있다. 이러한 비판은 9장에서 자세하게 분석할 것이다. 지금은, 에고이즘에서 보이는 이러한 유연성이 반박할 수 없는 것이라는 우리의 의견을 제시하는 데 그치고자 한다. 조금 전에 설명한 상황에서 로날드가 내리는 모든 결정은 에고이즘과 일치한다. 에고이즘은 사람들이 궁극적 목적으로 가지고 있는 구체적인 욕구가 무엇인지에 대해서는 이야기하지 않으며, 단지 어떤 특정한 **종류**의 궁극적 목적을 얻기 위해 노력한다고 얘기할 뿐이다.[4]

이타주의의 정의

이타주의 가설에서는 사람들이 다른 사람들의 행복welfare[5]에 대해 때때로 관심을 보이는 것은 그 자체가 목적이기 때문이라고 주장한다. 이타주의자들은 축약불가능한 타인-지향적 목적을 가지고 있는 것이다.

때때로라는 단어는 이타주의 가설과, 쾌락주의, 에고이즘 가설의 논리적인 차이점을 확연하게 드러내는 부분이다. 쾌락주의와 에고이즘은 개인이 가지고 있는 **모든** 궁극적인 욕구에 대한 주장인 반면, 이타주의는 그러한 보편적인 주장을 하지 않는다. 에고이즘은 모든 궁극적 욕구가 자기-지향적이라고 하지만, 우리가 이타주의라고 부르는 가설은 모든 궁극적 욕구가 타인-지향적이라고는 하지 않는 것이다. 물론, 이런 식의 획일적인 이론을 만드는 것이 가능하지만, 그것이 사실이라고는 아무도 믿지 않을 것이다. 오히려, 우리는 이타주의를 동기의 **다원론**pluralistic theory의 한 부분이라고 해석함으로써 사람들이 타인뿐만 아니라 자기에 대한 궁극적 욕구도 가지고 있다고 이해해야 할 것이다. 반면에, 에고이즘과 쾌락주의는 (상대적으로) **일원론적인**monistic 견해라고 이해하는 것이 옳다.[6]

이타주의의 논제는, 우리가 이해하기로는, 사람들이 최소한 어떤 때는 타인의 행복 그 자체를 목적으로 한다는 것이다. 이는 **대부분**의 사람들이 **항상** 이타주의적이라는 것도 아니고, **어떤** 사람들이 **대부분**의 경우 이타주의적이라는 것도 아니며, 또는 사람들이 때때로 경험하는 이타성이 특별히 **강하다**는 것도 아니다. 다른 사람의 큰 이득을 위해 아주 작은 희생을 치를 준비가 된 사람은 이타적이지만, 같은 목적을 위해 더 큰 희생을 치를 준비가 된 사람보다는 덜 이타적일 것이다. 우리가 정의하는 이타주의는 광범위한 이기주의의 존재와도 양립가능하다(이 점에 대해서는 추후에 다시 다룰 것이다).

이렇게 해석된 이타주의 가설은 흥미를 유발하기에는 너무 수수한 이론이라고 이야기할 수 있다. 만약에 이 이론이 단지 사람들은 가끔씩 축약불가능한 이타적 동기를 갖는다고 하면서 그 동기들이 얼마나 강한지에 대해서는 말해 주지 않는다면, 어째서 이 이론에 대해 논의할 가치가 있을까? 물론, 이타주의의 심리학은 우리가 밝힌 이타주의 가설보다 더 많은 것을 내포한다. 그러나 우리는 이 가설이 더 근본적이라고 생각한다. 이타주의의 중요성에 대한 더 야심 찬 주장들도 이 수수한 논제에 의존하기 때문이다. 더불어, 심리학적 에고이즘이 반박하는 것이 바로 이 겉보기에 수수한 주장이며, 따라서 이 논제가 핵심이라고 볼 수 있다.

이타적인 개인들이 궁극적인 관심을 가지는 타인들이란 누구인가? 가장 명확한 예시는 다른 **사람**들의 행복에 집중하는 욕구와 관련되어 있다. 하지만 축약불가능하게 "환경", 즉 지구 전반(생물과 무생물 모두)의 안녕에 대해 관심을 갖는 사람들에 대해 생각해 보자. 이것은 이타주의인가? 그리고 국가나 종교, 민족, 또는 문화적 전통에 대해 단지 수단이 아니라 그 자체가 목적으로 관심을 갖는 사람들은 어떤가?[7] 이러한 관심들이 때로는 "사심 없음"과 일맥상통한다는 것은 사실이다. 그렇다고 해서 이러한 관심들이 이타적인가? 우리는 한 사람이 다른 사람에 대해서 가질 수 있는 이타성에 집중할 것이지만, 위에서 언급한 다른 후보들을 배제할 근거는 없다. 우리가 이해하는 이타주의의 중요한 점은, 자신을 제외한 다른 개체들의 행복과 관련이 있는 궁극적 욕구를 사람들에게 부여한다는 점이다. 우리는 여기서 "개체"의 의미를 상당히 관대하게 사용할 준비가 되어 있다. 이 결정은 이 다음에 우리가 제시할 주요 주장들에 영향을 주지 않을 것이기 때문에, 만약 독자들이 이타주의를 보다 좁은 의미에서 해석하고 싶으면 얼마든지 그렇게 하면 될 것이다.

이타주의 가설은 우리에게 타인-지향적인 궁극적 욕구가 있다고 말하는 반면, 심리학적 에고이즘은 우리의 모든 궁극적 욕구는 자기-지향적이라고 한다. 하지만 에고이즘과 이타주의는 모두 이것 이상의 내용이 관여하고 있다고 이해된다. 예를 들어 이아고가 오델로의 파멸 그 자체를 목적으로 생각한다면, 이아고의 궁극적 목적은 타인-지향적이다. 그럼에도 불구하고, 이아고를 이타주의자라고 칭하는 것이 이상한 이유는 그의 타인-지향적 욕구가 **악의적**이기 때문이다. 이와 유사하게, 자기자신을 손상시키거나 파괴하는 것을 유일한 궁극적 목적으로 가지는 사람들을 에고이스트라고 볼 수 없는 이유는, 그들이 원하는 것은 그들 자신에게 이득이 되는 것이 아니기 때문이다. 이것이 에고이즘과 이타주의에 대한 우리의 정의가 자기-지향적 궁극적 욕구와 타인-지향적 궁극적 욕구의 차이 그 이상의 것이 되는 이유다. 에고이스트들은 궁극적으로 오직 그들 자신에게 이득된다고 생각하는 것에 대한 욕구를 가지며, 이타주의자들은 타인에게 이득이 된다고 생각하는 것에 대한 궁극적 욕구를 가지고 있다.

이타주의와 연관된 선의의 의도는 두 가지 형태를 가질 수 있다. 이타주의자는 다른 사람들이 그들이 정말로 원하는 것을 가지기를 원할 수 있다. 또는, 다른 사람들이 스스로 생각해 본 적 없는 것이나 생각해 봤지만 원하지 않았던 것을 가지기를 원할 수도 있다. 쉴라가 오스카에게 책을 사준 이유가 오로지 오스카가 그 책을 원하기 때문이었다면, 이는 전자의 형태에 해당된다. 스탠리가 올리비아가 원하지 않음에도 불구하고 그녀가 약을 먹기를 원한다면, 이는 후자의 형태에 해당될 것이다.

이타주의의 개념은 때때로 돈이나 권력과 같은 **외적인** 이득을 얻을 것이라는 아무런 기대 없이 다른 사람을 돕는 경우로 제한되기도 하는데 (Macaulay and Berkowitz, 1970), 이 정의는 어떤 사람이 돕는 것 자체가 그의 기분을 좋게 할 것이라는 이유로 돕는 것은 이타적이라고 보는 관점을 수반한다. 우리는 이런 식의 개념적 정의에 동의하지 않는다. 그 이유를 보기 위해서, 모든 행동의 궁극적 목적이 헤로인으로 인해 발생하는 쾌락을 획득하는 데 초점이 맞춰져 있는 약물중독자에 대해 생각해 보자. 이 약물중

독자는, 위의 설명대로라면, 쾌락주의자다. 그러나 지금부터 사고 실험을 한 번 해 보도록 하자. 약물을 취득할 수 있는 유일한 방법이 다른 사람들을 돕는 것인 환경에 이 사람을 두었다고 가정해 보자. 약물중독자들이 살고 있는 실제 세계와는 아주 다르지만, 이 가설적인 상황은 이타주의의 개념적 정의 문제에 대해 통찰을 제공하기 때문에 생각해 볼 가치가 있다. 타인을 돕는 유일한 이유가 약물로 인한 쾌락을 얻기 위해서인 약물중독자는 이타주의자라고 볼 수 없다. 헤로인에 중독되지 않은 보통 사람들도 마찬가지다. 만일 이 보통 사람들이 도움을 주는 것에 "중독"된 이유가 타인을 도울 때 쾌락을 얻고, 고통을 피하기 때문이라면, 그들의 행동이 그들을 이타주의자로 만들어 주지 못하는 것이다. 우리는 이타주의를 쾌락주의의 한 형태로 다루는 것으로 혼란을 초래하지 말아야 할 것이다.

이타주의의 또 다른 정의 역시 언급할 필요가 있다. 때로는 이타주의가 다른 사람들의 욕구가 충족되는 것이 개인의 궁극적 욕구라는 식으로 정의되는 경우가 있다. 이는 이타주의자를 그의 효용 함수utility function가 다른 사람들의 효용 함수를 "반영"한다는 식으로 사회과학에서 공식화하는 것과 유사하다. 이러한 정의는 이타주의자들이 다른 사람들의 마음 상태에 대한 표상을 반드시 가지고 있다는 점을 수반한다. 우리는 이러한 이론의 공식화가 실제보다 너무 강하다고 믿는다. 예를 들어 스탠리에게는 올리비아가 약을 먹기를 원하는 이유가 단지 그가 생각하기에 올리비아에게 좋을 것이라고 믿기 때문이라는 경우를 생각해 보자. 스탠리는 올리비아의 **욕구**에 대해 생각하는 것이 아니라 그녀의 **건강**에 대해 생각하고 있는 것이다. 올리비아는 너무 비관적이라 병이 낫기를 원하지도 않을 정도여서 약을 먹는 것을 원하지 않을 수도 있다. 그럼에도 불구하고, 스탠리는 올리비아의 안녕 그 자체를 목적으로 갖고 있기 때문에 그는 이타주의자다. 6장에서 논의했던 것처럼 이타주의자들이 다른 사람의 욕구를 이해하려는 심리학자일 수도 있지만, 이타주의의 정의와 관련해서는 그렇지 않다고 본다.

이제 쾌락주의, 에고이즘, 그리고 이타주의 가설에 포함되는 동기의 다원론이 만들어졌으니, 이것들이 어떻게 논리적으로 연관되어 있는지에 대해서 생각해 보자. 우선 비대칭성이 있다. 쾌락주의는 에고이즘을 수반하지만, 에고이즘은 다원주의를 수반하지 않는다. 에고이즘과 (이타주의를 포함하는) 다원주의는 상호호환되지 않는다. 반면에 대칭성도 존재하는데, 이는 개인이 왜 특정한 행동을 하는지에 대한 설명과 관련이 있는 궁극적 동기에 수반되는 각각의 가설을 고려해 봤을 때 드러난다. 이 관점들은 **내포** nested되어 있다. 예를 들어 로이스가 다른 사람을 돕는다고 하자. 쾌락주의에 의하면 로이스가 이러한 행동을 한 이유는 그녀가 궁극적으로는 그녀 자신의 의식상태에 관심이 있기 때문이라고 한다. 에고이즘에서는 이것이 로이스의 행동을 **부분적**으로만 설명한다고 보고, 이것이 반드시 전부는 아니라고 한다. 에고이즘에 의하면, 로이스가 남을 도울 때 궁극적으로 관심이 있는 것은 그녀 자신의 상황이지, 다른 사람들의 안녕이 아니다. 심리학적 다원주의에서는 이것 역시 로이스의 행동을 **부분적**으로만 설명하는 것이지, 이것만이 전부일 것이라는 주장을 반박한다. 쾌락주의에서 에고이즘으로의 전이, 그리고 에고이즘에서 다원주의로의 전이는 행위자의 행동을 설명하는 궁극적 욕구들에 대한 제한을 없애는 것과 관련이 있다.

에고이즘과 이타주의에 대한 우리의 해석은 이 두 가지 동기의 유형이 완전하지 않다는 점을 수반한다. 자기자신의 행복을 위한 궁극적 욕구와, 타인의 행복을 위한 궁극적 욕구 이외에 다른 추가적인 가능성을 고려해 보아야 한다. 우리는 사람들이 자기와 특정 타인들 사이에서 얻는 관계를 궁극적으로 원한다는 **관계주의**에 대해서 언급했다. 이 장의 후반부에서, 우리는 일반적 도덕원칙을 지키기 위한 궁극적 욕구는 이타주의적이거나 에고이즘적인 것이라고 생각하지 말아야 한다고 주장할 것이다.

공감, 동정심, 그리고 개인적 괴로움

공감empathy과 동정심sympathy은 감정이다. 이러한 감정들이 나타날 때 이타주의적 욕구가 유발될까? 상식적으로 그렇다고 여겨진다. 공감과 동정은 때로는 도움 행동을 일으키고, 이 행동으로부터 다른 사람의 상황을 개선시키고자 하는 욕구를 찾는 것은 일리 있는 일이기 때문이다. 이러한 인과의 연쇄는 다음과 같을 것이다:

공감과 동정심의 감정 → 도움을 주고자 하는 욕구 → 도움 행동

심리학자들은 동일한 결론에 다다랐다; 개관을 위해서는 배슨(Batson, 1991: 93-96)을 참조하기 바란다. 하지만, 공감과 동정심이 이러한 효과를 가진다고 하더라도, 이로 인해 유발되는 돕고자 하는 욕구가 궁극적인지 도구적인지에 대한 질문은 여전히 남아 있다. 공감과 동정심이 이타주의적인 욕구를 유발할 수 있는 이유는 아마도 사람들이 그러한 감정을 경험하는 것이 싫기 때문에 그 감정들을 없애기 위한 행동을 하기 원할 수도 있을 것이다. 그렇기 때문에, 공감과 동정심의 존재는 심리학적 에고이즘과 이타주의 간의 논쟁을 해결해 주지 못한다. 그렇지만, 공감과 동정심이 무엇인지, 그리고 이 감정들이 때로 일으키는 이타주의적인 욕구와는 왜 다른 것인지에 대해 확실하게 이해하는 것은 여전히 의미가 있다.

공감Empathy이라는 용어는 1909년 티처너E. B. Titchener가 독일어 Einfühlung을 번역하면서 영어에 들어오게 되었다(Wispé, 1987). 그때부터, 이 단어의 의미는 심리학의 다른 분야에서 각기 다른 변화를 거쳤으며, 일상적으로 사용하는 영어에도 흡수되었다. 동정심Sympathy이라는 용어는 더 오래된 기원을 가졌지만, 이 또한 다양한 의미로 사용되었으며 여러 심리학 이론에서 특정 문맥에서 특별한 의미를 가지는 단어로 수용되었다. 우리가 제시할

정의들은 어떤 면에서는 일반적인 용법과 과학적인 용법이 겹치는 부분도 있겠지만, 다른 부분은 그렇지 않을 것이다. 두 용어 모두 다양한 의미로 사용되었다는 점을 생각해 보면, 모든 사람들이 사용하는 것과 일치하는 의미의 쌍을 제시하기를 기대하는 것은 비현실적일 것이다. 따라서 우리가 이러한 '의미의 바벨탑'에서 하고자 하는 것은 가장 근본적인 것을 끄집어내는 것이다. 어쨌든 간에, 우리가 앞으로 설명할 범주들이 이 범주를 명명하는 데 사용하는 이름들보다 더 중요하다.

공감은 타인과 동일시하는 반면, 동정심은 좀 더 분리되어 있는 정서적 연결과 관련되어 있다는 점에서 구분되기도 한다. 여기서 말하는 "동일시"는 무슨 의미일까? 이를 설명하기 위해 때때로 사용되는 표현은 공감이 자기와 타인 간의 경계를 사라지게 한다는 것이다. 우리는 이러한 표현이 시적인 과장poetic overstatement이라고 생각한다(Batson, 1991도 마찬가지). 바바라가 바로 조금 전에 밥의 아버지께서 돌아가셨다는 것을 알게 되었을 때, 그녀는 자신이 밥과 다른 사람이라는 사실을 잊어버리지 않고도 밥에게 공감할 수 있을 것이다. 바바라가 밥에게 아무리 깊게 공감을 해도, 바바라는 누구의 아버지가 돌아가셨는지 명확하게 이해하고 있는 것이다. 사람들이 타인의 불행과 자기의 좀 더 나은 상황을 혼동할 때, 우리는 그들이 공감능력이 뛰어나다고 칭찬하지 않는다. 공감은 누가 누구인지 구분할 수 없는 능력이 아니다.

다른 사람과 "동일시"한다는 의미의 일상생활 속의 예시로, 사람들이 그들이 좋아하는 스포츠팀과 동일시한다는 말을 하는 경우가 있다. 이것은 어떤 사람이 자기가 곧 뉴욕 양키스라고 믿는 망상과 관련이 없다. 이것은 자기자신을 스포츠팀이 소속된 어떤 전체의 일부로 보며 그 전체의 운명에 관심을 갖는다는 것을 의미한다. 그 사람은 양키스가 하는 좋은 일들에 대해 자랑스러워하며, 양키스가 하는 나쁜 일들에 대해 창피해한다. "양키스가 하는 일이 나를 반영한다"고 양키스 팬은 느끼는 것이다. 이와 동일한 양상의 사고방식은 좀 더 깊은 형태의 동일시 — 가족, 부족, 인종, 국적,

종교 등 — 에도 존재한다. "나"는 "우리"와의 관계 속에서 정의되는 것이다. 인간은 단순히 집단에 **소속**되는 것이 아니라, 집단과 **동일시**하는 것이다. 이것은 인간 경험에 있어서 중요한 사실이다.

공감이 동일시를 수반하든 하지 않든 간에, 우리는 공감이라는 것은 타인의 감정을 공유하는 것과 관련이 있다고 생각한다. 바바라의 공감은 밥이 슬프기 때문에 슬픔을 느끼는 것이다. 물론, 바바라는 밥의 여러 감정 중 하나에만 공감하고 다른 감정에는 공감하지 않는 것도 가능하다. 밥이 아버지의 죽음에 대해 슬픈 동시에 죄책감을 느낄 때, 바바라는 슬픔에 공감하지만 그녀가 알 수 없는 죄책감에는 공감하지 않는다. 공감의 개념은 두 사람의 전반적인 감정 상태가 정확하게 얼마나 유사한지에 대한 내용을 내포하지 않는다(Eisenberg and Miller, 1987; Eisenberg and Strayer, 1987).

공감은 때때로 "관점-취하기perspective-taking"를 필요로 한다고 한다. 우리는 사람들이 공감한다고 할 때, 그들이 타인이 세상을 어떻게 보는지에 대해 나름대로 이해하고 있다는 것에 동의한다. 그러나 우리는 관점-취하기가 공감의 필요조건이라고 생각하지는 않는다. 만일 *O*가 공포나 슬픔을 느낀다면, *S*는 그런 감정을 유발한 상황을 모르더라도 *O*가 그런 감정을 느낀다는 것을 알아차릴 수 있다. *S*는 공감하는 반응을 보이면서, *O*를 "위해서 감정을 느끼고feel for" 그 결과 그들의 최종 감정은 서로 일치하게 될 수 있다. 공감은 타인이 느끼는 감정 그 자체를 이해하는 것이 필요조건이지, 왜 그런 감정을 느끼는지에 대한 보다 깊은 이해는 필요로 하지 않는다.

공감에는 감정을 일치시키는 것이 관련되어 있지만, 그 이상의 것들이 필요하다. 예를 들어 *O*는 그가 자기자신 이외의 사람들에 대해 생각할 수 없을 정도로 심각하게 우울하고 불안해한다고 해 보자. *S*가 이 사실에 대해 알게 되었고, 이 정보로 인해 *S* 역시 동일한 상태가 되었다고 가정하자. *S*는 이제 *O*와 동일한 감정을 갖게 되었으나, *S*는 *O*에게 공감하는 것이 아니다. 그 이유는 *S*가 *O*에 대해서 생각조차 하지 않고 있기 때문이다. *S*가 슬픔을 느끼는 것과 O를 위해 슬픔을 느끼는 것은 별개의 것이다. 다른 감정들에도 마찬가지로 구분이 이루어질 수 있다. 예를 들어 S가 두려움을 느낄 때, 이는 S가 O를 위해 두려움을 느끼는 것을 반드시 필요로 하지는 않다. 공감의 이런 점은 우리가 관찰한 다른 요소들과 더불어 다음과 같은 정의로 통합된다:

> 오직 O가 감정 E를 경험하고, S는 O가 감정 E를 경험한다고 믿고 있으며, 이것이 S로 하여금 O를 위해 감정 E를 느끼게 하는 경우에만, S는 O가 감정 E를 경험하는 것에 공감한다.[8]

개인이 다른 사람을 "위해서" 특정한 감정을 느낀다는 것의 의미는 무엇인가? 여기서 우리는 신념이 명제적 내용을 가지고 있는 표상의 형상과 관련이 있다는 생각을 이용해 볼 수 있다(6장). 만일 S가 O를 위해 슬픔을 느낀다면, S는 O의 상황에 대한 어떤 신념을 형성할 것이고 이 명제가 참이기 때문에 슬픔을 느낄 것이다. 바바라가 밥에게 공감했을 때, 그는 그녀의 감정의 초점이다. 그녀는 밥이 경험하는 감정과 동일한 감정을 느끼지 않는 것이다. 오히려, 바바라는 밥의 아버지가 돌아가셨기 때문에 슬픔을 느끼게 된다. 즉, 그녀는 밥을 슬프게 만드는 원인으로 인해 슬픔을 느끼는 것이다.

공감에 대한 우리의 정의에서는 공유되는 감정이 부정적일 필요가 없다. O가 슬픔을 느낄 때 S가 공감할 수 있지만, 이는 O가 기쁨을 느낄 때도 마찬가지다.[9] 여기에서 우리는 공감과 동정심의 한 가지 차이점을 발견할 수 있다. 어떤 사람이 다른 사람이 기쁘기 때문에 동정심을 느낀다는 말은 어색하다. 만약 S가 O를 동정한다면, S는 반드시 기분이 좋지 않아야 한다. 그러나 이보다 더 중요한 차이점이 있다. 당신이 다른 사람과 유사한 감정을 느끼지 않고도 그 사람을 동정할 수 있다는 사실을 생각해 보자. 이는 아무런 감정도 느끼지 않는 사람들의 상황에 대해 반응할 때 가장 명백하다. 예를 들어 웬디가 바람둥이 남편에게 속고 있다는 사실을 월터가 알아차렸다고 가정해 보자. 월터는 웬디를 동정하겠지만, 이는 웬디가 상처받고 배신감을 느껴서가 아니다. 웬디는 남편의 행동에 대해 모르고 있기 때문에 그런 감정을 전혀 느끼지 않는다. 여기서 월터의 동정은 웬디가 남편의 외도를 알게 되었을 때 그녀가 어떤 감정을 느낄지에 대한 상상에 기반하고 있다고 말할 수도 있을 것이다. 그렇다고 하더라도, 월터와 웬디가 동일한(또는 유사한) 감정을 느끼지 않는다는 것은 변치 않는 사실이다. 월터는 동정하지만, 공감하지 않는다.[10]

동정심은 감정의 일치를 필요로 하지 않지만, 그렇다고 동정심이 타인의 불행에 대한 냉정한 이해는 아니다. 우리는 다음과 같은 정의를 제안한다:

> *S*는, *O*에게 나쁜 일이 일어났다고 믿고 이것이 *S*로 하여금 *O*를 위해 안타까움을 느끼게 할 때만 *O*를 동정한다.

이 정의는 우리가 제시한 공감의 정의와 마찬가지로 어떤 사람이 "타인을 위해서" 특정한 감정을 느낀다는 개념을 사용하고 있다. 타인을 위해 안 좋은 기분을 느끼려면 자신이 안 좋은 기분을 느끼는 것이 필수적이다. 그 말은, 슬픔이나 분노와 같은 "혐오적" 감정을 경험해야만 한다는 것이다. 혐오적 감정은 사람들이 느끼기 싫어하는 기분이지만, 사람들이 종종 그런 감정을 경험해야 한다고 생각한다는 점을 부정하는 것은 아니다. 우리가 관심을 가지는 사람들에게 나쁜 일이 생긴다면, 혐오적 감정이야말로 우리가 느끼기에 적절한 감정이라고 생각하는 것이다. 우리가 혐오적 감정을 경험하기 싫어한다는 말의 의미는 이 세상에 그러한 감정을 유발하는 상황이 없었으면 좋겠다는 말의 의미와 가깝다.

이렇게 정의된 동정심과 공감은, 심리학 문헌에서 다니엘 배슨Daniel Batson이 처음 제시했듯이, **개인적 괴로움**personal distress과는 다르다(Batson, 1991). 타인의 불행을 지각하게 되는 것이 안 좋은 기분을 유발하게 되고 그 사람에 대해 잊어 버릴 정도가 되면, 그 결과 나타나는 자기-중심적인 감정은 공감도 동정심도 아니다. 개인적 괴로움은 **타인을 위한** 안 좋은 기분이 배제된 안 좋은 기분을 느끼는 것이다. 공감, 동정심과 개인적 괴로움 간의 차이는 다양한 생리학적 차이와 연관되어 있다는 근거가 있다. 타인에 대한 동정심과 공감은 **저하된** 심장박동률과 연합되어 있는 반면, 개인적 괴로움(이것이 타인의 상황에 의해 발생했다고 하더라도)은 **상승된** 심장박동률과 관련이 있다. 또한, 얼굴 표정의 차이와 피부전도율의 차이 역시 이러한 정서적인 차이와 연합되어 있다(Eisenberg and Fabes, 1991). 이러한 공감과 동정심의 생리학적 요인들은, 개인이 외부 환경에 주의를 집중할 때 흔히 관찰되는 **신체적 진정**somatic quieting이라는 보다 일반적인 양상과 일치한다(Lacey, 1967; Obrist et al., 1970).[11]

공감과 동정에 대한 우리의 정의는 인지적 요소를 가지고 있다. 각각의 감정은 신념의 형성을 필요로 하기 때문이다. 그렇다면, 태어난 지 며칠 되지 않는 아기가 다른 아기들이 우는 소리를 듣고 같이 울게 되는 현상을 어떻게 설명해야 할까(Simner, 1971; Hoffman, 1981b)? 이러한 경우 인과의 연쇄는 아마 다음과 같을 것이다:

*O*는 기분이 나쁘다 ⟶ *O*가 운다 ⟶ *S*는 기분이 나쁘다 ⟶ *S*가 운다

*S*가 기분이 나쁜 이유는 *O*가 기분이 나쁘기 때문이다. 이 경우 *S*가 신념을 형성한다고 해도, *S*가 형성하는 신념이 *O*가 기분이 나쁘다는 내용인지 *O*에게 나쁜 일이 생겼다고 믿는다는 내용인지 명확하지 않다. 우리는 여기서 제시될 수 있는 아동 발달에 대한 경험적 질문에 대해서는 아무런 입장도 취하지 않을 것이다.[12] 지금으로서는 우리가 내린 정의들에 기반한 추론을 언급하는 것에 머무르고자 한다. 아마도 이런 반응적인 울음은 진정한 공감과 동정심이라기보다는 그 전조라고 할 수 있을 것이다(Hoffman, 1981a; Eisenberg and Miller, 1987; Eisenberg and Strayer, 1987; Thompson, 1987).

공감과 동정심 모두 신념의 형성이 필수적이지만, 이 필수적인 신념의

종류는 다르다. 공감은 타인에 의해 경험된 감정에 대한 신념을 수반한다. 공감하는 사람들은 "심리학자들"이며(6장), 그들은 다른 사람의 마음 상태에 대한 신념을 가지고 있다. 동정심은 이것을 필요로 하지 않는다. 당신은 다른 사람이 처한 객관적인 상황에 의해 마음이 움직여서 그들을 동정할 수 있으며, 그들의 주관적 상태를 고려할 필요가 없다. 동정하는 사람들에게도 물론 마음이 있지만, 우리의 정의에 따르면 동정하는 사람들이 심리학자일 필요는 없다.13

공감과 동정심은 이타적 욕구의 존재를 자동적으로 수반하지 않는다. 낸시 아이젠버그Nancy Eisenberg(사적인 교신)는 왜 그런지를 간단하게 알 수 있는 방법을 제안하였다. 이미 해결된 문제에 대해 생각함으로써 이러한 감정 상태에 돌입하는 것이 가능하다. 예를 들어 웬디가 남편의 불륜을 알아차리고, 이혼을 한 뒤, 괜찮은 인생을 살고 있다고 하자. 만약 웬디가 이러한 일련의 일들을 월터에게 이야기한다면, 월터는 몇 년 전의 웬디에게 공감을 하게 될 것이다. 이러한 공감이 월터에게 어떠한 행동을 하도록 동기화할 것인가? 월터는 웬디의 상황이 더 나아지기를 바라는 욕구를 형성하지 않고도 웬디에게 공감할 것이다.

공감과 동정심이 이타주의의 원인이 아니라고 하더라도, 다른 원인들이 있을 가능성은 충분하다. 어떤 사람은 아무런 감정을 느끼지 않은 채 타인의 상황이 더 나아지기를 바랄 수도 있을 것이다. 이런 식의 다소 초연한 형태의 이타주의는 사람들이 먼 곳에서 일어난 재해에 대해 알게 되었을 때 나타날 수 있다. 사람들은 주로 면대면으로 고통받는 사람을 만났을 때 공감이나 동정을 하게 되며, 고통받는 사람들에 대해 신문에서 읽게 되는 경우 이러한 정서적 반응은 유발되지 않는다. 아주 반듯한 삶을 사는 사람들도 낯선 사람들에게 일어난 끔찍한 불행에 대해 알게 된 이후에 일상을 유지할 수 있다. 이것이 낯선 사람들의 불행에 관한 정보가 타인의 행복에 대한 욕구를 야기하는 데 실패한다는 의미는 아니다. 나쁜 소식이 기분을 안 좋게 하는 데 실패하는 것이라고 보는 것이 옳을 것이다. 공감과 동정심이라는 감정은 사람들이 곤경에 빠진 타인을 직접 보거나 아니면 그들과 개인적으로 친분이 있어서 제3자의 보고가 강력한 감정을 유발할 때 나타난다. 그러나 우리는 우리가 소중히 여기는 가까운 사람들이 아닌 사람들을 괴롭히는 고통에 관심을 기울이고 돌볼 수 있는 능력을 가지고 있을지도 모른다. 공감적 경로의 중재 없이도 타인-지향적인 욕구가 존재할 가능성이 있는 것이다(Karniol, 1982).

이타주의와 도덕성

도덕성과 이타주의는 때때로 행위 수준과 동기 수준 모두에서 동일시되곤 한다. 첫째, 행위 수준의 등식에서 도덕성은 항상 타인을 위해 자신의 이익을 희생하는 것을 필요로 한다고 본다. 둘째, 동기 수준의 등식에서는 이타적 욕구에 의해 동기화된다는 것은 도덕 원리에 의해 동기화된다는 것과 같은 의미라고 한다. 이 두 가지 등식은 모두 잘못된 것이다. 도덕성과 이타주의 사이에는 분명히 어떤 관련성이 존재하지만, 이 문제는 보다 조심스럽게 고려해야 한다.

도덕 원칙이란 무엇인가?[14] 도덕 원칙이란, 다른 모든 원칙과 같이, 일반적이다. 무엇을 해야만 하는지 결정하기 위한 일반적 기준이나 고려사항들을 구체화한다. 예를 들어 롤스(Rawls, 1971)의 정의론theory of justice의 핵심이 되는 분배 원칙에 대해 생각해 보자. **차등의 원칙**the difference principle에 따르면 사회 자원의 불균등한 분배는 자원이 가장 적은 사람에게 도움이 되는 경우에만 받아들여진다. 여기서 특정한 개인을 지목하지 않는다는 점에 주목하자. 이 원칙은 얼이 정부 보조금을 받아야 한다거나 사라에게 세금을 더 많이 걷어야 한다고 하지 않는다. 하지만 얼과 사라에 대한 특정한 사실들과 맞물려서 실제로 앞에서 언급한 것과 동일한 함의를 지닐 수 있다. 이렇게 볼 때, 도덕 원칙은 형식적으로는 과학적 자연 법칙과 유사하다. 뉴턴의 만유인력 법칙이 일반 원칙인 이유는 특정한 속성(질량)을 지니는 모든 사물들에 다 적용되기 때문이다. 이 원칙에서 지구와 태양은 언급되지 않지만, 지구와 태양에 대한 특정 사실들과 맞물려서 지구와 태양이 특정한 인력을 만들어 낸다는 점을 내포하게 된다.[15]

만약 도덕 원칙이 위에서 설명했던 것처럼 일반적이라면, 추상적 보편화 가능성 기준abstract universalizability criterion을 따르게 된다. 이는 어떤 사람이 특정 상황에 특정 행동을 하는 것이 옳다면, 다른 적절하게 비슷한 사람도 같은 상황에서 그 행동을 하는 것이 옳다는 점을 수반한다.[16] 물론, 적절하게 비슷하다는 의미는 도덕성마다 다르다. 서로 다른 도덕 원칙은 서로 다른 기준을 구체화하는데, 한 도덕 원칙에서 좋다고 여겨지는 것이 다른 도덕 원칙에서는 혐오적일 수 있다. 예를 들어 부족의 도덕성은 집단 구성원들에게만 지켜야 하는 의무를 부여하고 외부인에게는 그렇지 않는 경우가 있다. 또 다른 도덕성은 모든 인간에게 의무를 지우거나, 혹은 감각이 있는 모든 유기체에게 의무를 지운다고 주장할 수도 있다. 이러한 차이점에도 불구하고, 이 도덕 체계들은 "이러이러한 특성을 지니고 있는 모든 사람들은 이렇게 다루어져야 한다"라는 형식에서부터 원칙을 이끌어 낸다는 사실을 공통적으로 가지고 있다. 보편화가능성은 불변의 특징이다.[17]

만약 도덕 원칙이 반드시 일반적이어야 한다면, 개인은 도덕 원칙에 의해 동기화되지 않고서도 이타적 욕구를 가질 수 있음이 분명하다. 이타적 욕구는 특정한 개인들에게 향하는 경우가 많은 반면에, 도덕 원칙은, 일반성이라는 특징 덕분에, 특정인에 대한 것이 아니다. 에고이즘적인 이유 때문이 아니라 자신의 아이가 잘 되는 것 그 자체를 목적으로 하는 부모가 있다고 가정해 보자. 여기서 이 부모는 어떠한 도덕 체계를 사용하지 않고도 이타적 욕구[18]를 가질 수 있다. 그들은 모든 부모가 그들의 아이들을 보살펴야 된다는 생각이나, 다른 아이가 자신들의 아이라면, 그들은 그 아이를 돌봐야 한다는 의무를 갖는다는 생각을 끝내 하지 못할 수도 있다. 아마 부모가 인간 이외의 동물이라면 이 점은 더욱 명확할 것이다. 구체적인 욕구들은 일반 원칙의 도움을 받을 필요가 없다.

사람이 가지고 있는 일반적 도덕 원칙과 이타적 관심의 차이점은 조금만 생각해 보면 쉽게 구분할 수 있다. 서로에 대해 조금만 알고 있는 알마와 베스라는 두 여자가 있다. 그녀들은 각각 아이가 있었는데 불행하게도 이 아이들은 사망했다. 알마는 거의 확실하게 베스의 아이보다 자신의 아이를 잃은 슬픔에 더 괴로워할 것이다. 그리고 알마가 솔직하다면, 그녀는 자신의 아이가 베스의 아이 대신 살아남았기를 바랬다고 인정할 것이다. 하지만 이러한 느낌과 욕구에도 불구하고, 도덕적 관점에서 봤을 때, 알마는 자신과 자신의 아이에게 일어난 일이 베스와 베스의 아이에게 일어난 일보다 더 끔찍한 것이 아님을 깨달을 수 있을 것이다. 도덕 원칙에는, 우리의 감정과 욕구를 수반하는 개인적personal 관점과는 다른, 일종의 비개인적impersonal 평가가 관여한다.

도덕 원칙을 따르지 않아도 이타주의자가 될 수 있는 것처럼, 그 반대 역시 가능하다. 사람들은 타인의 행복에 영향을 줄 것이라는 믿음과 전혀 상관 없는 이유로 도덕 원칙을 따라야 한다고 믿는다. 어떤 사람들은 이러한 의무론적 입장이 잘못된 것이라고 생각할 수도 있지만, (칸트를 비롯한 유명한 철학자들을 포함하는) 실제로 많은 사람들이 의무론자였다. 이에 대한 예시는 유신론적 믿음에 근거하고 있는 도덕적 신념에서 찾아볼 수 있다. 많은 사람들은 어떤 행위들은 단지 신이 그들에게 그렇게 하라고 하기 때문에 해야 한다고 믿는다. 당신은 특정한 방식으로 행동해야 하는데, 그 이유는 당신이 그러지 않으면 신이 벌을 내린다거나 당신의 복종이 다른 사람들(또는 신)에게 이득을 가져오기 때문이 아니라, 단지 신이 그렇게 하라고 했기 때문이다. 이러한 생각을 받아들이는 사람들은 원칙에 의해 행동하지만, 이 사람들이 반드시 이타적인 궁극적 동기를 가지고 있다고 볼 수는 없다.

이타주의와 도덕성 간의 또 다른 중요한 차이점이 있다. 이타적으로 동기화된 행동은 도덕적으로 옳지 않을 수 있다. 가장 쉬운 예는 타인을 돕는 것이 제3자에게 피해가 가는 경우다. 예를 들어 앨런은 칼에게 선물하고 싶기 때문에 돈이 걸려 있는 카드게임에서 베티를 상대로 속임수를 쓴다. 앨런은 칼에 대한 이타적 동기를 가지고 있지만, 이것이 그가 베티를 대하는 행동을 도덕적으로 정당화할 수는 없다. 이와 관련된 소름 끼치는 사례는 나치 강제수용소의 경비병과 의사들이 받은 훈련에 나타나 있다. 그들은 자신이 행하는 잔인한 행위가 독일인들의 이익을 위한 것이기 때문에 자신이 느끼는 혐오감을 극복해야 한다고 훈련받았다(Lifton, 1986). 만약 이들이 민족Volk을 돕는 궁극적 목적을 가지고 있었기 때문에 최종 해결Final Solution (유대인 학살)을 이행하는 데 도움을 주었다면, 이는 심리학적 이타주의가 도덕적 악을 허락하게 만드는 경우를 극명하게 보여 주는 예가 될 것이다.

이타적으로 동기화된 행동이 비도덕적일 수 있는 것처럼, 이기적으로 동기화된 행동이 도덕성을 요구하는 행동이 될 수도 있다. 예를 들어 최대다수의 최대행복이라는 공리주의 격언에 대해 생각해 보자. 1회 복용량밖에 없는 약이 있는데 그 약을 보리스나 모리스가 가져가는 상황을 상정해 보자. 공리주의는 둘 중 더 이득을 많이 볼 수 있는 사람이 약을 가져 가야 한다고 주장한다. 만약 약을 누가 가져 가는지 보리스가 정한다면, 그리고 그 약이 그 자신에게 더 많은 이득이 된다면, 공리주의 원칙에 의하면 약은 보리스가 가져 가야 한다. 그러나 보리스가 공리주의 원칙이나 다른 도덕성에 대해 생각하지 않는다고 상상해 보자. 그는 단순히 이기적인 사람이라서 자신을 위해 약을 갖는다. 공리주의에 따르면, 그는 올바른 행동을 했다(비록 올바른 이유는 아니었지만). 도덕성은 완전한 자기-포기self-abnegation를 요구하지 않는다. 공리주의가 한 예인데, 이에 의하면 자신에 대한 관심은 타인에 대한 관심 그 이상 그리고 그 이하의 의미도 없다.[19] 도덕성에 대한 이런 식의 함의는 에고이즘적 욕구를 결정하는 요소와 일치하며, 다른 함의는 이타주의를 결정하는 요소와 일치한다. 다시 한 번, 도덕 원칙의 비개인적인 특성이 이타적이거나 자신의 이득과 관련된 욕구의 개인적 특성과 구별되는 것이다.

우리는 도덕성이 때로는 자기-이익과 충돌하고 때로는 자기-희생과 충돌한다고 주장했다. 흥미로운 것은 사람들이 이 두 가지 충돌에 다르게 반응한다는 점이다. 앞서 언급했던 보리스와 모리스에 관한 이야기에서, 공리주의에 따르면 보리스가 약을 가져가야 한다. 만일 보리스가 약을 가져가지 않고, 이기심 없이 모리스에게 약을 줬다면, 우리는 도덕적 분노를 그리 강하게 느끼지 않을 것이다. 만약 도덕적으로 보리스가 모리스에게 약을 주어야 하는데, 보리스가 자기를 위해 약을 챙긴다면, 우리의 반응은 매우 다를 것이다. 상식적 도덕commonsense morality은 어느 정도의 자기 희생이 필요한지에 대한 최소한의 기준을 제시해 주는 것처럼 보인다. 그러나 사람들이 스스로 원한다면 그 이상의 희생도 허락한다. 우리는 이것이 현대 사회에만 국한된 특징이라기보다는 일반적으로 사람들과 사회에 상당히 널리 퍼져 있는 특징일 수도 있지 않을까 생각한다. 무엇이 도덕성으로 하여금 이러한 형태를 갖게 했을까? 왜 도덕성은 우리가 나타낼 수 있는 이기심의 한계를 정하고 원한다면 더욱 이기적일 수 있도록 하는 방식으로는 작용하지 않을까? 도덕성의 사회적 기능이야말로 이러한 비대칭성을 설명하는 데 핵심이 될 것이며, 이 점은 이 책 전반부에서 언급했던 집단 선택된 종으로서의 인간에 대한 논의와도 연결된다.

만족화와 비합리성

쾌락주의와 에고이즘, 이타주의 가설은 모두 사람들의 궁극적 욕구에 대한 주장이다. 그렇기 때문에, 세 가설 모두 사람들이 어떤 행동을 하는지에 대해서는 직접적으로 언급하지 않는다. 이 세 이론들이 개인의 행동을 예측하려면, 개인이 믿는 것이 무엇이며, 신념들과 욕구들이 행동을 생성하는 과정에 대한 가정들이 추가되어야 한다.

한 가설은 개인이 합리적으로 자신의 이익을 극대화하고자 하는 극대화-추구자maximizer라는 관점에서 신념과 욕구가 행동으로 이어지는 과정을 설명한다. 사람들은 자신이 원하는 것을 최대한 많이 얻을 수 있을 것이라고 믿는 행동을 선택한다는 것이다.[20] 사회과학 분야에서 자주 사용되는 이 가정은 많은 비판을 받는다.

사람들이 합리적인 극대화-추구자라는 생각은 인간이 지니지 않은 일종의 전지전능한 계산능력을 전제로 한다. 고려해야 하는 선택 사항들이 충분히 복잡하다면, 사람들은 자신이 원하는 것을 최대로 얻을 수 있는 선택을 찾아내는 데 실패할 것이다. 이 문제는 허버트 사이먼(Herbert Simon, 1981)으로 하여금 **만족화**satisficing라는 보다 현실적인 원리를 제안하게 했다. 사람들은 **이 정도면 충분하다**good enough는 생각이 드는 첫 번째 옵션을 받아들이면 만족한다. 만족-추구자satisficer들은 모든 대안을 조사하고 분석할 필요가 없다. 이렇게 해서 아낄 수 있는 탐색 시간과 계산력은 상당하다. 사람들이 합리적인 극대화-추구자라는 것을 의심할 만한 추가적인 이유로, 사람들이 합리적인 추론 방식으로부터 체계적으로 이탈하고 있다는 증거가 점점 늘어나고 있다는 사실이 있다. 사람들이 일련의 가정들로부터 잘못된 결론을 도출해 내는 이유는 때때로 집중력을 잃기 때문만은 아니다. 그보다는, 사람들이 어떤 맥락에서는 잘 통하지만 다른 맥락에서는 체계적인 오류를 유발하는 휴리스틱을 이용하기 때문인 것 같다(Kahnemann, Slovic, and Tversky, 1982).

심리학적 에고이즘은 사람들이 합리적인 극대화-추구자라고 본다는 점 때문에 비판받고 있지만, 우리는 이러한 비판이 잘못되었다고 본다. 우리가 고려하는 **모든** 동기 이론에는 신념과 욕구가 어떻게 행위로 이어지는지에 대한 관점이 필요하다. 에고이즘이 이 과정에 대한 비현실적 개념에 빠져 있는 것만큼이나 다원론도 이타주의 가설에 빠져 있다. 앞으로 다룰 내용에서는, 사람들을 합리적인 극대화-추구자로 그릴 것이다. 하지만, 이 전제를 편의상 받아들이는 것뿐이다. 이러한 이상화가 문제가 된다면, 조정할 수 있다. 중요한 점은 이러한 문제점은 우리가 고려해야 하는 **모든** 이론에서 문제가 된다는 것이다. 모두의 문제는 누구의 문제도 아니다.

욕구들이 상호작용하는 방법

사람들은 대개 한 번에 하나 이상의 욕구를 가진다. 이러한 욕구들이 상호작용해서 행동을 유발한다는 생각을 어떻게 이해하는 것이 좋을까?

욕구는 행위자들을 서로 다른 "방향"으로 "떠밀거나" 혹은 "기울게 한다"고 표현한다. 두 개의 욕구가 상충할 때, 더 강한 욕구가 앞으로 하게 될 행동을 결정한다. 욕구들의 작용에 대한 이러한 상식적인 설명이 우리 내면의 삶에서 일어나는 풍부한 현상을 전부 파악하지는 못할 것이다. 하지만, 이것은 상당히 유용한 이상화로서 우리가 탐색하고자 하는 함의를 지니고 있다. 욕구와 행동 사이의 관계는 뉴턴 역학에서 물체에 힘을 가하는 성분들과 그 결과 나타나는 움직임 사이의 관계와 같다는 생각이 바로 그것이다. 만약 당신이 당구공을 북쪽으로 밀고 다른 사람이 남쪽으로 밀면, 움직임의 방향은 어느 성분이 더 강한가에 따라 결정된다.

욕구들 간의 충돌은 이타주의의 개념에 대해 이해하는 것과 특히 관련이 있다. 위에서 언급했듯이, 이타주의 가설은 동기의 다원론의 일부로 생각하는 것이 최선이다. 우리는 자신의 이익에 대한 관심과 타인의 행복에 대한 관심 사이에 나타날 수 있는 충돌을 개념화할 수 있어야 한다. 이것이 이타주의 가설이 무엇을 수반하고 수반하지 않는지에 대해 더 명확하게 이해할 수 있도록 도와줄 것이다.

다음과 같은 가상의 상황을 생각해 보자. 당신이 잡지를 보다가 어떤 광고를 보게 되었다. 이 광고는 당신에게 굶주린 아이들을 돕는 자선단체에 $25를 기부하는 것을 권고한다. 당신은 이 정도 기부는 할 수 있다고 생각한다. 물론, 당신에게는 $25로 할 수 있는 다른 일들이 있다. 하지만 광고에 있는 사진은 정말 애처롭다. 당신은 $25의 기부금이 (물론 이 문제 전체를 다 해결하지는 못하겠지만) 아이들에게 진정한 도움이 될 것이라고 믿는다. 당신은 잠깐 생각한 뒤 이 자선단체에 $25를 보낸다.

여기서 당신의 행동을 유발한 동기에는 최소한 두 가지가 있다. 우선,

당신의 동기는 이타적이었을 수 있다. 당신은 자신의 이익을 위한 수단이 아니라 그 자체가 목적으로 아이들의 행복에 관심이 있었을 수도 있다. 또는, 당신의 동기는 이기적이었을 수도 있다. 당신은 훈훈한 만족감 — 스스로에 대한 좋은 기분 — 을 느끼기 위해, 그리고 죄책감을 피하기 위해 기부를 했을 수도 있다. 실제로, 당신의 행동은 이 두 개의 동기가 동시에 작용해서 유발되었다고 상상해 볼 수 있다. 우리는 이제 이 두 가지 욕구 사이에 나타날 수 있는 세 가지 가능성에 대해 설명할 것이다. 이타적 욕구는 있지만 이기적 욕구는 없는 경우, 이기적 욕구는 있지만 이타적 욕구는 없는 경우, 그리고 두 가지 욕구 모두를 다 가지고 있는 경우다. 세 번째의 경우가 가장 흥미로운 경우인데, 앞으로 살펴보게 될 욕구들 간의 상호작용을 가능케 하는 다원론과 관계가 있기 때문이다.

우리는 욕구를 선호로 대변할 것이다. 만약 당신이 아이들이 더 나아지길 바란다면, 이것은 당신이 그들이 더 나아지는 것을 더 안 좋아지는 것보다 선호한다는 의미다. 만약 당신이 훈훈한 만족감을 느끼고 싶다면, 이것은 당신이 그 훈훈한 느낌을 아무런 느낌도 없는 것보다 선호한다는 의미이다. 여기서 전자의 선호는 타인지향적이고, 후자의 선호는 자기지향적이라는 점에 주목하기 바란다.

우리가 설명하고자 하는 첫 번째 선호 구조는 타인의 행복에 전혀 관심이 없는 사람들의 특성을 보여 준다. 그들에게 오직 중요한 것은 자신의 상황뿐이다. 이렇게 순수한 에고이즘적 선호 구조는 다음과 같은 2×2 표처럼 나타난다. 이 표는 이런 사람들에 대한 두 가지 질문에 답을 제공한다. 이 사람들이 추정되는 이득(기분이 좋아지는 것)과 관련해서 어떤 선호를 가지고 있는가? 아이들이 더 나아지는 것에 대해서는 어떤 선호를 가지고 있는가? 이 표의 숫자는 행위자의 선호 순서를 나타내는데, 더 높은 숫자가 더 강한 선호를 의미한다. 숫자의 절대값은 아무런 의미가 없기 때문에 "4"와 "1" 대신 "8"과 "6"을 사용해도 무방하다. 표에 있는 네 개의 셀은 이 세계가 취할 수 있는 네 개의 상태를 의미한다고 보면 된다. 이 네 개

의 가능성에 대한 에고이스트의 선호는 다음과 같다:

에고이스트

		타인 +	타인 −
자기	+	4	4
	−	1	1

에고이스트들은 당면한 문제에서 자신이 이득을 더 적게(−) 받는 것보다 많이(+) 받는 것에만 관심이 있다. 아이들이 더 나아지거나(+) 안 좋아지는 것(−)에는 아무런 관심도 없는 것이다. 이 사람들은 자비롭지도 않으면서, 동시에 악의가 있는 것도 아니다. 타인에 대한 그들의 태도는 무관심 그 자체인 것이다.

만일 당신이 에고이스트라면, 당신은 자선단체에 $25를 기부할 것인가? 돈을 기부하는 것은 두 개의 효과가 있다. 당신은 훈훈한 만족감을 느낄 것이며, 아이들은 더 나아질 것이다. 이와 마찬가지로, 돈을 기부하지 않는 것 역시 두 개의 효과가 있다. 당신은 기분이 좋지 않을 것이며, 아이들은 더 안 좋아질 것이다. (문제를 단순하게 만들기 위해서 당신이 $25를 가지고 있는 것을 선호한다는 점은 무시할 것이다.) 이 상황에서, 가능한 행동은 주는 것과 주지 않는 것, 이렇게 두 가지가 있으며, 이들의 결과는 표의 좌상단(자기 +, 타인 +)과 우하단(자기 −, 타인−)에 나타나 있다. 주어진 선택항들 중에서 에고이스트들은 첫 번째 행동, 즉 자선단체에 $25를 기부하는 것을 선택할 것이다. 그들은 타인에게 이득이 되는 행동을 선택하는 것이다. 그러나 이러한 타인의 이득은 그들이 취하는 행동의 목표가 아니라, 단지 부산물일 뿐이다. 만약 당신이 에고이스트라면, 당신은 굶주린 아이들을 돕겠지만, 당신의 궁극적 동기는 당신 스스로의 기분을 좋게 하기 위해서이다.

두 번째 선호 구조는 에고이스트의 것의 정반대다. 순수 이타주의자들

Pure Altruists은 자기자신의 상황에 대해 아무런 관심이 없으며, 그들의 유일한 욕구는 타인의 상황이 좀 더 나아지는 것뿐이다:

순수 이타주의자

		타인 +	타인 −
자기	+	4	1
	−	4	1

순수 이타주의자들이 좌상단과 우하단의 행동 중 하나를 골라야 한다면 어떤 것을 선택할까? 한 행동은 자기와 타인 모두에게 이득이 될 것이며, 다른 행동은 모두에게 이득이 되지 않을 것이다. 순수 이타주의자들은 전자의 행동을 선택할 것이다. 이 선택의 결과, 순수 이타주의자들은 스스로에 대한 기분이 좋아질 것이지만, 이러한 자기에 대한 이득은 이 행동의 부산물일 뿐 진짜 동기는 아니다.[21]

에고이스트들은 오직 하나의 궁극적 선호를 가지고 있으며, 이것은 순수 이타주의자들도 마찬가지다. 그럼 지금부터는 자신에 대한 축약불가능한 관심과 타인에 대한 축약불가능한 관심을 함께 가지고 있는 선호 구조를 살펴보도록 하자. 여기서는 두 가지 경우를 살펴봐야 한다. 첫 번째는 우리가 "이타주의보다 에고이즘을 선호하는 다원론E-over-A pluralism"이라고 부르는 것이다:

에고이즘 〉 이타주의 다원론자

		타인 +	타인 −
자기	+	4	3
	−	2	1

이타주의보다 에고이즘을 선호하는 다원론자들은 그들 자신이 더 나아지는 것을 더 나빠지는 것보다 선호한다(표에서 4>2와 3>1의 선호 순서에 반영되어 있다). 또한 그들은 타인이 더 나아지는 것을 더 나빠지는 것보다 선호한다(표에서 4>3과 2>1에 반영되어 있다). 이 사람들은 자기지향적 선호와 타인지향적 선호 모두를 가지고 있기 때문에 다원론자들이다.[22]

우리는 이 선호 구조를 "이타주의보다 에고이즘을 선호하는 구조"라고 부름으로써 이들 자신의 행복이 타인의 행복과 충돌할 때 어떠한 행동을 할 것인지에 대해 설명하고자 했다. 이 행위자가 두 가지 행동 중 하나를 선택해야 하는 상황에 처했다고 가정하자. 첫 번째 행동은 자신에게 이득을 가져다주지만 타인이 이득을 취하는 것을 막으며, 그 결과는 표의 우상단에 나타나 있다. 두 번째 행동은 타인에게 이득을 가져다주지만 자신의 이득은 제한하며, 그 결과는 좌하단에 나타나 있다. 이렇게 자신의 이득과 타인의 이득이 충돌을 일으킬 때, 이타주의보다 에고이즘을 선호하는 다원론자들은 그들 자신의 이득에 가중치를 둔다(표에서 3>2이기 때문에). 그들의 에고이즘적 선호는 그들의 이타적 선호보다 더 강하다. 이타주의보다 에고이즘을 선호하는 다원론자들과 에고이스틀이 어떻게 다른지 짚고 넘어가자. 에고이스트들은 타인의 행동에 아예 관심이 없다. 이타주의보다 에고이즘을 선호하는 다원론자들은 타인이 더 나아지는 것을 더 나빠지는 것보다는 선호한다. 하지만 자기의 이득이 타인의 이득과 충돌할 때, 이 둘은 모두 "나 먼저"라고 말하는 것이다.

우리가 다루고 싶은 마지막 선호 구조 역시 다원론적이지만, 자기와 타인에 대한 가중치는 조금 전에 설명한 것과는 정반대다.

이타주의 〉 에고이즘 다원론자

		타인 +	타인 −
자기	+	4	2
	−	3	1

에고이즘보다 이타주의를 선호하는(A-over-E) 다원론자들은 타인과 자기 자신 모두에게 관심이 있다. 그러나 자신의 이익과 타인의 이익이 충돌할 때, 그들은 타인의 이득을 위해 스스로의 행복을 희생하게 된다. 만약 에고이즘보다 이타주의를 선호하는 다원론자들이 우상단과 좌하단 중 한 가지를 골라야 한다면, 그들은 좌하단을 선택한다(표에서 3>2이기 때문에).[23]

위에서 설명한 네 가지 선호 구조 — 에고이즘, 순수 이타주의, 이타주의보다 에고이즘을 선호하는 다원론, 그리고 에고이즘보다 이타주의를 선호하는 다원론 — 모두 좌상단과 우하단 중 한 가지를 골라야 하는 상황에서는 동일한 행동을 유발한다. 즉, 모든 행위자들은 자기와 타인 모두에게 이득이 되는 행동을 그렇지 않은 행동보다 선호하고 선택한다는 것이다. 이러한 선택 상황은 자신의 이득이 타인의 행복과 **일치하는** 경우다. 그러나 자신의 이득과 타인의 행복이 **충돌**할 때, 에고이스트들과 이타주의보다 에고이즘을 선호하는 다원론자들이 같은 행동을 선택하고, 순수 이타주의자들과 에고이즘보다 이타주의를 선호하는 다원론자들은 이들과 다른 행동을 선택한다.

이 네 가지 선호 구조 중, 오직 하나만이 에고이즘 가설과 일관되며, 나머지 세 개는 이타주의 가설과 일치한다. 이러한 불균형이 생기는 이유는 에고이즘이 (상대적으로) 일원적인 이론이고, 이타주의 가설은 다원론과 호환되기 때문이다. 이타주의 가설에서는 사람들이 때로는 다른 축약불가능한 선호를 가지더라도 타인의 행복에 대해 축약불가능한 욕구를 가질 수 있다고 본다. 따라서 이타주의 가설을 이해할 때 사람들이 **순전히** 타인지향적 이유로 인해 돕는다는 것으로 해석하는 것은 옳지 않다. 이타주의 가설은 사람들이 궁극적으로 자기지향적인 욕구에 의해 타인을 돕는 것일 수 있다는 가능성을 배제하지 않는다.

이 네 가지 선호 구조를 보면, 이타주의 가설을 사람들은 때때로 타인의 이익을 위해 자신의 이익을 희생하는 "성향이 있다disposed"는 것으로 설명하는 것이 정확하지 않은 이유를 알 수 있다. 이타주의보다 에고이즘을 선호하는 다원론의 경우에는 이러한 설명이 맞지 않기 때문이다. 이 선호 구조에서는 타인이 더 나아지기를 바라는 축약불가능한 욕구가 있지만, 이 선호는 자신의 이익에 대한 욕구에 비해 아주 약해서, 절대로 자기희생적인 행동이 선택되지 않을 것이다. 이타주의보다 에고이즘을 선호하는 다원론자들은 자신의 이익을 희생하는 성향을 가지고 있지 않지만, 그들은 축약불가능한 이타적 동기를 가지고 있는 것이다.[24] 이타주의 가설은 이타적인 궁극적 욕구가 자신의 이익과 관련된 궁극적 욕구보다 강한지 약한지에 대해서는 구체적으로 알려 주지 않는다.

이러한 두 개의 다원론적 선호 구조는 행동과 관련된 동기를 설명할 때 "~기 때문에because"와 "오직 ~기 때문에only because"라는 표현을 주의해서 사용해야 하는 이유를 보여 준다. 자신의 이익과 타인의 행복이 일치할 때(즉, 선택이 좌상단과 우하단 중 하나일 때), 다원론자들은 자신에게 이득이기 때문에 돕는 것이 사실이다. 하지만, 그들이 오직 자신에게 이득이기 때문에 돕는 것은 아니다. 자신의 이익이 유일한 동기라고 하는 후자의 주장은 에고이스트들에게만 적용된다.

우리는 이러한 유형학적 설명에서 사람들이 모든 상황에서 항상 동일한 유형에 해당된다고 주장하려는 것이 아니다. 사람들이 때로는 에고이즘보다 이타주의를 선호하는 다원론자라고 하더라도, 언제나 그렇다는 의미는 아니다. 어떤 상황에서는 타인을 위해 자신의 이익을 희생할 준비가 되어 있는 사람도, 다른 상황에서는 그렇지 않을 수 있다. 에고이즘과 이타주의에 대한 논쟁에서 우리가 던져야 하는 질문은 타인에 대한 관심이 도구적인 의미를 넘어서는 경우가 정말로 있는가 하는 것이다.

이렇게 서로 다른 선호 구조를 자선단체에 돈을 기부하는 간단한 예시에 적용해 보는 것으로, 한 사람의 행동에서 궁극적 동기를 추론하는 것이 얼마나 어려운지를 분명히 알 수 있다. 자신의 이득과 타인의 행복이 일치한다면, 네 개의 선호 구조가 동일한 행동을 예측할 것이다. 관측된 행동 — 사람 X가 사람 Y를 돕는 것 — 은 에고이즘 가설이 옳은지 이타주의 가설이 옳은지에 대한 정보를 주지 않는다는 의미다. 자신의 이득과 타인의 행복이 충돌한다면(즉, 우상단과 좌하단 중 한 가지를 선택해야 하는 경우), 에고이즘과 이타주의보다 에고이즘을 선호하는 다원론이 동일한 예측을 하고, 순수 이타주의와 에고이즘보다 이타주의를 선호하는 다원론은 이들과는 다른 예측을 한다. 그러나 여기서도, 행위자가 자기희생을 하지 않는 경우에는 일원론적 에고이즘과 이타주의보다 에고이즘을 선호하는 다원론을 구분할 수 없다.[25] 사람의 행동을 관찰해서 선호를 구분해 내는 것이 가능할 수도 있지만, 어떻게 가능할지는 두고 볼 일이다. 인간의 행동이 에고이즘 가설을 명백하게 드러낸다고 생각하는 사람들은 과연 그러한지 다시 한 번 생각해 봐야 할 것이다.

상호작용 원인으로서의 상호작용 욕구

여러 욕구들이 서로 상호작용해서 행동을 유발하는 것은, 여러 원인들이 서로 상호작용해서 결과를 유발하는 특별한 사례다. 만약 사람들의 행동을 관찰하는 것으로 그 동기들을 파악하기 어렵다면, 이러한 어려움은 결과로부터 원인을 추론하는 일반적 문제로 귀결될 수 있다.

두 개의 옥수수밭을 재배하는 농부가 있다. 첫 번째 밭에 있는 옥수수들은 서로 동일한 유전형질(G1)을 가지고 있으며 한 포대의 거름(F1)만 사용한다. 두 번째 밭에 있는 옥수수들 역시 서로 동일한 유전형질을 가지고 있지만 다른 종류인 G2를 가지고 있으며, 거름 두 포대(F2)를 사용한다. 재배가 끝날 때, 이 농부는 첫 번째 밭에서 자란 옥수수는 키가 평균 1단위였다는 사실과, 두 번째 밭에서 자란 옥수수는 키가 평균 4단위였다는 사실을 관찰했다. 이러한 관찰은 다음과 같은 2×2 표로 요약할 수 있다.

		유전자	
		G2	G1
환경	F2	4	–
	F1	–	1

이 농부가 **본성**과 **양육**의 중요성에 대한 답을 구하고자 한다. 두 밭에서 자란 옥수수의 키가 다른 이유는 그들이 유전적으로 달라서인가, 그들이 다른 환경에서 자랐기 때문인가, 아니면 둘 다 인가? 위에서 설명한 데이터 만으로는 알 길이 없다. 그 이유는 유전적 요인과 환경적 요인 사이에 완벽한 **상관관계**가 있기 때문이다. 즉, G1 개체들은 항상 F1 환경에서 자라며 G2 개체들은 항상 F2 환경에서 자란다.

농부가 이 문제를 해결할 수 있는 방법은 이 상관관계를 깨뜨리는 것이다. 농부는 G1 옥수수에 거름 두 포대를 사용하는 세 번째 밭과 G2 옥수수에 거름 한 포대를 사용하는 네 번째 밭을 만들어야 한다. 이 결과들은 앞에서 했던 것처럼 각각의 2×2 표에 입력할 수 있다. 네 개의 칸에서 일어나는 일들을 관찰함으로써, 농부는 유전자의 차이와 거름의 차이가 옥수수 키의 차이에 어떻게 영향을 미쳤는지 추론할 수 있다. 이 실험에서 볼 수 있는 네 개의 결과는 다음과 같다.[26]

(i)

	G2	G1
F2	4	4
F1	1	1

(ii)

	G2	G1
F2	4	3
F1	2	1

(iii)

	G2	G1
F2	4	2
F1	3	1

(iv)

	G2	G1
F2	4	1
F1	4	1

(i)의 경우, 유전적 요인은 아무런 영향을 주지 않는다. 식물들이 유전형질 G1이나 G2를 가지고 있는 것이 키에 영향을 주지 않으며, 사용하는 거름의 양으로 대변되는 환경 요인이 관찰된 모든 변산을 설명한다. (iv)는 (i)의 정반대다. (iv)의 경우, 거름의 양은 아무런 영향을 주지 않으며, 유전

적 차이가 키의 모든 변산을 설명하는 것이다. (i)과 (iv)는 모두 식물의 키의 변산에 대한 일원론적 설명을 지지한다. 두 경우 모두 오직 한 가지의 요인만이 관찰된 결과에 영향을 준다는 것을 암시한다.

반면에, (ii)와 (iii)의 경우에는 다원론적 결론을 지지한다. 두 가지 모두 유전적 요인과 환경적 요인이 영향을 준다고 제안한다. 그러나 두 요인 중 무엇이 더 큰 영향을 주었는지에서 차이가 난다. (ii)의 경우, 거름의 차이는 2만큼의 키 차이를 유발했지만, 유전형질의 차이는 1만큼의 키 차이를 유발했다. 이 경우, 유전 요인보다 환경 요인이 더 큰 영향을 주었다고 볼 수 있다. 동일한 논리로, (iii)의 경우 환경 요인보다 유전 요인이 더 중요함을 알 수 있다.[27]

에고이즘-이타주의 문제와 농부가 당면한 문제의 비유가 명확하게 전달되었기를 바란다. 자신의 이득과 타인의 행복이 일치한다면, 결과로 나타나는 행동이 에고이즘적 동기에서 유발되는 것인지, 이타적 동기에서 유발되는 것인지, 아니면 두 개 모두에 의해 나타나는 것인지 알 수 없다. 이러한 곤경은 농부의 상황을 연상시킨다. 유전 요인과 환경 요인 사이에 완벽한 상관관계가 있다면, 그 결과 나타나는 키의 변산이 유전적 차이 때문인지, 환경적 차이 때문인지, 아니면 둘 다에 의해서인지 알 수는 없다. 에고이즘과 이타주의와 관련된 문제에서 반드시 해야 하는 실험은 사람들을 자신의 이득과 타인의 행동이 서로 충돌하는 상황에 노출시키는 것이다. 이에 해당하는 농부의 실험은 두 개의 추가적인 밭에 옥수수를 심음으로써 2×2 표의 우상단과 좌하단의 셀이 채워질 수 있도록 하는 것이고, 이렇게 함으로써 처음에 존재했던, 혼동을 주던 상관관계를 깨뜨릴 수 있다.

이런 방식으로 에고이즘-이타주의 논쟁을 이해하는 것은 상당히 근본적인 방법이지만, 그렇다고 해서 농부의 문제와 유사한 정도를 과장해서는 안 된다. 농부의 문제와 동기에 대한 논쟁의 차이점 중 하나는, 농부는 개체가 모인 모집단에 존재하는 변산을 설명하고자 하는 반면에 에고이즘에 대한 논쟁은 개인 내에 존재하는 여러 동기들에 초점을 둔다는 것이다. 두 번째 차이점은, 에고이즘과 이타주의 가설이 농부의 문제보다 추상적이라는 점이다. 위에서 언급했듯이, 에고이즘과 이타주의는 사람들이 가진 **구체적인** 욕구들을 다루는 것이 아니라, 사람들이 궁극적 목적으로 가지고 있는 욕구들의 **유형**을 다룬다. 이것이 에고이즘과 이타주의 가설의 검증을 더 어렵게 만든다.

그러나 농부의 문제와 에고이즘-이타주의 논쟁 간에 가장 근본적인 차이점은 아마도 다음과 같을 것이다. 농부의 문제에서는, 후보가 될 수 있는 원인들이 무엇인지를 그 원인들이 식물의 키에 미치는 영향에 대해 알기 전에 미리 밝혀 낼 수 있다. 농부는 거름의 양을 측정할 수 있고, 지역의 종자 배급업자로부터 씨앗이 어떤 유전형질을 가지고 있는지에 대한 정보를 입수할 수 있다. 사람들의 동기를 구분하는 문제에서는 이러한 독립적인 정보의 입수가 불가능하다. 우리는 사람들의 행동으로부터 동기를 추론하며, 이 방법 외에는 동기가 실제로 무엇인지 알 수 있는 방법이 거의 없다시피하다. 그렇다고 해서 이타주의 대 에고이즘의 문제가 해결불가능하다는 의미는 아니며, 추론의 문제가 어렵기 때문에 매우 조심스럽게 접근해야 한다.

주석

1 우리가 다룰 에고이즘과 이타주의의 특성은 이러한 특징을 공유할 것이다.

2 카브카(Kavka, 1986: 41)는 "사후에 유명해지는 것에 대한 욕구"가 어떻게 에고이즘과 호환되는지는 불분명하다고 말했다.

3 카브카(Kavka, 1986: 41)는 관계적 욕구가 내포하고 있는 문제를 근거로 에고이즘이 태생적으로 막연한 이론이라는 점을 지적한다. 에고이스트가 궁극정인 욕구로 간주할 만한 욕구들의 예를 여러 개 들 수 있으며 원칙을 가지고 이것을 제한할 수 있는 방법이 없다. 카브카는 이것이 에고이즘 이론의 결함을 구성한다고 생각한다. 그러나 우리는 이것이 에고이즘과 이타주의 모두가 해결해야 하는 문제라고 본다.

4 개인 정체성의 개념에 대해 회의적인 관점에서는(Hume, 1739; Parfit, 1984) 시간의 틀이 현재를 벗어나게 되면 쾌락주의가 성립될 수 없다고 주장할 수 있다. 그러나 여기서 우리는 매우 조심스러워야 한다. 만일 영속적인 자기의 객관적 존재가 환영이라면, 이것은 사람들이 쾌락주의자가 **아니어야 한다**는 의미가 될 수 있다. 하지만, 이러한 철학적 결과가 사람들이

실제로 쾌락주의자가 아니라는 것을 보여 주지 않는다. 또한 이타주의적 욕구는 영속적인 타인들의 행복과 관련이 있기 때문에, 회의론적 주장은 에고이즘과 이타주의 모두에게 균등하게 영향을 미친다.

5 행복이라는 용어는 때때로 우리가 의도한 것보다 좁은 의미로 사용된다. 이타주의자들이 타인의 "행복"에 대한 궁극적 욕구를 가지고 있다고 말할 때, 이것은 타인이 욕구를 충족하기를 원하거나 원하지 않는다는 의미일 수 있다. 우리가 "행복"이라는 용어를 사용할 때는 단순히 타인이 잘 지내기를 바란다는 의미다.

6 에고이즘을 일원론적이라고 설명할 때, 우리는 궁극적 욕구의 유형을 고려하는 것이다 — 모든 궁극적 욕구는 자기-지향적이다. 물론 이것은 사람들이 몇 가지 다른 종류의 궁극적 목적을 가지고 있을 수 있다는 생각과 일관적이다. 이 수준에서 보는 에고이즘은 다원론적이라고 볼 수 있을 것이다.

7 집단이나 종교, 또는 문화적 전통의 복지에 대한 관심이 항상 그곳에 소속된 개인에 대한 관심으로 "축약"된다고 생각하면 안 된다. 예를 들어 연봉삭감은 기업에게는 좋은 일이겠지만, 직원들에게는 나쁜 일이다. 이 책 첫 번째 부분에서 논의한 다수준 선택 이론에서처럼, 전체와 부분 사이에 존재하는 이해의 충돌을 인지하는 것이 중요하다.

8 이 정의에서는 "공감하다empathize"를 성취 동사success verb(역주: 동사가 가리키는 행위 자체뿐만 아니라 그 행위의 결과도 내포하고 있는 동사)로 이해한다. *S*는 *O*가 실제로 슬픔을 경험하지 않는 이상 *O*의 슬픔에 공감할 수 없기 때문이다. 우리는 동정심은 이와 다르다고 제안한다. 이러한 비대칭성을 받아들이기 어려운 독자들은 이 정의들을 수정할 수 있다.

9 실제로 심리학자들은 그들이 "공감적 기쁨 가설"이라고 부르는 것에 대해 논의하는데, 우리는 8장에서 이를 다룰 것이다.

10 다니엘 배슨Daniel Batson(사적인 교신)은 이러한 점을 보여 주는 또 다른 예를 우리에게 알려주었다. 착한 사마리아인은 의식이 없는 사람조차 동정한다.

11 공감, 동정심, 개인적 괴로움이 구별될 수 있다고 해서 한 사람이 한 번에 한 가지 감정만 경험한다는 의미는 아니다. 이 세 가지 개념들이 인과적으로 연결되지 않다고 가정하는 것도 아니다. 예를 들어, 우리의 관점은 개인적 괴로움이 과도한 공감에서 비롯될 때도 있다는 아이젠버그 등(Eisenberge et al., 1994)의 추측과 맥을 같이한다.

12 피아제(Piaget)는 5-6세 미만 아동들에게는 타인의 관점을 취하는 능력이 거의 없다고 생각한 반면(Piaget and Inhelder, 1971), Radke-Yarrow and Zahn-Waxler (1984), 그리고 Zahn-Waxler, Radke-Yarrow, Wagner, and Chapman (1992)는 공감과 동정심이 2세 때 이미 나타나기 시작한다는 증거를 제시하였으며, 2세에서 6세 사이의 아동들에게는 이러한 감정들과 함께 도움 행동의 빈도가 점진적으로 증가한다는 것을 보여 주었다. 2세 미만의 아동들이 이타적인 동기를 갖지 못하는 이유가 그들에게는 타인의 상황과 경험을 이해하는 데 필수적인 인지적 능력이 부족해서일지도 모른다(Eisenberg and Miller, 1987; Eisenberg and Fabes, 1991; Schroeder, Penner, Dovidio, and Piliavin, 1995).

13 Cheney and Seyfarth (1990: 236)이 원숭이와 유인원에 대해 논의하면서, "다친 동료를 돕는 동물은 … 동료가 고통받고 있다는 사실은 모른 채 제대로 걷지 못한다는 사실만을 알고 있을 수도 있다"라고 얘기했다. 만약에 도움을 주는 자가 기분이 안 좋은 이유가 동료가 다쳤기 때문이라면, "동정심"이라는 용어를 적용할 수 있다.

14 최근 도덕 철학 연구에서는 도덕성이 우리가 여기서 고려하는 일반 원칙보다 더 많은 내용을 포함한다고 주장한다. 구체적인 예를 위해서는 Williams (1981), Nagel (1986), Stocker (1989), 그리고 Wolf (1990)을 읽어 보라. 우리가 논의하는 도덕 원칙은 이 관점과 일관적이다.

15 일반 원칙이 특정 범위 내의 사물들에 적용된다고 하는 말에서 우리는 그것이 그 사물들에게 사실이라고 주장하는 것이 아니라, 이 원칙의 의도된 범위를 기술하는 것뿐이다.

16 시드윅(Sidgwick, 1907)은 이 아이디어 그 자체가 증거라고 봤으며 상식적 도덕성의 일부라고 생각했다. 우리는 이 원칙의 옳고 그름이나 상식의 일부인지 아닌지에 대한 어떤 입장도 가지지 않으며, 우리는 그저 도덕 원칙이 내세우는 주장을 따르는 것뿐이다.

도덕 원칙에 대한 이러한 관점은 일반 원칙이 현실 세계의 문제를 해결하는 데 얼마나 유용한지에 대해 그 가능성을 열어 놓는다. 우리가 말하는 원칙들은 우리가 실제로 받아들이는 도덕성의 모든 것을 반영하는 데 자주 실패하는 것일지도 모른다. 그러나 이와 같이 제대로 설명하지 못하는 구호나 격언(특히 요즘의 철학적 이론)들이 있다고 해서 이것이 일반적인 도덕 원칙이 존재하지 않는다고 결정적으로 말할 수 있는 것은 아니다.

또한, 우리가 설명하는 보편화가능성의 개념은 어떤 행동의 도덕적 옳고 그름을 판단하기 위한 기준을 제공하기 위해 제시된 칸트의 보편화가능성 기준과는 다른 것이라는 점이 확실하기를 바란다. 우리는 이렇게 기준을 세우려는 제안을 하는 것이 아니다.

17 보편화가능성은 도덕 원칙에 필수적인 요소이지만, 그렇다고 도덕 원칙에만 독특하게 나타나는 것은 아니다. 에티켓이나 스포츠 경기의 규칙 또한 이러한 요소를 가지고 있다.

18 비록 자신의 아이가 잘 되길 바라는 궁극적 욕구는 **심리학적**으로 이타적이지만, 만일 이 욕구를 가지는 것이 부모의 재생산 성공을 높여 준다면, 이는 **진화적** 이기주의의 한 예가 된다. 이에 대해서는 6장에서 논의되었다.

19 사람들이 항상 자신의 이득을 희생해서 타인에게 이득을 주는 의무가 없다는 비공리주의적 도덕 이론의 예를 보려면 롤스(Rawls, 1971)의 『정의론』과 노직(Nozick, 1974)의 『자유지상주의*Libertarianism*』를 읽어 보라.

20 여기선 개인들이 **기대 효용**을 **최대화**maximize expected utility할 것이라는 확률적 공식이 좀 더 정확하다. 하지만 이런 세세한 사항들은 앞으로 제기될 문제에 영향을 미치지 않을 것이다.

21 윌리엄 제임스(William James,1890: 558)는 쾌락의 달성은 어떤 행동의 목적이 아님에도 이루어질 수 있다고 주장했다. 제임스에 의하면, 이 둘을 헷갈리는 것은 마치 배가 바다를 가로지를 때 항상 석탄을 사용하므로, 바다를 항해하는 목적은 배가 석탄을 소모하는 것이라고 주장하는 것과 같다고 하였다. 제임스의 주장은 순수 이타주의자의 선호 구조에 반영되어 있다.

22 우리가 사용하는 다원론은 경제학자들이 "이중 선호 구조dual preference structure"라고 부르는 것과 같은 의미다. 이 주장에 대해서는 Margolis (1982)를 읽어 보라. 마르골리스Margolis는 Arrow (1963)와 Buchanan (1954), 그리고 Harsanyi (1955)가 순수하게 이기적인 욕구 이외의 욕구를 가지고 있는 사람들을 대변하는 것의 중요성을 역설했다고 말한다. 센(Sen, 1978)은 이 관점에 대한 더 최근의 영향력 있는 명확한 내용을 제공한다.

23 이타주의보다 에고이즘을 선호하는 다원론과 에고이즘보다 이타주의를 선호하는 다원론의

정 가운데 있는 다원론에서는 자기와 타인이 동등하게 중요하다고 본다. 그리고, 당연하게도 이러한 2×2 형식으로 설명할 수 있는 것 이상의 선호 구조가 존재하며, 우리가 지금까지 집중했던 정-대각선과 반-대각선의 문제와는 다른 선택 상황이 있을 수 있다.

24 각 욕구와 행동적 경향 간의 관계는 1장에서 논의했듯이, 힘의 성분과 합력合力의 관계와 같다. 드러난 원인에만 주의를 집중하게 되면 인과적 사실에 대한 불완전한 정보만 얻게 되듯이, 행동적 경향에만 집중하게 되면 심리적 동기에 대한 제한된 정보만을 얻게 된다.

25 맥네일리(McNeilly, 1968: 99)와 카브카(Kavka, 1986: 36)는 강제선택 실험이 "욕구의 실제 대상"을 밝힌다고 제안한다. 그러나 우리의 공식에서는, 행위자가 "실제로"(궁극적으로) 원하는 대상이 꼭 하나만이 아니어도 된다. 자신의 이득과 타인의 행복이 충돌을 일으키게 하면, 어떤 욕구가 더 강한지 알 수 있으나, 이 절차는 강한 욕구가 유일한 욕구라는 것은 보장하지 못한다.

26 이 네 개의 결과는 두 요인 사이의 합산적additive 관계의 모든 가능성을 보여 준다. 각각의 데이터에서, 하나의 줄(칸)을 다른 줄(칸)으로 옮기는 것은 어떤 줄(칸)에 대해 고려하는지에 의존하지 않는다. 비록 자연상태에서 나타나기도 하지만, 비합산적인 관계는 위에서 설명한 네 개의 선호 구조를 이해하는 것과 관련이 없기에 다루지 않을 것이다.

27 여기에서 설명한 추론은 절대적으로 옳은 것만은 아니다. 예를 들어 G1과 G2는 사실 식물의 키에 대해 어떠한 인과적 차이도 일으키지 않지만, 대신 키와 관련이 있는 다른 유전적 요인들과 상관관계가 있을 수 있다. 더불어, 이러한 추론은 각 조건의 셀에 존재하는 변산의 크기를 반드시 고려해야 한다. "분산 분석ANOVA"이라고 불리는 통계적 방법을 통해 다루어지는 이러한 문제들은, 여기서 얘기하고자 하는 핵심에 영향을 끼치지 않는다. 인과적 책임을 할당하는 문제에 대한 철학적 논의를 추가적으로 보려면 Sober (1988a)를 참고하라.

.8.

심리학의 증거들

이 장과 다음 장에서 우리는 심리학적 에고이즘과 이타주의에 관한 논쟁을 해결하고자 하는 일련의 과학적, 철학적 주장들을 살펴볼 것이다. 이 주장들은 뒤죽박죽이다. 실험 사회심리학에서의 경험적 발견도 있고 공상 과학적인 사고 실험도 있다. 관찰된 결과들만으로 결정을 내리기 어려울 때 어떻게 경쟁 가설들을 평가해야 하는지 설명하는 방법론적 원리에 호소하는 주장들도 있다. 이러한 주장들로부터 배울 것은 많지만, 우리는 어떤 주장도 인간이 이타적인 궁극적 동기를 가지고 있는지에 대한 의문을 해결해 주지 못한다는 결론을 내릴 것이다. 이 장과 다음 장은 "아직 증명되지 않았다"는 평결로 마무리되겠지만, 이것이 이 책 전체의 결론은 아니다. 10장에서, 우리는 동기에 대한 질문을 진화적 생각들과 관련지을 것이다.

이 장에서는 실증적인 심리학에서 반드시 고려해야 하는 에고이즘-이타주의 논쟁에 대한 세 가지 접근법을 살펴볼 것이다.[1] 첫째는 내성법introspection과 관련이 있다. 우리는 우리 자신의 마음을 단순히 들여다보는 것만으로 우리의 궁극적 동기를 이해할 수 있을까? 두 번째는 효과의 법칙law of effect과 관련이 있다. 이 법칙이 경험으로부터 학습할 능력이 있는 유기체의 동기구조는 반드시 쾌락주의일 수밖에 없다는 것을 보여 주는가? 세 번째 접근방법은 사회심리학 분야의 실험 문헌을 개관하는 것이다. 이 실험들이 심리학적 에고이즘과 동기의 다원론에 대해서 무엇을 알려 주는가?

내성법이 답인가?

우리의 궁극적 동기가 무엇인지 알아내고자 하는 심리학 실험들과 철학적 논쟁에 대해서 구체적으로 살펴보기 전에, 일부 독자들이 이 문제에 대해 보일 것으로 예상되는 반응들에 대해서 먼저 이야기해 보려고 한다. 사람들이 내성법을 통해서 자신이 궁극적으로 원하는 것이 무엇인지를 알 수 없는 것일까? 만약 그럴 수만 있다면, 에고이즘과 이타주의 논쟁은 쉽게 해결될 수 있을 것이다. 각자 자신의 마음속을 들여다보고 자기가 에고이스트인지 다원론자인지 알아내면 되기 때문이다.

우린 여기서 내성법이 해결해야 하는 문제가 무엇인지 명확히 알아야 한다. 문제는 단순히 사람들이 원하는 것이 무엇인지를 알아내는 것뿐만 아니라, 그들의 도구적 욕구가 아닌 **궁극적** 욕구가 무엇인지를 알아내는 것이다. 사회심리학자들은 자선단체에 돈을 기부하고 자원봉사를 한 사람들에게 왜 그런 행동을 했는지 물었다. 도움을 준 사람들은 흔히 "뭔가 쓸모있는 일을 하고 싶었다"거나 "다른 사람에게 좋은 일을 하고자 했다"고 답했다(Reddy, 1980). 이러한 내성법적 보고가 진실이라고 하더라도, 보고된 욕구가 궁극적인지 도구적인지는 알 수 없다. 심리학적 에고이즘은 사람들이 타인을 돕게 만들 수 있지만, 여기서 타인을 도우려는 욕구는 단지 도구적일 뿐이다. 이 이론을 평가하는 것이 목적이라면, "왜 그들을 도왔나?"라는 것은 잘못된 질문이다. 그러나 사람들에게 자신의 궁극적 동기가 무엇인지를 아는 자기성찰능력이 없다면, "당신의 도움 행동 이면에 있는 궁극적 동기는 무엇인가?"라는 직접적인 질문 역시 우리가 원하는 정보를 주지 못할 것이다.

내성법은 심리학에서 오랫동안 좋은 평판을 얻지 못했다. 19세기 말에 심리학이 철학으로부터 분리되어 나오고 자주적인 학문 분야가 되었을 때, 객관적 과학으로서의 자격을 얻게 된 방법들 중 하나가 내성법을 거부하는 것이었다. 다른 객관적 과학과 마찬가지로, 심리학은 오직 공개적으로 접근가능한 데이터만 다루어야 했다. 행동주의는 이러한 내성법으로부터의 탈출을 논리적 극단으로까지 밀어붙였다. 내성법적 보고는 마음의 내적 과정에 대한 아무런 단서도 제공하지 못한다고 여겨졌으며, 행동주의는 마음의 상태를 밝히겠다는 내성법의 목적 자체를 부정했다. 대신에, 행동주의는 모든 행동을 오직 환경 자극에 기반해서 설명하고자 했다. 많은 비행동주의적 심리학 분야에서, 내적인 마음 상태와 과정을 이해하려는 목표를 유지했던 경우에도, 행동주의가 보여 줬던 내성법의 부정은 그대로 받아들였다. 예를 들어 프로이트와 그의 학파는 무의식이 마음의 내용을 감추고 체계적으로 왜곡한다고 주장했다. 프로이트가 심리학에 미친 중요한 영향 중 하나가 바로 내성법의 신뢰성에 의문을 제기한 것이다.

심리학에서 발전해 온 내성법을 멀리하는 전통과는 달리, 내성법의 신뢰성은 조건적이라는 점을 깨닫는 것이 중요하다. 이 문제에 대한 타당한 의견을 가지려면 증거에 입각해야 한다. 내성법의 비신뢰성을 반사적으로 믿는 것은 내성법이 전혀 오류가 없다고 믿는 것과 다를 바가 없다. 더 나아가 우리는 내성법이 어떤 영역에서는 다른 영역에서보다 더 신뢰성이 있을 수도 있다는 사실을 알아야 한다. 예를 들어 내성법이 사람들이 말실수를 하는 이유를 알려 주지 못한다고 하더라도, 내성법이 에고이즘과 이타주의에 대한 질문에 대한 답을 제공할 수 있는지는 또 다른 문제다.

우리의 궁극적 동기에 대한 내성법적 보고의 신뢰성을 판단하기 위해서 반드시 증거에 입각해야 한다면, 그 방법은 무엇일까? 내성법적 보고의 신뢰도를 평가하기 위한 가장 직접적인 방법은 보고되는 내용이 설명하고자 하는 내적 상태에 독립적으로 접근하는 것이다. 예를 들어 온도계가 제대로 온도를 측정하는지 직접적으로 확인하기 위해서는, 그 사물의 실제 온도가 무엇인지 알아야 한다. 이와 비슷하게, 동기에 대한 내성법적 보고의 신뢰도를 직접적으로 평가하려면, 사람들의 실제 동기가 무엇인지 독립적으로 알아야 하는 것이다. 당연하게도, 에고이즘과 이타주의 간의 논쟁을 해결하는 방법을 모른다면, 궁극적 동기들에 대한 내성법적 보고의 신뢰성을 직접적으로 알 수 없다.

보다 간접적인 전략이 존재할까? 어떤 사물의 온도를 모르더라도 온도계의 신뢰도를 확인할 수 있다. 어떤 조작을 통해 사물의 온도가 변하지 않고 그대로 유지될 수 있다고 가정해 보자. 당신은 책상 위 사물의 온도가 몇 도인지는 모르지만, 책상의 왼쪽이나 오른쪽에 놓아도 온도는 항상 일정하다는 것을 알고 있다. 그렇다면, 당신은 사물들을 책상의 왼쪽이나 오른쪽에 무작위로 할당한 뒤, 각각의 사물에 온도계를 사용해서, 두 측정치에 유의미한 차이가 있는지 비교해 볼 수 있다. 만약 그 온도계의 신뢰도가 높으면, 그리고 위치에 따라 온도가 변하지 않는다는 당신의 가정이 옳다면, 두 측정치 간 차이는 없을 것이다.

이런 식의 실험을 통해서 사람들 자신의 궁극적 동기에 대한 자기성찰 능력에 신뢰성이 있는지를 판단할 수 있다. 예를 들어 실험참가자들에게 설문지를 나누어 주면서 이 설문지가 그들의 공감능력이 어느 정도인지를 측정한다고 알려 준다고 가정해 보자. 그런 다음에 우리는 이 설문지를 보지도 않고 버린 뒤, 실험참가자들을 무작위로 두 집단으로 나눈다. 우리는 각 실험참가자들에게 심리학적 에고이즘과 동기적 다원론 가설이 주장하는 내용에 대해 분명하게 설명한다. 그런 뒤 우리는 집단 1에 소속된 실험참가자들에게 그들의 공감 측정치가 높았다고 얘기하고, 그들이 스스로가 에고이스트들인지 다원론자들인지에 대해 내성법으로 알아보라고 지시한다. 마찬가지로, 집단 2에 소속된 실험참가자들에게는 그들의 공감 측정치가 낮았다고 얘기한 뒤, 그들이 스스로가 에고이스트들인지 다원론자들인지에 대해 내성법으로 판단해 보라고 말한다. 궁극적 동기는 그 사람이 공감 측정치가 높거나 낮다는 얘기를 듣는 것의 영향을 받지 않는다고 가정할 때, 내성법의 신뢰도가 높다면 두 집단 간의 내성법적 보고에는 차이가 없을 것이다. 반면, 두 집단 간 보고에 차이가 있다면, 이는 사람들이 **남의 이야기에 영향받기 쉽다**suggestible는 것을 의미한다. 사람들이 자신의 내면을 성찰한다고 생각하지만 사실은 그들이 외부로부터 얻은 이론을 스스로에게 적용하고 있는 것이라는 의미다.

이 실험 설계는 몇 가지 측면에서 좀 더 수정이 필요하다. 예를 들어 우리는 실험참가자들이 자신이 내성법으로 알아낸 것을 말하지 않고 거짓말을 할 가능성을 통제해야 한다. 실험참가자들은 내성법을 통해 알아낸 것을 그대로 말하지 않고, 실험자가 듣고 싶어하는 내용으로 바꾸어서 보고할 수 있다. 이 문제를 해결할 수 있는 한 가지 방법은 실험참가자들이 그들의 보고서에 이름을 쓰지 않고 무기명으로 작성해서 익명성을 보장하는 것이다. 또 다른 전략은 두 집단을 더 세분화해서, 집단 1의 실험참가자들 절반과 집단 2의 실험참가자들 절반에게는 실험자가 심리학적 에고이즘이 옳다는 것을 증명하려고 한다고 얘기하고, 나머지 실험참가자들에게는 심리학적 다원론이 옳다는 것을 증명하려 한다고 얘기하는 것이다. 비록 몇 가지 문제점들을 더 해결해야겠지만, 궁극적 동기에 대한 내성법적 보고는 경험적 연구에 적용해 볼 수 있을 정도의 신뢰도는 가지고 있는 것으로 보인다.[2]

우리가 아는 한, 이런 형식의 실험은 아직 이루어지지 않았다. 그렇다고 하더라도, 심리학자들의 내성법에 대한 비판이 막무가내식 편견은 아니라는 점을 아는 것은 중요하다. 사람들은 종종 그들 자신의 마음속에서 일어나는 일들에 대해 잘못된 개념을 가진다는 충분한 근거들이 있다. 우리는 니스벳과 윌슨(Nisbett and Wilson, 1977)의 「우리가 알 수 있는 것 이상을 이야기하기 — 마음의 과정에 대한 언어적 보고Telling More Than We Can Know-Verbal Reports on Mental Processes」라는 유용한 개관 논문에서 인용하고 있는 발견 한 가지를 설명하고자 한다. 도움 행동에 영향을 미치는 상황적 요인에 대한 가장 놀라운 연구결과 중 하나는 소위 말하는 방관자 효과bystander effect다(Latané, Nida, and Wilson, 1981). 사람들이 도움이 필요할 것 같은 다른 사람을 도울 확률은 그 상황을 지켜보고 있는 방관자의 숫자가 증가할수록 줄어든다.

심리학자들은 이렇게 도움 행동의 확률이 감소되는 것은 지각된 책임감이 분산되기 때문이라고 주장한다. 방관자의 수가 많을수록 다른 누군가가 도울 것이라고 생각할 확률이 증가한다는 것이다. 이것이 올바른 설명이든 아니든 간에, 방관자 효과는 도움을 필요로 하는 사람이 낯선 사람이든 친한 사람든 관계없이 나타난다고 확인되었다. 예를 들어 신장 이식을 필요로 하는 사람은 형제가 **적을수록** 신장을 기증하겠다는 형제가 나설 가능성이 더 높다(Simmons, Klein, and Simmons, 1977: 220).

방관자 효과에 대한 라타네와 달리(Latané and Darley, 1970)의 연구에서, 연구자들은 실험참가자들에게 그들이 돕고자 하는 경향이 방관자의 수에 영향을 받았는지에 대해 물어보았다. 실험참가자들은 자신의 행동이 방관자의 수와 관련이 없었다고 일관되게 보고했고, 다른 사람들도 마찬가지일 것이라고 말했다. 만약 행동이 행위자의 신념과 욕구에 의해 결정되는 것이라면, 사람들이 두 상황에서 다른 행동을 한다는 말은 그 두 상황에서 각기 다른 신념이나 욕구를 가지고 있다는 의미일 것이다. 만약 실험참가자들이 방관자의 유무에 따라 자신의 행동이 변화할 수 있다는 사실에 대해 자각하지 못한다면, 그 두 상황에서 자신들의 신념이나 욕구가 다를 것이라는 사실에 대해서도 자각하지 못할 것이다. 여기서 사람들이 자신의 **욕구**가 무엇인지 자각하지 못하는 것인지, 아니면 자신들의 **궁극적 욕구**가 무엇인지 자각하지 못하는 것인지는 알 수 없다. 그래도 후자의 가능성을 배재할 수는 없다. 만약 마음이라는 것이 펼쳐져 있는 책과 같은 것이 아니라면, 그중 하나의 장 — 그 사람의 궁극적 욕구가 적혀 있는 장 — 을 내성법을 통해 오류 없이 읽을 수 있다고 생각해야 할 이유가 무엇인가?

우리가 살아가고 있는 문화에서는, 심리학적 에고이즘을 진심으로 믿는 사람들도 있고, 모든 사람들이 이타적인 궁극적 동기를 가지고 있다고 믿는 사람들도 있다. 에고이즘 지지자들은 다원론자들이 자기 위안적인 착각에 사로잡혀 있다고 생각한다. 다원론자들도 때때로 이에 상응하는 가설을 제시한다. 즉, 다원론자들이 보기에 에고이스트들은 위안이 되는 착각이 필요없을 만큼 스스로가 용기 있다고 믿고 싶어서 인간 동기에 대한 어두운 관점을 받아들인다는 것이다. 물론, 둘 중 어느 것도 우리의 궁극적 동기가 무엇인지에 대해서는 말해 주지 못한다. 그러나 둘 모두 진지한 내성법만으로는 충분하지 않다는 점을 지적하고 있다.

두 입장의 지지자들은 모두 자신의 이론이 자신과 타인 모두에게 적용된다고 믿는다. 에고이즘 지지자들과 다원론 지지자들이 **동시에** 옳을 수도 있는 일이다. 자신이 에고이스트인지 다원론자인지에 대한 입장을 바꾼 사람들이 자신의 성향에 대한 입장을 바꾸기 전과 후 **모두** 올바르게 판단하고 있었을 수도 있는 일이다. 그러나 에고이스트와 다원론자 모두 자신의 동기에 대한 주장이 틀릴 수 있는 가능성은 여전히 존재한다. 양쪽 모두의 진지한 고백은 차치해 둘 일이다. 자기성찰적 주장은 말 그대로 주장으로만 받아들여야 하며, 그 주장의 정확성은 다른 것에 기반하여 판단해야 한다.

효과의 법칙

쾌락주의를 옹호하는 주장들 중에는 쾌락주의가 유기체가 경험으로부터 학습할 수 있는 능력이 있다면 어떤 모습이 될 것인지에 관한 이론이라는 주장이 있다. 학습이 일어나기 위해서는 유기체가 긍정적 감각과 부정적 감각을 경험하는 것이 필수적이고, 전자를 경험하는 것과 후자를 회피하는 것이 행동의 궁극적 목적을 구성한다는 것이 핵심이다. 이 주장에 따르면, 학습은 조건형성 과정이라는 형태로 이루어진다. 만약 어떤 행동을 한 다음에 긍정적인 감각이 뒤따라온다면, 유기체가 그 행동을 반복할 가능성이 높아지게 된다. 만약 어떤 행동을 한 다음에 부정적인 감각이 뒤따라 온다면, 그 행동이 반복될 가능성은 낮아지게 된다. 이것이 바로 손다이크E. L. Thorndike가 최초로 제안했던 효과의 법칙이다(이에 대한 논의를 보려면 Dennett

(1975)을 참고하라). 행동의 경험적 결과를 통한 피드백이 아니라면, 유기체가 행동하는 방식을 바꿀 수 있는 방법은 존재하지 않는다.

행동에 수반하는 긍정적 경험과 부정적 경험에 관해 이야기하는 효과의 법칙이, 내적 마음 상태에 대해 더 이상 다루지 말자고 주장하던 행동주의자들의 핵심 원리로 받아들여진 것은 흥미로운 역사적 사실이다. 그러나 효과의 법칙은 쾌락주의와의 관련성 때문에라도 흥미롭다. 우리가 평가해야 하는 것은 학습하는 유기체가 반드시 효과의 법칙을 따라야 한다면 쾌락주의야말로 인간 동기에 대한 진실된 이론이라는 주장이다.

효과의 법칙은 유기체의 모든 행동이 조건형성의 결과로 나타나는 것이라고 말하지는 않는다. 만약 그렇다면 최초의 행동은 나타날 수 없기 때문이다. 이것은 말이 되지 않을 뿐만 아니라, 조건형성이라는 개념과도 상충된다. 조건형성은 유기체가 보상이나 처벌을 받기 **이전에** 목표 행동을 최소한 한 번 해야 하는 것이 필수적이다. 효과의 법칙이 말하는 것은 조작적 조건형성의 간단한 예시와 관련되어 있다. 나중에 "스키너 상자Skinner box"라고 이름이 붙게 된 통제된 환경 속에 있는 비둘기에 대해 생각해 보자. 처음에는, 이 비둘기가 부리로 쪼는 행동은 상자 안에 있는 전구에 빛이 들어왔는지 여부에 상관이 없이 나타난다. 만약에 불이 들어온 상태에서 부리로 쪼았을 때 보상을 받는다면, 이 비둘기의 행동 양상은 변화할 것이다. 비둘기가 계속 보상을 받게 되면서, 빛이 들어왔을 때 비둘기가 쪼는 행동을 할 확률이 증가하게 된다. 결국, 이 비둘기는 정확히 빛이 들어왔을 때만 쪼을 것이다. 조건형성 과정 이전에는, 비둘기가 보여 주는 쪼는 행동의 확률은 빛이 들어왔는지 여부에 상관이 없이 **독립적**이다. 조건형성 후에는, 빛이 들어왔을 때의 쪼는 행동의 확률은 1에 가깝고, 불이 들어오지 않았을 때의 쪼는 행동은 0에 가깝게 된다. 이런 식으로 이해한다면, 효과의 법칙은 조건형성이 되지 않은 행동이 발생할 가능성을 배제하지 않는다는 것을 알 수 있다. 그보다는, 조건형성 과정을 거치지 않은 행동과 환경 간의 확률적 의존성의 존재를 배제한다. 또한, 조건형성 과정이 이러한 의존성을 유발하는 데 실패할 가능성도 배제한다.

이 두 가지 함의는 "태생적" 혹은 "본능적" 요인에 의해 강하게 영향을 받는 행동의 맥락에서 볼 때 문제가 될 수 있다.[3] 콘라드 로렌츠Konrad Lorenz의 유명한 실험인 회색 거위의 각인 현상에 대해 생각해 보자. 새끼 거위는 태어나서 처음으로 자신의 울음소리에 답을 하는 어른 거위나 사람을 따른다. 그러나 새끼 거위는 돌을 "엄마"로 여기지 않으며, 새끼 거위의 울음소리에 대한 반응이 아닌 일반 울음소리를 미리 녹음해 두고 닭과 함께 제시하였을 때도 닭에게 각인 현상을 보이지 않는다(Lorenz, 1965). 즉, 각인 행동의 확률이 환경적 단서에 따라 달라질 수 있으며, 조건형성 과정이 일어났기 때문은 아닌 것이다.

어떤 행동이 이전에 보상을 받지 않아도 환경적 자극에 의존할 수 있는 것처럼, 이전에 보상을 받은 행동이 발생하지 않는 경우도 있다. 가르시아와 쾰링(Garcia and Koelling, 1966)은 쥐를 번쩍이는 빛, 소리, 그리고 사카린 맛이 나는 물로 이루어진 복잡한 자극에 노출시켰다. 이후, 그 쥐들을 X-선에 노출시켜서 아프게 만들었다. 이 쥐들은 사카린 맛이 나는 물에 대한 혐오반응을 습득했지만, 소리나 불빛과 연합된 음식에는 혐오반응을 보이지 않았다. 다른 실험에서는, 동일한 자극이 사용되었지만, 이번에는 쥐들의 발에 전기충격을 가했다. 그 결과, 그들은 소리와 불빛에 대한 혐오반응을 보였으나, 사카린에 대해서는 혐오반응을 보이지 않았다. 이와 같은 양상은 인간을 포함하는 다양한 종의 동물에게서도 동일하게 관찰되었다(Breland and Breland, 1961; Hineline and Rachlin, 1969; Sevenster, 1973; Gallistel, 1980). 예를 들어 인간 유아들에게 뱀, 애벌레, 개에 대한 공포반응을 조건형성시키는 것이 오페라 안경이나 천으로 된 커튼에 대한 공포반응을 조건형성시키는 것보다 더 쉬웠으며(Rachman, 1990: 157-168), 화가 난 표정에 대한 생리적 반응을 조건형성시키는 것이 행복한 표정을 짓고 있는 표정에 대한 생리적 반응을 조건형성시키는 것보다 더 수월하다(Ohmman and Dimberg, 1978).

이러한 연구결과들은 학습 이론가들이 효과의 법칙에서 따르는 "동등 잠재력 가설the equipotentiality thesis", 다시 말해서, 조건형성을 통해 모든 자극은 모든 행동과 성공적으로 짝지어질 수 있다는 가설에 의문을 제기하게 된다. 그러나 **일부** 행동들이 효과의 법칙에 의해 설명될 수 있음을 부정하는 것은 아니다. 예를 들어 모스와 페이지(Moss and Page, 1972)는 붐비는 도로에 있는 사람들에게 근처에 있는 가게의 위치를 물어보는 실험을 하였다. 대부분 그 가게가 어디에 있는지 알려 주었다. 가게의 위치를 알려 준 사람들 중, 일부에게는 감사하다고 얘기하며 미소를 지은 반면, 다른 사람들에게는 말을 갑자기 끊으며 가르쳐 준 길을 도저히 이해할 수 없다고 얘기했다. 짧은 시간이 지난 뒤, 가게의 위치를 알려 준 사람들은 조그마한 가방을 바닥에 떨어뜨린 사람을 보게 되었다. 조금 전에 길을 가르쳐 준 것에 대해 감사하다는 말을 들은 사람들 중 93퍼센트 이상이 가방을 떨어뜨린 사람을 기꺼이 도와준 반면, 길을 가르쳐 준 것에 대해 퇴짜맞고 혼난 사람들 중에서는 40퍼센트만이 도움을 주었다. 모스와 페이지는 통제집단 — 긍정적이거나 부정적으로 강화받지 않은 사람들 — 에서는 85퍼센트가 도움 행동을 보였다는 사실을 관찰하였다. 이것은 효과의 법칙을 생각해 보면 예상 가능한 결과다.

효과의 법칙은 **일반** 원칙임을 기억하는 것이 중요하다. 따라서 **일부** 행동에서만이 아니라 **모든** 행동에 있어서 참이어야 하는지를 물어야 한다. 우리는 효과의 법칙이 모든 행동에 참이라고 생각하지 않는다. 보상을 받는 것이 그 행동이 반복될 가능성을 **항상** 높이는 것은 아니며, 행동과 환경 간의 확률적 의존성이 항상 이런 식의 조건형성 과정으로부터 생성되는 것은 아니다. 더욱이, 효과의 법칙을 따르는 상황조차도 — 예를 들어 모스와 페이지가 했던 실험 같은 경우 — 쾌락주의에 대한 근거를 제공하지 못한다. 모스와 페이지가 관찰한 결과는 쾌락과 고통이 동기를 유발하는 것이라는 가설과 일치한다. 그러나 사람들이 **오직** 쾌락과 고통에만 신경쓴다는 것을 보여 주지는 않는다.

효과의 법칙은 유기체가 경험에 따라 행동을 바꿀 수 있는 하나의 메커니즘을 제시한다. 그러나 이것이 우리가 생각할 수 있는 유일한 것은 아니다. 수단-목적 사고means-end deliberation는 쾌락주의를 따르지 않은 채 행동을 생성해 낼 수 있다는 사실을 생각해 보자. 수단-목적 사고는 더 궁극적인 욕구를 지렛대 삼아서 도구적 욕구를 수정하게끔 한다. 어떤 궁극적 욕구든 이를 가능하게 한다. 예를 들어 갑자기 차를 타고 제과점에 가고 싶어하는 욕구가 생긴 아놀드에 대해 생각해 보자. 그가 이 새로운 욕구를 갖게 된 이유는 그가 빵을 사고 싶고 제과점이 이 목적을 달성하기에 가장 좋은 장소라고 믿고 있기 때문이다. 수단-목적 사고는 새로운 도구적 욕구를 생성할 수 있는데, 그 이유는 행위자가 기존 욕구를 수단이 필요한 목적이라고 간주하기 때문이다. 기존에 가지고 있던 욕구를 버릴 때에도 마찬가지다. 만약에 아놀드가 차를 타고 제과점으로 가려고 할 때 그의 친구가 빵을 가져다준다면, 제과점으로 운전해서 가려는 욕구가 사라질 수 있을 것이다. 수단-목적 사고가 새로운 도구적 욕구를 획득하거나 또는 기존의 것을 버리도록 유도하는 것은, 우리의 또 다른 욕구가 우리를 위해서 달성하는 목적이다. 우리의 궁극적 목적에 쾌락을 추구하고 고통을 피하는 것이 반드시 포함될 필요는 없다. 쾌락을 추구하고 고통을 피하는 것이 우리가 가지고 있는 유일한 궁극적 욕구인 것은 더더욱 아니다.

학습에 관한 이러한 점이 중요한 이유는 우리가 미처 주목하지 못하고 놓칠 수 있는 진화적 질문을 확인할 수 있도록 해 주기 때문이다. 쾌락적 감각과 혐오적 감각은 유기체가 경험을 통해 학습할 수 있도록 만드는 하나의 메커니즘을 구성한다. 진화는 어떻게 쾌락과 고통이 현재 학습에서 담당하고 있는 역할을 수행하도록 했을까? 이 질문에는 구체적인 답이 요구된다. 학습이라는 것은, 그 정의상, 오직 쾌락과 고통만으로 매개되는 조건형성 과정이라고 답한다면, 이 질문은 없는 셈 칠 수 있다.

우리는 심리학적 에고이즘이 효과의 법칙에 의해 지지될 수 없다고 결론지을 것이다. 그 "법칙"은 때때로 거짓이다. 그리고 이전에 보상을 받았기 때문에 행동이 반복되는 경우에조차, 그 행동이 일어나는 이유가 오직 보상을 받았기 때문이라고 말할 수 없다. 사람들이 쾌락을 추구하고 고통을 피하기 위해 동기화된다고 할지라도, 이것이 사람들이 유일하게 궁극적으로 관심을 가지는 목적은 아니라는 것이다.

사회심리학 실험들

에고이즘은 (상대적으로) 일원적 이론인 반면, 이타주의 가설은, 우리가 이해하기로는, 인간 동기에 대한 다원론적 관점의 일부분이다. 이 두 이론의 논리적인 차이는 각각의 이론들을 검증하는 방법에 대해 알려 준다. 사람들이 사실 특정한 에고이즘적인 궁극적 동기를 가지고 있다는 것은 이타주의 가설이 틀렸다는 것을 **증명하지는 않지만**, 사람들이 특정한 이타적인 궁극적 동기를 가지고 있다는 것은 에고이즘 가설이 틀렸다는 것을 증명한다. 이 논쟁에서는 사람들이 에고이즘적 관심에 의해 동기화됨을 보여 주는 것이 별 의미가 없다. 이상적인 실험이라면 이타적인 궁극적 동기를 가진 사람들은 특정한 방식으로 행동하지만, 그런 동기가 없는 사람들은 다르게 행동하는 상황에 사람들을 노출시킬 것이다. 하지만 이것은 쉬운 일이 아니다. 에고이즘 가설은 유연해서 다양한 형태가 존재하기 때문이다.

실험 사회심리학 연구 중 에고이즘과 이타주의를 검사하는 문제에 가장 잘 대처하고 있는 사례로는 다니엘 배슨Daniel Batson과 그 동료들의 연구들이 있다. 이 연구들은 배슨(Batson, 1991)의 중요한 저서 『이타주의 질문*The Altruism Question*』에 종합되어 있고, 배슨과 쇼(Batson and Shaw, 1991)의 논문에 잘 요약되어 있다. 배슨은 진짜 이타주의와 가짜 이타주의를 혼동할 수 있는 위험성에 대해서 감탄스러울 정도로 훌륭하게 주의를 기울이고 있다. 그의 실험들은 다양한 종류의 에고이즘을 찾아내고 검사하기 위해 설계되었다. 배슨은 한두 종류의 에고이즘에 반박하는 것은 에고이즘 그 자체에 대해 반박하는 것과는 다르다는 것을 알고 있다. 배슨의 연구에 대해 논의하면서, 우리는 로버트 치알디니Robert Cialdini와 그 동료들의 도발적 연구와 함께 다른 실험 연구들도 다룰 것이다.

배슨은 그가 말하는 **공감-이타주의 가설**empathy-altruism hypothesis을 검증하고 싶어한다. 이전 장에서 언급했듯이, 배슨은 공감과 개인적 괴로움을 구분한 최초의 실험 사회심리학자 중 한 명이다. 개인적 괴로움은 대체로 사람들이 자신의 상황을 개선하고 싶게 만들지만, 공감-이타주의 가설은 공감이 사람들로 하여금 이타적인 욕구를 갖도록 한다고 주장한다. 이 주장은 에고이즘과는 호환이 되지 않기 때문에, 공감에 의해 유발되는 이타적 욕구는 반드시 **궁극적**이어야 한다. 배슨의 방법론은 여러가지 종류의 에고이즘을 공감-이타주의 가설과 비교하여 검증하는 것이다. 그는 각각의 실험에서 검증 대상이 되는 각각의 에고이즘이 데이터에 의해 부정되며, 데이터가 공감-이타주의 가설을 지지한다고 주장한다.

배슨이 고려한 첫 번째 종류의 에고이즘은 **혐오적 각성 감소**aversive-arousal reduction 가설이다. 이 가설에서는 도움을 필요로 하는 타인을 보고 있는 방관자들은 그들이 없애고 싶어하는 불쾌한 경험을 하게 된다고 본다. 그들이 돕는 이유는 너무 더워서 온도조절장치를 조절하는 것과 동일하다. 당신이 온조조절장치의 온도를 낮추는 것은, 당신이 방에 관심을 갖고 신경을 쓰기 때문이 아니다. 타인을 돕는 것도 이와 정확하게 같은 종류의 동기를 가지고 있다. 즉, 자신의 편안함을 증대하기 위한 수단일 뿐이라는 것이다.

철학자 C. D. 브로드(Broad, 1952: 218-231)는 이러한 종류의 에고이즘을 반박하면서, 문둥병 환자를 치료하는 클리닉을 열기 위해 아시아로 떠난 의사의 예를 든다. 이 의사는 이 일들이 굉장히 괴로운 경험을 선사할 것이라는 사실을 알고 있다. 이 예는 도움 행동이 도움을 필요로 하는 사람들에게 노출되었을 때 겪는 불쾌한 경험 때문에 나타난다고 주장하는 에고이즘적 가설을 정면으로 반박한다. 궁극적 욕구가 오직 혐오적인 감정을 회피하거나 감소시키는 것이라면, 위의 예시에서 의사가 선택한 것과 같은 상황은 무조건 **회피**해야 한다.

우리는 많은 독자들과 대부분의 철학자들이 혐오적 각성 감소 가설을 반박하기에 브로드의 주장만으로 충분하다고 생각할 것이라고 본다. 사람들이 때로는 위의 예시에서의 의사처럼 행동한다는 브로드의 주장은 사실인 것처럼 들리며, 이 예시가 에고이즘 가설을 반박한다는 그의 주장도 논리적으로 옳은 것 같다. 만일 이것이 맞다면, 추가적인 실험이나 자연 관찰이 더 필요없다고 볼 수 있다. 이렇게 느낀 독자들은 배슨과 그의 동료들이 혐오적 각성 가설을 공감-이타주의 가설과 비교해서 검증하는 몇 개의 실험들을 했다는 사실에 놀랄 수도 있을 것이다. 그들은 왜 그랬을까? 심리학자들은 자주 상식적인 내용에 대한 실험을 한다. 상식적인 기대가 언제나 옳다고 증명되는 것이 아니기 때문에, 사람들이 직관적으로는 당연하다고 생각하는 명제를 검증하는 것은 의미 있는 일이다. 그러면 이제 배슨과 그의 동료들이 했던 실험들을 살펴보도록 하자.

한 실험에서는, 실험참가자들에게 10번의 전기충격을 받는 학생이 등장하는 CCTV 영상을 볼 것이라고 설명했다. 사실 실험참가자들이 본 영상은 연기자("일레인")가 처음 두 번의 전기충격이 매우 고통스럽다고 연기하는 모습이었다. 이어지는 영상에서 실험자 중 한 명이 일레인에게 그녀의 불편함이 걱정된다고 이야기하는 장면이 나온다. 실험자는 영상을 보고 있는 실험참가자가 그녀를 대신해서 전기충격을 받는 데 동의한다면 그녀는 더 이상 전기충격을 받지 않아도 된다고 말해 준다. 일레인은 이 제안에 감사하면서 동의하고, 화면이 꺼진 뒤, 실험자 한 명이 실험참가자가 있는 방에 들어오면서 실험참가자에게 일레인 대신 전기충격을 받을 의향이 있는지 물어보게 된다.

"쉽게 벗어나기easy-escape" 실험조건에 해당되는 실험참가자들은 일레인을 화면으로 보기 전부터, 두 번의 전기충격을 받는 모습만 볼 것이라는 설명을 들었으며, 실험자는 이 점을 재확인해 주면서 그들이 일레인 대신에 전기충격을 받고 싶지 않다면 바로 실험을 그만둘 수 있다고 말한다. "어렵게 벗어나기difficult-escape" 실험조건에 해당되는 실험참가자들은 사전에 10번의 전기충격을 받는 일레인의 모습을 전부 다 보기로 약속했었고, 실험자는 이 점을 재확인해 주면서 만약 그들이 일레인 대신에 전기충격을 받지 않겠다고 하면 그녀가 남은 8번의 전기충격을 받는 모습을 모두 봐야 한다고 말해 준다.

실험참가자들이 이 상황으로부터 벗어날 수 있는 난이도만 조절한 것이 아니다. 실험자들은 실험참가자들이 일레인에게 공감을 하는 정도도 조작했다. 공감의 정도는 다양한 방법으로 조절되었다. 그중 하나는 사람들이 자신과 비슷한 다른 사람들에게 더 많이 공감하는 경향이 있다는 점을 이용한 방법이다(Stotland, 1969; Krebs, 1975). 높은 공감 실험조건의 실험참가자들에게는 그들이 사전에 보고했던 자신의 가치관과 관심사에 대한 내용을 기반으로 그들과 유사하게 작성된 일레인에 대한 설명을 들려주었다. 낮은 공감 실험조건의 실험참가자들에게는 자신과 유사하지 않은 일레인의 특징에 대한 설명을 들려주었다. 이러한 방법은 높은 공감 실험조건의 실험참가자 전원이 일레인에 대해 높은 공감을 보이고 낮은 공감 실험조건의 실험참가자 전원이 일레인에 대해 낮은 공감을 보일 것이라고 가정하는 게 아니라, 전자의 경우 후자보다 평균적으로 공감하는 정도가 더 높을 것이라는 아이디어에 기반을 두고 있다.[4]

실험에 참가한 모든 사람들은 쉽게 벗어나기 조건 또는 어렵게 벗어나기 조건에 배정되었으며, 동시에 높은 공감 실험조건 또는 낮은 공감 실험조건에 할당되었다. 이 말은 각각의 실험참가자들이 네 가지의 경우 중 한 가지에 해당된다는 의미다. 이 실험은 네 개의 조건에 각각 해당하는 사람들이 얼마만큼 일레인을 돕기로 자원했는지를 밝혀 냈다. 네 가지 상황에서 사람들이 도움을 주는 빈도를 각각 w, x, y와 z로 표현해 보자.

		벗어나는 것이	
		쉽다	어렵다
공감이	낮다	w	x
	높다	y	z

실험의 결과를 설명하기 전에, 우리는 두 가설이 무엇을 예측했는지 고려해 봐야 한다. 그러기 위해서는, 각각의 가설이 무엇을 말하는지 조심스럽게 생각해 봐야 할 것이다.

우리가 공감-이타주의 가설을, 항상은 아니더라도 최소한 어떤 경우에는 공감 수준이 높은 사람일수록 더 도와주려 할 것이라고 해석한다고 가정해 보자. 이렇게 해석한다면, 공감-이타주의 가설은 $y>w$ 또는 $z>x$, 혹은 둘 다를 예측한다. 마찬가지로, 우리가 혐오적 각성 감소 가설을, 사람들은 때로는 도움을 필요로 하는 타인으로부터 벗어나는 것이 어려울 때 더 도와주려 할 것이라고 해석한다고 가정해 보자. 이 해석 하에서는, 혐오적 각성 감소 가설은 $x>w$ 또는 $z>y$ 혹은 둘 다 예측한다. 우리가 이렇게 느슨한 방식으로 이 두 가설을 해석한다면, 각각의 예측은 서로 충돌하지 않는다는 점을 확인하기 바란다. 공감-이타주의 가설은 위의 2×2 표에서 "수직 방향의" 예측을 하는 반면, 혐오적 각성 감소 가설은 "수평 방향의" 예측을 하는 것이다. 만약 이것이 이 가설들이 말하는 전부라면, 이 두 가설은 서로 충돌하지 않는다. 오히려, 혐오적 각성 감소 가설이 에고이즘의 한 종류라고 보는 관점이 잘못된 셈이 된다. 공감-이타주의 가설도 참이 될 가능성을 제거하지 못하기 때문이다. 배슨은 두 가설이 모두 도움 행동의 빈도에 대한 "수평 방향의" 예측과 "수직 방향의" 예측을 한다고 해석함으로써 이 문제를 피해 간다. 이러한 방식으로 해석할 때 두 가설들이 서로 충돌하게 되는 것이다.

배슨은 쉽게 벗어나기 조건에 해당하는 실험참가자들의 도움 행동에 공감 수준이 영향을 줄 것인지(w와 y가 어떠한 관련이 있는지)에 대해서 두 가설이 동의하지 않는다고 본다.[5] 그는 공감-이타주의 가설에서는 벗어나는 것이 쉬울 때 공감능력이 도움 행동을 촉진할 것이라 예측한다고 보고, 같은 상황에서 혐오적 각성 감소 가설에서는 공감능력이 아무런 영향도 주지 못한다고 예측한다고 본다. 이 실험의 결과에 따르면, 벗어나는 것이 쉬운 상황일때 높은 공감 실험참가자들이 낮은 공감 실험참가자들보다 더 도움 행동을 많이 보였다.[6] 이러한 결과는 혐오적 각성 감소 가설이 도움 행동에 대한 유일한 설명이 아니라는 점을 입증한다. 혐오적 각성 감소 동기가 어떤 역할을 수행할 때도 있지만, 이것이 유일한 동기는 아니라는 의미다.

그러나 배슨은 이 실험의 결과만으로는 공감-이타주의 가설이 옳다는 결론을 내릴 수 없다는 점을 깨달았다. 즉, 혐오적 각성 감소 이외의 다른 에고이즘적 동기가 실험의 결과를 설명할 수도 있다. 예를 들어 쉽게 벗어날 수 있는 상황에서 높은 공감 실험참가자들은 그들이 도움을 거절한다면 그 도움을 필요로 하는 사람들에 대한 고통스러운 기억을 지녀야 한다는 사실을 깨달았을 수 있으며, 쉽게 벗어날 수 있는 상황에서 낮은 공감 실험참가자들은 이러한 걱정을 상대적으로 덜 했을 수도 있다. 만약에 그렇다면, 우리는 높은 공감 실험참가자들이 왜 도움 행동을 더 많이 보였는지에 대한 에고이즘적 설명을 할 수 있게 된다. 이 점은 배슨과 쇼(Batson and Shaw, 1991)의 논문에 대한 세 개의 다른 논평에 제시되어 있다(Hoffman, 1991; Hornstein, 1991; Wallach and Wallach, 1991).

배슨과 쇼(Batson and Shaw, 1991: 167-168)는 이 제안에 대한 답변을 제공한다. 그들은 위에서 기술된 에고이즘적 가설 — 사람들이 돕는 이유는 돕지 않으면 도움을 필요로 하는 사람들에 대한 고통스러운 기억에 시달릴 것이라 믿기 때문이라는 설명 — 이 또 다른 실험에서는 어떤 결과가 나올지를 예측한다고 했다. 이 예측이란 높은 공감 실험참가자들이 도움을 필요로 하던 사람들에 대한 소식이 좋은 소식이라는 가정 하에, 그 소식을 듣고 싶어 한다는 것이다. 우리가 곧 설명할 세 번째 실험에서 이러한 예측이 옳지 않다는 증거를 제시한다. 우리는 이 논증이 배슨과 쇼의 주장대로 사람들이 도망가지 않고 돕는 행동은 단순히 도움을 필요로 하는 사람이 나쁜 상황에 있다는 믿음을 회피하기 위해서만은 아니라는 것을 지지한다는 주장에 동의한다. 그러나 이것이 정보를 얻으려는 행위가 죄책감과 관련 있는 또 다른 에고이즘적 설명을 약화시키지는 않는다. 도움을 주지 않은 채 떠나는 것이 죄책감을 유발할 수 있는 것과 마찬가지로, 도움이 필요한 사람들에 대한 소식이 나쁘다는 전제 하에 그 소식을 듣는 것을 거절하는 행위도 마찬가지로 죄책감을 유발할 수 있는 것이다. 이에 대해서는 잠시 후에 더 논의하도록 하자.

배슨의 두 번째 실험은 그가 **공감-특정 처벌**empathy-specific punishment이라고 부르는 또 다른 종류의 에고이즘 가설에 초점을 맞춘다. 이 추측에는 두 가지 형태가 있는데, 공감적으로 각성된 사람들은 타인으로부터의 비난을 피하기 위해서 타인을 돕거나 자기비난을 피하기 위해 타인을 돕는다는 것이다. 여기서 우리는 후자에 집중할 것이다. 배슨은 만약 이 가설이 옳다면 돕지 않아도 된다는 강한 명분이 있을 때 도움 행동이 감소할 것이라고 예측했다. 실제 실험에서 실험참가자들은 도움을 필요로 하는 타인을 도울 것인지 여부에 대한 질문을 받았다. 그중 일부에게는 대다수의 다른 실험참가자들이 돕지 않기로 결정했었다고 말해 주었다. 즉, 이들은 돕지 않아도 괜찮을 것이라는 **강한** 명분을 갖게 되는 것이다. 나머지 실험참가자들에게는 소수의 사람들만이 도움을 거절했다고 이야기해 줌으로써 돕지 않는 것에 대한 **약한** 명분을 갖게 했다. 더불어, 실험참가자들은 도움을 필요로 하는 타인에 대한 공감의 정도에 차이가 있었다. 결과적으로 이 2×2 실험은 실험참가자들을 네 개의 실험처치 조건으로 할당하였으며, 각 조건에 해당하는 도움 행동의 빈도는 다음 표와 같이 요약하였다.

		돕지 않는 것에 대한 명분이	
		강하다	약하다
공감이	낮다	w	x
	높다	y	z

배슨(Batson, 1991: 136)은 공감-특정 처벌 가설과 공감-이타주의 가설이 많은 것에 있어서 같은 결론을 내린다고 해석한다. 두 가설 모두 돕지 않는 것에 대한 명분이 아무리 강하더라도 공감수준이 영향을 미친다고 예측

한다. 즉, 두 가설 모두 $y > w$와 $z > x$를 예측하는 것이다. 그는 두 가설에서 모두 돕지 않는 것에 대한 명분이 강하다면 낮은 공감 실험참가자들이 덜 도울 것이라고 예측한다($w < x$). 그렇다면 이 두 가설은 어느 부분에서 서로 다를까? 배슨이 보여 주고자 했던 핵심은 돕지 않는 것에 대한 명분이 높은 공감 실험참가자들에게 영향을 미치지 않는다는 점에 있다(Batson and Shaw, 1991: 116). 공감-특정 처벌 가설은 높은 공감 실험참가자들이 돕지 않는 것에 대한 명분이 강할 때보다 약할 때 더 많이 도울 것이라고 예측한다($z > y$). 이와 대조적으로, 공감-이타주의 가설은 높은 공감 실험참가자들이 돕지 않는 것에 대한 명분이 강하든 약하든 상관없이 동일한 정도로 도움 행동을 보일 것이라고 예측한다($z = y$).[7]

이렇게 해석될 때, 공감-이타주의 가설이 승리한다. 실제 실험 결과, 높은 공감 실험참가자들이 보이는 도움 행동의 빈도는 돕지 않는 것에 대한 명분이 강한지 약한지에 영향을 받지 않는다는 사실을 밝혀 냈다. 그러나 아직 중요한 해석적 질문이 남아 있다: 공감이 사람들로 하여금 이타적인 궁극적 동기를 갖게 함으로써 도움 행동을 촉진하는가? 비난을 피하고자 하는 바람으로 이 실험의 결과를 설명하지 못한다고 하더라도, 이 질문은 여전히 남아 있다.

배슨이 검증하고자 했던 세 번째 에고이즘 가설은 **공감-특정 보상** empathy-specific reward이며, 여기에는 두 가지 유형이 존재한다. 이 가설의 첫 번째 유형에서는 우리가 타인을 돕는 이유가 타인으로부터든 자신으로부터든 기분을 좋게 하는 보상을 얻기 위해서라고 설명하며, 구체적으로는 우리가 남을 돕는 이유가 오직 그 도움을 받는 사람들이 더 나아졌다는 기분 좋은 소식을 듣기 위해서라고 주장한다. 공감-특정 보상 가설의 두 번째 유형에서는 공감이 슬픔의 감정을 유발하고 우리는 이 슬픔을 해소하고 싶어하기 때문에 기분을 좋게 하는 경험을 하기 위해 타인을 돕는다고 주장한다.

배슨과 동료들(Batson, Dyck, Brandt, Batson, Powell, McMaster, and Griffitt, 1988)은 첫

번째 가설을 검증하기 위해서 도울 수 있는 기회를 박탈했을 때 높은-공감 실험참가자들과 낮은-공감 실험참가자들의 (자기보고형식으로 측정한) 기분이 어떻게 바뀌었는지를 조사했다. 이전과 같이, 우리는 이 가설이 예측하는 결과를 각기 다른 실험처치 조건으로 표시해서 이해해 볼 수 있다. 이번에는 6가지의 실험처치가 있으며 각 셀에 해당하는 측정치는 도움 행동의 빈도가 아니라 자기보고로 측정된 기분이다.

		도움을 주는 사람		
		아무도 없음	실험참가자	제3자
공감이	낮다	*a*	*b*	*c*
	높다	*d*	*e*	*f*

공감-이타주의 가설은 높은 공감 실험참가자들의 기분은 도움을 필요로 하는 사람들이 실제로 도움을 받느냐 여부에 영향을 받지, 도움을 주는 사람이 실험참자가인지 제3자인지에 따라 바뀌지 않는다고 예측하며, 그 예측은 $e=f>d$가 된다.[8] 반면에, 공감-특정 보상 가설은 높은 공감 실험참가자들은 그들이 직접 도왔을 때만 기분이 좋아진다고 예측한다 — 즉, $e>f=d$. 실제 실험 결과는 공감-이타주의 가설이 예측한 대로 나왔다(Batson, 1991: 150; Batson and Shaw, 1991: 117). 높은 공감 실험참가자들은 누가 도움을 줬든지 상관없이, 도움을 필요로 했던 사람들이 도움을 받았다는 사실을 알게 되면 기분이 좋아지는 것이다.

에고이즘의 틀 안에서 이 실험 결과를 설명하려는 시도로는 **공감적 기쁨 가설**empathic joy hypothesis(Smith, Keating, and Stotland, 1989에 의해 제시)이 있다. 이 가설에서는 사람들이 타인을 돕는 이유가 도움 행동으로부터 보상을 받으려는 것이 아니라, 도움을 필요로 하는 사람들의 안도를 상대방의 입장이 되어 공유함으로써 파생되는 좋은 기분을 얻기 위해서라고 한다. 도움을 필요로 하는 사람들의 상황이 더 나아졌다는 소식은 기분을 좋게 하며, 그 도움을 필요로 하던 사람이 나아진 이유는 중요하지 않다. 배슨과 동료들(Batson, Batson, Slingsby, Harrell, Peekna, and Todd, 1991)은 이 가설을 검증하기 위해 실험참가자들에게 그들이 두 번째 인터뷰에 응해 준다면 도움을 필요로 하는 사람들이 20퍼센트, 50퍼센트, 또는 80퍼센트 확률로 상황이 나아질 수 있다는 사실을 알려 주고 실험참가자들이 얼마나 두 번째 인터뷰를 하겠다고 결정하는지를 측정하였다. 저자들은 공감적 기쁨 가설과 공감-이타주의 가설은 6개의 셀에 해당하는 실험참가자들이 얼마나 두 번째 인터뷰에 응할 것인지에 대해서 서로 다른 예측을 할 것이라고 생각했다.

		도움을 필요로 하는 사람이 더 나아질 확률		
		20퍼센트	50퍼센트	80퍼센트
공감이	낮다	a	b	c
	높다	d	e	f

두 가설 모두 높은 공감 실험참가자들이 낮은 공감 실험참가자들보다 두 번째 인터뷰를 더 많이 요청할 것이라고 예측했고, 실제 실험 결과도 이를 뒷받침했다.

실험자들은 두 가설의 차이점이 높은-공감 실험참가자들에 대해서 서로 다른 예측을 한다는 데 있다고 생각했다. 그들은 공감적 기쁨 가설에서는 높은 공감 실험참가자들이 인터뷰에서 도움을 필요로 하는 사람들에 대한 좋은 소식을 가져올 확률이 높을 때, 더 높은 빈도로 두 번째 인터뷰를 요청할 것이라고 해석했다. 즉, 이 가설에서의 예측은 $d<e<f$가 된다(Batson, 1991: 161-162). 반면에, 공감-이타주의 가설에서는 높은 공감 실험참가자들이 좋은 소식을 들을 확률에 영향을 받지 않거나, 가장 확실하지 않은 소식을 듣는 것에 가장 큰 관심을 가질 것이라 예측한다. 즉, 공감-이타주의 가설은 $d=e=f$ 또는 $d<e>f$일 것으로 예측하게 된다. 실험의 결과는 공감-이타주의 가설의 예측과 일치했다. 즉, 높은 공감 실험참가자들이 두 번째 인터뷰를 요청하는 빈도는 좋은 소식을 받을 확률이 높아진다고 해서 증가하지 않았던 것이다.

그렇다고 해도, 이 실험 결과에 대한 에고이즘적 설명을 만들어 내는 것은 어려운 일이 아니다. 불확실성은 고통스러울 수 있다. 이것은 우리 자신의 행복에 대해서 의문이 생길 때 흔히 경험하는 일이며, 우리가 관심을 가지는 사람들의 행복에 불확실성이 있는 경우에도 느낀다. 물론, 우리는 나쁜 소식보다는 좋은 소식을 듣는 것을 선호하지만, 사람들은 정보를 얻는 것을 얻지 못하는 것보다 더 선호한다. 우리는 높은 공감 실험참가자들이 불확실성에 수반되는 불쾌한 감정을 줄이기 위해 소식을 듣기를 선호할 것이라는 가설을 세워서 배슨의 실험에 적용함으로써 이런 아이디어를 확인해 볼 수 있을 것이다. 또한, 정보를 거절하는 것이 높은 공감 실험참가자들에게 죄책감을 줄 수 있다. 명백하게, 이 실험의 결과는 에고이즘의 틀에 부합될 것이다.

배슨이 연구한 공감-특정 보상 가설의 두 번째 유형은 치알디니Cialdini와 동료들의 연구에서 비롯된 것이다(Cialdini, Schaller, Houlihan, Arps, Fultz, and Beaman 1987; Schaller and Cialdini, 1988). 이것은 **부정적 상태 완화 가설**negative-state relief hypothesis로, 공감하는 사람들이 도움을 필요로 하는 사람을 보게 되면 슬픔을 느끼며, 그 슬픔으로부터 벗어나기 위해 그들을 돕는다는 가설이다. 치알디니의 실험 중 하나에서는 놀랄 만하고 예상치 못한 결과가 나왔다. 이 실험은 모든 실험참가자들이 "약"을 먹으면서 시작한다(사실은 진짜 약이 아니라 가짜 약, 즉 위약placebo이다). 일부 실험참가자들에게는 다른 학생과의 높은 공감을 유발하기 위해 고안한 관점 취하기 과제를 하도록 하고, 다른 학생들에게는 낮은 공감을 유발하는 처치를 한다. 그런 다음에 어떤 학생이 수업 노트를 보고 공부하려고 하는 데 도움이 필요하다고 알려 준다. 실험참가자들이 도와주겠다고 자원하기 전에, 일부 실험참가자들에게는 그들이 복용한 약이 약 30분간 기분이 변하지 않도록 하는 효과를 가져올 것이라고 설명해 주었다. 이 학생들은 "기분-고정" 집단에 해당된다. 나머지 학생들에게는 그런 이야기를 전혀 하지 않았고, 이 학생들은 "기분-변화" 집단에 해당된다고 정의했다. 다음은 이 실험에 포함된 네 가지 경우에 해당하는 실험참가자들이 얼마나 도움을 주는지를 나타내는 표다.

		기분이	
		변화	고정
공감이	낮다	w	x
	높다	y	z

치알디니 등(Cialdini et al., 1987)은 부정적 상태 완화 모형에서는 기분-변화 조건에서만 높은-공감 실험참가자들이 낮은 공감 실험참가자들보다 더 많이 도울 것이라고 예측하며, 기분이 고정되어 있다고 믿을 때는 공감 수준이 도움 행동에 아무런 영향을 주지 않을 것이라고 예측한다고 보았다. 즉, 부정적 상태 완화 모형은 $y > w$ 그리고 $z = x$라고 예측하는 것이다. 이와 대조적으로, 공감-이타주의 가설은 기분이 고정되어 있든 그렇지 않든 간에 상관없이 높은 공감 실험참가자들이 낮은-공감 실험참가자들보다 더 많이 도울 것이라고 예측한다고 보았다($y > w$ 그리고 $z > x$). 따라서 이 두 가설의 차이는 기분-고정 집단에 해당하는 실험참가자들의 공감 수준이 높을 때 더 많이 돕는지 아닌지에 대한 예측에서 드러난다.

치알디니 등(Cialdini et al., 1987)은 각 조건에 해당하는 사람들이 돕겠다고 자원하는 **비율**과 그들이 다른 학생을 돕는 데 사용하는 **시간**을 표로 만들었다. 돕는 데 사용하는 시간에 관련된 데이터는 부정적 상태 완화 모형을 지지하였으나, 도움을 주는 사람들의 비율과 관련된 데이터는 지지하지 않았다. 비록 치알디니 등은 이 결과와 또 다른 실험의 결과를 에고이즘 가설을 지지하는 근거라고 봤지만, 배슨(Batson, 1991: 166; Batson and Shaw, 1991: 118)은 이 결과가 분명하지 않다고 생각했다. 해석에 차이가 있었음에도 불구하고, 두 연구 집단 모두 실험 결과가 **주의가 산만해져서** 나타났을 수도 있다고 보았다. 즉,

공감을 유발한 뒤, 실험참가자들은 처음으로 실험초반에 복용한 약이 기분을 고정시킬 것이라는 설명을 들은 것이다. 이 정보에 신경이 쓰여서 그들이 경험한 공감 수준이 낮아졌을 가능성이 있다. 이러한 가능성은 슈뢰더와 동료 연구자들(Schroeder, Dovidio, Sibicky, Matthews, and Allen, 1988)의 실험에 의해 확인되었다. 이 실험은 치알디니의 실험과 상당히 유사했지만, 실험참가자들이 약물을 복용하고 나서 바로 기분을 고정시키는 효능을 가지고 있다고 설명했고, 이후에 도와줄 것인지 물어볼 때는 단순히 그 사실에 대해 재확인시켰다는 차이점이 있다. 슈뢰더 등(Schroeder et al., 1988)은 기분이 고정되었든 변화하든 상관없이 높은 공감 실험참가자들이 낮은 공감 실험참가자들보다 더 많은 시간을 돕는 데 할애하겠다고 하는 결과를 관찰하였다(그러나 이렇게 관찰된 차이는 통계적으로 유의미하지 않았다). 사람들이 도와주겠다고 자원하는 빈도와 관련된 데이터는 그렇게 강력하지도 않았고 둘 중 어떤 가설에 의해서도 잘 설명되지 않았다. 슈뢰더 등(Schroeder et al., 1988)과 배슨(Batson, 1991: 168)은 이 실험들이 치알디니의 부정적 상태 완화 모형을 지지하지 않는다고 결론지었다.

배슨과 동료들(Batson, Batson, Griffitt, Barrientos, Brandt, Sprengelmeyer, and Bayly, 1989)은 치알디니의 가설을 다른 방식으로 검증했다. 이전 실험들과 마찬가지로, 실험참가자들은 높은 공감 또는 낮은 공감 처치 집단으로 나뉘었다. 그리고 어떤 사람들에게는 그들이 도움을 필요로 하는 사람들을 돕기로 결정했는지의 여부에 관계없이 기분이 좋아지는 경험(예를 들어 음악을 듣는 것)을 할 것이라고 말해 주었고, 어떤 사람들에게는 기분이 좋아지는 경험을 할 수 있는 기회를 제공하지 않았다. 이 실험은 다음과 같은 네 개의 실험 조건에서 남을 돕는 사람들의 비율을 산출했다.

		기분이 좋아지는 경험을	
		약속받음	약속받지 않음
공감이	낮다	w	x
	높다	y	z

부정적 상태 완화 가설은 기분이 좋아지는 경험을 약속받았을 때는 공감이 도움 행동에 영향을 주지 않을 것이라고 예측하는 반면($y=w$), 공감-이타주의 가설은 공감이 영향을 줄 것이라고 예측한다($y>w$). 실험 결과, 데이터는 공감-이타주의 가설의 손을 들어 주었다(Batson, 1991: 172; Batson and Shaw, 1991: 119).

이번에도 에고이즘적 설명을 찾는 것이 그리 어려운 일이 아니다. 만일 도움을 필요로 하는 사람에게 공감하는 것이 실험참가자를 슬프게 한다면, 실험참가자가 음악을 청취하는 것이 완전히 만족스러울 만큼 기분을 좋게 할 것이라고 생각한다고 기대해야 할 이유가 있을까? 우리가 슬퍼할 때는 일반적으로 특정 대상에 대해 슬퍼한다. 고통받고 있는 사람들과 공감할 때 경험하는 고통은 다른 기분 좋은 경험을 한다고 해서 완전히 누그러뜨릴 수 없는 것이다. 그러나 에고이즘 가설에서는 이것이 아무 문제가 되지 않는다.

배슨의 연구 프로그램에서 사용하는 전략은 여러 형태의 에고이즘을 만들어 내고 설명할 수 없는 사례들을 제시하는 것이다. 어떤 형태의 에고이즘으로도 설명할 수 없는 일련의 관찰 결과들이 존재하는지에 대한 질문에 배슨의 발견들이 답을 줄 수 있을까? 물론 여기에는 연역적 추론이 수반되지 않는다. 모든 사람에게 생일이 있다는 사실은, 모든 사람들이 태어난 어느 하루가 존재한다는 의미가 아니다. 간단한 형태의 에고이즘으로 설명하지 못한다는 사실이 복잡한 형태의 에고이즘 역시 설명하지 못한다는 증거가 되지 못한다. 그렇다고 하더라도, 배슨의 실험들은 에고이즘의 어떠한 유형도 관찰된 사례를 설명하지 못할 확률을 증가시킨다고 볼 수 있을 것이다. 이는 참일지도 모른다. 그러나 우리는 사회심리학자들이 설계한 기발한 실험들을 조사하면서, 이 실험들이 여전히 우리의 궁극적 동기가 무엇인지에 대한 답을 제대로 해 주지 못한다는 결론을 내리지 않을 수 없었다. 심리학 문헌은 문제를 정리하고 간단한 형태의 특정한 에고이즘적 설명이 적절하지 않다는 것을 보여 줬다는 점에서 유용했다. 그러나 에고이즘에는 지금까지 검증해 온 가설들보다 더 많은 것이 있다. 우리는 여기서 교착상태에 빠졌다.

배슨이 사용하는 방법론이 에고이즘-이타주의 논쟁을 해결할 수 없는 한 가지 이유는 그의 실험 설계와 이전 장에서 논의했던 실험 설계를 비교하면 명확해진다. 그 실험에서 우리는 두 밭에서 자란 옥수수의 키의 차이가 유전적 차이 때문인지, 환경적 차이 때문인지, 아니면 둘 다 인지 알고 싶어하는 농부에 대해 설명했다. 그 농부는 옥수수 밭을 두 개 추가해서 데이터를 구한 뒤 이 질문에 대한 답을 구하고자 했다. 이 농부가 그의 실험에서 자연과 양육의 영향을 분리하는 일은 그토록 수월했는데, 배슨의 실험은 더 애매한 이유가 무엇일까?

배슨이 공감 수준과 그 밖의 다른 요인들(벗어나기 쉬운 정도 등)을 실험적으로 조작하듯이, 농부는 유전자와 환경을 조작한다. 이 방법으로부터 발견할 수 있는 것은 공감이 측정되는 변수에 영향을 미친다는 점이다. 그러나 이 발견은 공감이 이타적 동기를 유발해서 효과를 발휘하는 것인가 하는 중요한 질문에는 답을 하지 못한다. 우리의 농부에게도 동일한 문제가 생길 수 있다. 농부가 단지 유전자가 옥수수의 키에 영향을 주는지에만 관심이 있는 것이 아니라, 좀 더 구체적인 가설을 검증하고 싶어한다고 가정해보자. 이 가설은 다음 두 부분으로 이루어져 있다. 1) 옥수수의 키를 크게 하는 유전자가 존재한다. 2) 그리고 이 유전자는 이 효과를 효소 X의 생성을 통해서 이룬다. 만약에 우리가 조금 전에 설명한 실험을 통해서 유전자가 옥수수의 키에 영향을 준다는 사실을 발견한다면, 유전자-효소 가설의 절반만 확인하게 된다. 나머지 절반은 어떻게 되는 것일까? 농부는 관찰 결과를 토대로 유전자가 영향을 미친다는 사실은 알 수 있으나, 그것이 유전자가 효소 X를 작동시킴에 따라 그런 것인지는 알 길이 없다.

물론, 한 가지 유형의 실험으로 심리학적 에고이즘과 동기적 다원론을 구분하는 것이 불가능하다고 하더라도, 또 다른 실험 설계를 통해서 그 목표를 달성할 수도 있을 것이다. 그렇다고 하더라도 심리학 실험에서 유발된 모든 행동을 이타주의 가설이 포함된 다원론과 에고이즘 가설이 모두 설명할 수 있다고 주장하고 싶을 것이다(Wallach and Wallach, 1991). 우리는 이러한 강한 주장에 대해 어떤 입장도 취하지 않는다. 실험심리학이 지금까지 하지 못했던 것을 새로운 방법이 달성할 수 있을지도 모를 일이다. 그러나 현재로서는, 우리가 내릴 수 있는 결론은 실망스러운 것이다. 지금까지의 관찰과 실험은 문제를 완전히 해결하지 못했고, 새로운 실험들이 이 난국을 헤쳐 나갈 수 있을런지도 불분명하다.

심리학 문헌에서 에고이즘 가설이 틀렸다고 결정나지 않은 것과 마찬가지로 다원론 역시 틀렸다고 결정된 것이 아님을 이해하는 것이 중요하다. 그렇다면 에고이즘이 수많은 사람들이 자신의 생각을 강제로 바꾸지 않는 이상 기본적으로 믿게 되는 이론이 된 이유는 무엇일까? 아마도 에고이즘을 지지하는, 관찰된 행동에 근거한 것이 아닌 강력한 논거가 있기 때문일 것이다. 대안적으로, 죄가 증명되기 전까지는 에고이즘이 무죄라고 생각할 이유가 전혀 없다는 가능성에 대해서도 생각해 봐야 한다. 역사적으로, 에고이즘과 이타주의 가설은 불공평한 경쟁을 해 왔다. 다음 장에서, 우리는 에고이즘에게 주어진 특권적 지위가 정당화될 수 있는지에 대한 질문을 자세하게 검토해 볼 것이다.

심리학적 질문의 중요성

에고이즘과 동기적 다원론을 구분하는 실험적 증거를 얻기 어려운 이유는 바로 우리가 에고이즘이 **내적인** 보상에 호소하는 것을 허용했기 때문이다. 만약 이 관점이 조금 더 제한적이었다면, 에고이즘에서는 오직 돈과 같은 외적인 보상에만 관심이 있다고 주장했더라면, 이 문제는 더 쉬웠을 것이다. 우리는 이미 따뜻한 감정이 차가운 돈만큼이나 자신에게 이익이 된다는 개념적 틀을 선택했다는 점을 설명했다. 이제 우리가 답하고 싶은 질문은, 이러한 개념적 틀에 맞춰서 생각해 볼 때, 우리의 궁극적 동기가 진짜로 무엇인지가 왜 중요한가?이다. 이 질문 이면에는 사람의 행동에 있어서 사람들이 서로에게 어떻게 대하는가가 중요하지, 도움을 주는 동기는 크게 중요하지 않다는 생각이 자리 잡고 있다. 만약 이타주의자가 당신에게 친절하고 에고이스트가 당신에게 못되게 군다면, 당신은 앞으로 만나게 될 사람이 둘 중 어떤 유형인지를 알고 싶을 것이다. 하지만 이타주의자와 에고이스트가 당신에게 똑같이 대한다면, 어떤 유형인지 굳이 관심을 가질 이유가 있을까?

우리는 두 가지 답을 가지고 있다. 첫째, 우리는 사람들이 그 자체를 목적으로 타인에게 관심을 기울이는지에 대한 질문이 이론적 측면에서 중요하다고 생각한다. 물론, 천문학의 이론적 쟁점에 흥미가 없는 사람들도 있는 것처럼, 이 질문에도 관심이 없는 사람들이 있을 수 있다. 그러나 심리학이 정신적 메커니즘을 명료하게 밝혀서 행동을 설명하고자 하는 학문이라면, 동기의 구조가 중요한 심리학적 문제가 되지 않을 것이라고 생각하기는 어렵다.

돕는다는 사실만 중요하고 왜 돕는지는 중요하지 않다고 생각하는 사람들에게 해 줄 수 있는 두 번째 답변은 실용적인 것이다. 사람들이 그들의 궁극적 동기에 대해 믿고 있는 것이 얼마나 다른 사람을 돕는지에 영향을 준다는 추측을 생각해 보자. 사람들이 에고이즘이 옳다고 생각할 때, 그들은 덜 도와주는 경향을 보일 것이다(Batson, Fultz, Schoenrade, and Paduano, 1987). 이러한 가설을 지지하는 증거가 있다. 프랭크 등(Frank, Gilovich, and Regan, 1993)은 협동 행동의 다양한 측정치와 관련해서 경제학자들과 타 전공 사람들을 비교한 연구들을 논의했다. 여기서 볼 수 있었던 경향성은 경제학자들이 덜 도와준다는 것이다. 이것은 원래부터 다른 사람들을 덜 도와주는 사람들이 경제학을 전공으로 더 많이 선택해서일지도 모른다. 이 가능성을 배제하기 위해, 프랭크와 동료 연구자들은 경제학 개론 수강생들과 천문학 개론 수강생들에 대해 사전-사후 연구를 실시하였다. 이 학생들에게 학기 초와 학기 말에 $100가 들어 있는 봉투를 주웠을 때 주인에게 돌려줄 것인지 물어보았다. 더불어 학생들에게 9개의 컴퓨터를 주문했는데 10개가 배달되었다면, 그 실수에 대해 컴퓨터 가게에 알려 줄 것인가에 대해서도 질문했다. 학기 초에는, 경제학 수강생들과 천문학 수강생들 모두 비슷한 수준으로 정직하게 행동할 것이라고 답했다. 경제학 수강생들과 천문학 수강생들은 학기 중에 어떻게 변화했는지에 차이가 있었다. 부정직하게 행동하겠다는 의지는 천문학 수강생들보다 경제학 수강생들에게서 더 크게 증가했다. 이는 경제학을 공부하는 것이 협동을 억제한다는 증거가 된다. 물론, 경제학이 이런 효과를 보이는 것이 사람들로 하여금 심리학적 에고이즘이 진실된 것이라고 믿게 한다는 의미인지는 더 알아봐야 할 문제다. 우리는 이것이 그럴듯한 추측이라고 생각하는데, 그 이유는 동기 이론이 다른 학문보다도 경제학에서 큰 역할을 하기 때문이다.

심리학적 에고이즘을 믿는 것이 사람들로 하여금 덜 돕게 한다고 하더라도, 이 이론이 틀렸다는 의미는 아니다. 에고이즘이 옳고, 이 사실을 지각하게 되면 사람들이 좀 더 자기중심적이 되는지도 모른다. 우리가 여기서 말하고자 하는 바는, 만약 심리학적 에고이즘이 거짓이라면, 이론적 중요성 때문만이 아니라 에고이즘이 거짓임을 아는 것이 우리의 행동에 영향을 줄 수 있다는 이유에서도 사실을 알아야 할 가치가 있다는 것이다 (Batson, 1991).

각주

1 에고이즘과 이타주의에 관한 심리학 문헌은 여기서 우리가 다루는 것보다 훨씬 많은 주제를 다룬다. 유용한 조사를 위해서는 Piliavin and Charng (1990)과 Schroeder, Penner, Dovidio, and Piliavin (1995)를 참고하라.

2 철학 수업 강의실은 이러한 연구를 위한 자연적인 실험실을 제공한다. 만약 한 교수가 심리학적 에고이즘을 반박하면서 철학개론을 가르치고, 다른 교수는 심리학적 에고이즘을 지지하면서 수업을 진행한 뒤, 수업이 끝난 뒤 학생들에게 내성법을 사용하게끔 하는 것은 어떨까? 만약 이 교수들에게 충분한 카리스마가 있다면, 우리는 이 두 강의의 수강생들이 서로 다른 내성법적 보고를 할 것이라고 예상한다.

3 이러한 용어를 사용함으로써, 우리는 모든 행동이 유기체의 유전자와 환경에 의한 공동 결과로서 나타난다는 공리에 반대하는 것이 아니다. 우리가 여기서 말하는 행동은 환경의 변화와 상관없이 완전히 일관적인 것들이다.

4 다른 실험들에서는, 낮은 공감 실험조건에 있는 실험참가자들에게는 도움을 필요로 하는 사람들에 대한 사실과 객관적인 정보에 대해 생각해 보라고 했고, 높은 공감 실험조건에 있는 실험참가자들에게는 그들이 도움을 필요로 하는 사람이 된다면 어떻게 느낄지에 대해 생각해 보라고 했다. 각각의 경우, 이러한 조작이 공감능력에 영향을 준다는 독립적인 근거가 있다고 한다.

5 배슨은 두 가지 가설이 네 개의 실험조건에 해당하는 실험참가자들이 보이는 도움 행동의 빈도에 대한 추가적인 예측을 한다고 주장한다. 그 예측들은 배슨(Batson, 1991: 111)에서 재구성한 다음과 같은 표에 요약되어 있다:

		혐오적 각성 감소 가설		공감-이타주의 가설	
		벗어나는 것이		벗어나는 것이	
		쉽다	어렵다	쉽다	어렵다
공감이	낮다	낮다	높다	낮다	높다
	높다	낮다	높다/매우 높다	높다	높다

이러한 공감-이타주의 가설이 예측하는 것에 대한 이해는 배슨이 이 가설이 주장하는 것에 대해 한 설명과는 차이가 있다고 생각한다. 공감-이타주의 가설의 무엇이 벗어나는 것이 어려울 때 공감수준은 아무런 영향을 주지 못할 것이라는 예측를 하게끔 하는가? 그리고 이 가설의 어떤 특징이 공감능력이 낮은 실험참가자들이 벗어나는 것이 쉬울 때보다 어려울 때 더 많이 도울 것이라는 것을 예측하게끔 하는가? 이 두 가지 예측 모두 공감이 이타적 동기의 원인이 된다는 주장으로부터 나오는 것은 아니다. 또한, 만약 혐오적 각성 감소 가설이 벗어나는 것이 어려운 상황일 때 공감이 도움 행동을 촉진한다고 예측한다면(도움 행동의 확률을 높음에서 매우 높음으로), 왜 공감-이타주의 가설은 이를 부정하는가? 이러한 질문들은 공감-이타주의 가설을 이타적 동기와 에고이즘적 동기가 모두 역할을 수행하는 동기적 다원론의 한 형태로 이해해야한다는 점을 보여주는 것 같다.

6 즉, 주어진 표본 크기에서 관측된 빈도가 통계적으로 유의미하게 차이가 났다는 말이다.

7 앞서 논의했던 첫 번째 실험과 마찬가지로, 여러 가설들에 대한 배슨의 해석에 대한 의문을 가질 수 있다. 왜 공감-특정 처벌 가설에서는 돕지 않는 것에 대한 명분뿐만이 아니라 공감수준 또한 도움 행동에 영향을 준다고 예측하는가? 이전의 실험에서는, 혐오적 각성 감소 가설에 의하면 벗어나는 것이 쉬울 때 공감이 영향을 미치는 것을 부정하였다. 공감-이타주의 가설에 대한 배슨의 해석 중 어떤 측면은 이해하기 어렵다. 이 가설의 무엇이 돕지 않는 것에 대한 명분이 낮은 공감 실험참가자들에게만 영향을 미치고 높은 공감 실험참가자들에게는 영향을 미치지 않는다고 결론 내리게 하는가? 이 가설의 어디에서 높은 수준의 공감을 다른 사람들의 평가를 완전히 무시할 정도로 강력한 동기라고 하는가?

8 공감-이타주의 가설은 높은 공감이 이타적 동기를 유발하고 에고이즘적 동기를 유발하지

않는다고 해석될 때 이러한 함의를 가지게 된다. 만약 이 가설에서 단순히 공감이 이타적 동기를 유발한다고만 하면 이러한 예측은 성립하지 않는다. 이 가설에 대한 좀 더 강한 해석이 배슨(Batson, 1991: 87-88)이 선호하는 것이다.

.9.

철학적 논증

철학자들은 간혹 사람들이 이미 알고 있는 이야기를 한다. 예를 들어 보통 사람들은 일반적으로 그들이 눈을 감아도 물리적 세계는 계속 존재한다고 믿고 있다. 대부분의 철학자들도 마찬가지다. 그렇다면 그들은 대체 왜 "외부 세계의 문제"에 대해 논하는가? 철학자들은 상식이 이성으로 정당화될 수 있는지를 규명하고 싶어하기 때문이다. 우리가 지각하는 것과는 독립적으로 물리적 대상이 존재한다는 **결론** 자체가 문제가 아니다. 철학자들은 이러한 일상생활의 논제를 이루는 **논증**에 관심이 있는 것이다. 철학자들은 모든 사람들이 이미 믿고 있는 것을 정당화하고자 한다.

이런 철학도 있지만, 에고이즘과 이타주의에 대한 논의는 다르다. 여기서 철학자들은 모든 사람들이 이미 믿고 있는 것을 단순히 확인하는 데 그치지 않는다. 오히려, 그들은 자주 우리의 궁극적 동기가 무엇인지에 대한 일반적인 견해를 약화시키고자 했다. 많은 사회과학자들 — 그리고 우리들 대부분 — 은 심리학적 에고이즘이 옳다고 믿는다. 이와 대조적으로, 철학에서는 이 입장이 틀리다고 생각하는 강한 전통이 있어 왔으며 현재까지도 이러한 전통이 존재한다. 이것이 많은 철학자들이 다수의 사람들이 믿는 것을 부인하는 배경이다.

이번 장에서는 여러 철학자들이 이 주제에 관해 무슨 이야기를 했는지에 대한 역사를 다루지 않는다. 그보다도, 우리는 철학만이 가지고 있는 특징적인 논증들을 준비했다. 이들 대부분은 에고이즘이 틀렸음을 보여 주는 것을 목표로 한다. 이 철학적 논증들이 이전 장에서 다루었던 심리학적 논증들보다 더 성공적인 것인지는 지금부터 판단해야 할 일이다.

버틀러의 돌

조셉 버틀러Joseph Butler, 1692-1752는 많은 철학자들이 쾌락주의를 반박한다고 여길 만한 논증을 제시했다. 버틀러가 무엇을 성취했는지에 대한 브로드C. D. Broad의 다음과 같은 관점은 특별한 것이 아니다. "그는 그 이론을 너무나도 철저하게 죽였기 때문에 현대의 독자들에게는 그가 이미 죽은 말들을 채찍질하는 것처럼 보이기도 한다. 그러나 모든 좋은 오류는 죽은 뒤에 미국으로 가고, 현지 교수들에 의해 새로운 발견으로 부활한다. 따라서 버틀러의 논박을 항상 준비해 놓고 있는 것이 유용할 것이다"(Broad, 1965: 55).

철학의 역사에서 유명한 논증들이 흔히 그렇듯이, 버틀러의 논증의 정확한 의미에 대해서는 의견이 불일치하는 부분이 있다. 따라서 버틀러 자신이 쓴 글에서부터 시작하는 것이 좋을 것이다:

> 모든 욕구와 열정은 외적인 것들 그 자체에 대한 것이며, 그것들로부터 유발되는 쾌락과는 다르다는 점을 지금부터 분명히 할 것이다. 대상과 열정 사이에 이미 존재하는 적절성이 없다면 쾌락은 존재하지 못할 것이다. 만약 한 대상에 대해서 다른 대상보다 더 강한 애정이나 욕구를 느끼지 않는다면, 음식을 먹는 것이 돌을 삼키는 것보다 더 즐거운 것처럼 한 대상에 대해서 다른 대상보다 더 강하게 느끼는 만족감이나 즐거움은 없을 것이다(Butler, 1726: 227).

버틀러의 요지는 우리가 원하는 것은 음식이지, 먹는 것으로부터 오는 쾌락이 아니라는 것이다. 우리는 이러한 쾌락주의에 대한 반론을 버틀러의 돌Butler's Stone이라고 지칭할 것이다.

버틀러의 논리는 버틀러 이후의 철학에 반영되었고, 최신 철학에도 강한 영향을 미쳤다. 예를 들어 브로드는 구두쇠와 정치인은 살아 있는 쾌락주의의 반증이라고 주장하였는데, 그 이유는 그들이 행복과 충돌함에도 불구하고 돈과 권력을 추구하기 때문이다. 브로드는 다음과 같이 말한다:

> 권력이나 재물을 원하는 사람이 권력을 얻고 휘두르거나 재물을 모으고 소유하는 경험을 즐긴다고 한 뒤, 그래서 자신에게 이러한 쾌락적 경험을 제공하는 것이 이 사람의 궁극적 욕구라는 주장은 제대로 된 답이 아니다. 전제는 옳지만, 주장은 스스로를 어리석어 보이게 할 뿐이다. 여기서 말하는 경험은 이 사람이 권력이나 재물을 원할 때만 쾌락을 준다. 이런 종류의 쾌락적 경험은 쾌락이 아닌 다른 것에 대한 욕구들을 상정하며, 따라서 그러한 종류의 쾌락적 경험으로부터 이러한 욕구들을 도출할 수 없다(Broad, 1952: 92).

브로드는 버틀러의 논증이 사람들이 왜 자기존중self-respect과 자기과시self-display를 하는지에 대한 쾌락주의적 설명을 반박한다고 주장한다.

버틀러의 돌은 쾌락에 대한 욕구와 외적인 대상(음식과 같은)이라는 자기지향적인 것들 사이의 관계를 설명하고자 했지만, 여기에 구현된 형태의 논증은 보다 폭넓게 적용되어 왔다. 조엘 파인버그Joel Feinberg는 버틀러의 논리를 사용해서 보편적 이기주의에 대한 반론을 제시했다.

> 어떤 행동의 부산물로서의 쾌락(만족)의 존재는 그 행동이 이기적이었다는 증거가 되지 못한다; 어떤 특수한 경우에는 그 행동이 이기적이지 않았다는 결정적인 증거가 되기도 한다. 그 특수한 경우들에 우리가 특정한 행동으로부터 쾌락을 느낀다는 사실은 우리가 어떤 다른 것 — 우리의 쾌락이 아닌 어떤 다른 것 — 을 단순히 우리의 자신의 쾌락을 위한 수단이 아니라 그 자체를 목적으로 원했다는 점을 전제로 한다(Feinberg, 1984: 29).

이와 비슷하게, 토머스 네이겔Thomas Nagel도 이타주의에 대한 그의 논의에 버틀러의 논거를 사용한다.

> 여기 어쩌면 폐기할 수 있을지도 모르는 설명이 하나 있다. 타인을 위한 행동이 동기화되는 이유가 이기적 행동을 했을 때 나타날 수 있는 죄책감을 피하기 위해서라고 보는 관점이 그것이다. 죄책감은 근본적인 이유가 될 수 없다. 왜냐하면 죄책감이란 정확하게 말하자면 타인의 주장, 권리, 혹은 이득에서 비롯된 행동의 사유 — 즉, 사전에 받아들인 행동의 사유 — 에 반하는 행동을 하고 있거나 했다는 사실을 고통스럽게 깨닫는 것이기 때문이다(Nagel, 1970: 80).

여기서 설명하고 있는 것은 자기지향적 욕구(죄책감을 피하려는 욕구)와 타인지향적 욕구(타인의 "주장, 권리, 혹은 이득"을 존중하고자 하는 욕구)의 관계다.

다음은 우리가 버틀러의 돌을 해석하는 방법이다:

1. 사람들은 때때로 쾌락을 경험한다.
2. 사람들이 쾌락을 경험하는 것은, 그들이 원하는 어떤 외적인 것을 원했기 때문이고, 그 욕구가 만족되었기 때문이다.

따라서 쾌락주의는 틀렸다.

당연히 우리는 첫 번째 전제를 문제삼지 않는다. 그러나 우리는 이 결론이 전제들로부터 도출되는 것이 아니라는 점과, 두 번째 전제가 옳지 않다는 점에 대해 논의할 것이다.

욕구(음식에 대한 욕구)에서 **행동**(먹는 행동), 그리고 **결과**(쾌락)로 이어지는 인과적 연쇄에 대해 생각해 보자:

음식에 대한 욕구 ———→ 먹는 행동 ———→ 쾌락

만일 쾌락에 선행하는 욕구를 추적할 수 있다면, 쾌락은 그 욕구의 원인이 될 수 없다(원인이 결과보다 선행해야 한다고 가정할 때). 그러나 문제가 없는 이 결론은 두 개의 욕구 — 음식에 대한 욕구와 쾌락에 대한 욕구 — 사이의 관계가 무엇인지에 대해서는 알려 주지 않는다. 구체적으로 말해서, 무엇이 음식에 대한 욕구의 원인이 되었는지에 대해서는 가능성을 열어 두고 있는 것이다. 만약 쾌락주의가 옳다면, 이 욕구들은 다음과 같이 연관되어 있을 것이다:

쾌락에 대한 욕구 ⟶ 음식에 대한 욕구

쾌락주의에서는 사람들이 음식을 원하는 이유가 그들이 쾌락을 추구하기(그리고 음식이 쾌락을 가져다줄 것이라고 믿기) 때문이라고 한다. 버틀러의 돌은 이러한 인과적 주장이 틀렸다고 결론 내리지만, 여기에는 정당한 근거가 없다. 버틀러의 논증이 범하고 있는 결정적 실수는 두 개의 사뭇 다른 사항들 — 욕구가 만족되어 경험하는 쾌락과 쾌락에 대한 욕구 — 을 혼동하는 데에서 기인한다. 쾌락의 발생이 행위자가 쾌락 이외의 어떤 것을 원했기 때문이라는 것을 전제한다고 하더라도, 쾌락에 대한 욕구와 다른 어떤 것에 대한 욕구 사이의 관계가 뒤따르는 것은 아니다(Sober, 1992; Stewart, 1992).

쾌락주의자는 행위자가 외부의 것을 원하고 그 욕구가 만족되었다면, 쾌락이 결과라는 생각을 받아들일 수 있다. 버틀러는 여기서 한 단계 더 나아간다. 그는 이것이 쾌락으로 가는 하나의 통로일 뿐만 아니라, 유일한 통로라고 주장한다. 쾌락주의자는 이런 주장도 받아들일 수 있지만, 브로드가 밝혀 낸 이유들에 따르면 그러지 않아야 한다. 브로드에 따르면, "어떤 감각들은 본질적으로 쾌락적이다(예를 들어 제비꽃의 향기나 설탕의 맛 등). 다른 것들은 본질적으로 불쾌하다(예를 들어 황산화수소의 악취나 화상의 느낌). 따라서 우리는 본질적인 쾌락과 고통을 만족되거나 만족되지 못한 충동의 결과로 경험하는 쾌락과 고통으로부터 구별할 수 있어야 한다"(Broad, 1965: 66).

브로드가 어떤 경험들이 "본질적으로" 쾌락적이거나 고통스럽다고 할 때, 이것은 행위자들이 생각하거나 원하는 것과 상관없이 느끼는 쾌락과 고통을 의미하는 것으로 보인다. 원한다는 것은 인지적 성취(6장)이며 어떤 감각들은 명제적 표상을 만들지 않고서도 나타날 수 있다. 화상 때문에 아프다는 것을 느끼기 위해서 어떤 신념이나 욕구가 필요하지 않다. 이 점은 다음 장에서 중요하게 다루어질 것이다. 브로드의 주장은 버틀러가 설명하는 쾌락으로의 한 가지 통로 이외에 다른 통로가 있다는 점에서 옳다.[1]

어떤 경우든, 쾌락에 이르는 통로는 유일하다는 버틀러의 주장은 그의 논증에 꼭 필요한 것이 아니다. 버틀러가 외부의 것에 대한 욕구를 만족시키는 것이 사람들이 쾌락을 얻는 여러 가지 방법 중 한 가지라고 하더라도 그의 논증은 약화되지 않을 것이다. 그의 논증에서 구조적으로 자리잡고 있는 중대한 오류는, 쾌락주의가 사람들이 외부의 것들을 **원한다**는 생각과는 정반대라고 보는 버틀러의 아이디어다. 이것은 실수다. 쾌락주의는 사람들이 외부의 대상을 원하는 이유를 **설명**하는 것이지, 사람들이 외부의 것을 원한다는 것을 **부정**하지는 않는다. 우리는 버틀러의 돌이 오류일 뿐만 아니라 잘못된 전제를 가지고 있다고 결론 내릴 것이다. 행위자가 어떤 외부의 것을 원하는 것이 선행되지 않는다면 쾌락은 없다는 전제는 틀렸다. 쾌락과 욕구가 연결되어 있다는 것을 인정한다고 하더라도, 사람들이 외부의 것을 원하는 유일한 이유는 쾌락을 얻고 고통을 피하고자 하는 궁극적 욕구를 만족시키기 위해서라는 쾌락주의자의 주장을 반박하지 못할 것이다.

쾌락주의의 역설, 그리고 이성의 요건

철학자들은 때때로 쾌락이나 행복을 추구하는 데 집착하는 사람들은 필연적으로 원하는 것을 얻지 못하게 된다고 주장했다. 쾌락과 행복은 특정한 활동에 열중하는 것에 대한 부산물로서만 획득할 수 있다는 것이다.

쾌락과 행복에 대한 이러한 사실이 쾌락주의의 역설을 구성한다고 여겨진다 — **역설**이라는 단어는 우리가 여기서 심리학 이론으로서의 쾌락주의의 결함을 찾아내야 한다는 것을 의미한다(Butler, 1726; Feinberg, 1984).

여기에는 약간의 진실이 담겨 있다. 오직 자신이 행복하기만을(또는 쾌락을 취하기만을) 바라는 사람들은, 그 목적을 이루기 위한 수단이 되는 행동을 선택하는 과제에 관심이 없을 것이다. 그들은 항상 싸게 사고 비싸게 팔아야 한다는 생각만 하고 있는 증권 중개인과 같다. 목적이 있으나 그것을 이루기 위한 수단이 없는 사람들은 필연적으로 그들이 원하는 것을 얻지 못할 것이다. 이러한 비판에 대한 명백한 대응은 쾌락주의에서는 사람들이 이런 식으로 한 가지에만 집착해야 한다고 주장하지 않는다는 것이다. 쾌락주의에서는 쾌락을 추구하고 고통을 회피하는 것이 유일한 **궁극적** 목적이라고 주장하지, 유일한(궁극적 또는 근접적) 목적이라고 주장하지는 않는다. 쾌락주의자는 어떤 행동이 가장 적절하게 쾌락을 가져다주고 고통을 막아 주는지 되돌아보고, 이 논리를 기반으로 무엇을 할 것인지 결정할 것이다(Sidgwick, 1907). 수단-목적 사고는 쾌락주의와 호환될 뿐만 아니라, 쾌락주의 이론을 구성하는 기본 논리의 일부인 것이다.

쾌락주의의 "역설"의 두 번째 요소도 엉성하기는 마찬가지다. 쾌락주의자들은 한 가지에만 집착하기 때문에 그들이 추구하는 쾌락을 획득하는 데 반드시 실패할 것이라는 주장이다. 이 주장이 사람들이 쾌락주의자가 **되지 말아야 한다**는 점을 수반한다고 하더라도,[2] 사람들이 **실제로** 쾌락주의자가 아니라는 결론을 도출하지는 못한다. 기술적descriptive 주제로서의 쾌락주의는 규범적normative 주제로서의 쾌락주의와 구분되어야 한다. 소위 말하는 쾌락주의의 역설은 기술적 주장과 관련해서는 말할 수 있는 바가 없다.

토머스 네이겔(Thomas Nagel, 1970)의 저서 『이타주의의 가능성*The Possibility of Altruism*』의 주요 주장과 관련해서도 이와 비슷한 구분이 필요하다. 네이겔은 타인의 이해관계를 고려하지 않고 결정하는 사람들을 비합리적인 사람들이라고 주장한다. 그들은 자신과 타인의 비대칭성을 정당화할 수 있는 자신들만 가지고 있고 남들은 가지고 있지 않은 특성도 없으면서 자신의 이해관계만 생각하고 타인의 이해관계는 무시한다는 것이다. 이것이 바로 네이겔이 그의 책 제목에서 이야기하는 주제에 대해 주장하는 바이다. 즉, 어떤 사람이 합리적이라면, 그는 이타적으로 행동할 수 있다.

철학자들은 "합리성"이라는 개념을 사람들이 가지고 있는 목적을 달성하기 위해 효과적인 방법을 선택할 수 있는 능력이라는(때로 "도구적instrumental" 합리성이라고 불리는) 좁은 의미로 사용할 것인지, 아니면 목적 그 자체가 도덕적으로 정당화될 수 있다는("실질적substantive" 합리성이라고 불리는) 넓은 의미로 이해할 것인지에 대해서 서로 동의하지 않는다.[3] 유능한 연쇄 살인범은 전자의 접근에 의하면 "합리적"이라고 볼 수 있지만, 후자에 의하면 그렇지 않다. 이 사안에 대해 어떤 결정을 내리더라도, 네이겔의 주장은 사람들이 이타적인 궁극적 동기를 가질 수 있는지를 보여 주지 못한다. 만약 우리가 **도구적** 합리성에 대해 이야기하고 있다면, 철두철미한 에고이스트의 좁은 의미로서의 자기-이익은 도덕적으로 혐오될 수 있지만, 그렇다고 이것이 반드시 비합리적인 것은 아니다. 반면에, 만약 합리성의 의미가 **실질적** 합리성을 의미한다면, 에고이스트들이 비합리적이라는 말이 옳을 수도 있지만, 오직 자기자신만의 이익만에 집중하는 것이 도덕적으로 옳지 않다는 것을 다르게 표현한 것에 지나지 않을 수도 있다.[4] 어느 쪽 관점을 더 선호하든 간에, 네이겔은 사람들이 정말로 이타적 동기를 가질 수 있다는 점을 보여 주지 못했다. 네이겔은 합리성이 이타주의를 수반(혹은 이타주의의 가능성을 수반)한다고 봤기 때문이다. 네이겔은 사람들이 합리적인가에 대해서는 아무런 논의를 하지 않는다. 우리가 합리적**이어야** 하고, 동시에 이타적**이어야** 할지도 모른다. 그러나 양쪽 주장 모두 심리학적 에고이즘의 기술적 주제에 대한 반론을 제시하지 못한다.

경험 기계

심리학자들이 수행한 실험들과 우리가 일상생활에서 관찰하는 행동들만으로 에고이즘-이타주의 논쟁을 해결하기에 충분치 못하더라도, 쾌락주의에 대한 반증을 제공하는 흥미로운 사고 실험이 하나 있다. 로버트 노직(Robert Nozick, 1974: 42-45)은 그의 책 『아나키에서 유토피아로*Anarchy, State, and Utopia*』에서 그가 **경험 기계**라고 부른 것에 대해 설명한다. 노직의 사고 실험은 현재 실제로 존재하고 있는 장치를 기술하는 것이 아니지만, 경험 기계라는 아이디어는 우리의 궁극적 욕구가 무엇인지 파악하는 데 도움이 된다.

사람의 뇌에 일련의 복잡한 전기 자극을 보내는 정교한 컴퓨터를 상상해 보자. 이 기계는 어떤 경험이라도 실제처럼 그럴 듯하게 만들어 낼 수 있도록 프로그램될 수 있다. 만약 당신이 이 기계에 접속되어 있다면, 스키를 타고 산을 내려오는 것이든, 바이올린을 켜는 것이든, 유엔에서 연설을 하는 것이든, 실제 경험과 구별할 수 없는 경험들을 전송받게 된다.

당신이 남은 인생의 전부를 이 경험 기계에 접속해서 지낼 수 있는 기회를 제공받았다고 가정하자. 이 기계는 접속하는 순간 당신이 그런 결정을 내렸다는 사실을 잊어버리게 할 것이며 당신이 최대한으로 좋다고 느껴지는 경험과 최소한으로 고통스러워하는 경험만을 제공하게 될 것이다. 당신이 마침내 전 세계의 기근을 박멸하는 세계 지도자가 되는 경험을 느끼고 싶다면, 경험 기계가 이를 가능하게 할 것이다. 당신이 역사상 가장 위대한 운동선수가 되는 경험을 하고 싶어도, 경험 기계만 있다면 문제없이 가능하다. 그리고 당신이 원하는 것이 깊이 있고 지속적인 사랑과 우정의 인간관계에서 오는 기쁨이라면, 이 기계는 그것조차 제공할 것이다. 유일한 단점은, 물론, 당신의 신념은 가공의 것이라는 점이다. 당신은 자신이 위대한 정치가라고, 운동선수라고, 또는 사랑에 빠졌다고 **생각**할 것이지만, 당신의 신념은 **거짓**이다. 만일 당신이 경험 기계에 접속하겠다고 결정하면, 당신은 남은 인생을 실험실 탁자 위에 묶여서 당신의 몸에 각종 튜브와 전극이 꽂혀 있는 상태로 보내게 될 것이다. 당신은 아무런 행동도 하지 않을 것이다. 그러나 이 기계 덕분에 당신이 경험하게 될 쾌락의 수준은 대단할 것이다.

만약 당신이 경험 기계에 접속할 기회를 제공받았다면, 당신은 어떻게 할 것인가? 한 가지 자연스러운 반응은, 그 기계가 약속한 대로 작동할 것인지를 의심하는 것이다. 현재 시장에 나와 있는 그 어떤 기계도 이 기계가 할 수 있다는 것을 제공하지 못한다. 가상현실 게임도 이와 비교할 수 없는 수준이다. 그러나 논의를 위해서, 이 망설임은 잠시 접어 두자. 당신이 접속할 수 있는 기회를 받았고, 이 기계는 약속한 대로 작동한다고 상상해 보자. 즉, 이 기계는 당신에게 가장 큰 쾌락과 가장 적은 고통의 경험을 당신의 기질에 맞추어서 제공할 것이다. 우리는 많은 사람들이 기계에 접속하는 제안을 거절할 것이라고 생각한다. 우리는 당신도 이렇게 느낄 것이라고 가정한다.

이는 쾌락주의에 반하는 것처럼 보인다. 진짜 삶이 기계에 접속했을 때보다 더 적은 쾌락과 더 많은 고통을 가져온다고 하더라도 다수의 사람들이 가상의 삶보다 진짜 삶을 더 선호하는 것 같다. 사람들은 자신의 마음과 바깥 세상이 관련되어 있는 방식이 축약불가능하게 중요하다고 생각하는 것 같다. 그들이 유일하게 목적 그 자체로 원하는 것들이 쾌락 상태의 의식이라는 생각은 틀렸다.[5]

쾌락주의자는 많은 사람들이 경험 기계에 접속하지 않겠다고 하는 이유를 설명해야 한다.[6] 한 가지 가능성은 사람들이 질문의 요지를 제대로 받아들이지 못하고 있다는 것이다. 비록 사람들에게 이 기계가 특정 유형의 경험을 제공할 것이라고 말했지만, 그들은 이 가정을 받아들이지 못할 수도 있을 것이다. 또 다른 가능성은 사람들이 이 질문에 당면하게 되면 합리적으로 생각할 수 있는 능력을 잃어버릴 수 있다는 것이다. 쾌락주의자가 제안하는 이 두 가지 설명은 사람들이 당면하고 있는 문제를 개념화할 수 있다는 다른 가정들을 버림으로써 쾌락주의 이론을 반박으로부터 보호하고자 한다. 우리는 이 두 가지 설명이 타당하지 않다고 본다. 사람들은 어떤 가정을 상당히 잘 받아들일 수 있고 이를 근거로 이성적으로 생각할 수 있다. 사람들이 경험 기계에 접속하지 않겠다고 말할 때는, 그들이 당면한 문제를 이해하지 못하거나 제대로 이성적으로 생각하지 못했기 때문이 아니다.

사람들이 경험 기계에 접속하지 않겠다고 결정하는 이유에 대한 더 나은 쾌락주의적 설명을 위해서는, 당신이 경험 기계에 접속하겠다고 결정했을 때 그 이후의 삶을 구성하게 될 일련의 사건들과, 접속하지 않기로 결정했을 때 삶을 구성하게 될 일련의 사건들을 그려 봐야 할 것이다. 두 경우 모두, 그 과정은 숙고deliberation로부터 시작하며, 결정decision으로 마무리된다. 만약에 당신이 기계에 접속하기로 결정했다면, 당신의 결정과 당신이 실제로 기계에 접속하게 되는 사이의 시간 차이가 존재하게 된다. 우리가 고려해야 하는 두 가지 시간대는 다음과 같다.

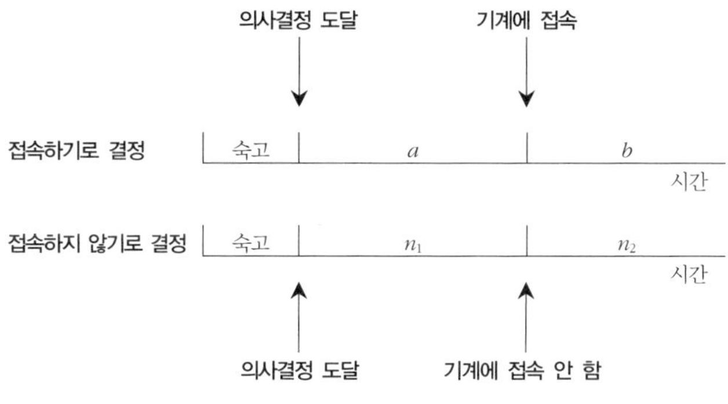

두 시간대에 있는 네 개의 글자는 당신의 결정에 따라서 당신의 경험이 각 시간대에 얼마만큼의 쾌락을 제공할 것인지를 나타낸다. 만약 당신이 기계에 접속하기로 결정했다면, 당신은 접속 후에 굉장한 수준의 환희(b)를 느끼게 될 것이다. 이것은 당신이 기계에 접속하지 않기로 결정한 뒤에 동일한 기간 동안 당신이 경험할 쾌락의 정도를 압도할 것이다$(b > n_2)$. 만일 이것이 고려해야 할 유일한 것이었다면, 쾌락주의자는 사람들이 기계에 접속하기로 결정할 것이라는 예측을 해야 할 것이다. 쾌락주의는 사람들이 이와 반대되는 결정을 내리는 사실을 어떻게 설명할까?

쾌락주의자의 전략은 선행 사건을 보는 것이다. 당신이 실제로 기계에 접속하기 전에 당신이 기계에 접속하기로 결정했을 때 어떤 기분인지 생각해 보자. 아마도, 당신은 상당한 **불안**(a)을 경험할 것이다. 당신은 당신이 사랑하는 사람들을 다시는 보지 못할 것이라는 점을 깨달을 것이다. 당신은 또한 이제 진짜 삶을 사는 것을 포기한다는 점을 깨달을 것이다. 당신은 이 시간 동안 기계에 접속하지 않겠다고 거절하고 진짜 삶을 계속 사는 것보다 덜 즐거울 것이 분명하다($a < n_1$).

만약 쾌락주의자들이 사람들이 경험 기계에 접속하지 않겠다고 결정하는 이유를 설명할 때 사람들이 결정을 내린 이후에 기대하는 쾌락과 고통만을 고려한다면, 반드시 $a+b<n_1+n_2$가 되어야 한다. b는 n_2보다 훨씬 크기 때문에, 이 불균형은 오직 a가 n_2보다 아주 아주 작을 때만 성립한다. 즉, 쾌락주의자들은, 사람들이 기계에 접속하기를 거부하는 이유는 접속한다고 결정을 내린 뒤 실제로 접속할 때까지의 고통이 그들이 접속한 뒤에 경험하게 될 쾌락보다 훨씬 더 **극심하기** 때문이라고 설명하고자 할 것이다.

이것은 매우 받아들이기 어려운 주장이다. 접속하기로 결정한 뒤 실제로 접속할 때까지의 시간은 굉장히 짧을 수 있다. 이는 당신이 기계에 접속된 뒤 최대한의 쾌락을 맛보면서 보내게 될 수년간과 비교하면 아주 짧은 시간이다. 우리는 기계에 접속하기로 결정한 사람들이 그 짧은 기간 동안 슬픔과 불안을 느낄 것이라는 점은 인정한다. 그러나 이 부정적인 경험이 추후의 모든 쾌락을 압도한다는 생각은 믿을 수 없다.

그 이유를 알아보기 위해서, 두 번째 사고 실험을 생각해 보자.[7] 당신이 10초간 어떤 경험을 하겠다고 하면 $5,000를 준다는 제안을 받았다고 가정하자. 그 경험이란, 당신이 지금 막 남은 생애를 경험 기계에 접속해서 살기로 결정했다고 믿는 것이다. 10초간 이것을 믿은 뒤, 당신은 다시 원래의 삶으로 돌아와서 약속받은 돈을 받게 될 것이다. 우린 대부분의 사람들이 $5,000를 받기 위해 10초를 선택할 것이라고 예측한다. 여기서 알 수 있는 것은, 쾌락주의자들은 사람들이 남은 인생 동안 경험 기계에 접속해서 산다는 걸 믿는 경험을 너무나도 끔찍하게 생각해서 그것을 포함하는 삶을 아무도 선택하지 않을 것이라고 주장해서는 안 된다는 점이다.[8]

쾌락주의자는 여전히 사람들이 경험 기계에 접속하지 않고 평범한 삶을 선택하는 이유를 설명하지 못했다. 쾌락주의적 계산에 따르면 불가피하게 $a+b>n_1+n_2$라는 결론에 도달하기 때문이다. 그렇다면 쾌락주의자는 패배를 인정할 수밖에 없는 것일까? 우리는 쾌락주의자에게 패배를 벗어날 길이 있다고 믿는다. 사람들이 무엇을 할 것인지 결정을 내린 **이후**에 발생하는 쾌락과 고통 외에도, 사고하는 과정 그 자체에서 발생하는 쾌락과 고통 또한 존재한다. 쾌락주의자는 기계에 접속하겠다고 **결정하는 과정**이 너무 혐오스러워서 대부분의 사람들이 접속하지 않겠다고 결정한다고 설명할 수 있다. 사람들이 대안에 대해 생각할 때, 그들이 기계에 접속된 채 사는 삶에 대해 생각하면 기분이 좋지 않을 것이다. 그들은 기계에 접속하지 않기로 결정함으로써 그들이 진짜 삶을 산다고 생각했을 때 훨씬 기분이 좋아질 것이다. 비록 기계에 접속된 삶은 상당히 즐겁겠지만, 기계에 접속된 채 사는 삶에 대한 **생각**이 고통스럽다. 진짜 삶이 때때로 고통을 포함할지라도, 진짜 삶에 대한 **생각**은 즐거운 것이다.[9]

사람들이 경험 기계에 접속하기를 거부하는 이유에 대한 쾌락주의적 설명에 관여하는 것이 무엇인지 알기 위해서는 사람들이 숙고할 때 머릿속에서 일어나는 일들에 대해 좀 더 자세히 살펴봐야 한다. 사람들은 기계에 접속하는 것이 그들이 소중하게 생각하는 계획과 애착을 버리는 것을 의미한다는 사실을 깨닫는다. 기계에 접속하는 것은 실제 세계와 단절된다는 의미에서 자살과 유사하다. 차이점은 자살이 의식의 끝을 뜻한다면, 경험 기계는 (말 그대로) 현실 도피적인 쾌락을 가져다준다는 점이다. 쾌락주의에서 기계에 접속하는 것에 많은 사람들이 환멸을 느끼며 기계에 접속하고 싶어하는 유혹을 역겹게 여긴다고 주장하는 것은 쾌락주의의 원칙을 배신하는 것이 아니다. 기계에 접속하기를 거부하는 사람들은 자기애적 도피를 생각하는 것에 불쾌함을 느끼며 진짜 삶을 선택하는 데서 쾌락을 찾는 것이다.

이러한 쾌락주의적 설명의 한 가지 이점은 위에서 설명한 두 개의 사고실험 결과를 설명할 수 있다는 것이다. 사람들이 남은 인생의 전부를 경험 기계에 접속하지 않겠다고 **거부**하는 이유를 설명할 수 있으며, $5,000의 제안을 받은 사람들이 경험 기계에 접속한 채 남은 인생의 전부를 보내기로 결정했다고 10초간 믿는 것에 동의하는 이유도 설명할 수 있다. 두 경우 모두, 숙고는 어떤 행위가 **미래**의 쾌락을 가져올 것인지에 대한 믿음에 따라서 이루어지는 것이 아니라, **숙고 과정 자체**에서 나타나는 특정한 생각들에 수반되는 쾌락과 고통에 따라서 이루어지는 것이다.

7장에서, 우리는 쾌락주의의 다양한 공식들이 사람들이 궁극적으로 무엇에 관심을 가지는지를 설명하는 **다양한 시간적 지평**time horizon을 명시하고 있다는 점을 논의했다. 로날드가 손에 들고 있는 담배를 피울 것인지 말 것인지 생각할 때, 그는 당장의 만족과 장기적 건강 둘 중 하나를 결정하고 있는 것이다. 쾌락주의는 다양한 형태로 존재한다. 쾌락주의는 사람들이 인생 전반에 걸쳐서, 혹은 그보다 짧은 시간 내에서 쾌락을 최대화하고 고통을 최소화하는 것을 원한다고 주장할 수 있다. 여기에는 다양한 대안들이 있다. 각각의 대안은 서로 다른 시간대에 이루어지는 경험의 상대적 중요성을 나타내는 "시간 할인율discount rate"을 정해 준다고 볼 수 있다. 쾌락주의는 일관되게 사람들마다 각기 다른 할인율을 가지고 있다고 본다. 또한, 한 사람이 경험마다 다른 할인율을 가지고 있다고 본다. 그리고 사람들이 나이가 들어감에 따라서 특정한 유형의 경험에 대한 할인율이 바뀐다고 본다. 경험 기계의 문제가 흥미로운 이유는 쾌락주의에서 매우 짧은 시간 지평을 가정하게 만들기 때문이다. 말하자면, 쾌락주의가 사람들이 경험 기계에 접속하지 않겠다는 선택을 하는 이유를 설명하게 해 주는 것이 바로 **지금 이 순간의 쾌락주의**인 것이다. 더 긴 시간 지평을 설정하는 쾌락주의는 위에서 기술한 상황에서 사람들이 어떤 선택을 할지에 대한 잘못된 예측을 한다.

경험 기계 문제는 심리학적 에고이즘과 이타주의 문헌에서 늘상 보게 되는 문제와 비슷하다. 참호 안에 떨어진 수류탄에 몸을 던져 동료들의 목숨을 구하는 병사에 대해 생각해 보자. 만약 그 병사가 죽은 후에 아무런 경험도 하지 않을 것이라는 믿음을 가지고 있다면, 쾌락주의는 어떻게 이러한 자살을 통한 자기 희생을 설명할 수 있을까? 쾌락주의자는 자기지향적 이득은 자기 희생의 행동이 일어나기 이전에 발생한다고 본다. 병사가 동료들이 죽게 되는 것보다 자신의 목숨을 버리는 결정이 덜 고통스럽기 때문에 자신을 희생하는 것은 쾌락주의에 위배되지 않는다. 자살을 통한 자기 희생의 문제와 경험 기계의 문제는 같은 방식으로 해결할 수 있는 것이다.

우리는 사람들이 경험 기계가 제공하는 가짜 삶보다 실제 삶을 선택하는 이유에 대해서 쾌락주의가 올바른 설명을 제공한다고 결론짓지 않는다. 비쾌락주의적 가설 — 사람들이 자신의 의식뿐만 아니라 세상에 대해서도 축약불가능한 관심을 가진다는 가설 — 또한 이러한 선택을 설명할 수 있기 때문이다. 오히려 우리의 결론은 경험 기계의 사고 실험이 쾌락주의를 반박하지 못한다는 것이다.

입증 책임

철학자들은 상식적인 생각은 거짓임이 증명되기 전까지는 참으로 간주해야 한다고 주장하기도 한다. 즉, 어떤 상식적 명제가 참인지에 대해서 의문이 제기되었는데 이 명제를 정당화거나 반박하는 논거를 만들어 낼 수 없다면, 이 명제를 계속 믿는 것이 합당하다는 것이다. 달리 말해서, 입증 책임은 상식에 도전하는 쪽에 있다는 것이다.

이러한 일반적 태도는 에고이즘과 이타주의에 대한 논의에서 종종 드러난다. 에고이즘 가설이 상식에 반대된다는 주장은 다음과 같이 발전시킬 수 있다. 상식적으로 인간의 동기는 다원론적이다 — 사람들은 그들 자신에 대해 관심이 있지만 다른 사람들에게도 관심이 있으며, 이것은 수단으로서가 아니라 그 자체가 목적이다. 따라서 결론은 에고이즘을 지지하거나 반박하는 철학적이고 경험적인 논거가 불충분하다면 우리는 에고이즘을 기각하고 다원론을 계속 받아들여야 한다는 것이다.[10]

여기에 대해서 우리가 제시할 수 있는 첫 번째 이의는 "상식"이 에고이즘이 아닌 다원론을 받아들인다고 볼 수 없다고 생각한다는 것이다. 상식이라는 것이 무엇인가? 사람들이 공통적으로 믿는 것이다. 그렇다면, 우리는 에고이즘이 상식의 영역에 많이 들어와 있다고 생각할 수 있다. 많은 사람들이 받아들이는 세계관인 것이다. 철학자들은 상식이라는 것과 자신들이 당연하다고 믿는 것을 헷갈리면 안 된다. 우리가 알기에 동기의 다원론이 심리학적 에고이즘보다 더 인기가 많다는 경험적 자료는 아직 없다.

사람들이 심리학적 에고이즘과 동기적 다원론에 대해서 어떤 공통적 믿음을 가지고 있는지에 관계없이, 우리는 상식에 기대는 것이 이 논쟁의 마지막 승부 결정전이라는 생각이 틀렸다고 본다. 물리학이나 생물학에서는 상식이 이런 지위를 가지지 못하며, 이는 철학이나 심리학에서도 마찬가지여야 한다고 생각한다.[11] 사실, 철학이나 심리학 분야에서야말로 우리의 직관은 특히 오류에 취약하다는 주장을 할 수 있다. 사람들은 자신의 동기와 다른 사람들의 동기에 대한 어떤 그림을 가지고 있다. 만약 특정 유형의 자기 기만 — 자신의 동기에 관한 것이든 타인의 동기에 관한 것이든 — 이 이로운 것이라면, 진화는 이러한 기만을 우리가 상식이라 부르는 "당연한" 명제들로 간직해 왔을지도 모른다. 진화적 관점에 영향을 받은 철학에서는 상식을 액면 그대로 받아들이지 않는다.[12] 공교롭게도 이전 장에서 우리가 논의했듯이, 심리학에서는 사람들이 자신의 동기에 대한 부정확한 믿음을 가지는 다양한 상황들을 연구해 왔다(Nisbett and Wilson, 1977; Ross and Nisbett, 1991). 에고이즘 대 이타주의의 질문에서 내성법을 통해서 얻어진 상식에 대한 생각을 액면 그대로 받아들이는 것은 순진한 일이다.

이 주제를 벗어나기 전에, 일반적인 입증 책임 논증의 지위와 관련해서 한 가지 제안을 하고자 한다. 입증 책임은 법적이고 절차적인 개념이며, 당사자들(예: 피고인)의 권리를 보호하기 위해 만들어진 것이다. 진리 탐구를 목적으로 하는 논쟁과는 어울리지 않는다. **법정에서는 입증 책임이 검사측에 있지만 과학과 철학에서는 입증 책임이 모든 사람들에게 있다.** 증거가 불충분하다면, 입증 책임이라는 겉만 그럴싸한 승부수를 이용할 것이 아니라, 결정을 내리지 않은 상태 그대로를 받아들여야 한다.

반박가능성

에고이즘은 때때로 반박 불가능성 때문에 비판받는다. 에고이즘을 반박하는 근거로 어떤 행동을 제시할 때마다, 에고이스트는 그에 맞는 자기지향적 선호를 가정해서 이를 피해 갈 수 있다. 우리는 지난 장에서 배슨의 실험을 통해 이러한 유연성을 볼 수 있었다. 그의 실험이 에고이즘의 한 유형을 반박할 때마다, 또 다른 유형이 나타났다. 에고이스트가 가지고 있는 자기지향적 동기의 목록은 끝이 없어 보인다.

얼핏 보기에 에고이즘 가설의 유연성은 장점으로 보인다. 가설이 수정되고 정교화되어서 새로운 관찰 결과를 받아들일 수 있다는 점이 그렇게 나쁜 것일까? 여기에 대한 표준적인 답은 과학적 가설은 검증이 가능해야 하고, 검증가능한 가설은 반드시 반박가능해야 한다는 것이다. 검증가능한 가설은 논리적으로 모든 가능한 관찰결과와 일치할 수 없다. 최소한 한 가지 관찰결과는 예외가 있어야 한다. 어떤 가설을 과학적으로 만들어 주는, 광범위하게 받아들여지고 있는 이 관점은 막대한 영향력을 지니는 철학자 칼 포퍼(Karl Popper, 1959)의 연구에서 비롯되었다. 우리는 에고이즘이 반박불가능하다는 것이 당연하지 않은 이유를 간략하게 설명하려고 한다. 그런

다음, 반박가능성이 에고이즘과 이타주의 논쟁에 아무런 영향을 주지 못한다는 점을 보여 줄 것이다.[13]

7장에서 논의되었던 궁극적 동기 그 자체는 행동에 대해 아무런 예측도 하지 못한다는 가설을 기억하는 데서 시작해 볼 수 있을 것이다. 추가적인 가정들 — 어떤 사람의 신념과 도구적 욕구, 그리고 이것들을 행동으로 연결해 주는 과정에 대한 가정들 — 이 있어야만 궁극적 동기로부터 어떤 예측들을 내놓을 수 있다. 이것은 많은 과학적 가설들이 지닌 특징이다. 철학자들은 이를 "뒤엠의 논제Duhem's thesis"라고 부르는데, 물리학의 이론들이 보조적인 가정이 있어야만 검증가능해진다고 주장한 프랑스의 역사학자이자 과학철학자의 이름을 딴 것이다. 뒤엠 논제는 관찰결과들이 절대로 에고이즘 가설을 반박할 수 없다는 주장에 신중을 기해야 할 이유를 제공한다. 오직 추가적 가정이 결합되는 경우에만 가설들이 관찰결과에 대한 함의를 가질 수 있다면, **새로운** 이론들이 만들어지고 확인되지 않을 것이라고 어떻게 확신할 수 있겠는가? 이 새로운 배경 이론들이 보조적인 가정들을 제공해서 에고이즘 가설이 틀린 예측을 하도록 만들 수도 있는 것이다.

우리는 에고이즘이 원칙적으로 반박가능하지 않다는 주장에 동의하지 않지만, 에고이즘을 검증하기 어렵다는 것은 여전히 사실이다. 에고이즘은 사람들이 갖고 있는 궁극적 동기가 무엇인지에 대해서 이야기하지 않기 때문이다. 에고이즘은 그저 궁극적 동기들이 자기지향적이라고 말할 뿐이다. 어떻게 보면, 에고이즘은 **연구 프로그램**의 원칙들을 명시해 준다. 에고이즘은 특정 설명이 옳은지 그른지에 대해 말해 주지 않고 당신이 어떤 식의 설명을 해야 하는지를 알려 준다. 이것이 에고이즘이 가지는 유연성의 주요 원천이다. 하나의 설명이 실패하면 항상 다른 설명을 만들어 낼 수 있는 것이다.

어떤 연구 프로그램의 주요 가정들을 표현해 주는 명제들은 이런 특징을 보이는 경우가 많다. 예를 들어 자연 선택이 대부분의 개체군에서 표현형적 형질의 진화에 중요한 역할을 했다는 가설을 생각해 보자. 이것은 자연에 대한 주장의 하나인 적응주의를 구성하는 타당한 방법이다. 서론에서 논의했던, 순수하게 방법론적인 적응주의, 즉, 가설을 만들어 내고 검증하는 것이 진화를 연구하는 유용한 방법이라고 말하는 적응주의와는 구별된다(Sober, 1993b; Orzack and Sober, 1994). 여기서 자연에 대한 주장이 기린은 높은 나무에 닿기 위해서 목이 길다는 주장보다 훨씬 추상적이고 일반적이라는 점에 주의하기 바란다. 기린에 대한 이러한 적응적 설명이 틀렸다고 밝혀지더라도, 또 다른 적응주의적 설명을 만들어 낼 수 있다. 그리고 심지어 어떤 특성들은 비적응주의적으로 설명된다고 밝혀진다고 하더라도, 자연 선택이 진화 전반에 있어서 얼마나 중요한지에 대한 일반적인 물음은 여전히 남아 있다. 여기서는 적응주의를 검증하려는 것이 아니다. 그러나 적응주의와 에고이즘-이타주의 논쟁 사이의 비유에서 언급할 만한 점이 하나 있다. 적응주의가 (자연을 탐구하는 방법에 대한 순수한 방법론적인 주장이 아니라) 자연 그 자체에 대한 주장이 될 때, 적응주의는 (상대적으로) **일원론적** 주장이 되는 반면에, 이와 경쟁하는 진화적 **다원론**은, 자연 선택이 자연상태에서 발견되는 개체군 내 표현형적 형질을 결정하는 주요 원인들 중 하나라고 본다(Gould and Lewontin, 1979).

일반적으로, 검증가능성에 관한 한, 다원론은 일원론의 문제를 물려받는다. 만약 새로운 적응주의적 설명이 항상 만들어져서 실패한 이전의 설명을 대체할 수 있다면, 이와 마찬가지로 새로운 다원론적 설명이 항상 만들어져서 실패한 이전의 것을 대체할 수 있을 것이다. 다원론도 일원론과 같은 설명 변인을 사용하며, 여기에 추가적으로 다른 변인들을 더하는 것이기 때문이다. 적응주의는 자연 선택에 집중하는 반면에, 진화적 다원론은 자연 선택, 유전적 제약, 유전적 부동 등의 다른 요인들에 대해서도 이야기한다. 심리학적 에고이즘은 자기지향적인 궁극적 동기만을 가정하지만, 심리학적 다원론은 자기지향적인 궁극적 동기와 더불어 이타적인 궁극적 동기도 가정한다. 일원론이 아무리 유연하다고 해도, 다원론은 그보다도 더 유연하다.

일원론이 제대로 방어하지 못하는 때도 있다는 점을 부정하려는 것은 아니다. 적응주의자들이 그냥 그렇고 그랬다는 식의 이야기를 하는 경우도 있다. 에고이스트들은 아무리 고뇌에 찬 자기희생의 행동을 설명할 때조차도 심리적 보상을 상정하기를 주저하지 않는다. 정말 화나는 일이다. 그러나 적응주의와 에고이즘이 적절한 제약을 필요로 한다는 사실이 이들이 거짓임을 증명하지는 못한다. 또한, 일원론에 제약이 필요하다면, 한층 더 강력한 이유에서 다원론에도 제약이 필요하다. 요컨대, 만일 심리학적 에고이즘이 검증불가능하다면, 이타주의가 속한 다원론도 마찬가지일 것이다. 우리는 에고이즘이 검증 불가능하다고 결론 내리지 않을 것이다. 여기서 말하려는 것은 검증가능성 문제가 심리학적 에고이즘을 기각하고 동기적 다원론을 채택하는 데 사용될 수 없다는 것뿐이다.[14]

이론적 간결성

이타주의 가설의 옹호자가 어떤 행동을 이타주의의 근거로 제시하면, 에고이즘 지지자들은 그 행동이 그들이 선호하는 틀로 설명 가능함을 보여 주려고 한다. 여기에 성공하면, 에고이즘 지지자들은 대체로 에고이즘이 더 옳은 가설이라는 결론을 내린다. 하지만 그런 결론이 옳은 것일까? 만약 우리가 관찰하는 행동을 두 이론이 모두 설명할 수 있다면, 왜 에고이즘만 옳고 동기적 다원론은 틀린 것이 되는가? 이런 결론 대신, 관찰 결과가 두 이론을 구분하지 못한다는 결론이 더 맞지 않을까?

위에서 우리는 에고이즘이 상식에 반하기 때문에 입증 책임이 있으며, 따라서 에고이즘보다는 다원론이 더 선호되는 이론이라는 논증에 대해서 살펴보았다. 이제 우리는 또 다른 논증을 분석할 것인데, 입증 책임 논증과는 정반대의 결론으로 이어지는 주장이다. 이 주장은 에고이즘이 더 간결하기 때문에, 관찰결과가 에고이즘과 다원론을 모두 수용할 수 있는 경우에는 에고이즘을 받아들이고 다원론을 기각해야 한다는 것이다. 순수한 에고이즘 가설은 에고이즘적 동기와 궁극적 동기를 모두 상정하는 이론보다 더 간결하다(Batson, 1991).[15] 오캄의 면도날Ockham's razor — 최절약 원리the principle of parsimony — 이 최종적으로 승부를 결정하는 기준이 되는 것이다. 이 원리의 핵심은 단순한 가설이 곧 더 쉽게 이해할 수 있거나 더 쉽게 검증할 수 있는 가설이라는 것이 아니라, 간단한 이론들이 진실일 가능성이 더 높기 때문에 선호된다는 것이다.

우리는 심리학적 에고이즘이 간결하기 때문에 옹호되어야 한다는 주장에 대해서 두 가지 반론을 펼치고자 한다. 첫째, 우리는 상정하는 궁극적 동기의 개수만으로 동기 이론의 간결성이 결정되지는 않는다고 본다. 둘째, 에고이즘이 더 간결하다고 하더라도, 다원론 쪽으로 기울어지게 할 만한 다른 고려사항들이 있는가 하는 문제는 여전히 남아 있다. 우리는 이 두 가지 점을 차례로 논의할 것이다.

두 개의 동기 이론을 생각해 보자. 첫 번째 이론은 일원론적이다. 이 이론에 따르면 사람들이 갖는 *X*에 대한 욕구는 궁극적이고, *Y*에 대한 욕구를 갖는 이유는 *Y*가 *X*를 취득하는 데 도움을 주기 때문이라고 한다. 이 이론은 하나의 궁극적 욕구와 하나의 도구적 욕구를 상정한다. 두 번째 이론은 다원론적이다. 이 이론에 따르면 *X*에 대한 욕구와 *Y*에 대한 욕구는 모두 궁극적이다. 조금 전에 언급했듯이, 만약 우리가 궁극적 동기의 개수를 기준으로 이론의 간결성을 결정한다면, 일원론적인 이론이 더 간결하다고 할 수 있다. 하지만, 이론의 이러한 측면에만 집중해야 하는 이유가 무엇인가? 예를 들어 우리가 궁극적 욕구만 고려하는 것이 아니라 아니라 모든 욕구를 다 고려한다면, 두 이론은 무승부가 된다.

이론이 얼마나 간결한지 측정하는 세 번째 방법이 있으며, 이 절차를 사용하면 다원론이 일원론보다 더 간결하다는 놀라운 결론에 이르게 된다. 일원론에서는 사람들이 *Y*를 원하는 이유가 그것이 *X*를 취득하는 데 도움이 될 것이라고 생각하기 때문이며, 따라서 사람들에게 인과적 신념이 있다고 본다. 반면, 사람들이 X와 Y 모두 그 자체가 목적이라고 생각한다고 보는 다원론에서는 이러한 신념에 대한 가정을 하지 않아도 된다. 만일 이러한 신념의 개수를 기준으로 간결성을 측정한다면, 동기적 다원론이 에고이즘보다 더 간결하다는 결론에 도달하게 된다.[16] 우리는 간결성을 측정하는 방식에 대한 원칙이 없는 상황에서 심리학적 에고이즘이 동기적 다원론보다 더 간결하다고 생각할 이유가 없다는 결론을 내릴 수 있다.

이 책의 2부 표제지에 나와 있는 루브 골드버그Rube Goldberg의 그림이 여기서 우리가 하려는 이야기의 핵심을 보여 준다. 골드버그는 수프 한 숟갈을 먹고 나면 자동으로 당신의 얼굴을 닦아 주는 장치를 그렸다. 당신이 숟가락을 입술 쪽으로 들어올릴 때, 당신은 앵무새에게 크래커 하나를 주는 끈을 당기게 된다; 그 앵무새가 크래커를 집게 되면, 모래가 작은 양동이에 들어가게 되고, 그것으로 인해 라이터에 불이 켜지게 되며, 로켓이 발사되어서 냅킨이 붙어 있는 시계의 추를 묶어 둔 끈을 자르게 된다. 시계추가 풀어질 때, 시계추가 당신의 얼굴을 지나가면서 냅킨이 입술을 훔치게 되는 것이다. 이 장치는 쓸데없이 복잡하기 때문에 재미있다. 이러한 자동화된 수염 닦기 장치는 "노동-절약 장치"로 보이지만, 이 기계를 설계하고 만들고 유지하는 데 들어가는 노동력을 생각해 보라. 사람들이 음식을 먹으면서 얼굴을 깔끔하게 유지하는 방법에는 더 간단하고 직접적인 방법이 있다. 이 생각을 좀 더 자세히 들여다보자.

당신이 수프를 먹을 뿐만 아니라 수염을 깨끗하게 유지하는 유기체를 만들어야 하는 공학자라고 가정해 보자. 당신이 사용할 수 있는 한 가지 전략은 다원론적이다 — 유기체에게 두 가지 욕구, 즉 수프를 먹고자 하는 욕구와 깔끔하고자 하는 욕구를 주는 것이다. 이에 대한 대안으로는 유기체가 한 가지 욕구만으로 이 두 가지 행동을 다할 수 있도록 하는 것이다. 이 유기체에게 수프를 먹고 싶어하는 욕구를 주자. 그리고 그 유기체가 수프를 먹을 때마다 수염을 닦아 주는 장치를 장착시켜 주는 것이다. 둘 중 어떤 것이 더 간단한가? 만약 당신이 욕구의 수를 센다면, 당신은 일원론적인 선택이 더 간단하다고 결론을 내릴 것이다. 이러한 설계가 루브 골드버그의 장치와 같은 것이라는 사실은 당신의 평가에 아무런 영향을 주지 않는다. 물론 이것은 편협한 평가다. 그렇지만 일원론적 방식이 루브 골드버그의 장치 같은 것을 필요로 한다는 사실을 고려해야만 한다. 심리적 메커니즘의 간결성은 궁극적 동기의 개수로만 결정되는 것이 아니다. 우리는 다음 장에서 이 점에 대해 다시 다루게 될 것이다.

독자들은 지난 장에서 설명한 심리학 실험들에 대해 읽으면서 단순성에 관한 이러한 측면들을 떠올렸을 수도 있다. 에고이스트들은 배슨이 다양한 방식으로 수행했던 여러 실험 결과들을 설명하려고 한다. 그들은 혐오-각성 가설이나 공감-특정 처벌 가설, 공감적 기쁨 가설 등 다양한 가설들을 제시한다. 다양한 가설들은 몇 가지 구체적 신념들을 상정한다. 사람들은 도움을 필요로 하는 사람들로부터 벗어나면 죄책감을 느끼기도 하고, 도움을 필요로 하는 사람들에 대한 정보를 거절하면 기분이 안 좋을 것이라는 등, 다양한 가정을 하는 것이다. 반면, 이타주의 가설은 이러한 주장을 하지 않는다. 이타주의는 높은 공감 실험참가자들이 낮은 공감 실험참가자들과 다른 행동을 보이는 이유에 대해서 일관되면서도 상당히 간단한 설명을 제공한다. 이런 점에서, 이타주의 가설이 에고이즘 가설보다 더 통합적인 설명을 제공한다. 심리학적 에고이즘이 가정하는 궁극적 욕구의 개수가 더 적기 때문에 에고이즘을 받아들여야 할까, 아니면 이타주의 가설이 더 통합된 설명을 하면서 더 적은 수의 신념을 가정하기 때문에 이타주의를 받아들여야 할까? 이론적으로는 간결성을 추구해야 하지만, 적어도 이 경우에는 최절약의 원리를 실천에 옮기기가 쉽지 않다.

우리가 동기적 다원론보다 에고이즘을 선호하는 간결성 논증에 반대하는 두 번째 이유가 있다. 에고이즘이 동기적 다원론보다 더 간결하다는 것을 보여 줄 수 있다면, 이것은 간결성 이외의 다른 모든 면에서 두 이론이 동등하다는 가정 하에 에고이즘을 받아들여야 한다는 것을 의미한다. 여기서 결정할 문제는, 두 이론이 간결성 이외의 모든 고려사항들에서 실제로 동등한지 여부다. 다원론을 지지하는 다른 고려사항이 있을까? 우리가 마음에 품고 있는 의구심을 설명하기 위해서, 이 문제와 어느정도 유사한 진화적 문제에 대해서 생각해 보자. 어떤 고생물학자들이 새로 발견된 공룡 종의 내장기관에 대해 알아내려고 한다고 가정하자. 공룡의 골격은 화석으로부터 추론할 수 있으나, 화석으로 남지 않는 내장기관과 같이 연한 조직에 대해서는 어떻게 알아낼 수 있을까?

오캄의 면도날에 근거한 주장을 펼치는 빌이라는 과학자가 있다고 하자. 빌은 이 유기체가 하나의 심장, 하나의 폐, 그리고 하나의 신장을 가지고 있었다고 추정하는 것이 이치에 맞다고 제안했다. 빌은 각각의 내장기관이 공룡이 어떤 기능을 수행할 때 필요하다고 인정했다. 그러나 그는 반드시 필요한 최소한의 내장기관 이상을 가정하는 것은 의미가 없다고 주장했다. 빌의 주장은 각 내장기관이 오직 한 개만 있었는지 한 개 이상 있었는지에 대해서 불가지론적인 태도를 견지하라는 것이 아니라, 최절약 원리가 정확히 한 개의 내장기관을 그 이상의 수보다도 더 선호한다는 것이다.

빌의 동료들은 이 주장에 동의하지 않는다. 그들은 빌이 사용하는 오캄의 면도날이 서투르다고 보고, 그들이 회의적인 태도를 보이는 이유를 두 가지 들었다. 첫째, 현재 존재하는 다수의 유기체들을 관찰한 결과 내장기관은 한 개가 아니라 쌍으로 존재한다는 것을 알고 있다. 만약 새롭게 발견된 이 공룡 종이 계보상 현재의 유기체와 가깝다면, 이 공룡의 내장기관 역시 현재의 유기체들과 유사했을 것이라는 결론을 내릴 수 있다.[17] 빌의 간결성에 대한 호소를 반박할 수 있는 두 번째 이유는 이중성duplication이 가지는 생물학적인 이득으로부터 온다. 내장 기관이 쌍으로 존재하는 이유는 이러한 형식이 유용한 보험이 되기 때문일 수 있다. 개체가 한 내장기관의 기능을 상실한다고 해도, 남은 하나로 버틸 수도 있는 것이다. 만약 선택이 이중성을 선호한다면, 이 공룡이 한 개의 폐만을 가지고 있었다고 가정하는 것이 더 힘들다.

빌의 간결성 논증이 설득력이 떨어지는 이유에 대한 구체적 내용은 여기서 크게 중요하지 않다. 중요한 점은 빌의 동료들이 빌이 추상적인 숫자 놀음으로 이 문제를 해결하는 것에 만족하지 않는다는 것이다. 그들은 구체적인 진화적 고려사항을 제시하고, 위에 제시된 사례에서처럼, 더 적은 수의 대상을 상정하는 가설이 더 많은 수의 대상을 상정하는 가설보다 항상 더 타당한 것은 아니라는 점을 보여 주었다.[18] 간결성과 타당성이 항상 함께하는 것은 아니다.

이것이 우리가 에고이즘을 지지하는 간결성 논증을 받아들이기 주저하는 두 번째 이유다. 우리는 동기적 다원론이 고생물학자들이 공룡에게 하나가 아닌 두 개의 폐가 있었다고 주장하게끔 해 주는 논리와 동일하게 정당화된다고 주장하는 것이 아니다. 우리는 두 가지 문제 사이에 불일치하는 점이 있다는 사실을 인정한다. 예를 들어 고생물학자들은 공룡과 가까운 현존하는 종을 관찰할 수 있다. 이것을 근거로 공룡 역시 두 개의 폐를 가지고 있었다는 사실을 추론할 수 있게 된다. 반면에, 우리는 인간과 가까운 종으로부터 동기적 다원론이 사실인지 직접 관찰할 수 없다. 인간 행동을 관찰할 때 볼 수 없는 것은 유인원의 행동을 관찰할 때도 볼 수 없다. 그럼에도 불구하고, 이 두 문제를 하나로 통합하는 보다 일반적인 사실이 있다. 우리는 동기 이론들이 진화적 고려사항들에 비추어 볼 때 타당한 것인지 검증해야 한다. 에고이즘이 다원론보다 적은 수의 궁극적 동기를 가정하기는 하지만, 순수하게 에고이즘적인 동기의 메커니즘이 진화한 것이 이치에 맞는지를 물어야 한다. 이것이 다음 장에서 우리가 집중적으로 다루고자 하는 질문이다.

공정한 경기로 만들기

우리는 지난 장에서 관찰된 행동이 동기적 다원론보다 심리학적 에고이즘을 더 지지하는 것이 아니라고 주장했다. 이번 장에서는 다양한 철학적 논증들을 개관했으며, 이들 역시 심리학적 에고이즘을 지지하지 않는다는 결론을 내렸다. 객관적 심판이라면 에고이즘이 지적 위계 서열에서 지배적인 이론으로서의 강력한 지위를 누릴 만한 자격이 없으며, 그럴 만한 자격을 가졌던 적이 한 번도 없었다는 결론을 내릴 것이다. 그렇다면, 에고이즘이 어떻게 현재의 중요한 위치에 있게 되었는지는 흥미롭고 매력적인 사상사적 문제가 된다.[19] 에고이즘 가설은 변변한 생계 수단 없이도 번창할 수 있었던 것으로 보인다. 지난 장과 이번 장, 두 장의 내용이 에고이즘과 이타주의 이론이 공평하게 경쟁할 수 있는 장을 마련해 주는 효과를 가져왔다면, 상당히 의미 있는 진보라고 봐야 한다. 그렇지만, 아무리 현재 우리가 가지고 있는 증거가 "증명되지 않음"이라는 결론을 지지한다고 해도, 이 결론이 만족스럽지 못한 것이 사실이다. 그렇기 때문에 더 알기 위해서 노력할 만한 가치가 있다. 실험사회심리학과 철학과 더불어, 에고이즘-이타주의 논쟁에는 진화론이 개입해야 한다. 이것이 현재의 교착상태를 해결할 수 있을지도 모른다.[20]

주석

1 선행되는 욕구 없이 쾌락이 있을 수 있는 것처럼, 선행되는 욕구가 외부의 것에 대한 욕구가 아닌 경우도 가능하다. 예를 들어 사람들은 두통을 없애고 싶어하며 다양한 육체적 쾌락을 경험하고 싶어한다(Penelhum, 1985: 51; Henson, 1988). 이것은 버틀러의 두 번째 전제가 과장되었음을 보여 주는 또 다른 측면이다.

2 어떤 목적을 이루는 것이 가치가 있는지 여부와, 어떤 목적을 의식적인 목적으로 받아들이는 것이 당신이 그 목적을 이루는 가능성을 약화시키는지 여부는 서로 구별되는 문제다(Parfit, 1984). 궁수들이 과녁의 정중앙을 조준하고 쏠 때 필연적으로 그 과녁의 정중앙을 맞히지 못하게 되는 상황을 가정해 보자. 궁수들은 실제 정중앙보다 약간 높게 조준을 해야 맞힐 수 있다. 이것은 과녁의 정중앙을 맞추는 것이 적절치 못하다는 목적이라는 결론이 아니다; 이것은 목적을 달성하기 위해서는 어떤 다른 방법을 생각해 내야 한다는 결론으로 이어진다. 쾌락주의는 규범적 제안 — 사람들이 그들의 쾌락을 최대화하고 고통을 최소화하기 위해 그들이 할 수 있는 무슨 일이든 해야 한다는 — 이면서 이러한 "역설"과 공존할 수 있다.

3 이 사안에 대한 논의가 후자의 관점을 뒷받침하는 근거를 위해서는 Gibbard (1990)을 보라.

4 네이겔(Nagel, 1970: 90-91)은 만약 *S*가 *A*라는 행위를 해야 할 이유가 있다면, *S*를 제외한

모든 사람들은 *S*가 *A*를 하도록 돕거나 *S*가 *A*를 하기를 원해야 할 만한 이유가 있는 것이라고 주장한다. 우리는 이러한 주장은 받아들이기 어렵다고 본다. 예를 들어, 두 사람의 이해가 상충하는 경우, 각자가 어떤 행위를 해야 할 이유가 있을 것이고, 여기서 서로를 도와주거나 상대방이 그렇게 행동하기를 원해야 할 만한 이유가 있다고 보기는 어렵다(Sturgeon, 1974). 우리가 보기에 네이겔의 주장은 도덕적 의무를 반영할 때만 참인 경우를 기술하고 있다. *S*가 어떤 행위를 하는 것이 도덕적 의무인 경우라면, 다른 사람들은 *S*가 그렇게 행동하는 것을 막지 않을 도덕적 의무가 있다고 볼 수 있을 것이다. 물론, 이러한 규범적인 견해는 이타주의가 심리학적으로 가능한 개념인지에 대해서는 아무것도 말해 주지 않는다.

5 경험 기계 사고 실험은 7장의 마지막 부분에 기술한 것처럼 진짜 삶과 쾌락적인 삶에 대한 선호가 서로 충돌하는 경우를 상정한다. 사람들이 경험 기계에 접속하겠다고 결정한다면, 이는 그들이 쾌락주의자라는 것을 증명하지는 못한다. 오히려 이는 특정 유형의 경험에 대한 욕구가 이와 충돌하는 유아독존적이지 않은 다른 동기들보다 더 강하다는 것을 보여 준다.

6 우리가 검토하고 있는 논거는 한 사람이라도 경험 기계에 접속하기를 거부한다면 쾌락주의가 일반적인 주제가 되지 못한다고 주장한다. 이는 많은 사람들이 기계에 접속할 수 있는 제안을 받는다면 바로 그렇게 할 정도로 고통과 결핍 속에서 살고 있다는 가능성과 궤를 같이한다.

7 이 두 번째 사고 실험은 윌리엄 탤봇William Talbott이 제안한 것이다.

8 영화 <토탈 리콜*Total Recall*>은 사람들이 경험 기계에 접속해서 "휴가를 다녀오고", 이후 다시 원래의 삶으로 돌아오는 미래 사회를 그린다. 비록 우리 중 대다수가 남은 인생의 전부를 그런 기계에 접속된 상태로 보내는 것을 거부하겠지만, 우리 중 다수가 그런 기계에 잠깐 동안 접속하는 건 충분히 있을 수 있는 일이다. 사람들이 진짜 삶을 영위하는 것에 가치를 두어도, 그들은 (쾌락주의적인 이유로) 삶에서 진짜인 부분을 축소할 준비가 되어 있는 것처럼 보인다.

9 우리는 여기서 쉴릭(Schilick, 1939)이 구분했던 쾌락적인 상태에 대한 생각과 어떤 상태에 대한 쾌락적인 생각을 활용하는 것이다. 그는 비록 행위자가 가장 쾌락적인 행동의 계획을 선택했을 때 사고가 끝난다는 점은 인정했으나, 우리가 어떤 행동을 결정하는 이유는 우리가 항상 가장 쾌락적인 경험을 만들어 낼 것이라고 기대하기 때문이라는 주장은 부정했다. 쉴릭은 후자의 원칙은 쾌락주의의 한 형태라는 것을 부정했다. 만약 "쾌락"이라는 말이 단순히 선호라는 의미였다면 그는 옳았을 것이다; 사람들이 자신이 선호하는 행동을 선택한다는 생각은 어느 특정 동기 이론만의 특징이 아니다. 그러나 만약 사람들이 어떤 행동을 결정하는 이유가 결정하는 행동이 그들의 기분을 좋게 하기 때문이라는 제안이라면(기분이 좋아지는 것이 그들이 궁극적으로 원한다고 했을 때), 그때는 이 주장이 쾌락주의를 수반한다.

10 에고이즘을 반박하는 입증 책임의 주장을 펼치는 건 철학자뿐만이 아니다. 예를 들어 호프만(Hoffman, 1981b)은 그의 데이터를 이타주의가 존재한다는 근거로 해석하지만, 그는 그 데이터가 에고이즘의 관점으로도 해석될 수 있다는 사실을 인정한다.

11 마음을 내성법으로 완전히 파악할 수 있다면, 심리학에서 직감의 권위와 생물학, 물리학에서 직관의 권위는 비대칭적이었을 것이다. 이 생각은 동기적 다원론이 당연하다고 보이는 것 때문에 그것이 진실인 것처럼 받아들이게 된다는 흄(Hume, 1751)의 에세이 『자기애에 대하여*Of Self-Love*』에서 이야기하고 있는 주장의 근거가 되는 것이다.

12 이 일반적 주장은 Sober (1994a)의 계량적 모형으로 논의되었다.

13 포퍼Popper의 반박가능성 기준에 대한 기본적인 비판들을 나열하는 것은 자제하도록 하겠다. 흔히 제기되는 비판점들을 보려면, Sober (1993b: 47-54)를 참고하라.

14 이것은 이타주의를 "보상에 대한 기대로 동기화되지 않는 도움 행동... 이타주의의 존재는 절대로 증명될 수 없다. … 왜냐하면 그것은 귀무가설(보상에 대한 기대의 부재를 상정하는 것)을 증명하는 것이 필수적이기 때문이다"라고 정의하는 크렙스(Krebs, 1975: 1134-1135)의 주장을 이해하는 데 도움이 된다. 첫 번째 핵심은 우리가 이해하는 이타주의 가설은 어떤 행동들은 순수하게 이타적 동기에 의해 만들어지는 것이라고는 말하지 않는다(Batson, 1991: 51). 7장에서 논의했듯이, 이 가설은 행동을 만들어 내는 에고이즘적 궁극적 동기와 항상 함께하는 이타적인 궁극적 동기를 가정하는 다원론의 한 유형과 상당히 일관적이다. 현실은, 에고이즘이 "귀무가설"이 되어야 하는데, 그 이유는 에고이즘 가설에서 이타적인 궁극적 동기가 존재하지 않는다고 말하기 때문이다. 다원론을 지지하려면 이 귀무가설을 기각해야 할 필요가 있다.

15 흄(Hume, 1751)은 그의 에세이 『자기애에 대하여*Of Self-Love*』에서 에고이즘 가설의 매력은 "철학에서의 잘못된 논리의 원천인 **간결성**에 대한 사랑"에서 온다고 제안하였다. 흄은 더 나아가서 다원론이 사실은 더 간단한 이론이라고 주장한다. 그는 우리가 이 장의 초반부에서 논의했던, 버틀러가 쾌락주의를 비판할 때 사용한 논거와 비슷한 논거를 사용함으로써 자신의 주장을 옹호한다.

16 우리는 2장에서 개체 선택만을 가정하는 모형이 개체 선택과 집단 선택 모두를 가정하는 모형보다 더 간결하다고 했다. 우리는 여기서 심리학적 에고이즘이 동기적 다원론보다 더 간결하다는 것을 부정하는 것이다. 이 두 문제에 대한 해답으로 간결성을 이끌어 냈지만, 이 논거들의 바탕이 되는 논리는 서로 다르다.

17 이 추론은 분기학적 최절약 원칙에 호소할 수 있다. Sober (1988b)를 참조하라.

18 이와 유사한 진화적 관점이 로이드 모건Lloyd Morgan의 "규범" — 오직 "하등" 메커니즘이 불충분할 때만 "고등" 심리적 메커니즘을 가정해서 행동을 설명해야 한다는 것 — 의 상태를 명확하게 하는 데 도움을 준다. Sober (1988a)를 참조하라.

19 맥퍼슨(Macpherson, 1962)은 "소유적 개인주의possessive individualism"가 서유럽에서 자본주의가 발달하면서 인간 본성의 지배적인 관점이 되었다고 주장한다.

20 이 장과 이전 장으로부터 다른 교훈을 이끌어 내는 독자들은 이 다음 장의 내용을 좀 다르게 해석하기를 바랄 것이다. 우리는 다음 장이 교착상태를 벗어나려는 노력이라고 생각하지만, 심리학적 이타주의의 존재에 대해서 이미 충분한 근거가 있다고 생각하는 사람들은 여전히 왜 이러한 동기가 진화했는지에 대한 설명을 알고 싶어할 것이다. 그리고 심리학적 에고이즘이 옳다고 믿는 사람들에게는 10장이 수수께끼를 제시한다고 볼 것이다: 만약 우리 주장대로 심리학적 이타주의가 진화적 타당성을 지닌다면, 왜 에고이즘이 진화한 것일까?

.10.

심리학적 이타주의의 진화

우리는 이번 장에서 지금까지 구분해서 다루려고 애썼던 문제들을 통합적으로 살펴볼 것이다. 우리는 심리학적 에고이즘과 이타주의를 진화적 이기주의와 이타주의 개념들과 혼동하지 않는 것이 중요하다고 역설했다. 이제부터는 진화적 고려사항들이 심리학적 동기에 대한 질문과 어떻게 관련될 수 있는지를 보여 주고자 한다.

6장과 7장에서는 세 가지 동기 이론을 설명했다. 심리학적 **쾌락주의**는 쾌락을 추구하고 고통을 회피하는 것이 사람들의 유일한 궁극적 동기라고 한다. 쾌락주의는 사람들을 동기적 유아독존자들이라고 본다. 사람들은 궁극적으로 자신의 의식의 상태에만 관심이 있고 다른 어떤 것에도 관심을 주지 않는다는 것이다. 우리가 두 번째로 소개한 이론인 심리학적 **에고이즘**은 쾌락주의보다는 개방적이다. 쾌락주의자들은 에고이스트들이지만, 모든 에고이스트들이 쾌락주의자는 아니다. 에고이스트에게는 쾌락을 추구하고 고통을 회피하는 것에 대한 궁극적 욕구가 있지만, 자신의 마음 바깥에 존재하는 세계를 아우르는 궁극적 욕구도 있다. 예를 들어 에고이스트들은 그들 자신의 생존 그 자체를 목적으로 한다. 또한 그들은 부를 축적하거나 에베레스트 산을 정복하려는 축약불가능한 욕구도 있다. 에고이즘에 따르면, 모든 궁극적 동기는 **자기지향적**이다. 사람들이 타인의 상황에 관심을 보이는 것은 순수하게 도구적인 이유 때문이다. 세 번째로 논의했던 동기적 **다원론**에서는 사람들이 가지고 있는 궁극적 욕구에 에고이즘적인 욕구와 이타적인 욕구가 모두 포함된다고 한다. 사람들은 고통을 회피하는 것 자체가 목적일 수 있고, 자신의 생존을 그 자체를 궁극적인 목표로 삼을 수 있지만, 때로는 타인의 행복에 대해서 축약불가능한 관심을 가진다.

우리는 에고이즘과 다원론에 대한 논의에서 이 이론들이 다양한 방법으로 전개될 수 있다는 점을 이야기했다. 각각의 방법은 구체적인 동기들이 무엇인지에 대해서는 별로 이야기하지 않으면서 동기의 **유형**들을 설명한다. 에고이즘은 우리의 궁극적 동기가 자기지향적이라고 하지만, 우리가 자신을 위해 원하는 것이 구체적으로 무엇인지에 대해서는 설명하지 않는다. 다원론에서는 우리의 궁극적 욕구 중 일부는 타인지향적이라고 하지만, 우리가 누구에게 관심이 있는지, 우리가 그들이 무엇을 가지기를 바라는지에 대한 구체적인 이야기는 않는다. 이 이론들이 열린 구조를 가지고 있기 때문에 검증하기가 어려워진다. 어떤 이론의 한 가지 유형에 대한 반증이 이 이론의 다른 유형들에는 아무런 상처도 내지 못할 수도 있기 때문이다.

앞으로 다루게 될 내용에서는 이타주의 가설이 반드시 직면해야만 하는 주요 경쟁상대인 쾌락주의에 초점을 맞출 것이다. 그 이유는 에고이즘의 지지자들은 에고이즘을 비판으로부터 구출해 내기 위해서 무슨 일이 있어도 쾌락 추구와 고통 회피의 궁극적 욕구를 이끌어 낼 것이기 때문이다. 예를 들어 그들이 사람들은 오직 외적인 보상(예를 들어 돈)에 의해서만 동기화된다는 주장을 한다면, 이 틀에서 설명이 되지 않는 행동을 설명하는 것은 어렵지 않다. 에고이스트들이 패배를 피하려면 **내적** 보상을 이야기하면 된다. 사실 에고이스트들은 처음부터 내적 보상에 대해서 이야기할 수도 있었다. 내적 보상은 외적 보상으로 설명할 수 있는 행동뿐만 아니라 그 밖의 것들도 설명할 수 있다. 이타주의를 쾌락주의와 경쟁하도록 만드는 것은, 이타주의 가설로 하여금 가장 반박하기 어려운 유형의 에고이즘을 비판하라고 요청하는 것이다.[1]

쾌락주의가 특정한 종류의 에고이즘이기는 하지만, 우리는 쾌락주의를 반박하는 것이 보다 일반적인 함의를 가진다고 생각한다. 우리는 우리와 같은 유기체들에게 에고이즘의 그 어떠한 유형도 타당하지 않다는 주장을 견지할 것이다. 쾌락주의는 에고이즘이 필연적으로 빠지게 될 진화적 불가능성evolutionary implausibility의 전형적 사례다.

진화 이론에서 가정하는 것들

에고이즘-이타주의 논쟁의 심리학적 근거에 대한 8장의 논의는 증명되지 않았다는 결론으로 이어졌다. 9장에서 살펴본 철학적 논증들도 이 결론을 바꾸지 못했다. 우리가 고려한 행동들은 이타적 동기에서 비롯된 것일 수도 있지만 순수하게 에고이즘적 동기에서 비롯된 것일 수도 있다. 우리는 이 행동 자료들이 동기에 관한 가설들을 구별해 낼 수 없었지만, 진화적 관점에서는 구별가능할 수도 있다는 점을 보여 주려고 한다. 행동적 결과들로부터 진화적 원인들로 초점을 옮기는 것이 우리의 전략이다.

진화 ⟶ 동기 ⟶ 행동

두 가지 동기적 메커니즘 모두 동일한 유형의 행동을 만들어 낼 수 있다고 하더라도, 둘 중 하나는 진화가능성이 더 높을 수도 있다.

위에 묘사된 진화, 동기, 행동으로 이어지는 인과의 연쇄를 보면 우리가 모든 행동이 진화적 개념으로 **완전하게** 설명될 수 있다고 생각한다고 볼 수도 있다. 그러나 우리는 전혀 그렇게 생각하지 않는다. 행동에 관한 일부 문제들은 진화론에서부터 답을 찾을 수 있겠지만 그럴 수 없는 문제들도 있을 것이다. 진화가 인간 행동의 **일부** 사실들에 대한 설명의 **일부**라는 것이 우리가 요구하는 전부다.

인간 행동에 대한 진화적 접근의 장점과 단점에 대한 논의는 지나치게 일반적이고 애매모호한 문제에 고착되었었다. 우리가 지금처럼 생각하고 행동하는 이유를 진화로 설명할 수 있는가 하는 문제는 예 아니오로 답할 수 있는 문제가 아니다. 이런 질문들은 제대로 된 질문이 아니기 때문에 기각해야 한다. 마음과 행동의 어떤 특징들에 대해서 논의할 것인가? 진화는 어떤 특징들과는 관련 있겠지만 어떤 특징들과는 관련이 없을 수도 있다. 예를 들어 매우 광범위한 범주인 식생활에 대해 생각해 보자. 왜 우리가 지금과 같은 식생활을 하는지에 대해서 진화가 답할 수 있는지 여부를 묻는 것은 잘못된 질문이다. 우리가 설명하고 싶은 명제는 어떤 것인가? 사람들이 무엇을 먹는지에 대해서는 매우 다양한 사실들이 존재하며, 여기서 요구되는 설명의 유형들은 제각기 다르다.

당신이 왜 파스타는 프랑스보다 이탈리아에서 더 많이 먹는지 묻는다면, 생물학적 진화가 여기에 답할 수 있는 것은 많지 않다. 이러한 섭식 패턴에 대한 설명은 문화적 역사에 대한 사실들에서 도출할 수 있다. 설명을 제공하는 것이 생물학적 진화가 아니라 문화라고 말하는 것은, 문화를 가지기 위해서는 커다란 뇌가 필요하고 생물학적 진화에 의해 우리가 커다란 뇌를 가지게 되었다는 사실과 상당히 일치한다. 커다란 뇌는 인간이 고도로 발달된 문화를 가지게 된 이유를 설명하는 데 도움이 되지만, 왜 이탈리아인들이 프랑스인들보다 파스타를 더 많이 소비하는지는 설명하지 못한다.

식생활에 관한 다른 사실로 옮겨 가면 생물학적 고려사항이 보다 적절해진다. 사람들이 지방과 당분이 많이 들어 있는 음식을 좋아하는 이유는 무엇일까? 이러한 성향은 풍요로운 현대 사회에서 여러 가지 의학적 문제를 유발한다. 왜 우리는 우리에게 해가 되는 것들을 그렇게 좋아할까? 한 가지 타당한 답은 결핍된 환경에서 지방과 당분에 대한 선호가 진화했다는 것이다. 정기적으로 영양분을 섭취할 수 있는 믿을 만한 공급원이 없었던 시절에는 음식이 있을 때 최대한으로 칼로리를 섭취하는 게 당연했을 것이다. 우리 조상들에게는 칼로리 개념이 없었지만, 음식이 있을 때 최대한의

칼로리를 섭취할 수 있도록 진화한 미뢰味蕾가 있었다.[2]

당분과 지방이 많이 포함된 음식에 대한 선호를 생물학적 진화로 설명할 수 있다고 해서, 모든 사람들이 이러한 성향을 똑같은 정도로 가지고 있다는 의미는 아니다. 그리고 이러한 성향이 우리가 살고 있는 문화에 의해 조절될 수 없다는 의미도 아니다. 사람마다 다르고 문화마다 다른 현대 인류의 식생활은 생물학적 유산, 우리가 살고 있는 물리적 환경, 우리가 경험하는 문화의 복잡한 상호작용 결과인 것이다.

위에서 설명한 간단한 예시들 — 당분과 지방, 그리고 파스타 — 은 인간의 식생활에 대한 사실들이 생물학적 진화와 인간의 문화로 각각 어떻게 설명되는지 보여 준다. 인간 행동을 구성하는 사실들 전부를 순수하게 생물학적이거나 순수하게 문화적으로 설명할 필요는 없다. 서로 다른 사실들은 서로 다른 유형의 설명을 요구한다. 우리가 이 책 전반부에서 선택의 단위에 대해 논의할 때 다원론을 일원론보다 더 선호했던 것처럼, 여기서도 마찬가지로 생물학적 진화의 설명력과 문화적 진화의 설명력을 바라볼 때 다원론이 일원론보다 더 타당한 관점이라고 본다.

일반적으로 주의해야 하는 점이 또 하나 있다. 생물학적 진화는 인류에게 보편적인 행동들만 설명하고, 문화는 모든 개인차를 설명한다고 가정하는 것은 잘못이다. 우리 종에 존재하는 다양한 형질들이 그렇게 다양한 이유는 부분적으로 생물학적 진화가 인간 행동을 유연하게 만들었기 때문이다. 사소하지만 명백한 예로, 따뜻한 곳에서 사는 사람들은 추운 곳에서 사는 사람들보다 더 맵게 먹는 경향이 있다. 이러한 차이에 대해서, 따뜻한 날씨에서 음식이 더 빨리 상하고 향신료가 방부제의 역할을 하기 때문이라고 설명하는 것에는 전혀 문제가 없어 보인다. 이러한 설명이 틀린 것은 아니지만, 사람들 왜 음식이 상하지 않기를 바라는지에 대한 질문에는 답하지 못한다. 물론 이 욕구는 진화적으로 설명해야 한다.

진화생물학자는 음식의 매운 정도가 사회마다 다르다는 사실을 사람들이 자신의 적합도를 극대화하기 위해서 향신료의 양을 조절하는 경향이 있다는 가설을 통해서 설명하려고 할 수도 있다. 이러한 추측은 사람들이 반드시 의식적으로 적합도를 극대화하는 문제를 고려해야 한다는 의미가 아니다. 인간의 마음이 이러한 양상에 맞는 행동을 선택하도록 진화했다는 의미에 더 가깝다고 할 수 있다. 여기서 우리는 이 진화적 가설 자체를 지지하기보다는, 이 가설이 말해 주는 하나의 사실을 드러내고자 한다. **진화적** 설명과 **유전적** 설명을 혼동하지 않는 것이 중요하다는 것이다. 만약 생물학적 진화가 행동이 다양한 이유를 설명하는 데 도움이 된다면, 이 논리에서는 싱거운 음식을 먹는 사람들이 속한 사회의 구성원들과 매운 음식을 먹는 사람들이 속한 사회의 구성원들이 유전적으로 차이가 있다는 사실을 반드시 전제로 하지는 않는다. 사실, 어떤 행동이 순수하게 환경적인 이유로 다양하다는 것은 진화적 가설과도 일치한다. 진화적 설명은 자연-양육 논쟁에서의 급진적 환경 결정론과 상당히 비슷하다(Dunbar, 1982; Tooby and Cosmides, 1992; Sober, 1993b; Buss, 1994, 1995).[3]

이 간단한 예시로부터 추가적인 요점을 도출할 수 있다. 사람들이 음식에 넣는 향신료의 양에 영향을 미치는 요인에는 병에 걸리는 것을 피하기 위한 욕구 이외의 다른 요인들도 존재한다는 사실에는 의심의 여지가 없다. 똑같은 기후에서 살고 있는 사람들이라도 각자가 먹는 음식의 매운 정도가 다를 것이며, 위에서 언급한 진화적 가설은 여기에 대해서 아무런 설명도 하지 못한다. 진화적 접근법에 비판적인 사람은 이 현상을 생물학적 진화로 설명하는 것은 잘못이라고 결론 내릴 것이다. 그러나 이 비판은 부적절하다. 진화적 가설에서는 건강을 유지하고자 하는 목적이 사람들이 매운 음식을 먹고 싶어하는 정도를 결정하는 **유일한** 요인이라고 하지 않고 **여러 요인들 중 하나**라고 한다. 여기서도 마찬가지로, 진화적 가설이 생물학적 진화가 **유일한** 설명이라고 보는 일원론적 틀에 갇혀 있다고 생각하는 오류를 피해야 한다.

파스타나 카레의 사례를 생각할 때는 이런 점들을 쉽게 기억하고 주의를 기울일 수 있지만, 고려하는 특징들이 보다 감정적으로 치우치기 쉬운 것일 때는 곧잘 잊게 된다. 우리가 이번 장에서 논의할 주된 예시는 정서적인 반응을 일으키기 쉽기 때문에, 이 문제를 올바르게 이해하기 위해서는 특별한 노력이 추가적으로 필요하다. 심리학적 에고이즘과 이타주의로 되돌아와서, 진화가 이 논쟁에 어떻게 관련될 수 있는지 생각해 보자. 우리는 진화적 고려사항들을 생각해 보는 것만으로 **모든** 도움 행동의 동기를 결정할 수 있다고 주장하는 것이 아니다. 그러나 우리는 **일부** 유형의 도움 행동에 대해서는 진화적 질문을 던지는 것이 유용하다고 생각한다. 이 장에서 다루게 될 주요 예시는 부모의 보살핌이다. 다양한 종의 유기체들이 자신의 자녀들을 보살피지만, 인간 부모는 자녀들에게 굉장히 많은 도움을 매우 오랜 기간 동안 제공한다. 우리는 부모의 보살핌이 어떤 혈통 내에서 진화할 때, 이러한 전환이 일어나는 이유를 설명하는 데 자연 선택이 관련 있을 것이라고 생각한다. 인간 부모들이 그들이 가진 욕구로 인해서 자녀들을 돌본다고 가정할 때, 이러한 동기로 작용하는 욕구들이 무엇인지를 밝히는 데 진화적 고려사항들이 도움이 될 것이다.

모든 인간들이 이러한 점에서 동일하다는 이야기는 아니다. 우리 문화만 보더라도 풍부한 다양성이 존재한다. 어떤 부모들은 자신의 아이들을 무시하고 학대한다. 그리고 자녀를 돌보는 부모들 중에서도 어떤 사람들은 다른 사람들보다 더 많은 도움을 제공한다. 문화 간 다양성도 놀랄 만큼 크다. 영아살해infanticide가 광범위하게 존재하고 현재도 받아들여지는 관습이며, 다양한 형태로 존재한다. 달리와 윌슨(Daly and Wilson, 1988)은 5장에서 논의했던 인류학 데이터베이스인 인간 관계 지역 자료HRAF를 사용해서 서로 다른 언어를 쓰고 지리적으로 다른 지역에 존재하는 60개 사회로 무작위 표본을 구성했다. 영아살해는 이 중 39개의 사회에서 나타났다. 그 중 35개에서는 총 112건의 유아살해 정황이 기록되어 있었다. 이 중에서, 21건에서는 아동이 기형이거나 병에 걸렸다고 했으며, 56건은 아이를 기르는데 필요한 경제적인 가망성이 없었다고 했고(예를 들어 어머니가 죽었거나, 남성의 지원이 없는 등), 그리고 20건의 기록에서는 아이가 간통에 의해 태어났거나, 어머니의 전 남편의 아이거나, 또는 아버지가 다른 부족 출신인 경우였다.

이 사례들은 112건 중 97건을 차지하며, 이 결과들을 설명하는 진화적 가설을 만들어 내는 것은 어렵지 않을 것이다. 그러나 유아살해의 나머지 유형들은 진화적 관점에 더 어려운 도전을 제공한다. 광범위한 유아살해는 고대 카르타고(Soren, Khaden, and Slim, 1990)나 아테네(Golden, 1981)에서처럼 종교 의식과 함께 이루어지는 경우도 많다. 특히 사회적 권력계층에서 일어나는 여아살해 관습은 자원이 풍부할 때조차도 다양한 시간과 장소에 존재하였다(Dickemann, 1979; Hrdy, 1981). 사람들 사이의 다양성, 그리고 문화 간 다양성 역시 자연 선택에 의해 설명될 수 있을지도 모른다. 우리는 이에 대해 어떠한 입장도 취하지 않을 것이다. 우리가 주장하려는 것은 인간과 다른 동물들 사이의 행동적 차이를 진화적으로 설명할 수 있으며 이 설명은 사람들이 가지고 있는 욕구의 종류에 대해 알려 줄 수 있다는 것이다. 우리는 인간 부모들이 일반적으로 그들의 자녀들이 잘 지내기를 — 죽는 것보다는 사는 것, 아픈 것보다는 건강한 것 등을 — 원한다고 추측한다.[4] 우리가 답하려는 질문은 이 욕구가 다른 에고이즘적인 궁극적 목적을 위한 도구적 욕구에 불과한가, 아니면 다원론적 동기 체계의 일부로 아이의 행복에 대한 궁극적인 이타적 고려가 존재하는가 하는 것이다. 우리는 동기적 다원론이 인간 부모의 보살핌을 만들어 내는 근접 메커니즘일 것이라고 기대할 만한 진화적인 이유들이 있다고 주장하고자 한다.

부모는 자녀의 행복을 궁극적 목적으로서 바란다고 주장할 때, 우리는 부모가 자녀를 대하는 방식에 영향을 줄 수 있는 다른 욕구들이 있다는 사실을 부정하지 않을 것이다. 예를 들어 부모는 경우에 따라서 한 아이를 살리기 위해 다른 아이를 죽이기도 한다. 이 행동은 부모가 자신이 죽인 아이에 대해 관심이 없었다는 증거가 되지 않는다. 아무리 나쁘게 보더라도 부모는 자신이 죽인 아이보다 살린 아이에게 더 관심이 있었음을 보여 주는 것에 지나지 않는다.[5] 이와 유사하게, 풍족한 환경에서도 유아살해가 발생하는 것은 부모가 자녀에 대해 관심이 없음을 증명하는 것이 아니다. 기껏해야 내릴 수 있는 결론은 그들이 자녀가 아닌 다른 것에 더 관심이 있었다는 것뿐이다. 달리와 윌슨(Daly and Wilson, 1988)은 어머니가 후회를 표현했던 유아살해의 예를 보고하고 있다. 후회라는 것은 약한 욕구를 이기는 보다 강한 욕구의 존재를 암시한다.

부모의 보살핌에 대한 우리의 논제가 "유전자 결정론"에 빠져 있지 않다는 것을 보여 주기 위해서, 이 논제를 우리가 이전에 언급했던 지방과 당분에 대한 선호와 연결해 보자. 생물학적 진화가 우리에게 지방과 당분에 대한 선호를 주었다는 사실은 우리가 먹는 음식을 바꾸는 것이 불가능하다는 의미가 아니다. 이러한 선호의 존재는 전 세계의 사람들이 언젠가는 지방과 당분의 섭취를 크게 줄이게 될 것이라는 생각과 일관된 것이다. 진화가 특정 음식에 대한 선호를 주었다는 사실은 섭식 행동이 환경에 의해 바뀔 수 있는 가능성을 완전히 열어 놓았음을 의미한다. 지방과 당분에 대한 선호는 문화적으로 증진된 건강에 대한 욕구와 충돌할 수 있으며, 맛에 대한 선호가 항상 이 욕구보다 더 강력하다고 추정할 선험적 근거는 없다.

이 점은 부모의 보살핌에도 그대로 적용된다. 진화가 부모들이 일반적으로 자기 자녀들이 잘 지내기를 바라도록 그들이 가지고 있는 여러 욕구들에 영향을 주었을 것이라고 생각한다. 그러나 인간 동기에 대한 이 논제는 사람들이 다른 동기를 획득함으로써 결과적으로 그들의 행동을 바꿀 수 있는 가능성을 열어 두고 있다. 사람들이 자기 자녀들을 학대하거나 무시하거나, 죽이는 경우가 분명히 존재한다. 자연 선택에 의해 만들어진 욕구는 문화적으로 만들어진 또 다른 욕구와 충돌을 일으킬 수 있으며, 어떤 욕구가 더 강할 것인지를 선험적으로 결정할 수 있는 방법은 없다.

따라서 우리는 진화가 부모로 하여금 자녀들이 잘되기를 바라는 것이 모든 부모들이 동일하게 행동하게 되는 결과를 수반하지는 않는다고 본다. 또한, 우리의 진화적 가설은 자녀들이 잘 지내기를 바라지 않는 부모들도 있다는 사실(만약 이것이 사실이라면)에도 부합한다. 만약 이런 부모들이 존재한다면, 그 이유를 설명하기 위해서 "발달 잡음developmental noise"이라는 개념에 호소해야 할지도 모른다. 선택이 어떤 표현형을 선호할 때는, 유기체에서 그 표현형이 발현되도록 하는 발달 과정의 진화를 선호하는 것이다. 그러나 이러한 발달 과정이 실수 없이 완벽한 것은 아니다. 이전에 존재했던 환경의 범위 내에서, 이 발달 과정이 유기체로 하여금 그 표현형질을 발현하도록 해 주었다고 하더라도, **모든** 유기체가 **모든** 가능한 환경에 걸쳐서 동일한 표현형질을 보일 것이라는 보장은 없다. 정상적인 환경에서 발달하는 태아에게는 다른 손가락들과 마주보는 엄지가 생기지만, 어머니가 기형을 유발하는 약을 먹는다면 엄지가 정상적으로 만들어지지 않는다. 모든 사람들이 정상적인 엄지를 가지고 있는 것은 아니라고 해서 다른 손가락들과 마주보는 엄지가 자연 선택에 의해 진화된 것이라는 가설을 기각하지는 못한다.

발달상의 사고들을 제외하고, 부모들이 자녀가 잘 지내기를 바란다고 하더라도 부모들마다 이러한 욕구의 강도가 다를 가능성은 여전히 존재한다. 개인마다 협동성과 공감 정도가 다르고, 이러한 다양성은 부분적으로 유전적 차이 때문이라는 증거가 있다(Rushton et al., 1986; Zahn-Waxler et al., 1992; Segal, 1993, 1997; Davis, Luce, and Kraus, 1994). 만약 그렇다면, 자녀들에 대한 보살핌의 차이도 이러한 양상을 따른다고 해서 놀랄 일은 아니다. 이러한 다양성의 양상이 정말 존재하는지, 또는 그들이 어떻게 설명되어야 하는지에 대해서 우리가 할 수 있는 이야기는 없을 것이다. 우리는 개인차를 설명하려는 것이 아니라 대부분의 부모들이 공통적으로 가지고 있다고 생각되는 형질에 초점을 맞출 것이다.

우리는 도움 행동의 주된 예시로 부모의 보살핌을 선택했는데, 그 이유는 자연 선택이 이 행동의 특성을 형성하는 데 어떤 역할을 했을 것이라는 점을 부정하기가 매우 어렵기 때문이다. 그러나 이 행동의 동기적 근거에 대해서 우리가 구성하게 될 논거는 자녀가 아닌 타인에 대한 도움 행동으로도 일반화될 수 있다. 자녀를 돕는 행동과 타인을 돕는 행동의 근간이 되는 심리적 동기는 같은 방법으로 연구할 수 있다.[6] 자녀를 돕는 것과 자녀가 아닌 타인을 돕는 것은 아마도 완전히 독립되어 진화한 형질 — 몸무게나 눈 색깔 같은 것 — 은 아닐 것이다. 어머니와 자녀 사이에 형성되는 애착의 질은 그 아이가 자란 뒤에 보이게 되는 공감과 친사회적 행동을 예측하는 중요한 요인이다(Main, Kaplan, and Cassidy, 1985; Grusec, 1991).[7] 이는 선택이 자녀를 보살피는 부모를 선호했을 때, 결과적으로 타인을 돕는 아이들을 선호했다는 것을 시사한다. 만약 부모의 보살핌 행동 중 적어도 일부가 이타적 동기에 의해 동기화되었다면, 친족이 아닌 타인을 돕는 행동에서도 마찬가지일 것이다.

근접 메커니즘 예측하기

6장에서, 우리는 산소를 피해야 하는 해양 박테리아에 대해 설명했다. 원칙적으로, 유기체는 이 문제를 직접적으로 해결하거나 간접적으로 해결할 수 있다. 직접적인 전략은 산소 탐지기를 갖는 것이고, 간접적인 전략은 산소 수준과 상관관계가 있는 환경적 변인을 탐지하는 것이다. 많은 해양 박테리아는 지구의 자기장에 맞춰 수영하게 만드는 마그네토솜을 사용하는 간접적 전략을 채택했다. 이 유기체들은 보통 산소가 적은 수면 깊은 곳으로 잠수하게 된다(Blakemore and Frankel, 1981). 일원론적인 직접적 전략이나 간접적 전략과 더불어, 문제를 해결하는 세 번째 가능성은 다원론적 전략을 사용하는 것으로, 유기체가 두 개 혹은 그 이상의 탐지기를 사용해서 수영하는 방향을 통제하는 것이다.

이제 인간 부모의 보살핌에서 볼 수 있는 비슷한 문제에 대해 생각해 보자. 부모들이 가지고 있는 욕구들이 어떻게 마련되어야 보살피는 행동이 만들어질 수 있을까? 상대적으로 직접적인 해결책은 부모가 심리학적인 이타주의자가 되는 것이다. 즉, 자녀들의 행복에 관심을 가지는 것 그 자체를 목적으로 하도록 만드는 것이다. 좀 더 간접적인 해결책은 부모들이 심리학적 쾌락주의자가 되는 것이다. 즉, 그들이 쾌락을 추구하고 고통을 회피하는 것에만 관심이 있고, 자녀들이 잘 되면 기분이 좋아지고 자녀들이 잘 안 되면 기분이 안 좋아지게 만드는 것이다. 그리고 당연하게도, 다원론적 해결책도 고려할 수 있다. 부모들이 이타적인 궁극적 동기와 쾌락주의적인 궁극적 동기를 모두 가지고 있으며, 두 가지 모두 그들의 자녀를 돌보도록 동기화하도록 만드는 것이다.

우리는 해양 박테리아의 행동을 관찰하고 해부학적 구조를 조사해서 산소를 회피하는 데 사용하는 근접 메커니즘이 무엇인지 알아낼 수 있다. 인간의 심리학적 동기를 아는 데에는 관찰된 행동이나 해부학적 정보가 큰 도움이 되지는 않는 것 같다. 그러나 우리는 해양 박테리아를 이용해서, 주어진 행동을 만들어 내기 위해서 어떤 유형의 내적 메커니즘이 진화할 것인지를 예측하는 원리들을 찾아낼 수 있다. 예를 들어 산소를 회피하는 능력을 진화시키는 과정 중에 있는 어떤 종류의 해양 박테리아가 있다고 생각해 보자. 이 유기체가 문제의 해결책으로 산소 탐지기나 마그네토솜을 진화시키는 데 영향을 줄 수 있는 요인들에는 무엇이 있을까?

개략적으로 이야기하자면, 이 질문에 대해서 고려해야 할 세 가지 사항이 있다(Sober, 1994b). 첫째, 개체군 내에서 나타나는 다양한 형질들의 범위를 고려해야 한다. 원칙적으로는 산소 탐지기가 이득이 되지만, 실제로 사용하는 것이 불가능하다면 자연 선택은 이 형질의 빈도를 증가시킬 수 없다. 산소 탐지기가 진화하려면, 일단 **사용가능**available해야 한다.

만약 산소 탐지기와 마그네토솜이 둘 다 사용가능하다면, 고려해야 할 다음 질문은 유기체가 산소를 회피할 때 둘 중 어느 것이 더 **신뢰할 만한가**reliable에 대한 질문이다. 산소가 많은 곳을 회피하는 목표를 달성하기 위해서는 산소 탐지기가 마그네토솜보다 더 나은 것으로 보일 수도 있다. 그러나 항상 그런 것만은 아니다. 수심과 산소 농도가 얼마나 정확하게 관련되어 있는지에 관계없이, 부정확한 산소 탐지기보다는 정확한 마그네토솜이 산소의 위치를 더 성공적으로 탐지하도록 이끌어 줄 것이다. 그러나 직접적 전략이 간접적 전략보다 더 신뢰성 있게 역할을 수행하는 특수한 경우가 있다. 아래 그림을 생각해 보자. 이 그림은 박테리아의 적합도가 수중 산소 농도와 관련되어 있고, 산소 농도 유기체가 위치한 깊이와 관계가 있는 경우를 보여 주고 있다.

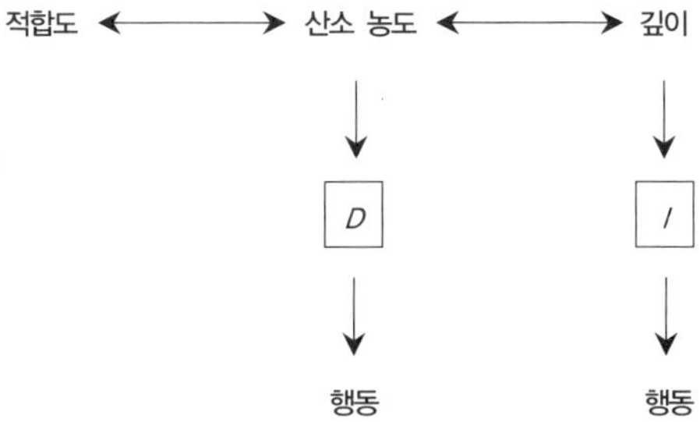

유기체가 위치한 깊이 — 수표면 근처이거나 밑바닥이거나 — 가 산소 농도와 관련되어 있기 때문에 유기체의 적합도에 영향을 미친다고 가정하자.[8] *D*는 산소 농도 탐지기이고, *I*는 깊이를 탐지하는 장치다. 적합도와 관련된 정도에 있어서 *D*는 보다 직접적이고 *I*는 보다 간접적이다. 이 그림에서, 양방향 화살표는 상관관계를 의미하고, 단방향의 화살표는 인과관계를 의미한다. 산소 농도와 깊이는 탐지기에 입력되는 것들이며, 이 장치들로부터 출력되는 것은 행동들이다. 여기 직접적 전략과 간접적 전략의 신뢰도에 대한 중요한 사실이 있다:

> (D/I) 만약 *D*가 산소를 탐지하는 것이 적어도 *I*가 깊이를 탐지하는 것만큼 정확하고, 산소와 깊이가 완벽한 상관관계를 갖고 있지 않다면, 적합도를 증진시키는 행동과 관련해서는 *D*가 *I*보다 더 신뢰성이 있다.

앞으로 우리는 이 원리를 '*D/I* **비대칭성***D/I* asymmetry'이라고 부를 것이다.

비록 정확한 마그네토솜이 부정확한 산소 탐지기보다 더 신뢰성이 있지만, 정확도에 차이가 없을 경우에는 산소 탐지기가 마그네토솜보다 유기체에게 더 도움이 될 것이다.[9]

D/I 비대칭성은 두 통제 장치의 신뢰성을 비교하는 원칙을 제공한다. 근접 메커니즘에 대한 또 하나의 원칙도 이야기해야 한다. 해양 박테리아에게 산소 탐지기기가 있을 수도 있고, 마그네토솜이 있을 수도 있으며, 아니면 둘 다 있을 수도 있다. 두 개의 장치가 한 개보다 더 신뢰성이 있는, 상당히 일반적인 상황이 존재한다.

> (TBO) 만약 각 장치가 완벽하지는 않더라도 산소 농도와 관련이 있고, 두 장치가 합당한 정도로 상호 독립적으로 작동한다면, 적합도를 증진시키는 행동과 관련해서는 두 장치 *D*와 *I*가 함께 작동하는 것이 *D*나 *I*가 따로 작동하는 것보다 더 신뢰성이 있다.

이 원칙 — 둘이 하나보다 낫다는TBO: Two are Better than One 원칙 — 에서 두 탐지 장치가 어느 정도 상호 독립적으로 작동한다는 조건을 명시한 이유는 무엇일까? 산소 농도가 낮은 곳을 잘 찾아내는 산소 탐지기를 가지고 있는 유기체와, 비슷한 수준으로 잘 작동하는 마그네토솜을 가지고 있는 유기체가 있다고 가정해 보자. 그럼에도 불구하고 만약 한 유기체에 두 장치가 있다면 둘 다 제대로 작동하지 못할 가능성이 있다. 두 장치가 서로 방해를 할 경우에 그렇다. TBO 원칙에서 두 장치가 합당한 정도로 상호 독립적으로 작동해야 한다는 조건을 내세우는 이유는 이 때문이다. 이 조건을 이해한다면, 신뢰성에 있어서는 두 개의 원천으로부터 증거를 수집하는 것이 하나보다 더 뛰어나다.[10]

D/I 비대칭성 원칙과 TBO 원칙은 모두 신뢰성 문제와 관련 있다. 신뢰성은 어떤 근접 메커니즘이 주어진 행동을 통제하도록 진화할 것인지 예측하는 데 고려해야 할 두 번째 사항이었다는 점을 떠올려 보자. 첫 번째

사항은 사용가능성이었다. 이제 우리는 세 번째 사항에 대해 고려해야 한다. 마그네토솜과 산소 탐지기 모두 사용가능하며, 산소의 존재를 알려 주는 데 있어서 두 장치 모두 동일한 신뢰성을 가지고 있다고 가정해 보자. 그렇다고 하더라도, 두 메커니즘이 유기체가 헤엄칠 방향을 알려 주는 것 이외에도 다른 방식으로 유기체의 적합도에 영향을 미칠 가능성이 있다. 예를 들어 마그네토솜은 산소 탐지기보다 생성과 유지에 사용되는 칼로리가 적을 수 있다. 아니면, 이 박테리아는 원래부터 다른 용도로 마그네토솜을 가지고 있을 수도 있다. 만약 그렇다면, 이미 가지고 있는 이 장치를 사용해서 헤엄쳐야 할 곳을 판단하는 것이 완전히 새로운 장치를 만들어 내는 것보다 더 효율적일 수 있다. 유기체의 적응에는, 사람이 만든 기계처럼, 만들고 유지하는 데 에너지가 든다. 어떤 근접 메커니즘이 진화할 것인지에 대한 예측을 할 때는 **에너지 효율성**energetic efficiency을 반드시 고려해야 한다.

마그네토솜이 박테리아로 하여금 산소로부터 멀리 헤엄치도록 해 주는 근접 메커니즘인 것처럼, 마음이라는 것은 사람들로 하여금 다른 상황에서 다른 행동을 유발하도록 하는 근접 메커니즘이다. 마음과 마그네토솜이 여러 가지 측면에서 서로 다른 것은 분명하다. 그러나 어떤 동기들이 행동을 만들어 내는 장치로 진화했는지 예측한다는 점에서는, 동일한 고려사항들의 목록을 그대로 적용할 수 있다. 인간 부모의 보살핌이 진화의 산물이라면, 부모가 자녀를 보살피게 만드는 동기들도 진화의 산물일 것이다. 이 동기들은 직접적인 관찰로 확인할 수 없다. 사용가능성과 신뢰성, 효율성을 고려하는 것이 어떤 동기적 메커니즘이 진화했을 가능성이 가장 높은지를 예측하는 데 어떻게 도움이 될까?

다원론의 두 가지 형태

동기적 다원론에서는 우리가 에고이즘적인 궁극적 욕구와 이타적인 궁극적 욕구를 둘 다 가지고 있다고 본다. 이 이론이 옳다면 유기체는 다음 둘 중 하나에 해당해야 할 것이다. 한 가지 가능성은 유기체의 행동 중 일부는 순전히 이타적인 궁극적 동기에 의해 유발되어야 하며, 다른 행동들은 순전히 에고이즘적인 궁극적 동기에 의해 발생해야 한다는 것이다. 또 다른 가능성은 유기체의 일부 행동은 이타적인 궁극적 동기와 에고이즘적인 궁극적 동기 둘 다에 의해 발생하기 때문에 유기체가 다원론적이라는 것이다. 만약 유기체가 자녀들을 보살피는 이유가 오직 이타적인 궁극적 동기 때문이지만, 독사를 피하는 이유는 오직 그들 자신의 생존에만 관심이 있기 때문이라면, 위에서 이야기한 두 가지 가능성 중에서 전자에 해당하는 다원론자이다. 반면에, 부모가 자녀를 보살피는 이유가 자녀의 행복에 대해 축약불가능한 관심을 가지고 있는 동시에 자녀를 돕는 데서 즐거움을 느끼기 때문이라면, 후자에 해당하는 다원론자다.

두 종류의 다원론 모두 에고이즘과는 호환되지 않는다는 공통점이 있지만 여기서 제기되는 진화적 질문에는 차이가 있다. 쾌락주의는 모든 행동을 조절하는 유일한 궁극적 동기가 쾌락을 경험하고 고통을 피하려는 욕구라고 주장한다. 첫 번째 종류의 다원론과 관련해서 우리는 유기체가 쾌락과 고통이 아닌 순수하게 이타적인 궁극적 동기에 따라서 행동을 조절하도록 진화하는지 물어야 한다. 두 번째 종류의 다원론과 관련해서는 유기체가 한 개의 궁극적 동기가 아니라 두 가지 궁극적 동기 모두에 의해 행동을 조절하도록 진화하는지 물어 봐야 한다. 첫 번째 종류의 다원론은 쾌락주의적인 궁극적 욕구의 범위를 제한하고 특정한 종류의 행동을 통제하는 유일한 장치인 이타적인 궁극적 욕구를 대체한다. 두 번째 종류의 다원론은 보편적으로 존재하는 쾌락주의적 욕구를 이타적인 궁극적 동기로 보완한다.

인지 능력의 연속선

사용가능성과 신뢰성, 효율성이라는 고려사항들을 심리학적 에고이즘과 이타주의의 문제에 적용하기 위해서, 실제로는 존재하지 않지만 행동 통제 메커니즘에 관한 질문을 던지는 데 도움이 되는 공상 과학적 예시에서부터 시작해 보자. 무한정한 지각 능력과 계산 능력을 가진 생명체를 하나 가정하자. 이 생명체는 현재 환경의 상태에 대한 모든 것을 정확하게 탐지할 수 있고, 이 정보를 이용해서 미래가 어떨지 예측할 수 있다. 이 생명체는 인간이 아니다. 라플라스Laplace가 결정론적 원칙의 의미를 명확히 하기 위해서 묘사한 적이 있었던 가상의 "악마demon"다. 이제 라플라스의 악마에 대한 다윈주의적 질문을 던져 보자. 이 생명체의 적합도를 극대화하는 일련의 궁극적 욕구들에는 어떤 것이 있을까?

여기에 대한 답은 적합도를 극대화하는 것이 라플라스의 악마가 지닌 유일한 궁극적 욕구라면 문제될 일이 없다는 것이다. 진화적 최종 결과에 집중하는 것보다 더 효과적인 전략은 없다. 이것은 가상의 예시이지만, 우리가 인간들이나 다른 생명체들이 라플라스의 악마에게는 그렇게 유용했던 해결책을 진화시키는 데 실패한 이유가 무엇인지 묻게 되면 이 예시가 실제 유기체와 어떻게 관련되어 있는지가 명확해진다. 인간들과 다른 유기체들이 실패한 이유는 인지적 한계 때문이다. 우리가 미래의 생존과 번식의 성공과 관련 있는 현재 환경의 특징들을 항상 탐지할 수 있는 것은 아니다. 그리고 미래와 관련된 현재 환경에 대한 정보가 있다고 하더라도, 이 데이터를 사용해서 미래에 가장 좋은 결과를 가져올 수 있는 행동을 예측하지 못하는 경우도 많다. 뛰어난 체스 선수들도 단지 몇 수 앞만 계산할 수 있을 뿐이며, 인생이라는 게임은 체스보다 훨씬 복잡하다. 라플라스의 악마에게는 가장 잘 작동했던 근접 메커니즘이 우리들이나 다른 실존하는 생명체에게는 실행가능한 해결책이 되지 못할 것이다.

라플라스의 악마는 위에 그려진 연속선 — 인지 능력의 연속선 — 상의

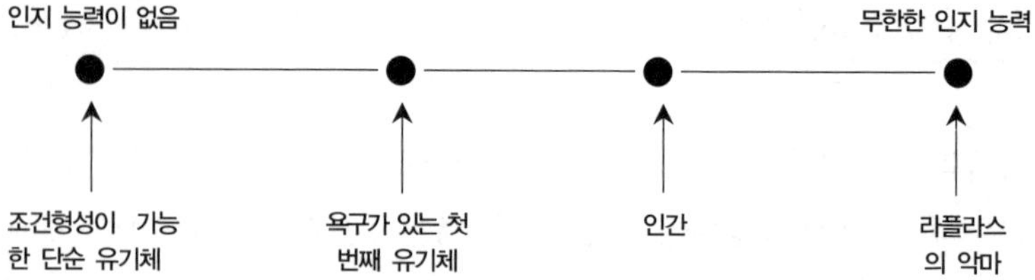

한 쪽 끝에 있다. 다른 쪽 끝에는, 아무런 인지적 능력이 없는 가상의 생명체가 있을 것이라 상상할 수 있다. 8장에서 논의했던 효과의 법칙에 따라 조건형성이 될 수 있는 유기체를 생각해 보라. 이 생명체는 혐오적이거나 쾌락적인 감각을 경험하고, 혐오적 감각을 수반하는 행동을 회피하고 쾌락적 감각을 수반하는 행동을 계속 반복하게 만드는 기본적인 능력이 있다.

이 조건형성이 가능한 단순 유기체는 사고를 형성할 어떠한 능력도 없기 때문에, 소위 말해서 욕구도 가지지 않는다. 무엇을 원한다는 것은 믿는 것과 마찬가지로(6장 참조) 개념적인 성취이기 때문이다. 만약 유기체가 고통을 피하고 싶으면, '그것은 고통스러울 것이다'라는 내용의 정신적 표상을 형성해 낼 수 있어야 한다. 자신의 주변을 개념화할 수 있는 능력이 전혀 없는 유기체는 굴성의 행동을 보일 수는 있으나, 욕구를 가진다고 말할 수 없는 것이다. 이러한 이유 때문에, 이 유기체가 쾌락주의자라고 말하는 것은 잘못이다.

어쨌든 간에, 이 예시는 우리로 하여금 중요한 진화적 질문을 던질 수 있도록 해 준다. 쾌락과 고통을 이미 느낄 수 있는 능력을 지닌 유기체들에게서 인지능력이 진화하기 시작했다고 가정해 보자. 만약 신념과 욕구가 이러한 유기체들에서부터 나타나기 시작했다면, 초기 유기체들에서는 쾌락과 고통과 관련 있는 욕구들을 형성했을 가능성이 매우 높을 것이다. 그리고 이 유기체들이 궁극적 욕구와 도구적 욕구를 모두 형성하기 시작했을 때, 쾌락을 취하고 고통을 회피하는 것 그 자체를 목적으로 하는 욕구도 이 욕구들에 포함된다고 보는 것은 합당하다.[11] 이제 우리가 물어야 할 것은 이 유기체들과 그 후손들이 더 많은 궁극적 욕구를 가지는 것이 더 이득이었는지 여부다. 욕구를 가진 최초의 유기체들이 쾌락주의자들이었다고 하더라도, 일부 행동들은 순수하게 이타적인 동기로 조절되도록 함으로써 쾌락주의에서 멀어지는 것이 유기체들에게 선택적으로 유리하게 작용할 수 있는 상황은 무엇일까?

이 질문에 답하기 위해서, 행동을 조절하는 데 고통이 왜 그렇게 유용한지 생각해 보자. 진화는 왜 수많은 유기체들이 고통에 민감하게끔 만든 것일까? 바로 고통이 이러한 통제 과제에 잘 어울리는 두 가지 특징을 가지고 있기 때문이다:

(i) **인식에의 접근**Epistemic access: 유기체들은 자신들이 언제 고통을 경험하는지 탐지할 수 있으며, 실제 세계에서의 어떤 상황들이 고통을 유발할 것인지 예측할 수 있다.

(ii) **적합도와의 상관관계**Correlation with fitness: 고통은 적합도가 감소하는 상황과 상관 있다.

이 두 가지로부터, 우리는 왜 인지적 한계가 있는 유기체 — 적합도와 관련 있는 상황의 다른 속성들을 탐지하고 예측하지 못하는 유기체 — 의 경우에 고통만으로 행동을 조절하는 것이 성공적인지 알 수 있다. 그러나 이 생명체에게 더 많은 인지적 자원이 있다면, 일부 행동들은 쾌락과 고통 이외의 상황 특성들과 연결될 것이다. 고통이 (i)과 (ii) 조건을 만족시켰기 때문에 동기로서의 역할이 진화했던 것이라면, 이 조건들을 만족시키는 다른 상황 특성들도 마찬가지라고 예상할 수 있다.

흥미로운 점은 (i)과 (ii)가 서로 충돌할 수도 있다는 사실이다. 쉽게 탐지할 수 있는 속성들은 보다 탐지하기 어려운 속성들보다 적합도와의 상관관계가 낮은 경우가 있다. 과일이 빨간색일 때 대개 영양분이 많고 녹색일 때 대개 몸에 좋지 않다면, 빨간색과 녹색을 구분하는 능력은 대개 유기체에게 도움이 될 것이다. 만약 유기체가 과일의 화학적 성분 중 영양분과 변함 없이 연합되어 있는 것들을 확실하게 탐지할 수 있다면, 더 높은 수준의 신뢰성을 보장받을 수 있을 것이다. 하지만 만약 유기체에게 화학적 성분보다 색깔을 탐지하는 것이 훨씬 더 쉽다면 어떨까? 겉으로 드러나는 특징들은 내면에 있는 특징들보다 더 확인하기 쉽다. 그러나 겉으로 드러나는 특징들은, 대부분의 경우 말그대로 피상적일 뿐이다. (i)과 (ii)는 충돌할 수 있기 때문에, 탐지 장치의 진화는 둘 사이의 균형과 절충(트레이드오프, trade-off)의 결과일 수 있다. 장치 D_1이 환경 변수 E_1을 탐지하는 것이 장치 D_2가 환경 변수 E_2를 탐지하는 것보다 신뢰성이 조금만 떨어진다면, D_1은 여전히 D_2보다 행동을 통제하기에 더 나은 장치일 수 있다. 이것은 E_1이 E_2보다 적합도와 더 밀접하게 관련되어 있으면 가능하다.[12]

육체적 고통은 (i)과 (ii) 모두와 매우 강하게 관련되어 있다. 진화적 관점에서 볼 때, 고통이 우리에게 큰 의미를 가지는 것은 당연하다. 그러나 이 사실이 고통을 피하는 것이 우리가 그 자체를 목적으로 하는 **유일한** 것이라는 결론으로 이어지지는 않는다.

제1유형 다원론: 두 행동의 궁극적 동기가 각기 다르다

여기서 우리는 두 개의 동기 메커니즘 중 어느 것이 더 신뢰성 있게 부모로 하여금 그들의 자녀들을 보살피게 만드는지 알아보겠다.

(HED) 어떤 행동이 쾌락을 최대화하고 고통을 최소화한다고 믿을 때만 그 행동을 실행한다.

(ALT) 어떤 행동이 자녀들의 행복을 증진시키는 데 가장 좋은 방법이라고 당신이 믿을 때만 그 행동을 실행한다.

쾌락주의와 이타주의를 이런 방식으로 나타내는 것은 욕구가 **지시사항** instructions을 제공한다는 아이디어를 반영한다. 욕구는 당신이 가진 신념들을 바탕으로 무엇을 해야 할지 알려 준다. 이것은 행동을 조절할 때 욕구들이 수행하는 기능적 역할을 표현하는 유용한 방법이다. 유기체의 욕구들은 신념을 입력물로 받아들이고 행동을 출력물로 내놓는 장치를 구성하는 것이다. ALT를 따르는 개인들에게는 이타적인 궁극적 동기가 있다. 그들은 자녀들이 도움을 필요로 할 때는 이 규칙을 따르지만, 독사를 피하는 이유는 순수하게 에고이즘적이라면, 그들은 제1유형 다원론자들이다. 그들은 순수하게 이타적인 동기들을 사용해서 어떤 행동들을 조절하고, 어떤 행동들은 순수하게 에고이즘적인 동기들을 사용해서 조절한다.

이제 유기체가, 자녀가 도움을 필요로 한다는 것을 깨닫고 이를 위해 할 수 있는 몇 가지 행동이 있다고 믿는다고 상상해 보자. 이들 행동 중 하나는 유기체 자녀들의 행복을 증진시키는 데 가장 효과적일 것이고 우리는 이것을 *A**라고 부를 것이다. 우리가 던져야 하는 질문은 쾌락주의적 부모가 이 행동을 선택할 가능성이 더 높은지, 아니면 이타적 부모가 이 행동을 선택할 가능성이 더 높은지이다. HED를 지닌 유기체는 *A**가 쾌락을 최대화하고 고통을 최소화한다고 믿을 때 *A**라는 행동을 한다. ALT를 지닌 유기체는 *A**가 자녀들의 행복을 증진시키는 데 가장 효과적이라고 믿으면 *A**라는 행동을 한다. 둘 중 어떤 의사결정 과정이 *A** 행동을 하게 만들 가능성이 더 높을까?

유기체의 정신적 특성에 따라서 다르다. 만약 ALT 유기체가 자녀들의 행복에 대한 터무니없이 잘못된 믿음을 가지고 있다면, 이 유기체가 *A**를 실행할 가능성은 매우 낮아진다. HED 유기체가 훨씬 더 잘 할 가능성이 있는 것이다. 예를 들어 ALT 유기체가 자녀들이 우는 것은 좋고 옹알이하는 것은 나쁘다고 믿고 있다고 가정하고, HED 유기체는 자녀들을 돌보는 것이 과거에 쾌락을 가져다주었고 이 쾌락적 경험을 반복하고자 한다고 가정해 보자. 이 경우, HED의 자녀들은 ALT의 자녀들보다 더 행복할 것이다. 이 가설적 예시는 다음 그림과 같은 구조를 가지고 있다. 이 예시에서 적응적 행동을 만들어 내는 데 있어서 HED가 ALT보다 더 못해야 할 만한(또는 더 잘 해야 할 만한) 선험적 이유는 없다.

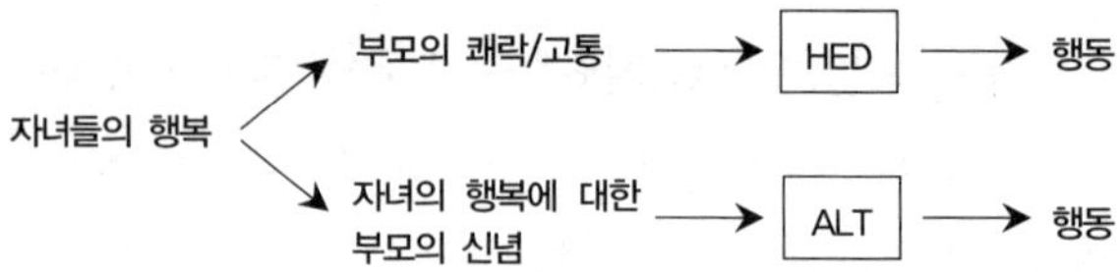

이 가상의 예시는 몇 가지 측면에서 비현실적이다. 우선, 우리는 인간 부모가 자녀에게 무엇이 도움이 되고 무엇이 해가 되는지 대해 어느 정도 믿을 만한 판단을 내릴 수 있다고 생각한다. 또한, 유선염을 경험해 본 적이 있는 어머니들은 자녀들을 보살피는 것이 항상 쾌락의 원천이 되지는 않는다고 증언할 것이다. 하지만 HED와 ALT의 비교에서 가장 중요한 결함은 어머니가 자녀의 행복에 대해 가지는 신념과 독립적으로 쾌락과 고통이 일어난다고 설명한다는 사실이다. 언뜻 생각하기에 어떤 감각들은 개인이 가지고 있는 신념에 관계없이 쾌락적이거나 고통스럽다는 것이 사실일 수도 있다. 당신이 망치로 엄지를 치면 신념에 관계없이 고통을 느낄 것이다.[13] 이와 대조적으로, 이웃사람이 당신에게 당신의 자녀가 얼어붙은 강에 빠졌다는 이야기를 전해 주는 것은 당신에게 혐오적인 정서를 유발하는데, 그 이유는 오직 당신이 어떤 '신념'을 만들어 냈기 때문이다. 인간에게 적용되는 HED는 실제 세계의 상황과 쾌락, 고통의 감정을 연결하는 인지적 상태를 반드시 가정해야 한다.

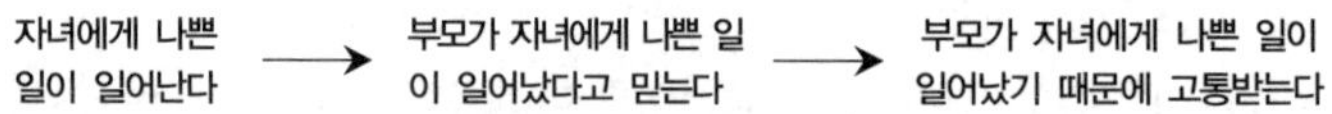

쾌락주의에서 설명하는 쾌락과 고통이 흔히 신념에 의해 매개된다는 사실은 행동을 통제하는 쾌락주의적 장치의 적응적 특성과 관련해서 중요한 의미가 있다.

쾌락주의적 유기체가 자녀들을 돌보는 것이 자신의 궁극적 목적인 쾌락의 최대화와 고통의 최소화를 이루는 방법이라고 믿는다고 가정해 보자.

이 유기체가 자녀들을 돌봤더니 쾌락을 최대화하지도 고통을 최소화하지도 못한다는 사실을 알게 된다면 어떻게 될까? 만약 이 유기체가 경험으로부터 학습할 수 있는 능력이 있다면, 추후에는 자녀들을 돌보려는 경향이 줄어들 것이다. 도구적 욕구들은 이렇게 부정적인 근거에 의해 감소하고 사라지게 된다. 이것이 쾌락주의적 동기를 다소 부족한 장치로 만든다. 쾌락주의가 이러한 결함을 피하기 위해서는 유기체가 자녀를 도울 것인지 결정하기 위해서 계산을 한다고 가정하거나 자녀들을 보살피는 것이 가장 좋은 행동이라는 것을 단 한 번의 사례를 통해 믿어야 한다고 가정하는 것만으로는 충분하지 않다. 여기에 더해서, 이러한 신념이 진실이어야 한다. 즉, 유기체의 적합도에 영향을 주는 다른 어떤 행동들보다도 자녀를 보살피는 행동이 더 많은 쾌락과 더 적은 고통을 줘야만 하는 것이다.

이것이 쾌락주의에 가져오는 폐해는 지난 장의 마지막에 논의하였던 루브 골드버그Rube Goldberg의 만화에 잘 묘사되어 있다. 이 그림(2부 표제지)은 유기체가 하나의 궁극적 욕구로 두 행동을 조절할 때 생길 수 있는 일을 보여 준다. 만약 유기체가 수프를 먹고 콧수염을 깨끗하게 유지하고 싶다면, 각각의 행동이 서로 다른 궁극적 욕구에 의해 유발될 때 쉽게 조절할 수 있다. 대신에 하나의 궁극적 욕구와 하나의 도구적 욕구만으로 두 가지 행동을 모두 가능하게 하려면 유기체를 어떻게 설계해야 할까? 한 가지 가능성은 냅킨으로 자신의 콧수염을 닦는 것을 궁극적 목표로 하는 유기체를 만드는 것이다. 만약 이 유기체가 이 목적을 달성하기 위한 유일한(또는 가장 좋은) 방법이 수프를 먹는 것이라고 믿는다면, 유기체는 수프를 먹고자 하는 도구적 욕구를 형성할 것이다. 이 도구적 욕구는 유기체가 수프를 먹는 것이 냅킨으로 자신의 콧수염을 닦는 행동의 원인이 된다고 믿는 동안에는 계속 유지될 것이다. 이 유기체가 착각에 사로잡힌 것이 아니라면, 수프를 먹는 것이 콧수염을 닦는 행동의 원인이라는 것은 진실일 것이다. 루브 골드버그가 고안한 장치는 여기에 필요한 두 행동 간의 연결을 제공한다.

쾌락주의는 진화가 우리 인간을 포함한 유기체들에서 심리적 고통과 다양한 신념들이 강하게 연합되도록 만들었다고 가정한다. 자녀에 대한 부모의 보살핌이라는 맥락에서, 쾌락주의자는 유기체가 자신의 자녀가 잘 지낸다고 믿을 때 대체적으로 쾌락을 경험하고 잘 지내지 못한다고 믿을 때는 대체적으로 고통을 느낀다고 주장한다. 여기서 이 두 신념에 어느 정도의 쾌락과 어느 정도의 고통이 수반된다는 것만이 아니다. 자신의 자녀가 잘 되는 것을 보고 느끼는 쾌락의 양은 초콜릿 아이스크림을 먹을 때의 쾌락과 나지막이 속삭이는 목소리를 들으면서 관자놀이를 부드럽게 마사지 받을 때의 쾌락보다 더 커야 한다.[14] 그러기 위해서는 몇 가지 교묘한 기술공학이 필요하다. 루브 골드버그의 장치는 이러한 인과적 관련성들을 확립하는 것이 결코 간단한 일이 아님을 보여 준다. 궁극적 욕구 수준에서의 단순함을 얻으려면 도구적 욕구 수준에서의 복잡함이 필수적이다. 쾌락주의의 적합도를 평가할 때는 이러한 복잡성을 반드시 고려해야 한다.

만약 쾌락주의의 적합도가 유기체의 쾌락과 고통이 자녀들의 행복에 대한 신념과 관련된 정도에 달려 있다면, 이 상관관계는 어느 정도로 강해야 할까? 이 문제를 실험적으로 연구하는 것은 쉽지 않고, 내성법으로 얻은 보고는 있는 그대로 받아들일 수 없다. 하지만, 이 질문에 대한 간접적인 답은 유기체의 적합도에 영향을 미치는 지표로서의 고통이라는 보다 직접적인 사례를 검토함으로써 얻을 수 있다. 우리의 몸이 다쳤을 때 경험하는 고통이 바로 여기에 해당된다. 고통은 신체적 부상의 지표로서 얼마나 신뢰할 만한가?

여기에는 두 가지 현상이 관련되어 있다. 첫 번째는 고통스럽지 않은 신체적 부상의 사례다. 전장에서 열상, 골절, 손가락 절단 등의 부상을 입고 응급실로 실려 오는 병사들은 부상을 당했을 당시에는 고통을 전혀 느끼지 못했다고 보고하는 사례가 꽤 있다. 이와 반대인 경우는 신체적 부상이 없는 고통이다. 최초에 고통을 유발했던 신체적 부상보다 훨씬 오래 지속되는 고통에 관한 여러 사례가 기록으로 남아 있다. 그리고 만성적인 허리통증은 눈에 띄는 부상을 발견할 수 없을 때도 나타나는 경우가 많다(Melzack and Wall, 1983: 15-23; Fields, 1987).

고통은 신체적 부상의 불완전한 지표이지만, 행동을 조절하는 데 있어서는 아주 중요한 역할을 하고 있다. 이는 **선천적 무통증**congenital absence of pain이라는 현상에서 잘 드러난다. 고통을 경험할 수 있는 능력을 타고나지 못한 사람들은 자신들의 신체를 제대로 돌보지 못한다. 팔과 다리를 지나치게 구부려서 관절을 손상시키고, 뜨거운 것으로부터 손을 바로 떼지 않기 때문에 심각한 화상을 입기도 한다. 이 증상을 가진 사람들은 대체로 30세가 되기 전에 죽는다(Melzack and Wall, 1983). 라플라스의 악마라면 고통이 필요없었겠지만, 인간의 경우 고통이 없으면 생존할 수 없는 것처럼 보인다.

신체적 부상의 경우, 결론은 상당히 확실한 것 같다: 고통은 매우 효과적이지만 **불완전한 신뢰성을 가진** 신체적 부상의 지표다. 이러한 관점에서 볼 때, 우리는 쾌락주의가 가정하는 심리적 고통이 자신의 자녀들이 잘못되고 있다고 믿는 것과 **완전한** 상관관계가 있다는 것은 불가능하다고 생각한다. ALT의 장점 중 하나는 ALT의 신뢰성은 이러한 상관관계의 크기에 의존하지 않는다는 점이다.

고통이 신체적 부상에 대한 지표로서 불완전한 신뢰성을 가졌음에도 불구하고, 인간이 이러한 감각에 바로 반응하도록 만들어졌다는 사실은 놀랍지 않다. 당신은 손가락이 불에 데었을 때, 손가락을 불에서부터 얼른 뗀다. 당신이 깊이 생각하지 않고도 이렇게 한다. 이 경우 인과적 연쇄는 다음과 같은 구조를 갖는다.

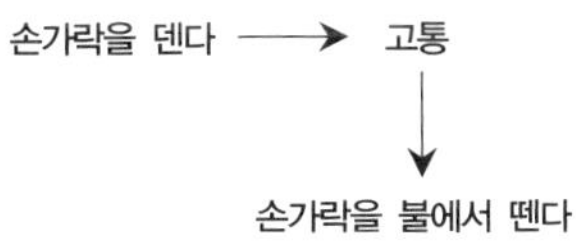

인간은 인지적인 행위자이기 때문에, 불이 유발한 고통은 신념을 만들어 낸다. 그러나 당신이 손가락을 불에서 떼는 행동이 오직 이 신념에만 묶여 있다면 상당히 비효율적일 것이다.

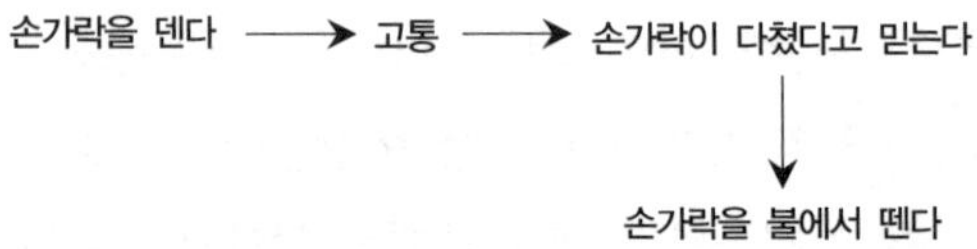

여기서 우리는 D/I 비대칭성의 응용을 볼 수 있다. 만약 고통에 반응하는 것과 고통이 유발한 신념에 대해 반응하는 것 중 하나를 선택하라고 한다면, 고통에 직접적으로 반응하는 것이 더 신뢰성이 있는 전략이다.[15]

유기체가 자신의 신체를 돌보는 행동의 원인으로서의 고통의 역할과, HED에서 말하는 부모가 자녀들을 돌보는 행동의 원인으로서의 고통의 역할의 차이점을 아는 것이 중요하다. 유기체의 신체가 부상당했다면, 유기체는 무엇이 일어났는지에 대한 신념을 만들지 않고도 고통을 느낀다. 그러나 자녀들이 잘못되었을 때, 부모는 자녀들이 잘못되었다고 믿기 때문에 대체로 "기분이 안 좋게" 되는 것이다.[16] 신체적 부상의 경우, 유기체는 고통 그 자체에 반응하는 것이 고통에 의해 만들어진 신념에만 반응하는 것보다 자신의 신체를 돌보는 데 더 효과적일 것이다. 이와 유사하게, 자녀들을 보살피는 행동을 유발하는 쾌락주의적 메커니즘에 신념 형성이 갖는 역할을 보면 ALT가 HED보다 훨씬 더 믿을 만한 결과를 가져올 것이라는 점을 알 수 있다. 이 장의 앞부분에서 해양 박테리아가 산소를 피하기 위해 직접적, 간접적으로 쓰는 전략을 묘사하기 위해 사용했던 그림과 유사한 다음 쪽의 그림을 보자. ALT 부모의 행동은 자녀들의 행복에 대한 믿음에 관련되어 있다. HED 부모의 행동은 자기자신의 느낌과 관련되어 있다. 이 그림에서 "기분이 좋음", "기분이 안 좋음"이 신념에 의해 매개되는 상태로 표현되어 있는 것에 주목하기 바란다. ALT 부모가 자신의 자녀들이 도움을 필요로 한다는 자신의 믿음에 대한 반응으로 자녀들을 돌보는 행동을 하는 것이, HED 부모가 자신의 자녀들이 도움을 필요로 하는 것에 대해 기분이 안 좋다고 느끼기 때문에 자녀들을 돌보는 행동을 하는 것과 동일한 정도로 신뢰롭게 도움 행동을 생성한다고 가정하자. 부모의 쾌락과 고통의 감정이 자녀들의 행복에 대한 부모의 신념과 완벽한 상관관계를 형성하지 않는 한, ALT는 HED보다 더 신뢰롭다고 볼 수 있다. 이것이 바로 우리가 앞에서 논의했던 D/I 비대칭성이다. 산소 탐지기가 동일한 수준의 정확도를 가진 마그네토솜보다 더 신뢰로운 것과 마찬가지 이유로, ALT는 HED보다 더 신뢰로울 것이다.

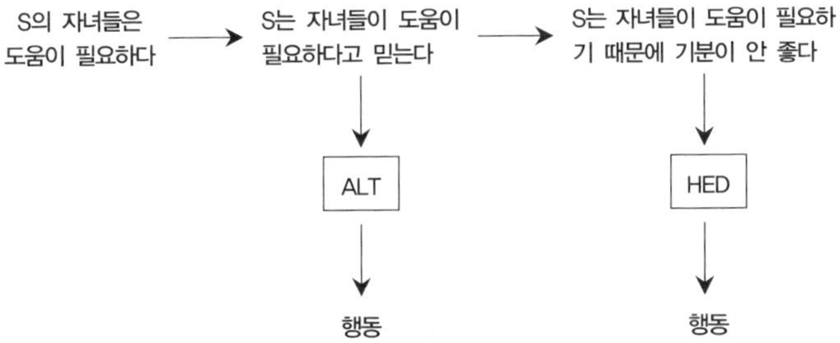

이 분석에서, 우리는 쾌락주의자를 **현재**의 고통을 완화하고자 하는 사람으로 나타냈으나, 만일 우리가 쾌락주의자를 **미래**의 고통을 피하기 위해서 행동하는 사람으로 생각한다고 해도 우리의 주장은 여전히 같을 것이다. 이타주의자는 자신의 자녀들이 도움을 필요로 한다는 신념에 따라 행동한다. 미래지향적인 쾌락주의자가 돕기 위해 동기화되려면, 그녀의 자녀들이 도움을 필요로 한다는 신념은 또 다른 **신념** — 도움 행동이 쾌락을 가져오고, 돕지 않는 것은 고통을 가져올 것이라는 신념 — 을 필요로 하게 된다. 여기서 쾌락주의는 또다시 상대적으로 간접적인 전략을 구사하며, 이타주의는 상대적으로 직접적인 전략을 고수한다.

여기서 우리가 지지하고 있는 가설은 전례없는 새로운 것이 아니다. 적어도 부분적으로는, 다윈의 『인간의 유래*Descent of Man*』에 있는 다음 구절에서 제안된 바가 있다:

> 동물들이 서로 함께 지내면서 여러 가지 측면에서 서로 돕게 만드는 충동에 대해 생각할 때, 우리는 대부분의 경우 이들이 다른 본능적 행동을 할 때 경험하게 되는 만족이나 쾌락과 동일한 감각에 의해서 이렇게 한다고 추정할 것이다. 혹은, 다른 본능적인 행동을 하지 못하게 만드는 불만족과 동일한 감각에 의해서 그럴 것이라고 추정할 것이다. … 하지만, 많은 경우에 본능은 쾌락이나 고통의 자극과 관계없이 오직 선천적으로 타고난 것으로부터 나올 수도 있다. … 따라서 인간의 모든 행동이 쾌락이나 고통을 경험하는 것 때문에 이루어진다는 일반적인 가정은 틀릴 수도 있다(Darwin, 1871: 79-80).

다윈의 관찰은 만약 유기체가 자녀들을 보살피는 것이 적합도에 도움이 된다면, 이 행동이 쾌락주의적 계산에 의해 관장되는 것이 불리할 수도 있다는 점을 시사한다. 불행히도, 다윈은 쾌락주의를 대신할 수 있는 근접 메커니즘을 설명하지 않고 있다. 행동이 "단순히 선천적으로 타고난 것"으로부터 만들어진다고 하더라도, 어떤 근접 메커니즘이 작동하는 것인지에 대한 질문은 여전히 유효하다. 우리는 부모가 자녀를 돌보는 데에는 심리학적 이타주의가 심리학적 쾌락주의보다 더 신뢰로운 장치라고 제안했다.

제2유형 다원론: 두 개의 궁극적 동기가 한 개의 행동에 영향을 미침

우리는 앞에서 인간 부모가 자녀들을 보살피는 것이 순수하게 이타적인 이유 때문이라고 결론짓지 않았다. 우리가 주장하는 바는 순수한 쾌락주의적 동기보다는 순수한 이타적 동기가 더 신뢰롭게 부모의 보살핌 행동을 만들어 낸다는 것이다. 이제 우리는 쾌락주의에 대한 우리의 반론에 두 번째 주장을 더하고자 한다. 이번에는 부모의 보살핌을 조절하는 쾌락주의적 메커니즘과, 쾌락주의적 궁극적 동기와 이타적 궁극적 동기가 혼합되어 있는 경우를 비교할 것이다.

> (PLUR) 어떤 행동이 쾌락을 최대화하고 고통을 최소화한다고 당신이 믿거나 그 행동이 자녀들의 행복을 증진시키는 데 가장 좋은 방법이라고 당신이 믿을 때 그 행동을 한다.

이 새로운 문제는 중요하다. HED가 ALT보다 더 우월하다고 해도, HED가 제2유형 다원론보다 더 나을 것인지는 여전히 의문으로 남아 있다.

한 가지 아주 간단한 논증이 PLUR이 HED보다 자녀들에 대한 부모의 보살핌을 더 신뢰롭게 유발할 수 있음을 보여 준다. 앞에서와 마찬가지로 부모가 자신의 자녀가 도움이 필요하다는 것을 알게 된다고 가정해 보자. 여기에 더해서, 선택가능한 다른 어떤 행동보다도 행동 *A**를 하는 것이 자녀의 상황을 나아지게 한다고 가정해 보자. 순수한 쾌락주의자 부모는 행동 *A**가 자신의 쾌락을 최대화하고 고통을 최소화한다고 믿을 때만 행동 *A**를 할 것이다. 반면에, 다원론자 유기체는 다양한 상황에서 행동 *A**를 할 것이다. 만약 부모가 생각하기에 *A**가 자신의 쾌락을 최대화하고 고통을 최소화한다면, *A**를 할 것이다. 그러나 부모가 이렇게 믿는 대신에 *A**가 자녀들의 행복을 증진시키는 데 가장 효과적이라고 믿는다고 하더라도, 여전히 *A**를 할 것이다. 물론, 부모가 행동 *A**에 두 개의 속성이 있다고 믿을 수도 있다 — 즉, *A**는 쾌락을 최대화하는 동시에 자녀들의 상황을 낫게 해 주는 데 가장 효과적이라고 믿는 것이다. 이 경우, 다원론자 부모가 자녀를 도와야 할 이유는 두 가지가 된다.

PLUR은 자녀들이 도움을 필요로 한다는 신념과 도움을 주는 행동 사이에 두 가지 경로가 있다고 가정한다. 만일 이 두 개의 경로가 적어도 어느 정도는 상호 독립적으로 작동한다면, 각각의 경로는 도움 행동의 확률을 높여 줄 것이고, 두 개가 함께 작용하면 그 확률을 더욱 높여 줄 것이다. PLUR에 의해 가정된 두 개의 경로가 대책 없이 서로에게 혼란을 가중시키는 것이 아닌 이상, PLUR은 HED보다 더 신뢰로울 것이다. PLUR이 더 우월한 이유는 그것이 **다중으로 연결된 통제 장치**이기 때문이다. 다원론이 일원론보다 더 신뢰받는 이유는 TBO 원칙 때문이다.

다중으로 연결된 통제 장치가 진화하는 것은 드물지 않은 일이다. 소위 말하는 투쟁-도피 반응fight-or-flight response에 대해 생각해 보자. 유기체가 자신이 위험에 처했다고 믿을 때, 이 믿음은 다양한 생리적 반응을 유발한다. 아드레날린 분비가 증가하고 심장박동수도 마찬가지다. 유기체가 자신이 할 수 있는 행동들을 탐색하는 심리학적 결과도 뒤따른다. 이 모든 결과들이 함께 작용해서 최종적인 행동을 만들어 내게 된다. 또 다른 예는 온혈동물들이 체온 조절에 사용하는 메커니즘이다. 체온이 지나치게 떨어지면 유기체는 몸을 떨게 되고, 털을 곤두세우며, 혈관을 수축한다. 이러한 별도의 경로들은 유기체의 체온을 최적의 온도로 되돌리는 데 도움을 준다. 생물학에서 추가적인 예시들을 더 찾아볼 수 있으며, 공학에서도 똑똑한 디자이너들이 (왕복우주선과 같은) 기계에 백업 시스템을 추가하는 것과 같은 유사한 사례들을 찾아볼 수 있다. 오류는 불가피하지만, 잘 설계된 중복성을 갖추면 참담한 오류의 가능성을 최소화할 수 있다.

다중으로 연결된 통제 장치는 **감지 장치**(sensor, S)가 다양한 경로(P_1, P_2, …, P_n)를 통해 **효과**(effect, E)에 연결되어 있다:

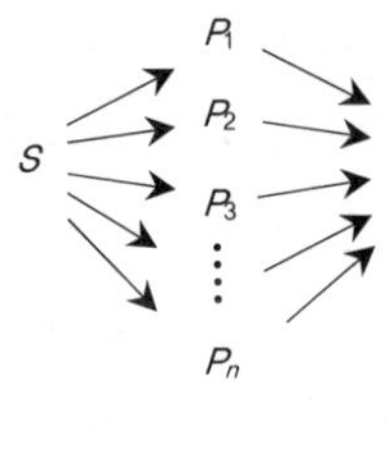

만약 인과적 연결에 오류가 발생할 가능성이 있다면, 각 P_i는 E의 확률을 높여 주지만 E의 발생을 절대적으로 확실하게 만들지는 못한다. S가 유발되었을 때 E가 발생할 확률을 최대화하는 것이 적합도를 증진시킨다면,

다중 연결은 적응적 이점을 제공한다.

사용가능성과 효율성

앞에서 우리는 부모가 자녀를 보살피는 행동을 유도하는 데 있어서 쾌락주의는 제1유형 다원론이나 제2유형 다원론에 비해 신뢰성이 떨어질 것이라고 주장했다. 유기체가 순수하게 이타적인 이유로 자녀들을 보살피지만 순수하게 에고이즘적 이유로 독사를 피한다면, 이 유기체는 순수한 쾌락주의적 동기를 가지고 자녀들을 보살피는 행동을 하는 부모보다 더 신뢰롭게 자녀들을 돌볼 것이다. 이와 비슷하게, 이타적인 궁극적 동기와 쾌락주의적인 궁극적 동기를 모두 가지고 자녀들을 돌보는 부모는 순수한 쾌락주의적 동기를 가진 부모보다 자녀들을 더 잘 보살필 것이다. 셋 중에서 쾌락주의가 꼴찌인 셈이다. 그러나 이것만으로는 인간이 동기적 다원론자라는 사실을 증명할 수 없다. 우리가 산소를 피하는 해양 박테리아의 예로부터 얻은 교훈은, 어떤 근접 메커니즘이 진화해서 행동을 통제하게 될지 예측하기 위해서는 신뢰성 이외에 고려해야 하는 사항들이 있다는 것이었다. 우리는 사용가능성과 효율성을 고려해야 한다. 이러한 측면에서 쾌락주의와 다원론이 어떻게 다를까?

우선 사용가능성에서부터 시작해 보자. 해양 박테리아 문제에서, 대다수의 현 세대 종에게 산소 탐지기가 발견되지 않는 이유는 그 장치가 조상들에게 사용가능하지 않았기 때문일 수도 있다. 그들이 산소 탐지기가 아닌 마그네토솜을 가지고 있는 이유는 마그네토솜이 사용가능한 유일한 장치였기 때문이다. 반면, 우리 조상들에게 다원론이 사용가능하지 않았기 때문에 부모가 자녀를 돌보는 행동에 대한 설명으로 동기적 다원론 가설을 기각해야 한다는 주장은 받아들일 수 없다고 생각한다. 우리 조상들에게 다원론이 사용가능했다는 근거는 얼마든지 있다. 다원론은 쾌락주의가 필요로 하는 기본 요소들을 동일하게 필요로 하기 때문이다. 쾌락주의자는 자녀들이 잘 지내는지에 대한 신념을 형성해야 한다. 쾌락주의자는 쾌락을 추구하고 고통을 회피하는 궁극적 욕구를 만들어야 한다. 그리고 자녀들이 잘 지내기를 바라는 도구적 욕구도 만들어야 한다. 이런 것들이 쾌락주의적 유기체로 하여금 자녀들을 돌보게 만든다고 할 때, 다원론적 유기체가 같은 행동을 하도록 만드는 것은 무엇일까? 다원론적 부모 또한 자녀들이 잘 지내는지에 대한 신념을 형성해야 한다. 추가적으로, 다원론자는 자녀들이 잘 지내기를 바라는 궁극적 욕구를 만들어야 한다. 만약 이 유기체가 자녀들이 잘 지내거나 그렇지 않다는 **신념**을 가질 수 있는 능력이 있다면, **궁극적 욕구**를 만들어 내기 위해서 거창한 혁신이 필요하지 않다고 본다. 만약 신념의 대상으로 사용가능한 명제들을 욕구의 대상으로도 사용할 수 있다면(6장), 자기 자녀들의 행복에 대한 신념을 형성할 수 있는 능력이 있는 유기체에서 다원론이 가능할 것이다. 쾌락주의가 유기체로 하여금 자녀들이 잘 지내기를 바라는 **도구적** 욕구를 형성하는 것을 필요로 한다면, 다원론은 그저 같은 욕구를 그 자체가 목적인 욕구로 갖게 되는 것뿐이다. 쾌락주의가 우리 조상들에게 사용가능했다면, 다원론도 마찬가지였을 것이라고 결론 내릴 것이다.

효율성 문제는 평가하기 어렵다. 여기서 다룬 근접 메커니즘의 부작용이나 각 가설이 가정하는 장치를 만들고 유지하는 데 드는 에너지 비용에 대해서는 알려진 바가 많지 않다. 그럼에도 불구하고, 우리는 다음과 같은 추측을 하고자 한다. 박테리아에게는 마그네토솜을 가지고 있는 것이 마그네토솜과 산소 탐지기를 둘 다 가지고 있는 것보다 에너지의 측면에서 더 효율적이지만, 동기적 다원론이 쾌락주의보다 에너지의 측면에서 더 부담이 되어야 할 이유를 찾기는 힘들다. 이러한 불일치의 이유는 다원론에서는 유기체가 새로운 **장치**를 만들고 유지하는 것을 요구하지 않기 때문이다. 신념과 욕구를 표상하는 메커니즘은 두 가설에서 모두 필수적이고, 유기체가 쾌락과 고통을 경험할 수 있는 능력을 가져야 하는 것도 두 가설에 공통적이며, 유기체가 궁극적 욕구와 도구적 욕구 모두를 가지는 것이 필수적인 것도 두 가설의 공통점이다. 다원론에서 필요로 하는 것은, 유기체가 궁극적 욕구를 표상하는 장치가 추가적인 **표상** — 자녀들이 잘 지내기를 바라는 욕구 — 을 부호화하는 것이다. 쾌락주의적 유기체들은 이미 이 명제적 내용을 신념으로서, 그리고 **도구적** 욕구로서 표상하고 있기 때문에, 똑같은 명제를 유기체의 "궁극적 욕구 상자" 안에 옮겨 놓은 것이 막대한 에너지 부담을 가져온다고 보기는 어렵다. 우리는 **신념**을 더 많이 가지고 있는 사람들이 그렇지 않은 사람들보다 칼로리를 더 많이 필요로 한다고 보지 않는다. 이는 **궁극적 욕구**에도 똑같이 적용된다. 다음과 같은 비유는 시사하는 바가 크다. 당신이 컴퓨터를 산 다음 파일에 한 문장을 저장하는 것과 두 문장을 저장하는 것의 비용 차이는 미미하다. 즉, **장치**에 비용이 많이 드는 것이지, 그 장치들이 만들어 내는 **표상**에 비용이 많이 드는 것이 아니다. 그렇다면, 쾌락주의가 다원론보다 더 효율적이라고 할 수 없는 것이다.

우리는 쾌락주의와 다원론 간의 또 다른 차이점에 대해서도 고려해야 한다. 다원론적 유기체가 가지고 있는 궁극적 욕구들이 서로 **충돌**하는 경우가 있을 수 있다. 부모가 배가 고픈데 자녀도 마찬가지이고 모두가 먹을 음식은 충분하지 않을 때 부모는 어떻게 의사결정을 할까? 다원론자는 판단을 내리는 메커니즘을 필요로 한다. 일원론적 동기 구조에는 이런 메커니즘이 필요하지 않는 것처럼 보인다. 쾌락주의자가 오로지 자신의 쾌락을 최대화하고 고통을 최소화하는 것이 목적이라면, 여기에 반하는 다른 궁극적 목적들과 어떻게 조율해야 할 것인지의 문제는 전혀 발생하지 않는다. 그렇다면 쾌락주의가 다원론보다 더 효율적이라는 의미일까?

우리는 그렇게 생각하지 않는다. 쾌락주의는 더 경제적인 메커니즘인 것처럼 **보이는 것뿐**이다. 따지고 보면, 쾌락주의적 유기체는 다양한 종류의 쾌락과 고통 중에서 선택을 해야 한다. 방금 전에 설명한 상황에서는, 자녀에게 음식을 준다면 유기체는 계속 배가 고플 것이지만, 동시에 자녀의 행복이 증진되었다는 기분 좋은 생각을 하게 될 것이다. 아니면, 유기체는 음식을 먹으면서 그 맛과 만족으로부터 오는 쾌락을 경험할 테지만, 자신의 자녀가 계속 배가 고프다는 생각도 하게 될 것이다. 쾌락주의적 유기체는 이렇게 완전히 다른 종류의 쾌락과 고통을 같은 단위로 잴 수 있도록 해주는 장치를 필요로 한다. 사실상 쾌락주의와 다원론 둘 다 유기체에게 비교 메커니즘을 요구하는 것이다. 우리는 쾌락주의에서 요구하는 장치가 다원론에서 요구하는 장치보다 더 효율적이라고 생각할 어떠한 이유도 없다고 본다.

이러한 진화적 고려사항들로부터 우리가 도출할 수 있는 결론은 동기적 다원론이 인간 부모가 자녀들을 보살피는 행동을 유발하는 간접 메커니즘일 가능성이 더 크다는 것이다. 다원론은 쾌락주의만큼 사용가능하며, 더 신뢰로우며, 에너지 효율성 측면에서도 쾌락주의가 득이 될 것이 없다. 심리학적 다원론에 대한 우리의 논증에는 일부 사변적 요소들이 있다는 점을 알고 있다. 우리는 다원론적 동기 가설이 참이라는 것을 확정적으로 증명하는 데 우리의 논증이 충분하다고 주장하는 것이 아니다. 우리는 다른 연구자들이 동기적 다원론의 검증가능한 결과들을 추가적으로 밝혀 내기를 바란다. 실험심리학자, 진화학자, 신경과학자 모두가 이 문제에 대한 해결의 실마리를 던져 줄 수 있을지도 모른다.

우리가 제시한 논거에 예비적인 측면이 있기는 하지만, 동기적 다원론을 지지하고 근접 메커니즘의 일부를 이루고 있는 이타적인 궁극적 동기에 대한, 일단은 참으로 추정할 수 있는 사례(prima facie case: 일응타당한 사례)를 제공한다고 믿는다. 쾌락주의 옹호자들은 왜 쾌락주의가 진화했는지를 반드시 설명해야 한다. 쾌락주의가 관찰가능한 행동을 설명하는 것만으로는 충분하지 않다. 다원론으로도 설명할 수 있기 때문이다. 쾌락주의를 지지하는 사람들은 그들의 일원론적 가설이 우리가 제시한 고려사항들 — 사용가능성, 신뢰성, 효율성 — 의 측면에서 어떻게 더 우월하다는 것인지 이야기해야 한다. 에고이즘에 무죄추정의 원칙을 적용할 이유가 없다.

결론

이 장에서 우리는 심리학적 쾌락주의에 반하는 진화적 논거를 제시했다. 우리는 쾌락주의가 우리 같은 생명체들에게는 괴이한bizarre 근접 메커니즘이라고 제안했다. 우리는 동기적 다원론이 진화적으로 더 그럴 듯하다고 믿는다.

인류는 광범위한 명제들에 대한 신념을 만들어 낼 수 있는 능력이 있다. 이런 점에서 우리는 지구상에서 가장 정교하고 세련된 유기체다. 만약 욕구가 신념과 동일한 개념적 자원으로부터 만들어진다면(6장), 인류가 광범위한 명제들에 대한 욕구를 형성하는 능력이 있다는 것도 참일 것이다. 이러한 인지 능력을 가진 생명체가 왜 모든 욕구를 쾌락과 고통의 궁극적 판단에 맡겨야 하는가? 설계적 측면에서 볼 때, 인지 능력에 큰 제한이 있는 유기체가 시행착오를 통한 학습을 조절할 때 쾌락과 고통이 작용한다는 것은 타당할지 모른다. 그러나 똑똑한 유기체라면 기분이 좋거나 기분이 좋지 않은 수준을 뛰어넘는 관심을 가지는 것에서 적응적 이점을 발견하는 방법들을 생각해 볼 수 있다.

쾌락주의에서 이상한 점은 유기체의 진화적 성공이 행동을 실제 세계 — 자신의 신체, 후손, 소속된 사회적 집단에 일어나는 일 — 와 연결하는 것에 달려 있음에도 불구하고 유기체의 행동을 감각과 연결시킨다는 것이다. 자신의 신체나 타인의 행복에 대한 신념을 신뢰성 있게 형성할 수 있는 유기체를 위한 명백한 진화적 전략은 보상에 집중하는 것이다. 이 유기체의 궁극적 욕구에는 유기체 자신의 의식 상태보다는 진화적 성공이라는 측면에서 더 중요한 무언가에 대한 고려가 포함되어야 할 것이다.

인류는 성공적으로 이렇게 해 왔다. 우리 조상들처럼 우리도 어떤 감각을 혐오하고 다른 감각에서 쾌락을 느낀다. 이것은 우리가 어떻게 느끼는지에 대한 것만이 아니다. 이 느낌들은 우리가 원하는 것에도 막대한 영향을 미친다. 사람들은 쾌락을 경험하고 고통을 회피하기를 원한다. 그러나 인류는 이러한 쾌락주의적 욕구를 두 가지 방식으로 보완해 왔다. 우리가 우리 자신을 위해 원하는 것은 기분 좋은 의식 상태를 원하는 것을 넘어선다. 그리고 우리는 인간이 타인의 행복에 대한 궁극적 욕구도 가지고 있다고 믿는다.

추측하건대, 심리학에서 쾌락주의가 매력적인 이론이 되었던 이유 중 하나는 쾌락주의가 훌륭한 생물학적 자격을 갖춘 것처럼 보이기 때문이다. 쾌락과 고통은 유기체가 외부 세계에 대해서 갖는 기본적인 생물학적 반응이다. 이것에 기초해서 만들어진 인간의 심리는 인간을 자연 속에 확고하게 위치시킴으로써 다른 생명체들과 연속선상에 놓일 수 있게 하는 것이다. 이 그림에서 참이라고 할 수 있는 것은 인간이 신체적 쾌락과 고통을 경험하는 능력이 있다는 생각이다. 쾌락과 고통의 느낌은 우리 종에서 진화한 추가적인 인지적 정교함의 존재에도 불구하고 여전히 동기로서의 중요성을 유지하고 있다. 그러나 쾌락과 고통이 동기를 부여하는 역할을 한다는 이야기와 쾌락과 고통이 우리에게 동기를 부여하는 **유일한** 것들이라는 이야기는 완전히 다르다.

심리학적 에고이즘과 이타주의의 문제에 대한 진화적 관점이 주는 중요한 통찰 중 하나는 유기체가 가지고 있는 **욕구**의 특성을 생각할 때 유기체가 **신념**을 형성할 수 있는 능력을 고려해야 한다는 점이다. 어떤 욕구가 유기체에게 합당한지는 유기체가 어떤 신념을 만들어 낼 수 있는지에 따라서 달라진다. 우리가 아는 한, 진화적 문제들을 배제하는 심리학 연구에서는 유기체의 신념이 욕구의 구조를 예측하는 근거가 되어야 한다는 아이디어가 아직 등장하지 않았다.

마찬가지로, 진화적 고려사항들은 신념이 매개하는 쾌락과 고통과 신념이 매개하지 않는 쾌락과 고통의 구분을 강조하도록 했다. 쾌락주의는 신념이 매개하는 것과 매개하지 않는 것을 모두 이야기한다. 망치에 찍힌 엄지에서부터 오는 고통과 자녀들에 대한 안 좋은 소식을 접함으로써 느끼는 고통이 있는데, 쾌락주의는 이 고통들을 동일한 것으로 생각하자고 제안한다. 왜 사람들이 망치로 엄지를 얻어맞기를 원하지 않는지 설명하기 위해서는 고통을 피하고 싶어서라고 말하는 것으로 충분하다. 쾌락주의자는 도움 행동에 대해서도 동일한 설명을 한다. 쾌락을 최대화하고 고통을 최소화하고자 하는 욕구로 충분하다는 것이다. 그러나 진화적 관점에서는 이 두 가지 경우를 상당히 다른 것으로 본다. 신체적 고통은 동기에서 특수한 역할을 하는데, 그 이유 중 하나는 신체적 부상은 비교적 직접적이고 명백하게 적합도와 연관되어 있기 때문이다. 그러나 쾌락과 고통이 신념에 의해 매개되는 것이라면, 적합도와 관련된 상황과 상대적으로 덜 직접적으로 연결되게 된다. 유기체가 자신의 신체를 돌보는 행동을 유발하는 근접 메커니즘으로 쾌락주의가 합당해 보이도록 만들어 주는 것과 동일한 고려사항이 유기체가 자신의 자녀들을 돌보는 행동을 유발하는 근접 메커니즘으로 이타주의가 합당해 보이도록 만들어 주는 것이다.[17]

이 장에서 논의한 이타적 욕구의 주된 사례는 자녀들이 잘 지내기를 바라는 욕구다. 그러나 우리 조상들의 사회적 삶을 생각해 보면 타인에 대한 관심은 자녀를 넘어서는 것이었음을 짐작할 수 있다. 선택이 자녀들을 돌보는 행동의 진화를 촉진할 수 있듯이, 아들과 딸 이외의 사람들에게도 혜택이 돌아가는 협동 행동의 진화도 이끌었을 것이다. 만약 집단 선택이 다양한 형태의 협동 행동의 진화를 선호하고, 이러한 행동을 만들어 내는 근접 메커니즘이 유기체의 신념과 욕구라면, 유기체가 가지는 욕구들로 어떤 것들을 생각해 볼 수 있을까? 이 질문은 자녀를 돌보는 행동의 문제를 일반화한 것에 지나지 않는다. 동기적 다원론이 부모가 자녀를 보살피도록 하는 문제를 해결하기에 타당한 설계이듯이, 집단 구성원들이 서로를 보살피도록 만드는 문제를 해결하기에도 타당한 해결책인 것이다. 쾌락주의적 설계도 있음직하지만, 이 설계가 통제하는 도움 행동이 후손을 위한 것이든 타인을 위한 것이든 문제점은 같다.

부모의 보살핌은 사람들이 가장 큰 기쁨을 느끼는 행동이며, 이타적 동기에 의해 이러한 행동이 나타난다는 주장은 많은 사람들의 마음을 훈훈하게 할 것이다. 그러나 만약 선택이 자신과 가까운 타인의 행복에만 이타적인 관심을 갖는 것을 촉진한다면, 외부인들에 대한 무관심이나 악의를 촉진할 수도 있다. 집단 내 선택은 경쟁적인 과정이지만, 집단 간 선택도 마찬가지다. 선택은 집단 내 선의와 집단 간 악의를 모두 촉진한다. 우리는 8장에서 사람들이 자신과 비슷하다고 지각하는 사람들에게 더 많이 공감하는 경향이 있다고 언급했다(Stotland, 1969; Krebs, 1975). 공감이 자신과 유사하다고 생각하는 타인에 대한 이타적 동기를 유발한다면, 공감의 부재는 자신과 다르다고 생각하는 타인에 대해서는 이타적 동기를 덜 보이는 경향이 있음을 의미하게 된다. 선택 논증에서 대칭을 이루고 있는 논리를 놓쳐서는 안 된다.

우리는 이 장에서의 논의가 인간의 심리학적 이타주의 전부를 설명했다고 보지 않는다. 그보다는, 타당해 보이는 출발선을 그었다고 본다. 진화는 우리를 동기적 다원론자로 만들었지, 에고이스트들이나 쾌락주의자들로 만들지 않았다. 그러나 이러한 진화적 유산은 인류에게 큰 다양성을 부여했으며, 한 사람이 삶의 궤적에서 가질 수 있는 욕구들에 대한 엄청난 유연성을 위한 자리를 남겨 놓았다. 인간이 가진 레퍼토리에서 에고이즘적 동기와 이기적 행동이 이타적 동기와 도움 행동보다 더 변치 않는 요소는 아니다. 두 가지 모두 우리의 과거가 현재에 물려준 유산을 구성하는 요소들인 것이다. 이 유산은 우리가 수용할 수도 있고, 버릴 수도 있고, 바꾸려고 노력할 수도 있는 것이다.

주석

1 쾌락주의가 에고이즘을 수반하고, 그 반대는 아니기 때문에, 에고이즘을 반박하는 명제는 쾌락주의도 반박하는 것이다. 논리적인 관점에서 봤을 때, 쾌락주의를 에고이즘보다 더 쉽게 반박할 수 있는 것으로 보인다. 우리는 이에 동의한다. 그러나 우리의 요점은 쾌락주의적 에고이즘이 비쾌락주의적 에고이즘보다 반박하기 더 어렵다는 것이다.

2 평균적인 미국인의 칼로리 중 40퍼센트는 지방으로부터 온다. 현대 수렵채집민의 경우 20

퍼센트가 그렇다. 야생동물과 농장에서 자란 축산물의 고기에 함유된 지방의 양도 비슷한 정도로 큰 차이를 보인다. 농경 이전의 사회에서의 뼈를 조사해 보면 치아가 썩는 경우가 없다. 이러한 증거들로부터 우리는 우리의 조상들보다 훨씬 많은 지방과 설탕을 섭취한다는 것을 알 수 있다. 이에 대한 한 가지 타당한 설명은 음식이 풍족해지는 것과 사람들이 오랜 시간 동안 가졌던 맛의 선호가 상호작용을 일으키기 때문이라는 것이다(Nesse and Williams, 1994: 147-151).

3 자연 선택에 의한 진화의 과정은 선택된 형질의 유전성을 지니는 다양성을 필요로 한다. 그러나 선택 과정이 일어난 후에 남아 있는 표현형의 다양성에 유전적인 근거가 있어야 함을 의미하는 것은 아니다. 실은, 선택이 유전적 다양성을 **파괴**하는 경우가 비일비재하다. 3장의 유전성에 대한 논의를 보라. 자연 선택의 **과정**을 그 **결과물**과 혼동하면 안 된다.

4 가장 흔한 종 내 다양성의 양상은 남녀간의 차이다. 인간 어머니들은 평균적으로 아버지들보다 자녀를 많이 보살핀다. 더불어, 어머니의 자녀 양육은 긴 진화적 역사의 일관적인 반면, 인간과 가까운 다른 종에서 우리의 조상들의 형질을 추론해 보았을 때, 아버지의 자녀 양육은 최근의 혁신이라고 볼 수 있다. 어쨌든 간에, 우리가 제시하는 논거에서는 남성과 여성 모두 일반적으로 자신들의 자녀들이 잘 되는 것 그 자체를 목적으로 원한다고 주장할 것이다. 이는 남성과 여성이 다른 동기에 있어서는 다르다는 가능성과, 다른 욕구와 비교하였을 때 자손들에 대한 이타성의 정도가 다르다는 가능성과도 일관적이다.

5 달리와 윌슨이 조사한 사회 중 아이들이 태어나는 주기가 너무 짧을 때 유아 살해가 발생하는 11개의 사회에서는, 항상 신생아를 죽이고 절대로 먼저 태어난 아이를 죽이지 않는 관습이 있다. 달리와 윌슨(Daly and Wilson, 1988: 75)은 이러한 선택의 기저에 있는 동기는 아이가 발달하면서 어머니의 애착이 일반적으로 더 강해지기 때문이라고 제안하였다.

6 1부에서, 우리는 자신의 자녀가 아닌 타인에 대한 도움 행동이 진화하기 위해서는 집단 선택이 필수적이라고 주장했다. 6장(주3)에서 우리는 유기체에게 부모가 둘인 경우에는 부모의 보살핌에서도 집단 선택이 필요할 것이라고 지적했다. 이 경우에 부모의 보살핌 행동은 자녀에 대한 이타적 기여가 아니라 부모 중 한쪽에 대한 이타적 기여가 관여한다. 도움 행동의 바탕이 되는 심리학적 근접 메커니즘에 관한 우리의 연구에서는 이러한 부분들을 가정하고 있지 않다.

7 올리너와 올리너(Oliner and Oliner, 1988: 184, 297-298)는 제2차세계대전 중 나치로부터 유대인을 구한 기독교인들을, 그들과 비슷한 특징을 가지고 있으면서 구하지 않은 사람들과 비교하였다. 그들은 구해 준 사람들이 구해 주지 않은 사람들보다 그들의 부모와 더 친밀하고 가까웠다는 점을 발견하였다. 로젠한(Rosenhan, 1970)은 1960년대 미국 시민 운동에 오랜 기간 참여한 사람들과 짧은 시간 동안만 참여한 사람들을 비교했을 때 이와 유사한 결과를 관찰하였다.

8 이것이 불가피한 것은 아니다. 예를 들어 만약 포식자가 수면보다는 연못의 바닥에 더 많이 있다면, 유기체가 수중 어느 깊이에 있는지는 산소 농도와는 별도로 유기체의 적합도에 영향을 미칠 것이다.

9 *X*로부터 *Y*로, 그리고 *Z*로 이어지는 인과의 연쇄에서 *Y*가 *Z*를 *X*로부터 단절시키는 경우(즉, 조건부로 그 둘을 상호독립적으로 만드는 경우), R. A. Fisher의 **상호 정보**mutual information의 관점에서 볼 때, *Y*가 *X*에게 제공하는 정보는 최소한 *Z*가 *X*에게 제공하는 정보와 같을 것이다.

더 많은 논의를 위해선 Sober (1993a)를 보라.

10 D/I 비대칭 논증과는 달리, TBO 원칙에서 산소 농도가 깊이가 적합도에 미치는 영향을 차단할 필요는 없다. 경로 분석을 이용하면 두 원칙 모두에서 단순한 표상과 정당화가 가능하다.

11 유기체에게 신념과 욕구가 있는지, 유기체가 쾌락과 고통을 경험할 수 있는 능력이 있는지를 판단하는 방법과 관련된 중요한 문제들이 있다. 우리는 이러한 질문들에 쉽게 답할 수 있을 것이라고 가정하지 않는다. 진화에 있어서 감각이 인지보다 선행되어야 한다고 가정하지도 않는다. 그러나 우리의 과제가 쾌락주의를 평가하는 것이라면, 초기의 인지자들cognizer이 쾌락주의자였다고 가정하고 무엇이 그 후손들로 하여금 조상이 가지고 있던 특징들로부터 멀어지는 방향으로 진화하도록 이끌었는지 물어보는 것은 유용한 방법일 것이다.

12 따라서 인류가 어떤 행동이 적합도를 극대화할지를 오류 없이 계산할 수 있는 능력이 없다고 해서 적합도를 극대화하려는 욕구가 도움이 되지 않았을 것이라고 볼 수는 없다. 그보다는 오히려 더 나은 절충안이 있었을 것이라고 보는 편이 타당할 것이다.

13 물론, 당신의 인지적인 상태에 따라 고통이 더 커질 수도 작아질 수도 있다면, 우리는 이것이 참일 수도 있음을 부정하지 않는다.

14 만일 자녀들이 잘못되었다고 믿을 때 부모들이 고통을 받는다면, 무엇이 HED 유기체가 "타조 전략"(역주: 명백한 위험을 못본 척 외면하는 전략)을 사용해서 불편한 정보를 회피하는 것을 막을 것인가? 이것 역시 쾌락주의가 자녀들을 돌보는 부모의 행동을 설명하려면 반드시 해결해야 하는 문제다.

15 왜 인간들은 손가락을 데었을 때 고통에 반응하는지 이해하려면, 먼저 우리는 인간이 인지적으로 덜 섬세한 조상들로부터 행동 통제장치를 물려받았다는 사실을 고려해야 한다. 본문의 핵심은 이렇게 조상들로부터 물려받은 장치가, 고통 그 자체가 아닌 고통으로 인해 만들어진 신념에만 유기체가 반응하도록 되어 있다는 가설적인 메커니즘보다 더 신뢰롭다는 점이다. 사실, 인간들은 이러한 맥락에서 다원론자들이다 — 그들은 고통의 감각 **그리고** 자신들의 신체의 상태에 대한 신념들 모두에 대해 반응하기 때문이다.

16 항상이 아니라 대체로이다. 아기가 우는 것을 들으면 신념을 형성하지 않아도 기분이 안 좋을 수 있을 것이다; 칠판을 긁는 소리가 소름을 돋게 하는 것처럼, 그 소리는 본질적으로 불안하게 하는 속성을 가졌을 수도 있다. 요점은 **모든** 감정이 신념에 의해 매개된다는 것이 아니라, **대다수의** 감정이 그렇다는 것이다. 쾌락주의는 행동을 설명하는 데 신념에 의해 매개되는 감정에 크게 의존한다.

17 사실, 우리는 순수한 쾌락주의가 사람들이 자신의 신체를 돌보는 행동 조절 메커니즘이라고 생각하지 않는다. 우리는 사람들이 단순히 고통을 피하고 싶은 것뿐이 아니라, 신체적 부상을 피하고자 하는 궁극적 욕구도 있다고 본다. 우리가 앞서 언급했듯이, 신체적 부상에 대한 고통의 불완전한 신뢰성은 쾌락주의를 비쾌락주의적 에고이즘으로 보충하는 쪽이 더 유리하게 만든다.

결론: 다원주의

우리는 과학계의 안팎에 존재하는 세 갈래의 광범위한 지적 전통 — 개체 수준의 기능주의, 집단 수준의 기능주의, 반기능주의 — 을 구별하는 것으로 이 책을 시작했다. 이 전통들은 너무나 극단적으로 달라서 서로 다른 세상을 설명하고 있는 것처럼 보였다. 사실, 각 전통에 속한 사람들은 서로 말을 섞지 않을 정도였다. 합의의 부족은 말할 것도 없고, 소통의 부족은 중대한 결점이었다.

세 갈래의 전통 중에서 가장 힘든 시절을 겪어야 했던 것은 집단 수준의 기능주의였다. 한때는 생물학과 사회과학에서 활기차게 논의되었던 집단 수준의 기능주의는 역사의 골동품점에서나 찾아볼 수 있는 진기한 장식품 취급을 받게 되었다. 사회과학자들은 주로 방법론적인 이유와 개념적인 이유에서 집단 수준의 기능주의를 버렸다. 집단을 그 자체의 행동 법칙을 따르는 유기적 단위로 간주하는 것은 신비주의적인 느낌을 풍겼으며, 신비주의를 제거한 종합주의holism가 어떻게 경험적으로 검증가능한 예측을 만들어낼 수 있는지 명확하지 않았다. 사회과학에서 종합주의의 종말은 이런 종류의 일반적인 염려에서 비롯된 것이었다. 개체주의가 매력적인 이유는 개체주의가 참이라는 것을 보여 주는 새로운 경험적 이론이 확인되었기 때문이 아니다(Wright, Levine, and Sober, 1992). 이러한 개체주의는 특정한 과학 이론에 근거한 것이 아니라는 점에서, **방법론적 개체주의**라는 용어가 적절하다. 반면, 진화생물학자들은 이론적인 근거에서 집단 수준의 기능주의를 거부했다. 편리하지 않아서가 아니라, 잘 증명된 이론의 증거처럼 보이는 것에 따르면 불가능에 가까웠기 때문이다. 진화생물학자들은 개체주의의 이론적 중심이 되었다(Sober, 1981). 이기주의의 진화적 개념과 심리학적 개념이 근본적으로 달랐음에도 불구하고, 두 영역에서 만들어진 개체주의적 틀은 하나의 흔들림 없는 체계로 자리 잡는 듯했다.

우리는 1960년대에 진화생물학자들이 집단 선택을 — 그리고 집단 수준의 기능주의를 — 도매급으로 거부했던 것은 잘못이며 이러한 시도가 역사의 시험을 통과하지 못했음을 보였다. 우리는 또한 진화적 이타주의와 심리학적 이타주의를 따로따로 평가해야 한다고 주장했다. 두 주제는 모두 진화적이지만, 서로 다른 원칙들을 필요로 한다. 하나는 행동의 진화를 고려하고 다른 하나는 그 행동을 일으키도록 진화한 근접 메커니즘과 관련 있기 때문이다. 우리는 두 경우 모두에서 개체주의의 체계가 보이는 것만큼 확고하지는 않다고 결론지었다. 진화적 이타주의를 반박하는 사례는 정상 과학의 기준에 따라 판단할 때 이미 허물어졌다. 집단 선택은 중요한 진화적 힘이며 집단 선택의 결과는 자연 상태에서 충분히 잘 기록되어 있다. 심리학적 이타주의를 반박하는 사례들은 아직 완전히 무너지지 않았다. 그러나 우리가 발견한 균열들은 언젠가는 무너질 위험이 있음을 시사한다. 돌아보면, 심리학적 이타주의를 반박하는 사례들이 확고했던 적은 한 번도 없었다. 이 사례들은 이타주의를 지지하는 사람들은 이타주의가 존재한다는 것을 **증명**해야만 했지만 에고이즘을 지지하는 사람들은 그럴 듯한 설명을 **상상**하기만 해도 됐던 지적 위계 서열에 의존하고 있었다. 진화 이론은 두 이론이 공평하게 경쟁할 수 있는 조건을 마련해 주었다. 정상과학의 기준으로 볼 때, 진화적 이타주의를 반박하는 사례들은 이미 허물어졌다.

개체주의가 무너진 자리를 대체할 수 있는 것은 무엇일까? 집단 선택 논쟁은 동일한 과정을 다르게 바라보는 것을 다른 과정을 다루고 있는 것으로 보는 오해 속에서 혼선을 겪었다. 무엇이 진화하는지 예측하는 것이 목적이라면, 유전자의 평균 적합도를 계산하는 것이나 개체를 통해 표현되는 표현형적 형질의 평균 적합도를 계산하는 것에는 잘못이 없다. 그러나 선택의 단위를 알아내는 데에는 이 절차가 아무런 도움이 되지 않는다. 일단 이 점을 인식하고 나면, 진화에는 적어도 세 종류의 선택 과정이 관련되어 있음을 알 수 있다. 개체 내에서 일어나는 유전자 간의 선택, 집단 내에서 일어나는 개체 간의 선택, 전체 개체군 내에서 일어나는 집단 간의 선택이 작용하는 것이다. 어떤 형질은 이 과정들 중 하나에 의해 진화하고, 어떤 형질은 또 다른 과정에 의해 진화한다. 어떤 형질은 동시에 일어나는 여러 선택 과정들 사이의 상호작용의 결과다. 자연 선택과는 별 상관없이 진화한 형질들도 존재한다.

따라서 진화생물학을 고려할 때 우리가 지지할 수 있는 다원주의에는 두 가지 형태가 있다. 첫째는 관점의 다원주의다. 표현 방식의 차이를 자연에 관한 본질적인 주장의 차이와 혼동하지 않는 한, 동일한 과정을 다양한 방법으로 표현하는 것에는 아무 문제가 없다. 둘째, 우리는 진화의 실제 원인과 관련된 다원주의를 주장했다. 진화적 변화의 원인에는 여러 가지가 있으며 다양한 조합으로 일어날 수 있다는 것이다.

우리는 다수준 선택 이론이 개체 수준의 기능주의와 집단 수준의 기능주의, 그리고 반기능주의가 각자 서로의 장점을 인정할 수 있는 타당한 주장들을 제공하는 통합적 체계의 시초가 될 수 있다고 생각한다. 다수준 선택 이론은 생물학적 위계의 모든 수준에서 일어나는 기능적 조직화를 평가하고 특정한 사례에서 어떤 단위가 적응을 가져왔는지 판단할 수 있는 전략을 제공한다. 자연 선택보다는 진화에 더 초점을 두고 있기 때문에, 비기능주의적 설명이 차지할 수 있는 자리도 충분하다. 이 이론은 유전자뿐만 아니라 문화의 중요성도 강조하며 문화 체계라는 맥락 안에서만 이해 가능한 행동이 어떻게 진화하는지도 보여 준다. 이 책에서는 세 개의 지적 전통이 촘촘하게 서로 얽혀 있다.

다수준 선택 이론이 높은 수준의 단위와 단일 유기체가 언제나 비교가능하다는 주장을 정당화하지는 않는다. 집단 수준의 기능주의자들은 자신의 직관을 발전시킬 때 예전보다 더 주의 깊고 비판적이 되어야 한다. 그러나 집단이나 그 밖의 높은 수준의 단위들이 때때로 하나의 유기체처럼 작용하는 것도 사실이다. 높은 수준의 적응이 모든 곳에서 일어나는 것은 아니지만, 일반적인 통념보다 더 자주 일어나는 것은 거의 확실하다. 친족 선택 이론의 통찰은 우리가 유전적 관련성에 주의를 기울이도록 하는 강력한 스포트라이트 역할을 했다. 유전적 관련성이 감소할수록 조명은 어두워지고, 유전적으로 관련되지 않은 개체들은 어둠 속에 남겨졌다. 유전적 이해관계가 없는데도 친족이 아닌 개체들로 이루어진 집단이 적응적 단위처럼 작동할 수 있는 이유는 무엇일까?

친족 선택 이론을 다수준 선택 이론으로 대체하는 것은 스포트라이트를 끄고 무대 전체를 밝히는 것과 같다. 계통적 관련성은 자연 선택의 기본 재료들 — 표현형적 변이, 유전성, 적합도 — 에 영향을 미치는 여러 요인들 중 하나에 불과하다. 유전자의 무작위적 조합random assortment은 개체 수준의 적응이 진화하는 데 필요한 모든 재료를 제공한다. 개체의 무작위적 조합은 집단 수준의 적응을 위한 재료를 제공한다. 친족이 아닌 개체들 사이에서 강력한 이타주의가 진화하도록 하는 무작위적이지 않은 조합을 만드는 메커니즘도 존재한다. 다수준 선택 이론의 관점에서 바라볼 때 모든 것이 가장 명확하며, 친족 선택 이론의 관점에서 바라볼 때 가장 모호하다. 무대 전체를 바라보는 방식은 사회적 행동의 진화와 다종족 상호작용의 진화에 관해서 연구되는 사실상 모든 주제로 확대할 수 있다.

우리 인류는 집단 수준의 기능적 조직화라는 측면에서 특별한 것 같다. 우리는 집단 수준 적응의 정도가 그리 강하지 않았던 조상들로부터 출발해서 벌집이나 단일 유기체에 비유되기도 하는 사회 집단에 참여하게끔 진화했다. 다수준 선택 이론의 관점에서 볼 때, 우리의 집단을 이롭게 하려는groupish 본성을 개체주의적 관점에서 설명하려는 시도는 고통스러워 보인다. 우리는 다수준 선택 이론이 적응적 단위로서의 인간 집단에 대한 훨씬 더 만족스러운 설명을 제공한다고 생각한다. 인간 집단은 내부로부터의 전복을 가능한 한 막을 수 있는 방향으로 조직화됨으로써 통합을 이루어 낸 단일 게놈과 비슷하다. 인간의 사회적 통제를 표현하는 언어 — 보안관, 경찰, 의회, 정의를 구현하는 규칙 등 — 를 빌려서 유전자의 사회적 행동을 설명하면서 인간 사회 집단이 게놈과 유사할 수 있다는 결론은 이끌어내지 못했다는 것은 대단한 아이러니다. 집단 선택에 의존하지 않고 인간 행동을 설명해야만 한다는 부담을 덜어 내면 이러한 관련성이 명확하게 드러나며, 인간 본성이 집단을 이롭게 하려는 측면도 액면 그대로 받아들일 수 있게 된다. 집단 선택은 인간 진화의 유일한 힘이 아니며 집단을 이롭게 하려는 측면이 유일한 인간 본성도 아니다. 그러나 집단 선택이 매우 강력한 힘이었음은 거의 틀림없다.

모든 종류의 적응은 한 개체의 일생에서 적응이 표현되도록 하는 근접 메커니즘을 필요로 한다. 심리학적 이타주의와 에고이즘의 동기에 관한 질문에 진화적 관점을 적용하는 것은 수 세기에 걸친 논쟁의 본질을 바꾸어 놓는다. 허술한 형태의 에고이즘은 쉽게 반박할 수 있지만 쾌락 추구와 고통 회피를 행동의 궁극적 목표라고 가정하는 보다 미묘한 형태의 이론은 관찰가능한 행동에 잘 맞아떨어지는 것처럼 보일 수 있다. 그래서 에고이즘 옹호자들은 동기적 다원론 — 우리의 궁극적 욕구에는 이타적인 것도 있고 이기적인 것도 있다는 가설 — 도 관찰된 행동과 일치함에도 불구하고 그들의 지론을 계속 유지할 수 있었다. 진화적 관점을 적용하지 않는다면 두 가설 사이의 갈등은 해결되지 않는다. 관찰된 행동은 질문을 결정해 주지 않으며 철학자들이 제시한 개념적 논쟁도 교착 상태를 풀지 못한다.

이러한 심리학적 문제에 대한 우리 연구에는 에고이즘에 대한 잘못된 주장들을 잠재우는 것도 포함되어 있었다. 이 주장들은 선택의 단위와 관련된 문제를 그렇게 복잡하게 보이도록 만들었던 혼란스러운 주장들과 놀랍도록 유사하다. 진화하는 형질은 무엇이든 이기적이라고 정의함으로써 집단 선택을 선험적으로 반박할 수 있었던 것처럼, 사람들이 원하는 것은 무엇이든 에고이즘적이라고 정의함으로써 심리학적 이타주의도 반박될 수 있다. 최절약 원리에의 호소도 그럴싸한 역할을 수행했다. 집단 선택이 너무 복잡하기 때문에 진지하게 고려할 수 없다는 주장과 마찬가지로, 에고이즘적인 설명에 비해서 동기적 다원주의가 너무 복잡하다는 것이다.

지금까지는 결론이 나지 않는 주장들과 관찰들을 확인하는 수준에 그쳤다. 더 나아가기 위해서 우리는 보다 일반적인 진화 이론으로 눈을 돌려야 했고 근접 메커니즘을 예측하는 문제를 기본적인 원칙에서부터 다시 생각해야 했다. 우리는 심리학적 이타주의의 문제를 먼저 설명하는 것이 아니라 산소를 피하는 내적 메커니즘을 진화시킨 해양 박테리아의 사례를 고려하는 방식으로 일반적인 질문을 구성하는 절차를 개발했다. 이러한 내적 메커니즘의 특징을 예측하려면 어떤 점을 고려해야 할까? 심리학적 에고이즘과 이타주의가 박테리아에서는 기대할 수 없는 복잡한 신념과 욕구들과 관련되어 있다는 점을 생각하면, 이 질문이 이상하게 들릴 수도 있다. 그러나 마음이 적응적 행동을 만들어 내는 근접 메커니즘이라면, 우리의 비유는 효과적이다. 이러한 분석은 심리학적 에고이즘보다는 동기적 다원주의가 진화의 결과가 될 수 있는 가능성이 더 높을 것임을 시사한다.

선택의 단위에 관한 문제와 관련해서 우리가 옹호했던 진화적 다원주의가 심리학적 에고이즘과 이타주의 논쟁의 해법으로 우리가 옹호했던 동기적 다원주의와 매우 유사하다는 점에 주목할 필요가 있다. 진화가 다양한 과정에서 비롯되듯이, 인간 행동도 다양한 궁극적 동기에서 비롯된다.

사람들이 이타적인 궁극적 동기를 가질 때도 있다는 가설을 지지하는 진화적 논증은 인간 동기에 미치는 진화의 영향력에 대한 보다 자세한 이야기의 출발이 될 것이다. 이러한 논증을 발전시키는 과정에서 우리는 공감, 도덕성, 대상과 맥락에 따라서 이타적인 정도가 어떻게 달라질 수 있는지의 문제와 같은 몇 가지 중요한 부수적 문제들의 범위를 제한했다. 우리는 심리학적 에고이즘을 반박하는 데 집중했는데, 그 이유는 여기에 대한 답을 찾아야만 심리학적 이타주의에 대한 더 구체적인 질문들에도 답을 할 수 있기 때문이다. 이제 산의 정상에 도달했으니, 인간의 생각과 느낌이라는 광활한 대륙이 진화적 탐험을 기다리며 우리 눈앞에 놓여 있다.

실화에 바탕을 둔 스티븐 크레인의 단편 소설 「난파선The Open Boat」에서 이 대륙의 모습을 일부 엿볼 수 있다. 크레인은 폭풍을 만나 난파되어 플로리다에 좌초한 배의 승객이었다. 그는 선장과 두 명의 선원과 함께 작은 구명 보트에 타게 되었다. 그들은 해수면에서 고작 몇 인치 떨어진 배 위에서 격랑에 여러 번 잠기면서 차례로 노를 저어 해안으로 향했다. 크레인은 스스로 가능하다고 생각했던 것 이상으로 고통과 피로를 잘 견딜 수 있었다. 그가 더 이상 노를 저을 수 없을 때는 보트가 뒤집히지 않도록 극도로 조심스럽게 자리를 바꿔야 했다. 이 소설에서 크레인은 몇 시간 전까지만 해도 전혀 알지 못했던 사람들에게 느꼈던 자신의 감정에 대해서 다음과 같은 놀라운 설명을 하고 있다.

> 바다 위에서 생겨난 미묘한 형제애를 설명하기는 어렵다. 누구도 그것이 형제애라고 말하지 않았다. 누구도 언급하지 않았다. 그러나 보트 안에는 형제애가 있었으며 우리의 마음을 따스하게 해 주고 있음을 모두가 느꼈다. 그들은 선장, 급유사, 요리사, 기자였으며 그들은 친구였다 — 흔히 말하는 친구가 아니라 강철처럼 단단하게 결속된 친구였다. 부상을 입은 선장은 뱃머리에 있는 물통에 기대어 누워서 언제나 낮고 조용한 목소리로 말했다. 그러나 우리는 세 명의 오합지졸이 아닌 준비를 갖추고 신속하게 복종하는 선원처럼 그의 명령을 따랐다. 그것은 단순히 모두의 안전을 위한 최선을 받아들이는 것을 넘어선 것이었다. 거기에는 분명 개인적이고 진심 어린 무엇인가가 있었다. 선장의 명령에 복종한 뒤에 동지애가 생겨났는데, 이를테면, 인간을 냉소하라고 배운 기자는, 이것이 자신의 인생에서 가장 값진 경험이라는 걸 알았다(Crane, 1898: 353).

크레인은 적응적으로 행동하고 있었던 것이며 자신과 같은 집단에 속한 사람들과 함께 스스로를 구조하기 위해서 일했다. 그가 다른 사람들을 배려하지 않고도 최선의 노력을 기울일 수 있었을 것이라고 생각할 수도 있다. 내면의 목소리가 그에게 말했을 수도 있다. 당신이 사느냐 죽느냐의 문제이고 당신이 살기 위해서 무엇을 해야 하는지 분명하다고. 그러나 크레인은 자신의 행동이 오로지 자신만을 위해서 상황이 요구하는 것을 인식하는 데 기반한 것이 아니라 집단원들을 위해 헌신하겠다는 강렬한 느낌에서 비롯되었으며 그때 느낀 동지애는 인생 최고의 경험이었다고 말한다. 이것은 놀라운 이야기다. 다른 모든 측면에서 난파 경험은 인생 최악의 경험이었을 것이기 때문이다. 크레인은 자신이 속한 집단에 대해서 예전에는 경험해 보지 못한 강도의 애정을 느꼈고, 이런 느낌은 그를 더 열심히 일하도록 만들었다.

물론, 단편 소설이 증명해 주는 것은 없다. 그러나 우리는 이 이야기가 사람의 마음이 실제로 어떻게 작동하는지를 잘 보여 준다고 생각한다. 조화로운 집단의 일부로서 행동하는 것은 때때로 삶과 죽음의 문제와 연결된다. 사소한 실수 — 혹은 참여하지 않으려는 약간의 저항 — 만으로도 모두에게 재앙을 가져올 수 있다. 인류 진화에서 이런 종류의 상황 — 집단원들이 공동의 운명으로 묶여 있는 경우 — 이 있어 왔을 것이며 적합도 면에서 중요한 결과를 초래했을 것이다. 따라서 우리가 이런 상황에 대처하도록 심리학적으로 적응했을 것이라고 기대할 수 있다. 크레인은 난파선에서의 위기에 의해 촉발된 타인 지향적인 심리는 다른 상황에서 경험되는 개인주의적인 감정들과는 다르다고 이야기하고 있다.

지구상에서 환경에 따른 행동의 변화가 가장 큰 종인 인류는 무자비하게 동료를 이용하는 행동과 다른 사람들을 위해 목숨을 희생하는 행동 사이의 전 범위를 아우르는 의지와 능력을 지닌 것 같다. 이 놀라운 행동의 유연성은 근접 메커니즘에 의해 조절되는 것 같다. 근접 메커니즘에는 아마도 이타적인 궁극적 동기가 포함되겠지만, 정서(Frank, 1988; Hirshleifer, 1987)나 도덕 원칙, 그 밖에 우리가 심리학적 이타주의라는 주제에 집중하기 위해 일부러 보류했던 메커니즘들도 분명히 포함될 것이다(예를 들어 Eibl-Eibesfeldt, 1982; Simon, 1990). 행동이 집단 선택에 의해 진화하는 한, 인간 동기의 구조를 완전히 이해하기 위해서는 다수준 선택 이론이 필요할 것이다.

독자들이 이 책을 읽으며 염두에 두고 있었을지도 모르는 세 개의 관점들 중에서 반기능주의가 진화적 논의와 가장 어울리지 않는 것처럼 보일 수도 있다. 우리가 문화들 사이에 존재하는 관습의 차이를 설명하려고 하지 않았던 것은 사실이다. 예를 들어 우리는 왜 어떤 사회에서는 개인주의적인 복장에 가치를 두고 어떤 사회에서는 모두 똑같은 옷을 입는지 설명하지 않았다. 그러나 우리의 접근 방식은 반기능주의의 주요 요소들이 진화적 맥락 안에서 어떻게 발전될 수 있는지를 보여 준다. 예를 들어 반기능주의자들은 유전자 결정론을 가정한다는 점에서 인간의 마음과 문화에 대한 진화적 설명을 공격한다. 우리는 어떻게 유전과 행동의 관계에 대한 보다 복잡한 개념을 가지고, 또는 전혀 유전자의 매개 없이도, 진화적 아이디어들을 발전시킬 수 있는지 설명했다. 유전적으로 동일한 집단들도 문화적 메커니즘 때문에 표현형의 수준에서는 매우 다를 수 있다. 이러한 차이는 유전될 수 있다. 문화 그 자체가 자연 선택에 필요한 재료들을 제공할 수 있다는 사실은 문화에 생물학적 결정론을 비판하는 사람들이 강조해 왔던 지위를 부여해 준다. 문화적 변이에 기반한 자연 선택은 유전자와 관련 없는 적응을 가져왔다. 유전자 결정론을 비판하는 사람들은 진화 이론 전체를 버릴 것이 아니라 문화를 진화적 과정으로 연구해야 한다(Boyd and Richerson, 1985, 1990a, b, 1992).

우리는 인간 문화가 개인의 행복이나 사회 전체의 안녕을 촉진하지 않는 수많은 구체적인 내용들을 포함하고 있다는 반기능주의자들의 주장도 수용하고 있다. 보이드와 리처슨의 선례를 따라, 우리는 어떻게 적은 비용으로 강력한 사회 규범이 시행될 수 있는지 보였다. 이 규범들에는 사회 내에서 선택 압력을 만들어 내는 보상과 처벌이 포함된다. 그 결과 서로 다른 사회들은 서로 다른 내적으로 안정적인 상태로 진화하게 된다. 각 평형 상태들이 집단 적합도의 차이를 가져온다면 문화적 집단 선택이 일어난다. 적합도에 차이가 없다면, 문화들은 중립적인 변이를 보일 것이고 기회적 부동random drift이 일어날 것이다. 문화를 이룰 수 있는 인간의 능력은 반기능주의자들이 주장하는 바를 가능하게 하는 진화적 과정을 촉발시킨다. 문화 전승은 집단 수준의 기능적 조직화를 강화하는 정교한 표현형 체계를 가능하게 한다. 그러나 이 메커니즘은 문화 체계를 벗어나서 이해할 수 없는 행동들이 진화할 수 있도록 해 주기도 한다. 비기능적인 행동이나 역기능적이기까지 한 행동도 적응적 행동에 편승해서 진화할 수 있다. 비기능적 행동을 일으키는 다양한 요인들은 진화적 관점에서 이해될 수 있다. 선택이 유전자 결정론을 필요로 하지 않듯이, 문화 변화에 관한 진화 모형 또한 선택 과정에만 초점을 두지 않는다.

이 책은 이타주의에 관한 것이지만 다른 주제를 향한 문도 열어 준다. 생물학과 사회과학의 멸종 위기종 목록에서 이타주의를 제외할 수 있을 것 같다. 문화는 진화적 과정에서 중요한 역할을 할 수 있다. 그리고 심리학적 메커니즘에 관한 연구도 행동에 관한 연구만큼이나 진화적일 수 있다. 사회적 행동에 대한 진화 이론들과 심리학적 동기에 관한 이론들, 그리고 우리가 우리 자신과 우리를 둘러싼 세계를 바라보는 방식에 영향을 주는 지적 전통들을 위한 타당한 다원주의의 등장을 상상해 보는 것은 가슴 뛰는 일이다.

참고문헌

Alexander, R. D. (1974). "The Evolution of Social Behavior." *Annual Review of Ecology and Systematics* 5: 325-383.

____ (1979). *Darwinism and Human Affairs*. Seattle: University of Washington Press.

____ (1987). *The Biology of Moral Systems*. Hawthorne, N.Y.: Aldine DeGruyter.

____ (1992). "Biological Considerations in the Analysis of Morality." In M. H. Nitecki and D. V. Nitecki, *Evolutionary Ethics*, pp. 163-196. Albany: State University of New York Press.

Alexander, R. D., and G. Borgia. (1978). "Group Selection, Altruism and the Levels of Organization of Life." *Annual Review of Ecology and Systematics* 9: 449-474.

Allee, W. (1951). *Cooperation among Animals*. New York: Henry Shuman.

Ammar, H. (1954). *Growing Up in an Egyptian Village: Silaw, Province of Aswan*. London: Routledge and Kegan Paul.

Arrow, K. J. (1963). *Social Choice and Individual Values*, 2nd edition. New York: John Wiley and Sons.

Axelrod, R. (1980a). "Effective Choice in the Prisoner's Dilemma." *Journal of Conflict Resolution* 24: 3-25.

____ (1980b). "More Effective Choice in the Prisoner's Dilemma." *Journal of Contlict Resolution* 24: 379-403.

Axelrod, R., and W. D. Hamilton. (1981). "The Evolution of Cooperation." *Science* 211: 1390-1396.

Barkow, J. H. (1992). "Beneath New Culture Is Old Psychology." In J. H. Barkow, L. Cosmides, and J. Tooby (eds.), *The Adapted Mind*, pp. 627-637. Oxford: Oxford University Press.

Barkow, J. H., L. Cosmides, and J. Tooby, (eds.). (1992). *The Adapted Mind: Evolutionary Psychology and the Generation of Culture*. New York: Oxford University Press.

Barth, F. (1989). *Cosmologies in the Making*. Cambridge: Cambridge University Press.

Basehart, H. W. (1974). *Mescalero Apache Subsistence Patterns and Sociopolitical Organization*. New York: Garland Publishing.

Batra, S. W. T. (1979). *Insect-Fungus Symbiosis: Nutrition, Mutualism, and Commensalism*. New York: John Wiley.

Batson, C. D. (1991). *The Altruism Question: Toward a Social-Psychological Answer*. Hillsdale, N.J.: Lawrence Erlbaum Associates.

Batson, C. D., J. G. Batson, C. A. Griffitt, S. Barrientos, J. R. Brandt, P. Sprengelmeyer, and M. J. Bayly. (1989). "Negative-State Relief and the Empathy-Altruism Hypothesis." *Journal of Personality and Social Psychology* 56: 922-33.

Batson, C. D., J. G. Batson, J. K. Slingsby, K. L. Harrell, H. M. Peekna, and R. M. Todd. (1991). "Empathic Joy and the Empathy-Altruism Hypothesis." *Journal of Personality and Social Psychology* 61: 413-426.

Batson, C. D., J. L. Dyck, J. R. Brandt, J. G. Batson, A. L. Powell, M. R. McMaster, and C. A. Griffitt. (1988). "Five Studies Testing Two New Egoistic Alternatives to the Empathy-Altruism Hypothesis." *Journal of Personality and Social Psychology* 55: 52-77.

Batson, C. D., J. Fultz, P. A. Schoenrade, and A. Paduano. (1987). "Critical Self-Reflection and Self-Perceived Altruism: When Self-Reward Fails." *Journal of Personality and Social Psychology* 53: 594-602.

Batson, C. D., and L. Shaw. (1991). "Evidence for Altruism: Toward a Pluralism of Prosocial Motives." *Psychological Inquiry* 2: 107-122.

Bentham, J. (1789). *An Introduction to the Principles of Morals and Legislation*. University of London: The Athlone Press, 1970.

Bernal Villa, S. (1953). "Aspects of Paez Culture: The Fiesta of San Juan in Calderas, Tierradentro." *Revista Colombiana de Antropología* 1:177-221.

Betzig, L. (1997). *Human Nature: A Critical Reader*. Oxford: Oxford University Press.

Betzig, L., M. Borgerhoff Mulder, and P. Turke. (1988). *Human Reproductive Behavior: A Darwinian Perspective*. Cambridge: Cambridge University Press.

Bhagwat, A. L., and J. V. Craig. (1977). "Selection for Age at First Effect on Social Dominance." *Poultry Science* 56: 362-363.

Blakemore, R. P., and R. B. Frankel. (1981). "Magnetic Navigation in Bacteria." *Scientific American* 245: 58-65.

Block, J. (1978). *The Q-sort Method*. Palo Alto, Calif.: Consulting Psychologists Press.

Blurton-Jones, N. G. (1984). "A Selfish Origin for Human Food Sharing: Tolerated Theft." *Ethology and Sociobiology* 5: 1-3.

____ (1987). "Tolerated Theft: Suggestions About the Ecology and Evolution of Sharing, Hoarding and Scrounging." *Social Science Information* 26: 31-54.

Boehm, C. (1978). "Rational Preselection from Hamadryas to *Homo sapiens*: The Place of Decisions in Adaptive Process." *American Anthropologist* 80: 265-296.

____ (1981). "Parasitic Selection and Group Selection: A Study of Conflict Interference in Rhesus and Japanese Macaque Monkeys." In A. B. Chiarelli and R. S. Corruccini (eds.), *Primate Behavior and Sociobiology*. Berlin: Springer-Verlag.

____ (1983). *Montenegrin Social Organization and Values: Political Ethnography of a Refuge Area Tribal Adaptation*. New York: AMS Press.

____ (1984). *Blood Revenge*. Philadelphia: University of Pennsylvania Press.

____ (1992). "Segmentary 'Warfare' and the Management of 'Conflict' Comparison of East African Chimpanzees and Patrilineal-patrilocal Humans." In A. H. Harcourt and F. B. M. DeWaal (eds.), *Coalitions and Alliances in Humans and Other Animals*, pp. 139-173. Oxford: Oxford University Press.

____ (1993). "Egalitarian Society and Reverse Dominance Hierarchy." *Current Anthropology* 34: 227-254.

____ (1996). "Emergency Decisions, Cultural Selection Mechanics and Group Selection." *Current Anthropology* 37: 763-793.

____ (1997a). "Egalitarian Behavior and the Evolution of Political Intelligence." In R. W. Byrne and A. Whiten (eds.), *Machiavellian Intelligence II* (in press).

Cambridge: Cambridge University Press.

____ (1997b). "Impact of the Human Egalitarian Syndrome on Darwinian Selection Mechanics." *American Naturalist* 150: S100-S121.

Bourke, A., and N. Franks (1995). *Social Evolution in Ants*. Princeton: Princeton University Press.

Boyd, R., and P. J. Richerson. (1980). "Effect of Phenotypic Variation on Kin Selection." *Proceedings of the National Academy of Sciences* 77: 7506-7509.

____ (1985). *Culture and the Evolutionary Process*. Chicago: University of Chicago Press.

____ (1990a). "Group Selection among Alternative Evolutionarily Stable Strategies." *Journal of Theoretical Biology* 145: 331-342.

____ (1990b). "Culture and Cooperation." In J. J. Mansbridge (ed.), *Beyond Self-Interest*, pp. 111-132. Chicago: University of Chicago Press.

____ (1992). "Punishment Allows the Evolution of Cooperation (or Anything Else) in Sizable Groups." *Ethology and Sociobiology* 13: 171-195.

Brandon, R. (1990). *Organism and Environment*. Princeton: Princeton University Press.

Breden, F. J., and M. J. Wade. (1989). "Selection Within and Between Kin Groups of the Imported Willow Leaf Beetle." *American Naturalist* 134: 35-50.

Breland, K., and M. Breland. (1961). "The Misbehavior of Organisms." *American Psychologist* 16: 681-684.

Bremermann, H. J., and J. Pickering. (1983). "A Game-Theoretical Model of Parasite Virulence." *Journal of Theoretical Biology* 100: 411-426.

Broad, C. D. (1952). *Ethics and the History of Philosophy*. London: Routledge and Kegan Paul.

____ (1965). *Five Types of Ethical Theory*. Totowa, N.J.: Littlefield, Adams.

Buchanan, J. M. (1954). "Individual Choice in Voting and the Market." *Journal of Political Economy* 62: 334-343.

Bull, J. J. (1994). "Virulence." *Evolution* 48: 1423-1437.

Buss, D. M. (1994). *The Evolution of Desire: Strategies of Human Mating*. New York: Basic Books.

____ (1995). "Evolutionary Psychology: A New Paradigm for Psychological Science." *Psychological Inquiry* 6: 1-30.

Buss, L. W. (1987). *The Evolution of Individuality.* Princeton: Princeton University Press.

Butler, J. (1726). *Fifteen Sermons upon Human Nature.* Reprinted in L. A. Selby-Bigge (ed.), *British Moralists: Being Selections from Writers Principally of the Eighteenth Century*, vol. 1, pp. 180-241. New York: Dover Books, 1965.

Camacho, J. P. M., M. W. Shaw, M. D. Lopez-Leon, M. C. Pardo, and J. Cabrero. (1997). "Population Dynamics of a Selfish B Chromosome Neutralized by the Standard Genome in the Grasshopper *Eyprepocnemis plorans.*" *American Naturalist* 149: 1030-1050.

Campbell, D. T. (1974). "Evolutionary Epistemology." In P. A. Schilpp (ed.), *The Philosophy of Karl Popper.* LaSalle, Ill.: Open Court Publishing.

____ (1994). "How Individual and Face-to-Face-Group Selection Undermine Firm Selection in Organizational Evolution." In J. A. C. Baum and J. V. Singh (eds.), *Evolutionary Dynamics of Organizations*, pp. 23-38. New York: Oxford University Press.

Cartwright, N. (1978). "Causal Laws and Effective Strategies." *Nous* 13: 419-437.

Cavalli-Sforza, L. L., and M. W. Feldman, (1981). *Cultural Transmission and Evolution: A Quantitative Approach.* Princeton: Princeton University Press.

Charnov, E. L. (1982). *The Theory of Sex Allocation.* Princeton: Princeton University Press.

Cheney, D. L., and R. M. Seyfarth. (1990). *How Monkeys See the World: Inside the Mind of Another Species.* Chicago: University of Chicago Press.

Churchland, P. M. (1984). *Matter and Consciousness: A Contemporary Introduction to the Philosophy of Mind.* Cambridge, Mass.: MIT Press/A Bradford Book.

Cialdini, R. B., M. Schaller, D. Houlihan, K. Arps, J. Fultz, and A. L. Beaman. (1987). "Empathy-Based Helping: Is It Selflessly or Selfishly Motivated?" *Journal of Personality and Social Psychology* 52: 749-758.

Clark, A. B. (1978). "Sex Ratio and -Local Resource Competition in a Prosimian Primate." *Science* 201: 163-165.

Cohan, F. M. (1984). "Can Uniform Selection Retard Random Genetic Divergence between Isolated Conspecific Populations?" *Evolution* 38: 495-504.

Colwell, R. K. (1981). "Group Selection Is Implicated in the Evolution of Female-

Biased Sex Ratios." *Nature* 190: 401-404.

Cosmides, L., and J. Tooby. (1992). "Cognitive Adaptations for Social Exchange." In J. Barkow, L. Cosmides, and J. Tooby (eds.), *The Adapted Mind*, pp. 163-225. New York: Academic Press.

Coyne, J. A., N. H. Barton, and M. Turelli. (1997). "Perspective: A Critique of Sewall Wright's Shifting Balance Theory of Evolution." *Evolution* 51: 643-671.

Craig, J. V., M. L. Jan, C. R. Polley, A. L. Bhagwat, and A. D. Dayton. (1975). "Changes in Relative Aggressiveness and Social Dominance Associated with Selection for Early Egg Production in Chickens." *Poultry Science* 54: 1647-1658.

Craig, J. V., and W. M. Muir. (1995). "Group Selection for Adaptation to Multiple-Hen Cages: Beak-related Mortality, Feathering, and Body Weight Responses." *Poultry Science* 75: 294-302.

Crane, S. (1898). "The Open Boat" In T. A. Gullason (ed.), *Complete Short Stories and Sketches of Stephen Crane*. Garden City, N.Y.: Doubleday, 1963.

Cronin, H. (1991). *The Ant and the Peacock: Altruism and Sexual Selection from Darwin to Today*. Cambridge: Cambridge University Press.

Crow, J. F. (1979). "Genes That Violate Mendel's Rules." *Scientific American* 240 (2): 134-146.

Daly, M., and M. Wilson. (1988). *Homicide*. Hawthorne, N.Y.: Aldine De Gruyter.

Darwin, C. (1859). *On the Origin of Species*. Cambridge, Mass.: Harvard University Press, 1964.

____ (1871). *The Descent of Man and Selection in Relation to Sex*. London: Murray.

Davis, M. H., C. Luce, and S. J. Kraus. (1994). "The Heritability of Characteristics Associated with Dispositional Empathy." *Journal of Personality* 62: 369-391.

Dawkins, R. (1976). *The Selfish Gene*. New York: Oxford University Press.

____ (1980). "Good Strategy or Evolutionary Stable Strategy?" In G. W. Barlow and J. Silverberg (eds.), *Sociobiology: Beyond Naturel Nurture?*, pp. 331-367. Boulder, Colo.: Westview Press.

____ (1982). *The Extended Phenotype: The Long Reach of the Gene*. New York: Oxford University Press.

____ (1989). *The Selfish Gene*, 2nd edition. New York: Oxford University Press.

Dennett, D. C. (1975). "Why the Law of Effect Will Not Go Away." *Journal of the Theory of Social Behavior*, 5 (2): 169-187. Reprinted in *Brainstorms: Philo-*

sophical Essays on Mind and Psychology, pp. 71-89. Cambridge, Mass.: MIT Press/A Bradford Book, 1978.

Denniston, C. (1978). "An Incorrect Definition of Fitness Revisited." *Annals of Human Genetics* 42: 77-85.

Dickemann, M. (1979). "Female Infanticide, Reproductive Social Stratification: A Preliminary Model." In N. Chagnon and N. Irons (eds.), *Evolutionary Biology and Human Social Behavior: An Anthropological Perspective*, pp. 321-367. North Scituate, Mass.: Duxbury Press.

Dobzhansky, T. (1937). *Genetics and the Origin of Species*. New York: Columbia University Press.

Dretske, F. (1981). *Knowledge and the Flow of Information*. Cambridge, Mass.: The MIT Press.

Drucker, P. (1951). *The Northern and Central Nootkan Tribes*. Washington, D.C.: Government Printing Office.

Dugatkin, L. A., and M. Alfieri. (1991a). "Tit-for-Tat in Guppies (*Poecilia reticulata*): The Relative Nature of Cooperation and Defection during Predator Inspection." *Evolutionary Ecology* 5: 300-309.

____ (1991b). "Guppies and the Tit for Tat Strategy: Preference Based on Past Interaction." *Behavioral Ecology and Sociobiology* 28: 243-246.

Dugatkin, L. A., and H. K. Reeve. (1994). "Behavioral Ecology and Levels of Selection: Dissolving the Group Selection Controversy." *Advances in the Study of Behavior* 23: 101-133.

Dunbar, R. (1982). "Adaptation, Fitness, and the Evolutionary Tautology." In King's College Sociobiology Group (eds.), *Current Problems in Sociobiology*. Cambridge: Cambridge University Press.

Durham, W. H. (1991). *Coevolution: Genes, Culture and Human Diversity*. Palo Alto, Calif.: Stanford University Press.

Ehrenpreis, A. (1650). "An Epistle on Brotherly Community as the Highest Command of Love." In R. Friedmann (ed.), *Brotherly Community: The Highest Command of Love*, pp. 9-77. Rifton, N.Y.: Plough Publishing Co., 1978.

Eibl-Eibesfeldt, I. (1982). "Warfare, Man's Indocrinability and Group Selection." *Zeitschrift für Tierpsychologie* 60: 177-198.

Eigen, M., and P. Schuster. (1977). "The Hypercycle: A Principle of Natural Self-

Organization. A: Emergence of the Hypercycle." *Naturwissenschaften* 64: 541-565.

____ (1978a). "The Hypercycle: A Principle of Natural Self-Organization. B: The Abstract Hypercycle." *Naturwissenschaften* 65: 7-41.

____ (1978b). "The Hypercycle: A Principle of Natural Self-Organization. C: The Realistic Hypercycle." *Naturwissenschaften* 65: 341-369.

Eisenberg, N. (1986). *Altruistic Emotion, Cognition, and Behavior*. Hillsdale, N.J.: Lawrence Erlbaum Associates.

Eisenberg, N., and R. A. Fabes. (1991). "Prosocial Behavior and Empathy: A Multimethod Developmental Perspective." In M. S. Clark (ed.), *Prosocial Behavior*, pp. 34-61. Newbury Park, Calif.: Sage Publications.

Eisenberg, N., R. A. Fabes, B. Murphy, M. Karbon, P. Maszk, M. Smith, C. O'Bouyle, and K. Suh. (1994). "The Relations of Emotionality and Regulation to Dispositional and Situational Empathy-related Responding." *Journal of Personality and Social Psychology* 66: 776-797.

Eisenberg, N., R. Lennon and K. Roth. (1983). "Prosocial Development: A Longitudinal Study." *Developmental Psychology* 19: 846-855.

Eisenberg, N., and P. A. Miller. (1987). "The Relation of Empathy to Prosocial and Related Behaviors." *Psychological Bulletin* 101: 91-119.

Eisenberg, N., and J. Strayer. (1987). "Critical Issues in the Study of Empathy." In N. Eisenberg and J. Strayer (eds.), *Empathy and Its Development*. New York: Cambridge University Press.

Ellickson, R. C. (1991). *Order without Law: How Neighbors Settle Disputes*. Cambridge, Mass.: Harvard University Press.

Enç, B. (1996). "Hume's Unreasonable Passions." *History of Philosophy Quarterly* 13: 239-254.

Endler, J. A. (1986). *Natural Selection in the Wild*. Princeton: Princeton University Press.

Evans-Pritchard, E. E. (1940). *The Nuer: A Description of the Modes of Livelihood and Political Institutions of a Nilotic People*. Oxford: Oxford University Press.

Ewald, P. W. (1993). *Evolution of Infectious Disease*. Oxford: Oxford University Press.

Falconer, D. S. (1981). *Introduction to Quantitative Genetics*, 2nd edition. London:

Longman.

Feinberg, J. (1984). "Psychological Egoism." In S. Cahn, P. Kitcher, and G. Sher (eds.), *Reason at Work*, pp. 25-35. San Diego: Harcourt Brace and Jovanovich.

Fields, H. (1987). *Pain*. New York: McGraw-Hill.

Findlay, C. S. (1992). "Phenotypic Evolution under Gene-Culture Transmission in Structured Populations." *Journal of Theoretical Biology* 156: 387-400.

Fodor, J. (1983). *Modularity of Mind: An Essay on Faculty Psychology*. Cambridge, Mass.: MIT Press/A Bradford Book.

Forster, M., and E. Sober. (1994). "How to Tell When Simpler, More Unified, and Less Ad Hoc Theories Will Provide More Accurate Predictions." *British Journal for the Philosophy of Science* 45: 1-35.

Fortes, M. (1945). *The Dynamics of Clanship among the Tallensi; Being the First Part of an Analysis of the Social Structure of a Trans-Volta Tribe*. London: Oxford University Press for the International African Institute.

Fox, R. (1975). *Biosocial Anthropology*. London: Malaby Press.

Frank, R. H. (1988). *Passions within Reason: The Strategic Role of the Emotions*. New York: W. W. Norton.

____ (1994). "Group Selection and 'Genuine' Altruism." *Behavioral and Brain Sciences* 17: 620-621.

Frank, R. H., T. Gilovich, and D. Regan. (1993). "Does Studying Economics Inhibit Cooperation?" *Journal of Economic Perspectives* 7: 159-171.

Frank, S. A. (1986). "Hierarchical Selection and Sex Ratios. I. General Solutions for Structured Populations." *Theoretical Population Biology* 29: 312-342.

____ (1991). "Divergence of Meiotic Drive-Suppression Systems as an Explanation for Sex-Biased Hybrid Sterility and Inviability." *Evolution* 45: 262-267.

____ (1994). "Genetics of Mutualism: The Evolution of Altruism between Species." *Journal of Theoretical Biology* 170: 393-400.

____ (1995a). "George Price's Contributions to Evolutionary Genetics." *Journal of Theoretical Biology* 175: 373-388.

____ (1995b). "Mutual Policing and Repression of Competition in the Evolution of Cooperative Groups." *Nature* 377: 520-522.

____ (1995c). "The Origin of Synergistic Symbiosis." *Journal of Theoretical Biology* 176: 403-410.

____ (1996a). "Models of Parasite Virulence." *Quarterly Review of Biology* 71: 339-344.

____ (1996b). "Host Control of Symbiont Transmission: The Separation of Symbionts into Germ and Soma." *American Naturalist* 148: 1113-1124.

____ (1996c). "Host-Symbiont Conflict over the Mixing of Symbiotic Lineages." *Proceedings of the Royal Academy of London* B 263: 339-344.

____ (1997). "Models of Symbiosis." *American Naturalist* 150: 580-589.

Fulton, R. M. (1969). *The Kpelle of Liberia: A Study of Political Change in the Liberian Interior.* Ph.D. dissertation, University of Connecticut.

Gallistel, C. R. (1980). *The Organization of Action: A New Synthesis.* Hillsdale, N.J.: Lawrence Erlbaum Associates.

Garcia, J., and R. Koelling. (1966). "Relation of Cue to Consequence in Avoidance Learning." *Psychonomic Science* 4: 123-124.

Ghiselin, M. (1974). *The Economy of Nature and the Evolution of Sex.* Berkeley: University of California Press.

Gibbard, A. (1990). *Wise Choices, Apt Feelings.* Cambridge, Mass.: Harvard University Press.

Gleick, J. (1987). *Chaos: The Making of a New Science.* New York: Penguin Books.

Godelier, M. (1986). *The Making of Great Men: Male Dominance and Power among the New Guinea Baruya.* Cambridge: Cambridge University Press.

Goldberg, R. (1940). *The Best of Rube Goldberg.* Englewood Cliffs, N.J.: Prentice Hall.

Golden, M. (1981). "Demography and the Exposure of Girls at Athens." *Phoenix* 35: 316-331. .

Goodenough, W. H. (1951). *Property, Kin and Community on Truk.* New Haven, Conn.: Yale University Press.

Goodnight, C. J. (1989). "Population Differentiation and the Correlation among Traits at the Population Level." *American Naturalist* 133: 888-900.

____ (1990a). "Experimental Studies of Community Evolution, I: The Response to Selection at the Community Level." *Evolution* 44: 1614-1624.

____ (1990b). "Experimental Studies of Community Evolution, II: The Ecological Basis of the Response to Community Selection." *Evolution* 44: 1625-1636.

Goodnight, C. J., J. M. Schwartz, and L. Stevens. (1992). "Contextual Analysis of

Models of Group Selection, Soft Selection, Hard Selection, and the Evolution of Altruism." *American Naturalist* 140: 743-761.

Goodnight, C. J., and L. Stevens. (1997). "Experimental Studies of Group Selection: What They Tell Us about Group Selection in Nature." *American Naturalist* 150: S59-S79.

Goodnight, K. F. (1992). "The Effect of Stochastic Variation on Kin Selection in a Budding-Viscous Population." *American Naturalist* 140: 1028-1040.

Gould, S. J. (1982). "The Uses of Heresy: An Introduction to Richard Goldschmidt's 'The Material Basis of Evolution.'" In R. Goldschmidt, *The Material Basis of Evolution*, pp. xiii-xlii. New Haven, Conn.: Yale University Press.

Gould, S. J., and R. C. Lewontin. (1979). "The Spandrels of San Marco and the Panglossian Paradigm: A Critique of the Adaptationist Programme." *Proceedings of the Royal Society of London* B205: 581-598. Reprinted in E. Sober (ed.), *Conceptual Issues in Evolutionary Biology*. Cambridge, Mass.: The MIT Press, 1994.

Grafen, A. (1984). "Natural Selection, Kin Selection and Group Selection." In J. Krebs and N. Davies (eds.), *Behavioral Ecology: An Evolutionary Approach*, pp. 62-84. Oxford: Blackwell Scientific Publications.

Grant, P. R. (1986). *Ecology and Evolution of Darwin's Finches*. Princeton: Princeton University Press.

Grattan, F. J. H. (1948). *An Introduction to Samoan Custom*. Apia, Western Samoa: Samoa Printing and Publishing Co.

Griffing, B. (1977). "Selection for Populations of Interacting Genotypes." In E. Pollack, O. Kempthorne, and T. B. Bailey (eds.), *Proceedings of the International Congress on Quantitative Genetics*, August 16-21, 1976, pp. 413-434. Ames: Iowa State University Press.

Grusec, J. E. (1991). "The Socialization of Empathy." In M. Clark (ed.), *Prosocial Behavior*, pp. 9-33. Newbury Park, Calif.: Sage Publications.

Hamilton, W. D. (1963). "The Evolution of Altruistic Behavior." *American Naturalist* 97: 354-356.

____ (1964a). "The Genetical Evolution of Social Behavior I." *Journal of Theoretical Biology* 7: 1-16.

____ (1964b). "The Genetical Evolution of Social Behavior II." *Journal of*

Theoretical Biology 7: 17-52.
____ (1967). "Extraordinary Sex Ratios." *Science* 156: 477-488.
____ (1971a). "Selection of Selfish and Altruistic Behavior in Some Extreme Models." In J. F. Eisenberg and W. S. Dillon (eds.), *Man and Beast: Comparative Social Behavior*, pp. 57-91. Washington, D.C.: Smithsonian Institution Press.
____ (1971b). "Geometry for the Selfish Herd." *Journal of Theoretical Biology* 31: 295-311.
____ (1975). "Innate Social Aptitudes of Man: An Approach from Evolutionary Genetics." In R. Fox (ed.), *Biosocial Anthropology*, pp. 133-155. New York: John Wiley and Sons.
____ (1979). "Wingless and Fighting Males in Fig Wasps and Other Insects." In M. S. Blum and N. A. Blum (eds.), *Sexual Selection and Reproductive Competition in Insects*, pp. 167-220. New York: Academic Press.
____ (1987). "Discriminating Nepotism: Expectable, Common, Overlooked." In D. J. C. Fletcher and C. D. Michener (eds.), *Kin Recognition in Animals*, pp. 417-437. New York: John Wiley and Sons.
____ (1996). *The Narrow Roads of Gene Land.* Oxford: W. H. Freeman/Spektrum.
Harsanyi, J. (1955). "Cardinal Welfare, Individualistic Ethics, and Interpersonal Comparisons of Utility." *Journal of Political Economy* 63: 315-321.
Hawkes, K. (1993). "Why Hunter-Gatherers Work: An Ancient Version of the Problem of Public Goods." *Current Anthropology* 34: 341-361.
Heckathorn, D. D. (1990). "Collective Sanctions and Compliance Norms: A Formal Theory of Group-Mediated Social Control." *American Sociological Review* 55: 366-384.
____ (1993). "Collective Action and Group Heterogeneity: Voluntary Provision vs. Selective Incentives." *American Sociological Review* 58: 329-350.
Hegel, G. W. F. (1807). *The Phenomenology of Mind.* Translated by J. B. Baillie. New York: Harper and Row, 1967.
Heisler, I. L., and J. Damuth. (1987). "A Method of Analyzing Selection in Hierarchically Structured Populations." *American Naturalist* 130: 582-602.
Henry, J. (1951). "The Economics of Pilaga Food Distribution." *American Anthropologist* 53: 187-219.
Henson, R. (1988). "Butler on Selfishness and Self-Love." *Philosophy and*

Phenomenological Research 49: 31-57.

Herre, E. A. (1993). "Population Structure and the Evolution of Virulence in Nematode Parasites of Fig Wasps." *Science* 259: 1442-1446.

Hineline, P., and H. Rachlin. (1969). "Escape and Avoidance of Shock by Pigeons Pecking a Key." *Journal of the Experimental Analysis of Behavior* 12: 533-538.

Hirshleifer, J. (1987). "On the Emotions as Guarantors of Threats and Promises." In J. Dupre (ed.), *The Latest on the Best: Essays on Evolution and Optimality*, pp. 307-326. Cambridge, Mass.: The MIT Press.

Hoffman, M. L. (1976). "Empathy, Role-Taking, Guilt, and Development of Altruistic Motives." In T. Lickona (ed.), *Moral Development and Behavior: Theory, Research, and Social Issues*, pp. 124-143. New York: Holt, Rinehart and Winston.

____ (1981a). "Is Altruism Part of Human Nature?" *Journal of Personality and Social Psychology* 40: 121-137.

____ (1981b). "The Development of Empathy." In J. P. Rushton and R. M. Sorrentino (eds.), *Altruism and Helping Behavior: Social Personality and Developmental Perspectives*, pp. 41-63. Hillsdale, N.J.: Lawrence Erlbaum Associates.

____ (1991). "Is Empathy Altruistic?" *Psychological Inquiry* 2: 131-133.

Hoijer, H., and M. E. Opler. (1938). *Chiricahua and Mescalero Apache Texts, by Harry Hoijer, with Ethnological Notes by Morris Edward Opler.* Chicago: University of Chicago Press.

Holekamp, K. E., and L. Smale. (1995). "Rapid Change in Offspring Sex Ratios after Clan Fission in the Spotted Hyena." *American Naturalist* 145: 261-278.

Hornstein, H. (1991). "Empathic Distress and Altruism: Still Inseparable." *Psychological Inquiry* 2: 133-135.

Hostetler, J. A. (1980). *Amish Society*, 3rd edition. Baltimore: Johns Hopkins University Press.

Howell, S. (1984). *Society and Cosmos: Chewong of Peninsular Malaya.* Singapore: Oxford University Press.

Hrdy, S. (1981). *The Woman That Never Evolved.* Cambridge, Mass.: Harvard University Press.

Hudson, R. A. (1980). *Sociolinguistics.* Cambridge: Cambridge University Press.

Hull, D. (1980). "Individuality and Selection." *Annual Review of Ecology and Systematics* 11: 311-332.

Hume, D. (1739). *A Treatise of Human Nature*. New York: Oxford University Press, 1978.

____ (1751). *An Enquiry Concerning the Principles of Morals*. Indianapolis: Hackett, 1970.

Hurst, L. D., A. Atlan, and B. O. Bengtsson. (1996). "Genetic Conflicts." *Quarterly Review of Biology* 71: 317-364.

James, W. (1890). *The Principles of Psychology*. Cambridge, Mass.: Harvard University Press, 1981.

Jorgenson, J. (1967). *Salish Language and Culture*. Bloomington: Indiana University Press.

Joseph, A., R. B. Spicer, and J. Chesky. (1949). *The Desert People: A Study of the Papago Indians*. Chicago: Chicago University Press.

Kahnemann, D., P. Slovic, and A. Tversky (eds.). (1982). *Judgment under Uncertainty: Heuristics and Biases*. New York: Cambridge University Press.

Kaplan, H., and K. Hill. (1985a). "Hunting Ability and Reproductive Success among Male Ache Foragers." *Current Anthropology* 26: 131-133.

____ (1985b). "Food Sharing among Ache Foragers: Tests of Explanatory Hypotheses." *Current Anthropology* 26: 223-245.

Kaplan, H., K. Hill, and A. Hurtado. (1984). "Food Sharing among the Ache Hunter-Gatherers of Eastern Paraguay." *Current Anthropology* 25: 113-115.

Karniol, R. (1982). "Settings, Scripts, and Self-Schemata: A Cognitive Analysis of the Development of Prosocial Behavior." In N. Eisenberg (ed.), *The Development of Prosocial Behavior*, pp. 251-278. New York: Academic Press.

Karsten, S. R. (1923). *The Toba Indians of the Bolivian Gran Chaco*. Abo, Finland: Abo Akademi.

Kavka, G. (1986). *Hobbesian Moral and Political Theory*. Princeton: Princeton University Press.

Kelly, J. K. (1992). "The Evolution of Altruism in Density Regulated Populations." *Journal of Theoretical Biology* 157: 447-461.

Kelly, R. (1985). *The Nuer Conquest: The Structure and Development of an Expansionist System*. Ann Arbor: University of Michigan Press.

Kettlewell, H. B. D. (1973). *The Evolution of Melanism*. Oxford: Clarendon.

Kitcher, P. (1993). "The Evolution of Human Altruism." *Journal of Philosophy* 110: 497-516.

Kluckhohn, C. (1952). "Values and Value-Orientations in the Theory of Action: An Exploration in Definition and Classification." In T. Parsons and E. Shils (eds.), *Toward a General Theory of Action*, pp. 395-418. Cambridge, Mass.: Harvard University Press.

Knauft, B. M. (1991). "Violence and Sociality in Human Evolution." *Current Anthropology* 32: 391-428.

Krebs, D. L. (1975). "Empathy and Altruism." *Journal of Personality and Social Psychology* 32: 1134-1146.

Kroeber, A. L. (1948). *Anthropology*. New York: Harcourt-Brace.

Kuhn, T. (1970). *The Structure of Scientific Revolutions*, 2nd edition. Chicago: University of Chicago Press.

Lacey, J. I. (1967). "Somatic Response Patterning and Stress: Some Revisions of Activation Theory." In M. Appley and R. Trumbell (eds.), *Psychological Stress, Issues in Research*, pp. 14-37. New York: Appleton-Century-Crofts.

LaFollette, H. (1988). "The Truth in Psychological Egoism." In J. Feinberg (ed.), *Reason and Responsibility*, 7th edition, pp. 500-507. Belmont, Calif.: Wadsworth.

Lamphere, L. (1977). *To Run after Them: Cultural and Social Bases of Cooperation in a Navajo Community*. Tucson: University of Arizona Press.

Laney, D. F. (1975). *Work, Play and Learning in a Kpelle Town*. Ph.D. dissertation, University of Pittsburgh.

Latane, B., and J. M. Darley. (1970). *The Unresponsive Bystander: Why Doesn't He Help?* New York: Appleton-Century-Crofts.

Latané, B., S. A. Nida, and D. W. Wilson. (1981). "The Effects of Group Size on Helping Behavior." In J. P. Rushton and R. M. Sorrentino (eds.), *Altruism and Helping Behavior: Social Personality and Developmental Perspectives*, pp. 287-313. Hillsdale, N.J.: Lawrence Erlbaum Associates.

Leigh, E. G. J. (1977). "How Does Selection Reconcile Individual Advantage with the Good of the Group?" *Proceedings of the National Academy of Sciences* 74: 4542-4546.

Levine, D. N. (1965). *Wax and Gold: Tradition and Innovation in Ethiopian*

Culture. Chicago: University of Chicago Press.
Lewontin, R. C. (1970). "The Units of Selection." *Annual Review of Ecology and Systematics* 1: 1-18.
Lifton, R. J. (1986). *The Nazi Doctors: Medical Killing and the Psychology of Genocide*. New York: Basic Books.
Lloyd, E. (1988). *The Structure and Confirmation of Evolutionary Theory*. New York: Greenwood Press.
Lorenz, K. (1965). *Evolution and the Modification of Behavior*. Chicago: Chicago University Press.
Lyttle, T. W. (1991). "Segregation Distorters." *Annual Review of Genetics* 25: 511-557.
Macaulay, J., and L. Berkowitz. (1970). *Altruism and Helping Behavior*. New York: Academic Press.
MacDonald, K. B. (1994). *A People That Shall Dwell Alone: Judaism as a Group Evolutionary Strategy*. Westport, Conn.: Praeger.
Macpherson, C. (1962). *The Political Theory of Possessive Individualism*. Oxford: Clarendon Press.
Main, M., N. Kaplan, and J. Cassidy. (1985). "Security in Infancy, Childhood and Adulthood: A Move to the Level of Representation." *Monographs of the Society for Research in Child Development* 50: 66-104.
Mansbridge, J. (ed.). (1990). *Beyond Self-Interest*. Chicago: University of Chicago Press.
Margolis, H. (1982). *Selfishness, Altruism, and Rationality: A Theory of Social Choice*. New York: Cambridge University Press.
Margulis, L. (1970). *Origin of the Eukaryotic Cells*. New Haven, Conn.: Yale University Press.
Maynard Smith, J. (1964). "Group Selection and Kin Selection." *Nature* 201: 1145-1146.
____ (1976). "Group Selection." *Quarterly Review of Biology* 51: 277-283.
____ (1982). *Evolution and the Theory of Games*. New York: Cambridge University Press.
____ (1987a). "How To Model Evolution." In J. Dupre (ed.), *The Latest on the Best: Essays on Evolution and Optimality*, pp. 119-131. Cambridge, Mass.: MIT Press/A Bradford Book.

____ (1987b). "Reply to Sober." In J. Dupre (ed.), *The Latest on the Best: Essays on Evolution and Optimality*, pp. 147-150. Cambridge, Mass.: MIT Press/A Bradford Book.

Maynard Smith, J., and E. Szathmary. (1995). *The Major Transitions of Life*. New York: W. H. Freeman.

Mayr, E. (1961). "Cause and Effect in Biology." *Science* 134: 1501-1506.

McCauley, D. E., and M. J. Wade. (1980). "Group Selection: The Genotypic and Demographic Basis for the Phenotypic Differentiation of Small Populations of *Tribolium castaneum*." *Evolution* 34: 813-821.

McCawley, J. P. (1988). *The Syntactic Phenomena of English*, volume 1. Chicago: University of Chicago Press.

McKim, F. (1947). "San BIas: An Account of the Cuna Indians of Panama." In H. Wassen (ed.), *The Forbidden Land: Reconnaissance of Upper Bayano River*, R.P., in 1936, p. 186. Goteborg: Etnografiska Museet.

McNeilly, F. S. (1968). *The Anatomy of Leviathan*. New York: St. Martin's Press.

Mead, M. (1930). *Social Organization of Manua*. Honolulu: Pernice P. Bishop Museum.

Melzack, R., and P. D. Wall. (1983). *The Challenge of Pain*. New York: Basic Books.

Michod, R. E. (1982). "The Theory of Kin Selection." *Annual Review of Ecology and Systematics* 13: 23-55.

____ (1983). "Population Biology of the First Replicators: On the Origin of the Genotype, Phenotype and Organism." *American Zoologist* 23: 5-14.

____ (1996). "Cooperation and Conflict in the Evolution of Individuality. II. Conflict Mediation." *Proceedings of the Royal Society of London* B, 263: 813-822.

____ (1997a). "Cooperation and Conflict in the Evolution of Individuality. I. Multilevel Selection of the Organism." *American Naturalist* 149: 607-645.

____ (1997b). "Evolution of the Individual." *American Naturalist* 150: S5-S21.

Mill, J. S. (1874). *A System of Logic*. New York: Harper, 1900.

Mitman, G. (1992). *The State of Nature: Ecology, Community and American Social Thought, 1900-1950*. Chicago: University of Chicago Press.

Moss, M. K., and R. A. Page. (1972). "Reinforcement and Helping Behavior." *Journal of Applied Psychology* 2: 360-371.

Muir, W. M. (1995). "Group Selection for Adaptation to Multiple-Hen Cages: Selection Program and Direct Responses." *Poultry Science* 75: 447-458.

Murdock, G. P. (1967). *Ethnographic Atlas*. Pittsburgh: University of Pittsburgh Press.

Nagel, T. (1970). *The Possibility of Altruism*. Oxford: Oxford University Press.

____ (1986). The View from Nowhere. Oxford: Oxford University Press.

Naik, T. B. (1956). *The Bhils: A Study*. Delhi: Bharatiya Adimjati Sevak Sangh.

Nesse, R. M., and G. C. Williams. (1994). *Why We Get Sick: The New Science of Darwinian Medicine*. New York: Times Books.

Nisbett, R., and T. D. Wilson. (1977). "Telling More Than We Can Know: Verbal Reports on Mental Processes." *Psychological Review* 84: 231-259.

Nozick, R. (1974). *Anarchy, State, and Utopia*. New York: Basic Books.

Obrist, P. A., R. A. Webb, J. R. Sutterer, and J. L. Howard. (1970). "The Cardiac-Somatic Relationship: Some Reformulations." *Psychophysiology* 6: 569-587.

Ohmman, A., and U. Dimberg. (1978). "Facial Expressions as Conditional Stimuli for Electrodermal Responses: A Case of 'Preparedness.'" *Journal of Personality and Social Psychology* 36: 1251-1258.

Oldenquist, A. (1980). "The Possibility of Selfishness." *American Philosophical Quarterly* 17: 25-33.

Oliner, S. P., and P. M. Oliner. (1988). *The Altruistic Personality: Rescuers of Jews in Nazi Europe*. New York: Free Press.

Orzack, S., E. Parker, and J. Gladstone. (1991). "The Comparative Biology of Genetic Variation for Conditional Sex Ratio Adjustment in a Parasitic Wasp, *Nasonia vitripennis*." *Genetics* 127: 583-599.

Orzack, S., and E. Sober. (1994). "Optimality Models and the Test of Adaptationism." *American Naturalist* 143: 361-380.

Parfit, D. (1984). *Reasons and Persons*. Oxford: Oxford University Press.

Parker, I. (1996). "Richard Dawkins's Evolution." *The New Yorker*, September 9, 1996: 41-45.

Peck, J. R. (1992). "Group Selection, Individual Selection, and the Evolution of Genetic Drift." *Journal of Theoretical Biology* 159: 163-187.

Penelhum, T. (1985). *Butler*. London: Routledge and Kegan Paul.

Perry, J. (1979). "The Problem of the Essential Identical." *Nous* 13: 3-21.

Piaget, J., and B. Inhelder. (1971). *Mental Imagery in the Child.* New York: Basic Books.

Pianka, E. (1983). *Evolutionary Ecology*, 3rd edition. New York: Harper and Row.

Piliavin, J., and P. Callero. (1991). *Giving Blood: The Development of an Altruistic Identity.* Baltimore: Johns Hopkins University Press.

Piliavin, J., and H. Charng. (1990). "Altruism: A Review of Recent Theory and Research." *Annual Review of Sociology* 16: 27-65.

Pollock, G. B. (1983). "Population Viscosity and Kin Selection." *American Naturalist* 122: 817-829.

Popper, K. (1959). *The Logic of Scientific Discovery.* London: Hutchinson.

Powdermaker, H. (1933). *Life in Lesu: The Study of a Melanesian Society in New Ireland.* New York: Norton.

Price, G. R. (1970). "Selection and Covariance." *Nature* 277: 520-521.

____ (1972). "Extension of Covariance Selection Mathematics." *Annals of Human Genetics* 35: 485-490.

Provine, W. B. (1986). *Sewall Wright and Evolutionary Biology.* Chicago: University of Chicago Press.

Queller, D. C. (1991). "Group Selection and Kin Selection." *Trends in Ecology and Evolution* 6: 64.

____ (1992a). "Quantitative Genetics, Inclusive Fitness and Group Selection." *American Naturalist* 139: 540-558.

____ (1992b). "Does Population Viscosity Promote Kin Selection?" *Trends in Ecology and Evolution* 7: 322-324.

Rachman, S. J. (1990). *Fear and Courage*, 2nd edition. New York: W. H. Freeman.

Radke-Yarrow, M., and C. Zahn-Waxler. (1984). "Roots, Motives, and Patterns in Children's Prosocial Behavior." In E. Staub, D. Bar-Tal, J. Karylowski, and J. Reykowski (eds.), *Origins and Maintenance of Prosocial Behaviors*, pp. 81-100. New York: Plenum.

Rapoport, A. (1991). "Ideological Commitments and Evolutionary Theory." *Journal of Social Issues* 47: 83-99.

Ratnieks, F. L. (1988). "Reproductive Harmony via Mutual Policing by Workers in Eusocial Hymenoptera." *American Naturalist* 132: 217-236.

Ratnieks, F. L., and P. K. Visscher. (1989). "Worker Policing in the Honeybee."

Nature 342: 796-797.

Rawls, J. (1971). *A Theory of Justice*. Cambridge, Mass.: Belknap Press of Harvard University Press.

Reddy, R. (1980). "Individual Philanthropy and Giving Behavior." In D. Smith and J. Macaulay (eds.), *Participation in Social and Political Activities*, pp. 370-399. San Francisco: Jossey-Bass.

Ridley, M. (1993). *Evolution*. Oxford: Blackwell Scientific.

Rissing, S. W., G. B. Pollock, M. R. Higgins, R. H. Hagen, and D. R. Smith. (1989). "Foraging Specialization without Relatedness or Dominance among Co-founding Ant Queens." *Nature* 338: 420-422.

Rollo, D. C. (1994). *Phenotypes: Their Epigenetics, Ecology and Evolution*. London: Chapman and Hall.

Rosenhan, D. L. (1970). "The Natural Socialization of Altruistic Autonomy." In J. Macaulay and L. Berkowitz (eds.), *Altruism and Helping Behavior: Social Psychological Studies of Some Antecedents and Consequences*, pp. 251-268. New York: Academic Press.

Ross, L., and R. Nisbett. (1991). *The Person and the Situation-Perspectives on Social Psychology*. New York: McGraw-Hill.

Rousseau, J. J. (1767). *A Treatise on the Social Contract*. London: Beckett and DeHondt.

Runes, D. (1959). *A Pictorial History of Philosophy*. New York: Bramhall Press.

Rushton, J., D. Fulker, M. Neale, D. Nias, and H. Eysenek. (1986). "Altruism and Aggression: The Heritability of Individual Differences." *Journal of Personality and Social Psychology* 50: 1192-1198.

Schaller, M., and R. B. Cialdini. (1988). "The Economics of Empathic Helping: Support for a Mood Management Motive." *Journal of Experimental Social Psychology* 24: 163-181.

Schlick, M. (1939). *Problems of Ethics*. New York: Prentice Hall.

Schroeder, D. A., J. F. Dovidio, M. E. Sibiky, L. L. Matthews, and J. L. Allen. (1988). "Empathic Concern and Helping Behavior: Egoism or Altruism?" *Journal of Experimental Social Psychology* 24: 333-353.

Schroeder, D. A., L. Penner, J. F. Dovidio, and J. Piliavin. (1995). *The Psychology of Helping and Altruism*. New York: McGraw-Hill.

Seeley, T. D. (1985). *Honeybee Ecology: A Study of Adaptation in Social Life*. Princeton: Princeton University Press.

____ (1996). *The Wisdom of the Hive*. Cambridge, Mass.: Harvard University Press.

Segal, N. (1993). "Twin, Sibling, Adoption Methods: Tests of Evolutionary Hypotheses." *American Psychologist* 1993: 943-956.

____ (1997). "Twin Research Perspective on Human Development." In N. Segal, G. Weisfeld, and C. Weisfeld (eds.), *Uniting Psychology and Biology: Integrative Perspective on Human Development*. Washington, D.C.: American Psychological Association.

Sen, A. (1978). "Rational Fools — A Critique of the Behavioral Foundations of Economic Theory." In H. Harris (ed.), *Scientific Models and Men*. London: Oxford University Press.

Sevenster, P. (1973). "Incompatibility of Response and Reward." In R. A. Hinde and J. Stevenson-Hinde (eds.), *Constraints on Learning*, pp. 265-284. New York: Academic Press.

Shepardson, M. T. (1963). *Navajo Ways in Government: A Study in Political Process*. Menasha, Wis.: American Anthropological Association.

Shepardson, M. T., and B. Hammond. (1970). *The Navaho Mountain Community: Social Organization and Kinship Terminology*. Berkeley: University of California Press.

Sherman, P. W., J. U. M. Jarvis, and R. D. Alexander. (1991). *The Biology of the Naked Mole Rat*. Princeton: Princeton University Press.

Shternberg, L. 1. (1933). *The Gilyak, Orochi, Goldi, Negidal, Ainu: Articles and Materials*. Khabarovsk: Dal'giz.

Sidgwick, H. (1907). *The Methods of Ethics*, 7th edition. London: Macmillan, 1922.

Simmons, R. G., S. D. Klein, and R. L. Simmons. (1977). *Gift of Life: The Social and Psychological Impact of Organ Transplantation*. New York: John Wiley and Sons.

Simner, M. L. (1971). "Newborn's Response to the Cry of Another Infant." *Developmental Psychology* 5: 136-150.

Simon, H. A. (1962). "The Architecture of Complexity." *Proceedings of the American Philosophical Society* 106: 467-482.

____ (1981). *The Sciences of the Artificial*, 2nd edition. Cambridge, Mass.: The

MIT Press.
____ (1983). *Reason in Human Affairs*. Palo Alto, Calif.: Stanford University Press.
____ (1990). "A Mechanism for Social Selection and Successful Altruism." *Science* 250: 1665-1668.
Simpson, E. H. (1951). "The Interpretation of Interaction in Contingency Tables." *Journal of the Royal Statistical Society* B 13: 238-241.
Slate, M. (1964). "An Empirical Basis for Psychological Egoism." *Journal of Philosophy* 61: 530-537. Reprinted, with revisions, in R. Milo (ed.), *Egoism and Altruism*, pp. 100-107. Belmont, Calif.: Wadsworth, 1970.
Smith, K., J. Keating, and E. Stotland. (1989). "Altruism Revisited: The Effect of Denying Feedback on a Victim's Status to Empathic Witnesses." *Journal of Personality and Social Psychology* 57: 641-650.
Sober, E. (1981). "Holism, Individualism, and the Units of Selection." In R. Giere and P. Asquith (eds.), *PSA 1980*, volume 2, pp. 93-121. East Lansing, Mich.: Philosophy of Science Association.
____ (1984). *The Nature of Selection: Evolutionary Theory in Philosophical Focus*. Cambridge, Mass.: The MIT Press. 2nd edition, Chicago: University of Chicago Press, 1994.
____ (1985). "Methodological Behaviorism, Evolution, and Game Theory." In J. Fetzer (ed.), *Sociobiology and Epistemology*, pp. 181-200. Dordecht: Reidel.
____ (1988a). "Apportioning Causal Responsibility." *Journal of Philosophy* 85: 303-318. Reprinted in *From a Biological Point of View: Essays in Evolutionary Philosophy*, pp. 184-200. New York: Cambridge University Press, 1994.
____ (1988b). *Reconstructing the Past: Parsimony, Evolution, and Inference*. Cambridge, Mass.: The MIT Press.
____ (1990). "Let's Razor Ockham's Razor." In D. Knowles (ed.), *The Limits of Explanation*, pp. 73-94. New York: Cambridge University Press. Reprinted in *From a Biological Point of View: Essays in Evolutionary Philosophy*, pp. 136-157. New York: Cambridge University Press, 1994.
____ (1992). "Hedonism and Butler's Stone." *Ethics* 103: 97-103.
____ (1993a). "Epistemology for Empiricists." In P. French, T. Uehling, and H. Wettstein (eds.), *Midwest Studies in Philosophy* 18: 39-61. Notre Dame, Ind.: University of Notre Dame Press.

____ (1993b). *Philosophy of Biology*. Boulder, Colo.: Westview Press.

____ (1994a). "The Adaptive Advantage of Learning and A Priori Prejudice." In *From a Biological Point of View: Essays in Evolutionary Philosophy*, pp. 50-70. New York: Cambridge University Press.

____ (1994b). "Did Evolution Make Us Psychological Egoists?" In *From a Biological Point of View: Essays in Evolutionary Philosophy*, pp. 8-27. New York: Cambridge University Press.

____ (1998a). "Morgan's Canon." In C. Allen and D. Cummins (eds.), *The Evolution of Mind*. Oxford: Oxford University Press.

____ (1998b). "Three Differences between Deliberation and Evolution." In P. Danielson (ed.), *Modeling Rational and Moral Agents*. Oxford: Oxford University Press.

Sober, E., and R. C. Lewontin. (1982). "Artifact, Cause and Genic Selection." *Philosophy of Science* 49: 157-180.

Soren, D., A. Khaden, and H. Slim. (1990). *Carthage*. New York: Simon and Shuster.

Stampe, D. (1994). "Desire." In S. Guttenplan (ed.), *A Companion to the Philosophy of Mind*, pp. 244-250. Cambridge, Mass.: Basil Blackwell.

Steele, E. J. (1979). *Somatic Selection and Adaptive Evolution*, 2nd ed. Chicago: University of Chicago Press.

Sterelny, K. (1996). "Return of the Group." *Philosophy of Science* 63: 562-584.

Sterelny, K., and P. Kitcher. (1988). "The Return of the Gene." *Journal of Philosophy* 85: 339-361.

Stewart, R. M. (1992). "Butler's Argument against Psychological Hedonism." *Canadian Journal of Philosophy* 22: 211-221.

Stich, S. (1983). *From Folk Psychology to Cognitive Science: The Case against Belief*. Cambridge, Mass.: The MIT Press.

Stocker, M. (1989). *Plural and Conflicting Values*. New York: Oxford University Press.

Stotland, E. (1969). "Exploratory Investigations of Empathy." In L. Berkowitz (ed.), *Advances in Experimental Social Psychology* 4, pp. 271-314. New York: Academic Press.

Sturgeon, N. L. (1974). "Altruism, Solipsism, and the Objectivity of Reasons." *Philosophical Review* 83: 374-402.

Taylor, P. D. (1988). "An Inclusive Fitness Model of Dispersal of Offspring." *Journal of Theoretical Biology* 130: 363-378.

____ (1992). "Altruism in Viscous Populations: An Inclusive Fitness Model." *Evolutionary Ecology* 6: 352-356.

Tetlock, P. E., R. S. Peterson, C. McGuire, S. Chang, and P. Feld. (1992). "Assessing Political Group Dynamics: A Test of the Groupthink Model." *Journal of Personality and Social Psychology* 63: 403-425.

Thomas, L. (1972). "Notes of a Biology-Watcher: Germs." *The New England Journal of Medicine* 287: 553-555.

Thompson, R. A. (1987). "Empathy and Emotional Understanding: The Early Development of Empathy." In N. Eisenberg and J. Strayer (eds.), *Empathy and Its Development*, pp. 119-145. New York: Cambridge University Press.

Titherington, G. W. (1927). *The Raik Dinka of Bahr el Ghazal Province.* Sudan Notes and Records 10: 159-209.

Tooby, J., and L. Cosmides. (1992). "The Psychological Foundations of Culture." In J. H. Barkow, L. Cosmides, and J. Tooby (eds.), *The Adapted Mind: Evolutionary Psychology and the Generation of Culture*, pp. 19-136. New York: Oxford University Press.

Trivers, R. L. (1971). "The Evolution of Reciprocal Altruism." *Quarterly Review of Biology* 46: 35-57.

Turnbull, C. M. (1965). *The Mbuti Pygmies: An Ethnographic Survey.* New York: American Museum of Natural History.

Uyenoyama, M. K., and M. W. Feldman. (1980). "Theories of Kin and Group Selection: A Population Genetics Perspective." *Theoretical Population Biology* 17: 380-414.

van Schaik, C. P., and S. B. Hrdy. (1991). "Intensity of Local Resource Competition Shapes the Relationship between Maternal Rank and Sex Ratios at Birth in Cercophithecine Primates." *American Naturalist* 138: 1555-1562.

Von Neumann, J., and O. Morgenstern. (1947). *Theory of Games and Economic Behavior.* Princeton: Princeton University Press.

Wade, M. J. (1976). "Group Selection among Laboratory Populations of *Tribolium*." *Proceedings of the National Academy of Sciences* 73: 4604-4607.

____ (1977). "An Experimental Study of Group Selection." *Evolution* 31: 134-153.

____ (1978). "A Critical Review of Models of Group Selection." *Quarterly Review of Biology* 53: 101-114.

____ (1979). "The Primary Characteristics of *Tribolium* Populations Group Selected for Increased and Decreased Population Size." *Evolution* 33: 749-764.

____ (1985). "Soft Selection, Hard Selection, Kin Selection and Group Selection." *American Naturalist* 125: 61-73.

Wallach, L., and M. Wallach. (1991). "Why Altruism, Even Though It Exists, Cannot Be Demonstrated by Social Psychological Experiments." *Psychological Inquiry* 2: 153-155.

Wegner, D. M. (1986). "Transactive Memory: A Contemporary Analysis of the Group Mind." In B. Mullen and G. R. Goethals (eds.), *Theories of Group Behavior*. New York: Springer-Verlag.

Wickler, W. (1976). "Evolution-Oriented Ethology, Kin Selection, and Altruistic Parasites." *Zeitschrift für Tierpsychologie* 42: 206-214.

Williams, B. (1981). *Moral Luck*. Cambridge: Cambridge University Press.

Williams, G. C. (1966). *Adaptation and Natural Selection: A Critique of Some Current Evolutionary Thought*. Princeton: Princeton University Press.

____ (1985). "A Defence of Reductionism in Evolutionary Biology." *Oxford Surveys in Evolutionary Biology* 2: 1-27.

____ (1992). *Natural Selection: Domains, Levels and Challenges*. New York: Oxford University Press.

Williams, G. C., and R. M. Nesse. (1991). "The Dawn of Darwinian Medicine." *Quarterly Review of Biology* 66: 1-22.

Williams, G. C., and D. C. Williams. (1957). "Natural Selection of Individually Harmful Social Adaptations among Sibs with Special Reference to Social Insects." *Evolution* 11: 32-39.

Wilson, D. S. (1975). "A Theory of Group Selection." *Proceedings of the National Academy of Sciences* 72: 143-146.

____ (1977a). "How Nepotistic Is the Brain Worm?" *Behavioral Ecology and Sociobiology* 2: 421-425.

____ (1977b). "Structured Demes and the Evolution of Group Advantageous Traits." *American Naturalist* 111: 157-185.

____ (1980). *The Natural Selection of Populations and Communities*. Menlo Park,

Calif.: Benjamin/Cummings.

____ (1983). "The Group Selection Controversy: History and Current Status." *Annual Review of Ecology and Systematics* 14: 159-187.

____ (1987). "Altruism in Mendelian Populations Derived from Sibling Groups: The Haystack Model Revisited." *Evolution* 41: 1059-1070.

____ (1989). "Levels of Selection: An Alternative to Individualism in Biology and the Human Sciences." *Social Networks* 11: 257-272. Reprinted in E. Sober (ed.), *Conceptual Issues in Evolutionary Biology*, pp. 143-154. Cambridge, Mass.: The MIT Press, 1994.

____ (1991). "On the Relationship between Evolutionary and Psychological Definitions of Altruism and Egoism." *Biology and Philosophy* 7: 61-68.

____ (1992). "Complex Interactions in Metacommunities, with Implications for Biodiversity and Higher Levels of Selection." *Ecology* 73: 1984-2000.

____ (1997). "Incorporating Group Selection into the Adaptationist Program: A Case Study Involving Human Decision Making." In J. Simpson and D. Kendrick (eds.), *Evolutionary Approaches to Personality and Social Psychology*. Hillsdale, N.J.: Lawrence Erlbaum Associates, 345-386.

____ (1998). "Hunting, Sharing and Multi-level Selection: The Tolerated Theft Model Revisited." *Current Anthropology*, in press.

Wilson, D. S., and R. K. Colwell. (1981). "Evolution of Sex Ratio in Structured Demes." *Evolution* 35: 882-897.

Wilson, D. S., and L. A. Dugatkin. (1991). "Tit-for-tat vs. Nepotism, Or, Why Should You Be Nice to Your Rotten Brother?" *Evolutionary Ecology* 5: 291-299.

____ (1992). *Altruism: Contemporary Debates*. In E. F. Keller and E. A. Lloyd (eds.), *Keywords in Evolutionary Biology*, pp. 29-33. Cambridge, Mass.: Harvard University Press.

____ (1997). "Group Selection and Assortative Interactions." *American Naturalist* 149: 336-351.

Wilson, D. S., and W. G. Knollenberg. (1987). "Adaptive Indirect Effects: The Fitness of Burying Beetles with and without Their Phoretic Mites." *Evolutionary Ecology* 1: 139-159.

Wilson, D. S., D. Near, and R. R. Miller. (1996). "Machiavellianism: A Synthesis of the Evolutionary and Psychological Literatures." *Psychological Bulletin* 119:

285-299.

Wilson, D. S., G. B. Pollock, and L. A. Dugatkin. (1992). "Can Altruism Evolve in Purely Viscous Populations?" *Evolutionary Ecology* 6: 331-341.

Wilson, D. S., and E. Sober. (1994). "ReintroducingGroup Selection to the Human Behavioral Sciences." *Behavioral and Brain Sciences* 17: 585-654.

____ (1996). "Continuing Commentary on Reintroducing Group Selection to the Human Behavioral Sciences." *Behavioral and Brain Sciences* 19: 777-787.

Wilson, D. S., and J. Yoshimura. (1994). "On the Coexistence of Specialists and Generalists." *American Naturalist* 144: 692-707.

Wilson, E. O. (1975). *Sociobiology: The New Synthesis*. Cambridge, Mass.: Harvard University Press.

Wimsatt, W. (1980). "Reductionistic Research Strategies and Biases in the Units of Selection Controversy." In T. Nickles (ed.), *Scientific Discovery*. Dordrecht: Reidel.

Wispé, L. G. (1987). "History of the Concept of Empathy." In N. Eisenberg and J. Strayer (eds.), *Empathy and Its Development*, pp. 17-37. New York: Cambridge University Press.

Wolf, S. (1990). *Freedom within Reason*. New York: Oxford University Press.

Wright, E., A. Levine, and E. Sober. (1992). "Marxism and Methodological Individualism." In *Reconstructing Marxism — Essays on Explanation and the Theory of History*, pp. 107-128. London: Verso Books.

Wright, S. (1945). "Tempo and Mode in Evolution: A Critical Review." *Ecology* 26: 415-419.

Wynne-Edwards, V. C. (1962). *Animal Dispersion in Relation to Social Behavior*. Edinburgh: Oliver and Boyd.

Zahn-Waxler, C., M. Radke-Yarrow, E. Wagner, and M. Chapman. (1992). "Development of Concern for Others." *Developmental Psychology* 28: 126-136.

Zahn-Waxler, C., J. Robinson, and R. Emde. (1992). "The Development of Empathy in Twins." *Developmental Psychology* 28: 1038-1047.

찾아보기

A

B

C

S

T

지은이 소개

엘리엇 소버Elliott Sober

미국 위스콘신-매디슨 대학교 철학과 한스 라이헨바흐Hans Reichenbach 석좌교수 및 윌리엄 빌라스William F. Vilas 석좌연구교수. 하버드 대학교에서 박사학위를 받았으며, 스탠포드 대학교와 런던 경제 대학에서도 가르쳤다. 미국 철학회와 과학철학회의 회장을 역임했으며, 국제 과학사 및 과학철학 연맹의 회장을 맡고 있다. 과학철학과 생물철학에서 독보적이고 중요한 공헌을 했다고 평가받고 있다. 특히 과학철학 분야에 진화생물학의 관점을 도입하는 데 주도적인 역할을 하면서 생물철학이 주요 분야로 자리 잡게 되었다. 과학 이론의 평가에서 이론적 간결성을 고려하는 문제에 대해서도 다수의 논문과 저서를 발표했다. 대표 저서로는 『생물학의 철학*The Philosophy of Biology*』, 『자연의 선택: 철학적 관점에서의 진화 이론*The Natural Selection: Evolutionary Theory in Philosophical Focus*』, 『과거의 재구성: 단순성, 진화, 추론*Reconstructing the Past: Parsimony, Evolution and Inference*』 등이 있다. 생물학자 리처드 르원틴Richard Lewontin의 영향을 크게 받았으며, 데이비드 슬로안 윌슨David Sloan Wilson과 교류하면서 생물학과 철학, 심리학을 포괄하는 통합적인 접근방법을 적용해서 이타주의 문제를 탐구해 왔다. 그 결과를 집대성한 책이 이 책이며, 진화 이론에 관한 과학철학적 입장을 다룬 최신작으로는 『*Did Darwin Write the Origin Backwards?*』가 있다.

데이비드 슬로안 윌슨David Sloan Wilson

미국 빙햄튼 뉴욕 주립대학교SUNY, Binghamton University 생물학과와 인류학과 석학교수. 생물학, 인류학, 심리학, 생명공학, 철학, 종교학 등 여러 학문 분야들을 통합하여 진화를 연구할 수 있는 진화학 프로그램을 이끌고 있다. 미시간 주립대학교에서 박사학위를 받았으며, 하버드 대학교와 워싱턴 대학교, 남아프리카 공화국 위트워터스런드 대학교 연구원을 거쳐 데이비스 캘리포니아 주립대학교와 미시간 주립대학교 교수로 재직했다. 집단 선택을 지지하는 다수준 선택 이론의 주창자로 잘 알려져 있으며, "형질집단trait-group"이라는 용어의 창시자이기도 하다. 이타 행동의 진화에 관한 저서로는 이 책과 『병적인 이타주의*Pathological Altruism*』가 있으며, 그 밖에 일반인을 위한 진화 이론에 관한 책으로 국내에 번역 출간된 『종교는 진화한다*Darwin's Cathedral*』, 『진화의 유혹*Evolution for Everyone*』 등이 있다. 과학 지식의 대중화에도 관심이 많아서 ScienceBlogs (http://scienceblogs.com/evolution/)를 통해 대중과 소통하고 있다.

옮긴이 소개

설선혜 Sunhae Sul

인간을 인간답게 행동하게 만드는 마음의 원리를 알고 싶어서 심리학과 뇌과학을 공부하게 되었다. 서울대학교 심리학과를 졸업하고 동대학원에서 생물심리학 석사, 사회심리학 박사 학위를 받았다. 스위스 취리히 대학교Universität Zürich 경제학과의 사회 및 신경 시스템 연구실Laboratory for Social and Neural Systems Research에서 박사 후 연구원으로 일하면서 사회-문화적 요인과 생물학적 기반을 통합적으로 고려하는 접근법에 매료되었다. 현재 고려대학교 심리학과 연구교수로 재직 중이며 사회 및 의사결정 신경과학 연구실에서 친사회성과 이타 행동에 대한 뇌과학적 메커니즘을 연구하고 있다. 역서로는 『인텔리전스』가 있다.

김민우 M. Justin Kim

서울대학교 심리학과를 졸업한 뒤, 외상 후 스트레스 장애와 같은 불안장애의 뇌과학적 기반을 연구하고자 동대학원에 진학하여 임상심리학 석사 학위를 받았다. 이후 미국 다트머스 대학교Dartmouth College 심리-뇌과학과Department of Psychological and Brain Sciences에서 박사과정을 수료했다. 건강한 사람들이 경험하는 공포와 불안 및 이들 정서의 조절과 관련된 뇌과학적 메커니즘에 관한 다수의 논문을 국제 저널에 발표하였다. 현재 육군사관학교 심리학과 조교수로 재직 중이다.